吴兴年鉴

2022

吴兴区地方志办公室 编

方志出版社
Publishing House of Local Records

图书在版编目（CIP）数据

吴兴年鉴. 2022 / 吴兴区地方志办公室编. —北京：方志出版社，2022.11
ISBN 978-7-5144-5533-5

Ⅰ. ①吴… Ⅱ. ①吴… Ⅲ. ①区(城市)—湖州—2022—年鉴 Ⅳ. ①Z525.54

中国版本图书馆CIP数据核字(2022)第247049号

责任编辑：李志瑜
责任校对：刘玉霞
责任印制：梅中英
出 版 者：方志出版社
地　　址：北京市朝阳区潘家园东里9号（国家方志馆4层）
邮　　编：100021
网　　址：http://www.zgfzcb.cn
发　　行：方志出版社图书营销中心（010-67110500）
印　　刷：杭州富春印务有限公司
开　　本：889毫米×1194毫米　1/16
印　　张：31.5
字　　数：760千字
版　　次：2022年11月第1版
印　　次：2022年11月第1次印刷
定　　价：198.00元

《吴兴年鉴(2022)》编纂委员会

《吴兴年鉴(2022)》编辑部

编辑说明

一、《吴兴年鉴(2022)》以马克思列宁主义、毛泽东思想、邓小平理论、“三个代表”重要思想、科学发展观、习近平新时代中国特色社会主义思想为指导，坚持辩证唯物主义和历史唯物主义的立场、观点和方法，记述吴兴区2021年自然、政治、经济、文化、社会等各方面的情况及吴兴区改革开放和现代化建设的历史进程，力求内容丰富翔实，为各级党政机关和社会各界了解吴兴、宣传吴兴、总结吴兴、研究吴兴、建设吴兴提供必要的服务。

二、《吴兴年鉴(2022)》采用分类编辑法，主体部分采用类目、分目、条目三个结构层次，以条目为记载的基本单位。

三、《吴兴年鉴(2022)》共设34个类目，包括特载、大事记、区情总述、中国共产党湖州市吴兴区委员会、湖州市吴兴区人民代表大会、湖州市吴兴区人民政府、政协湖州市吴兴区委员会、中国共产党湖州市吴兴区委员会纪律检查委员会、民主党派·工商联、人民团体、群众团体、法治、军事、农村经济、工业经济、经济管理与监督、商贸·服务业·旅游业、对外贸易·区域合作和对口支援、城乡建设与管理、交通·邮政·通信、财政·税务、金融业、科学技术、教育、文化·卫生·体育·广电、社会·民生、生态环境保护、产业园区·高新区·国有企业、乡镇·街道、统计资料、文件选编、先进集体·先进个人、附录。

四、《吴兴年鉴(2022)》凡涉及区内国民经济和社会发展全局性的数据，均以区统计局的数据为准。为尊重撰稿部门的意见，条目中保留由撰稿部门提供的数据。数据若有出入，均以“统计资料”所刊数据为准。

五、《吴兴年鉴(2022)》采用记述体，数字用法、标点符号用法分别采用国家标准《出版物上数字用法》(GB/T 15835—2011)、《标点符号用法》(GB/T 15834—2011)。计量单位采用国家技术监督局1993年12月发布的《量和单位》系列国家标准。考虑到社会使用习惯，计量单位亩仍保留。

六、《吴兴年鉴(2022)》记述时限为2021年1月1日至2021年12月31日。为了事物的完整性，记述时间适当下延，书中特载篇各项工作报告为2021年工作回顾和2022年工作安排。

◆ 7月21日，省委副书记、省长郑栅洁（右一）到八里店镇尹家圩粮油植保农机专业合作社考察水稻播种、插秧、施肥、收割等现代农业发展情况

◆ 9月8日，省委副书记黄建发（左三）到八里店镇考察尹家圩粮油植保农机专业合作社

◆ 5月26日，省委常委、政法委书记王昌荣（中）到吴兴区社会矛盾调解中心开展基层接访工作

◆ 11月25日，副省长王文序（中）到妙西镇妙山村等调研美丽乡村、文旅项目建设工作

◆ 8月26日，市委副书记、市长王纲（右二）到吴兴区专题调研历史文化遗产保护利用工作

◆ 11月3日，市委副书记、代市长洪湖鹏（中）考察调研西塞科学谷建设

◆ 5月13日，市人大常委会党组书记、主任孙贤龙（右三）到湖州市仁皇山小学等学校开展“深化义务教育改革、促进高质量均衡发展”专项督导

◆ 5月11日，市政协党组书记、主席杨建新（右前一）到织里镇童装城和海关监管场所实地考察市场采购贸易情况

◆ 6月3日，区委书记吴炳芳（前中）到区辖部分小区调研旧城改造工作

◆ 11月25日，区委书记赵如浪（中）到高新区塘红村宣讲党的十九届六中全会精神，参观村史室

◆ 6月30日，区委副书记、区长潘永锋（左一）在“七一”前夕，上门慰问“在党五十年”老党员

◆ 9月8日，区人大常委会党组书记、主任姚广民（右一）到妙西镇幼儿园慰问教师

◆ 10月12日，区政协党组书记、主席丁芳芳（左一）值重阳节之际带队到区辖部分社区慰问古稀老人

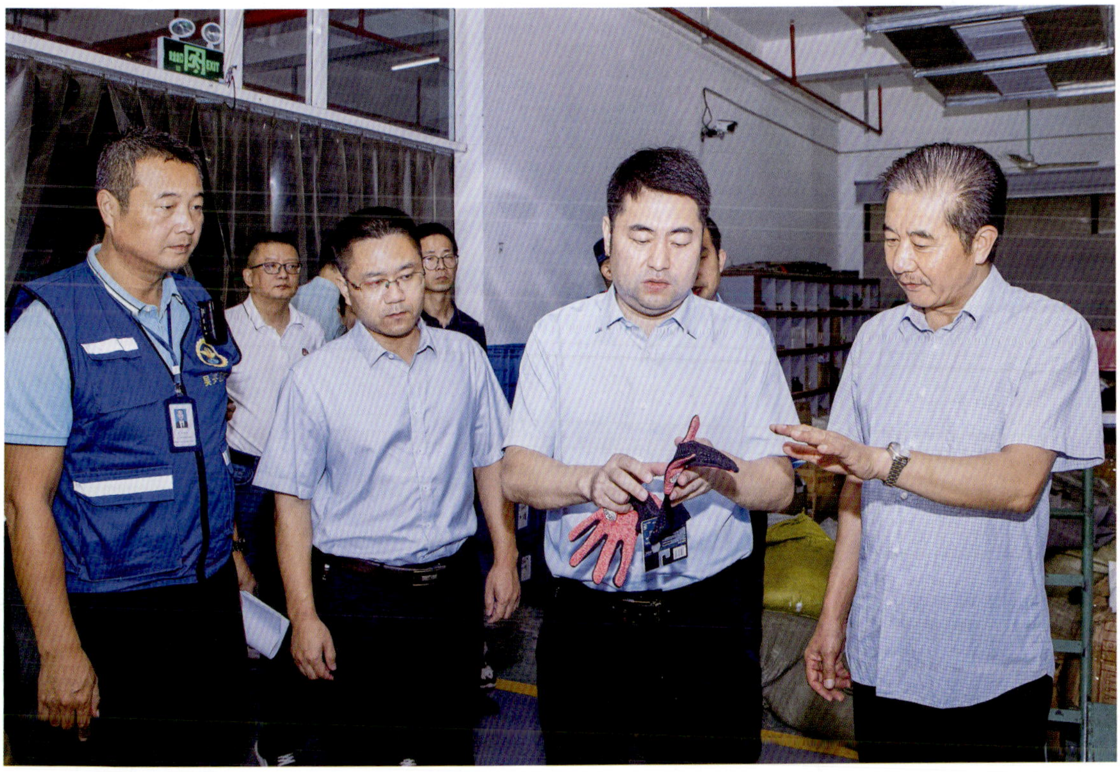

◆ 9月30日，区委副书记、政法委书记宁云（右二）到八里店镇调研市场，并开展节前安全督查

◆ 2月25日，吴兴区举行小微企业园提质扩规“双十”行动现场推进会

◆ 2月26日，吴兴区举办海外高层次人才云聘会暨“人才月”活动启动仪式

◆ 3月5日，吴兴区与省应急管理科学研究院签订战略合作协议

◆ 3月25日，全市首次外籍人士代表走进政协活动在吴兴区织里镇溇港文化展示馆举行

◆ 4月1日，浙商企业家代表团到吴兴区开展考察交流活动

◆ 4月6日，吴兴区举行中国工程院院士刘正东聘任暨共建久立金属材料研究院签约仪式

◆ 4月29日，吴兴区图书馆举行开馆暨阅读服务月活动启动仪式

◆ 4月26日，长三角地区主要领导座谈会浙江分会场活动暨“水韵湖城”太湖流域湖溇河漾水生态系统项目现场会在吴兴区举行

◆ 5月26日，2021湖州吴兴—跨国会（北京）投资推介会暨北京吴兴商会会员大会在京举行

◆ 6月5日，2021年中国名校水上运动公开赛暨吴兴“十漾连珠”第三届水上嘉年华活动在西山漾景区举行

◆ 6月8日，2021年“全国放鱼日”暨首届长三角区域水生生物增殖放流活动在织里镇义皋村举行

◆ 6月25日，吴兴区教育系统举行建党100周年文艺汇演

◆ 7月1日，吴兴区举行庆祝建党100周年大会暨新党员集中宣誓仪式

◆ 7月20日，吴兴区举行万邦德绿色智造材料产业园(一期)栋梁铝业铝型材项目投产仪式

◆ 9月15日，吴兴经济开发区管理委员会、经济开发区工作委员会揭牌

◆ 9月18日，吴兴区举行欧美同学会成立大会暨“选商引才战略合作”签约仪式

◆ 10月8日，吴兴区与正大集团签订战略合作协议

◆ 10月22日，吴兴区举行2021经贸科技人才洽谈会

◆ 11月1日，湖东街道举行水上稻收割启动仪式

◆ 12月1日，湖山大道吴兴区段、南郊连接及南浔区段正式通车

◆ 11月12日，湖州久鼎电子有限公司新厂开业盛典仪式举行

吴兴风光 / WUXING FENGGUANG

◆ 湖东街道全景(吴兴区融媒体中心 提供)

◆ 八里店镇全貌(八里店镇 提供)

◆ 城中小西街(朝阳街道 提供)

◆ 高新区全景(吴兴区融媒体中心 提供)

◆ 道场乡道场浜村(道场乡 提供)

◆ 埭溪镇老虎潭水库(埭溪镇 提供)

◆ 金盖出云——吴兴八景之一(道场乡 提供)

◆ 东林镇全貌(东林镇 提供)

◆ 织里镇夜景（织里镇 提供）

◆ 山水妙西（妙西镇 提供）

◆ 太湖溇港风貌（高新区 提供）

（未署名照片均由吴兴区融媒体中心 提供）

总　目

Table of Contents

目 录

特 载

大 事 记

区 情 总 述

中国共产党湖州市吴兴区委员会

湖州市吴兴区人民代表大会

湖州市吴兴区人民政府

政协湖州市吴兴区委员会

中国共产党湖州市吴兴区委员会纪律检查委员会

民主党派·工商联

人民团体

群众团体

法 治

军 事

农村经济

工业经济

经济管理与监督

商贸·服务业·旅游业

对外贸易·区域合作和对口支援

城乡建设与管理

交通·邮政·通信

财政·税务

金融业

科学技术

教育

文化·卫生·体育·广电

社会·民生

生态环境保护

产业园区·高新区·国有企业

乡镇·街道

统 计 资 料

文 件 选 编

先进集体·先进个人

附　录

索　引

聚焦更大场景　展现更强担当　争当全省高质量发展建设共同富裕示范区的模范生

——在中国共产党湖州市吴兴区委员会第四届十二次全体(扩大)会议上的报告

中共湖州市吴兴区委书记　吴炳芳

2021年7月30日

这次区委全会的主要任务是:高举习近平新时代中国特色社会主义思想伟大旗帜,全面贯彻落实党的十九届五中全会和省委、市委全会精神,审议通过《吴兴区争当浙江高质量发展建设共同富裕示范区模范生实施方案(2021—2025年)》,动员全区上下聚焦更大场景、展现更强担当,争当全省高质量发展建设共同富裕示范区的模范生。下面,我代表区委常委会向大会作报告。

一、锁定争先跑道、持续加速竞跑,共同富裕基础不断夯实

今年以来,在省委、市委的正确领导下,区委常委会深入学习贯彻习近平新时代中国特色社会主义思想特别是考察浙江和“七一”重要讲话精神,聚焦共同富裕比拼赛场,坚持以数字化改革为总牵引,以“五区联创”“十大专班”为主抓手,动员全区上下全上跑道、都跑起来,为共同富裕示范先行奠定了坚实基础。1—6月,实现地区生产总值401.45亿元,同比增长15.5%;财政总收入66.86亿元,其中地方财政收入45.07亿元,分别增长22.9%和35.5%;城镇居民人均可支配收入37340元,农村居民人均可支配收入23605元,分别增长15.3%和17.3%。获评浙台经济社会融合发展突出贡献单位,创成全省首批法治浙江(法治政府)建设示范区,实现平安吴兴建设“九连冠”。具体的工作成效体现在六个方面:

1.强化政治担当,党史学习教育推进有力。着力“学党史”,在上级党史学习教育动员大会召开后,迅速召开我区动员部署会并出台相关实施方案,系统构建以1个党史学习教育工作专班、5个工作组和7个巡回指导组为主体的“1+5+7”组织体系,梳理6大专题38项工作,确保党史学习教育落实落细。着力“悟思想”,全面推进“四史”学习,持续抓好习近平总书记考察浙江和“七一”重要讲话精神、《习近平在浙江》采访实录、“习近平科学的思维方法在浙江的探索与实践”学习,累计开展各类学习355次、覆盖党员干部2.5万余人次。着力“办实事”,依托“三服务”2.0版主载体,全面贯彻落实市委聚力“三服务”、“五战”开新局活动,持续为群众办实事、为企业解难题、为基层减负担,累计解决各类问题1407个,2个案例入选省“三服务”担当破难典型案例。着力“开新局”,全面把握新发展阶段、贯彻新发展理念、构建新发展格局,积极贯彻

落实中央和省市重大决策部署，2项工作获省政府督查激励。

2.**强化理念转换，生态吴兴建设深入人心**。坚持依法治理，上线全市首个污染源电子地图，实现全区1445个污染源全面接入、全程监控，第二轮中央环保督察28.5个反馈问题已完成整改27.5个。坚持系统推进，全面提升人居环境质量，滨湖花园城市“一塘十山十漾”公园建设加快推进，太湖流域水生态修复项目列入长三角一体化发展重大项目，5条美丽乡村连片组团示范带特色彰显，2个社区成为省级未来社区试点，城镇生活垃圾总量连续三年下降，获评全省农村生活污水治理优秀县区。坚持融合发展，不断拓宽绿水青山与金山银山之间的转化通道，西塞山国家级旅游度假区、国家级绿水青山就是金山银山实践创新基地创建工作有序推进，第四届世界乡村旅游大会筹备工作进入加速期，34个重大文旅项目完成投资近20亿元。坚持统筹协调，梳理形成重点碳排放企业管控清单，全域土地整治专班共实施土地开发5290亩、完成1000亩，实现“非粮化”整治优化2.7万亩，成功举办潘季驯治水成就与新时代水利文化高层论坛、“全国放鱼日”暨首届长三角区域水生生物增殖放流等重大活动，生态文明理念持续深入人心。

3.**强化整体变革，科创新城打造特色鲜明**。加快打造改革高地，在全市率先成立整体智治改革专班，全方位融入数字化改革浪潮，聚焦“152”工作体系，努力在干中学、在学中干，25项工作列入省数字化改革试点，童装行业产业大脑等5个项目入选省“揭榜挂帅”项目，省委书记袁家军、省委常委王昌荣实地调研我区数字化改革工作。加快打造创新强区，专门成立科创资源集聚专班，太湖实验室、西塞科学谷、阳山时尚谷“一室两谷”建设步入快车道，成功引入中子源加速器大科学装置等高质量项目，高新技术产业增加值占比持续保持全市第一；招引青年博士72人、大学生1.53万人，中国工程院院士刘正东成为太湖实验室新材料领域首席科学家。加快打造开放枢纽，承办长三角地区主要领导座谈会重大项目开工仪式浙江分会场活动，时尚美妆内外贸一体化改革产业基地成为省级试点，国家级市场采购贸易试点实现7天出口破亿元、2个月破20亿元，现已突破60亿元、覆盖128个国家和地区，整体成效位列全国17个新批试点第3名，带动全区出口增速高于全省89.8个百分点。

4.**强化质效导向，产业强区能级加速迭代**。全面提升平台质效，新出让工业用地3400亩，高新区列全省亩均效益领跑者第8名，经开区获评全国首批绿色产业示范基地，特色小镇主导产业持续壮大，小微企业园区孵化功能日趋彰显。全面提升项目质效，举办吴兴—北京投资推介会，新引进3亿元以上项目22个，其中三一装载机项目在省委书记袁家军亲自关心下，成为全省今年签约的首个百亿级工业项目；亿元以上项目新开工52个、竣工66个，其中2个项目列入全市“十大推进快的好项目”名单，6个项目列入省市县长项目工程，列入省“六个千亿”和“4+1”重大项目数量全市第一；化解“五未”项目50个，收储低效用地2036亩。全面提升企业质效，7家企业入选市“金象金牛”企业，4家企业荣获市“隐形冠军”，33家企业获评市服务业优强企业，数量均列全市第一。全面提升产业质效，数字经济综合评价指数、两化融合指数、信息化发展指数连续四年全市第一，装备制造业增加值持续保持50%左右增长，童装产业集群列入省产业集群新智造试点，省长郑栅洁对我区“科技创新+机械化”推动农业高质量发展工作给予高度肯定并作出重要批示。

5.**强化均衡普惠，幸福家园底蕴日益丰厚**。持续加强优质服务供给，组建民生项目推进专班，18个实施类民生项目开工9个，区图书馆正式开馆，举办中国名校水上运动公开赛等品牌赛事，创成全国青少年校园足球试点区，实现健康浙江考核“三连优”。持续提升综合保障能力，《吴兴区困难群众精准救助实施办法》正式实施，“南太湖健康保”全面推广，退役军人高质量就业项目入选省级试点，“欠薪一件事”及“安薪云”监管系统运用成效明显，获评全省水库移民工作优秀县区、省级“四好农村路”示范县。持续深化基层社会治理，顺利通过全国街道服务管理创新实验区督查评估，全省首个平安实训基地全面启用，沈家本历史文化园正式开园，区社会矛盾纠纷调处化解中心入选省级标准化战略重大试点项目。持续提升群众安全感满意度，全国文明典范城市创建纵深推进，安全生产、食品药品形势稳中向好，成功打赢台风“烟花”防御战，侦破特大网络诈骗等一批有影响力的大案要案，高标准完成政法队伍教育整顿，护航建党百年大庆安保取得圆满成功。

6.强化党建引领，管党治党水平不断提升。全面加强党的领导，支持区人大开展“新时代美丽乡村补短板”代表寻访和粮食安全等专项调研视察，支持区政协持续做好委员会客厅建设，保障区法院、区检察院开展数字化建设，积极构建现代化党政机构职责体系和机构编制配置管理体系，广泛凝聚民主党派、新乡贤、民族宗教、港澳台侨等力量，推动老干部、咨询委、人防、档案、群团聚力中心、建功立业，入选全国县域共青团基层组织改革试点。全面加强党的建设，扎实开展建党百年庆祝活动，坚决守好意识形态领域阵地，健全干部“选育管用”全链条机制，统筹推进乡镇换届和村社组织换届承诺兑现工作，迭代升级打造“青苗论坛”2.0版，创新推广“三缘”功能型党组织建设，织里镇党委等5家单位及个人获省级“两优一先”称号，入选全省高质量全面落实意识形态工作责任制综合试点。持续加强清廉吴兴建设，不断强化政治监督、深化政治巡察，建立区党政班子履行“一岗双责”推动巡察整改工作办法，从严从快推进中央巡视反馈问题整改，“七张问题清单”所涉28项问题已完成整改15项、推进中8项、长效抓落实5项，累计运用监督执纪“四种形态”处理297人次、立案查处各类违纪违法案件110件、给予党纪政务处分89人。

应该说，在外部环境持续复杂多变、内部环境持续转型提升的新形势下，我们所取得的成绩来之不易。

在充分回顾和肯定成绩的同时，区委常委会也清醒认识到工作中还存在一些薄弱环节和突出短板，特别是在区县竞争日趋白热化的大背景下，我们越来越感觉到“标兵渐远、追兵渐近”的比拼压力，也越来越感觉到必须尽快补齐重大平台能级不高、原创改革落地不多、优质服务覆盖不均等方面的短板，努力在全省赛马比拼中争先进位。

二、聚焦更大场景、明确目标路径，争当全省高质量发展建设共同富裕示范区的模范生

习近平总书记指出，消除贫困、改善民生、逐步实现共同富裕，是社会主义的本质要求，是我们党的重要使命。党史、新中国史、改革开放史、社会主义发展史，从本质上来说就是不断追求美好生活、更好实现共同富裕的奋斗史。新的时代，新的更高追求。党的十九届五中全会以来，习近平总书记从共产党执政规律、社会主义建设规律和人类社会发展规律的高度，深刻阐释了扎实推动共同富裕的重大意义、本质要求、目标安排、实现路径和重大举措，并赋予了浙江高质量发展建设共同富裕示范区的重大使命。区委常委会认为，共同富裕系统性强、集成度高，需要更宏大的格局、更前瞻的思维、更有力的举措。作为浙江战队的一员，我们必须始终聚焦更高的政治站位和更大的发展场景，既要立足吴兴看全国，也要立足当前看长远，努力以区县的争先突破甚至先行示范，助力全省的共富大局。为此，我们制定

了《吴兴区争当浙江高质量发展建设共同富裕示范区模范生的实施方案（2021—2025年）》，明确了今后五年的着力重点。

1. **坚定争先目标**。党的十九届五中全会明确提出，到2035年基本实现社会主义现代化远景目标、全体人民共同富裕取得更为明显的实质性进展，到2050年全体人民共同富裕基本实现。省委也进一步提出我省共同富裕要领先全国10—15年，即到2025年高质量发展建设共同富裕示范区取得明显实质性进展，到2035年高质量发展取得更大成就，基本实现共同富裕。市委提出要建设共同富裕示范区的先行市。作为全国城乡统筹百佳县市第一名的吴兴，要全力争当全省高质量发展建设共同富裕示范区的模范生，确保到2025年，共同富裕取得显著实质性进展；到2035年，较好实现共同富裕，达到现代化国家发展水平。

2. **把准争先重点**。重点要抓好八个方面的工作：一要强化科技创新、数字赋能，加快高质量赶超发展，迭代升级经济形态和驱动内核；二要促进中低收入群体增收，加快缩小收入差距，激励财富创造并不断完善持续增收机制；三要推进跨区域协调发展，加快缩小城乡差距，更好打造幸福家园；四要完善全生命周期服务，促进公共服务优质共享，不断深化为民办实事长效机制；五要突出本地居民与新居民共建共享，打造织里共同富裕集成改革示范镇，当好全国镇域建设探路者；六要强化全域美丽建设，打造生态文明建设样板，率先探索碳达峰碳中和达成路径，持续拓宽绿水青山就是金山银山转化通道；七要加强精神文明建设，打造新时代文化高地，以主城区担当助力全国文明典范城市创建；八要突出社会和谐和睦，打造社会治理全国示范，率先实现基层治理体系和治理能力现代化。

3. **展现争先成果**。全力打造十个在全省领先的示范样本：一要以系统集成理念打造千亿级产业集群；二要以“微改造、精提升”为切口建好西塞山国家级旅游度假区；三要以数字化改革为牵引深化万物智联先行区建设；四要以现代化滨湖花园城市为标准创成国家级绿水青山就是金山银山实践创新基地；五要以全国争第一为目标深化国家级市场采购贸易试点；六要以“一室两谷”为核心打造高能级科创平台；七要以连片组团为抓手建好乡村新社区；八要以打造对口支援样板为目标深化与柯坪县等的合作；九要以全国文明典范城市创建为重点提升吴兴城市形象；十要以争当镇域治理全国典型为追求深化织里经验。

为确保争当全省高质量发展建设共同富裕示范区的模范生目标顺利实现，我们要全面加强党的领导，建立“领导小组+工作专班”、大成集智、督查考核“三项机制”，梳理形成重点任务清单、突破性抓手清单、重大改革清单“三张清单”，努力营造共同富裕建设人人参与、共同富裕成果人人共享的生动局面和浓厚氛围。

三、展现更强担当、构建六大体系，为争当全省模范生开好局起好步

推进共同富裕是一项系统工程，也是一项长期工程，各方关注度高、竞争性强。要争当全省模范生，就必须做到无论在任何时候、任何情况下，都要坚定和保持争先的精气神。特别今年下半年作为全省高质量发展建设共同富裕示范区的关键节点，更促使我们必须抓紧抓实、抓出成效，全面构建六大体系：

1. **全面构建现代产业体系**。实现共同富裕，产业是基础。一要打造高能级平台。加快建设以“一室两谷”为核心、省级以上企业研究院为重点、产业创新服务综合体为基础的多层次创新平台，集中优势力量开展“卡脖子”技术攻关。全力支持智能物流装备“万亩千亿”新产业平台建设，稳步推进吴兴经开区扩容提质，创新探索特色小镇2.0版建设，持续深化小微企业

园“标准房”制度改革，形成满足各类企业需求的立体产业平台。全面深化“亩均论英雄”改革，统筹打好“五未”项目整治、“三低”企业清理与低效土地收储组合拳，持续提升平台承载能力。二要深化高水平转型。深入推进省制造业高质量发展示范区建设，加大百亿级高端制造业项目和发达国家高质量外资项目招引力度，加快省市县长项目工程推进，打造千亿级先进制造业集群。高标准建设全国首个万物智联先行区，加快发展数字经济，推动“产业大脑+未来工厂”建设，力争产值超百亿、税收超亿元企业数量再创新高。加快服务业标准化、品牌化建设，重点做好20家培大育强企业和50家重点骨干企业服务指导工作，加快丝绸小镇、东部美食城、潞村古村落商业入驻，力争全年服务业增加值突破400亿元。三要集聚高质量要素。实行更加开放的人才政策，更好发挥人才新政4.0版、“才聚湖州、凤栖吴兴”人才安居工程和“飞英计划”叠加效应，打造大学生青年人才新城。深化金融产品与金融服务创新，合理配置资金结构，优化资金绩效，引导金融有效服务实体经济。深化土地集约节约利用，加强对上争取力度，保障重大基础设施和引领性重大制造业项目用地供给。

2.全面构建改革牵引体系。实现共同富裕，改革是关键。一要扎实推进数字化改革。聚焦“152”工作体系，严格按时间节点完成省定改革任务，推动数字化改革贯穿党的领导和经济、政治、文化、社会、生态文明建设全过程。聚焦“最小颗粒度”工作原则，梳理“三张清单”，加快“V”字模型迭代升级，统筹推进数字技术运用和理论制度体系创新。聚焦“大场景、小切口”工作要求，打造一批具有较高吴兴辨识度的多部门多场景系统集成应用，推动各部门流程再造、高效协同。二要持续深化综合性改革。融入全省共同富裕示范区综合改革，探索建立先富带后富、推动共同富裕的科学体系和路径模式，加快构建“三富三优”共同富裕新格局。推进“县乡一体、条抓块统”改革，发挥“基层治理四平台”枢纽作用，打造“区级管总、镇街主战、部门赋能、高效协同”县域整体智治格局。深化“大综合一体化”行政执法改革，上线行政执法协同指挥系统，实现乡镇“一支队伍管执法”全域覆盖，推动全区50%以上执法力量、25%以上执法事项下沉乡镇一线。三要不断探索原创性改革。高质量完成低碳试点县等各项省级以上改革试点任务，努力为全省改革提供更多吴兴探索。发挥改革创新奖正面激励作用，持续推动省级小微企业园区“标准房”、农村“四票”机制等省内有影响的原创性改革系统集成，探索以埭溪镇为试点，在社会治理工作站基础上迭代升级建好共同富裕现代化基本单元。实施“赛马比拼”“揭榜挂帅”，健全改革考核评估体系和容错纠错机制，推动改革更好落地实施。

3.全面构建城乡融合体系。实现共同富裕，城乡是重点。一要加快构建一体化发展格局。加强区域空间治理数字化平台建设，优化主体功能区政策，完善“多规合一”国土空间规划体系，加快实现空间规划一体化。全力推进沪苏湖高铁、湖杭高铁、湖杭高速等重大交通项目建设，统筹谋划如通苏湖城际铁路，积极创建全国“四好农村路”示范县，加快实现以交通为重点的基础设施一体化。深化全国学前教育普及普惠区创建和省“互联网+义务教育”实验区建设，深入实施全民健康促进行动，打造育儿友好型社会、智慧健康养老示范区、省级体育现代化区，建好区文化馆及区文保所，强化住房保障和房地产市场健康发展，加快实现优质公共服务一体化。二要探索建好现代化基本单元。对标现代化滨湖花园城市定位，加快“一塘十山十漾”公园建设，推动全域人居环境与文明水平同步提升，助推全国文明典范城市创建。对标“三化九场景”标准，扎实推进2个未来社区建设，制订面上更大范围推广实施计划，探索打造未来城市实践区。对标深化“千万工程”要求，高标准推进滨湖、妙山、菰城、潞村、梅峰5个新时代美丽乡村样板片区建设，进一步推动公共资源、公共设施、公共服务向农村覆盖，全域打造城乡一体的乡村新社区。三要深化富民强村大提升行动。健全村级集体经济收入增长长效机制，确保85%以上的村实现村集体经营性收入超70万元。聚焦更加充分更高质量就业，强化就业政策落地，健全终身职业技能培训制度，推动中等收入群体规模不断扩大。创新产业帮扶、就业帮扶、创业贷款贴息等措施，提高低收入农户自我发展能力。构建新时代社会救助体系，推进社会救助“一件事”惠民联办，打造以“慈善公益一日捐”为代表的全民性慈善活动，实现困难群体精准识别、分类救助。

4. 全面构建“两山”实践体系。实现共同富裕，生态是底色。一要探索生态环境提升路径。实行最严格的生态环境保护制度，用好污染防治“数字一张图”系统，健全环境污染问题发现、处置、举一反三闭环管控机制。深入打好治水治气治土治废治塑攻坚战，力争空气质量优良率达到90%，确保内河蓝藻日产日清，创成省级“无废城市”。坚持在保护中开发，加快实施矿山生态修复重点工程，落实乡村全域土地综合整治与生态修复，完成土地开发5000亩、复垦1000亩，东林镇2个全域土地整治项目通过省市验收。二要探索碳达峰碳中和路径。科学编制碳排放达峰实施方案，统筹推动经济社会全面绿色低碳转型。加快推动能源结构调整，积极有序发展清洁能源，严格控制煤炭消费总量，较好完成能源“双控”目标。深度调整产业结构，严控“两高”项目招引，推动年综合用能5000吨标准煤以上企业节能降碳，完成绿色工厂提星40家，建成浙江碳中和创新研究院。三要探索“两山”深度转化路径。深化国家现代农业产业园建设，加大农业“大好高”项目招引力度。强势推动粮食生产功能区“非粮化”整治优化工作，争创省级稻渔综合种养示范县。大力推进精品绿色农产品基地建设，打响“吴上兴鲜”特色农产品品牌，推动农产品网络销售额突破24亿元。加强文旅融合，加快余不谷、海亮国际康养度假小镇等重点项目建设进度，力争创成西塞山国家级旅游度假区，高标准办好第四届世界乡村旅游大会，借势借力推介好吴兴旅游，持续助力乡村振兴。

5. 全面构建开放发展体系。实现共同富裕，开放是动力。一要打造对外贸易样板。扎实推进市场采购贸易试点和跨境电商综试区两大国家级试点，用好开放型经济新十条政策，确保市场采购贸易出口额超100亿元，带动外贸出口增长80%以上。加强内外贸一体化改革试点产业基地建设，培育壮大外贸生产型企业队伍，加快推进象屿等重大跨境电商项目，争创省级进口贸易促进创新示范区。组织参加中国国际儿童产业展、第130届广交会、第四届进口博览会等重点展会。二要打造对外交流合作样板。主动接轨北上广深优质产业，办好吴兴经贸科技洽谈会，打造开放型经济发展新高地。高质量融入长三角一体化发展，深化与长宁区、奉贤区、临港松江科技城战略合作，做大做强G60科创走廊、沪湖绿色智造廊道。全力做好与新疆柯坪和重庆荔枝街道对口支援工作、与白山市浑江区对口合作工作、与云和县山海协作工作。三要打造消费整体提升样板。推动消费提质扩容，培育壮大跨境+直播、离境退税等消费新模式新业态，拓展消费新场景，打造浙北新型贸易中心。提振“夜间经济”“假日经济”，开展百场特色消费活动，打造小西街衣裳街状元街、织里小城市商圈省级夜地标。实施老字号振兴计划，深化线上线下融合跨界发展，打响“国货新潮”品牌。

6. **全面构建基层善治体系**。实现共同富裕，平安是支撑。一要优化基层治理结构。融入市域治理现代化试点建设，进一步深化街道“大工委”、社区“大党委”作用发挥，打造共建共治共享的社会治理共同体。统筹推进村社党群服务中心、幸福邻里中心、文明实践中心等阵地建设，打造“居民会客厅”。健全完善“一肩挑”后村社治理体系，完善村级小微权力清单，推动村社班子高效运转。聚力打造“三服务”2.0版，持续深化“我为群众办实事、我为企业解难题、我为基层减负担”专题实践活动。二要管控基层治理风险。强化源头预防，滚动开展“两个排查见底”，完善风险闭环管控和“遏重大”工作机制，完善领导干部接访下访制度，深入开展重复访治理和信访积案化解，确保矛盾纠纷化解率达95%以上。加强常态管控，深化社会治安防控体系建设，开展常态化扫黑除恶专项斗争，不断织密疫情防控网，保障社会面整体平稳。统筹推进平安吴兴、法治吴兴建设，依托“平安三率”、平安指数开展趋势性研究，高水平实现平安吴兴建设“十连冠”。三要推动基层治理创新。深化全国街道服务管理创新实验区创建成果，推进“3+1四方会谈”协商议事、社会组织参与社区治理等机制的规范化、标准化运行，实现更大范围输出推广。建强区社会矛盾纠纷调处化解中心及分中心，迭代推广“掌上矛调”，推动问题线上一键式流转、线下一条龙解决，力争实现“一地也不跑”。在全国率先探索网格员职业化体系建设。创新专业化志愿者联盟，推进社会组织与志愿服务联动发展。启动实施“八五”普法规划。

四、加强党的领导、夯实共进基石，为争当全省模范生提供坚强政治保障

办好中国的事情，关键在党。今年是建党一百周年，也是第二个百年征程的重要节点，全区各级党组织要更好发挥党总揽全局、协调各方的作用，把党的领导贯穿推动共同富裕的全过程、各领域、各环节，引导全体党员干部切实增强“四个意识”、坚定“四个自信”、做到“两个维护”，全面建设变革型组织，提高领导干部塑造变革能力，努力在观大势中创伟业、在当示范中求突破。

1. **笃信笃行，不断筑牢思想根基**。深入开展党史学习教育，用好区委理论学习中心组、“吴兴论坛”等载体，融会贯通“四史”，深学细悟习近平总书记“七一”重要讲话精神，不断提高政治判断力、政治领悟力、政治执行力。牢牢掌握意识形态工作领导权管理权主动权，加强意识形态文化阵地管理，实施网络生态“瞭望哨”工程，塑造主流网络文化，营造清朗网络空间。建强用好区融媒体中心，完善全媒体传播体系，做好重大主题宣传，持续讲好吴兴故事、展示吴兴风采。

2. **有效有为，全面夯实基层基础**。着力增强基层组织力，加强农村、城市、“两新”组织、国企等各领域党建。规范村社干部管理体系，浓厚比拼争先氛围，深入开展“村书记擂台赛”，着力打造一批在省市有影响力的“明星村书记”。推进党员精细化分类管理，全面推开“三缘”功能型党组织建设，构建覆盖全员、方式多样的党员教育管理新格局。深入开展“三领人才”培育工程，做好“红心合伙人”动态评选，夯实“同兴圆”企业家联盟平台，建好“红领后备库”。

3. **善作善成，扎实做好县乡换届**。高标准做好领导班子换届考察、市区“两代表一委员”人选推荐把关提名、乡镇换届选举等工作，确保换届工作平稳规范有序。树立正确用人导向，严格把好政治关、品行关、能力关、作风关、廉洁关，着力锻造面向现代化、适应现代化、引领现代化的领导班子。加强思想教育，引

导干部正确对待职务变动和进退留转，确保换届期间思想不乱、精力不散、干劲不减、工作不断。严肃换届纪律，守牢“十严禁”底线红线，确保换届风气清明清正清新。

4.从严从紧，涵养良好政治生态。始终将政治监督放在首位，以高质量政治监督保障令行禁止、政令畅通。严格落实中央八项规定精神，驰而不息纠治“四风”，健全基层减负常态化机制，加快“七张问题清单”整改落实。抓实清廉吴兴建设，推进基层监督全省试点，织密基层小微权力防护网，打造清廉重点单元示范样板。深化纪检监察体制改革，一体推进“三不”建设。持续落实中央巡视整改工作。做好政法队伍教育整顿“后半篇文章”。

5.聚智聚力，推动各方作用发挥。充分发挥党总揽全局、协调各方的领导核心作用，全力为人大、政府、政协和法院、检察院履行职能、开展工作、发挥作用创造条件。巩固和发展爱国统一战线，深入推进“聚焦五新、聚力五高”行动，着力构建大统战工作格局。严格落实党管武装政治责任，健全完善退役军人全生命周期服务体系，打响“惠军吴兴”品牌。坚持以党建带群建，加快推动群团改革和群团工作取得新成效。认真做好老干部、咨询委、人防、档案等工作。

征程万里风正劲，奋楫扬帆谱新篇。让我们更加紧密地团结在以习近平同志为核心的党中央周围，坚持以习近平新时代中国特色社会主义思想为指导，牢记初心使命、坚定理想信念、践行党的宗旨，永远保持与人民群众的血肉联系，团结一切可以团结的力量、调动一切可以调动的积极因素，矢志不渝、全力争当全省高质量发展建设共同富裕示范区的模范生！

扛起主城区担当 彰显首位区风采 奋力在社会主义现代化新征程中书写美好吴兴篇章

——在中国共产党湖州市吴兴区第五次代表大会上的报告

中共湖州市吴兴区委书记 赵如浪

2021年12月25日

中国共产党湖州市吴兴区第五次代表大会，是在“两个一百年”历史交汇点上召开的一次十分重要的大会。大会的主要任务是：坚持以习近平新时代中国特色社会主义思想为指导，全面贯彻落实省委忠实践行“八八战略”、奋力打造“重要窗口”和市委勇当绿色低碳发展探路者总体部署，切实扛起主城区担当、彰显首位区风采，奋力在社会主义现代化新征程中书写美好吴兴篇章。

一、区第四次党代会以来的主要工作回顾

区第四次党代会以来的五年，是吴兴历史上不寻常的五年。五年来，我们始终坚持以习近平新时代中国特色社会主义思想为指导，全面落实党的十九大和十九届二中、三中、四中、五中、六中全会精神，坚定践行习近平总书记考察浙江和湖州重要指示精神，满怀激情庆祝改革开放40周年、新中国成立70周年和中国共产党成立100周年，众志成城抗击新冠感染疫情并落实常态化防控举措，持之以恒推进“生态吴兴、科创新城、产业强区、幸福家园”建设，圆满完成了区第四次党代会确定的目标任务，高水平全面建成小康社会，为全面推进社会主义现代化建设奠定了坚实基础。

经济实力大幅跃升。地区生产总值持续保持全市第一，今年有望突破800亿元。预计实现财政总收入95亿元、地方财政收入63亿元，分别是五年前的2.2倍、2.4倍。其他主要经济指标增速总体保持高于全省、领跑全市奋进态势。列入省重大产业项目数量连续四年全省第一，亩均税收实现翻番。打造了全国最大最完整的物流装备产业集群，建成了全国最大的童装生产基地，美妆小镇成为全国三大化妆品生产基地之一。获省政府督查激励5次。3次实现全国百强区“大满贯”。

生态价值有力彰显。中央生态环境保护督察问题整改高质量完成。大气环境质量有效改善，连续十四年实现“一泓清水入太湖”，森林覆盖率提升至38.19%，创成国家生态文明建设示范区。东部新城更加宜居宜业，16个小城镇旧貌换新颜，市级美丽乡村实现全覆盖。世界乡村旅游大会永久会址落户吴兴，西塞山旅游度假区成为全省乡村旅游“网红打卡地”。完成“非粮化”整治优化4.6万亩，创成国家现代农业产业园，连续两年获评全国县域数字农业农村发展先进县。

改革开放纵深推进。“县乡一体、条抓块统”省级重大改革试点创新突破，数字化改革从并跑走向领跑，全面深化改革取得坚实成果。高新技术企业数量实现翻番，入围全省创造力十强县区。长三角地区主要领导座谈会在我区召开，沪苏湖高铁、湖杭高速等重大交通项目相继落地。大学生及各类人才招引

数量连续四年全市第一，常住人口城镇化率提升至74%。东西扶贫、对口支援工作走在全国前列。

民生福祉不断增进。获评中国城乡统筹百佳县市第一名。创成全国街道服务管理创新实验区。城镇、农村居民人均可支配收入有望在今年分别突破7万元和4万元。村均集体经营性收入可达150万元。城乡教育更加优质均衡。基层卫生服务水平大幅提升。文体事业蓬勃发展。养老服务实现全域智慧化。成功举办“中国治理的世界意义”国际论坛，由乱到治的“织里经验”成为全省镇域治理示范样本。

党的建设持续加强。“两学一做”学习教育、“不忘初心、牢记使命”主题教育、党史学习教育、政法队伍教育整顿取得明显成效，全区党员干部政治判断力、政治领悟力、政治执行力不断提高。理论武装、宣传思想、意识形态等工作不断加强。正确选人用人导向有效树立，“五不”铁军作风成为吴兴干部醒目标签。村社换届圆满完成，党群服务中心实现全域提档升级，基层战斗堡垒更加坚固。清廉吴兴建设取得积极成效，区委巡察实现全覆盖。统战、群团、党管武装等工作迈上新台阶。

成绩鼓舞人心。我们深切地感受到，成绩的取得，主要得益于以习近平同志为核心的党中央的定向领航、亲切关怀，得益于省委、市委的正确领导、科学决策，得益于历届区委的接续奋斗、夯基筑底，得益于全区人民的同心同向、顽强拼搏。

五年的奋斗历程，让我们收获了许多宝贵的经验：

必须始终坚持党对一切工作的全面领导。五年来，我们始终坚持同以习近平同志为核心的党中央保持高度一致，充分发挥党总揽全局、协调各方的领导核心作用，确保了各项工作有效落实，实现了经济社会发展稳定向好。事实充分证明，党的领导是做好各项工作的根本保证。只要我们坚持和加强党对一切工作的全面领导，就一定能战胜一切艰难险阻，不断从胜利走向新的胜利。

必须始终坚持一张蓝图绘到底、一任接着一任干。五年来，我们把历届区委正确、有效的决策和举措坚持下来，保持了全区工作总定位、总战略的一以贯之，推动全区发展从量变不断走向质变。实践启示我们，只要保持战略定力和历史耐心，拿出功成不必在我的精神境界和功成必定有我的历史担当，就一定能把宏伟蓝图变成美好现实。

必须始终保持没有走在前列也是一种风险的争先意识。五年来，我们以“保二争一拼特色”为目标牵引，务实打造了一批拿得出、叫得响的亮点品牌，实现了在多个领域的领跑领先。梦想有多远，脚步就会有多远。只要我们始终坚定永争一流的信念，坚持改革开路、敢于无中生有，就一定能创造更多发展机遇、取得更好发展成果。

必须始终保持敢打硬仗能打胜仗的决心勇气。五年来，我们大力倡导“靠前站、马上办、讲实效”工作作风，把主要精力向攻坚破难集聚，打赢了许多大仗硬仗、办成了许多大事要事。勇毅彰显担当。只要我们敢啃“硬骨头”、善开“顶风船”，就没有我们跨不过的坎、办不好的事。

必须始终坚持以人民为中心的发展思想。五年来，我们始终把人民对美好生活的向往作为最大的奋斗目标，坚持人民至上、生命至上，使改革发展成果更多更公平地惠及全区人民。群众的好口碑让我们更加深刻地领悟到，不忘初心，方得始终。只要始终同人民群众想在一起、干在一起，我们的各项事业发展就会有不竭动力，就一定能推动各项工作行稳致远。

在总结成绩和经验的同时，我们也要清醒地看到当前存在的问题与短板：一是思想观念还不够解放。贯彻新发展理念、构建新发展格局的能力水平还有待提升，改革开放的主动性不强，路径创新的实践探索还不够丰富。二是区位价值还不够彰显。对比沪苏发达地区、省内先进县区，我们在综合实力、产业竞争力、创新要素集聚力等方面存在一定差距，优越的区位势能还未完全转化为强劲的发展动能。三是整体发展还不够均衡。乡镇间东强西弱的局面仍然存在，美丽乡村品质总体不高，教育、医疗、住房保障等领域的优质供给仍存在短板弱项。四是党建基础还不够扎实。一些基层党组织战斗堡垒作用发挥不足，部分干部缺乏迎难"亮剑"的气魄、胆识和斗志，全面从严治党依然任重道远。

二、牢牢把握今后五年工作的总体要求

发展时不我待，奋进只争朝夕。今天的吴兴，置身于伟大时代，肩负着人民重托，正处在崭新的历史发展节点，必须时刻保持清醒认知和准确判断，在观大势中审视自身，在谋大局中找准定位，在抓大事中示范争先，着力把握好"三个坐标"：

牢牢把握思想坐标。思想是行动的先导。我们要确保思想统一、步调一致，首先要深刻认识"两个确立"对新时代党和国家事业发展、对推进中华民族伟大复兴历史进程的决定性意义。未来五年，我们要坚定不移做"两个确立"忠诚拥护者、"两个维护"示范引领者，坚持不懈用习近平新时代中国特色社会主义思想武装头脑、指导实践、推动工作，以一地一域的发展探索，持续印证习近平总书记科学思想强大的真理穿透力、价值感召力、实践引领力、文化自信力。

牢牢把握时代坐标。时代是奋进的舞台。我们既要看到当今世界百年未有之大变局深刻演进、国际环境日趋复杂，也要看到我国发展仍然处于重要战略机遇期，中华民族迈向伟大复兴的步伐不可阻挡，我省共同富裕示范区建设向高层次跃升的态势无比强劲，我市绿色低碳发展向全领域覆盖的打法日趋成熟。未来五年，我们要始终坚持中央和省委、市委的坚强领导，再接再厉、顺势而为、乘胜前进，率先实现高质量发展、现代化先行、竞争力提升，努力走好新时代长征路。

牢牢把握发展坐标。发展是永恒的主题。我们要牢记市委赋予吴兴的"扛起主城区担当、彰显首位区风采"重大使命，坚持对外"一张牌"、全市"一盘棋"，全面加快高质量赶超发展。未来五年，我们要聚焦首位度，不断提升经济首位度、城市首位度、民生首位度；聚焦首位力，不断提升吴兴影响力、带动力、辐射力；聚焦首位感，不断提升群众幸福感、干部荣誉感、社会认同感。全区上下要注重创新发展、加强统筹协调，合力把"首位"写在大地上、让吴兴因我而不同。

今后五年，我们的指导思想是：坚持以习近平新时代中国特色社会主义思想为指导，忠诚拥护"两个确立"、忠实践行"两个维护"，深入贯彻习近平总书记考察浙江和湖州重要指示精神，坚定落实中央和省委、市委重大决策部署，坚持稳中求进工作总基调，坚持扛起主城区担当、彰显首位区风采工作总定位，坚持以民为本、实事求是、创新实干工作总要求，把握新发展阶段、贯彻新发展理念、构建新发展格局，勇当绿色低碳发展探路者，积极融入长三角一体化发展战略，持续深化改革创新，全面推进共同富裕，加快实现高质量赶超发展，奋力在社会主义现代化新征程中书写美好吴兴篇章。

我们的工作目标是：到2026年，地区生产总值、规上工业总产值分别达到1200亿元和1500亿元；财政总收入、亩均税收力争较"十三五"末翻一番，分别达到160亿元和42万元；城镇、农村居民人均可支配收入分别达到10万元和6.3万元，常住人口城镇化率达到80%左右，创成国家级高新区、国家级经开区、国家级旅游度假区，确保全国百强区排名持续争先进位。

我们要着力把握好五条原则：

坚持党建统领、纲举目张。严格落实新时代党建工作总要求，把党的建设融入经济社会发展各方面、全过程，更好推动党建优势转化为发展优势、党建资源转化为发展资源、党建成果转化为发展成果，实现纲举目张、执本末从，以高质量党建引领带动高质量发展。

坚持系统观念、精准发力。完整、准确、全面贯彻新发展理念，着眼全局谋一域、放眼长远谋当前，精准把握县域经济向城市经济转型大势，积极融入长三角一体化发展战略，全面推进创新发展，做到靶向施策、有的放矢，努力取得事半功倍的最优效果。

坚持市区一体、奔跑赶超。牢固树立全市"一盘棋"思想，自觉在规划一体、区域一体、发展一体、攻坚一体、民生一体等方面承接全市中心工作，始终以"市区一体"为基础找方向、领任务、抓落实。全力在改革提速、产业提效、乡村提档、服务提质上实现"奔跑赶超"，做到领先工作继续保持，落后事项迎头赶上，向着成为群众眼中的"吴兴美"、群众口中的"吴兴好"目标大步迈进。

坚持绿色筑底、共富先行。坚定不移"照着绿水青山就是金山银山这条路走下去"，找准生态建设与共同富裕之间的契合点，持续拓宽美丽风景地向绿色共富地转化蝶变通道，全力打造低成本创业之城、高品质生活之城，形成更多城市版共同富裕绿色样本。

坚持人民立场、务实清廉。自觉将为民务实清廉的政治本色和忠诚干净担当的政治品格联系起来思考、结合起来践行，把人民关切作为工作着力点，把清廉清正贯穿事业全过程，用实干诠释初心、用行动践行使命，让改革发展成果更多更好惠及全区人民，不断提升人民群众获得感、幸福感、安全感。

三、扛起主城区担当、彰显首位区风采，奋力做好今后五年经济社会发展各项工作

未来五年，我们要把"吴兴能为湖州做什么、为湖州实现浙北再崛起贡献什么"作为各项工作的决策起点和衡量成效的评价标尺，着力发挥自身比较优势、开展非对称竞争，在提升辨识度中实现吴兴高质量赶超发展。

1.深耕"主城"发展，实现中心城区能级大提升。城市是经济社会发展和人民生产生活的重要载体。作为湖州主城，提升中心城区能级是吴兴的首要任务，也是面向未来发展的必然选择。拉开主城框架。在中心城区现有基础上，大手笔推动城市向东发展，与东部高铁新城、织里镇实现产城融合，大力度吸引青年人才落户，形成超百万人口的带状城区。其中，东部高铁新城要立足湖州长三角枢纽的区位，更好实现向沪借力，突出高端教育、医疗项目招引落地，力争引进一所高水平大学，全力打造科研、金融、文创产业集聚区，加快全域城市化进程。织里镇要持续深化小城市培育，加快由镇向城转变。环渚街道、湖东街道要发挥纽带作用，推动城区更好联结。提升主城品质。坚持适度超前原则，持续提升城市规划、建设、治理水平，力争吸纳各类资金2000亿元，建设人民满意高品质城市。开展城市有机更新五年行动，完成老小区改造53个，打造城乡风貌示范区6个、未来社区7个以上，建成"一塘十山十漾"城市公园21处，实现居住品质提档升级。深化全国首个万物智联先行区建设，扎实推进新基建、新场景、新消费、新产业四大工程，打造更具智慧感的现代城市。加强城市地下空间开发利用，有效解决道路拥堵等现实问题，增强突发灾害应对能力，提升城市综合承载水平。壮大主城实力。坚持把产业作为中心城区最大支撑，大力度培育新经济新业态，力争五年内城区税收突破百亿大关。大力发展城市经济，做强"三大商圈"，扮靓"三大历史街区"，打响夜间经济特色IP，全面提振消费水平。强化市区联动，探索闲置楼宇资源整合盘活，完善楼宇产业规划，提升人才项目承载能力，推动资本

密集型、技术密集型产业规模化发展，总部经济、楼宇经济实现爆发式增长。有效发挥东部高铁新城和织里镇产业优势，加快产业结构优化升级，实现经济贡献稳定输出。支持环渚街道、湖东街道打造特色园区。推动房地产业持续平稳健康发展。

2.用好“滨湖”资源，成为长三角一体化发展战略重要节点。太湖是长三角区域的地理核心。历史上的吴兴靠湖而生、因湖而兴，未来也更加需要向湖而进，依托太湖更好融入长三角一体化发展。畅通环湖通勤圈。大力推进轨道交通，沪苏湖高铁、湖杭高铁、如通苏湖城际铁路建设全面完成，形成长三角主要城市“一小时交通圈”。持续畅通主干公路，湖杭高速、104国道改线等重大交通工程建成通车，高效联通长三角公路网。完善内河运输体系，积极谋划通用机场。统筹推进智能交通建设，全面提升沿线道路景观。创成“四好农村路”全国示范县。到2026年，完成交通投资400亿元。融入万亿城市群。聚焦平行竞争定位，主动融入周边万亿俱乐部城市，着力加强与上海自贸区及新片区、长三角生态绿色一体化发展示范区等战略载体联动，共建沪湖绿色智造廊道。积极对接杭州城西科创大走廊，合力建设具有较强国际竞争力的数字产业集群。深化与苏锡常都市圈共赢合作，融入环太湖科创带、环太湖世界级湖区建设。加快环太湖城市旅游一体化进程，共建环太湖生态文化旅游圈。坚持改革开路，深化“放管服”改革，完善要素市场化配置综合改革，加快绿色金融改革，积极推进国有企业改革，健全支持创新驱动的政策体系和财政投入稳定增长机制，打造更具活力的营商环境最优区。打造滨湖产业带。湖州高新区要坚决扛起全市开放发展主阵地担当，加快建设智能物流装备“万亩千亿”新产业平台，着力汇聚一批行业领军企业，打造长三角高端智能制造集聚地，创成国家级高新区。吴兴经开区要着力引进产业链核心企业和上下游配套企业，实现产业结构调优调高调新，创成国家级经开区。支持织里镇打造全国最大的童装和母婴用品集散中心。构建以“五谷丰登”计划为核心的高能级科创平台体系，推动西塞科学谷成长为长三角创新共同体战略支点，阳山时尚谷壮大为长三角美妆研发策源地，太湖实验室成为省级实验室。到2026年，力争培育税收超亿元企业30家以上，上市企业实现翻番、达到16家，智能装备、电子信息、精品童装、时尚美妆4大千亿级创新型产业集群基本成型。

3.守好湖城“根脉”，擦亮以菰城文化为内核的吴兴历史文化“全名片”。文化是城市的灵魂。作为湖州历史和文化的源头起点、改革与奋进的重要组成，为全市守好这条“根脉”，是吴兴义不容辞的内核担当。构建文化谱系。厘清历史脉络，打响丝之源、茶之源、书画之源文化标识，提升“湖学”影响，助力全省“宋韵文化传世工程”。厘清红色脉络，用好钱壮飞纪念馆等红色资源，宣传好“人民楷模”王启民、“海空卫士”王伟等先进人物，加强思想政治工作，推动社会主义核心价值观走深走实。厘清时代脉络，结合党和国家重大历史节点，定期梳理展示建区以来重大发展变化，切实增强群众自豪感。建强文化阵地。开展文化遗产复兴行动，加快南郊风景区整体开发建设，建成下菰城遗址公园。统筹推进毗山遗址公园、钱山漾考古遗址公园、太湖溇港景区建设，打造一批文化遗产之窗。打造全国文明典范城市，释放新时代文明实践中心全国试点红利，建成典籍里的中国陈列馆等一批文化新地标。高质量做好文化礼堂、城市书房、文化驿站等文化阵地“建管用育”工作。崛起文化产业。深入实施“文化浙江”工程，优化文化产业发展布局，加快新兴产业发展，集中资源培育若干航母级企业。建立文化艺术发展基金，落实文艺精品全周期服务。深化文旅融合发展，做大做强世界乡村旅游大会品牌，扩大智慧景区、未来景区试点，创成西塞山国家级旅游度假区、钱山漾省级旅游度假区。

4. **丰富“两山”内涵，加快实现更高形态、更具辨识度的共同富裕**。绿水青山就是金山银山理念发源地是湖州最亮的标签。作为中国城乡统筹百佳县市“状元”，加快建设城市版共同富裕绿色样本，实现更高形态、更具辨识度的共同富裕，是新时代赋予吴兴的新命题。绘好全域“山水清远图”。严格控制生态屏障地区和水环境敏感区域行业准入，区控以上地表水监测断面Ⅲ类及以上水质比例稳定在100%。持续推进PM2.5和臭氧浓度“双控双减”，空气质量优良天数比例90%以上，创成全省首批低碳试点县区。生活垃圾总量保持负增长。全面深化“林长制”，推动森林覆盖率逐年提升，打造绿色矿业发展示范区。更大范围推进全域土地综合整治与生态修复，实施农业“双强行动”，建好用好“两山银行”，高品质打造未来乡村，加快实现绿色乡村振兴。创成国家级“绿水青山就是金山银山”实践创新基地。打造民生优享升级版。扎实推进“扩中”“提低”五年行动方案，城乡居民收入比缩小至1.6∶1，率先形成以中等收入群体为主体的橄榄型社会结构。深化教育领域综合改革，打响“优学吴兴”品牌，创成全国义务教育优质均衡发展区。纵深推进全国首批城市医联体试点，打造健康浙江示范区。持续开展“文化惠民”工程，实现“十分钟健身圈”全覆盖。完善社会综合保障体系建设，精准提升智慧养老服务水平，落实三孩生育养育配套支持政策，重视发挥第三次分配作用，城镇登记失业率控制在3%以内，城镇住房保障受益覆盖率不低于24.5%。打响基层治理“吴兴经验”。进一步深化法治吴兴建设，全面加强依法行政工作，扎实推进“八五”普法。深化“县乡一体、条抓块统”改革，迭代“一中心四平台一网格”，在全国率先实现网格员职业化。更好发挥区社会矛盾纠纷调处化解中心及分中心作用，形成矛盾纠纷化解“最多跑一地”省级标准化体系。完善“民呼我为”工作体系，创成全省无信访积案县和信访工作现代化示范县。争取平安实训基地升格为省级平台，扩大共同富裕现代化基本单元覆盖，实现平安吴兴“金鼎加星”。

聚焦2022年，我们要旗帜鲜明地践行市区一体、奔跑赶超，加快建设新时期美好吴兴，确保地区生产总值增长7.5%、力争8%；财政总收入和地方财政收入分别增长8.5%和8%，力争10.5%和9%；城镇、农村居民人均可支配收入分别增长7.5%和8%，力争8%和8.5%，以优异成绩迎接党的二十大胜利召开。重点要下好“四步先手棋”：

1. **下好高质量发展先手棋**。深化项目招大引强。编制产业地图、配强招商力量，确保全年引进3亿元以上项目50个，其中50亿级项目2个以上、百亿级1个。保持工业用地出让3000亩以上节奏，实现亿元以上项目开竣工各60个，固定资产投资增长10%、工业投资增长15%。入选省重大产业项目8个以上。着力企业培大育强。加强梯队培育，实现税收超亿元企业10家、市“金象金牛”企业7家，新上市企业2家、力争3家。深化“亩均论英雄”改革，统筹推进“五未”项目整治、“三低”企业清理与低效土地收储，亩均税收增长15%以上。聚焦全省首批低碳试点县区建设，落实能源“双控”要求，加快推进节能减碳和资源利用项目20个。加速产业谋大创强。深化省制造业高质量发展示范区建设，推进新一轮制造业“腾笼换鸟、凤凰涅槃”攻坚行动，力争制造业投资占比超35%，规上工业总产值突破1000亿元。加快省级现代服务业创新发展区建设，培育标杆企业20家，服务业增加值超450亿元。推进农业“双强行动”，农林牧渔业增加值增幅稳定保持在3%水平,建成未来农场5个以上。

2. 下好新势力城市先手棋。提升开放水平。加快推进沪苏湖高铁、湖杭高铁、湖杭高速、如通苏湖城际铁路等重大交通项目建设。深化市场采购贸易和跨境电商综试区两大国家级试点,童装出口占比提升至15%,外贸出口增长10%以上。确保每年1/3以上资源要素用于重大外资项目,实到外资3亿美元以上。释放创新活力。建好"两谷一室",西塞科学谷、阳山时尚谷完成投资26亿元,太湖实验室孵化产业项目10个以上。鼓励企业加大科研投入,规上企业研发投入占营业收入比重超2.75%。发挥"湖十条""飞英计划"等政策叠加效应,新增引育C类及以上高层次人才30名以上,力争实现"鲲鹏计划"再突破。优化营商环境。完善企业发展全生命周期服务,深化行政审批制度改革,切实提升企业获得感、满意度。以企业之心为心,构建"亲""清"新型政商关系,建立"政企亲清面对面",健全"三服务"长效机制,培育新增市场主体1.6万户。深化法治浙江(法治政府)建设示范区和信用吴兴建设。

3. 下好共同富裕示范先手棋。全力优环境。打造全域美丽环境,统筹打好治水治气治土治废治塑攻坚战,确保空气优良率85%以上,创成省级无废城市,力争再夺"大禹鼎"。深化全国文明典范城市打造,完成滨湖等5个新时代美丽乡村样板片区建设。办好2022世界乡村旅游大会,力争创成西塞山国家级旅游度假区,旅游产业占GDP比重超8%。全力促普惠。持续优化公共服务供给,创成全国学前教育普及普惠区,实现健康浙江考核"四连优",多层次社会救助体系更加完善。争取更多民生项目搭上市级"共富班车",纳入省级"四张清单"。确保70%以上的村实现集体经营性收入超100万元。全力保平安。积极投身市域治理现代化试点建设,加快实现治理体系和治理能力现代化。深化"两个排查见底"行动,完善风险闭环管控和"遏重大"工作机制,实现两年以上信访积案清零,创成全国信访工作示范县区。常态化推进扫黑除恶专项斗争。扎实开展"无诈区"创建,深化禁毒专项整治。慎终如始抓好疫情防控。高水平实现平安吴兴"十一连冠"。

4. 下好数字化改革先手棋。实现体系贯通。用好"县乡一体、条抓块统"改革先发优势,率先实现"152"体系与"141"体系衔接贯通,推动五大综合应用功能按需下沉,加快实现事件受理、分析、流转、处置、督考全过程闭环管理。打造最佳应用。锁定全省数字化改革重大应用"一本账",建立重大需求常态化分析机制,强化童装产业大脑等领先型应用提质扩面,打造一批全省有影响力的最佳应用。夯实数据底座。高标准建设区级一体化智能化公共数据平台,加大数据归集力度、提升分析处理能力,加强数字资源统筹管理、促进价值再生。深化重大改革。以数字化改革为牵引,深化国家绿色金融改革、省级"大综合一体化"行政执法改革等重大改革试点,探索开展全国首个农地利用规划,推动实现各领域系统性重塑。

四、持续深化全面从严治党,努力以高质量党建引领高质量发展

事业发展,关键在党,关键在人。完成新时代赋予的新使命,必须落实新时代党的建设总要求,以党的政治建设为统领,推进全面从严治党向纵深发展,为走稳走好第二个百年奋斗目标新征程提供坚强保障。

1. 毫不动摇坚持党的全面领导。发挥党总揽全局、协调各方的领导核心作用,不断提高人大依法监督、政府依法行政、政协民主监督的工作实效。支持法院、检察院依法行使职权、促进司法公正。巩固壮大爱国统一战线,推动各民主党派、工商联、无党派人士发挥独特优势,汇聚起推动发展的强大正能

量。坚持党管武装原则，着力推动国防动员事业，促进军民融合发展。持续深化工会、共青团、妇联、残联、科协、侨联等群团组织引领服务联系群众功能，激发群众参与全区发展的积极性、主动性、创造性。

2. **持之以恒深化党的政治建设**。始终把政治建设放在首位，推动全区党员干部坚定不移做“两个确立”忠诚拥护者、“两个维护”示范引领者，不断提高政治判断力、政治领悟力、政治执行力。坚决执行党的政治路线，严格遵守党的政治纪律和政治规矩，确保上级重大决策部署在吴兴落地生根、开花结果。全面贯彻落实民主集中制，严格执行新形势下党内政治生活若干准则。扎实推进高质量全面落实意识形态工作责任制省级试点，用好党委（党组）理论学习中心组等载体，教育党员干部始终保持政治上的坚定清醒。

3. **全面建强党的基层组织体系**。深入践行“红色根脉强基工程”、“双创双全”组织力提升工程，加快建设变革型组织，推动基层党建工作全面进步、全面过硬。切实提升各级党委（党组）建设水平，充分发挥党委（党组）把方向、管大局、作决策、抓落实的重要作用。全面加强机关、事业单位和非公有制企业、新社会组织党建工作，在全省率先实现功能型党组织、党建共富联盟全覆盖。持续深化“导师帮带制”，常态化开展“双百”行动，打造一批有影响力的“明星村书记”，建设一批高质量共同富裕党建示范带。

4. **不断提升干部塑造变革能力**。严格落实新时代好干部标准，建好用好“数智组工”，实现干部实绩“个个有分数、人人有排名”。统筹盘活各年龄段、各层次干部资源，用好中层职数“周转池”、新进干部“优苗库”，增强队伍整体战斗力。深化“两个担当”良性互动，制定完善干部公开选拔、竞争上岗、制度性跨岗位交流等机制，注重在一线考察和发现干部。以“七张问题清单”为主抓手，持续浓厚狠抓落实、比学赶超良好氛围。

5. **驰而不息正风肃纪反腐**。坚持以清廉吴兴建设为主线，统筹推进清廉单元建设，切实提升权力运行规范化水平。深化“四责协同”，贯通融合四项监督，强化数字赋能，健全有效监督大格局。持续纠治“四风”顽疾，高标准落实中央八项规定精神，坚决杜绝分散主义、本位主义、好人主义，优化干事创业环境。坚持“三不”一体推进，从严惩治重点领域、关键环节和群众身边腐败问题，扎实推进以案促改、以案促治，常态化开展警示教育，持续巩固风清气正的良好政治生态。

新时代赋予新使命，新征程更需新作为。站在新的历史起点上，让我们更加紧密地团结在以习近平同志为核心的党中央周围，在省委、市委的坚强领导下，团结带领全区广大党员干部群众，加压奋进、负重前行，奋力在社会主义现代化新征程中书写美好吴兴篇章！

湖州市吴兴区人民代表大会常务委员会工作报告

——在湖州市吴兴区第五届人民代表大会第一次会议上

湖州市吴兴区人大常委会主任　姚广民

2022年2月16日

一、过去五年工作回顾

过去的五年，是全区上下团结奋进攻坚克难、经济社会各项事业取得显著成就的五年，也是人大工作传承创新积极作为、社会主义民主法制建设加快推进的五年。五年来，在中共吴兴区委的坚强领导下，区人大常委会始终坚持以习近平新时代中国特色社会主义思想为指导，全面贯彻落实习近平法治思想、习近平总书记关于坚持和完善人民代表大会制度的重要思想、对地方人大及其常委会工作的重要指示、考察浙江及湖州时的重要讲话精神，按照中央和省市区委关于人大工作有关会议及文件要求，立足“五同”站位，坚持围绕中心、服务大局，坚持人民至上、唯实惟先，坚持善作善成、提质增效，树立“系统、标准、绩效、循环、数字”五大理念，发挥“政治、制度、职能、组织、智治”五大优势，依法履行各项职责，顺利完成本届人大各项工作任务。本届内共召开常委会会议37次、主任会议59次，审议专项报告135项，作出决议决定和审议意见145项，备案审查规范性文件92件，组织执法检查、专项视察和调研活动440余次，依法任免国家机关工作人员591人次。连年获得市对区人大工作考核一等奖，并作为全市唯一区县入选首届“浙江人大与时俱进奖”。

五年来，我们积极发挥政治优势，始终把党的领导落到人大工作各方面全过程

一是自觉提高政治站位。专门出台《关于加强人大政治机关建设的实施意见》，提出十方面举措、完成36项任务，深入推进人大全面从严治党。扎实开展“两学一做”学习教育、“不忘初心、牢记使命”主题教育、党史学习教育等活动，及时组织全区各级人大和代表认真学习中共十九大及历次全会、改革开放40周年、新中国成立70周年和中国共产党成立100周年庆祝大会、中央人大工作会议和习近平总书记重要讲话精神，切实增强“四个意识”、坚定“四个自信”、做到“两个维护”，不断提高政治判断力、政治领悟力、政治执行力。坚持在区委“总揽全局、协调各方”的领导格局中发挥人大作用，每年至少4次向区委汇报工作，把牢政治方向、争取重视支持。对标对表省市区委全会精神，科学谋划和开展人大工作，切实为我区争当“重要窗口”排头兵、高质量发展建设共同富裕示范区贡献人大力量。

二是坚决贯彻决策部署。深入学习贯彻中央和省市委人大工作会议及有关文件精神，协助区委召开人大工作会议，下发《关于高水平推进新时代人大工作和建设的意见》及配套文件。认真抓好《浙江省街道人大工作条例》的宣贯落实，制定实施加强街道人大工作和建设的方案，专题听取和审议各街道人大工委工作报告，不断推进街道人大工作制度化规范化。根据省人大部署要求，积极配合市人大推进南太湖新区人大工作试点，并制定《关于推进开发区人大工作的实施方案（试行）》，明确制度安排，补齐工作短板。

三是主动服务中心大局。围绕省市区全局性工作，既干在火线、又督在一线，牵头抓好“全面小康建设年”“两山转化提速行动”和“美丽提标争先战”“垃圾分类创优专班”，力促各项目标任务完成，为吴兴实现全国百强区“大满贯”发挥人大强有力的助推作用。锁定区委两轮“五区联创”目标，开展专项督查，累计提出21个问题、34条建议，助力国家级生态文明建设示范区、省级四好农村路示范区、省级美丽乡村示范区、省级特色小镇、健康浙江示范区成功夺牌。创办《吴兴人大专报》，形成推动“十四五”发展、中心城义务教育资源优化配置等一批调研成果，为上级决策提供了有益参考，得到市人大常委会和区委区政府主要领导的批示肯定。持续开展“三服务”，25名专员联系32家基层单位、68家企业和项目，累计走访6380次，解决问题1420个，其中“优化城乡公交线路”“解决老虎潭库区群众合理诉求”“云解百姓关心事”入选全区“三服务”典型案例，“帮助企业除险度汛”入选市区两级实例。同时，积极参与推进美妆小镇建设、特色产业发展、人居环境提升、基层“七多”整治、全国文明城市及典范城市创建等重大中心工作，先后成功承办长三角地区人大财经、城建环资工作座谈会等活动。

五年来，我们积极发挥制度优势，不断提高广大人民群众的获得感满意度

一是广泛凝聚社会共识。充分展现“坚持党的领导、人民当家作主、依法治国有机统一”的人大制度功效，围绕关乎改革发展大局和群众切身利益的大事要事，依法行使重大事项决定权，区人大常委会就“高质量发展建设共同富裕示范区”、区人代会就“践行绿水青山就是金山银山理念”“助推基层治理”等作出决定，将区委决策依法转化为全区人民共同意志。新冠感染疫情发生后，第一时间发出“立足三带头、当好三大员”倡议书，广大代表积极响应，在医疗救治、捐款捐物、群防群治、复工复产等方面挺身而出；同步开展公共卫生服务体系专项监督、动物防疫和野生动物保护“两法两条例两决定”执法检查，推动常态化防疫形成共识、成为自觉。围绕市人大制止餐饮浪费的决定，动员850人次代表开展监督214次，提出意见建议87条，力促浪费可耻、节约为荣的社会风尚。同时，积极配合上级人大开展立法调研，广泛征求社会各界意见，夯实民意基础。

二是积极回应民生关切。坚持以人民为中心，瞄准民生实事项目这一群众关注的焦点，在全市率先实现区、乡镇两级票决制和高新区、街道议决制全覆盖，并积极探索线上征集多元化、整体推动协同化等“四化”机制，在区人代会上组织代表对上年度项目实施情况进行在线满意度测评，形成“群众提、代表定、政府办、人大评”的全过程闭环。本届内累计征集市、区、乡镇街道三级民生实事项目建议1973项，均同步集中移交各级政府，票决产生项目613项、全部高质量完成。同时，坚持“民有所呼、我有所应”，持续关注食品安全、就业养老、教育医疗等重大民生问题，推动群众操心事、烦心事、揪心事的有效解决。

三是着力支撑区域治理。加强基层人大制度建设，规范乡镇人代会，并在全市率先实行“微信直播+现场问政”模式的议政会，高新区和各街道共产生议政员685名。依托每年两次议政会和每月10日“议政日”，共有3970人次议政员开展议政活动776次，接待群众6386人次，提出意见建议2716条，不断扩大公民有序政治参与。着眼依法治区，听取法治政府建设、规范性文件备案审查等情况，专题审议“七五”普法工作，并作出“八五”普法决议和支持检察机关公益诉讼、法律监督等决定，积极开展执法检查，力促严格执法、公正司法、全民守法。连年组织“百名代表听百案”活动，并向基层法庭、司法所、派出所延伸，同步创新“云听案”模式，本届内共开展听案136场，参与代表686人次，提出建议500余条。强化对任命干部的监督，实现人大、“一府一委两院”及乡镇街道任命国家机关工作人员宪法宣誓和政府部门一把手、法检两官述职评议的全覆盖，有效增强法治意识、人大意识、责任意识。同时，就“最多跑一次”改革、社会组织参与社会治理等进行调研审议，推动形成基层治理“吴兴方案”。

五年来，我们积极发挥职能优势，全力助推吴兴赶超发展高质量高水平

一是助力经济健康发展。密切关注经济运行，专题审议政情报告、计划执行、项目引建等议题，认真组织“十三五”规划中期评估、审查批准“十四五”规划，并开展规划实施专项监督，有力助推“十三五”收好官、“十四五”开好局。紧抓数字经济“一号工程”，组织信息产业、绿色制造、智能物流装备产业集群等专题调研监督，开展《浙江省数字经济促进条例》执法检查，为区委区政府加快数字经济发展提供有益参考。面对严峻的形势和新冠感染疫情影响，组织“百名代表帮百企”活动，有效助推复工复产和经济发展，本届内共有846人次代表走访企业290家，推动解决问题366个，督促“留吴过年”等政策落地、6.77亿元惠企资金兑现，充分展示广大代表在推动“两手硬、两战赢”中的风采和担当。

二是助力财政平稳运行。认真审议预算编制、执行、调整、决算等工作，实现预算审查全口径。及时贯彻中央和省市委关于人大“管好政府钱袋子”的要求，协助区委出台国有资产报告制度、人大预算审查监督重点向支出预算和政策拓展等意见。首创预算编制民主化、预算审查规范化等“五化”模式，特别是在全市率先开展预算绩效监督，创新“第三方评价+代表问政+满意度测评”机制，本届内共组织代表和专家参与审查1652人次，召开问政会、询问会4场，提出审查意见637条，推动政府科学有效用财；实现小吴兴范围内预算联网监督系统在代表联络站的全覆盖，促进政府依法阳光用财。高度关注政府债务化解，听取专项报告、开展专项督查，严把政府投资项目审核关，本届内共否决前期不成熟项目66个、计划总投资12.41亿元，推动政府打好防范化解重大风险攻坚战。

三是助力乡村振兴战略。着眼农业强，开展农业供给侧改革、主导产业培育、惠农服务等监督，其中调研审议农产品质量安全体系建设被列入本届全市人大联动议题；组织《浙江省粮食安全保障条例》执法检查，开展“耕地‘非农化’、粮食功能区‘非粮化’”专题调研，推动政府稳产保供、提高粮食安全水平。着眼农村美，开展《湖州市美丽乡村建设条例》执法检查，召开代表问政会，首创“城乡结对”方式，组织414名代表寻访美丽乡村短板，提出问题及建议170条。着眼农民富，开展壮大集体经济、促进农民持续增收等调研，组织“寻访低收入家庭”活动，649名各级代表和196名议政员寻访低收入家庭1346户，协助政府精准扶贫，确保全面小康路上不漏一户、不落一人。

四是助力生态文明建设。自觉践行绿水青山就是金山银山理念，锚定全国垃圾分类示范市创建目标，持续开展以“当好三大员、引领新时尚”为主题的“百名代表促分类”活动，共组织584名代表开展专项监督142次，提出意见建议736条，全区713个分类驿站全部投入使用，312个小区实现“二定四分”模式全覆盖，以主城区担当助力湖州勇夺生活垃圾分类评估全国中等城市第一。组织“落实河长制”监督活动，以督办一批建议件、征集一批金点子等“十个一”机制，有效助推剿灭劣V类水。开展“六督治气促提升”专项监督，组织“寻访身边污染源”活动，111名代表提出问题及建议71条。同时，打好矿山复绿、美丽河湖建设、固废污染防治、全域土地整治、污水零直排区创建等监督组合拳，为绘好吴兴“山水清远图”贡献人大力量。

五是助力平安吴兴创建。坚持统筹发展和安全，聚焦铝合金产业、有限空间作业等关键领域和安全生产数字化转型、小微产业园安全生产智能化试点等重点工作，持续开展“百名代表问安全”活动，“一季一主题”进行靶向监督，累计提出问题及建议20余条，全力确保人民生命财产安全。开展禁毒、行政诉讼、诉源治理、基层人民调解等专项调研，积极提出工作建议。组织扫黑除恶专项监督，有力推动斗争取得胜利。依法做好人大信访工作，并动员200多名代表参与推进信访“最多跑一次”、矛盾纠纷调处化解“最多跑一地”改革，积极助力平安吴兴“十连冠、夺银鼎”。

五年来，我们积极发挥组织优势，切实增强代表履职行权的新活力新动能

一是激励激发代表有效履职。围绕“顺应时代要求、争当优秀代表”主题，举办“吴兴人大代表论坛”，分层分类开展履职培训，本届内共组织各类培训46场次、参与代表和议政员1150人次，不断提升履职能力和水平。完善“三联系”制度，常态化邀请306人次代表列席区人大常委会会议，谋划重要工作、出台重大决策前征求代表意见，不断扩大人大工作代表参与度。打响“履职作表率、代表在行动”主题实践活动品牌，并贯穿本届任期，共评选出先进个人80名、优秀代表建议件40件，在区人代会上表彰；分批组织在吴市代表向区人大常委会述职、区和乡镇代表在选区向选民述职，实现本届市、区、乡镇三级代表述职评议全覆盖，有效激发代表履职热情。出台《区人大代表履职服务管理办法》《区人大代表活动经费管理办法》等，提高人均活动经费，建立履职补助制度，有力保障代表履职。

二是建好用好代表履职阵地。按照“学习之家、履职之所、活动之地、凝心之寓”的定位要求，经过三年努力，全区39家代表联络站全部达到市区“双五星级”标准，实现代表联系群众常态化。为充分发挥“两渠道一平台”作用，出台《关于深化拓展代表联络站功能的实施意见》，建立上下联络、流动联络、线上联络等机制，完善联系服务、民意收集、知情督政等功能，并在挖掘内涵、用好用实上下功夫，形成了“云议政”“五方会谈”“周六连心桥”“阳光议政厅”“流动议事厅”等一批特色品牌，同时在区法检“两院”建成全省首家代表联络室，实现“一站一品”全覆盖。本届内，市区领导干部代表带头进站接待选民，带动8290人次代表进站开展接待活动1493次、接待选民1.17万人次，印发《民情通报》1437期，交办问题4025个、解决率达66.5%。

三是高质高效办理议案建议。为提升议案建议质量和代表履职水平，组建法律、经济、农业农村等五个专业代表小组，引进38名智库专家，构建“专（工）委+专业代表+专家智库”的人大履职新模式，支撑代表高质量履职行权。对区人代会议案建议，坚持区委区政府领导牵头领办、区人大常委会领导挂牌督办，并主动赴南太湖新区现场交办有关建议，本届内历次区人代会上代表提出的382件议案建议均在法定期限内全部办理完毕，问题解决率达70%以上，代表满意度达100%。

四是依法依规完成代表换届。按照中央和省市区委部署，坚持党的领导、充分发扬民主、严格依法办事有机统一，自觉践行全过程人民民主，通过“一图两单三机制”，压茬推进选民登记、候选人推荐、投票选举等步骤，保证人民依法行使选举权，圆满完成区、乡镇两级代表换届选举，共选举产生区五届人大代表290名、新一届乡镇人大代表534名。始终把纪律和规矩挺在前面，制定“一函三书”、成立风气监督组、设立信访接待专班、公布投诉举报热线，严格落实“两个责任”，确保换届选举风清气正。

五年来，我们积极发挥智治优势，着力推动全区各级人大提素质强能力

一是“数字人大”建设有成果。积极融入数字化改革发展大势，持续推进“数字人大”建设，在全市率先开通“吴兴人大”微信公众号，定期刊发全区各级人大履职实践和创新亮点。打造无纸化会议系统，实现人大各类会议使用全覆盖，并依托系统，实现区人代会决议线上表决、民生实事项目满意度在线测评。锚定省市区数字化改革部署要求，排定“七大任务+20个具体场景”，按统建、联建、自建分类推进，实现“选民在线登记”“代表寻访一件事”“预算国资监督系统”等重点应用场景的上线使用，有力提升人大数字化履职水平。

二是“创新人大”建设有突破。坚持改革破题、创新制胜，连续两年举办“吴兴人大争先创优”评选活动。全区人大围绕助推中心工作、增强监督实效、规范履职行权、发挥代表作用等，通过“年初申报立项、年中探索实践、年底现场答辩”，上下联动、组团实施，先后推出“基层人大参与社会治理的有效途径”等两批12项创新成果，《浙江人大》《湖州日报》等媒体对评选会进行现场观摩和集中采访，有效激励人大系统比学赶超、锐意进取。

三是“专业人大”建设有提升。注重建章立制，制定修订常委会组成人员守则及党组会议、主任会议、常委会会议议事规则等30余项制度，建立健全重大事项报告、议案提请、审议表决、干部任免等规定，完善内部管理和监督制约机制，切实做到议事有规可依、管理有章可循。注重提质强能，紧扣习近平总书记提出的“五个过硬”“七种能力”“八种本领”要求，实施“薪火接力、书香人大、枝叶论坛、实战赛马、组合培养”五大工程，通过思想淬炼、政治历练、实践锻炼、专业训练，推动人大队伍“更专更精、走深走实”。

本届区人大常委会五年来所取得的成绩，离不开区委的坚强领导，离不开全体代表和常委会组成人员的共同努力，离不开区政府、政协、监委、两院及南太湖新区的大力支持，离不开高新区、乡镇街道和区级各部门的积极配合，离不开全区人民、社会各界的充分信任。在此，我谨代表本届区人大常委会，向所有关心和支持人大工作的同志们，表示衷心的感谢和崇高的敬意！

二、主要工作体会

成绩来之不易，经验弥足珍贵。五年的奋斗历程，让我们收获了许多宝贵的经验：

1.坚持党的领导、强化政治引领，是做好人大工作的最高原则。五年来，我们始终做到思想与行动并重，自觉把党的领导贯穿于人大工作的各方面全过程，紧紧围绕区委总体要求来思考、定位人大工作，对贯彻落实区委重大决策部署不犹豫、不含糊。实践证明，只有思想上坚持区委领导、思路上贯彻区委意图、行动上体现区委决策，才能保证人大工作始终沿着正确的方向前进。

2.坚持围绕中心、服务全区大局，是做好人大工作的第一要务。五年来，我们始终做到监督与支持并重，按照“少而精、精而实”的思路，聚焦大事要事，选择党委关注、政府所急、群众所需、人大可为的内容作为工作重心和监督重点，针对性开展审议、视察、调研等活动，真正做到寓支持于监督之中。实践证明，只有围绕中心、服务大局，与全区改革发展稳定主线同频共振，才能在履职中展现人大作为、在作为中赢得地位。

3.坚持人民至上、为民代言履职，是做好人大工作的根本遵循。五年来，我们始终做到民意与民生并重，建立健全密切联系群众制度，搭建和畅通民意表达平台渠道，全面保障民主权利，并紧贴人民群众所需所盼，完善民生实事项目代表票决制，全力监督助推民生事业有效改善。实践证明，只有始终以人民为中心，深深根植于人民之中，人大制度和人大工作才有强大的生命力和显著的优越性。

4.坚持依靠代表、发挥主体作用，是做好人大工作的力量源泉。五年来，我们始终做到联系与服务并重，不断丰富代表活动形式，探索完善代表履职模式，为代表依法有效履职提供保障，充分发挥代表的优势作用。实践证明，只有牢固树立代表主体意识，加强和改进代表工作，服务和支持代表履职，才能更好地凝聚力量、集聚智慧、提升人大工作实效。

5.坚持依法办事、维护法律权威，是做好人大工作的重要保障。五年来，我们始终做到规范与提升并重，坚决贯彻习近平法治思想和依法治国基本方略，自觉加强宪法和法律学习，不断提升依法履职能力水平，并认真履行法定职责，监督和支持"一府一委两院"依法开展工作，推动各项法律规定落地落实，助力"法治吴兴"建设。实践证明，只有在宪法和法律的框架内依法行使职权，人大工作才会更加规范、更具权威。

6.坚持与时俱进、不断守正创新，是做好人大工作的时代要求。五年来，我们始终做到传承与创新并重，在坚守政治性、法律性、程序性要求的前提下，立足基层实际，坚持问题导向、效果导向，积极探索人大及其常委会依法行使职权的新机制、代表发挥作用的新模式，使人大工作得到不断发展。实践证明，只有主动顺应形势、推进改革创新，人大工作才会更具时代特色、不断向前发展。

回顾过去五年，我们也清醒地认识到存在着一些不足：人大在发展全过程人民民主中的优势作用还需进一步彰显；人大审议监督的质量和效果还需进一步提升；闭会期间代表建议征集和办理的常态化机制还需进一步完善；人大工作数字化赋能水平还需进一步提高；与现代化相匹配的人大干部队伍还需进一步打造。

三、今后五年工作建议

本届区人大常委会任期已满，本次大会将选举产生区五届人大常委会。我们坚信，在区委的坚强领导下，新一届常委会一定能继往开来、乘势而上、乘胜前进，更好地担负起历史和人民赋予的光荣使命。区第五次党代会准确把握吴兴当前所处历史方位和发展坐标，对"扛起主城区担当、彰显首位区风采，奋力在社会主义现代化新征程中书写美好吴兴篇章"作出了战略部署。新目标新任务对做好全区人大工作提出了新的更高要求。为此，建议新一届区人大常委会工作的指导思想是：坚持以习近平新时代中国特色社会主义思想为指导，忠诚拥护"两个确立"、忠实践行"两个维护"，深入贯彻习近平法治思想、习近平总书记关于坚持和完善人民代表大会制度的重要思想、对地方人大及其常委会工作的重要指示、考察浙江及湖州时的重要讲话精神，全面落实党的十九届六中全会和中央人大工作会议精神，坚定执行中央和省市区委重大决策部署，在区委的坚强领导下，坚持稳中求进工作总基调，坚持扛起主城区担当、彰显首位区风采工作总定位，坚持以民为本、实事求是、创新实干工作总要求，锚定新时代人大工作"六项重要任务"，践行"六个必须坚持"，全面实施"八大工程"，努力争当"四个机关"示范表率，为推进市区一体、奔跑赶超，奋力在社会主义现代化新征程中书写美好吴兴篇章，贡献人大的智慧和力量。

1.实施"政治引领实践工程"。加强党对人大工作的全面领导，坚定打造政治机关，把学习贯彻党的十九届六中全会、中央人大工作会议和习近平总书记重要讲话精神作为当前和今后一个时期的首要政治任务，争做"两个确立"忠诚拥护者、"两个维护"示范引领者。充分发挥区人大常委会党组的政治保证作用，完善各级人大向党（工）委请示报告、提出重大建议等制度机制，制定实施深入践行全过程人民民主的意见，不断坚定制度自信、展示制度优势。紧跟中央和省市区委重大决策部署，自觉在“市区一体、奔跑赶超，奋力在社会主义现代化新征程中书写美好吴兴篇章”的大场景中谋划和开展人大工作，凝心聚力、共促发展。

2. 实施“有效监督质效工程”。用好宪法和法律赋予的监督权，坚持正确监督、有效监督、依法监督，对照“扛起主城区担当、彰显首位区风采”总定位，锚定共同富裕示范区建设、“十四五”规划等目标任务、关键指标，聚焦国家级高新区、经开区和旅游度假区创建、市区一体、中心城区能级提升、东部新城建设、长三角一体化重要节点打造、吴兴历史文化弘扬，以及未来社区建设、公共服务优质共享、基层治理现代化等群众所思所盼所愿和“一府一委两院”工作重点难点堵点，深化“百名代表”系列监督活动，更好地寓支持于监督之中。完善监督方式，盯紧财政预决算、审计查明问题整改、专项资金使用等，推进专题询问、代表问政、绩效评价、满意度测评等常态化制度化，探索建立政府重大公共政策“人大监督+听证+第三方评估”机制，强化结果运用、放大监督效应。构建闭环监督机制，实行审议制、跟踪制、评议制、再审制，推动人大审议意见落地落实，切实提高人大监督的质量和效果。

3. 实施“代表主体强化工程”。根据新一届代表特点，强化履职服务保障，更加充分有效地发挥代表主体作用。实施代表培训三年计划，确保所有代表至少培训一次，切实增强职务意识、提升能力素质。实施代表述职四年计划，完善履职评价考核体系，每年安排四分之一代表向选民述职、接受选民评议，确保四年全覆盖，切实增强为民意识、增添内生动力。实施代表活动五年计划，确保届内每位代表至少参加一次常委会会议或重要活动，切实增强主体意识、发挥代表作用。深化完善“三专”履职模式，健全闭会期间代表建议常态化提出和高效化办理机制，支持和推动广大代表围绕理顺市区关系、推进市区一体、加快赶超发展等中心大局积极建言献策。

4. 实施“依法治区推进工程”。坚持运用法治思维和法治方式开展人大工作，助推法治吴兴建设。建立区人大常委会组织“一府一委两院”学法制度，加强对法治政府建设、“八五”普法和“县乡一体、条抓块统”改革等关键领域的监督，促进依法行政、依法治理。盯住乡村振兴“一法一条例”、节约能源和环境保护“一法一办法”及物业管理、养犬管理、预防和化解矛盾纠纷等湖州市地方性法规、义务教育“双减”等政策的宣贯实施，加大执法检查力度，让法律的“牙齿”真正咬合起来。充分发挥基层立法联系点“直通车”作用，探索公众参与立法意见征求、民意反馈等机制，特别是积极推动市区两级出台物业管理条例实施细则，促进社区依法规范管理，使立法装满民意。加强司法监督，统筹深化“百名代表听百案”和法检两官履职评议工作，健全“代表+第三方”听案及结果运用机制，不断提升听案和评议质效，促进严格执法、公正司法。

5. 实施“民意表达畅通工程”。坚持以人民为中心，畅通民意表达渠道，不断扩大公民有序政治参与。通过延伸联系、数字赋能等途径，推进代表联系选民组织形式制度化探索，打造“代表联络站4.0升级版”，推动代表更好地接地气、察民情、聚民智、惠民生，做到民有所呼、我有所应。深入贯彻乡镇、街道人大工作条例和开发区人大工作要求，完善人代会、议政会等民意表达制度载体，夯实全过程人民民主的基层基础。围绕重大事项决定权的行使，坚持把党的主张和人民意愿有机结合，规范完善事项提请、调研论证、讨论决定、跟踪监督的程序和机制，谋划重要工作、出台重大决策前广泛征求意见，切实增强决议决定的民主性科学性。深化民生实事项目代表票决制，构建体现全过程人民民主的票决制工作闭环,把这张“金名片”擦得更亮。

6.**实施“运行规范建设工程”**。着眼人大系统内外“双循环、双融合”,推进人大运行制度化规范化建设。加强内部制度建设,进一步修订有关议事制度及工作机制,完善议案提请、审议表决、评估评议等程序,健全与地方国家权力机关相适应的工作体系。树牢全区人大“一盘棋”思想,完善“三联系”制度,加强对基层人大的指导,上下联动、密切协同,形成合力督大事的工作格局。围绕向人大报告工作、落实决议决定、办理议案建议、开好人大各类会议等,优化完善区人大常委会与“一府一委两院”常态化沟通协商机制,努力实现横向贯通,促进依法规范、协同高效、运转顺畅。

7.**实施“数字人大深化工程”**。坚持务实管用、因地制宜、循序渐进,深入推进人大数字化改革。立足改革方向、重点任务,加快推进“人大数据仓”等谋定项目落地落实,促进人大与党政机关数字化平台、场景、数据的衔接联通。立足用户导向、需求导向,强化“代表云平台”“预算国资监督系统”等已有场景深度运用,进一步提升数字化履职水平。立足小切口、大场景,谋划一批管用实用的多跨应用场景,着力破解人大履职难点堵点,并探索与之相匹配的制度规范,形成具有吴兴特色的应用成果、制度成果。

8.**实施“机关素质提升工程”**。以争当“四个机关”示范表率为牵引,推动自身建设全面进步全面过硬。深入贯彻新时代党的建设总要求,落实全面从严治党主体责任,一体推进“六大建设”,着力塑造人大变革型组织,坚决守好“红色根脉”。狠抓常委会领导班子和人大干部队伍建设,健全干部成长“选育管用”全链条机制,常态化开展学习培训、调查研究和争先创优活动,着力提升参与和助推“市区一体、奔跑赶超”的能力水平,打造一支政治坚定、服务人民、尊崇法治、发扬民主、勤勉尽责的人大干部队伍。

新时代赋予新使命,新征程更需新作为。站在新的历史起点上,让我们更加紧密地团结在以习近平同志为核心的党中央周围,在中共吴兴区委的坚强领导下,锐意进取、开拓创新、勇毅前行,为推进市区一体、奔跑赶超,奋力在社会主义现代化新征程中书写美好吴兴篇章,作出人大新的更大贡献,以优异成绩迎接党的二十大胜利召开!

政府工作报告

——在湖州市吴兴区第五届人民代表大会第一次会议上

湖州市吴兴区人民政府区长　潘永锋

2022年2月15日

一、奋勇争先，铸就精彩五年

过去五年，是吴兴迎接大战大考、抢抓重大机遇、实现跨越发展的五年。五年来，我们坚持以习近平新时代中国特色社会主义思想为指导，深入学习贯彻习近平总书记考察浙江和湖州重要讲话精神，在市委、市政府和区委的坚强领导下，在区人大、区政协等各方面的监督支持下，持之以恒推进"生态吴兴、科创新城、产业强区、幸福家园"建设，真抓实干、拼搏奋进，谱写出高质量赶超发展、高水平全面建成小康社会精彩篇章。

五年来，我们展宏图之志，综合实力持续攀升。五年不懈奋斗，地区生产总值从2017年的800.5亿元增加到1135.6亿元，年均增长7.3%。财政总收入从91.6亿元增加到169.7亿元，地方财政收入从53亿元增加到109.2亿元，年均分别增长17.3%和19.8%，增幅持续领跑全市。全体居民人均可支配收入突破6万元，城镇、农村居民人均可支配收入分别达70166元和42275元，城乡居民收入比缩小至1.66∶1。规上工业增加值、固定资产投资、工业投资年均分别增长9.6%、13.8%和18.5%，高于全市平均水平0.6、4.3和9个百分点。招引万邦德新材、海亮文旅等5亿元以上项目117个，竣工投产72个。列入实施类省重大产业项目60个，总量居全省各县（区）第一。智能物流装备产业平台入选省"万亩千亿"新产业平台培育名单，吴兴经济开发区列入国家绿色产业示范基地。丝绸小镇、美妆小镇获省级特色小镇命名。三次实现全国综合实力、绿色发展、投资潜力、科技创新、新型城镇化质量百强区"大满贯"。

五年来，我们行破立之举，产业质效迭代升级。纵深推进制造业高质量发展，规上工业总产值突破800亿元，亩均税收实现翻番。改造提升金属新材、纺织服装等传统产业，大力淘汰落后产能，单位生产总值能耗五年下降10.5%。国家级绿色工厂达到14家，居全市第一。数字产业、智能装备、健康时尚和休闲旅游产业迅速崛起，跻身全国三大化妆品产业集群，战略性新兴产业、高新技术产业占规上工业比重分别提升14.6和36.1个百分点。骨干企业持续壮大，拥有市级"金象金牛"企业8家、国家专精特新"小巨人"企业5家、上市公司8家，税收超亿元企业达10家。启动全国首个"万物智联"先行区建设，数字经济综合指数、两化融合发展指数和信息化发展水平连续五年居全市第一、列全省第一梯队。5家企业入选省现代服务业重点行业"亩产效益"领跑者名单，38个项目列入省服务业重大项目，数量均居全市第一。建筑业总产值居全市首位。创成省全域旅游示范区，列入全国市辖区旅游综合实力百强区前50强，入选国家AAAA级景区5个，世界乡村旅游大会永久会址落户吴兴。建成高标准农田13.8万亩，引入市级农业"大好高"项目65个。创成国家现代农业产业园、国家渔业健康养殖示范县（区），连续三年获评全国县域农业农村信息化发展先进县（区）。

五年来，我们走创新之路，改革开放活力迸发。企业和群众办事“只进一扇门”“最多跑一次”逐渐成为常态，“一网通办”可办率达100%。一般企业投资项目全部实现“最多80天”审批。全省首创小微企业园“标准房”制度。全市率先实现企业开办“4小时、零费用”办结，市场主体突破10万家，居全市第一。先后获批国家绿色金融改革创新试验区、省民营和小微企业金融服务综合改革试点区县，人民币存贷款余额双双破千亿元。重组成立五大区属国企集团，3家企业获AA+评级，净资产突破600亿元。连续3年入选全国营商环境百强区。创新主体、创新要素竞相涌入，高新技术企业增加到186家，省科技型中小企业增加到745家。自主培育省级以上人才101名、企业研发中心和研究院112家，引育省领军型创新创业团队6个。出台“人才安居工程”，招引大学生9.7万名，新增高技能人才1.2万名，入围全省创造力十强县（区）。长三角地区主要领导座谈会重大项目开工仪式两次在我区举行，高铁湖州东站正式获批，沪苏湖高铁、湖杭高铁、湖杭高速等重大交通项目加快建设。高质量外资集聚先行区扎实推进，五年实际使用外资13亿美元。先后入选国家外贸转型升级基地、市场采购贸易方式试点和商品市场优化升级专项行动试点，进出口总额达658.6亿元，年均增长21.1%。网络零售额达1824亿元，占全市50%以上。

五年来，我们筑品质之基，城乡面貌精彩蝶变。城市化步伐加快，全区常住人口城镇化率达到73.3%。东部新城迅速崛起，较上一轮人口普查新增常住人口13万人，新建住宅面积1053万平方米，建成区绿地率达43.1%。中心城区品质提升，完成城中村改造项目73个，拆除违法建筑1507万平方米，城市精细化管理持续优化，助力湖州高分创成全国文明城市。16个小城镇焕发新魅力，织里镇、埭溪镇获评新时代美丽城镇建设省级样板，织里镇连续九年获省级小城市培育试点优秀单位。湖州城市大脑吴兴平台建成使用。市级美丽乡村实现全覆盖，创成省“四好农村路”示范县（区）、省新时代美丽乡村示范县（区）。空气优良率较五年前提升17.4个百分点，PM2.5均值下降43.2%，入太湖水质连续14年稳定在Ⅲ类以上标准，获评全省农村生活污水治理优秀县（区）。城镇生活垃圾总量连续三年实现负增长。创成国家生态文明建设示范区。获评中国城乡统筹百佳县市第一名。

五年来，我们立为民之本，美好生活成色更足。每年新增可用财力的80%以上用于改善民生，省、市、区民生实事项目高质量完成。着力帮扶困难人员就业，新增城镇就业20.1万人，城镇登记失业率控制在3%以内。基础教育、成人教育、特殊教育稳步发展，学前和义务教育段学生放学后托管服务全覆盖，创成省教育基本现代化区。公立医院、城市医联体改革纵深推进，基层就诊率上升5.5个百分点，基本医疗保险参保率达99.88%，健康浙江考核实现“三连优”。平均预期寿命从79.52岁提高到83.46岁，居全市第一。列入全国首批街道服务管理创新实验区、全国智慧健康养老示范基地。文体设施更加完善，省级乡镇文化站、农村文化礼堂实现全覆盖，人均体育场地面积提高到2.81平方米。完成新时代文明实践中心第二批全国试点区建设。城乡实现同质饮水。村均集体经营性收入达到150万元。全市首创慈善共富基金。残疾人基本康复服务率达100%。东西部扶贫协作、对口支援、对口合作不断深化，助力四川青川全县脱贫奔小康。

五年来，我们扬实干之风，治理能力不断提升。“两学一做”学习教育、“不忘初心、牢记使命”主题教育、党史学习教育取得明显成效,“四个意识”不断增强,“四个自信”“两个维护”更加坚定。主动接受人大、政协监督,建议、提案办理满意率均达100%。咨询委、法律顾问组作用有效发挥,政府与工会联席会商机制逐步完善,政务更加公开透明,创成全省首批法治浙江(法治政府)建设示范区。政府数字化转型深入推进,基本建成掌上办事之城、掌上办公之城。定期研判重大平台、重点工作,形成争项目、争资金、争试点、争荣誉浓厚氛围,获省政府督查激励5项。有效管控政府性债务,规范政府投资、购买服务等行为,从紧安排各项支出,推进全面从严理政。滚动开展矛盾纠纷和安全隐患“两个排查见底”行动,推动各类风险化解在平时、处置在未发。形成“洗楼”排查、精密智控、“人、物”并防闭环机制,“外防输入、内防反弹”成效明显,疫苗接种、实战演练扎实高效,单日最大核酸检测能力可达20万人,持续守住了“健康绿”。国防动员、征兵工作有力有效,军政军民更加团结。全国首创防诈热线。成功举办“中国治理的世界意义”国际论坛,矛调中心成为省级示范,形成基层治理的“吴兴样本”。

过去的2021年,我们隆重庆祝中国共产党成立100周年,深入学习贯彻党的十九届六中全会精神,在高涨的政治热情中奋勇争先,在满腔的创业激情中真抓实干,历尽艰辛、收获喜悦,实现“十四五”良好开局。

这是令人鼓舞的一年,经济高质量发展持续稳中向好。攻坚推进“五区联创”“十大专班”,全市率先引进百亿级三一装载机高端制造业项目,以全省第二名的成绩夺得首轮投资“赛马”激励。推进“腾笼换鸟、凤凰涅槃”攻坚行动,完成工业低效土地收储4028亩。“鲲鹏行动”顶尖人才、国家“单项冠军”企业和省级“未来工厂”实现“零”的突破。市场采购贸易出口达83.6亿元,为全市外贸出口增长贡献9个百分点。西塞“科学谷”、阳山“时尚谷”和太湖实验室全面启动建设。

这是令人欣慰的一年,吴兴山水清远图不断展露新颜。“一塘十山十漾”公园规划建设全面开启。南塘漾、吉山等7个未来社区列入省级创建名单。40个准物业老旧小区旧貌换新颜,53处零星独幢房屋实现物业管理全覆盖,高质量完成全国文明典范城市首轮测评。推进土地连片治理,完成垦造耕地5460亩,复垦建设用地1133亩,东林镇全域土地综合整治项目入选国家级试点。“跑道养鱼+稻渔综合种养”模式全省推广。贯通南北、连接城乡的湖山大道顺利通车。西塞山旅游度假区成为“网红打卡地”。列入全省首批、全市唯一的低碳试点创建区县。

这是令人瞩目的一年,共同富裕示范区建设探路前行。两趟“共富班车”在吴兴“首站发车”,28.7万名群众“上车”“入座”。“主动找、分级救、协同帮”社会大救助机制全省推广。村社医保形成“15分钟便民服务圈”。高血压、糖尿病“两慢病”全周期管理入选省级试点。“双减”政策稳步实施。偏远农村收寄快递全覆盖。区图书馆开馆运营,创成首批省级体育现代化区。建成启用全省标准最高的AAAAA级婚姻登记中心。新增3万名大学生及各类人才就业吴兴、安居吴兴。

这是令人振奋的一年,数字化改革引领迈出坚实步伐。数字经济系统考核居全省各县(区)第五名,党政机关整体智治系统考评走在全市前列。“服装(童装)产业大脑”“人才项目全链通”等应用成为全省“优等生”,11个应用被纳入省数字化改革重大应用“一本账S1”清单。“退役职通车”应用入选省数字社会案例集。“县乡一体、条抓块统”改革试点经验在全省交流。“大综合一体化”行政执法改革列入全省四个试点县(区)之一,“综合查一次”做法被国务院办公厅专报刊发。营商环境综合评价在全省44个工业大县中列第五位。

历尽天华成此景，人间万事出艰辛。回望五年奋斗历程，我们深切地体会到：旗帜决定方向，必须坚定不移听党话、跟党走。党有核心，才能万众一心。只有衷心拥护“两个确立”，忠诚践行“两个维护”，坚定不移沿着习近平总书记指引的方向笃定前行，才能战胜前进路上的一切艰难险阻，推动吴兴高质量赶超发展行稳致远。初心决定使命，必须坚定不移惠民生、保平安。民心是最大的政治，为民造福是最大的政绩。只有读懂民心，做到民有所呼必有应、民有所忧必有解、民有所需必有为，才能团结和发动群众，汇聚成强大的工作合力。思路决定出路，必须坚定不移抓改革、强创新。唯改革者进，唯创新者强，唯改革创新者胜。只有不断解放思想、创新打法，升级产业新政、人才新政、生态文明新政，加快质量变革、效率变革、动力变革，才能创造更多顺应时代、走在前列的发展成果。作风决定成败，必须坚定不移重实干、勇担当。新时代是奋斗者的时代，美好生活都是大家干出来、拼出来、闯出来的。只有大力倡导“靠前站、马上办、讲实效”的工作作风，在岗一分钟、干好每一秒，才能靠实干创造精彩、靠实绩赢得民心。这些经验启示，我们一定会倍加珍惜、长期坚持、丰富发展。

五年峥嵘岁月，我们上下同心、共克时艰，点点滴滴、历历在目。奋斗的足迹记录历史的荣光，每一位逆行者都值得铭记，每一位奋斗者都值得尊敬，每一位追梦人都值得点赞！

我们也清醒地看到，前进和发展中还存在不少困难和问题：拥抱长三角、融入一体化的开放意识还要进一步增强；新旧动能转换还不够快，科技创新成果转化率还不高，制造业提质扩量任重道远；城市能级还不够高，精细化管理水平仍需提升，高端要素集聚效应还不明显；教育、医疗、养老等优质公共服务供给还不够充分，新冠感染疫情、安全生产等不确定性压力依然不小；部分干部担当精神、服务意识和智治水平还有待加强。我们必须直面人民群众的关切，正视工作中存在的问题，切实采取有效措施加以解决。

二、乘胜前进，再创辉煌五年

对历史最好的致敬，就是书写新的历史。当前的湖州已经进入跨越式发展、高质量崛起的关键时期。从发展大势看，新一轮科技革命和产业变革深入发展，县域经济向城市经济、都市区经济加速转型，长三角一体化持续推进，特别是上海大都市圈将湖州推上“卓越的全球城市区域”的舞台，为产业跃升、城市蝶变带来前所未有的大机遇。从赶超态势看，“绿水青山就是金山银山”理念不断激发绿色动能，产城人文融合的空间框架全面拉开，“在湖州看见美丽中国”的城市品牌声名远播，绿色共富成为新的时代愿景。

作为湖州的主城区、首位区，我们必须紧紧围绕区第五次党代会提出的“扛起主城区担当、彰显首位区风采”的工作总定位，坚持以民为本、实事求是、创新实干工作总要求，旗帜鲜明地践行“市区一体、奔跑赶超”的工作原则，深耕“主城”发展，用好“滨湖”资源，守好湖城“根脉”，丰富“两山”内涵，合力把“首位”写在大地上，让吴兴因“我”而添彩，让湖州因吴兴而增光。

（一）打造浙北再崛起的主要增长极，汇聚“市区一体、奔跑赶超”的奋进力量

坚持经济强区、产业兴区。通过五年奋斗，地区生产总值跨越1500亿元台阶，财政总收入突破250亿元，规上工业总产值达到1500亿元，经济总量跻身浙江省第一方阵。

一是培育高能级平台阵地。坚持产城融合，全力打造省智能物流装备“万亩千亿”新产业平台，创成国家级高新区。拓展织东平台，构筑绿色智造新高地。提升埭溪、东林两大功能区块，联动发展美妆小镇，创成国家级经济开发区。释放世界乡

村旅游大会品牌效应，创成国家级旅游度假区。优化提升丝绸小镇，推进高铁板块乘势崛起，高品质打造东部城市门户。

二是培育先进制造业集群。攻坚推进“腾笼换鸟、凤凰涅槃”，精准培育专精特新、单项冠军和链主型企业，创成省制造业高质量发展示范区。加速先进制造业与现代服务业融合，全力争创两业融合国家级试点。深化绿色智造，推进智能物流装备、电子信息、精品童装、时尚美妆四大千亿级产业集群基本成型。

三是培育数字化新兴业态。推进数字产业化、产业数字化，加快布局5G基站等新型基础设施，推动千兆光纤全覆盖。发展壮大高端线材及高效电机、第三代半导体等标志性产业链，培育工业互联网、大数据及云计算等新兴产业，优化布局人工智能等一批未来产业，构建形成“4+3+X”数字经济核心产业体系。

四是培育农文旅融合产业。深入推进科技强农、机械强农，高质量打造美丽农场100家、“未来农场”30家。加速一、二、三产融合，推动田园公园化、劳动运动化，美丽乡村绽放美丽经济。联动推进西塞度假、世遗溇港和乡旅小镇文旅品牌建设，深化旅游业“微改造、精提升”，大力发展全域旅游，力争旅游总收入达到560亿元，年均增长15%。

（二）打造新势力城市的核心功能区，彰显“市区一体、奔跑赶超”的创新品格

坚持人才强区、创新强区。通过五年奋斗，全社会研发投入占地区生产总值比重达3.3%，规上企业研发活动实现全覆盖，真正成为“低成本创业之城、高品质生活之城”。

一是增强创新载体支撑力。深入实施“五谷丰登”计划，推进西塞“科学谷”争创绿色低碳国家技术创新中心，阳山“时尚谷”成为长三角时尚之心，太湖实验室创建省级实验室，推进省产业创新服务综合体提质增效。加快培育一批新型研发机构，拥有省级以上研发机构达150家，培育行业领先未来研究院10家以上。

二是壮大企业创新主引擎。实施新一轮科技型企业“双倍增”计划，培育一批高成长、高技术的“双高”企业。大力支持企业协同创新，合力打通技术攻关通道。培育高新技术企业300家以上，省级科技型中小企业1200家以上，确保研发投入年均增长超过15%。

三是培育创新人才生力军。依托“鲲鹏行动”“海智计划”“南太湖精英计划”等人才引育工程，大力引进一批顶尖领军人才和科技型企业家。构建高层次人才战略图谱，集聚补强产业链的高端创新创业团队，以人才“智高点”抢占发展“制高点”。力争人才资源总量达到27万人。

四是升级创新创业生态链。深化人才新政4.0版，创新项目、资源一体化高效配置体制机制，全面完善研发创新、生活休闲等配套服务体系。打造市区一体知识产权数字化产业园，力争每万人高价值发明专利拥有量达15件。大力营造鼓励创新、宽容失败的创业环境，形成“投贷奖补”联动机制，让吴兴真正成为创新蓝海、创业沃土、创客乐园。

（三）打造长三角中心的枢纽门户区，展现“市区一体、奔跑赶超”的开放活力

坚持开放合作、改革赋能。通过五年奋斗，基本形成“六网三新一融合”现代化高品质综合交通体系，成为长三角一体化发展战略重要节点。以数字化改革引领各领域改革，打造“重要窗口”区域样本。

一是坚持交通先行。融入“轨道上的湖州”，建成运营高铁湖州东站，实现到上海、杭州、苏州“一站式”直达，全面形成长三角主要城市“1小时通勤圈”。畅通主干路网，湖杭高速、104国道埭溪段改建等工程建成通车。完善“通江达海”内河航道网，布局通用机场，推进智能交通，创成全国“四好农村路”示范县(区)。

二是坚持开放协作。积极参与上海大都市圈、杭州都市圈规划布局，加强与上海自贸区、长三角生态绿色一体化发展示范区联动，打造智能装备产业协作区。积极对接杭州城西科创大走廊，融入环太湖科创带建设，加速产业、生态、民生一体化进程。统筹推进组团式援疆、山海协作和对口合作，全面实现“帮扶所需、吴兴所能、优势互补、协作共赢”。

三是坚持内外循环。高标准建设外资集聚平台，打造优质项目落户首选地。着力深化跨境电子商务综合试验区、市场采购贸易方式两大国家级试点，鼓励企业借力造船、借船出海。强化市区联动，盘活整合中心城区和东部新城楼宇空间，大力发展城市新经济新业态。优化提升中心城区历史街区和爱山、织里等商圈，全力打造东部新城商业新板块，构建新时代消费之都。

四是坚持改革引领。聚焦发展所需、民生所向，打造数字化改革多跨场景应用，加快形成重大标志性成果。强化要素市场化配置改革，推动资源要素更多向优势领域、优势产业、优势项目集聚。深化“放管服”改革，推进长三角政务服务“跨省通办、就近能办”，以最强政策供给打造“办事不求人、审批不见面、投资最放心”的营商环境最优区。

(四)打造环太湖明珠的宜居生态区，谱写“市区一体、奔跑赶超”的共富乐章

坚持城乡融合、绿色共富。通过五年奋斗，城乡居民收入比缩小至1.6∶1，常住人口城镇化率达到80%左右，城乡风貌建设、人的全生命周期服务迭代升级，建设共同富裕绿色样本。

一是建设绿色满园新城乡。高品质打造东部城市生态廊道，基本完成老城片区2000年前建成的住宅小区改造，构建全域未来社区，与南太湖未来城互促共进。实施“三地”联动改革，打造“主导产业兴旺发达、主体风貌美丽宜居、主题文化繁荣兴盛”的未来乡村。着力减污降碳，创成省低碳试点区县。推进生态产品价值转化，创成国家级“无废城市”和“绿水青山就是金山银山”实践创新基地，让绿色成为发展最动人的色彩。

二是共享富裕美好新生活。开展“扩中”“提低”行动，促进高质量就业，加速农业转移人口市民化，率先形成以中等收入群体为主体的橄榄型社会结构。探索特色化教育，创成全国义务教育优质均衡发展区，让每个孩子享有人生出彩的机会。区中医院建成运行，区人民医院创成二甲医院。健全公共卫生体系，全面提升疾病防控能力。完善社保、医保、住房等综合保障体系，构建育儿和老年友好型社会，全力提升群众幸福感。

三是传承文化文明新风尚。开展文化遗产复兴行动，统筹推进昆山、下菰城遗址公园建设，擦亮菰城历史文化品牌。重塑丝之源、茶之源、书画之源和湖学文化标识，融入全省“宋韵文化传世工程”。全面丰富群众文化生活，推进文化礼堂、百姓健身房等文体设施提质扩面，着力构建“15分钟品质文化生活圈”。实施文化铸魂工程，让“吴兴好人”“道德楷模”的文明之光照亮城市底色。

四是争当基层善治新样板。加快形成矛盾纠纷化解“最多跑一地”省级标准化体系，在全国率先实现网格员职业化。打响基层社会治理“吴兴样本”和镇域治理“织里经验”，推动自治、法治、德治、智治融合发展。着力防范安全生产、金融等各领域风险，建立健全常态管控与应急响应有机融合的基层治理机制。优化职责、下沉权限，形成“县乡一体、条抓块统”的整体智治格局。

展望未来，我们坚信，有区委的坚强领导，有全区人民的团结奋斗，我们一定能够推进经济高质量发展跨越新的台阶，一定能够建成人民满意的高品质现代化城市，一定能够率先实现绿色共富美好愿景。让吴兴从胜利的此岸驶向辉煌的彼岸!

三、创新实干,奋战开局之年

今年是新一届政府履职的开局之年,也是喜迎党的二十大胜利召开之年。根据区第五次党代会部署,综合考虑各方面因素,建议今年全区经济社会发展的主要预期目标为:地区生产总值增长7.5%以上;财政总收入、地方财政收入分别增长8.5%和8%以上;固定资产投资增长10%;城镇、农村居民人均可支配收入分别增长8%和8.5%;坚决落实碳达峰、碳中和阶段性要求,节能减排完成省市下达任务。

开局关系全局,起势决定胜势。我们将牢牢把握"稳字当头、稳中求进"工作总基调,全力稳进提质、除险保安、塑造变革,努力迈好第一步、展现新气象。具体抓好十方面工作:

(一)以重大项目"双进"为引擎,着力扩大有效投资

坚持以项目看发展论英雄,奋力推进"十百千万"重大项目攻坚行动,坚定不移抓好招大引强"一号工程",推动产业链招商、"基金+股权+项目"招商,确保新引进3亿元以上项目50个,其中10亿元以上12个,50亿元以上2个,力争百亿级项目再突破。大力度集聚高质量外资,确保实际使用外资3亿美元。出台高含金量政策包,安排2亿元助力企业智能改造、设备投资。重塑审批流程,出让工业用地3000亩以上,确保开工、竣工亿元以上项目各60个,其中3亿元以上各40个,力争入选省重大产业项目7个以上。着力优化投资结构,力争制造业投资占比提高到30%以上。适度超前布局基础设施建设,积极储备专项债项目,加快高铁湖州东站综合交通枢纽、后滋公路改建等重大交通项目建设,确保全年交通投资增长12%。稳步实施高新区"万亩千亿"平台提升改造、苕溪周边水系综合整治等工程,推进生态环保、城市更新和水利设施投资增长10%以上。

(二)以数字化改革为牵引,着力打造改革示范

加快系统架构迭代升级,推动"152"体系与"141"体系衔接贯通。高标准完善区级一体化智能化公共数据平台建设,持续提升底座支撑能力。围绕党建统领、数字政府、数字经济、数字社会、数字法治和基层治理等系统,着力打造一批"管用、实用、好用、群众爱用"的重大应用,推动更多项目列入省级示范和最佳应用清单。扎实推进楼宇经济领域数字孪生省级试点建设。聚力改革创新、争先创优,大力实施一批有辨识度、影响力的原创性改革。加快推进"大综合一体化"行政执法改革省级试点,推动职责和力量综合集成、下沉到底。深化"亩均论英雄"改革,做实"五未"土地处置和"标准地"改革,通过正向激励和反向倒逼,盘活低效用地4500亩,力争亩均税收增长8%以上。深入推进国企改革三年行动,创新区属国企市场化、社会化运作机制,全面激发国有资本活力。

(三)以稳企惠企强企为核心,着力激发市场活力

把减负强企作为稳增长的重中之重,千方百计推进市场主体轻装上阵、破浪前行,力争规上工业总产值突破1000亿元。"第一时间+顶格优惠"推动国家和省、市、区各项政策直达快享、精准发力,力争为企业减负30亿元以上。以"三服务"的非常之功,着力缓解企业缺电、缺工、断链等困难。大力开展稳企暖心行动,安排1亿元支持留工稳产。为民营和小微企业注入"金融活水",区属银行新增贷款250亿元以上。"一企一策"推动企业培大育强,力争新增省"隐形冠军"企业2家、国家专精特新"小巨人"企业2家、省"雄鹰"企业1家、上市公司3家。落实小微企业园"标准房"制度3.0版,力争培育"小升规"企业30家。推进建筑和房地产企业健康发展,力争建筑业产值突破520亿元,省外市场突破100亿

元。加快省级现代服务业创新发展区建设,培育标杆企业20家。鼓励企业拓展国际市场,发展跨境电商、市场采购贸易等新业态,确保外贸出口总额、服务贸易进出口额均增长8%。深入开展数字生活新服务,扎实推进省级夜间经济试点,打造休闲旅游街区、文旅消费集聚区,培育新零售示范企业6家,新增市场主体1.6万户,确保社会消费品零售总额增长6.5%。

(四)以“两谷一室”建设为重点,着力增强创新能力

加快推进国家级高新区创建,确保年度综合评价进入全省第一梯队。全面推进“五谷丰登”计划,加速西塞“科学谷”落地成型,聚焦新能源、储能材料等重点领域,大力招引大院大所,精准对接500强企业、上市公司研发中心,力争新引进知名院所1家,头部企业和研发机构3个。加快阳山“时尚谷”核心区建设,全力招引时尚产业项目4个以上,全速推进文商综合体、美妆微总部等9个配套项目建设。推动太湖实验室高效运行,吸引高层次人才团队、孵化产业项目各10个以上。鼓励企业自主创新,规上企业研发投入占营业收入比重达2.8%。发挥“湖十条”“飞英计划”等政策叠加效应,新增入选省级以上人才30人、领军型创新创业团队12个,力争“鲲鹏行动”顶尖人才再突破。聚焦落户吴兴、就业吴兴、安居吴兴,招引大学生及各类人才3万人。深入开展质量提升行动,加大知识产权保护力度,全力推进质量强区、标准强区、品牌强区。

(五)以全国文明典范城市创建为契机,着力优化城镇管理

以“绣花功夫”提升城市品质,大力开展社区治理、市容秩序、市场餐饮、文明风尚、文明智治、全民参与“六大领域”提升行动,探索更高水平精细化管理机制,实现综合评价始终走在全市前列。强化居委会协调监督功能,全面提升社区自治能力。完善“红色物业”治理体系,推进物业管理权责清晰、条块结合、齐抓共管。全域推广“城警一体化”协同联动工作机制,常态化开展车辆停放、犬类管理等重点领域专项整治。深化背街小巷治理,创成美丽小区20个、美丽街巷15条。以省级样板镇为标准,全力打造妙西文旅特色型美丽城镇。深化“厨房革命”,大力改善农贸市场环境,加快实现网络餐饮“阳光厨房”全覆盖。深入开展“垃圾革命”,推动垃圾分类执法进单位、进小区,创成省级垃圾分类示范片区1个、高标准生活垃圾分类示范小区10个。强化城市数字化治理,引导群众参与志愿服务,让每一位市民成为文明城市的参与者、获益者。

(六)以未来社区建设为样板,着力推进有机更新

开展城乡风貌整治提升行动,建成2个城市风貌样板区和1个县域风貌样板区,打造更具吴兴辨识度的“新时代富春山居图”。全力推进中心城区未来社区建设,红树湾未来社区率先建成运营,闻波未来社区完成改建。发挥湖东纽带作用,推动城区更好联结,力争基本完成三环东路以东区块征迁。稳步实施上强社区板块征迁,全力打造镇级未来社区样本。扎实推进老城片区更新,有序实施碧浪、仪凤桥等17个老旧小区改造。基本完成环渚工业园区改造提升征收工作。高铁湖州东站核心片区完成征迁。推进织里老城区更新改造项目12个,加快织东平台一期开发。突出便利度、体验感、现代化,积极探索新建住宅小区未来社区星级评价标准,让居住更舒心、让生活更美好。启动乌山、西湖漾、万谦漾公园建设。全面提升三环东路、湖浔大道、南太湖大道等城市进出口道路路域环境,推进19个农村公路绿化亮化景观提升工程,真正实现“出门是绿、移步是景”。

(七)以全域土地综合整治为抓手,着力振兴美丽乡村

以东苕溪以东5万亩农业生产空间为试点,高标准启动农地规划建设,全力打造国际范、江南韵、乡愁味、时尚风、活力劲的乡村振兴样板。扎实开展全域土地综合整治与生态修复工程，推进东林镇国家级试点和高新区、道场乡等6个省级试点，力争完成垦造耕地4000亩、复垦建设用地1000亩。组团式打造滨湖六村、山水妙境、寻梦菰城、丝绸之路、梅岭漫谷5大新时代美丽乡村样板片区，高质量建设未来乡村，实现精品村、历史文化村串珠成链、连片成景。推进科技强农、机械强农，新增省级数字农业工厂2个，建成市级“未来农场”4个。深化农村股份制改革，确保年集体经营性收入超80万元行政村全覆盖。启动南郊风景区整体开发。大力发展高端休闲和乡村旅游，招引高品质文旅项目8个以上，余不谷国际度假村等6个项目正式开业运营。

（八）以“绿水青山就是金山银山”实践创新基地创建为目标，着力美化生态环境

全力打好污染防治巩固提升持久战，打造天蓝地绿水清的生态环境。协同治理扬尘、臭氧和挥发性有机物，启动吴兴经济开发区、现代物流装备高新区2个“清新园区”建设，推进PM2.5和PM10持续下降，空气优良率达到85%以上。开展“污水零直排区”建设提质增效行动，加强太湖蓝藻常态化防控，深化环城河、太湖溇港等生态修复工程，力争再夺“大禹鼎”。强化污染地块和污染耕地安全利用管理，推进危废“一码溯源”省级试点，创成省“无废城市”。落实“林长制”，实施千万亩森林质量精准提升工程，扎实做好生物多样性保护。建好用好工业控碳数智平台，推进绿色化改造和资源综合利用项目20个，创建市级以上绿色低碳工厂15家。开展省级低碳乡镇和村社创建。深化“两山银行”建设，完成生态产品价值转化项目5个，全力打造全省典型样板。

（九）以共同富裕示范区建设为载体，着力改善民生福祉

全面推进“共富班车”机制落实落地，持续推出一批高质量的富民项目、惠民政策和便民服务，全力争取“首站发车”，让更多百姓“乘车”驶向“幸福站”。优化教育资源布局，新增托幼一体办学幼儿园试点6所，争创全国学前教育普及普惠区。打响“乐业湖州”吴兴品牌，新增城镇就业2.5万人。完善老年人助餐服务体系，配送餐服务覆盖90%以上村和社区。健全多层次社会救助体系，确保困难群众精准识别、应救尽救。办好第五届区运会，力争省运会创佳绩。加强文物保护和活化利用，建成区文化馆和一批乡村博物馆，全面丰富群众文化生活。严格落实常态化疫情防控“七大机制”，全面提升实战能力，确保第一时间发现问题、最短时间扑灭疫情。积极投身市域治理现代化试点建设，深化“两个排查见底”行动，完善风险闭环管控和“遏重大、控较大”工作机制。落实省委“五个一批”要求，争创全国信访工作示范县（区）。守住老百姓“钱袋子”，实现新立非法集资案件和涉案金额“双下降”。深化禁毒专项整治。高水平实现平安吴兴“十一连冠”。

（十）以变革型组织打造为动力，着力加强自身建设

坚持自我革命、系统重塑，全力打造“整体智治、唯实惟先”的现代政府。突出政治建设，弘扬“红色根脉”，争当“两个确立”忠诚拥护者、“两个维护”示范引领者，坚决做到紧跟总书记、围绕党中央、奋进新征程。强化上下齐心、党政同心，凡是上级决定的事、凡是赶超发展有利的事、凡是群众热切盼望的事，必须坚定不移抓执行、抓落实。坚持整体政府理念，对内抱成团、对外“一张牌”、市区“一盘棋”。突出法治建设，牢固树立法治意识，把政府行为全面纳入法治轨道。坚持“新官要理旧账”，对企业和群众说话算数、说到做到。坚决落实政府决策向人大报告、同政协协商制度，自觉接受社会各界监督，让权力在阳光下运行。突出能力建设，勇当改革攻坚的闯将，善于在多重目标中寻求动态平衡。树立成本思维、绩效思维、市场思维，用最少的资源办最多的事、用外部的资源办好自己的事，努力把“花钱的事”变成“挣钱的事”。突出作风建设，树立“无功就是过”的意识，增强“一刻无为、时刻不安”的自觉，坚决反对官僚主义、形式主义，让敢干者有“舞台”、让快干者有“擂台”、让干成者有“奖台”。构建亲清政商关系，对企业多存公心、杜绝私心，让企业安心搞经营、专心谋发展。强化公共资源交易、政府工程建设监管，严格控制和压减一般性支出，把有限的财力更多用在惠民利企上，全面塑造担当实干、风清气正的政府形象。

昂首奋进新征程，接续奋斗再出发。让我们更加紧密地团结在以习近平同志为核心的党中央周围，在市委、市政府和区委的坚强领导下，紧握历史接力棒、走好新的赶考路，在“扛起主城区担当、彰显首位区风采”中加压奋进、奔跑赶超、勇攀高峰，奋力书写全面建设社会主义现代化新征程美好吴兴篇章，以优异成绩迎接党的二十大胜利召开！

中国人民政治协商会议第三届湖州市吴兴区委员会常务委员会工作报告

——在政协第四届湖州市吴兴区委员会第一次会议上

湖州市吴兴区政协主席　丁芳芳

2022年2月14日

一、过去五年工作的回顾

过去的五年，是吴兴发展历史上不寻常的五年，也是区政协守正创新、砥砺前行的五年。五年来，在中共吴兴区委的坚强领导下，区政协常委会坚持以习近平新时代中国特色社会主义思想为指引，深入贯彻落实党的十九大和十九届二中、三中、四中、五中、六中全会精神，坚持团结和民主两大主题，紧紧围绕全区工作大局，认真履行政治协商、民主监督、参政议政职能，努力在建言资政和凝聚共识上双向发力，为全区经济社会发展作出了积极贡献。

（一）坚持把牢政治方向，团结奋斗的共同思想政治基础得到新加强

强化理论武装。把学习贯彻习近平新时代中国特色社会主义思想作为首要政治任务，持续在学懂弄通做实上下功夫。高质量开展“两学一做”学习教育、“不忘初心、牢记使命”主题教育、党史学习教育等集中教育活动。满怀激情庆祝中华人民共和国成立70周年、改革开放40周年和中国共产党成立100周年，深入学习习近平总书记关于加强和改进人民政协工作的重要思想，团结引导广大委员和界别群众深刻认识“两个确立”的决定性意义，切实增强“四个意识”、坚定“四个自信”、做到“两个维护”。

强化党建引领。协助区委出台《关于加强和改进新时代人民政协工作的意见》《关于加强新时代人民政协党的建设工作的实施意见》。在区委的关心下，加强和充实了政协机关和基层政协工作联络组的力量。立足政协系统党建“两个全覆盖”，完善组织体系，推进“专委会+界别”的功能型党支部建设。召开全区政协系统党的建设工作座谈会，加强以政协党组为主体的政协党建工作，引导党员委员模范做到“五个带头”，有效实现了支部建在专委会、小组设在界别里、委员聚在党旗下、引领融入活动中。

强化读书育人。高度重视委员读书活动，全力打造书香政协，进而助推书香社会建设。想方设法建好“书房”，把“委员书房”作为委员工作站的标配，实现全覆盖，有效营造“请你来读书”氛围。顺应全媒体时代电子阅读、有声阅读的趋势，设立领读人制度，打造“跟着晓虹读原著”读书品牌。通过轮流领读自主学、定时定期经常学、线上线下灵活学、学思践悟互动学、借脑借力有效学，委员读书学习蔚然成风。有关做法在全省政协委员读书工作交流会上作了交流发言。

（二）坚持服务大局，助力助推社会经济发展彰显新作为

紧扣中心大事协商建言。围绕吴兴融入长三角一体化发展，组织调研组赴外地学习考察，召开各类座谈会25次，有关意见建议被吸纳进《吴兴区融入长三角区域一体化工作方案》。

围绕“十四五”规划编制和共同富裕示范区建设，分别组建六个课题组，精心组织大学习、大调研、大讨论，先后召开专题议政性常委会，形成高质量调研协商成果。围绕“生态吴兴”，就“旅游+”全域景区打造、东部新城“一塘十山十漾”公园建设、发展休闲观光农业、提高森林覆盖率等议题开展协商。

紧盯发展难事献计出力。围绕补科技人才短板，就优化科技创新平台、提升众创空间平台能级等多次开展协商，提出的“规划建设‘高教科创综合体’为新城发展提供‘最强大脑’”等建议，在区重点工作中得到体现。围绕做大做强产业，就制造业高质量发展、加快纺织服装业转型发展、助力小微企业发展、加快推进织里市场采购贸易试点等开展协商，所提建议在《吴兴区制造业高质量发展实施意见》等文件中得到采纳。围绕破解土地要素制约这一发展瓶颈，连续五年就农村土地“三集中”改革、盘活低效用地、盘活闲置农房、创新土地开发利用新方式等开展协商，精准助力东部新城商业服务业“标准地”改革试点、低丘缓坡与矿地生态型开发规划管理等工作的推进实施。

紧贴民生实事积极建言献策。持续关注农业农村、教育、医疗等领域，围绕农民增收、饮用水源地保护、农村污水长效治理等开展协商，有力助推山区农民饮用水等问题的解决。就民办幼儿园健康发展、学校集团化办学管理、智慧医疗、校医配备等协商建言，有效促进相关举措的出台。针对群众关注的关键小事，就厨房革命、民办校外托管机构管理、文化市场规范管理、乡风文明移风易俗等40余项议题，组织开展调研视察126次，提出意见建议460余条，并及时形成《民主监督建议书》，助推惠民利民措施落实到位。

紧跟热点问题反映社情民意。发挥社情民意“直通车”作用，不断完善工作机制，畅通社情民意收集反映渠道，着力推进反馈和落实。五年来，委员们共反映社情民意1500余条，经梳理后编发报送各级领导435期，被全国政协录用40期，转送国家有关部委办局16篇，其中《关于环保税实施过程中的问题及对策》的信息，得到中央领导批示，并被全国政协办公厅评为优秀信息，这也是全市政协系统首次获此殊荣。4篇社情民意信息得到了省委、省政府主要领导的批示。区政协反映社情民意信息工作跃居全市前列。

（三）坚持开拓创新，履职平台建设取得新成效

“数字政协”掌上履职平台全面上线。根据省、市政协建设“数字政协”的部署，我们主动融入数字化改革大局，注重数字赋能、委员提能，通过细化模块、优化流程、量化标准、固化机制，大力推动流程再造、机制重构，努力以数据链串起委员履职工作链、责任链、成效链。自2021年6月在全省率先获批上线以来，坚持学中干、干中学，边建设、边使用、边完善。目前，已完成十个模块的建设，初步形成了学习交流随时随地、履职尽责线上线下、团结联谊区内区外、工作评价有图有据的多跨应用场景。

“请你来协商”工作平台全面成型。以“三长制”面对面协商体系为基础，着力打造“6+X+N”协商议政新格局。制定出台“请你来协商”平台建设实施意见、操作细则，明确协商的内容形式、工作原则、程序方式，推动“请你来协商”活动有序开展。五年来，组织区领导与委员面对面协商38场；区级部门局长与界别委员面对面协商60余场；高新区、乡镇（街道）党（工）委书记、乡镇长（主任）与辖区委员面对面协商300余场，协商成果得到各级领导批示32条，有效推进协商民主在吴兴的广泛多层制度化发展。

委员会客厅全面上星。委员会客厅是省政协打造的具有鲜明标识度的特色履职品牌，全市4家省级委员会客厅有3家坐落在我区。我们牢牢把握“四新"定位，坚持用"四心"提"四力"，全力助力委员会客厅建设，培育形成了"三香、三声、三线"具有吴兴特色的政协委员会客厅文化。吴淑英、冯文明、潘水琴三位牵头委员和各自的团队，积极践行"互学互鉴、同心同行"理念，累计开展各具特色的主题活动41场，参与人数1200多人，有效拓宽了团结引领界别群众的渠道。3家省级委员会客厅全部获评省"四星级"委员会客厅，有关做法在全省政协主席读书会上作了书面交流。

民主监督全方位拓展。注重联动开展专项集体民主监督，先后组织参与了"五水共治""高水平全面建成小康社会补短板工作""城乡生活垃圾分类治理"等5项省市区三级政协专项民主监督。围绕"最多跑一次"改革等市区两级联合开展监督。注重提升提案办理新机制，出台提案工作十项制度，推出提案工作"九步法"。开展"重点提案办理+民主监督"活动，提出意见建议65条，落实采纳59条。落实区人民法院、区人民检察院每年向政协常委会通报工作制度。五年来，先后有15名政协委员应邀担任"两院"特约监督员、部门行风监督员和人民陪审员。

（四）坚持团结联谊，广泛凝聚共识有了新提升

注重合作协作。牢牢把握人民政协大团结大联合的独特优势，坚持区政协党组成员联系各民主党派制度，鼓励和支持各民主党派和无党派人士参与政协履职活动，在政协各项会议和活动中优先安排发表意见和建议，切实做到真诚相待、真心相交、真情相融。各民主党派和无党派人士在区级层面各类协商会议上发言820余人次，占70%；立案集体提案52件，占集体提案总数的49%；反映社情民意信息1280余条，占85%。

注重联络联谊。会同统战部门，充分发挥民族宗教界代表人士的积极作用，进一步密切与港澳台同胞和海外侨胞的联系联谊。加强与省内外政协横向联系，圆满完成第四次长三角地区政协主席联席会议等重大考察的接待任务。持续开展"六送下乡"为民服务活动，累计开展上门义诊、农技指导、法律维权、艺术表演等各类服务活动60余场次。借助委员会客厅开展各类联谊帮扶、社会公益活动20余次。

注重文史宣传。编印出版《走读清远吴兴》系列丛书，全力支持参与沈家本历史文化园建设和沈家本诞辰180周年等相关活动。积极开展东西部扶贫协作文化交流，举办和参加四川青川、安徽谯城三地书画联展。积极运用报刊、电视、网络以及"吴兴政协"微信公众号等媒体平台，加大政协宣传力度。100余条报道被《人民政协报》《浙江日报》《联谊报》等省级以上媒体刊登，诞生了浙江政协系统第一部以"政协委员会客厅"为题材的小小说《同心厅》，媒体累计浏览量超百万。

（五）坚持固本强基，政协队伍建设展现新形象

委员风采充分彰显。面对突如其来的新冠感染疫情，广大政协委员响应号召、闻讯而动，各展所长、各尽其能，积极参与疫情防控和复工复产，慷慨解囊、捐钱捐物，以实际行动展示了大爱情怀，体现了使命担当。深入开展开放式"招标"调研，五年来，在经济、社会、文化等领域形成调研报告500余篇，75篇被选为优秀调研报告，部分转化为大会发言、提案和社情民意信息。持续推进"岗位建功、为民建言"活动，广大委员用心实干，亮点纷呈。王建荣委员获评2020年全国劳动模范；俞忠力委员受邀赴京参加全国政协办公厅有关座谈会，成为全市反映社情民意与司长面对面座谈"第一人"；蒋晓锋委员获评农工党中央定点扶贫先进个人；于利英委员受聘为省政协特邀信息员。

委员管理有效加强。加强委员培训，先后与上海交大、苏州大学合作举办政协系统干部培训班，组织履职突出委员参加延安干部学院和厦门大学专题教育培训班。优化委员服务，实施委员生病住院探望、困难帮扶慰问等制度，定期走访委员，倾听委员心声。创新建立邀请委员列席主席会议制度，为委员知情明政创造条件。大力选树先进榜样，在区内媒体平台上开设“委员风采”栏目，先后报道了71位委员的履职故事，形成正向激励。搭建委员活动阵地，实现20个基层政协工作联络组“委员工作站”全覆盖。

机关建设扎实推进。主动参与中心大局，五年来，区政协领导班子带头投入全区“八大行动”“五区联创”“十大专班”，牵头领办推进“开放合作突破年”“全域旅游提档行动”等重点工作，认真履行“河长制”“湖长制”职责。积极开展“三服务”活动，帮助联系乡镇(街道)、村(社区)和企业(项目)，协调解决实际问题。积极参与全国文明城市和文明典范城市创建等中心工作。全面履行从严治党“主体责任”和“一岗双责”，支持派驻纪检监察组开展工作，严格落实党风廉政建设各项制度，营造风清气正的政治生态。区政协机关荣获全区“建设清廉机关、创建模范机关”工作先进集体。

回顾五年工作，我们清醒地认识到，工作中还存在一些差距和不足。主要是：协商议政的质效有待进一步提高，联系服务群众的途径有待进一步拓展，委员履职的能力有待进一步提升，对政协履职的理论与实践探索有待进一步深化，政协界别作用的发挥有待进一步加强。这些都要在今后的工作中努力加以改进和解决。

二、主要工作体会

回顾过去五年，区政协立足人民政协的性质和定位，着眼新形势、学习新思想、推动新实践，积累了工作经验，深化了对政协工作的认识和体会。

(一)坚持党的领导是做好政协工作的根本保证

政协作为政治机关，坚持党的领导是必须扛起的政治责任、必须落实的政治原则。五年来，我们不断增强“四个意识”、坚定“四个自信”、做到“两个维护”，在拥护核心、维护核心、紧跟核心中提高政协工作政治站位。我们始终自觉在中共吴兴区委的领导下开展工作，坚持重大问题、重大事项及时请示汇报，积极争取区委对政协工作的重视和支持，确保政协事业沿着正确道路阔步前进。

(二)坚持提高履职质效是做好政协工作的价值所在

政协作为专门协商机构，坚持团结和民主两大主题，在凝聚共识和建言资政双向发力中提高履职质效，是政协工作的价值所在。五年来，我们牢固树立提质增效导向，紧扣专门协商主业，聚焦搭建协商平台主责，把党政重视、群众关注、政协所能的议题作为履行职能的主攻方向，自觉把政协工作融入全区中心大局之中，努力把区委决策部署和对政协工作的要求全面落实下去，把建设美好吴兴的智慧力量广泛凝聚起来，从而在服务大局、紧贴中心中履好职尽好责。

(三)坚持履职为民是做好政协工作的目标追求

人民政协来自人民，人民性是政协与生俱来的本质属性，要在不忘初心、践行宗旨中发挥政协独特优势。五年来，我们坚持把履行职责与关注民生有机结合起来，深入基层群众，广泛听取意见诉求，真实反映社情民意，紧紧围绕群众所盼所想所需协商议政、建言献策，积极协助区委、区政府做好服务群众、理顺情绪、协调关系、化解矛盾等各项工作，全力助推各项惠民工作和民生事业发展，将履职为民的工作理念落到实处。

(四)坚持委员主体是做好政协工作的基础基本

委员强则政协强，委员活则政协活，强化委员主体意识、激发委员履职活力，是政协的基础工程。五年来，我们坚持把委员作为政协工作的主体，广泛搭建履职平台，全面加强服务管理，用担当凝聚委员，用实践锻炼委员，用机制激励委员，鼓励和推动委员在政协舞台上明主体、当主力、唱主角，做到聚精英、出精品、闪金光，最大限度地发挥各界委员的积极性、创造性，政协工作凝聚力影响力不断提升。

（五）坚持守正创新是做好政协工作的活力源泉

改革创新是政协工作的内在要求，是政协事业持续发展的不竭动力，要在守正创新中永葆人民政协生机与活力。五年来，我们坚持在传承中创新，在创新中发展，不断打造政协工作新品牌。注重以制度创新深化履职，以形式创新丰富协商，以方法创新提升质效，工作覆盖面更广、开放度更大、参与率更高、凝聚力更强，形成了一批具有时代特征、吴兴特色的经验做法，政协工作始终保持着蓬勃生机。

三、今后五年工作的建议

今后五年，是吴兴乘势而上、实现高质量赶超发展的关键五年。区第五次党代会提出了“扛起主城区担当、彰显首位区风采”的工作总定位，描绘了“在社会主义现代化新征程中书写美好吴兴篇章”的宏伟蓝图。面对新任务、新要求，区政协责无旁贷，必须积极参与，努力作为。为此，建议新一届政协：坚持以习近平新时代中国特色社会主义思想为指导，深入学习贯彻习近平总书记关于加强和改进人民政协工作的重要思想和中央政协工作会议精神，在中共吴兴区委的坚强领导下，牢牢把握团结和民主两大主题，坚持建言资政和凝聚共识双向发力，把忠诚拥护“两个确立”、坚决做到“两个维护”，落实到政协各项工作中去，为在社会主义现代化新征程中书写美好吴兴篇章贡献政协智慧和力量。

（一）突出思想政治引领，把政协工作政治站位提得更高

进一步加强理论武装，持续学懂弄通做实习近平新时代中国特色社会主义思想，深入学习贯彻党的十九届六中全会精神，把学习宣传贯彻党的二十大精神作为重大政治任务，不断提高政治判断力、政治领悟力、政治执行力，团结引领各党派团体、广大政协委员、界别群众把拥护“两个确立”转化为做到“两个维护”的高度自觉，巩固共同奋斗的思想政治基础。坚决落实党对政协工作的全面领导，确保政协工作在正确的方向上前进。加强政协党建工作，以党的政治建设为统领全面推进政协各项工作的开展。政协党组切实担当起把方向、管大局、保落实的责任，切实抓好机关党组、机关党支部和功能型党支部建设，充分发挥党员委员先锋模范作用，推动政协党建工作再上新台阶。

（二）突出提高履职质效，把政协工作与全区经济社会发展大局贴得更紧

要选准政协履职的靶心，坚持把履职眼光聚焦到“扛起主城区担当、彰显首位区风采”的总定位上来，把履职的重点集中到为“市区一体、奔跑赶超”建言资政上来，把履职的质效体现到助推实现“加快建设新时期美好吴兴”的奋斗目标上来，始终与党政工作同频共振、同轴运转、同步推进。要汇聚政协的力量资源，充分发挥政协联系面广、人才荟萃的优势，紧扣共同富裕示范，推动高质量赶超发展，围绕“市区一体”“共富班车”“两谷一室”等重点工作，突出“主城”“滨湖”“根脉”“两山”等发展的关键词，关注人民群众身边的关键小事，努力在“大场景”中找准履职“小切口”，集思广益商量事，建言资政献良策，凝聚人心增共识。要提升政协履职的协同，做到内部贯通、上下联动、左右协作、内外衔接，使专门协商机构的联动更加成体、运行更加成势、功能更加成熟，在发挥“专”的优势中提升“商”的质量。

（三）突出凝聚人心力量，把政协工作的同心圆画得更好

充分发挥统一战线组织平台作用，坚持大团结、大联合，更好履行凝聚共识职能，主动担负起把区委决策部署和对政协工作要求落实下去、把全区社会各界的智慧和力量凝聚起来的政治责任。进一步为各民主党派、工商联和无党派人士参政议政创造条件、搭建平台，为他们发挥作用提供保障。进一步加强与民族宗教界人士的团结联谊，铸牢中华民族共同体意识。充分发挥委员会客厅作用，增进与非公有制经济人士、新的社会阶层人士的交流合作，探索“委员会客厅”向基层延伸，扩大朋友圈、拓展团结面。加强与云和县政协、上海长宁区政协、安徽望江县政协的联谊，努力在助推长三角一体化、山海协作、区域共同富裕上发挥政协作用。深入挖掘我区深厚的文化底蕴，编辑出版《追寻吴兴文脉》文史丛书，发挥“存史、资政、团结、育人”作用。

（四）突出创新工作机制，把政协工作品牌擦得更亮

要按照“不建机构建机制”的要求，积极探索搭建富有实效又具有吴兴辨识度的工作载体，不断擦亮吴兴政协工作品牌。要迭代深化“吴兴数字政协”建设，进一步深化对政协数字化改革理念、思路、方法、机制的规律性认识，倾力打造“我要报名”委员履职一条龙、“提案在线”、“协商在线”等多跨场景应用，做到委员在线、智慧连线、联系不断线，推动发展“指尖上的协商民主”。持续深化委员读书活动，不断擦亮吴兴政协“请你来读书”“跟着晓虹读原著”等读书品牌，通过“线上+线下”“自学+集中学”“讲座+讨论”等方式，坚持不学习不协商、先学习再协商，激发委员读书热情，固化委员读书习惯，提高委员读书成效，让书香味成为政协最具辨识度的味道。深化政协协商民主体系建设，在巩固完善全会协商、常委会专题协商、界别对口协商、“请你来协商”的同时，积极推进政协协商向基层延伸。发挥好基层政协工作联络组作用，依托委员工作站，进一步聚焦民生议题，迭代升级以“三长制”为特色的吴兴民生议事堂履职平台，厚植政协协商的基层土壤。

（五）突出主动担当作为，把政协队伍建得更强

对照新时代人民政协的新方位、新使命，进一步放大政协系统联动的整体优势。强化政协委员队伍建设，组织开展委员学习培训，将习近平总书记关于“懂政协、会协商、善议政，守纪律、讲规矩、重品行”的指示要求落到实处。开展“到基层去、到线上来”专题活动，密切委员与界别群众、身边群众的联系，促进委员协商能力的提升。运用好“数字政协”，科学准确及时有效地开展好委员管理和委员评价。强化专委会和界别建设，完善专委会联系界别和委员的工作机制，建好功能型党支部，充分发挥好专委会的基础性作用。发挥政协界别的特色优势，加密界别活动频次、规范活动机制、提高活动质效。强化政协机关建设，聚焦加强变革型组织建设要求，着力推进学习型、服务型、创新型、智慧型、清廉型“五型机关”建设，提升干部塑造变革能力，提高政协机关服务水平。持续加强政协机关党建工作，加强政协干部队伍的思想政治教育和纪律作风建设，保持“一线”精气神，打造忠诚、干净、担当的干部队伍，为提升政协履职能力现代化提供有力保障。

力量生于团结，幸福源自奋斗。让我们更加紧密地团结在以习近平同志为核心的中共中央周围，在中共吴兴区委的坚强领导下，倾注真情、满怀热情、充满激情，以沸腾的状态、奔跑赶超的姿态、开放包容的心态，奋力扛起主城区担当，全力彰显首位区风采，努力为在社会主义现代化新征程中书写美好吴兴篇章贡献政协智慧和力量，以优异成绩迎接党的二十大胜利召开！

名词解释

1. 三长制：区委书记、区长与委员专题协商，部门局长（部长、主任）与专委会、界别对口协商，高新区、各乡镇街道党（工）委书记、乡镇长（主任）与辖区委员基层民主协商。

2. 委员会客厅“四新”定位：学习交流新载体、联系群众新纽带、协商民主新路径、团结联谊新平台。

3. 用“四心”提“四力”：坚持同心同向、贴心服务、精心指导、匠心创特，着力提升委员会客厅引领力、持久力、执行力、影响力。

4.“三香、三声、三线”委员会客厅文化：在书香（求知与求真）、茶香（和谐与传承）、咖啡香（开放与创新）“三香”里筑精神，在会意的笑声、自发的掌声、真诚的建言声“三声”中显作为，在上接天线、下接地线、守住底线“三线”上管方向。

5. 提案工作“九步法”：发布选题、撰写提交、审核立案、交办、办理、答复反馈、监督评议考核、提案“回头看”、形成提案工作报告。

6. 六送下乡：开展送文化、送科技、送法律、送教育、送体育、送卫生下乡服务活动。

7. 三服务：服务企业、服务群众、服务基层。

8. 两谷一室：西塞科学谷、阳山时尚谷、太湖实验室。

大事记

1月

1日 《吴兴区困难群众精准救助实施办法》正式实施。

同日 吴兴区举行“吴兴年·更有味”网红大V打卡吴兴启动仪式暨第四届妙山村年猪节启动仪式。

4日 吴兴区东林镇全域土地综合整治项目试点被列入2020年度《国家全域土地综合整治试点乡镇清单》。

5日 吴兴区召开“深化拓展三服务”暨“五区联创”“十大专班”动员大会。

同日 吴兴区市场采购贸易出口额突破1亿元，领跑浙江省三个新批试点，迎来2021年新年开门红。

6日 省委政法委副书记王中毅一行到吴兴区社会矛盾纠纷调处化解中心考察。

同日 浙江省应急管理科学研究院党委书记、院长吴江民一行到吴兴区调研应急管理和安全生产工作。

同日 湖州市人大常委会党组书记、主任孙贤龙一行到妙西镇调研国家级旅游度假区创建工作情况，到朝阳街道考察鸿泊湾小区、安普景和护理院项目，并到高新区开展“三服务”走访调研。

同日 区委副书记、区长潘永锋到东林镇调研全域土地综合整治工作。

7日 市政协党组书记、主席杨建新到吴兴区开展“三服务”活动，实地调研道场乡施家桥蛇岭现代化生猪养殖场项目、道场乡城南工业园区万隆食品、浮玉花园东区建设现场。

同日 重庆市铜梁区委常委、铜梁高新区党工委书记、管委会主任廖强一行调研美妆小镇化妆品企业生产、研发工作。

同日 吴兴区举行第七届少数民族文艺会演。

同日 吴兴区召开专业安全生产委员会工作会议。

8日 省人社厅监察执法局局长乐添一行到吴兴区调研改革创新项目进展情况。

同日 区委召开四届十次全体(扩大)会议，审议通过《中共湖州市吴兴区委关于制定吴兴区国民经济和社会发展第十四个五年规划和二〇三五年远景目标的建议(审议稿)》;表决通过《关于批准吴旭同志辞去区委委员的决定(草案)》。

同日 区工商联(总商会)召开四届五次执委(扩大)会议，区委书记吴炳芳出席并讲话，区委常委、统战部部长宋建方主持会议，副区长傅远超通报2020年度全区经济社会发展情况。

10日 吴兴区在井安小学开展新冠肺炎大规模人群核酸筛查应急演练。

11日 《湖州市吴兴区打造道德新高地传递文明新风尚》在《浙江宣传信息》上刊登。

13日 市人大常委会主任孙贤龙一行到吴兴区公安分局调研指导工作，实地参观分局情报指挥中心。

14日 吴兴区政府第50次常务会议同意由吴兴产投集团出资设立吴兴区天使创投基金，总规模10亿元。

同日 吴兴区开展“法治宣传进校园，知法守法护成长”法治宣传活动。

同日 区青年企业家协会、新生代企业家联谊会2020年度全体大会举行，区委书记吴炳芳出席并讲话。

15日 高新区三一百亿级装载机项目签约仪式在杭州举行。签约前，省委书记袁家军会见三一集团董事长梁稳根一行。

同日 省人大代表冯志强到吴兴区人民法院调研未成年人审判工作，召开座谈会交流未成年人审判相关工作经验。

同日 吴兴区灵粮农场景区入选为国家AAA级旅游景区。

同日 吴兴区召开全区公路路域环境专项整治工作部署会议，启动实施《吴兴区公路路域环境专项整治行动实施方案》。

同日 吴兴区召开深化安全生产行政执法与刑事司法衔接机制会议。

同日 吴兴区开展“春节乐游吴兴”新春文旅消费暖心活动，推出“随心游 我买单”新春免费游活动，向全区外来留吴兴人员派发价值600万元文旅消费券，助力外来人员留吴兴过个幸福年。

16日 省数字生活新服务工作联席会议办公室公布2020年度浙江省数字生活新服务标杆创建（培育）名单，吴兴区入围标杆县创建名单（全省共22个）。

19日 市政协党组书记、主席杨建新到吴兴区“世界乡村旅游大会永久会址”现场调研文化旅游工作。

同日 吴兴区召开健康浙江示范区创建第一次工作例会暨“健康中国战略在吴兴实践”研讨会。

21日 吴兴区召开领导干部警示教育大会。

22日 吴兴区召开2021年经济发展大会，全面开启“生态吴兴、科创新城、产业强区、幸福家园”新征程。

同日 “丝绸之源”钱山漾文化交流中心、“周生记”、“溇港文化”入选浙江省首批文化和旅游IP培育名单。

23日 央视《新闻直播间》《第一时间》报道吴兴区化解劳资纠纷解决欠薪问题的案例，点赞吴兴区政府部门全力保障农民工工资支付的措施落到实处。

25日 省侨联副主席姚君明一行到朝阳街道开展“三服务”活动。

同日 吴兴区第七场（2021年度首场）“亲清直通车·政企恳谈会”召开，区委副书记、区长潘永锋出席并讲话，区委常委、统战部部长费屹巍主持。

27日 市委副书记、政法委书记夏文星到吴兴区调研农业“标准地”改革推进工作。

同日 市委常委、宣传部部长范庆瑜，市文化广电旅游局局长楼婷，市委宣传部副部长曹佩中等一行到妙西镇调研文化和旅游项目建设。

28日 省科协党组书记、副主席谢志远到吴兴区实地考察“省级院士专家工作站”。

同日 市委副书记、政法委书记夏文星带队到妙西镇调研农旅结合项目。

29日 吴兴区人民政府办公室出台《关于支持市场采购贸易方式试点发展的若干政策意见》。

同日 吴兴区举办2021年选商引才专题培训会。

同日 吴兴区开展2021年森林防灭火培训和实操演练。

30日 湖州市首支乡镇退休乡村医生抗疫志愿服务队“织里镇退休乡村医生抗疫志愿服务队”成立。

同日 “来往——刘祖鹏感恩故土”美术作品展在吴兴区廿舍·妙山美术馆开展。

同日 吴兴区龙泉街道在湖州市率先成立集社区党组织、红色业委会、红色物业“三驾马车”为一体的“红管家”联盟，打破小区业委会各自为战、势单力薄的困境，强化党建引领下的社区治理。

2 月

1日 市政协党组书记、主席杨建新一行到爱山街道友谊新村看望困难党员。

同日 市政协党组书记、主席杨建新到吴兴区看望慰问消防救援队伍。

同日 吴兴区召开全区领导干部会议，传达学习省“两会”精神。

2日 吴兴区留湖“团”圆，“邮”你有我暨“快递从业青年服务月”启动仪式举办。

同日 由吴兴区牵头主办的湖州市平安实训基地（新址）正式启用。

2日—5日 吴兴区第四届人民代表大会第五次会议召开。

3日 省药监化妆品监管处副处长徐伟红一行到美妆小镇开展化妆品“三服务”调研活动。

同日 省高院审委会专职委员许惠春到吴兴区人民法院调研指导工作，了解吴兴法院文化建设工作情况。

4日 省应急管理厅副厅长钱宏丰带队到吴兴区开展春节前重点地区安全生产和消防安全明察暗访工作。

同日 吴兴区人民法院开展2021年第一次集中执行行动，并邀请省人大代表和检察院工作人员全程见证执行，共拘传36人、拘留6人、扣押车辆2辆、执行到位金额126万余元。

5日 政协第三届湖州市吴兴区委员会第五次会议召开。

8日 区委副书记、区长潘永锋到东林镇调研土地复垦工作。

9日 市委副书记、政法委书记夏文星一行分别到吴兴区朝阳派出所、爱山广场三分钟驻守点，看望慰问春节期间坚守岗位的民警、辅警。

11日 省委统战部副部长、省工商联党组书记陈浩一行到吴兴区开展“新春走基层”调研活动。

15日 区委书记吴炳芳到吴兴西塞山旅游度假区调研指导文旅项目。

17日 区委书记吴炳芳一行到道场乡考察调研新时代美丽乡村样板村建设等工作。

18日 区委书记吴炳芳带队到八里店镇调研潞村村改造二期工程。

同日 区委书记吴炳芳到高新区开展“三服务”走访调研，为企业项目排忧解难，为广大职工加油鼓劲，全力推动“开门红”。

19日 副省长王文序到吴兴区开展“三服务”活动，并调研“十四五”开局起步有关工作，实地考察了妙西镇西塞山前木墅酒店经营、长颈鹿庄园人气商气、海亮国际康养小镇项目建设、浙江三一装备有限公司复工复产、世界乡村旅游大会永久会址建设等情况。

同日 吴兴区重点推进2021年36个重点文旅项目，总投资387亿元。

20日 区委书记吴炳芳一行到爱山街道调研“七大升级行动”相关工作。

22日 全区老字号产业园项目推进会召开。

23日 区委书记吴炳芳到爱山派出所、爱山街道行政执法中队女子分队开展调研工作。

同日 区委副书记、区长潘永锋带队到杭州青山湖园区考察洽谈环保设备、仪器仪表及科技人才项目。

同日 吴兴区召开旅游新业态项目（ATV全地形车）安全管理规范研讨会。

24日 团省委志工权益部部长陈掌军到吴兴区人民法院考察“少年圆桌”审判法庭和家室审判庭。

同日 市委副书记、市长王纲一行到吴兴区专题调研科技创新工作，实地调研湖州七孳孵化器有限公司、浙江久立特材科技股份有限公司、浙江三一装备有限公司、浙江宜可欧环保科技有限公司、哈工大（湖州）国际科技创新中心。

同日 吴兴区召开高温熔融（深井铸造）企业安全监管工作会议。

同日 吴兴区“侨联基层组织建设深化年”活动正式启动。

25日 区人大常委会党组书记、主任姚广民一行到东林镇调研全域整治、项目推进和美丽乡村建设工作。

26日 省药监局一级巡视员陈智慧一行到美妆小镇调研化

妆品工作和开展“三服务”工作。

同日 吴兴区“风起南太湖 赤子云归来 才聚新吴兴”海外高层次人才云聘会暨“引才月”启动仪式举办。40余位海外博士参加，10个人才项目进行了路演，浙江三一装备有限公司、浙江久立特材科技股份有限公司、哈工大机器人湖州国际创新研究院等3家企事业单位对外发布高层次人才需求。

同日 吴兴区发布全省首个《“老兵驿站”服务与管理规范》地方标准。

27日 吴兴区召开选商引才云平台专题培训会，高新区、各乡镇街道、选商引才分局，长三角（吴兴）选商引才服务有限公司相关人员参加。

28日 吴兴区飞英街道成为2021年度湖州市中心城区唯一一个获全市“跨境电商工作优秀街道”称号的街道。

3 月

1日 区安全生产委员会办公室、区委政法委员会、区人民法院、区人民检察院、区司法局、区应急管理局、市公安局吴兴区分局等7部门联合发文深化安全生产行政执法与刑事司法衔接机制。

同日 农业银行吴兴支行落地吴兴区国有土地房屋征收补偿资金专户。

同日 美妆小镇入围“十三五”浙江高质量发展特色小镇名单。

同日 吴兴区人民法院率先在人民法庭设立律师调解工作室。

同日 吴兴区公安分局摧毁一特大“杀猪盘”网络诈骗犯罪团伙。该团伙在全国各地共作案十余起，涉案金额1000余万元人民币。

2日—3日 省总工会基层工作部四级调研员王谦、一级主任科员王琳到吴兴区调研工会基层工作。

3日 市委常委、宣传部部长范庆瑜在爱山广场参加湖州市—吴兴区“3·5”学雷锋志愿服务暨家园志愿广场活动。

同日 吴兴区龙泉街道在湖州市率先成立“传小青”队伍，开展学雷锋传统和敬业爱岗优良作风“第一传”活动。

4日 省商务厅副厅长张曙明一行到吴兴区调研内外贸一体化及应对贸易摩擦有关情况，并开展“三服务”工作。

同日 温州市委常委、统战部部长施艾珠一行到埭溪镇调研美妆小镇化妆品企业建设管理工作。

同日 由吴兴区人民政府主办，八里店镇人民政府承办的“吴兴东部新城城市文化研讨暨诸葛瑾纪念馆建设论证会”举行。来自省、市、区的相关领导、专家学者参加研讨会。

5日 吴兴区与省应急管理科学研究院签订战略合作协议。

同日 吴兴区启动千人志愿者公共卫生应急大培训，补齐公卫应急队伍力量不强的短板。

同日 央视《国防军事早报》“两会直通车”栏目报道吴兴区综合行政执法局数字执法工作。

8日 全区2021年法治建设和司法行政工作会议暨创建法治浙江（法治政府）建设示范区推进会议召开。

同日 吴兴区召开全区公安工作会议，区委副书记、政法委书记宁云出席会议并讲话，会议表彰2020年度全区公安系统优秀基层单位、先进民警代表、先进辅警代表、优秀平安志愿者。

同日 吴兴区召开全区垃圾分类创优专班动员大会。

9日 省委常委、宣传部部长朱国贤带队到吴兴区调研了解新时代文明实践“一元·益愿”志愿服务、家园志愿服务计划和爱山街道学雷锋志愿服务站工作。

同日 省公安厅党委委员、副厅长金捷一行到吴兴区公安分局情报指挥中心调研指导，实地查看了分局情指行一体化合成作战改革。

同日 市委副书记、市长王纲，副市长夏坚定到吴兴区调研春耕备耕和“三农”工作，并实地调研省淡水水产研究所基地（渔业种业、工厂化养殖）、高新区杨溇村（新时代美丽乡村样板片区、宅基地“三权分置”改革）、庙港人湖蟹基地（龙头企业带动农户增收、农业“标准地”改革）。

同日 市人大常委会党组书记、主任孙贤龙到吴兴区部分乡镇（街道）、村（社区）和企业项目开展“三服务”活动。

同日 吴兴区召开政法队伍教育整顿动员部署会，对全区政法队伍开展为期5个月的教育整顿。

10日 南开大学化学学院院长朱守非一行到访美妆小镇，考察美妆小镇化妆品企业产学研基地建设工作。

同日 黑龙江省克山县县长韩大勇率考察团一行到吴兴区考察招商引资工作。

10日—11日 省信访局副局长章朝平一行到吴兴区织里镇矛盾调处化解中心实地调研运行情况。

11日 湖州市吴兴灵粮农场“大棚中使用驾驶旋耕机进行翻耕”的做法在“国家乡村振兴”微信号推文《两会声音：求解乡村振兴五问——从全国“两会”看全面推进乡村振兴》中被推广介绍。

同日 省品牌建设联合会调研美妆小镇“浙江制造”标准建设工作。

12日 省美丽城镇办公室综合组组长马新振一行到埭溪镇开展“三服务”调研工作。

同日 省高院立案庭庭长洪学军到吴兴法院调研24小时诉讼服务站运行情况。

同日 区委副书记、区长潘永锋到东林镇调研全域土地综合整治工作。

同日 特大“杀猪盘”网络诈骗案件暨全区公安机关反诈工作开展情况新闻通报会召开，浙江交通之声、《湖州日报》、《湖州晚报》、“竹童老师”、湖州电视台《阿奇讲事体》、《湖州发布》、《南太湖》、《城市电视》等专栏媒体记者应邀参加。

13日 上海交大健康传播发展中心主任鲍勇一行到埭溪镇调研美妆小镇建设工作。

14日 《浙江日报》头版头条报道吴兴区综合行政执法局数字化改革工作。

15日 吴兴区召开2021年区委巡察工作动员会，区委书记吴炳芳出席会议并作讲话。

17日 2021浙江出口网上交易会——中国香港站家庭用品、礼品赠品、玩具婴童专场线下开幕式在香港贸易发展局浙江代表处举行。副区长傅远超作为浙江省区县代表现场发言，并代表吴兴区政府与香港贸易发展局签订合作备忘录。

同日 区委审计委员会第五次会议召开，研究部署2021年全区审计工作。会议审议并原则通过了2021年审计项目计划。区委书记、区委审计委员会主任吴炳芳主持会议并讲话，区领导潘永锋等出席。

18日 由中国国际跨国公司促进会和联合国开发计划署、联合国贸易和发展会议等共同主办的第十三届国际跨国公司领袖特别圆桌会议在北京举行，吴兴区在会上荣获“跨国公司最佳投资城区奖”，是该次会议上全国唯一获奖区。

同日 吴兴区综合行政执法局首次入选司法部国际级试点：“全国行政执法人员培训标准化体系研究试点单位。”

同日 湖州吴兴产业投资发展集团有限公司全资子公司浙江物芯数科信息产业有限公司正式成立，开启以市场化手段探索推进全区数字化改革工作与数字经济的发展。

同日 全区党史学习教育动员部署会召开，研究部署全区党史学习教育活动。

同日 省委第四驻点指导组到吴兴区公安分局巡察指导分局队伍情况，并到月河、飞英派出所实地了解基层所队的队伍情况。

19日 由世界500强投资的象屿跨境电商产业园项目签约仪式在吴兴区举行。

同日 吴兴区举办“风华百年·青春逐梦”第三届吴兴青年说活动暨“学党史话初心”青年理论宣讲大赛。

22日 市人大常委会党组书记、主任孙贤龙到吴兴区调研大气污染防治工作。

同日 区委、区政府组织的全区2021年高新区、各乡镇“互看互学互比”活动在妙西镇启动。

同日 吴兴区举行“综合执法+人民调解”工作室集中授牌仪式，实现全区覆盖。区综合行政执法局被定为湖州市人大常委会基层立法联络点。

同日 “春来游吴兴，爱上西塞山”漫画文创作品展暨老邓漫画美术馆开业仪式在妙西镇举行。

23日 2021省、市、区、镇四级农合联“供销聚力三服务 春耕备耕六下乡”启动仪式在织里镇义皋村举行。

同日 全区党建工作会议暨全国文明城市典范城市创建动员部署大会召开。

24日 全省政法队伍教育整顿省委第四驻点指导组法院现场指导专班沈荣华一行，到吴兴区人民法院督导队伍教育整顿工作，并召开队伍建设情况汇报会。

同日 区委机构编制委员会召开该年度首次会议，研究全区机构编制相关工作，区委书记、区委编委主任吴炳芳主持会议。

25日 省司法厅社区矫正管理局局长彭磊一行到吴兴区调研“智慧矫正”工作。

同日 举行湖警青年宣教团吴兴分团成立启动仪式暨小“吴”警官反诈团首场宣教活动。

26日 区政协党组书记、主席丁芳芳带队到湖师附小（幸福里校区）调研改扩建等民生项目。

同日 中国科学技术协会科技服务团织里服务站落户织里镇。

27日 湖州市政协在织里镇首次组织来自美国、澳大利亚和阿塞拜疆等国家的9名在湖外籍友人，走进织里童装政协委员会客厅，零距离体验协商民主。

同日 区总工会第四届委员会第六次全体（扩大）会议召开。区委副书记、政法委书记宁云出席会议并讲话。

同日 吴兴区第七届菰城文化旅游节暨故事名家采风活动在道场乡菰城村拉开序幕。

29日 省公安厅党委委员、副厅长张飞军一行到区社会矛盾调处化解中心开展公安厅领导集中下访活动。

同日 四川省广安区委书记文阁率党政代表团一行到吴兴区考察学习，实地考察湖州市城市规划展览馆、织里童装设计中心、浙江三一装备有限公司、湖州丝绸小镇（西山漾片区）、吴兴美妆小镇、珀莱雅化妆品股份有限公司湖州分公司、西塞山前木墅酒店。

30日 省防指办常务副主任、省应急管理厅副厅长赵孟进带队到吴兴区督查汛前准备工作。

同日 吴兴区获得“建设平安浙江2021年度平安区”称号，实现平安吴兴“九连冠”。

同日 湖州（织里）童装及日用消费品市场采购专场推介会于深圳国际会展中心举行，副区长傅远超出席并致辞，琦瑞德泽、七秒易购、叮当猫、花田彩等10家织里镇童装企业以“中国童装之都·织里”之名组团亮相第12届国际童车及母婴童用品（深圳）展览会。

同日 全市癌症筛查项目在吴兴区正式启动。

同日 南京市高淳区委书记吴勇强率党政代表团一行到吴兴区考察，实地考察湖州灵粮生态农业有限公司、织里镇义皋古村落、浙江三一装备有限公司、湖州丝绸小镇（西山漾片区）。

31日 省药品检查中心副主任冯晨通一行到埭溪镇调研美妆小镇“三服务”工作。

同日 区人民检察院办理的太湖禁捕以来全省首例非法捕捞太湖水产品案——浙江吴某某等6人非法捕捞水产品案

入选长江禁捕典型案例。

4月

1日 由杭州吴兴商会和杭州钱塘文化艺术交流中心组成的浙商企业家代表团到吴兴区开展考察交流。

同日 湖州市召开重大项目攻坚暨招商引才推进会，吴兴区9名招商引才干部分别获2020年度招商引才能手金牌、银牌、铜牌，2名企业负责人获得2020年度全市“以商引商”突出贡献个人。会上，珀莱雅化妆品股份有限公司董事长、中国美妆小镇总顾问侯军呈作为“以商引商”突出贡献个人代表进行交流发言。

同日 首届上海旅游产业博览会在上海世博展览馆盛大开幕，吴兴区西塞山旅游在该博览会上亮相。

同日 吴兴区出台《关于鼓励大学生应征入伍的实施意见》。

2日 上海市公安局督察总队政委陈向东一行到吴兴区公安分局参观考察全域智慧督察建设工作。

同日 省台办主任庄跃成一行到美妆小镇开展“三服务”走访调研。

同日 吴兴区举行“蓝精灵服务队”启动仪式，该工作实现全区覆盖。

3日 区委书记吴炳芳带队检查全区清明祭扫和森林防火工作。

同日 区综合行政执法局原创歌曲《综合执法之歌》公开发布。

6日 吴兴区举行中国工程院院士刘正东聘任暨共建久立金属材料研究院签约仪式。区政府与浙江久立特材科技股份有限公司签订支持协议，久立集团股份有限公司董事局主席周志江向刘正东颁发聘书。

同日 “新时代美丽吴兴行动比看”活动举行，区委副书记、区长潘永锋携各乡镇、区级部门负责人到妙西镇观摩“山水妙境”新时代美丽乡村样板片区总体建设规划及妙山村的“新十景”，还实地考察道场乡龙出没森林水世界项目等。

同日 吴兴区“妙西黄桃”荣获2021年第一批国家地理标志农产品。

7日 全国人大常委会委员、省人大常委会副主任姒健敏，省人大常委会委员、教科文卫委员会主任委员郑金平，省人大常委会委员、教科文卫委员会副主任梅新林以及省科技厅和省发改委有关负责人等一行到妙西镇调研“西塞科学谷”（一期）项目。

同日 省教育厅党委委员、副厅长于永明，省教育厅职成教处处长陈达，职成教处主任科员蒋联海一行到吴兴区埭溪成校调研服务乡村振兴和社会培训工作。

同日 区委四届十一次全体会议召开，审议通过《吴兴区行政区划调整方案》。

7日—8日 中央电视台《一线》栏目摄制组到吴兴区公安分局朝阳派出所对吴兴特大“杀猪盘”网络诈骗案件作深度采访报道。

8日 省委驻点指导组综合协调组组长骆曙光一行到吴兴区检察开展政法队伍教育整顿学习教育环节综合评估。

同日 区委教育工作领导小组召开2021年第一次全体（扩大）会议。区委副书记、政法委书记、区委教育工作领导小组组长宁云主持会议并讲话。

9日 省委第三巡察指导督导组到吴兴区调研督导区委巡察工作情况。

同日 召开全区一季度外资工作分析会，区委副书记、区长潘永锋出席。

同日 吴兴区召开全区统战工作会议。

同日 区政协举办“书香政协·崇学讲坛”——党史学习教育专题讲座，区政协党组书记、主席丁芳芳等参加。

同日 吴兴区“南太湖水生态修复增殖放流点”在织里镇罗溇水闸堤岸举行挂牌仪式，并开展了南太湖水域首次水生态修复增殖放流活动。

同日 湖州市新时代美丽乡村样板区建设暨农村人居环境洁美行动工作交流会在吴兴区织里镇召开。

10日 吴兴区开展全区重点道路环境整治和景观提升“比拼晾晒”活动，区领导吴炳芳、潘永锋等参加。

11日 吴兴区举行红领巾学院队长学校第四期学习班开班仪式暨表彰大会。

12日 市委副书记、市长王纲，常务副市长杨六顺到吴兴区检查指导防汛备汛工作，实地检查飞英街道余家漾社村级避灾安置点、中心城区余家漾城市排涝泵站、中心城市防洪闸站。

同日 全区农村工作会议召开。

同日 区公安分局摧毁一特大帮助信息网络犯罪活动团伙。经查，此案涉及山东威海、江苏泰州等地，总涉案金额达600余万元。

13日 市委副书记、市长王纲到吴兴区调研“五谷丰登”计划推进情况，并实地调研“科学谷”一期项目建设、“时尚谷”沈港景观提升工程现场、浙江德马科技股份有限公司及珀莱雅化妆品股份有限公司湖州分公司。

同日 “织里·知礼”青年宣讲系列科普活动获评2020年度“浙江省社科普及创新项目”。

14日 浙江省中长期青年发展规划实施试点工作互观互检工作组到吴兴区调研。

同日 市委副书记、政法委书记夏文星一行到吴兴区人民检察院调研督导政法队伍教育整顿工作。

同日 湖州市现代化滨湖花园城市·吴兴区“一塘十山十漾”公园建设启动仪式举行。

15日 省委组织部副部长、省公务员局局长胡旭阳到吴兴区调研指导公务员管理工作，并实地考察埭溪镇调研美妆小镇。

同日 省发展和改革研究所考核组一行到吴兴区“丝绸小镇”对省级命名特色小镇进行考核。

同日 市委副书记、政法委书记夏文星一行到吴兴区人民法院督导队伍教育整顿工作。

同日 中国出口信用保险公司贸易承保部主管肖翌处长一行到吴兴区织里镇调研市场采购贸易方式试点。

同日 温州乐清市委副书记、市长徐建兵一行到埭溪镇调研美妆小镇建设工作。

16日 区公安分局又摧毁一特大帮助信息网络犯罪活动团伙。经查，该案总涉案金额达人民币400余万元。

18日 安徽省休宁县委书记卢邦生率党政代表团一行到吴兴区实地考察织里中国童装城、浙江布衣草人服饰有限公司、浙江东尼电子股份有限公司。

18日—19日 上海市奉贤区委书记庄木弟率党政代表团一行到吴兴区实地考察小西街文创休闲街区、吴兴美妆小镇客厅、珀莱雅化妆品股份有限公司湖州分公司、西塞山前木墅酒店。

19日 省发改委副主任陈建忠、省发改委长三角处处长黄鸿鸿一行到吴兴区西山漾湿地公园景区调研“水韵湖城”太湖流域湖溇河漾水生态系统项目。

同日 市人大常委会党组书记、主任孙贤龙到吴兴区调研水利工作，实地检查罗溇的保护利用。

同日 吴兴区召开一季度经济形势分析会暨“五区联创”“十大专班”工作推进会，会议颁发了一季度区级部门争先创优奖和全区改革创新奖，区商业局申报的“数字生活新服务标杆”项目列入2020年度浙江省数字生活新服务标杆创建（培育）名单。

同日 央视《新闻联播》播出吴兴区疫苗接种工作情况。

19日—20日 北京市人大常委会副主任、致公党北京市委主委、欧美同学会（中国留学人员联谊会）副会长闫傲霜率考察团到吴兴区考察特色小镇建设。

20日 浙江省数字生活新服务年度重点工作——数字生活地图项目的全省首个试点落户吴兴区。

20日—22日 中共十八届中央书记处书记，十一届、十二届全国政协副主席，中国国际跨国公司促进会名誉会长杜青林率中国国际跨国公司促进会考察团一行到吴兴区考察，并参加中国国际跨国公司促进会考察团对接恳谈会，实地考察古木博物馆、赵孟頫故居旧址纪念馆、王一品斋笔庄湖笔博物馆。

20日—23日 国家药监局高研院研修部主任尚红叶一行到美妆小镇调研争创国家级化妆品教学基地。

21日 中央军委国防动员部巡察组工作组一行到吴兴区巡察，检查指导区人武部有关训练、教育、纪检、保障等各项工作。

同日 国家卫健委新冠病毒疫苗接种工作指导组一行到八里店镇卫生院调研指导新冠疫苗接种工作。

同日 市政协党组书记、主席杨建新带队到妙西镇考察白酒文化博物馆工地现场。

同日 “我心向党 劳动光荣——吴兴区产业工人队伍建设改革‘心植工’”主题活动在妙西镇沈家本历史文化园启动。

同日 妙西镇长颈鹿庄园在科技与文旅融合发展论坛暨第五届《中国国家旅游》年度榜单颁奖盛典上荣获年度甄选主题乐园品牌奖。

22日 应急管理部国际合作和救援司副司长郭志军在吴兴区浙江世仓智能仓储设备有限公司调研企业可持续发展（SCORE）项目。

同日 国家药监局高研院尚红叶到埭溪镇考察美妆小镇建设工作。

同日 省人大常委会副主任赵光君到吴兴区开展《浙江省防汛防台抗旱条例（修订草案）》立法调研。

同日 吴兴区人民法院联合吴兴区市场监督管理局联合打造的全国首个童装知识产权保护预警平台“吴兴知产一点通”小程序正式上线。

同日 吴兴区人民检察院党组书记、检察长吴志新作为公诉人，对湖州某建材有限公司、蔡某某假冒注册商标，邱某某非法制造、销售非法制造的注册商标标识一案出庭公诉。

23日 中国商业联合会、中国财贸轻纺烟草工会副会长张丽君一行到埭溪镇调研美妆小镇关于全国美发美容行业职业技能大赛办赛工作。

同日 由吴兴区人民检察院提起公诉的2起特大电信网络诈骗案一审宣判，58名被告人分别被判处有期徒刑十一年六个月至拘役四个月不等刑罚，并处罚金。

同日 吴兴区召开打击治理电信网络新型违法犯罪联席会议暨“无诈区”创建工作动员部署会。区委副书记、区政法委书记宁云出席并讲话。

同日 区政府召开第54次常务会议，通过《吴兴区化解四类电气火灾风险专项攻坚提升行动方案》。

同日 吴兴区举行沈家本历史文化园开园仪式暨“吴兴论坛——中国法治发展战略”活动。

同日 王一品斋湖笔博物馆（吴兴区）获评第十批浙江省社会科学普及基地。

24日 国务院打击治理电信网络新型违法犯罪联席办督导组组长，公安部刑侦局副局长郑翔一行到吴兴公安分局督导调研打击治理电信网络新型违法犯罪工作。

25日 由省文化和旅游厅、省委老干部局指导，区交旅投集团等单位承办的2021“红韵湖州”文化和旅游消费年暨浙江老干部“银领研学·同心向党”——“在湖州看见美丽中国”活动启动仪式在吴兴区西山漾湿地公园景区举行。

同日 由共青团吴兴区委承办的全国青联“青春同心·永跟党走”一起读党史分享会湖州分会场暨“追溯百年党史 共铸五四芳华”读书分享会举行。

26日 省委宣传部副部长、省文明办主任卢春中一行到吴兴区为区版权服务工作站揭牌。

同日 省计生协会专职副会长潘祖光一行到吴兴区调研“向日葵亲子小屋”项目。

同日 省第九届“知识产权杯”创意设计大赛颁奖典礼在吴兴区成功举办。

27日 吴兴区召开公安部“团圆”行动——吴兴4·22拐卖儿童案新闻通报会，《浙江日报》、吴兴区融媒体中心、FM93浙江交通之声、《湖州日报》、《湖州晚报》、“竹童老师”自媒体平台、湖州电视台新闻综合频道、湖州新闻综合广播、《阿奇讲事体》《湖州发布》《南太湖》《城市电视》栏目等媒体记者应邀参加。

同日 第四届国际玫瑰文化节在吴兴区美妆小镇举办。

同日 浙江省“百名公益大使”宣传《中华人民共和国社区矫正法》系列活动湖州站启动仪式在妙西镇沈家本历史文化园举行。

同日 吴兴区湖州双创中心产业园被评为浙江省电子商务实践基地。

同日 区侨联三届五次全委(扩大)会议暨“侨资企业服务提升年”启动仪式举行。

28日 省粮食和物资储备局局长周维亮一行到吴兴区调研粮食产销合作有关工作，并开展“三服务”活动。

同日 由商务部指导，浙江省商务厅、湖州市人民政府主办，湖州市商务局、吴兴区人民政府承办，吴兴区商务局、爱山街道办事处具体执行的浙江省“数字生活嘉年华”、第三届“双品网购节”浙江专场启动暨湖州市数字生活地图点亮仪式在吴兴区爱山广场举行。

29日 中国商业联合会副会长张丽君，中国财贸轻纺烟草工会副主席彭艺，中国商业联合会副秘书长、行业发展部部长王京红，中国商业联合会健康美业专委会秘书长易杰，中国美发美容协会会长唐德高，中国美发美容协会秘书长王洪宇，中国财贸轻纺烟草工会商贸工作部一级主任科员王顺平一行到吴兴区调研美容美发行业职业技能竞赛办赛工作。

同日 副省长卢山到吴兴区调研浙江东尼电子股份有限公司、浙江三一装备有限公司、久立集团。

同日 省新任村(社区)党组织书记示范培训班现场考察吴兴区织里镇义皋村、龙泉街道白鱼潭社区党群服务中心和志愿广场。

同日 吴兴区图书馆正式开放并举行开馆暨阅读服务月启动仪式。

30日 举行“筑百年初心·扬五四精神”庆祝中国共产党成立100周年、中国共青团成立99周年暨吴兴区“十大杰出青年、十大优秀青年”选树主题团日活动。

同日 《浙江省湖州市吴兴区积极做好减贫外宣》信息在中共中央宣传部、国务院新闻办公室主办的《对外宣传通讯》刊登。

同日 区委政法委《构建浸润式平安实训新模式》入选2020年度全国“创新社会治理优秀案例”和全省政法工作现代化创新引导项目。

5月

1日 区委副书记、区长潘永锋带队到环渚街道专题调研环渚工业园区工作，到道场乡实地调研防汛工作，到东林镇调研全域整治和南山水库除险加固工程。

同日 《浙江省生活垃圾管理条例》实施首日，吴兴区综合行政执法局全面宣传造势，当日立案13件。

3日 市委常委、常务副市长杨六顺带队到吴兴区妙西镇调研旅游市场安全与疫情防控工作。

6日 市委副书记、市长王纲一行到吴兴农商银行长东片区总部大楼项目现场，考察大楼建设情况。

7日 区委书记吴炳芳带队到高新区、爱山街道辖区专题调研蓝藻治理工作。

同日 吴兴区推动建筑业和房地产业平稳健康发展获省政府督查激励。

7日—11日 中央电视台《热线12》《一线》栏目摄制组到吴兴区公安分局埭溪派出所对“团圆”行动——吴兴4·22拐卖儿童案作深度采访报道。

8日 省商务厅副厅长张曙明一行到吴兴区调研数字生活新服务相关工作。

同日 吴兴区应急融合通信指挥调度系统亮相首届长三角国际应急博览会。

10日 团省委副书记何黎斌一行到吴兴区走访调研，了解吴兴青年助力矛盾调解、红色研学基地、青年志愿者服务进社区省级试点工作以及省级青创农场的相关情况，指导吴兴基层共青团工作。

同日 市委副书记、市长王纲到吴兴区调研共同富裕工作，实地调研吴兴区人才市场大学生招聘、大学生众创空间建设、民办职业技能培训机构、高技能公共实训基地建设。

同日 市委副书记、市长王纲，副市长夏坚定一行到吴兴区调研共同富裕工作推进情况，实地考察吴兴区人力资源（人才）市场（促进就业和聚引人才）、爱山街道文创中心人力资源（人才）市场、尹家圩粮油植保农机专业合作社（农村合作社带动群众增收）、章家埭社区（“撤村建居、幸福邻里”基层改革创新村）。

同日 浙江《共产党员》杂志集团主办的“百年礼赞 党建之窗”大型系列活动第二站走进吴兴区，并启动吴兴区“初心之旅”红色地标打卡活动发布仪式。全国党刊总编辑参加。

11日 交通运输部公路科学研究院副主任朱志强带队到高新区专题调研环太湖一体化——“四好农村路”国家级示范路建设情况。

同日 团省委副书记（主持工作）何黎斌一行到爱山街道走访调研爱山家园志愿广场，并到妙西镇“谷堆乡创”调研、指导青年工作。

同日 市政协党组书记、主席杨建新一行到吴兴区调研市场采购贸易工作，实地考察织里镇童装城调研市场采购贸易、织里海关监管场所。

12日 国家林业和草原局华东调查规划院湿地监测评估处处长楼毅一行到吴兴区调研野生动物和湿地保护工作。

同日 省退役军人事务厅党组书记、厅长林云举到吴兴区调研退役军人相关工作。

同日 省公安机关交管类疑难信访案件现场教学活动在吴兴区举行。

同日 市委副书记、市长王纲到吴兴区调研基层医疗工作。

同日 市政协党组书记、主席杨建新一行到吴兴区开展“百名主席进百厅讲党史”活动，并实地考察蜀山医养中心。

同日 吴兴区城投集团亮相“首届中国国际消费品博览会”，并完成意向合作项目签约。

13日 市人大常委会党组书记、主任孙贤龙到吴兴区开展“深化义务教育改革、促进高质量均衡发展”专项监督工作，实地考察湖州四中西山漾校区（城市初中）、湖师附小西山漾校区（城市小学）、吴兴区城南实验学校（新居民子女学校、九年一贯制）、仁皇山小学（乡村小学）。

同日 市委常委吴登芬到妙西镇调研种植业情况，镇党委书记、镇长张力参加。

同日 区人大执法检查小组到高新区督导检查高新区有关《湖州市美丽乡村建设条例》和《浙江省粮食安全保障条例》贯彻实施情况。

14日 省委改革办公室副主任谢小云到吴兴区社会治理中心调研基层事务欠薪治理“一件事”。

同日 省委改革办副主任谢小云到吴兴区人民法院听取关于童装知识产权司法保护预警平台的专题汇报。

同日 市委副书记、市长王纲一行到妙西镇沈家本历史文化园调研。

17日 省食品药品监督管理局局长、党组书记徐润龙一行到埭溪镇调研美妆小镇化妆品监督管理工作。

18日 太湖流域东海海域生态环境监督管理局副局长章元明到吴兴区调研西山漾国控水质断面水环境治理情况。

同日 吴兴区商务运行调查监测点、吴兴区服装（童装）对外贸易预警点双双被评为2020年度省级优秀监测点、省级优秀预警点。

同日 内蒙古自治区十所高校的师生们组团到妙西镇开展校企对接活动。

19日 省体育局局长、党组书记郑瑶一行到吴兴区八里店镇、湖东街道调研。

同日 省委党史学习教育第十巡回指导组到吴兴区人民法院指导党史学习教育工作，实地考察党史学习教育开展情况。

同日 区委召开全区农村基层党建工作会议。

同日 吴兴区举行“爱在吴兴，赴一场甜‘密’之约”青年联谊交友活动。

20日 省委书记袁家军到吴兴区织里镇义皋村，考察义皋古村落、数字乡村展示馆、溇港文化展示馆，考察以古村落传统文化建设和乡村智治推进共同富裕工作情况。

同日 吴兴区组织2021年度民兵应急连集合点验。

同日 国家药监局高级研修院化妆品教学基地在吴兴区美妆小镇落户。

同日 区政协召开“加快织里市场采购贸易试点建设”专题座谈交流会，区政协党组书记、主席丁芳芳主持。

21日 新华社瞭望智库调研组一行到吴兴区公安分局调研反诈中心“2250000防诈热线”的运行情况。

同日 区委副书记、区长潘永锋到东林镇调研项目推进工作。

同日 吴兴区启动推进商业补充医疗保险（南太湖健康保），顺利完成2021年度、2022年度“南太湖健康保”参保工作。

同日 吴兴区公安分局捣毁一协助境外诈骗洗钱团伙。经查，涉案总资金1000余万元。

22日 山东省淄博市淄川区委副书记、区长周婷一行到吴兴区考察织里童装城及重点童装企业。

23日 CCTV-17农业农村频道《大地讲堂》栏目以“见山见水见生活”为题，走进吴兴，感受渔樵耕读的传统文化所呈现的魅力，了解吴兴乡村旅游发展，展示新时代“吴兴山水清远图”。

25日 中国红十字会党组成员、副会长尹德明带队到吴兴区调研区红十字工作。

同日 省水利厅副厅长蒋如华到吴兴区参加“传承治水精神、弘扬兴水文化”潘季驯治水成就与新时代水文化高层论坛活动。

同日 吴兴区南塘漾社区、吉山社区入选2021年浙江省第三批未来社区创建名单。

26日 2021湖州吴兴——跨国会（北京）投资推介会暨北京吴兴商会会员大会在京举行。中国国际跨国公司促进会特邀副会长李毅中，中国人民解放军海军中将王森泰，中国海事仲裁委员会副主任李玉泉，中共中央对外联络部当代世界出版社副总编辑、监事吕辉，中国农业出版社总编辑胡乐鸣，浙江省人民政府副秘书长、浙江省驻北京办事处主任毛瑞福，中国国际跨国公司促进会常务副会长、联合国和平大学校董张笑宇，中国国际跨国公司促进会副会长孟晓苏，副市长项乐民，区领导吴炳芳、丁芳芳等出席。

同日 省委常委、政法委书记王昌荣在吴兴区开展下访接访活动，并调研县级矛盾调解中心建设、数字法治改革工作等情况。

同日 副省长成岳冲到吴兴区参加长三角地区主要领导座谈会重大项目——开工仪式浙江分会场活动，并在吴兴区“水韵湖城”太湖流域湖溇河漾水生态系统项目现场出席开工仪式。市领导王纲等参加。

同日 吴兴区举办“浙”里有“援”法律服务活动，全区70多家企业代表及各乡镇街道外贸业务负责人参会。

同日 北京—吴兴高层次人才工作站在北京正式成立。

28日 省水利厅副厅长李锐到吴兴区考察太湖溇港风景区高质量发展工作。

同日 市委常委、宣传部部长范庆瑜到吴兴区高新区杨溇村庙港人水产基地、织里镇伍浦村调研农业农村城市品牌打造工作。

同日 2021“湖州科技进校园”活动周吴兴区主场启动仪式在湖州枫叶国际学校举办。

同日 吴兴区人民检察院起诉的湖州市首例危化品运输危险驾驶案由吴兴区人民法院公开审理宣判，对被告人袁某某、刘某某判处实刑，并处罚金。

同日 全区公安队伍顽瘴痼疾整治工作推进会召开。

同日 吴兴西塞山旅游度假区亮相国际滨湖度假大会暨首届度假博览会。

29日 由湖州市委统战部（市民宗局）主办，吴兴区委统战部（区民宗局）承办的“党恩各族颂 湖城一家亲”快闪活动在湖州爱山广场举行。

同日 2021年度吴兴区科技领导干部“比学赶超”大讲堂暨年轻干部“青苗论坛”第三期开讲。

30日 区综合行政执法局爱山女子分队参加“巾帼向党奋斗有我”庆祝建党百年暨“长三角女子巡逻队红色联盟”成立仪式。

同日 “璀璨星光·活力吴兴”基层文艺团队擂台赛决赛在妙西镇举行。

31日 市人大常委会党组书记、主任孙贤龙到吴兴区调研普法与依法治理工作，实地考察埭溪镇司法所、埭溪镇综合行政执法队、妙西镇沈家本历史文化园。

同日 区委副书记、区长潘永锋到东林镇调研土地复垦工作。

同日 吴兴区人民检察院组织起草的全省首个关于未成年被害人一站式办案的地方标准规范《未成年被害人“一站式办案”工作室建设与运行规范》（以下简称“一站式办案地标”）正式获批准发布。

6 月

1日 吴兴区新生代企业家成长学院第二期研修班开班暨导师帮带结对仪式举行。

同日 吴兴区人民检察院正式上线“吴小检·类案检索辅助应用系统”，实现量刑智能辅助2.0模式的全新升级。

同日 全区外资工作专题会议召开。

2日 吴兴区召开“建设平安吴兴暨扫黑除恶”总结表彰大会。

3日 全省信访局局长（矛盾调解中心主任）培训班现场教学活动在吴兴区举行。

同日 由吴兴区人民检察院主办的“检爱同行共护未来”未成年人检察主题开放日活动在吴兴区青少年宫举办。

同日 织里童装产业入选浙江省首批产业集群新智造试点。

3日—4日 新疆维吾尔自治区阿克苏地区柯坪县委书记孔伟雄率党政代表团到妙西考察文化和旅游项目建设。

4日 吴兴区“生态环境”法治宣传教育基地在妙西镇长颈鹿庄园举行揭牌仪式。

5日 吴兴区举行“决战决胜建党100周年安保暨禁毒攻坚战”誓师大会。

同日 “百年红船再扬帆 百舸争流助发展”2021年中国名校水上运动公开赛暨吴兴“十漾连珠”第三届水上嘉年华活动在吴兴区西山漾景区举行。浙江大学党委副书记邬小撑，市委副书记、政法委书记夏文星，副市长闵云出席，区委副书记、区长潘永锋致辞。

7日 市人大常委会党组书记、主任孙贤龙到吴兴区尹家圩粮油植保农机专业合作社开展市人大粮食安全执法检查。

区领导姚广民参加。

同日 2021年吴兴区产业工人队伍建设改革工作推进会召开。

8日 吴兴区社会综合治理省级标准化战略重大试点项目正式启动。

同日 2021年“全国放鱼日”暨首届长三角区域水生生物增殖放流活动在吴兴区织里镇义皋村举行。

同日 湖州市旅游业“微改造、精提升”现场会暨“平安护航建党百年”安全隐患大排查大整治专项行动推进会走进西塞山旅游度假区。市委常委、宣传部部长范庆瑜带队参加。

同日 吴兴区湖州新生代企业家政协委员“会客厅”举行第十三场主题活动,市政协副主席李全明进“会客厅”开展党史学习教育专题宣讲,区政协党组书记、主席丁芳芳等参加活动。

同日 湖州织里象屿跨境电商产业服务平台和湖州市吴兴区市场采购贸易服务中心启动仪式暨湖州象屿产业发展有限责任公司揭牌仪式在织里“中国童装城”举行。

8日至11日 中国—中东欧国家博览会暨国际消费品博览会在宁波举行,三一装备作为吴兴区乃至湖州市唯一代表,入选全省首批内外贸一体化典型案例,在博览会内外贸一体化展区亮相,并在9日上午全省内外贸一体化馆开馆仪式上作重点发布。副省长徐文光,省政府副秘书长高屹,省商务厅厅长盛秋平等先后到展区巡视指导。

9日 省退役军人事务厅党组成员、副厅长郭国松到吴兴区调研退役军人系统数字化改革相关工作。

同日 省统计局地方调查队二级巡视员张晟立到吴兴区核查全区互联网经济统计数据质量。

同日 吴兴区湖州新生代企业家政协委员“会客厅”、湖州知联会政协委员“会客厅”、织里童装政协委员“会客厅”围绕以“深入学习贯彻省政协主席葛慧君来湖调研政协委员会客厅讲话精神,全面启动‘同心向党读原著’活动,强化政协委员会客厅思想政治引领”为主题开展活动,区政协党组书记、主席丁芳芳等出席。

同日 吴兴区公安分局摧毁一特大帮助信息网络犯罪活动团伙。经查,涉案对公账户总流水达5000余万元,非法获利10余万元。

同日 吴兴区供销合作社组织志愿者赴妙西镇后沈埠村锦丰家庭农场开展直播带货活动,助农销售黄桃。

10日 省人大法制委员会副主任委员、一级巡视员尹林到吴兴区开展《浙江省标准化条例(草案)》立法调研。

同日 世界乡村旅游小镇项目签约暨小镇运营推进会活动在吴兴区八里店镇潞村举行。

同日 绍兴市人大常委会调研组到吴兴区调研市场采购贸易及跨境电商企业发展情况。

11日 吴兴区组织少数民族同胞开展“感恩跟党走,民族一家亲”浓情端午活动。

同日 2021年“品字标”团体标准(浙江制造 标准类)化妆品产业专场答辩会在美妆小镇举办。

同日 吴兴区乡村振兴局正式揭牌成立。

15日 全区批发零售指标“半年红”推进会召开。

15日—20日 吴兴区开展2021年度“最美政法人”选树活动。

16日 文化和旅游部资源开发司副司长徐海军一行到吴兴区开展乡村旅游调研,并实地考察妙西镇西塞山旅游度假区建设。

同日 省经信厅副厅长岳阳到吴兴区调研童装行业大脑,并实地调研浙江久立特材科技股份有限公司“未来工厂”。

同日 省人力社保厅监察执法局局长陈伟到吴兴区调研安“薪”云系统应用。

同日 湖北省襄阳市襄城区委书记吉虹一行到吴兴区实地考察织里镇义皋村、织里童装设计中心、丝绸小镇（西山漾片区）。

同日 吴兴区“红扬吴兴庆百年、初心传承勇担当”暨首批“光荣在党50年”纪念章颁发活动在织里镇陆家湾村水漾影院开展。“七一”前，全区累计有2329名老党员获得“光荣在党50年”纪念章。

17日 省商务厅会同相关部门认定全省37个服贸企业浙江省级服务贸易发展基地。吴兴区多媒体产业园成功入选本次评选，也是该区首个平台连续两次（2016—2019年度）入选省级服贸发展基地。

同日 吴兴区举办2021年度安全生产“岗位达人”比武竞赛。

同日 上海市松江区委常委、副区长周诚一行到吴兴区考察数字化改革工作。

17日—18日 区委书记吴炳芳率区四套班子领导等一行到江苏省靖江市、广陵区，南京市秦淮区、高淳区考察学习。

18日 世界乡村旅游小镇第一批签约项目集中开工暨世界乡村旅游大会网站正式上线仪式在八里店镇潞村书院隆重举行。

同日 省商务厅会同相关部门认定并公示109家全省首批内外贸一体化“领跑者”培育企业，吴兴区浙江德马科技股份有限公司、浙江贝盛绿能科技有限公司成功入选；吴兴区内外贸一体化改革试点产业基地（时尚美妆）入选全省首批内外贸一体化改革试点培育产业基地。

20日 浙江省第三届“绿道健走大赛”（湖州站）暨“职工绿道公益毅行”活动在吴兴区举行。

22日 省消防救援总队副政委包延平到吴兴区开展消防救援队伍下沉调研服务活动。

23日 国家应急管理部党委委员、副部长宋元明到吴兴区浙江世仓智能仓储设备有限公司调研企业安全生产工作和可持续发展项目（SCORE）。

同日 生态环境部水生态环境司副司长赵世新到吴兴区调研西山漾水生态修复工程。

同日 中国科学院大学智慧城市协同创新与产业联盟秘书长携中科宇图科技有限公司、法国威立雅集团（中国）、浙江翌明智慧科技有限公司、波鸿集团、中兴通集团等相关企业到吴兴区考察，并举行座谈会。

同日 省消防救援总队训练与战勤保障支队政治委员程斌到吴兴区开展基层消防救援队伍建设调研。

同日 省贸促会会长陈宗尧一行到吴兴区调研市场采购贸易及织里童装产业发展情况。

同日 市委副书记、政法委书记夏文星一行到吴兴区督导建党100周年安保维稳工作。

同日 在庆祝中国共产党成立100周年之际，区委书记吴炳芳到月河派出所，走访慰问全国劳动模范、全国公安系统“一级英模”、全国特级优秀民警。

同日 2021年第一次全市宣传文化系统“比项目、看实绩、助赶超”活动走进吴兴区。

同日 区教育局与上海世外教育集团合作签约仪式举行。

同日 吴兴区公安分局摧毁一特大黑客犯罪团伙。经查明，犯罪嫌疑人利用网络搭建XSS攻击平台并免费开放注册使用。据初步统计，XSS攻击平台用户两万多人，3000余人有黑客攻击行为，造成经济损失上千万元。犯罪嫌疑人因涉嫌非法获取计算机信息系统数据、侵犯公民个人信息等罪名，被吴兴区公安分局依法刑事拘留。该案是全省首例针对XSS黑客平台成功实现全链条打击的网络黑客案件。

23日—24日 省科技厅二级巡视员、省外国专家局局长厉勇到吴兴区调研人才引进及省级人才项目申报情况，实地考察太湖实验室、中国乌克兰（湖州）金属新材料研究院和浙江久立集团有限公司。

24日 应急管理部安全执法和工贸监管局局长马锐到吴兴区调研安全生产工作并参观企业可持续发展（SCORE）项目开展情况。

同日 省委宣传部副部长卢春中一行到爱山街道考察调研文明志愿工作。

同日 省委建设县级矛盾调解中心协调小组副组长，省人民检察院党组书记、检察长贾宇，党组成员、副检察长王祺国到吴兴区调研矛盾调解中心建设情况。

同日 省经信厅副厅长盛勇军到吴兴区浙江久立特材科技股份有限公司调研“未来工厂”建设情况。

同日 区政协召开区委书记与政协委员“面对面”协商会，区委书记吴炳芳出席会议，区政协党组书记、主席丁芳芳主持。

同日 区委副书记、区长潘永峰带队到妙西镇调研西塞科学谷建设情况。

25日 吴兴区举行平安护航建党一百周年暨2021年度防汛防台综合应急演练。

同日 区政协召开“请你来协商——助力东部新城‘塘十山十漾’公园建设”专题协商会议，区政协党组书记、主席丁芳芳主持。

同日 吴兴区举办“同心跟党走·迈向新征程”统一战线庆祝中国共产党成立100周年暨第八届少数民族文艺会演。

26日 吴兴区开展“互看互学互比”活动，吴炳芳、潘永锋、姚广民、丁芳芳等区四套班子领导和高新区、各乡镇街道、区级部门负责人等考察团一行实地考察了道场乡“龙出没森林水世界”项目。

同日 吴兴区举行庆祝中国共产党成立100周年大合唱暨“七一”表彰大会，并举行“光荣在党50年”纪念章颁发和“两优一先”颁奖仪式。

28日 省退役军人事务厅党组成员、副厅长金登尚到吴兴区调研退役军人事务工作。

同日 区委机构编制委员会召开第二次会议，研究全区机构编制相关工作，区委书记、区委编委主任吴炳芳主持会议。

28日—29日 四川省广元市青川县委书记龙兆学一行到吴兴区实地考察丝绸小镇、高新区、八里店镇相关企业、西塞山旅游度假区。

29日 省文旅厅执法指导监督处处长王华、文物安全与督查处副处长谭进良到吴兴区督查文物安全工作。

同日 省厅党委委员、政治部主任何小华一行到爱山湖颖桥督导检查社会面管控情况，点验“135”反应控制圈警力。

同日 市委副书记、市长王纲一行到吴兴区调研重大工程、重点项目，并实地考察新建铁路湖州至杭州西至杭黄高铁连接线工程项目。

同日 吴兴区发布城市基层党组织建设20条暨全市首批“红旗书屋”落地。

同日 由吴兴区人民政府承办的第十八届浙江省大学生环保科普行启动仪式在湖州师范学院举行。

7 月

1日 吴兴区开展新党员集中宣誓活动，并组织集中收看中央电视台庆祝中国共产党成立100周年大会实况转播。

同日 湖州吴兴产业投资发展集团有限公司与浙江贝盛新能源开发有限公司合资成立浙江国盛新能源有限公司，主要从事光伏类智慧清洁能源的投资、建设和运营工作。

2日 区委副书记、区长潘永锋到东林镇调研全域土地综合整治工作。

同日 区政协召开全区乡镇街道政协委员工作站建设现场推进会，区政协党组书记、主席丁芳芳主持并讲话。

4日 吴兴区公安分局摧毁一特大跨境犯罪团伙。经初步估算，涉案流水达数十亿元，非法获利上千万元。11名涉案人员因涉嫌组织他人偷越国(边)境、开设赌场、帮助信息网络犯罪活动等罪名，被吴兴区公安分局依法刑事拘留。

5日 浙江电视台报道吴兴区人民检察院“三色”(锻造“红色队伍”，践行“绿色司法”，打造“蓝色文化”)党建工作法。

6日 省商务厅流通发展处二级调研员楼肇良一行到吴兴区调研医疗回收项目。

同日 区综合行政执法改革工作经验在全省“县乡一体条抓块统”改革工作第四次省市县专班联席会议上作推广交流。

同日 吴兴区织里镇人民政府与湖州银行股份有限公司关于助推“国家级市场采购贸易试点+国家级跨境电商综试区”双试点发展战略合作签约仪式在织里镇举行。

同日 “妙西黄桃”通过国家地理标志农产品专家评审，成为吴兴区首个获得国家地理标志登记认证的农产品。

8日 吴兴区委政法委“全科网格员能力素质系统性提升应用”列入省委政法委数字化改革接棒项目。

同日 全区新时代文明实践中心和文化礼堂建设工作座谈会在高新区召开。

9日 区委副书记、区长潘永锋携各乡镇、区级部门负责人等实地考察了道场乡卉弘生态园等各乡镇重点农业项目。

同日 省地质学会湖州吴兴地矿产业服务站、中国地质学会湖州（吴兴）服务站揭牌仪式在浙江省核工业二六二大队驻地举行。

同日 湖州吴兴产业投资发展集团有限公司成功获得中证鹏元资信评估股份有限公司评定的主体/债项信用等级AA+/AA+，评级展望为稳定。

10日 吴兴区举行机关干部首届“含氧赋能”趣味运动会，区委书记吴炳芳，区委副书记、区长潘永锋等出席开幕式。

同日 吴兴区第四届黄桃节在妙西镇原乡小镇举行。

同日 “凤栖吴兴 创见未来”第五届中国·吴兴全球高层次人才创新创业大赛举行。共有12支项目团队参与，经过项目路演、专家考评等环节，最终有15个项目获奖。

同日 吴兴区开展“湖州—柯坪‘石榴籽’青少年夏令营活动”。

12日—14日 省互联网企业党建暨网络社会组织建设培训班在吴兴区举办。

13日 中央媒体“浙江高质量发展建设共同富裕示范区”集中采访团继续走进织里镇，用镜头文字记录织里在共同富裕进程中的探索和实践，生动展现共同富裕的“织里样本”。

同日 市委常委、组织部部长徐仲仪到高新区开展“三服务”活动，并实地调研“破五未”项目攻坚情况。

同日 市政协党组书记、主席杨建新一行到爱山街道考察居家养老服务中心。

同日 “数字司法看浙里”系列活动首场直播在吴兴区综合行政执法局进行，全程记录吴兴区“智慧执法”全过程。

同日 湖州吴兴产业投资发展集团有限公司全资子公司浙江物芯数科信息产业有限公司与吴兴区大数据中心联合成立湖州市首个事业单位与国企合资的信息化市场主体即浙江数字吴兴技术运营有限公司。

14日 省国资委党委副书记、副主任吕志良一行到吴兴区城投集团调研。

同日 市委副书记、市长王纲到高新区浙江全美服装科技集团有限公司调研经济运行情况。

同日 湖州市工业旅游发展现场推进会暨吴兴区工业旅游线路首发启动仪式在埭溪镇美妆小镇顺利举行。

15日 市人大常委会党组书记、主任孙贤龙到吴兴区开展“深入实施人才强市创新强市首位战略高水平推进科技创新”监督调研活动，并视察南太湖实验室临时办公场地、浙江久立特材科技股份有限公司、浙江宜可欧环保科技有限公司，并到妙西镇调研“西塞科学谷”（一期）项目。

同日 吴兴区行政执法改革经验做法在湖州市“大综合一体化”行政执法改革推进会上作推广交流。

同日 吴兴区组织民兵参加湖州市第四届民兵岗位练兵比武，获得1个团体和4个个人名次。

同日 云南省药品监督管理局副局长琚健一行到埭溪镇调研美妆小镇建设工作。

16日 全区数字化改革工作推进会暨区委全面深化改革委员会第六次会议召开。

同日 区委巡察工作领导小组印发《关于进一步完善巡察整改"双述双审"工作机制的若干规定》,并以区委办公室名义印发《关于落实区委区政府领导"一岗双责"推动巡察整改工作暂行办法》。

同日 全区垃圾分类创优专班工作半年度会议召开。

同日 妙西镇"西塞科学谷"和中国白酒文化艺术馆2个文旅项目入选湖州市服务业"大好高"项目。

同日 农行吴兴支行打响"服务乡村振兴领军银行"品牌,深入道场乡红里山村开展党建共建暨金融服务下乡活动。

17日 "数字妙西·诗画西塞"暨"一码游西塞山"产品上线发布会在沈家本纪念馆正式开幕。

19日 上海市药品监管局副局长赵燕君一行到埭溪镇考察美妆小镇建设管理工作。

同日 市委副书记、市长王纲到吴兴区织里镇调研童装产业转型升级工作,实地考察织里童装工业互联网平台、织里中国童装城、龙虞集团七秒易购门店、湖州男生女生品牌管理有限公司、吴兴区市场采购贸易服务中心。

20日 由市佛教协会主办,区佛教协会承办的"2021年湖州市第十届汉传佛教讲经交流会"在湖州星俪岚酒店举办。省佛教协会秘书长金幸祥及各寺院法师、居士近300人到会。

21日 省委副书记、省长郑栅洁到湖州调研现代农业发展工作,特到吴兴区调研湖州金牛纺织印染实业有限公司,实地勘查中央生态环境保护督察整改落实情况,并到尹家圩粮油植保农机专业合作社考察水稻播种、插秧、施肥、收割等农用机械应用情况,听取负责人关于土地流转、农资供应、农机运用等方面的意见建议。

同日 省文化和旅游厅领导到妙西镇开展旅游业"微改造、精提升"调研指导工作。

22日 北京大学元培学院党委书记吴艳红及北京大学元培学院暑期实践团队一行共40余名师生到吴兴区走访调研,交流探讨现代化科技成果、创业和乡村振兴经验等。

同日 省公安厅政治部副主任叶昌德一行到吴兴区飞英派出所调研民警大练兵工作。

23日 全区落实"五级书记抓乡村振兴"工作推进会召开。

同日 全区公安机关黄赌违法犯罪专项整治行动动员部署会召开。

同日 吴兴区召开防御台风"烟花"工作会议。

24日 吴兴区四套班子领导分别带队开展防汛防台大检查。

24—25日 吴兴区组织民兵参与防抗台风"烟花"行动,共动用民兵270余人次。

26日 市中级人民法院党组书记、代院长杜前到爱山街道查看台风来临前危旧房人员转移情况,并慰问工作在一线的基层干部。区法院党组书记、院长陈静参加。

同日 吴兴区召开2021年度法治政府建设推进会暨府院检联席会议。

28日 省政协副主席陈铁雄一行到吴兴区考察服装(童装)产业大脑建设情况。

29日 省人力社保厅监察执法局局长乐添一行到吴兴区"走流程"(即对所辖主要窗口单位和所分管部门的审批和公共服务事项进行全程体验)。

同日 第六次吴兴区选商引才会议召开。

同日 区政协召开"请你来协商——加快织里市场采购贸易试点建设,促进外贸创新发展"专题协商会议,区政协党组书记、主席丁芳芳主持。

30日 省人力社保系统数字化改革集中调研会在吴兴区召开,省人力社保厅副厅长葛平安出席会议并讲话。

31日 全区重点商场超市、农贸市场防疫工作部署会召开。

8月

2日 省政府副秘书长、办公厅主任暨军民率省调研组到吴兴区调研数字政府建设工作，实地调研吴兴区“行政管理一体化指挥”应用。

同日 全区“四好农村路”全国示范市创建迎检工作部署会议召开。

4日 省总工会党组成员、副主席张兆都一行到吴兴区调研新领域新群体权益保障工作。

同日 市政协党组书记、主席杨建新到吴兴区开展走访调研“三服务”活动，并实地调研沪苏湖铁路项目、湖山大道项目、红里山森林水世界项目、施家桥老字号产业园。区领导丁芳芳等参加。

同日 吴兴区委书记、人武部党委第一书记吴炳芳到教导队征兵体检站检查调研夏秋季征兵工作。

同日 钱壮飞纪念馆入选湖州市唯一一家第二批浙江省青少年红色基因传承基地。

5日 省委老干部局副局长赵壮志一行到吴兴区调研指导老干部工作。

同日 区政协召开“请你来协商——传承吴兴法治文化，助推基层社会治理”专题协商会议，区政协党组书记、主席丁芳芳主持。

同日 浙江大学“青知计划”吴兴区实践团到吴兴区政府举行选调生座谈分享会。

同日 吴兴区社会矛盾纠纷调处化解中心的检察听证室正式启用，吴兴区人民检察院首次在矛盾调解中心举行检察听证会。

6日 省人大教科文卫委主任委员郑金平一行到妙西镇调研共同富裕建设推进情况。

同日 吴兴区召开“四好农村路”全国示范县创建工作现场推进会。

10日 商务部等7部委联合开展了国家首批商品市场优化升级专项行动试点，织里镇童装市场以湖州市吴兴区名义申报，成功入选，为湖州市唯一。

同日 省邮政管理局党组书记、局长魏遵红到吴兴区调研检查行业安全生产工作。

同日 吴兴区织里童装政协委员“会客厅”开展“我与示范区建设”助推区域共同富裕恳谈活动。

同日 由区委组织部（区委人才办）、区委统战部（区工商联）、区人力社保局、团区委联合主办的吴兴区首届新生代企业家创新创业大赛隆重举行。

同日 吴兴区桃产业“一县一品一策”现场会在妙西镇召开。

同日 举办“就来吴兴 创见未来”创青春——第二届湖州·吴兴大学生创新创业大赛。

11日 湖州市首家博士创新创业基地落户位于高新区的吴兴区科创中心。

12日 吴兴区2021年第四批“大好高”项目评审会召开，本次共有12个项目参加评审。

同日 吴兴区公安分局破获一起危害珍贵、濒危野生动物案。经查，该批犯罪嫌疑人因自身喜好或为牟利，在明知非法猎捕、交易国家重点保护野生动物系违法犯罪的情况下仍在云南、贵州、湖州等地非法猎捕或交易画眉鸟、棕翅缘鸦雀供自己养殖观赏娱乐甚至斗鸟赌博。该案已采取刑事强制措施25人，行政处罚8人，查扣60余只画眉鸟、黄豆鸟、斑鸠等已移交野生动物主管部门野外放生。

同日 吴兴区高新园区生态联勤警务站正式揭牌启用。

13日 吴兴区社会治理现代化工作赶超比拼现场会在妙西镇召开。

同日 “第七个湖州生态文明日”启动仪式在吴兴区举行。

16日 省文化和旅游厅副厅长叶菁、省文化和旅游厅公共服务处处长仲建忠一行到妙西镇督查疫情防控工作落实情况。

同日 吴兴区“农担通”合作启动仪式举行。

同日 吴兴区人民检察院首次在生态环境法治宣传教育基地对一起生态检察民事公益诉讼案件进行公开听证。区人大代表等受邀参加听证。

同日 吴兴区供销社与吴兴农村商业银行联合举行战略合作暨吴兴区“农担通”合作启动仪式。

17日 省深化非公企业产业工人队伍建设改革试点工作专班成员钱丽丽到吴兴区调研产业工人队伍建设改革推进情况。

18日 省体育局党组成员、副局长胡国平一行到东林镇调研百姓健身房建设情况。

同日 区委书记吴炳芳到织里镇开展“医师节”走访慰问活动。

19日 省委宣传部常务副部长来颖杰一行到吴兴区“丝绸小镇”钱山漾文化交流中心、“世界乡村旅游大会永久会址”实地考察。

同日 市人大常委会党组书记、主任孙贤龙一行到吴兴区专题调研大气污染防治工作，实地考察世佘智能仓储有限公司塑粉涂装源头替代工作、大东吴新材工业炉窑废气治理、万邦德新材VOCs治理、浙北商业广场工地扬尘治理等情况。

同日 区委副书记、区长潘永锋赴八里店镇卫生院看望慰问奋战在一线的医师代表，向他们表示“中国医师节”节日的祝贺和诚挚的问候。

同日 区人大常委会党组书记、主任姚广民带队开展“中国医师节”慰问活动。

20日 省委统战部部务会议成员李小平一行到吴兴区调研基层统战工作。

23日 全省农业高质量发展大会在省人民大会堂召开，八里店镇尹家圩村的种粮大户孙建龙作为浙江省粮食和生猪增产保供先进典型在会上受到表彰，“科技创新+全程机械化”推动粮食稳产保供——尹家圩粮油植保农机合作社“五化”助推农业高质量发展入选农业高质量发展十佳实践案例。

同日 吴兴区召开第十二场“亲清直通车·政企恳谈会”。

24日 吴兴区人大开展应急管理和安全生产数字化转型工作专题视察。

同日 吴兴区综合行政执法部门办理首例校外培训机构违规办学案件。

同日 天津市文化和旅游局党组书记、局长姚建军一行到吴兴区妙西镇调研考察民宿管理工作。

26日 省发改委副主任陈建忠到吴兴区调研湖州多媒体产业园三期项目、万马(湖州)智造园、环太湖流域环境联保共治区域溇港水系整治工程。

同日 省林业局一级巡视员杨幼平带队到吴兴区调研松材线虫病防治工作。先后到埭溪镇莫家栅村、妙西镇妙西村除治现场进行勘查，现场解剖林间枯死疫木，查看疫木中松材线虫存活情况。

同日 省商务厅公布，共有83家企业入围2021年资金申报的农产品供应链体系建设项目，吴兴区共有湖州绿佳欢供应链有限公司、湖州鲜绿多健康农产品产业发展有限公司、浙江中湖商贸有限公司、湖州莼鲈生态农业发展有限公司等4家企业入选2021年农产品供应链体系建设项目，将获中央服务业发展资金支持。

同日 市委副书记、市长王纲到吴兴区专题调研历史文化遗产保护利用工作。

27日 市政协党组书记、主席杨建新到吴兴区调研湖州申通物流有限公司邮政快递业发展情况。

同日 湖州吴兴产业投资发展集团有限公司再次成功获得大公国际资信评估股份有限公司评定的主体长期信用等级AA+，评级展望为稳定。

同日 吴兴区举行“吴兴论坛——坚持生命至上、强化红线意识，努力提升安全生产管理水平”专题学习讲座。

9 月

1日　省人大常委会副主任史济锡带队到高新区开展粮食安全执法检查情况和乡村产业调研。

同日　湖州（织里）海关监管场所通过杭州海关现场验核。

同日　全区毒品治理重点镇村（社区）工作推进会召开。

2日　省政协副主席周国辉到埭溪镇调研美妆小镇建设工作。

同日　吴兴区高端装备智能制造产业园一期正式开工，该项目分两期实施建设，总投资8.2亿元，是湖州吴兴产业投资发展集团有限公司首个工业产业园项目。

3日　全区高质量全面落实意识形态工作责任制综合试点推进会召开。

同日　市检察院党组书记、代检察长黄辉一行到吴兴区人民检察院南太湖新区检察室调研基层检察室工作。吴兴区人民检察院党组书记、检察长吴志新等参加调研。

4日　区委书记吴炳芳到东林镇调研农业农村重点工作。

同日　全区“双减”工作会议召开。区委副书记、政法委书记宁云讲话。

5日—9日　值第37个教师节，区领导吴炳芳、潘永锋、姚广民、丁芳芳、宁云分别带队到辖区部分中小学校和幼儿园，看望慰问一线教师和教育工作者。

6日　市委副书记、政法委书记夏文星一行到吴兴区织里镇专题调研平安稳定工作。

7日　区委书记吴炳芳一行到吴兴农商银行走访调研金融工作。

同日　吴兴区举行“吴兴执法协同指挥应用系统”媒体集中采访活动，《浙江日报》《湖州日报》《湖州发布》等多家媒体进行集中采访。

同日　《检察日报》头版刊发题为《特种作业人员操作证，交钱就给办？》的文章，对吴兴区检察院制发检察建议助力消除建筑施工特种作业领域安全隐患工作作了相关报道。

8日　省委副书记、统战部部长黄建发到吴兴区考察城图广场南太湖心航热线中心，了解青少年心理健康护航行动开展、2251885热线情况；考察尹家圩粮油植保农机专业合作社，了解合作社水稻种植情况及播种、插秧、施肥、收割等农用机械应用情况。市领导王纲、夏文星，区领导吴炳芳、宁云参加。

同日　省审计厅党组成员、副厅长金建培一行到吴兴区调研党委审计委员会及其办公室运作情况。

同日　省残联计财部部长蒋平一行到吴兴区织里镇港西村残疾人之家及爱山街道开展“走转改、三服务”活动。

同日　区委副书记、区长潘永锋再次到东林镇调研全域土地综合整治工作。

同日　区人大常委会党组书记、主任姚广民一行到妙西镇开展教师节慰问活动。

9日　湖州吴兴产业投资发展集团有限公司全资子公司湖州申太建设发展有限公司首次顺利发行企业债券9亿元，发行期限7年（3+4），票面利率5.2%，全场倍率1.8倍。

同日　湖州市高标准推进生活垃圾分类工作现场会在吴兴区召开。

10日　区委书记吴炳芳带队到高新区砂洗城实地调研安全生产和生态环境领域重点问题。

12日　吴兴区召开台风“灿都”防御工作会议，分析研判当前台风动向和防汛防台形势。

13日　区委副书记、区长潘永锋到高新区砂洗城三期集中避灾安置点检查指导防汛防台工作。

14日　市人民政府公布湖州市第八批非物质文化遗产代表项目名录和前七批非物质文化遗产代表性项目名录扩展项目名录，织里镇凌濛初雕版印刷和清明花糕制作技艺成功入选。

同日 市商务局公布2021年度湖州市本级批发业、零售业、住宿业、餐饮业和省级以上老字号企业年度综合评价前三名名单。10家吴兴企业上榜，占比达到三分之二，其中浙北大厦集团、老娘舅分别蝉联零售业、餐饮业第一名，省级以上老字号企业前三名均为吴兴企业。

同日 高新区杨溇村“15分钟便民医保圈”示范点被评为省医疗保障系统新时代基层干部推动共同富裕主题培训基层实训示范点。

15日 中华全国总工会研究室副主任李睿祎一行到东林镇调研非公企业产业工人队伍建设改革试点工作。

同日 国家发改委政研室经济体制处处长张志强一行到吴兴区湖东街道章家埭社区调研城乡融合发展工作。

同日 省文化和旅游厅一级巡视员柳河率督查组一行到妙西镇对特色小镇建设进行实地检查验收。

16日 省地方金融监管局党组成员、政策研究处处长陈姝一行到东林镇调研绿色金融支持“双碳”项目。

同日 区委副书记、区长潘永峰一行到妙西镇调研西塞山旅游度假区创建国家级旅游度假区工作。

同日 吴兴区社会组织综合妇联成立。

17日 商务部市场建设司副司长郑书伟一行到吴兴区调研商贸企业标准化工作情况。

同日 省药监化妆品监管处副处长徐伟红一行到埭溪镇走访美妆小镇，开展“三服务”活动。

同日 省部属企业工会一级主任科员胡楠一行到吴兴区调研推进新业态新就业群体建会入会工作。

同日 全区数字化改革工作推进会暨区应用场景交流会召开。

同日 海南省自然资源和规划厅总工程师郭旭东一行到东林镇调研。

18日 国家统计局农村司二级巡视员万忠兵到吴兴区调研农业产业情况。

同日 由团区委承办的“湖州共青团助力禁毒工作‘强基固本、冲刺示范’百日攻坚暨‘青春无毒’十大专项行动启动仪式”举行。

同日 吴兴区成立欧美同学会，区委书记吴炳芳出席成立大会并讲话。

22日 吴兴区召开“聚力‘三服务’‘五战’开新局”暨“五区联创”“十大专班”工作推进会。

同日 深化新时代吴兴产业工人队伍建设改革工作推进会暨2021年“吴兴工匠日”活动举行。

23日 区委书记吴炳芳率党政代表团一行到湖州市南太湖新区考察，实地考察南太湖未来城片区开发沙盘、CBD项目、综合管廊工程、水系一期项目，车览绿色金融小镇、天能新能源科创中心、永兴大厦等总部园在建项目、郎部抗日纪念馆、电子科技大学长三角研究院。

同日 吴兴区举行2021年“海燕助飞·走读吴兴”启动仪式暨区留学人员和家属联谊会第三次会员代表大会。

同日 吴兴区全国科普日主场活动暨青少年心理健康促进联盟成立仪式在湖州市第十二中学举办。

24日 市委副书记、市长王纲到吴兴区检查国庆节前安全生产、疫情防控工作和调研阳山“时尚谷”建设情况，到埭溪镇检查上强化工集中区、浙江中曼制冰系统有限公司、浙江美浓材料科技有限公司等安全生产情况，考察阳山“时尚谷”C区块建设现场、国际美妆时尚博览中心。

25日 市委副书记、市长王纲带队到吴兴区检查安全生产和疫情防控工作，实地检查埭溪镇上强化工集中区、浙江中曼制冰系统有限公司、浙江美浓材料科技有限公司、梁希森林公园，同时还调研了“时尚谷”建设工作。

同日 区人民政府与浙江乡村旅游研究院共同承办，八里店镇政府、区文化和广电旅游体育局、湖州吴兴交通旅游投资发展集团有限公司、世界乡村旅游小镇协办的世界乡村旅游可持续发展论坛在吴兴区世界乡村旅游大会永久会址——“乡村之光”国际会议中心隆重举行。

26日 省司法厅党委委员、副厅长，省普法办主任钱德海带队到妙西镇调研指导基层依法治理工作，实地考察沈家本历史文化园。

同日 市委常委、市委宣传部部长范庆瑜，副市长闵云一行到妙西镇，对原乡小镇景区开展国庆节前旅游市场安全生产和旅游新业态进行安全检查。

同日 “湖州市公安局织里分局乔溇生态联勤警务站”与“长三角区域警务一体化（织里—七都）联勤共建基地”在江浙交界的织里镇乔溇村顺利揭牌。

27日 由国家太阳能光热产业技术创新战略联盟、中国工程热物理学会、中国可再生能源学会、中国电机工程学会、全国太阳能光热发电标准化技术委员会共同主办的“2021中国太阳能热发电大会”在吴兴区开幕，近300位来自全国太阳能光热领域最具影响力的科学家、政府相关部门领导、企业家、行业代表以及研究生代表参加。

同日 2021年湖州市第三次区县“互看互学互比”活动在吴兴区开展现场交流。王纲、孙贤龙、杨建新、夏文星等市四套班子领导实地考察吴兴区八里店镇世界乡村旅游小镇、妙西镇妙山村。各区县主要领导参加。

同日 安徽省宣城市宣州区区委书记汪侃一行到爱山街道衣裳街区调研文明诚信示范街区创建情况。区政协党组书记、主席丁芳芳，区委副书记、政法委书记宁云陪同参加。

同日 “关心妙喜山中竹”刘祖鹏画竹展在吴兴区沈家本文化园举行。

同日 由省农民合作经济组织联合会主办，湖州市吴兴区农民合作经济组织联合会承办的“全省果蔬产业科技对接活动暨果蔬轮作高效种植技术推广交流会”在湖州金农农业生态发展有限公司基地召开。

同日 吴兴区万邦德医药控股集团股份有限公司入围2021中国民营企业制造业500强。

同日 安徽省宣城市宣州区委书记汪侃率领党政代表团到高新区考察浙江三一装备有限公司。

28日 省普查办技术组副组长、省测科院副院长李爱勤带队到吴兴区调研自然灾害综合风险普查工作。

29日 省禁毒办副主任、省公安厅禁毒总队副总队长钟庆一行到吴兴区督导检查“廿镇百村”毒品治理工作。

30日 文化和旅游部产业发展司领导到吴兴区妙西镇调研西塞山旅游度假区。

同日 吴兴区开展新冠肺炎大规模人群核酸筛查联合应急实战演练。

同日 吴兴区四届区委巡察全覆盖任务完成。

同日 吴兴区召开省级乡镇（街道）法治化综合改革试点工作推进会议。

10月

1日 以“吴上金秋 兴购精彩”为主题的2021年吴兴金秋购物节举行启动仪式。

3日 全国人大常委会副委员长、民革中央主席万鄂湘到吴兴区调研赵孟頫故居旧址纪念馆、沈家本纪念馆、湖州民国馆。

7日 区委书记吴炳芳一行到爱山街道市场监管所慰问干部及工作人员，并调研市场监管工作。

8日 区人民政府与正大集团战略合作签约仪式举行。联合国和平大学校董、中国国际跨国公司促进会常务副会长张笑宇表示祝贺，区委书记吴炳芳出席并讲话。

同日 区委书记吴炳方一行到湖东街道调研省体育现代化创建工作。

12日 中共中央组织部组织二局副局长姚远一行到吴兴

区调研新业态党建工作。

同日 长三角三省一市人大城建环资委领导到吴兴区考察美妆小镇客厅、国际美妆时尚博览中心、妙西镇沈家本历史文化园、慧心谷坡地改造工作和乡村经济发展情况。

同日 吴兴区举办第一次全国自然灾害综合风险普查暨国际减灾日宣传活动。

同日 吴兴区被纳入中国残联"十四五"残疾儿童早期干预试点地区。

同日 吴兴区老娘舅餐饮股份有限公司入选第七批农业产业化国家重点龙头企业。

13日 省高级人民法院党组书记、院长李占国到吴兴区开展下访接访活动，并调研区矛盾调解中心建设等情况，还实地考察常溪法庭，参观了沈家本文化园、党建馆、法官之家等场馆。

同日 区委书记吴炳芳率吴兴区党政考察团到安吉县考察学习。

同日 由团区委承办的"湖城少年心向党，红色基因代代传"——湖州市少先队纪念建队72周年主题活动举行。

14日 上海市人大常委会副主任肖贵玉、江苏省人大常委会副主任刘捍东、安徽省人大常委会副主任宋国权、浙江省人大常委会副主任李学忠等在湖州参加长三角地区三省一市人大财经工作座谈会的与会领导，到吴兴区妙西镇、埭溪镇进行实地考察。

15日 区四套班子领导吴炳芳、潘永锋、丁芳芳、宁云等及高新区、各乡镇街道、区级部门负责人等实地考察道场乡农场项目。

同日 区委机构编制委员会召开第三次会议，研究全区机构编制相关工作，区委书记、区委编委主任吴炳芳主持会议。

16日 省司法厅党委委员、副厅长徐晓波一行到吴兴区调研吴兴区司法局埭溪司法所公共法律服务体系建设情况。

同日 吴兴区人民法院联合区市场监督管理局联合打造的全国首个童装知识产权保护预警平台"吴兴知产一点通"小程序，亮相于第八届中国国际版权博览会，向世界展示吴兴法院在知识产权保护领域的工作成效。

17日 省总工会党组成员、副主席、一级巡视员董建伟，省妇联党组副书记、副主席林丹军一行到吴兴区浙江海瑞网络科技有限公司开展调研。

18日 吴兴区获批浙江省"大综合一体化"行政执法改革试点。

19日 副省长高兴夫到吴兴区珺睿府调研房地产项目。

同日 全国绿色产品认证经验交流会在吴兴区召开，国家市场监管总局认证司司长刘卫军主持，国家市场监管总局副局长唐军出席会议并讲话，市委副书记、市长王纲致辞，区委书记吴炳芳作经验介绍。

同日 吴兴区区、乡镇两级人大换届选举工作动员会召开。

同日 美妆小镇消费品（化妆品）省级标准化试点项目入围2021年省级标准化试点项目。

20日 为了营造儿童安全、健康、科学的用药环境和公共场合标准化母婴室建立推广，中国社会福利基金会"晶心关爱母婴室（浙江站）"和"小葵花公益课堂（浙江站）"启动仪式在吴兴区织里镇文体中心举行。

同日 湖州市"零距离党建联盟"现场推进会暨"推动共同富裕"主题党日基地揭牌仪式在吴兴区妙西镇举行。

21日 湖州市"城警一体化"协同联动工作现场会在吴兴区织里镇召开。

同日 湖南省药监局党组成员、副局长覃永忠一行考察美妆小镇建设管理工作。

同日 新加坡浙商总会会长李国生率马来西亚、印尼、缅甸、柬埔寨、泰国等东盟国家侨商会长团到吴兴区考察，推动两地跨境贸易。

22日 2021湖州市吴兴区经贸科技人才洽谈会在世界乡村旅游小镇举行。中国国际跨国公司促进会常务副会长张笑宇，省人大常委会委员、浙江工业大学湖州数字经济技术研究院院长俞立出席。区委书记吴炳芳致辞，区委副书记、区长潘永锋主持。此次活动共有28个项目成功签约，总投资达202.1亿元。

同日 吴兴区婚姻登记中心举行新址启用仪式，省民政厅党组成员、副厅长余强参加并宣布启用。

23日 第十一届、十二届全国政协常委，原国家旅游局党组书记、局长，中国黄河文化经济发展研究会会长何光暐和原国家旅游局规划财务司司长，中国老龄产业协会老龄旅游产业促进委员会主任何力到吴兴区参加世界乡村旅游大会会议第一次全体会议(线上会议)。

同日 吴兴区“人防活动走进美丽小区”暨龙泉街道美丽小区公约发布仪式在龙泉街道赞成·学士府小区中心广场举行。

同日 吴兴区举办“在织里遇到你”青年联谊活动。

25日 市人大常委会党组书记、主任孙贤龙一行到吴兴区开展2021年度市政府民生实事项目实施情况集中视察，并到爱山街道龙庭小区调研“美丽小区”创建情况。

同日 吴兴区城管办对20个“美丽小区”和15个“美丽街巷”创建主体进行区级验收。

26日 国家部委政务新媒体到吴兴区进行“共同富裕看浙江”为主题的采访活动。

同日 浙江省长兴县委书记石一婷，县委副书记、县长沈志伟率党政代表团一行到吴兴区分别考察吴兴美妆小镇(国际美妆时尚博览中心)、浙江东尼电子股份有限公司、织里社会矛盾纠纷调处化解中心、浙江三一装备有限公司。

27日 省农业农村厅副厅长孙飞翔一行到湖州弘鑫生态农业科技有限公司农业调研农业“标准地”改革工作。

同日 湖州市离退休干部党组织建设融入城市基层党建试点工作推进会暨“银智享”系统发布仪式在吴兴区举行。

同日 吴兴区委巡察办联合区审计局制定印发《关于进一步加强巡审协作配合的实施办法》。

28日 省政协召开全省政协委员读书工作交流会，区政协党组书记、主席丁芳芳在吴兴区分会场作交流发言。

同日 浙江三一装备有限公司4500T履带起重机下线启动仪式在高新区浙江三一装备有限公司举行。

29日 吴兴区作为首批全国街道服务管理创新实验区创建单位在民政部召开的全国“街道服务管理创新实验区结项”视频会议上顺利通过结项。

同日 区政协首场“请你来协商·民生议事堂”活动在吴兴区龙泉街道举行，区政协党组书记、主席丁芳芳出席并讲话。

29日 吴兴区开展《中华人民共和国反间谍法》颁布七周年暨国家安全警示教育集中宣传周活动。

同日 民政部召开“全国街道服务管理创新实验区结项视频会议”。吴兴区作为首批全国街道服务管理创新实验区创建单位，通过结项，并得到民政部在结项会议上的专题点评，将作为实验区创建成果广泛推广。

同日 湖州市城乡风貌整治提升和未来社区建设现场培训会在吴兴区举行。

30日 市委副书记、代市长洪湖鹏到吴兴区调研区政府工作，并实地考察织里镇义皋村、浙江三一装备有限公司。

同日 “吴兴织里童装数字贸易创新发展区”成功入选首批浙江省现代服务业创新发展区名单。

11月

1日 市人大常委会党组书记、主任孙贤龙到吴兴区开展教育“双减”工作调研活动，在新风实验小学教育集团西南校区召开座谈会，并考察优漫教育培训有限公司，湖州四中教育集团白鱼潭校区，名尔思培训学校。

2日 区委机构编制委员会召开第四次会议，研究全区机构编制相关工作，区委书记、区委编委主任吴炳芳主持会议。

同日 吉林省白山市浑江区委副书记、代区长刘刚率团到吴兴区妙西镇考察文旅项目建设。

同日 区委书记吴炳芳到高新区专题调研全年各项重点任务推进和新一年工作思路谋划情况。

3日 省统计局党组书记、局长吴胜丰到吴兴区调研浙江三一装备有限公司、浙江久立特材科技股份有限公司特材项目。

同日 省残联党组成员、副理事长高翔，计财部部长蒋平等一行到吴兴区开展第四季度“走转改、三服务”活动。

同日 省司法厅人民参与和促进法治处处长徐耀雪一行到吴兴区开展“枫桥式”司法所建设和省级人民调解品牌工作室现场考评工作。

同日 市委副书记、代市长洪湖鹏到吴兴区调研湖州城市规划建设工作，现场查看西塞山南片区开发建设情况。

同日 区委副书记、区长潘永锋到高新区调研重点项目建设和企业生产情况。

4日 省商务厅公布了首批商务领域共同富裕试点项目名单，吴兴童装跨境贸易新业态助力城乡共富入选。

同日 省社会保险和就业服务中心副处长叶永波到吴兴区月河街道浮星桥社区考察调研数字就业工作。

同日 丽水市委副书记、市长吴晓东率丽水市党政代表团到吴兴区调研，实地考察织里中国童装城、丝绸小镇。

同日 市委常委、宣传部部长范庆瑜到爱山街道指导调研文明典范城市打造工作。

同日 “吴兴童装跨境贸易新业态助力城乡共富”试点入围全省首批商务领域共同富裕试点项目名单。

同日 吴兴区首个社会救助服务联合体在八里店镇建成。

5日 省侨联文化交流和信息传播部部长赵加慧带队到吴兴区调研华侨国际文化交流基地创建工作。

同日 市人大常委会党组书记、主任孙贤龙带队，组织部分省人大代表到吴兴区，就城乡架空管线管理工作开展专题调研。

同日 市政协党组书记、主席杨建新，副主席方新旗一行到吴兴区龙泉街道专题调研“请你来协商·民生议事堂”平台建设工作。

同日 吴兴区“大综合一体化”行政执法改革推进会召开，成立区综合行政执法指导办公室和基层综合行政执法队。

6日 省委改革办《竞跑者》栏目刊发吴兴区综合行政执法局牵头研发的“吴兴执法协同指挥应用系统”。

8日 省自然资源厅耕保处处长沈国明一行到吴兴区对耕地占补平衡进行专项督查。

同日 吴兴区原乡蝴蝶小镇列入浙江省特色小镇第七批创建对象名单。

同日 高新区五新村等2村全域土地综合整治与生态修复工作评为省2020年度精品工程。

9日 省律师行业党委专职副书记吴旭东一行到吴兴区考核验收六和（湖州）所党支部“三强双进”工作。

同日 市委书记王纲一行到吴兴区调研绿色低碳发展和“三服务”工作，考察万邦德·栋梁铝业有限公司绿色智造新材料自动化生产情况、浙江东尼电子股份有限公司东尼电子科技创新助推发展情况、浙江华远微电科技有限公司华远微电5G移动射频声表芯片国产化项目情况。

同日 “坐上班车奔共富——吴兴区创新‘职工会员监督’模式 精准提升职工‘三感’启动仪式暨湖州市职工会员监督工作总结交流会”在吴兴区召开。

10日 省委常委、政法委书记王昌荣到吴兴区调研湖州市平安实训基地（吴兴平安学院）建设。

同日 省人力社保厅副厅长葛平安一行到吴兴区调研人力社保工作。

同日 吴兴区妙西镇清廉微视频《你笑起来真好看》获得第三届“玉琮杯”清廉微电影微视频大赛优秀奖。

11日 吴兴区在省政府举行的全省乡村全域土地综合整治与生态修复现场会上作典型经验交流发言。

同日 区委统战部、工商联、民营企业家、企业法务负责人等9名代表走进区检察机关，参加了以“预防企业内部贪腐 防控岗位法律风险”为主题的检察开放日活动。

12日 吴兴区西塞山旅游度假区获评“长三角最佳优享旅游度假区”。

13日 市委副书记、代市长洪湖鹏到吴兴区调研市文物保护与利用工作，实地考察昆山考古遗址公园建设、小西街历史文化街区和子城城墙遗址、飞英塔、千甓亭、赵孟頫故居旧址纪念馆、下菰城遗址的保护利用。

15日 吴兴区人民法院推送“一入驻三下沉”（“一入驻”是指人民法庭入驻社会矛盾纠纷调处化解中心，“三下沉”是指“法治副书记下沉村社、理法官下沉网格片区、公证调解站下沉人民法庭”。）诉源治理模式入选2021年湖州市第四批担当破难典型案例。

同日 妙西镇沈家本历史文化园获评第四批“湖州市社科普及基地”。

同日 沪苏湖铁路全线唯一一个隧道，吴兴区道场山隧道提前49天正式贯通，标志着沪苏湖铁路架梁主通道打通。

16日 省司法厅党委委员、副厅长，一级巡视员劳泓一行到吴兴区调研社区矫正工作。

同日 湖州市粮食安全稳产保供现场推进会在吴兴区召开，市委副书记夏文星等实地考察湖州欣源农业有限公司。

同日 省地震局专家到吴兴区调研省级防震减灾科普教育基地建设工作。

17日 全区领导干部会议召开，传达党的十九届六中全会精神及省、市领导干部会议精神。

同日 2021年省级精品高级茶艺师职业技能大赛暨纪念陆羽诞辰1288周年系列活动在妙西镇沈家本历史文化园举行。湖州陆羽茶文化研究会会长杨金土等参加。

18日 省委副书记、代省长王浩到吴兴区专题调研扩大有效投资工作，实地考察浙江三一装备有限公司履带起重机二期生产基地。

同日 省稳外贸稳外资促消费工作专项督查组一行到吴兴区分别对湖州久鼎电子有限公司、吴兴区市场采购贸易服务中心等稳外贸稳外资促消费工作情况进行实地调研和专项督查。

同日 市委常委、市政府党组成员吴登芬带队到道场乡开展“深化三服务、助企解难题”专项行动，实地走访调研了百年老字号万隆食品项目。

同日 省委组织部副部长、老干部局局长钟关华到朝阳街道调研老干部工作。

同日 中国科协发文批准同意在吴兴区设立中国科协海智计划工作基地（浙江湖州南太湖高新技术产业园区）。

同日 区委审计委员会第六次会议召开，听取并审议2021年度审计项目计划调整及2020年度区本级预算执行和其他财政收支审计查明问题整改情况的报告。区委书记、区委审计委员会主任吴炳芳主持会议并讲话。

同日 湖州吴兴产业投资发展集团有限公司全资子公司浙江物芯数科信息产业有限公司获批参与《智慧城市基础设施 绩效评价的原则和要求》《城市和社区可持续发展 小城镇可持续发展管理与实施指南》两项国家标准研制工作。

19日 由吴兴跨境电商产业园、飞英跨境电商产业园、浙江织里童装市场联合承办的2021年第二届湖州商品交易会系列配套活动——“数字消费在吴兴”直播专场活动正式拉开帷幕。丝绸、湖笔、童装等“吴兴好物”集中亮相，湖颖文具、蚕花娘娘、欧福母婴等“吴兴品牌”齐力助阵。

20日 吴兴区摄影家协会摄影创作基地在妙西镇举行揭牌仪式。

22日 全区2021年下半年见义勇为工作评审会召开。区见义勇为领导小组成员单位相关负责人就岳志洪等7批10人勇救他人的事迹进行了专项评审。

同日 全区城镇生活垃圾分类工作动员会召开。

同日 吴兴区宣传思想文化阵地建设实地拉练评比活动走进妙西镇。

同日 织里镇越剧入选第二批浙江省“戏曲之乡”名单。

同日 吴兴区公安分局摧毁一特大诈骗犯罪团伙。先后抓获涉嫌诈骗罪的32名犯罪嫌疑人，总涉案价值高达300余万元。

23日 粮储浙江局分党组书记、局长王来保等一行到东林镇调研粮食安全及政策学习宣传贯彻情况。

同日 吴兴区入选2022年度省级一事一议财政奖补助推美丽乡村建设名单。

24日 市委书记王纲到吴兴区参加全区领导干部会议，并实地调研金盖山景区，了解南郊景观风貌、历史文化底蕴、资源布局与利用等情况，还调研道场乡菰城村党建工作，宣讲党的十九届六中全会精神。

同日 吴兴区召开数字生活社区工作推进会。

24日—26日 中国共产党湖州市吴兴区第五次代表大会胜利召开，区委书记赵如浪代表中共湖州市吴兴区第四届委员会向大会做题为《扛起主城区担当 彰显首位区风采 奋力在社会主义现代化新征程中书写美好吴兴篇章》的报告。

同日 吴兴区人民检察院南太湖检察室办理的首例食品安全领域刑事附带民事公益诉讼案件，在吴兴区人民法院公开开庭审理。

25日 副省长王文序到吴兴区妙西镇宣讲党的十九届六中全会精神，调研美丽乡村、文旅项目建设等工作，并实地考察妙山村美丽乡村、红旗书屋，调研野界营地、廿舍度假村。

同日 省审计厅党组书记、厅长毛子荣到吴兴区义皋村调研义皋茧站、丝绸博物馆及织里镇社会矛盾化解中心。

同日 省计生协会专职副会长潘祖光一行，到高新区“向日葵”亲子小屋调研指导。

26日 市人大常委会党组书记、主任孙贤龙到吴兴区宣讲党的十九届六中全会精神暨开展“三服务”活动，在高新区走访浙江华钇新材料、浙江敏盛汽车零部件，在湖东街道走访湖州新南海织造厂，在妙西镇妙山村开展党的十九届六中全会精神宣讲。

同日 织里镇入选浙江省数字生活新服务特色镇名单。

29日 浙江省计生协会专职副会长潘祖光带队，组织全省各地市（区）计生协会代表到吴兴区“向日葵亲子小屋”和婚育服务中心调研指导。

同日 吴兴区八里店镇尹家圩粮油植保农机专业合作社“‘米票制’启动规模经营 机械化助力产业发展”模式入选第三批全国“全程机械化+综合农事”服务中心典型案例。

30日 市政协党组书记、主席杨建新到吴兴区道场乡施家桥村宣讲党的十九届六中全会精神。

同日 市委副书记夏文星到吴兴区湖州丰盛湾水产种业有限公司、浙江省淡水水产研究所八里店综合试验基地调研种业发展工作。

同日 吴兴区举行乡镇共青团重点工作推进会暨“一镇一品”走学比看活动。

12 月

1日 市人大常委会党组书记、主任孙贤龙到朝阳街道宣讲党的十九届六中全会精神。

同日 吴兴区举行习近平法治思想集中宣讲进“矛盾调解中心”活动。

同日 吴兴区举行“共享法庭”建设现场推进会暨行政争议调解联络站启动仪式。

同日 湖山大道吴兴区段、南郊连接及南浔区段正式开通。

2日 市委书记王纲，市委常委、宣传部部长范庆瑜等到吴兴区调研古代贤守纪念馆（文物保护点，陈列王羲之、谢安等10位古代先贤的事迹）、沈家本纪念馆（市级文物保护单位），通过展板了解湖州文化地图及子昂故里规划项目相关情况。

同日 吴兴区人民检察院在妙西镇的沈家本历史文化园，组织开展了“12·4”国家宪法日宪法宣誓主题活动暨“吴兴区检察院法治教育基地”揭牌仪式。

4日 第三届湖州湖蟹文化节在吴兴区举行。

6日 妙西镇、道场乡、东林镇成功创建省级“森林城镇”，吴兴区实现省级“森林城镇”全覆盖。

同日 讲述吴兴区龙泉街道社区文明创建工作中典型人物、故事的广播剧《印》在“FM105”湖州新闻综合广播和“FM103.5”湖州交通广播同步播出。

8日 省自然资源厅党组书记、厅长陈龙带队到吴兴区调研西塞“科学谷”规划建设推进情况。

同日 吴兴区被团中央认定为2021年度全国“返家乡”社会实践重点开展区。

同日 第二届吴兴人大争先创优现场评选会举行。

同日 吴兴区国有土地上首个征收项目——湖东街道三环东路以东片区（一期）征收项目完成签约。

10日 市委书记王纲先后到吴兴区集中隔离医学观察点（原市中心医院3号楼）、浙北大厦超市红旗路店、湖东街道大规模核酸检测物资储备等处检查疫情防控工作。

同日 吴兴区八里店镇尹家圩粮油植保农机专业合作社作为浙江省唯一的“‘米票’制启动规模经营 机械化助力产业发展”模式入选。

11日 区四套班子领导务虚会召开，贯彻落实党的十九届六中全会和省委、市委全会精神，聚焦“扛起主城区担当、彰显首位区风采”目标，谋划明年乃至今后五年“吴兴能为湖州做什么、为湖州实现浙北再崛起贡献什么”的工作重点和实施路径。

13日 市人大常委会党组书记、主任孙贤龙，市委常委、宣传部部长范庆瑜到吴兴区就疫情防控及全国文明典范城市打造工作开展调研。

同日 省市场监管局授牌湖州市平安实训基地（隶属吴兴区）为“省级法治宣教基地”。

同日 区公安分局各单位联合辖区街道开展核酸检测应急演练，进一步提高全体民警应对疫情突发事件的应急处突能力。

14日 吴兴区召开2021年度区政府质量奖评审委员会全体会议，审议并投票表决2021年吴兴区政府质量奖初选授奖企业。

同日 全区数字化改革工作推进会暨区数字化改革领导小组第五次会议召开。

同日 吴兴区“2021年全国科普日主场活动”被评为2021年全国科普日优秀活动。

同日 中国国际贸易促进委员会广西分会副会长伍娟率广西壮族自治区考察团一行到吴兴区调研纺织产业发展情况。

15日 吴兴区红树湾、章家埭、蜀山、上强、闻波5个社区入选浙江省第四批未来社区创建名单，创建数量列全省第一。

同日 湖州吴兴产业投资发展集团有限公司全资子公司浙江物芯数科信息产业有限公司在长三角云数据基地建成湖州市首个“万物智联运营基地”。

16日 吴兴区召开区委议军会，研究武装工作形势，区委书记赵如浪、区委副书记、区长潘永锋等四套班子主要领导参加。

同日 区委副书记、区长潘永锋到高新区企业开展“三服务”活动。

同日 HRG哈工大机器人集团青少年STEAM创客实践基地在吴兴区青少年宫正式设立。

同日 全区校园安全专项整顿会议召开。

17日 吴兴区埭溪镇成功创建省级“美丽城镇”样板。

20日 吴兴区召开农业高质量发展大会。

同日 区湖州新生代企业家政协委员“会客厅”举行学习贯彻中央经济工作会议精神座谈会。市政协副主席叶理中，区政协党组书记、主席丁芳芳等出席。

同日 区、乡镇两级人民代表大会投票选举日，两级人大代表换届选举圆满完成。

同日 吴兴区完成中心城区首个危房拆后利用项目，建成飞英街道吉山片区社区服务中心。

21日 “一带一路·侨助共富”2021东盟侨商侨领湖州行东南亚浙商交流团到吴兴区开展考察交流。

22日 吴兴区2021年经贸科技人才洽谈会在世界乡村旅游小镇开幕。该次活动共有28个项目成功签约，总投资达202.1亿元。副市长项乐民宣布开幕。联合国和平大学校董、中国国际跨国公司促进会常务副会长张笑宇，浙江省人大常委会委员、国家杰出青年科学基金获得者、浙工大湖州数字经济技术研究院院长俞立出席。区委书记吴炳芳致辞，区委副书记、区长潘永锋主持，区领导丁芳芳等和企业代表参加活动。

同日 位于吴兴区的百亩山隧道双洞顺利贯通，标志着全长约27.2千米的104国道长兴李家巷至湖州施家桥段改建工程全线正式贯通。

同日 吴兴区新冠核酸检测方舱实验室搭建完毕。

23日 《吴兴区加快培育新经济新业态九条政策意见》出台。

同日 吴兴区人民法院审结全区首例个人债务集中清理案件，帮助债务人获得经济上的“重生”。

24日 吴兴区举行湖羊国家保护区授牌仪式。

26日 吴兴区举行“铸魂杯”国防知识竞赛颁奖典礼。

27日 吴兴区2021年第五批“大好高”项目评审会召开，本次共有14个项目参加评审。

29日 市委副书记、政法委书记蔡旭昶到吴兴区公安分局调研指导疫情防控工作。

同日 湖杭铁路（吴兴段）开始铺轨，并于2022年1月10日，全面完成铺轨。

30日 市委副书记、政法委书记蔡旭昶，副市长、市公安局局长张宏亮一行到吴兴区调研浙北购物中心消防安全工作，并慰问爱山广场警务站民警。

同日 区委召开全区信访工作会议。

同日 区委机构编制委员会召开第五次会议，研究全区机构编制相关工作。区委书记、区委编委主任赵如浪主持会议。

同日 吴兴区组织四套班子领导到驻湖州部队开展“军事日”活动。

同日 吴兴区完成1个省级生活垃圾分类示范片区（飞英街道）和18个省级生活垃圾分类高标准示范小区（美和佳园、富康花园、卡丽兰等）创建。

区情总述

概　况

【行政区划和沿革】 2021年，吴兴区辖南太湖高新技术开发区，织里、八里店、妙西、埭溪、东林5个镇，道场乡，环渚、湖东、月河、朝阳、爱山、飞英、龙泉7个街道；凤凰街道、康山街道、龙溪街道、仁皇山街道、滨湖街道、杨家埠街道委托南太湖新区管理。

沿革 2003年1月10日，撤销城区、南浔、菱湖3个派出区，设立吴兴、南浔2个市辖行政区。吴兴区辖乡、镇、街道15个，包括：织里、八里店、妙西、杨家埠、埭溪、东林6个镇；道场、环渚、白雀3个乡；月河、朝阳、爱山、飞英、龙泉、凤凰6个街道。其中，凤凰街道、杨家埠镇和白雀乡受市政府委托，由湖州市经济技术开发区（湖州太湖旅游度假区）管理。2007年3月设立康山街道，委托湖州经济技术开发区（湖州太湖旅游度假区）管理。2009年8月，撤销白雀乡，设立仁皇山街道和滨湖街道，仍委托湖州经济技术开发区（湖州太湖旅游度假区）管理。2012年12月，撤销环渚乡，设立环渚街道和南太湖高新技开发区；撤销杨家埠镇，设立龙溪街道和杨家埠街道，仍委托湖州经济技术开发区（湖州太湖旅游度假区）管理。2018年2月，设立湖东街道。2019年6月，市政府整合国家级湖州经济技术开发区、国家级湖州太湖旅游度假区两个平台，设立湖州南太湖新区。

（凌　夫）

【地理位置】 吴兴区地处北纬30°37′至30°57′之间，东经119°51′至120°29′之间，总面积862.7229平方千米。位于浙江北部、太湖南岸，东临上海，南接杭州，西近南京，北隔太湖与苏州、无锡相望，地处长三角经济圈、环杭州湾产业带和环太湖经济圈的腹地，经济产业发达，商贸市场繁荣，是承接杭州湾、长三角各地区经济架构重组、产业链延伸、技术资金溢出和产业梯度转移的重要平台。

【地形地貌】 吴兴区有“五山一水四分田”之称，属太湖流域长江三角洲经济区。吴兴地势自西南向东北倾斜，西部为天目山余脉，群山连绵、林木葱郁、风景优美，矿藏、山泉、旅游资源丰富；东部为长江三角洲冲积平原，土壤肥沃、河渠似网、鱼塘棋布，一派典型江南水乡风光，是著名的“鱼米之乡、丝绸之府、文化之邦”，也是湖州市粮油、蚕茧、淡水鱼、笋竹、茶叶等农副产品的重要产区。

（区自然资源和规划分局）

【气候】 2021年，吴兴区天气形势复杂，气候异常显著，极端事件频发，出现寒潮、强对流、暴雨、台风、气象干旱等气象灾害，给工农业生产和人民群众生活造成不利影响。据湖州国家基本气象站观测资料统计，吴兴区年平均气温18.2℃，比常年显著偏高1.4℃，创历史新高；降水量1348.8毫米，降水日数139天，日照1724.2小时，均接近常年（注：文中常年是指1991—2020年30年的常年平均值）。1月上旬受寒潮影响，出现严重低温冰冻，中旬起气温逐渐回升；2月回暖显著，平均气温创历史同期新高；3月上中旬阴雨为主，下旬多晴少雨；4月前半月晴雨相间，后半月多晴少雨；5月上旬晴多雨少，中旬阴雨寡照，多强对流天气，下旬晴雨相间；6月10日入梅，7月5日出梅，梅雨量比常年偏少；7月出梅后多强对流天气，中旬晴热高温，下旬台风“烟花”影响；8月出现大暴雨、强雷暴、大风等灾害性天气，其中11—13日强降雨过程造成织里镇等多个乡镇受灾；9月晴多雨少，气温异常偏高，上旬多午后雷阵雨，12—13日受台风“灿都”外围影响，风雨明显；10月两头晴中间多阴雨；11月、12月晴多雨少，出现四次寒潮天气过程。

（市气象局）

【人口】 2021年年末，吴兴区户籍人口44.93万人，其中男性21.94万人、女性22.99万人，分别占总人口的48.8%和51.2%；乡村人口20.91万人、城镇人口24.02万人，分别占总人口的46.5%和53.5%；全年出生人口2711人，死亡人口3440人。18岁以下人口数6.65万人，18～34岁人口数8.53万人，35～59岁人口数17.01万人，60岁及以上人口数12.74万人，分别占总人口的14.8%、19.0%、37.9%、28.3%。

（沈丽萍）

【少数民族】 2021年，吴兴区有37个少数民族，少数民族总人数为4240人，其中男性1185人、女性3055人。少数民族分布较为广泛，人数较多的有苗族656人、壮族767人、布依族472人、土家族474人、满族406人、回族339人、彝族200人、畲族208人、蒙古族147人、侗族81人、白族67人、瑶族63人、水族56人。

【宗教】 2021年，吴兴区有佛教、道教、基督教三大宗教，有少量外来伊斯兰教信徒。经批准开放的宗教活动场所68处，其中佛教31处、道教29处、基督教8处。全区人口中佛教、道教信教人数3万人左右，约占总人数的5%；基督教3110人左右，约占总人数的0.5%。宗教团体有4个，即区佛教协会、道教协会、基督教三自爱国运动委员会及基督教协会。有登记认定备案的教职人员73人，其中佛教教职人员56人，道教教职人员15人，基督教教职人员2人，男性69人、女性4人，大专以上20人、占27%，60岁以上22人、占30%。

（宋 涛）

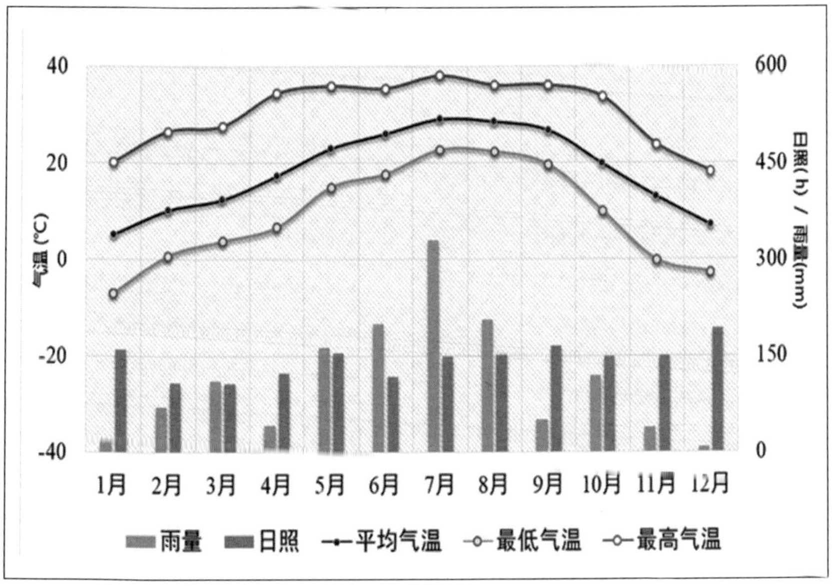

2021年湖州本站逐月气温、日照及雨量

【矿产资源】 吴兴区内查明矿产13种，包括非金属矿产资源8种，金属矿产4种，水气矿产1种。构成特点：建材及黏土类非金属矿产资源较丰富，金属矿产短缺，水气矿产尚有潜力。其中，建筑石料矿产5种，资源丰富，资源潜力很大，火山岩类建筑石料主要分布在东林、埭溪等地，花岗岩类建筑石料主要分布在埭溪、妙西等地，沉积岩类建筑石料主要分布在妙西等地。部分区域石料质量良好，初步形成以新开元、康诚等矿山为主的沥青路面用精品石料、高铁用精品石料及高等级普通混凝土骨料生产基地，精品石料产值明显高于一般普通建筑石料。区内建筑石料矿产为主采矿种，年内现有持证矿山6家，全部纳入全国绿色矿山名录库，实现国家级绿色矿山发展全覆盖，此外还有工程性采矿2家。全年区内建筑石料开采总量约为1706万吨。

（区自然资源和规划分局）

【交通道路】 吴兴区位于浙江北部、太湖南岸，东距上海150千米，南接杭州86千米，西连南京230千米，北隔太湖，与苏州、无锡相望，地处长三角经济圈、环杭州湾产业带和环太湖经济圈的腹地，交通发达。杭宁高铁、宣杭铁路穿城而过，湖杭高铁、沪苏湖高铁正在建设；G25杭宁高速公路贯穿南北，G50申苏浙皖高速公路、S12申嘉湖高速公路横卧东西，湖杭高速正在建设，104国道、318国道、306省道并辔而行、贯通全境，基本形成长三角核心城市（上海、杭州、南京、苏州）1小时交通圈。长湖申航线历史悠久、内通外达、风光绮丽，被誉为东方的"莱茵河"。因城市化发展、村庄撤并等原因，部分农村公路变为城镇道路，从而导致农村公路总里程下降。全区有农村公路630.13千米，其中县道18条149.436千米，乡道32条120.306千米。村道233条360.388千米，桥梁414座。

（湛晨斌）

【旅游文化】 吴兴区位优越，地处长三角地理中心，高铁半小时可达上海。吴兴风光秀美，北面太湖风光旖旎，西南青山连绵横亘，东部平原江南水乡，绿色是吴兴最靓的底色。吴兴人文荟萃，是丝绸文化发源地，陆羽《茶经》诞生地、太湖溇港文化诞生地、中国酒文化起源地和书画文化集聚地，曾哺育和吸引曹不兴、王羲之、颜真卿、苏东坡、赵孟頫等一大批书画大家。文化是吴兴最大的标签。吴兴是"锦绣之城"，文旅融合资源独特。太湖、名山、湿地、田园，在吴兴交织成独特的生态画卷。吴兴西部的西塞山旅游度假区因张志和的《渔歌子》而名，汇聚原乡小镇AAAA级景区，"中国十大古道"——陆羽古道，互动式主题乐园——长颈鹿庄园，开业便成网红的"霍比特小屋"——野界度假酒店。吴兴东部的西山漾AAAA级景区，是展示"丝绸之府"历史文化魅力的平台。其周边有"全国休闲农业与乡村旅游示范点"——移沿山AAAA级景区，省级旅游特色小镇——世界乡村旅游小镇，吴兴南部的下菰城遗址是"环太湖区域面积最大的商周古城遗址"，是"江南吴越文化遗产的博物馆"。与莫干山一脉相连的驾云山景区，青山隐隐水迢迢，在这里可以全面地回归自然。吴兴北部的太湖溇港AAAA景区，拥有太湖21千米的湖岸线，是展示世遗溇港文化的实景地，漫步滨湖方村、义皋古村落，带给你"太湖风、水乡情、溇港味"的江南味道。吴兴正在打造红色旅游胜地。有革命旧址、革命历史纪念馆、红色研学基地等众多红色旅游资源。

（区文广旅体局）

地区经济与社会发展

【第一产业】 2021年，吴兴区主导产业稳步发展，经济效益保持良好态势。全区种植业、渔业、林业等主导产业经济收入呈稳定增长态势。全年实现农林牧渔业增加值23.7062亿元，农民人均可支配收入42275元，增长10.6%。主要呈现以下四大特点：

粮食生产 粮食面积稳中有增，经济作物结构进一步调整。全年粮食生产面积17.14万亩，产量7.88万吨，瓜果蔬菜播种面积13.81万亩，产量28.32万吨，绿肥和饲料草等种植面积0.5万亩。晚稻播种面积11.91万亩，"甬优1540""春优

927”“浙粳100”等优良高产新品种和“嘉禾218”优质米品种种植面积比例进一步扩大。以粮食高产创建为契机，推广应用粮食主导品种和先进实用技术，提高单产，落实百亩方，提高粮食生产能力，增强农民的种粮积极性。

蚕丝文化 年内，推动文旅融合发展。随着产业结构的调整，蚕桑产业传统的种桑养蚕模式已经不适应现代农业发展的要求，利用湖州蚕丝文化品牌，开拓蚕业综合开发市场是蚕桑产业走出困境的唯一途径。打造以蚕丝业为主的古村落，位于吴兴区八里店镇潞村古村落的钱山漾遗址出土的残绢片和丝织品是我国和世界迄今为止发现最早的蚕丝织品，距今有4700多年，证明中国是世界丝绸文化教育的发祥地，因此被认定为“世界丝绸之源”。2018年开始潞村启动“古村落风貌整体改造方案工程”，通过保护修缮，打造成以蚕丝业为主的养蚕采茧、钱山漾文化展示厅、绣坊等农文旅融合的特色乡村旅游目的地，让千年古村落焕发出新的活力。建立果桑基地，开展采摘体验模式，桑果采摘能够较好地吸引游客的注意力，提高游客兴趣。做好蚕桑丝绸文化与乡村旅游业的融合发展，在积极开展新桑、蚕品种推广和新技术推广的同时探索蚕桑综合开发应用，利用桑园冬闲时间作蔬菜和桑叶茶开发。

畜牧业结构优化调整 2021年，吴兴区畜牧业总体稳中有升。受生猪稳产保供、畜产品市场价格影响，生猪存栏3.67万头，同比下降31.5%，生猪出栏4.68万头，同比增长56.5%。家禽总存栏145.95万羽，同比减少6.8%，家禽出栏531.10万羽，同比增长14.8%。湖羊市场行情向好和湖羊产业兴旺政策的影响，存栏6.71万只，同比增长15.5%，出栏5.02万只，同比增长20.9%。全区肉类总产量1.5805万吨，同比增长39.9%，牧业产值4.24亿元，增加30.7%。

渔业生产 2021年，吴兴区养殖效益和产值实现双增。吴兴区渔业以建设优质、高效、生态安全为抓手，推进现代渔业园区建设，加快渔业转型升级，现代渔业绿色发展取得新成果。在养殖面积保持不变的基础上，通过引进新品种，推广新技术和新模式，水产品产量和产值继续增长。虽然水产品养殖成本增加，饲料和人工工资上涨，但常规鱼价格仍稳中有升。成功创建全省稻渔综合种养重点示范县，国家级水产健康养殖和生态养殖示范区1家，省级水产良种场5家，省级水产健康养殖示范场26家，市级现代渔业示范园区5家，市级美丽渔场40家。水产品总产量103991吨，比2020年增加9113吨，同比增长9.6%；全年渔业经济总产值243241万元，比2020年增加22033万元，同比增长9.96%。举办第三届湖州湖蟹节，评选出历年最大蟹王610克，蟹后470克。

（区农业农村局）

【第二产业】 2021年，吴兴区完成规模以上工业总产值842.1亿元，同比增长31.1%；规模以上工业增加值169.4亿元，同比增长12.5%，规模以下工业增加值同比增长13.5%，列全市第一。一是运行质效显著提升。全部工业增加值占GDP比重达41.5%，比2020年度提升1.6个百分点。规上工业劳动生产率36.1万元/人，增长29%，高出全省20.4个百分点，列全市第一。成功入围全国工业百强区，在全省制造业高质量发展示范县区考评中名列前茅。二是传统产业转型加速。全区规模以上工业亩均税收39.8万元，高出全省7.8万元。17个重点传统制造业完成规模以上工业增加值99.17亿元，增长40.9%，高出全省29.8个百分点。2021年度“腾笼换鸟、凤凰涅槃”攻坚行动工作考核列全市第一。三是企业培育持续加快。税收超亿元企业达10家，较2020年增加2家。美欣达、大东吴等7家企业列入全市“金象金牛”企业，数量全市第一。宜可欧等3家企业入围国家专精特新“小巨人”企业，累计达5家。四是冠军企业“长高长壮”。三一装备入选国家制造业单项冠军，实现全区零的突破。规模以上工业研发费用占营业收入比重达2.76%、规模以上工业新产品产值率达56.9%，均列全市第一。

（戚绮霞）

【第三产业】 2021年，吴兴区实现服务业增加值430.64亿元，同比增长8.7%，服务业增加值占GDP比重达50.5%。吴兴织里童装数字贸易创新发展区成功列入首批浙江省现代服务业创新发展区名单。浙北大厦集团、湖州之星2家企业入选2021年度省级服务业重点行业。规模以上企业“亩产效益”领跑者，27家企业获评市级服务业重点行业“亩产效益”领跑者，23家企业获评市服务业标杆企业，11家企业获评市本级批零住餐等六大领域综合评价前三位。原乡中医养生文化村、织里镇文体中心获评全市“十大推进快的好项目”，多媒体产业园三期、浩博物流园、西塞科学谷等5个项目获评2021年市服务业“大好高”项目，均列全市第一。

（黄丽萍）

【固定资产投资】 2021年，吴兴区固定资产投资同比增长25.6%，居全市第二，增幅高于全市平均11.4个百分点，各主要指标均显著增长：

工业投资同比增长 年内，投资同比增长35.7%，增速高于全市平均16.7个百分点。近年来吴兴区聚焦制造业产业质效提升，重点项目活力增强，投资成果显现，新凤鸣化纤、万邦德等重大项目为区工业投资增长提供有力支撑。民间投资同比增长17.3%，高于全市平均8.9个百分点。交通投资增长492.3%，居全市第二，内环快速路等一批项目建设拉动作用明显。高新技术产业投资增长23.5%，产业结构持续优化。年内，吴兴区深入推进项目“双进双产”攻坚活动。瞄准省制造业高质量发展示范区创建目标，围绕省市县（区）长项目工程、市大好高等项目库建设，开展重大项目谋划招引，持之以恒开展项目引进推进工作。出台《“三单六库”制推动项目全生命周期双进双产工作方案》，聚焦项目引进推进工作，将项目全生命周期划分为九个阶段（“重点跟踪清单”“重点在谈清单”“重点签约清单”，六库为“储备库”“前期库”“用地滚动库”“开工库”“竣工库”“达产库”），招商签约三个阶段重点突出项目质量、盯引的响应速度、落地的成熟度。推进和建成阶段重点突出的是要素的竞争性精准分配，超前开展前期服务，建设过程全程跟踪，项目建成达产的履约情况等，贯穿始终，克服项目落地“两张皮”，实现项目签约—落地—达产一以贯之。全年，全区新开工入库亿元以上工业项目61个，竣工项目50个。

【数字赋能制造业发展】 2021年，吴兴区强化要素保障。完成《吴兴区制造业高质量发展实施意见》升级，设立“数字赋能专项31条”专项政策，重点聚焦数字经济高质量发展，数字经济领域补助比例占比达到72.8%。结合“三服务”加强问难帮困，紧盯规模以上重亏企业、重点骨干企业、“两链”风险企业等重点企业，全力以赴帮助企业扩产能、抢订单、提信心。确保重大要素资源向优质制造业加大倾斜力度，全年出让工业用地3835亩，占比达到71%。鼓励企业开展技术改造和机器换人，加强对设备改造升级的扶持补助，安排省、区两级制造业高质量发展专项资金2.95亿元。

【制造业设备高端化】 2021年，吴兴区开展设备为王专项行动。第一，通过严把制造业招商项目设备准入关，在引进阶段就要求企业提供设备选型清单和工艺路线图。第二，启动智能化诊断全覆盖，开展规模以上企业全部扫描的免费数字化诊断工作，引导企业根据方案以传统产业改造提升和新兴产业打造“智能工厂”“未来工厂”的标准开展数字化改造，全年出具诊断报告54份，采纳并启动24家。第三，全程依托行业专家与第三方机构，以企业设备选型与行业最优设备选型比对，提出企业设备高端化标准。通过“设备为王”绩效行动全力推动技术改造投资快速增长，增幅21.6%，全市第一，高于全省平均7.7个百分点

（陈　力）

【产业结构优化发展】 2021年，吴兴区主要经济指标增长继续领跑全市、高于全省、好于预期，高质量发展指标评价列全市第一。全年实现地区生产总值853.2亿元，增长9.7%。三次产业结构：2.6∶46.9∶50.5，“三二一”产业结构进一步巩固。经济体制改革有突破。在全省44个工业大县营商环境总体评价中位列第5。数字经济系统建设考核获评优秀，列全省区县第5名。服装（童装）产业大脑获评省数字经济系统第一批优秀重大应用，经验做法在省《数字化改革（工作动态）》《浙江信息》上刊发。童装产业大脑、久立未来工厂入选省数字经济系统成果展。吴兴织里童装数字贸易创新发展区列入首批省级现代服务业创新发展区。首创“三单六库”工作机制抓项目全生命周期服务管理，投资“赛马”获得省第一轮“赛马”工作机制激励。列入省首批低碳试点区县创建名单、省级资源循环利用示范城市创建类名单。列入省商务领域高质量发展建设共同富裕示范区，吴兴织里港海关监管场所通过杭州海关最终验收。美妆小镇考核优秀，原乡蝴蝶小镇列入创建名单。织里镇连续9年被评为省级小城镇培育试点优秀单位。

（沈　彬）

【科技创新综合实力增强】 2021年，吴兴区以科创资源集聚专班为抓手，融入湖州市国家创新型城市建设和“五谷丰登”计划，提升区域创新能力，积蓄创新驱动之势，取得一定成效，全区科技创新综合实力进一步增强，在全国科技创新百强区中的位次由64位提升至58位，“创新指数”从全省32位提升至29位。按照省、市、区数字化改革工作要求，谋划建设“科技企业成长政策通”应用场景，实现科技企业倍增提质总体目标。应用场景被省科技厅列为全省科技创新数字化改革先行试点，被省经信厅列为全省数字经济省级应用项目试点示范。

【高新企业双增计划】 2021年，吴兴区实施国家级高新技术企业、省级科技型企业“双倍增”计划，新认定省科技型中小企业152家，新认定高新技术企业34家。在全市首创性探索“未来研究院”建设模式，激发企业开展关键核心技术攻关动能。聚焦平台建设，湖州现代物流装备高新区列入全省高新区亩均效益领跑者名单第8名、年度综合评价第7名，被评为全省突出贡献集体。“西塞科学谷”技术研发、中试孵化、公共服务等场地基本完工，对接洽谈项目30余项。“阳山时尚谷”贤才居、博览中心、美学艺术园等8个工程项目全部启动。太湖实验室建成并完成装修，首批签约4家产业研究院集聚科研人才50多名、孵化项目12个。国家级“海智基地”获批，属全市唯一（全省3个），国家级学会服务站成功揭牌。

【人才强区战略实施】 2021年，吴兴区大力实施人才强区战略，全职引进中国工程院刘正东院士并成为湖州市首个“鲲鹏计划”入选人才；入选省级及以上引才6人。省领军型创新团队入选1个，该项工作连续三年居全市第一，省海外工程师10人。聚焦成果落地，2021年企业发榜项目超100项，发榜金额超10亿元，揭榜率超60%、兑榜金额超5000万元。加速融入长三角科创发展一体化，通过

线下线上等方式组织100多家企业、200多人次参加长三角高校院所科技创新活动，完成技术合同交易额超28亿元，实现翻番，占GDP比重首次突破4%，挤进全省前20位。

（区科技局）

【对外经济】 2021年，吴兴区对外经济发展势头良好。吴兴区新批准外商投资企业28家，增资企业8家（其中两家企业为2021年度新设且增资），减资企业6家，累计合同外资70925万美元，完成市年度目标的141.9%，列湖州市第三位；实到外资31103万美元，完成市年度目标124.4%，列湖州市第二位。

【对外贸易】 2021年，吴兴区对外贸易快速增长，创建区以来历史新高，完成进出口额2136176万元，同比增长80.0%，增幅列全省第一；其中，出口1868391万元，同比增长94.4%；进口267785万元，同比增长18.5%。吴兴区新增进出口企业主体109家，新增进出口额702077万元，有进出口实绩的外贸企业441家，其中进出口超百万美元的企业213家，超千万美元的企业67家。外经合作稳步推进，吴兴区新备案境外投资项目8个，其中增资项目1个，境外中方投资额7745万美元，同比增长270.1%；完成外经营业额3592万美元，列湖州市第二。

（区商务局）

【区域合作和对口支援】 2021年，吴兴区以打造“长三角之心”升级版为目标，深度融入G60科创走廊、杭州城西科创大走廊建设等重大战略，承办长三角重大项目集中开工仪式浙江分会场活动和“全国放鱼日”暨首届长三角区域水生生物增殖放流活动等长三角地区重大活动。以太湖实验室、时尚谷、科学谷、物流谷等重大平台为载体，全区签约引进长三角地区亿元以上项目75个，计划总投资442.6亿元。组团式推进援疆各项工作，出台《吴兴区助力柯坪县东西部协作的若干政策意见》，拨付政策兑付资金924.64万元；引导天下牧业（柯坪）公司建设吴兴湖羊产业园，计划总投资5亿元；推进“十城百店”工程以及吴上兴鲜“专馆”“专区”“专柜”作用，2021年销售四川、新疆农产品超4000万元。

（沈端斐）

政治建设

【党建工作】 2021年，吴兴区坚持重基础、强队伍、抓特色、出成效，以高质量的党建助力吴兴奔跑赶超谱写新篇章。“三缘支部”全域推进。以党员队伍分类管理全国综合试点为契机，按照“地域相邻、行业相近、情趣相投”原则，组建地缘、业缘、趣缘等“三缘”功能型党组织117个，有效破解党员活动人气难集聚、作用难发挥、管理难到位等问题，成功承办全市家园支部现场会。创新开设村社书记“上台打擂”。每期确定不同主题，以村社书记上台演说打擂形式，全面展示村社工作开展情况和村社书记个人风采，形成比学赶超的浓厚氛围。推动全域党建联盟建设。重点培育强村增收、产业发展、基层治理等领域10大党建联盟样板，建立“抱团发展”“毗邻相守”“城乡融合”等六类党建联盟113个，领办联盟项目451个，推动区域一体化协同发展。推进党群服务中心三年提升计划，改造提升党群服务阵地24个，打造妙新线、滨湖线两条党建示范带，形成以点串线、以线成带、以带促面的示范创建格局。

【村级集体经济强村计划】 2021年，吴兴区推进新一轮村级集体经济三年强村计划，推广“强村十法”，全面提升“造血”能力，吴兴区146个行政村全部完成村级集体经济经营性收入50万元目标。做好村社换届“后半篇”文章，制定落实村干部队伍推动乡村振兴、深化推行“导师帮带制”、村级后备干部选拔培养、村干部报酬待遇等系列制度，不断巩固换届成果。推进村级带头人队伍整体优化提升行动，举办村社书记培训班、村社书记擂台赛4次，2名村社书记获评省“担当作为好支书”、5名村社书记获评市“担当作为好支书”，激发“头雁领航、群雁齐飞”的“雁阵效应”。

【村级干部选育数字化建设】 2021年，吴兴区完善村级后备干部选拔任用工作机制，累计选拔村级后备干部547名，排摸对接各类在外优秀后备人才247名，不断充实村级后备人才库。推进基层党建数字化改革，开发“8分钟党群服务圈”，高效利用党群服务资源服务党员群众，入选首批全省组织系统重点培育多跨应用场景目录。承办全省村社书记培训班现场会、全国党刊总编辑走进吴兴等大型活动，不断提升吴兴区基层党建影响力。

【两新党建工作】 2021年，吴兴区持续拓展覆盖新领域的两新党建。新就业红色服务体系全省首创。建立“1个新就业群体权益保障中心、2个省级示范党群服务中心、120个暖新驿站”服务体系，为新就业群体提供纠纷处置、技能培训、党建共学等服务，累计开展医疗社保、法律咨询等服务5700余人次。聚焦“三年创优、整体跃升”目标，开展“强引领、优服务、争先进”行动，加快提升引领发展红色动能。

党建新模式构建新兴领域 深入推进新业态、新就业群体党建工作试点，派遣驻企服务员、政治指导员87名，掌握新就业群体需求1409个，做到精准服务新业态新就业群体。开展“一师三员”（即：驻点律师、矛盾协调员、网格宣传员、人民调解员）驻点服务，开辟“新就业维权”窗口和“掌上矛调”微信服务平台，实现生活困难、劳资纠纷等问题处置“一站办”“一键办”，累计调处纠纷72件，满意率100%。激活“三领人才”队伍新动能。开展“金领起航”行动，建立81人的新生代英才库，组建“老带新”“大带小”帮扶对子，累计开展“读书会”“悦享荟”“咖啡议事会”等活动210人次，强化思想引领。

数字化两新队伍管理平台 年内，开展“红领飞扬”行动，建设数字化两新红云引擎和红领队伍管理平台，制定“双强六星”考核体系，提升党务工作者专业化水平，累计组织领办党建项目72个。开展“蓝领竞帆”行动，全领域推进“党员专家工作室”“红领学院”建设，为企业培养技术人才，组织67名党员专家结对带动职工451名，培育高技能人才347名，比如，党员专家闵黎明荣获国务院政府特殊津贴，获评省优秀共产党员。

党建示范新标杆打造全域 建立行业主管部门常态化联动机制，推行落实党建任务领办、定期亮晒机制，开展快递行业“先锋速递”红色赋能八项行动、红色物业“示范创建”行动，形成“比学赶超”的良好态势，升级打造党建示范阵地15个。开展“双强三年提质行动”，对标省市“双强”党组织建设标准，打造大东吴、德宏等省级“双强”2家，提升美欣达、德马等市级“双强”4家；对标省级“数字赋能、集成服务”综合性党群服务中心建设标准，成功打造章装城、美妆小镇等2个省级示范阵地。

（沈金涛）

纪检监察

【纪检监察概况】 2021年，吴兴区运用“四种形态”处理576人次，第一种形态占比70.1%，实现由惩治极少数向管住大多数拓展。强化以案促改、促治，发放纪律检查建议书和监察建议书17份。抓好案件办理“后半篇文章”，回访教育46人次，常态化开展“党纪教育一刻钟”，接受教育1.4万人次。贯彻党中央和省市区委决策部署只表态不落实、维护群众利益不担当不作为等问题。查处形式主义、官僚主义问题20起，处理党员干部22人。聚焦违规吃喝、违规收送礼品礼金、酒驾醉驾背后“四风”等突出问题，查处享乐主义、奢靡之风问题40起，处理党员干部41人，其中党纪政务处分30人。严把换届意见审核关，审核干部调整和提拔40批611人次，审核“两代表一委员”换届人选15批4048人次。

【巡察监督】 2021年，吴兴区对1个乡镇、18个区级单位开展巡察，发现问题305个，移交问题线索12条。对医疗、教育系统开展延伸巡察，发现问题32个，党纪政务处分7人，运用第一种形态处理101人，完善修订制度131项，收回各类违规资金30.62万元。落实巡察整改量化评分制度，对13家单位开展巡察质效评估，发现问题99个，提醒谈话4人次，批评教育4人次，除名1人。受理群众信访举报78件（次），同比下降55.2%。始终保持“严”的主基调，立案查处违纪违法案件181件，同比增长8.4%，其中乡科级7人；给予党纪政务处分172人，同比增长1.8%；采取留置措施11人。纵深推进派驻机构改革，调整派驻机构5家、监督单位13家。

（吴兴区纪委监委）

【检查法律法规实施情况】 2021年3—8月，吴兴区开展《湖州市美丽乡村建设条例》实施情况执法检查，全省联动开展《浙江省生活垃圾管理条例》贯彻情况执法检查。7月份全省联动开展《浙江省数字经济促进条例》贯彻情况执法调研。10月—11月开展规范性文件备案审查。根据监督法有关规定和《湖州市吴兴区人大常委会规范性文件备案审查办法》，做好规范性文件备案审查工作，并听取和审议关于规范性文件备案审查工作开展情况的报告。

（沈欢欢）

文化建设

【精神文明建设】 2021年，吴兴区精神文明办制定《吴兴区〈全国打造文明城市典范城市工作三年计划〉》，明确工作目标和职责，确保文明城市建设成果常态长效。以数字化改革作为打造典范城市主攻重点，上线文明城市创建督查的数字化平台，对中心城区、各乡镇街道不文明现象做到实时监督管理，针对“三小车停放”“毁绿停车”“占道经营”“垃圾乱堆放”“小广告”“放养宠物”等突出问题和薄弱环节，累计开展巡查检查20类306个点位，下发督查单270余张，解决问题790余个；实施全区新时代文明实践示范所（站）阵地提升工程，实现阵地建设从“有”到“优”的转变。

【文化礼堂、文化广场建设】 2021年，吴兴区打造新时代文明实践云平台和文化礼堂指挥服务中心平台，建立集志愿者注册、志愿活动点单派单、志愿者阵地展示、好人风采展示为一体的综合性智慧化管理平台，充分发挥吴兴区文化礼堂指挥服务中心作用，做好“文化礼堂点餐制”工作。深化新时代文明实践“一元·益愿”志愿服务品牌，用好服务固定点和暖心流动车。创新打造“家园志愿广场”项目，打造爱山街道爱山广场、织里镇利济文化公园、埭溪镇中心公园等7个“暖心广场”示范点，为群众提供理发、维修、专家义诊、法律咨询等志愿活动3100余场，服务群众7万余人，吴兴志愿服务水平不断提升。

【好人推荐入选】 2021年，吴兴区持续打响“吴兴好人”“道德模范”等品牌，做好“中国好人”“浙江好人”“湖州好人”的推荐上报工作，施献荣、朱水银夫妇入选“中国好人”，胡艳杰等3人入选“浙江好人”，杨玉琴等8人入选“湖州好人”，王金法入选全国学雷锋志愿服务“四个100”先进典型，在全区营造“敬好人、学好人、做好人”的浓厚氛围。用好乡村学校少年宫、农村“春泥计划”活动室、爱国主义教育基地等载体，丰富未成年人校外生活。

（郭　舒）

社会事业

【教育事业】 2021年，吴兴区教育呈现良好发展态势。全区学前三年幼儿入园率99.58%，全区省等级幼儿园在园人数30196人，覆盖率100%；小学适龄儿童入学率100%，小学升初中比例达100%。初中毕业生按时毕（结）业率100%，初升高比例99.34%。特殊儿童入学率达100%，符合条件的新居民子女入学率100%。9所成人文化技术学校共开展劳动力培训237802人次。智慧校园环境建设持续推进，实现公办中小学、幼儿园万兆教育专网到校，校园无线覆盖率达100%，交互式多媒体覆盖率达100%，45所中小学配备录播教室。全区拓展性创新实验室和学科教室210个。

（舒　童　杨　浩）

【图书馆公共文化服务】 2021年，吴兴区图书馆正式开馆运营，开展活动140余场，累计到馆读者11.5万余人次，图书借还8.6万册次，总办证读者5000余人，在《人民日报》客户端、《图书馆报》等各类媒体宣传报道28次，获评"浙江省满意图书馆"。织里镇获评第二批"浙江省戏曲之乡"，潞村文化礼堂、妙山村文化礼堂获评浙江省公共文化场馆服务功能拓展先行先试单位，获评省级文化示范户5个和乡村文化能人19个。开展"幸福吴兴"主题展览、讲座、文艺演出等公共文化活动500余场次，线上线下参加达11万余人次。为每个乡镇街道送演出5场、送图书2000册。参加省、市百年党庆等重大比赛、活动11场，荣获3金6银6铜优异成绩。

【新闻媒体】 2021年，湖州市新闻传媒中心吴兴分中心属市新闻传媒中心派出机构。吴兴分中心主要承担新闻宣传和综合管理两大职能。吴兴分中心开办电视《吴兴新闻》栏目、电视专栏《红扬吴兴》《吴兴纵横》《应急600秒》《人社之家》和"村村响"对农广播节目。

《吴兴新闻》 秉承"立足菰城本地，记录吴兴发展"的宗旨，围绕和服务区委、区政府中心工作，重点报道吴兴经济社会各个领域的重大事件及动态，生动展现吴兴人民在经济、政治、文化、社会、生态文明等方面建设时的精神风貌。每周一至周五18:10分在湖州新闻综合频道播出(次日早上重播)。

《红扬吴兴》 创办于2018年3月，由吴兴区委组织部和吴兴分中心联手打造，是吴兴区首档党建电视专栏。节目以"内容为王"为理念，全方位、多视角宣传吴兴党建成果，不断提高栏目知名度，扩大节目受众面；同时坚持"大党建"宣传格局，切实唱响吴兴党建好声音，进一步提升吴兴党建的影响力和美誉度。

《吴兴纵横》 创办于2019年11月，由吴兴区委宣传部联合吴兴分中心全新打造的电视栏目。栏目分设《聚焦吴兴》《吴兴纪事》《吴兴人说》三个板块，梳理记录新时代吴兴改革发展印记和吴兴群众收获的满满获得感与幸福感。

《应急600秒》 吴兴分中心和吴兴区应急管理局联办的电视专题栏目，旨在传播应急理念，普及应急知识，解读应急工作重点。每月播出一期，每期十分钟。设置《应急动态》《应急先锋》和《蓝朋友有话说》三个板块。

《人社之家》 吴兴分中心和吴兴区人力社保局于2020年联办的电视专题栏目，充分展示和宣传吴兴区人力社保工作取得的成效。每月播出一期，每期十分钟。设置《人社动态》《人社先锋》《人社政策》三个板块。

"村村响"对农广播 2009年7月1日，正式开播"村村响"对农广播节目。自办节目板块设置有《吴兴新闻》《王金法广播》《乡村风景线》《百姓生活》《文艺万花筒》等。每天分早中晚3次播出，每天自办节目播出为150分钟。

（胡蕾蕾）

【就业工作】 2021年，吴兴区就业管理服务中心始终将稳就业工作作为首要工作来抓，不断加强就业服务体系建设，推动城乡劳动者多渠道就业，解决农村富余劳动力、就业困难人员、城镇失业人员等各类就业群体的就业问题，统筹做好企业用工服务保障，保障全区就业形势和企业用工的稳定。全区实现新增城镇就业22195人，其中帮扶失业人员再就业12578人，困难人员再就业2150人，“零就业”家庭保持动态归零，城镇登记失业率2.02%。

【居民养老保险参保工作】 2021年，吴兴区重视居民养老保险参保扩面征缴工作，加强政策宣传引导，针对不同参保对象，精准实施参保扩面。利用人口普查大数据和全民参保信息库数据，在全区范围内开展城乡居保扩面提质行动。吴兴区法定户籍人员基本养老保险参保率99.74%，较2020年年底提高0.75%；城乡居民人均待遇水平为380.02元/月，较2020年提高28.55%。不断完善工作机制，统筹协调做好被征地农民参保转保工作，高效推进存量被征地农民参保告知、新产生被征地农民即征即保等工作。织密“制度管理”“数据排查”“稽核检查”三张网，从严监管社保基金，确保基金安全和参保人员合法权益。

（施伟康　陆惠娣）

【教育改革】 2021年，吴兴区全面推进“阳光招生”，在中心城学校网上预登记的基础上，向乡镇学校延伸，报名成功的新生16909人，其中小学9859人，初中7050人。出台《进一步推进吴兴区中小学教师“区管校聘”管理改革工作实施方案（试行）》，将区内外调动、中心城教师赴乡镇学校交流、教育集团内部交流等工作整合纳入“区管校聘”，全年有78名教师参与并成功实现跨校竞聘。贯彻落实浙江省教育厅关于“新增城乡教育共同体结对学校（校区）1500家”省政府民生实事任务的文件精神，吴兴区28所学校成功结对，开展同步课堂416次，参与师生3.6万多人次，组织网络研修、名师专递课堂、线下教学研讨等线上线下活动587次。该区获评全国青少年校园足球试点区、浙江省教育领域数字化改革第一批创新试点项目、第四届中国STEM教育发展大会挑战赛全国第一名，教育大脑项目获评2021年IDC亚太区智慧城市大奖暨中国智慧城市行业大奖优秀奖，基于“教育魔方”的5G+XR智慧教育项目被省教育厅、通信管理局、经济和信息化厅三部门联合推荐为教育部2021年“5G+智慧教育”应用试点项目。

（舒　童　杨　浩）

【文化体制改革】 2021年，吴兴区持续打响“在湖州看见美丽中国”城市品牌。以“在湖州看见美丽中国”引领示范项目建设为依托，推进世界乡村旅游大会永久会址、“一塘十山十漾”文化公园建设建设。高质量承办省第九届“知识产权杯”创意设计大赛等省级重大活动，成立全市首家版权服务工作站，并作为全市唯一代表参加由国家版权局主办的中国国际版权博览会。

【新闻媒体改革】 以数字化改革为契机，在全市率先启用“吴兴区文智大脑数字驾驶舱”，加快推动媒体深度融合和智慧媒体建设；坚持移动优先，优化提升以“爱上吴兴”客户端为主阵地的全媒体传播矩阵，打造具有区域特色的“新闻+政务”“新闻+服务”“新闻+文创”的综合信息服务平台。文明实践全域深化。实施全区新时代文明实践示范所（站）阵地提升工程，实现阵地建设从“有”到“优”的转变。

【文化礼堂建设】 打造新时代文明实践云平台和文化礼堂指

挥服务中心平台，建立集志愿者注册、志愿活动点单派单、志愿者阵地展示、好人风采展示为一体的综合性智慧化管理平台，发挥吴兴区文化礼堂指挥服务中心作用，做好"文化礼堂点餐制"工作。深化新时代文明实践"一元·益愿"志愿服务品牌，用好服务固定点和暖心流动车。创新打造"家园志愿广场"项目，年内，打造爱山街道爱山广场、织里镇利济文化公园、埭溪镇中心公园等7个"暖心广场"示范点，为群众提供理发维修、专家义诊、法律咨询等志愿活动3100余场，服务群众7万余人，吴兴志愿服务水平不断提升。推进网络综合治理体系建设。以区网络文化协会为龙头，先后举办"吴兴年更有味"网红大V 打卡吴兴、"5·3"防诈云公益行动、"首届长三角电竞大赛"等正能量网络文化活动。持续开展"清朗""净网""千百工程"等系列网络专项整治，妥善处置"中心城区教育招生"等敏感舆情50多起，查删不实帖文及评论1000多条。推进南太湖"民情哨"工程建设，上线运行"民情哨"数字管网系统，累计上报线下问题250余个、线上舆情100余个、情报线索130余条，推动舆情风险化解关口前移。联合区公安分局、区大数据局，开展"护航建党100周年"网络安全专项检查，常态化做好隐患排查、攻防演练、问题整改等网络安全工作，筑牢网络安全防线。

【文化产业和文旅深度融合工程】 2021年，吴兴区制定《湖州市吴兴区文化产业发展"十四五"规划》，创新开展贷款贴息项目跟踪审计，全年累计拨付约1500万元，进一步强化文化产业专项资金管理使用，支持织里镇文体中心、丝绸小镇婚庆文化产业园、沈家本历史文化园等重点项目建设。完善文化人才培养体系，入选"南太湖特支人才"2名，"青年英才"2名。

文艺精品创作 年内，指导创作文艺作品17部，其中电视剧《风起南太湖》获省文化艺术基金300万元扶持，报告文学《此心安处》、图书《诗话溇港》、电影《一线生机》3部作品入选市级优秀文艺作品扶持项目，图书《湖笔文脉王一品》《大美埭溪》《气壮山河》3部作品入选市文联重点扶持项目，图书《逐梦时代》等9部作品获区级文艺精品扶持奖励资金。

（董　欢）

【农村集体"三资"管理】 2021年，吴兴区深入开展农村集体"三资"规范化管理，实施农村集体"三资"管理领域腐败突出问题专项治理，协调对接区编办下发《关于明确乡镇（街道）农村集体"三资"监督管理职责和机构设置的通知》，贯彻中共吴兴区委全面推进清廉乡村建设决策部署，联合区纪委、区公管办、区审计局等制定《吴兴区村级工程项目管理办法》，进一步规范村级工程项目建设管理。研究出台新一轮《关于实施村级集体经济巩固提升两年计划的意见》，争取强村项目财政补助资金2242万元。完善农村综合产权流转交易体系，持续推动阿里拍卖平台网络交易，2021年完成阿里拍卖平台交易193宗，金额达8596万元，为强村增收目标的实现提供了新的路径和方法。

（朱　伟）

【双拥共建工作】 2021年，吴兴区持续擦亮"惠军吴兴"金名片，积极开展各类双拥共建活动，加强基层双拥规范化建设。各项优抚政策得到妥善落实，认真做好优抚自然增长机制提标和发放。妥善做好军队转业干部、退役士兵接收安置工作。

（区退役军人事务局）

【社会组织登记管理】 2021年，吴兴区以创建全国街道服务管理创新实验区为主线，提升社区服务为重点，加强基层基础为切入点，提高居民满意度和提升幸福感，加快推进幸福邻里中心建设，建成并运营11家幸福邻里中心。加大社会组织管理力度，2021年新登记社会组织66家；创新社会组织评估机制，2016年—2021年，评定AAA以上社会组织共31家，其中AAAAA级6家，AAAA级5家，AAA级20家，总体参评率达到97.50%；开展社会组织党建工作，建立党组织的社会组织58个（党委3个，党总支1个，党支部54个）。

【养老福利机构建立】 2021年，吴兴区认真抓好养老福利机构建设，全区有各类养老机构15家，总床位数5433张。其中，乡镇养老机构（农村敬老院、综合福利中心）7家，床位3160张；民办养老机构8家，床位2273张。各类养老机构总入住老人1071人。享受居家养老服务3022人，全年拨付服务资金374.48万元。完成313户困难老年人家庭适老化改造。新建3家示范性居家养老服务中心，实现乡镇（街道）居家养老服务中心全覆盖。建成1家康养联合体。

（区民政局）

【城乡居民养老保险】 2021年吴兴区（含南太湖新区）参加城乡居民基本养老保险9.58万人，其中16—60周岁参保缴费人员3.62万人，60周岁以上享受待遇人员5.96万人，完成参保扣款26542人，缴费到账金额20630.72万元，到账率96%。稳妥推进被征地农民转基本养老保险工作，完成2021名存量被征地农民转入城乡居民基本养老保险制度，104名新被征地农民参加城乡居保即征即保，并按时足额发放待遇。全区城乡居民基本养老保险养老金支出29733万元（含吴兴区、南太湖新区），其中全区发放丧葬费1429万元（含吴兴区、南太湖新区）。

（陆惠娣　汤惠丽）

【养老保险基金管理】 2021年基金总收入48838.36万元，同比增长0.08%；基金支出39627.47万元，同比增长6.33%。其中，住院4.71万人次，支出23981.48万元；门诊大病6.01万人次，支出3377.26万元；门诊304.38万人次，支出8185.28万元；大病保险2.79万人次，支出2672.93万元；体检经费支出849.43万元；家庭医生签约费支出560.51万元；退回以前年度缴费0.58万元。当期结余9210.89万元，累计结余50268.12万元，累计结余可支付15个月。吴兴区435家定点医药机构现场检查覆盖率100%，处理违法违规定点医药机构82家，其中限期整改77家、暂停协议4家、行政处罚1家；追回违规资金336.59万元，其中基金本金207.44万元、阳光监管审核扣款23.1万元、自查自纠退回100.79万元、行政罚款5.26万元；查实参保人员违法违规1人，行政处罚1人，追回基金0.46万元、行政罚款0.91万元。

（王其伟）

生态文明建设

【生态文明建设概况】 2021年，吴兴区坚持习近平生态文明思想为指引，坚定不移践行绿水青山就是金山银山理念，持续推进习近平生态文明思想在吴兴落地生根、开花结果，围绕“生态吴兴”战略定位，推进高水平保护、高质量发展、高品质生活、高效能治理，全方位、深层次、多领域、高水平推进生态文明建设，生态底色更加亮丽、城乡品质蝶变跃升、转化之路越走越宽、绿色低碳理念深入人心，生态文明建设水平得到不断提升，走出了一条生态美、产业兴、百姓富的绿色发展之路。

（王保民）

【生态环境】 2021年，吴兴区把握生态文明建设的内涵，打好污染防治攻坚战，打造“生态吴兴”，全区环境质量进一步改善，呈现稳中向好态势。全区16个区控以上地表水断面100%达到III类及以上水质，集中式饮用水水源地达标率保持100%；全区PM2.5日均浓度25微克/立方米，PM10日均浓度58微克/立方米，空气优良率82.9%；全区工业危险废物、医疗废物、污泥无害化处置率、污染地块安全利用率分别达到100%、100%、95%和95%以上。

（鲍齐琦）

【美丽乡村建设】 2021年，吴兴区深入开展农村集体“三资”规范化管理，实施农村集体“三资”管理领域腐败突出问题专项治理，协调对接区编办下发《关于明确乡镇（街道）农村集体“三资”监督管理职责和机构设置的通知》，贯彻中共吴兴区委全面推进清廉乡村建设决策部署，联合区纪委、区公管办、区审计局等制定《吴兴区村级工程项目管理办法》，进一步规范村级工程项目建设管理。研究出台新一轮《关于实施村级集体经济巩固提升两年计划的意见》，争取强村项目财政补助资金2242万元。完善农村综合产权流转交易体系，持续推动阿里拍卖平台网络交易，2021年完成阿里拍卖平台交易193宗，金额达8596万元，为强村增收目标的实现提供了新的路径和方法。

（朱　伟）

【碳达峰碳中和总体行动方案】 2021年，吴兴区以推动实现“碳达峰碳中和”为总目标，深入践行“绿水青山就是金山银山”理念，开展全区碳达峰总体行动方案和“6+1”领域方案编制。成功列入全省首批低碳试点区县创建名单，为全市唯一。研究制定《吴兴区创建全省第一批低碳试点区县专项政策意见》。成功列入省级资源循环利用示范城市创建类名单，获得资金支持750万元。成立区级“两山银行”，制定印发《吴兴区“两山银行”建设实施方案》。加快生态产品价值转化研究，完成2019年、2020年全区生态系统生产总值核算，妙西镇“西塞山下生态兴，‘城郊秘境’惹流连”案例入选全省生态产品价值转化最佳实践清单。2021年，全区单位规模以上工业增加值能耗下降率达到4.4%，列全市第一；全年煤炭用量46.2万吨，较2020年下降21.8%，占全年控制用量的72.3%；全年新增光伏装机5.3万千瓦。深化推动绿色制造，新认定国家级绿色工厂1家、国家级绿色设计产品9个、国家级绿色供应链管理企业1家；省级绿色低碳工厂2家。

（沈婧莹）

区四套班子，部门、高新区、乡镇、街道机构负责人名录

凡标有“*”者，表明已在2021年内因退休、调职、免职、辞职等原因而去职。

中共湖州市吴兴区委员会

书　记：吴炳芳*　赵如浪

副书记：潘永锋　宁　云*
杨　治

常　委：程　佳*　宋建方*
徐兆辉*　朱小芳（女）
郑志亮　朱建忠
费屹巍　潘　帆
何卫军*　丁　鹍
鲁有铭　刘小翔
杨　斌

委　员：（在职的以姓氏笔画为序）
胡卫东*　俞琴芳*（女）
唐于建*　潘　华*
干　祎（女）
王新太　厉云燕（女）
卢晓华　宁　云
吕志荣　朱建忠
朱新民　杨元江
杨　治　杨　斌
吴金辉　何卫军
邹德明　沈　冰
张文斌　张志宏
陈　伟　陈新娣（女）
郑志亮　赵如浪
费屹巍　徐兆辉

徐进磊　郭士忠
程　佳　慎小红（女）
滕　辉　潘　帆
潘永锋

区委工作部门及直属单位、派出机构

办公室（区委政策研究室、区台办、区档案局、区委党史研究室）
主　任：陆安华
副主任：李小红*　范慧敏*（女）
张美中*（兼）
孔　媛（女）
潘　迪　施国斌
周振强（兼）
室务会议成员：方红英*（女）
唐国强　王寒松

区委政策研究室
主　任：范慧敏*（女）
副主任：莫月雯（女）
徐燕燕（女）

区委台办
主　任：陆安华
副主任：王寒松

区档案局
局　长：张美中*　周振强

区委党史研究室（地方志办公室）
主　任：陆安华

区委组织部（区委直属机关工委、区委两新工委、区委人才办、区委老干部局）
部　长：潘　帆*　鲁有铭
常务副部长：胡卫东*　余胜奎
副部长：许剑辉（女）
朱晨旭　沈海明*
郭士忠（兼）
慎小红（女，兼）
部务会议成员：史彦廷　邱聪颖

区委直属机关工委
书　记：潘　帆*　鲁有铭
副书记：邱聪颖

区委两新工委
书　记：许剑辉（女）

区委人才办
主　任：潘　帆*　鲁有铭
专职副主任：周　斌

区委老干部局
局　长：胡卫东*
副局长：张　亮*　于　麟

区委宣传部（区文联、区社科联）
部　长：朱建忠*　朱小芳（女）
常务副部长：孙斌义
副部长：宋振强　吴彩英（女）
部务会议成员：吴敏娟*（女）
叶熙熙（女）
周郑洁（女）
朱旭艳*（女）
张　寅　王晨建

区文联
主　席：孙斌义
副主席：吴敏娟*（女）
朱旭艳*（女）
张　寅

区社科联
主　席：孙斌义
副主席：唐　静（女）

区委统战部（区民宗局、区侨办、区侨联、区工商联）
部　长：宋建方*　费屹巍*
丁　鵾
常务副部长：吕志荣
副部长：陆鸣霄　沈子昌
部务会议成员：陈晓华（女）
戴国新
杜秋枝（女）

区民宗局
局长：陆鸣霄

区侨办
主　任：吕志荣
副主任：陈　芸（女）

区侨联
主　席：钱　凯

区工商联
主　席：单建明
书　记：吕志荣
专职副主席：戴国新
副主席：吕志荣　戴国新
蔡兴强　杨国民
邱小永　吴金海
濮新泉　沈建民
柯文化　钱英士
施旻霞（女）
王国新　吴新明
侯军呈　陈国祥
游鑫荣　施海法
吴淑英（女）
周新华　虞　畅
沈坚强　倪志和

区委政法委（区防线办、区社会矛盾纠纷调处化解中心、区法学会）
书　记：宁　云*　杨　治
常务副书记：沈　冰
副书记：唐建兴　丁家荣
付文桥
委　员：朱乐鸣（女，市下派）
华勤德
姚志忠

区防线办

主　任：朱乐鸣（女，市下派）

区社会矛盾纠纷调处化解中心

主　任：宁　云* 杨　治

第一副主任：沈　冰

常务副主任：费　斌

副主任：吴新惠　陆　芸（女）

区法学会

会　长：宁　云* 杨　治

常务副会长：丁家荣

专职副会长：华勤德

区委编办

主　任：慎小红（女）

副主任：蒋立新　吴　玮（女）

区委巡察办

主　任：陈　勇

副主任：吴学丰* 陈利杰

区委、区政府信访局

局　长：费　斌

副局长：吴　谦*

（兼织里分局局长）

戚小波

（兼织里分局局长）

陶文斌　吴　隽

信访督查专员：叶　凯

局务会议成员：戚小波*

王佳洵

中共湖州市吴兴区纪律检查委员会

书　记：郑志亮

副书记：王新太* 周　晗（女）

沈凯风

常　委：陈　勇　唐国强*

沈凯风*

王　芳（女）

黄学军　李丽华（女）

委　员：王新太* 王　芳（女）

王炯明* 王若禹

王晓峰　卢晓亮

史彦廷　朱晨旭

李丽华（女）

杨秀良　吴彩英（女）

陈　勇　周　芸（女）

周茹新　费思杰

黄学军　傅一力

沈凯风　郑志亮

周　晗（女）

方红英*（女）

叶熙熙*（女）

吴古琴*（女）

俞胜奎* 宋振强*

姜新明* 郭荣光*

唐国强* 陶厦峰*

蔡梅建* 樊　军*

区监察委员会

主　任：郑志亮

副主任：王新太　周　晗（女）

委　员：陈　勇

王　芳（女）

黄学军　周茹新

湖州市吴兴区人民代表大会常务委员会

主　任：姚广民

副主任：宋建方　茅利荣*

韩新梅（女）

汤益培　严安成

汗胜富　甘道民

委　员：（以姓氏笔画为序）

王　勤　王　卿

王建国　冯文明

朱建荣　孙建美（女）

孙新江　杨佩芬（女）

吴仁斌　吴静华（女）

沈丹芬（女）

张新华　陆新法

陈　杰　陈　燕（女）

陈丽红（女）

周功剑　周盛东

胡卫东* 费争荣

费利荣　倪　健

梅　丰　曹建华

蒋国荣　薄国欣

区四届人大常委会各委室

办公室（研究室）

主　任：陈　杰

副主任：孟胜炜

钱娟丽（女）

沈荣臻

财政经济委员会

主任委员：陆新法

副主任委员：彭鼎顺

陈晓仙（女）

监察和司法（法制）委员会：

主任委员：朱建荣

副主任委员：郑晓玲（女）

彭卫忠

社会建设委员会

主任委员：王　勤

副主任委员：朱益民

张新法

农业农村工委

主　任：蒋国荣

副主任：戴　鑫

教科文卫（社会建设）工委

主　任：周功剑

副主任：沈美利*（女）

城建环资工委
主　任：梅　丰
代表工委
主　任：颜利方
副主任：季百顺* 金　俊（女）

湖州市吴兴区人民政府

区　长：潘永锋
常务副区长：徐兆辉*
副区长：杨　治* 傅远超*
滕　辉（新疆挂职）
张文斌*
金斌斌（女）
钱振宇
周兴强　卢晓华*
厉云燕（女）
任　静*（女，挂职）
党组副书记：徐兆辉* 潘　帆
党组成员：费屹巍　丁　鹍
蔡宏杰
吴兴区人民政府工作部门及直属机构
办公室（外事办、区委生态办、调研中心、大数据服务中心、咨询委综合研究服务中心）
主　任：蔡宏杰
副主任：谈黎伟　韩　翔
黄大春* 李晓明
唐　晔（女）
王旭强　金　军
党组书记：蔡宏杰
党组成员：章正军　韩　翔
黄大春* 李晓明
唐　晔（女）
杨凯华
纪检组组长：章正军
外事办
主　任：蔡宏杰
副主任：谈黎伟（兼）
区委生态办
专职副主任：倪海潮
调研中心
主　任：杨凯华
大数据服务中心
主　任：梅　勇
咨询委综合研究服务中心
主　任：莫小燕（女）
区发改经信局（区金融办，区域合作交流办公室）
局　长：杨元江* 王国华
副局长：罗　英（女）
周洪伟　倪海潮*
费　菲（女）
陶　静（女）
党组书记：杨元江
党组副书记：罗　英（女）
党组成员：周岳泉* 周洪伟
金　军*
纪检组组长：陈晓华（女）
浙江吴兴经济开发区管理委员会
主　任：程　佳* 厉云燕*（女）
副主任：费　菲*（女）
周勤俭　陈子龙
王　成*
党工委书记：程　佳*
厉云燕*（女）
党工委委员：费　菲*（女）
周勤俭　陈子龙
王　成*
区教育局
局　长：张志宏* 范慧敏（女）
副局长：陈昌来　陈明强
邵慧芳（女）
党委书记：张志宏* 范慧敏（女）
党委副书记：陈昌来
党委委员：钱忠伟　陈明强
邵慧芳（女）
陈　斌
区科技局
局　长：邱国强
副局长：唐伟杰　苏　娟（女）
党组书记：唐伟杰
党组成员：莫慧忠　李　颖（女）
沈方林
纪检组组长：陈晓华（女）
区科协
专职副主席：莫慧忠
区民政局
局　长：唐于建
副局长：姚新芳（女）
沈宏斌
党组书记：唐于建
党组副书记：姚新芳（女）
党组成员：顾龙堂* 沈宏斌
区司法局
局　长：黄永强
副局长：林金鹏　黄其峰
徐群雄
党委书记：黄永强
党委副书记：徐群雄
党委委员：林金鹏　黄其峰
黄　帆
区财政局
局　长：杨卫华
副局长：叶　青（女）
俞勤仕（挂职）
光　晨（挂职）
总会计师：叶楚江

党组书记:杨卫华
党组成员:杨卫华
叶　青(女)
俞勤仕(挂职)
光　晨(挂职)
叶楚江
顾　燕(女)

区人力社保局
局　长:郭士忠
副局长:李　慧(女)
陆培红(女)
唐晓华
党组书记:郭士忠
党组副书记:李　慧(女)
党组成员:郭士忠
李　慧(女)
陆培红(女)
周　旦
纪检组组长:史彦廷

区住房和城乡建设局
局　长:沈忠明* 姚连华
副局长:黄　栩　忻伟铭
施　萍(女)
宣明奇　倪　帆
党组书记:沈忠明* 姚连华
党组副书记:黄　栩
党组成员:倪　帆　忻伟铭
施　萍(女)
宣明奇　杨　芳(女)
纪检组组长:陈晓华

区交通局
局　长:朱新民
副局长:李学林　宋恭勤
总工程师:顾昶辉
党组书记:朱新民
党组副书记:李学林
党组成员:顾昶辉　徐　挺(女)

区水利局
局　长:姚连华* 郭欢欢
副局长:叶　伟　席桂平(女)
总工程师:宋　侃*
党组书记:姚连华* 郭欢欢
党组成员:姚荣伟　张　韬
蒋元中

区农业农村局
局　长:陈　彬* 沈忠明
副局长:张建忠* 陈水华
周何金　胡　亮
王来建
总农艺师:孟华兵
农业综合行政执法队队长:
陈斌斌
党组书记:陈　彬* 沈忠明
党组副书记:张建忠*
党组成员:陈水华　胡　亮
王来建　周何金
孟华兵　陈斌斌

区商务局(区贸促会)
局　长:朱江政
副局长:吴利强
张海滨(保留正科长级)
湖州市政府驻上海联络处吴兴工作部主任:李　岚(女)
湖州市政府驻上海联络处吴兴工作部副主任:张传国
湖州市吴兴区市场采购贸易服务中心主任:金晓薇(女)
党组书记:彭建国
党组副书记:吴利强
党组成员:李　岚(女)
张海滨　张传国
江　波*
纪检组组长:陈晓华(女)

区贸促会
会　长:朱江政
副会长:江　波*

区文广旅体局
局　长:蔡滨斌
副局长:代　茹*(女)
崔阿龙　沈　思
吕建樑　朱旭艳(女)
季禧峰
党组书记:蔡滨斌
党组成员:崔阿龙　吕建樑
朱旭艳(女)
季禧峰

区卫生健康局
局　长:陆建兵
副局长:李　波　吕　鑫
赵费敏(女,挂职)
党委书记:陆建兵
党委委员:李　波
谈晓春(女)
应　琦　吕　鑫
朱培凤(女)
方红斌

区红十字会
副会长:邵树乔* 应　琦

区计生协
专职副会长:谈晓春(女)

区退役军人事务局
局　长:盛　舸
副局长:朱海江　刘法营
张连彪
党组书记:盛　舸
党组副书记:朱海江
党组成员:刘法营　张连彪
纪检组组长:章正军* 沈玉坤

区应急管理局

局　长：沈国强

副局长：盛景中*　方立鑫
朱华斌　张伟伟
赵永霈

党委书记：沈国强

党委委员：方立鑫　朱华斌
张伟伟　赵永霈
叶怡欢*（女）

区审计局

局　长：姜新明

副局长：丁　媛（女）
朱　豪

总审计师：沈元萍（女）

党组书记：姜新明

党组成员：丁　媛（女）
沈元萍（女）
张　亮　何继东

纪检组组长：章正军

区市场监督管理局

局　长：王道文（女）

副局长：章斌斌　朱文伟
陈　瑾（女）
周志刚　吴剑勇
王　烨（兼）

党委书记：王道文（女）

党委委员：陈冠强*　章斌斌
朱文伟
陈　瑾（女）
周志刚　吴剑勇

综合行政执法队队长：王　烨

总工程师：沈魏华

区统计局

局　长：罗　英（女）

副局长：曹国良

总统计师：嵇金鑫

党组书记：罗　英（女）

党组成员：曹国良　嵇金鑫

区医疗保障局

局　长：姚树勤

副局长：周秋芬（女）
张　妍（女）
杨建军

党组书记：姚树勤

党组副书记：周秋芬（女）

党组成员：张　妍（女）
杨建军

纪检组组长：史彦廷

区综合行政执法局

局　长：邹德明

副局长：沈建良　顾　明
沈　滨　阮剑虹

织里分局局长：沈　滨

党委书记：邹德明

党委副书记：沈建良

党委委员：顾　明　沈　滨
朱晓芬（女）
阮剑虹

区综合行政执法管理中心主任：
朱晓芬（女）

区政务服务管理办公室（区“最多跑一次”改革办公室　区公共资源交易管理办公室）

主　任：潘永锋*　程　佳*

常务副主任：薛跃伟

副主任：马文安　倪志伟*
沈哲婷（女）
沈晓飞（女）

党组副书记：薛跃伟
马文安

党组成员：倪志伟*
沈晓飞（女）

区档案馆

馆　长：张美中*　周振强

副馆长：严晓娅（女）

党组书记：张美中*　周振强

党组成员：严晓娅（女）

区机关事务管理中心：

主　任：代　茹（女）

副主任：朱占成*　沈　婷（女）

党组书记：代　茹（女）

党组成员：朱占成*
沈　婷（女）
宾　斌

区税务局

局　长：赵健鸣*　任　斌

副局长：沈鸿宾　朱晓仑
李建广*　陈　雷*
陈惠莉（女）
徐明华

党委书记：赵健鸣*　任　斌

党委委员：沈鸿宾　朱晓仑
周　军　李建广*
陈　雷*
陈惠莉（女）
王震宇*　徐明华

纪检组组长：王震宇*　周　军

吴兴区消防救援大队

政治教导员：蒋　挺*　马　俊

大队长：陈晓钦

副大队长：田　中

党委书记：蒋　挺*　马　俊

党委副书记：陈晓钦

党委委员：陈振一*　冯益锋*
郑　文*　田　中
肖　哲　曹子杰

南太湖大道消防救援站

政治指导员：冯益锋*　肖　哲

中队长：王　骏
副站长：王挺伟
飞英消防救援站
政治指导员：曹子杰
中队长：陆　涛
副站长：周智聪
湖州市吴兴邮政管理局
局　长：俞海屏(女)
副局长：柴小康
副局长：邱云飞* 袁　龙
党组书记：俞海屏(女)

湖州市政府派驻吴兴机构

区公安分局
局　长：周兴强
政　委：杨秀良
副局长：杨晓东　陈永明
冯　剑*　张　伟
沈连根　杜新梁
副政委：赵亚琪
督察长：周兴强
政治处主任：赵亚琪
党委书记：周兴强
党委副书记：杨秀良　杨晓东
党委委员：张震凯　方传江
陈永明　冯　剑*
张　伟　赵亚琪
沈连根　杜新梁
甘世宏*　刘　俊
纪委书记：方传江
区自然资源和规划分局
局　长：施伟华
副局长：林　宏*　徐　峰*
虞　璟　李　东(挂职)
李绍伍　夏　琰(挂职)
党委书记：施伟华
党委委员：虞　璟　王书国
张旭黎(女)
金中达　李　东
李绍伍　张　鑫
夏　琰
纪检组长：沈玉坤
区生态环境分局
局　长：何晔波
副局长：顾鑫昀　吴伟中
胡建松
织里分局局长：顾鑫昀(兼)
党组书记：何晔波
党组副书记：顾鑫昀
党组成员：何晔波　顾鑫昀
胡建松　郑焦光
吴丽萍(女)
纪检组组长：沈玉坤
新闻传媒吴兴分中心
主　任：沈建辉*　费　蕾(女)
副主任：王利国
卢小媛*(女)
党支部书记：沈建辉*
费　蕾(女)

政协湖州市吴兴区委员会

主　席：丁芳芳
副主席：朱建豪　钱　旻(女)
束明德*
徐滟燕(女)
杨元江　郑　峻
常　委：王全勇*　胡旋波
赵　瑛(女)
俞琴芳(女)
张丽英(女)
吴坚敏(女)
陶厦峰　王建荣
冯　坚　吕志荣
朱江政　许　羽
许见明　李春杰
吴书文　吴伟中
沈旗英(女)
宋恭勤　宋晓萍(女)
张金炎　单建明
胡建明　施星仁
倪志和　唐一平(女)
唐晓华　彭小刚
释常进　虞小平
褚学琴(女)
蔡兴强　濮新泉
史娇蓉(女)
张成春　俞忠力
谈黎伟　杨国荣
区政协办公室及各专门委员会
办公室
主　任：杨　勇*　陶厦峰
副主任：赵勤学　沈秀梅(女)
提案委员会
主　任：张丽英(女)
副主任：陈坤华(女)
吴勤丰　于建华
经济委员会
主　任：陶厦峰*
副主任：周林章
教科卫体委员会
主　任：赵　瑛(女)
副主任：闵慧晶(女)
胡裕强　张志宏
社会法制与民族宗教委员会
主　任：吴坚敏(女)
副主任：于　涛

委员工作委员会
主　任：俞琴芳（女）
副主任：吴　霜（女）

司法部门

区人民法院
院　长：陈　静（女）
副院长：费思杰　朱　赟
　　陆学欣
政治部主任：黄婷玉（女）
执行局局长：李　辉
党组书记：陈　静（女）
党组副书记：费思杰
党组成员：顾群勇　朱　赟
　　陆学欣　赵　芳（女）
　　黄婷玉（女）
　　李　辉
纪检组组长：顾群勇
区检察院
检察长：吴志新*
代检察长：毕　琳（女）
副检察长：周　芸（女）
　　王宇飞*
　　沈　璋（女）
　　周寅行
政治部主任：郑　洁（女）
检察委员会专职委员：
　　李建芳
　　叶　玲（女）
党组书记：吴志新*　毕　琳（女）
党组副书记：周　芸（女）
党组成员：王宇飞*　金　磊
　　郑　洁（女）
　　沈　璋（女）
　　周寅行
纪检组组长：金　磊

人民团体

区总工会
主　席：汤益培
副主席：王　祎（女）
　　杨国荣　丁小军
　　沈碧红*（女，挂职）
经审会主任：洪缨莉（女）
党组书记：王　祎（女）
党组成员：杨国荣　洪缨莉（女）
　　丁小军
　　应玲素*（女）
团区委
书　记：倪　健*
副书记：史娇蓉*（女）
　　王超杰
　　杨滋雨（女，挂职）
　　李有飞（兼）
　　杨　勇（兼）
区妇联
主　席：陈　燕（女）
副主席：沈乃鹰*（女）
　　宋晓萍（女）
　　周宇莲（女）
党组书记：陈　燕（女）
党组成员：沈乃鹰*（女）
　　宋晓萍（女）
　　周春华（女）
　　周宇莲（女）

群众团体

区残联
理事长：李艮水
副理事长：唐一平（女）
　　周慧东
　　李　波（挂职）
　　沈宏斌（挂职）
　　范晓云（兼）
党组书记：李艮水
党组成员：唐一平（女）
　　周慧东

企事业单位

区供销社
主　任：朱平学
副主任：蔡永祥　张步峰
监事会主任：冯　斌
党组书记：朱平学（兼）
党组成员：谢　艳（女）
区城市投资发展集团有限公司
董事长：陈　伟
总经理：褚屹东
副总经理：曹建强　周　磊
总会计师：习小明
党委书记：陈　伟
党委副书记：褚屹东
　　陆莉萍（女）
党委委员：吴敏娟（女）
　　曹建强
纪委书记：吴敏娟（女）
区产业投资发展集团有限公司
董事长：傅　军
副董事长：金嘉杰
副总经理：金嘉杰　屠　涓（女）
党委书记：傅　军
党委副书记：金嘉杰　戴斌滨
党委委员：蔡　昕　屠　涓（女）
纪委书记：蔡　昕
区交通旅游投资发展集团有限公司
董事长：钟俊英（女）
总经理：钟俊英（女）

副总经理:毕　欢　周　同
总工程师:吴　俭
党委书记:钟俊英(女)
党委副书记:严晓程
党委委员:毕　欢　潘振中
纪委书记:潘振中

吴兴农商银行
董事长:周盛东* 陈法良
行　长:戴益众
监事长:谢学民
副行长:朱子平　卢启祥
沈云英(女)

国网湖州供电公司吴兴供电分公司
总经理:孙　益
副总经理:徐　枫* 沈根强
吴　健　丁海华
张龙超
党委书记:沈根强
党委副书记:孙　益
纪委书记、工会主席:吴　健
党委委员:吴　健　丁海华
张龙超

中国电信吴兴分公司
总 经 理:徐志龙
副总经理:余同平*　蒋　勇*
吴红梅(女)
赵雅琴(女)
总经理助理:郭　慎

中国移动吴兴分公司
总 经 理:沈海明*　邱　路
副总经理:刘　昕*　周卫东
屠炳杰　范海锋
严利冬(挂职)
党支部书记:沈海明*　邱　路
党支部委员:刘　昕*　陈世挺*
周卫东　屠炳杰
范海锋

中国联通吴兴分公司
总 经 理:李旭晨
副总经理:岳卫平*
卢　丹*(女)
严建强　程　昉
总　监:沈丹萍*(女)
钟炎勇

工商银行吴兴支行
行　长:沈明强
副行长:沈俊佳　潘建昌
李永琴(女)

农业银行吴兴支行
行　长: 茹岭勇*
陆渔花(女)
副 行 长:夏建辉　凌耀宗
党委书记:陆渔花(女)
党委委员:周　霞*(女)
傅　峰　凌耀宗
夏建辉
纪委书记:傅　峰

中国银行吴兴支行
行　长:陆建明
副行长:葛　诚*
陈　钟*(挂职)
高闻昕　池长峰

建设银行吴兴支行
行　长:钱伟星(女)
副行长:朱　勇*
施晓倩(女)
金　风　吴敬杰

交通银行吴兴支行
行　长:杜敏宜(女)
副行长:陈飞虎　蔡雄杰*
行长助理:朱东伟

湖州银行吴兴支行
行　长:朱国平(女)
副行长:张　健
莫兆平*(女)
朱莉青(女)
行长助理:尹立先

湖州银行城南支行
行　长:陆　晖*(女)
施　恩
副行长:沈利丽(女)
吴晓莉(女)
行长助理:倪云峰

湖州银行城北支行
行　长:姜　虹*(女)
陆　晖(女)
副行长:王颖蕾*(女)
项　涛
行长助理:沈　妍(女)

湖州银行南园支行
行　长:黄　权
副行长:阮锦萍(女)
冯　琪

辖　区

湖州现代物流装备高新技术产业园区管理委员会
党工委书记:徐兆辉*　潘　帆
党工委副书记:谈　波
李占强*　陈玉峰
马重远(挂职)
钱卫华
党工委委员:费争荣*　沈玉坤*
沈美利*(女,兼)
陈继政*
章　垡*(兼)
许昌斌　张国地

徐　芳(女)
陈玉峰* 费一鸣
胡利剑　宣明奇
孙　毅　戚伟伟
纪检组组长:沈玉坤*
纪检组副组长:吴耀斌*
许　杰*
纪检监察工委书记:许昌斌
纪检监察工委副书记:吴耀斌
主　任:谈　波
副主任:李占强*　陈继政*
蒋高凡*(挂职)
陈玉峰
马重远(挂职)
张国地
徐　芳(女)
费一鸣　孙　毅
王鉴华　戚伟伟

织里镇

党委书记:宁　云*　杨　治
党委副书记:陈勇杰　张震凯
丁百川*
潘斌松(挂职)
温绿琴(女)
黄大春
党委委员:刘玉军　谈　晔
何　良　唐　晖*
卢晓亮　吴　谦
陆铖伟　戴占平
纪委书记:唐　晖* 卢晓亮
人大主席:薄国欣
人大副主席:史宁慧*(女)
舒忠明
镇　长:陈勇杰
副镇长:刘玉军*　费一鸣*
陈荣韪新*(挂职)
谈　晔　张　波
江　波　归佳琪
朱双双
人武部部长:舒忠明* 何　良
公安分局局长:张震凯

八里店镇

党委书记:杨　斌
党委副书记:王振宇*　沈镇华
潘　月(女、挂职)
沈海明　马浩强
党委委员:朱　伟* 叶江华
褚云江* 陆　奕(女)
马浩强* 张汝敏(女)
丁　楠*(兼)
张立民　朱占成
傅一力　钟振宇
纪委书记:朱　伟* 傅一力
人大主席:潘新利* 王会江
人大副主席:徐建民* 高建强
镇　长:沈海明
副镇长:于建华* 周宇莲*(女)
张汝敏*(女)
乐可帆*(女)
张立民　蒋爱国
蒋高凡　卢　欢(女)
政协联络处主任:王振宇*
沈镇华
人武部部长:叶江华
派出所所长:丁　楠*

道场乡

党委书记:潘卫华
党委副书记:张伟伟*
俞晔虹(女)
唐　晖
张银萍(女,下派)
党委委员:蔡建新*
李丽华*(女)
莘　枫　沈洪海
叶存模　施云飞
朱东方
叶怡欢(女)
夏　冬
纪委书记:李丽华*(女)
朱东方
人大主席:王会江* 张建忠
人大副主席:施林忠*
施文杰*
乡　长:俞晔虹(女)
副乡长:蔡建新* 袁　龙*
叶怡欢(女)
施文杰　魏会杰
周新冰
派出所所长:莘　枫

妙西镇

党委书记:张　力
党委副书记:倪　建
张义平
顾琪琪(女)
纪委书记:杨　枫(女)
人大主席:吴仁斌
人大副主席:顾　毅*
镇　长:张　力*　倪　建
副镇长:沈宏伟*　李清华
倪　帆*　陈　涌
宋　侃　张新芳
人武部部长:卢　锋
派出所所长:朱成钢

吴兴西塞山旅游度假区管委会

党工委书记:朱建忠*
朱小芳(女)
党工委副书记:张　力　倪　健
党工委委员:张义平　倪　帆*

杨艳艳（女）
朱战强
管委会主任：张　力
管委会副主任：倪　健（兼）
张义平（兼）
李清华* 倪　帆*
杨艳艳（女）
朱战强

埭溪镇

党委书记：厉云燕*（女）
程　佳*　汤雪东
党委副书记：沈建良*　樊　军
俞小建　石向峰
党委委员：樊　军　俞小建
王佐彬　张王锋（女）
莫芬芬（女）
王晓峰　钱卫华*
邱云飞　吴　琨
郝初浩* 陈伟强
左正刚*
吕靖雯*（女）
纪委书记：樊　军* 王晓峰
人大主席：王建国
人大副主席：李深德
镇　长：汤雪东* 李小红
副镇长：张王锋（女）
陈子龙* 周何金*
沈　桦　王　成
乐可帆（女）
人武部部长：王佐彬
派出所所长：郝初浩* 陈伟强

东林镇

党委书记：陆　敏
党委副书记：郭欢欢　丁百川
宋　云
周　斌*（下派）
罗　鸿*
钦春强（下派）
党委委员：叶桢杰　卢　捷*
张佩方（女）
张　勇　蒋杰宇*
陈汉民　王明强*
陶曙华
卢晴晴（女）
葛海峰* 项　南
纪委书记：王明强* 陶曙华
人大主席：吴黎存* 吴继财
人大副主席：钱水中
镇　长：郭欢欢* 丁百川
副镇长：张佩方（女）
陈汉民* 倪志伟
蔡昊展　左正刚
人武部部长：蒋杰宇* 陈汉民
派出所所长：葛海峰*

环渚街道

党工委书记：彭建国
党工委副书记：钱伟忠　陶国华
党工委委员：宋智良　倪正侠
胡利剑　张　健
陶曙华
丁建萍（女）
纪工委书记： 陶曙华* 邱柏强
人大工委主任：陆继龙
人大工委副主任：杨树民
办事处主任：钱伟忠
办事处副主任：张　健
孙璟皓（女，挂职）
蔡群美（女）
蒋　涛
人武部部长：倪正侠
派出所所长：宋智良

湖东街道

党工委书记：余胜奎* 杨　勇
党工委副书记：沈明亮　陶国华
王兆斐
陶国强（挂职）
党工委委员：章国强　吴　频
应　琦*
史娇蓉（女）
虞　纯　李　勇
纪工委书记：傅一力* 李　勇
人大工委主任：沈丹芬（女）
人大工委副主任：顾小林
办事处主任：沈明亮
办事处副主任：章国强
张王锋*（女）
蔡仕辉
李山林*（挂职）
金　柯*（挂职）
人武部部长：吴　频

月河街道

党工委书记：徐进磊* 陈　彬
党工委副书记：周　勇　周　鹏
党工委委员：陈　亮
金琴琴（女）
沈青松　盛景中
许昌彬* 陈杰杰
周建珠（女，兼）
纪工委书记：许昌彬* 陈杰杰
人大工委主任：莫根方* 徐进磊
人大工委副主任：徐建军
金建新
办事处主任：周　勇
办事处副主任：陈　亮
张　勇*
吴勤丰*
王慧琦
人武部部长：盛景中
派出所所长：王　勇* 叶　扬

朝阳街道

党工委书记：许丽萍（女）

党工委副书记：厉海斌　江亿凡

党工委委员：费利强*　虞志强　周　炜　谈　晔*　王顺世　沈娟（女）　董旭浩　杨若涵（女）　陆小忠

纪工委书记：周　炜

人大工委主任：吴继财*　吴黎存

人大工委副主任：周　亮

办事处主任：许丽萍（女）

办事处副主任：章春霞（女）　陈颖峙

人武部部长：费利强*　王顺世

派出所所长：董旭浩

爱山街道

党工委书记：范丽华*（女）

党工委副书记：王国强　钱新祥　杨　杨*（女，挂职）

党工委委员：章忠元　洪　益　张　蘋（女）　杨传喜　于　麟*　吴学丰

纪工委书记：洪　益

人大工委主任：章利民

人大工委副主任：曹雄兵　陈　杰

办事处主任：王国强

办事处副主任：章忠元　张松法　汤应东

人武部部长：杨传喜

派出所所长：沈连根（代管）

飞英街道

党工委书记：陈新娣*（女）　许剑辉（女）

党工委副书记：陶　峰　胡　英（女）　周振强*　林　峰*（挂职）

党工委委员：蒋杰宇　施小龙　赵振媛（女）　王　凯　冯　印　朱阶立*　王顺世*　胡　英*（女）

纪工委书记：吴吉琴（女）

人大工委主任：周颖锋（女）

办事处主任：陶　峰　周振强*

办事处副主任：范正昌　张国强　沈　珏（女）　朱阶立*　韩红霞*（女）

人武部部长：王顺世*　蒋杰宇

派出所所长：施小龙

龙泉街道

党工委书记：钱宗禹*　叶　平

党工委副书记：王振宇　俞晔虹*（女）　董　涛（挂职）

党工委委员：张伟娥（女）　臧　勇*　沈　波　姚谢谢　彭启龙　王　侃　刘　侃

纪工委书记：张伟娥（女）

人大工委主任：程文秋

人大工委副主任：胡裕强*　费利强

办事处主任：叶　平*　王振宇

副主任：沈　波　屠征峰　徐佩文

人武部部长：王　侃

派出所所长：臧　勇*　刘　侃

中国共产党湖州市吴兴区委员会

区委重要会议

【中共湖州市吴兴区第五次代表大会】 中国共产党湖州市吴兴区第五次代表大会于2021年12月24日下午至12月26日召开，会期两天半。该次大会应到会代表280人，实际出席277人，分别来自经济、科技、政法、宣传、教育、文化、卫生、体育等各方面，区、镇街等机关事业单位、村社和两新组织等各个层次。

区委书记赵如浪代表中共吴兴区第四届委员会向中国共产党湖州市吴兴区第五次代表大会作题为“扛起主城区担当，彰显首位区风采，奋力在社会主义现代化新征程中书写美好吴兴篇章”的工作报告。会议听取并审查通过中国共产党湖州市吴兴区第四届委员会工作报告，审查通过中国共产党湖州市吴兴区第四届纪律检查委员会工作报告；选举产生中国共产党湖州市吴兴区第五届委员会、中国共产党湖州市吴兴区第五届纪律检查委员会、吴兴区出席中国共产党湖州市第九次代表大会代表。

会议的主要任务是：坚持以习近平新时代中国特色社会主义思想为指导，全面贯彻落实省委忠实践行“八八战略”、奋力打造“重要窗口”和市委勇当绿色低碳发展探路者总体部署，切实扛起主城区担当、彰显首位区风采，奋力在社会主义现代化新征程中书写美好吴兴篇章。

【中共吴兴区委全会】 2021年12月17日，召开区委四届十四次全体会议。会议由区委书记赵如浪主持。会议议程：1. 审议《中国共产党湖州市吴兴区第四届委员会的工作报告（草案）》《中国共产党湖州市吴兴区第四届纪律检查委员会的工作报告（草案）》；2. 区委常委、组织部部长鲁有铭对中国共产党湖州市吴兴区第五次代表大会筹备工作情况及下届“两委”候选人建议名单作说明；全会酝酿通过下届“两委”候选人预备人选名单；3. 区委常委、组织部部长鲁有铭作关于吴兴区出席市第九次党代会代表候选人预备人选圈选名单的情况说明；区委委员圈选表决。

【中共吴兴区委四届常委会会议】 2021年1月5日，中共湖州市吴兴区委举行第100次常委会会议。出席会议的有吴炳芳、潘永锋、宁云、程佳、宋建方、郑志亮、杨治、朱建忠、徐兆辉、潘帆、何卫军。因事请假的有费屹巍。列席会议的有姚广民、丁芳芳等。会议由吴炳芳主持。会议开展党性（纪）教育一刻钟，传达学习习近平总书记在中央全面深化改革委员会第十七次会议上的讲话精神。关于上级会议精神：会议传达学习习近平总书记在中共中央政治局常委会会议上听取脱贫攻坚总结评估汇报时和在中央农村工作会议上的重要讲话精神，以及市委八届十次全体（扩大）会议精神。关于全会相关工作：会议听取区委办关于区委四届十次全体（扩大）会议安排、全会报告及区委“十四五”规划建议起草的情况汇报。常委会原则同意《全会报告》和《建议》相关内容，要求根据会议意见进一步修改完善。

中共湖州市吴兴区委第102次常委会会议 2021年1月20日召开。出席会议的有吴炳芳、潘永锋、宁云、郑志亮、杨治、费屹巍、朱建忠、潘帆、何卫军。因事请假的有程佳、徐兆辉。列席会议的有姚广民、丁芳芳等。会议由吴炳芳主持。会议开展党性（纪）教育一刻钟，传达学习《中国共产党党员权利保障条例》精神。关于习近平总书记重要讲话精神：会议传达学习习近平总书记在中共中央政治局民主生活会、省部级主要领导干部学习贯彻中共十九届五中全会精神专题研讨班开班式上的重要讲话精神。关于区人大常委会、区政府、区政协、区法院、区检察院党组工作：会议听取区政府党组、区人大常委会党组、区政协党组、区法院党组、区检察院党组关于区人大常委会、区政府、区政协、区法院、区检察院党组2020年工作的情况汇报。关于《政府工作报告》和民生实事：会议听取区府办关于《政府工作报告》起草情况和民生实事有关情况的汇报。会议原则同意《政府工作报告》相关内容，要求根据会议意见进一步修改完善。关于法治浙江（法治政府）建设示范地区创建工作：会议听取区司法局关于开展法治浙江（法治政府）建设示范地区创建的情况汇报。关于“十四五”规划相关工作：会议听取区发改经信局关于湖州市吴兴区国民经济和社会发展第十四个五年规划和二〇三五年远景目标纲要草案的情况汇报。会议原则同意《纲要》相关内容，要求根据会议意见进一步修改完善。关于“导师帮带制”工作：会议听取区委组织部关于深入学习贯彻习近平总书记重要指示精神暨全面深化“导师帮带制”工作会议精神及本区贯彻落实建议的情况汇报。关于党风廉政建设：会议听取区纪委区监委关于2020年度党风廉政建设责任制落实情况重点检查的情况汇报。会议书面通报关于湖州市吴兴区2020年国民经济和社会发展计划执行情况及2021年国民经济和社会发展计划草案的报告，关于制定吴兴区关于支持市场采购贸易方式试点发展若干政策意见的情况汇报，关于湖州市吴兴区2020年预算执行情况及2021年预算草案起草有关情况的汇报，关于2021年吴兴区经济发展大会的情况汇报，关于2020年度吴兴区法治建设（法治政府建设）总体情况的汇报，关于2020年度全区应急管理和安全生产（消防）工作落实情况、2021年工作思路的情况汇报。

中共湖州市吴兴区委第104次常委会会议 2021年2月24日召开。出席会议的有吴炳芳、潘永锋、宁云、程佳、郑志亮、费屹巍、朱建忠、潘帆。因事请假的有杨治、徐兆辉、何卫军。列席会议的有姚广民、丁芳芳等。会议由吴炳芳主持。关于习近平总书记重要讲话精神：会议传达学习习近平总书记在党史学习教育动员大会上的重要讲话精神。关于统战工作条例：会议传达学习《中国共产党统一战线工作条例》。关于数字化改革工作。会议听取区委改革办关于传达学习全省数字化改革大会精神及本区贯彻意见的情况汇报。关于政法工作：会议听取区委政法委关于传达中央和省市委政法工作会议精神及本区贯彻落实建议的情况汇报。

中共湖州市吴兴区委第107次常委会会议 2021年4月22日上午召开。出席会议的有吴炳芳、宁云、程佳、郑志亮、杨治、潘帆、何卫军。因事请假的有潘永锋、费屹巍、朱建忠、徐兆辉。会议由吴炳芳主持。会议开展了党性（纪）教育一刻钟，传达学习《中国共产党组织处理规定（试行）》精神。关于习近平总书记重要讲话精神：会议传达学习习近平总书记在中央财经委员会第九次会议上和在清华大学考察时的重要讲话精神及习近平总书记对深化东西部协作和定点帮扶工作作出的重要指示精神。关于打击治理电信网络诈骗犯罪工作:会议听取区公安分局关于传达学习习近平总书记关于打击治理电信网络诈骗犯罪工作重要指示精神及吴兴区贯彻落实建议的情况汇报。会议书面通报关于2021年区级督查检查考核年度计划制订的情况汇报、关于吴兴区2021年“三服务”活动实施方案的情况汇报、关于传达学习全省、全市乡镇领导班子换届工作部署会精神及本区贯彻落实建议的情况汇报、关于吴兴区打造全国文明典范城市三年行动计划(2021—2023年)的情况汇报、关于传达全省政法队伍教育整顿工作推进会暨警示教育大会精神及本区贯彻落实建议的情况汇报。

中共湖州市吴兴区委第109次常委会会议 2021年5月21日召开。出席会议的有吴炳芳、潘永锋、宁云、程佳、郑志亮、朱建忠。因事请假的有杨治、费屹巍、徐兆辉、潘帆、何卫军。列席会议的有丁芳芳等。会议由吴炳芳主持。关于省委主要领导调研讲话精神:会议传达学习省委主要领导在湖州、吴兴调研时的重要讲话精神。会议指出,全区上下要深刻领会、坚决落实省委书记袁家军在湖州、吴兴调研时的重要指示精神,努力以数字化改革为牵引,推动社会领域改革和社会形态重塑,在现代化跑道上推动共同富裕示范区建设,以优异成绩庆祝建党100周年。会议明确,要成立共同富裕工作领导小组,吴炳芳和潘永锋任双组长,徐兆辉牵头负责,区发改经信局具体落实。工作专班要加快出台项目化、可推进、可落实的实施方案。会议书面通报关于学习传达赵乐际和杨晓渡在全国巡视工作会议暨十九届中央第七轮巡视动员部署会上讲话精神及吴兴区贯彻落实意见的情况汇报。

中共湖州市吴兴区委第113次常委会会议 2021年6月22日召开。出席会议的有吴炳芳、潘永锋、宁云、程佳、郑志亮、杨治、徐兆辉、潘帆。因事请假的有费屹巍、朱建忠、何卫军。列席会议的有姚广民、丁芳芳等。会议由吴炳芳主持。会议开展党性(纪)教育一刻钟,传达学习《中共中央关于加强对“一把手”和领导班子监督的意见》精神。关于习近平总书记重要指示精神:会议传达学习习近平总书记对湖北省十堰市燃气爆炸事故作出的重要指示精神。关于中国—中东欧国家博览会贺信精神和乡村振兴促进法实施座谈会精神:会议传达学习贯彻习近平主席致第二届中国—中东欧国家博览会贺信精神和乡村振兴促进法实施座谈会精神。关于“两优一先”推选工作:会议听取区委组织部关于2021年度省市区三级“两优一先”推选情况的汇报。常委会原则同意推选工作相关内容,要求根据会议意见进一步修改完善并抓好落实。会议书面通报关于传达学习全市基层党建工作重点任务推进会精神及吴兴区贯彻落实建议的情况汇报,关于全区政法队伍教育整顿评估情况的汇报。会议还讨论了干部事宜。

中共湖州市吴兴区委第114次常委会会议 2021年6月29日召开。出席会议的有吴炳芳、潘永锋、程佳、郑志亮、杨治、朱建忠、徐兆辉、何卫军。因事请假的有宁云、费屹巍、潘帆。列席会议的有姚广民、丁芳芳等。会议由吴炳芳主持。常委会会议开始前组织开展区委理论学习中心组会议,观看视频《生命重于泰山——学习习近平总书记关于安全生产重要论述》。会议开展党性(纪)教育一刻钟,传达学习习近平总书记在中央政治局第三十一次集体学习会议上的讲话精神。关于《中国共产党组织工作条例》精神:会议传达学习《中国共产党组织工作条例》精神。关于巡察整改工作:会议听取区委巡察办关于《落实区委区政府领导“一岗双责”推动巡察整改工作暂行办法》的情况汇报。关于开发区(园区)管理机构设置工作:会议听取区委编办关于调整开发区(园区)管理机构设置等机构编制事项的情况汇报。关于换届考察工作:会议听取区委组织部关于做好市对区领导班子和领导干部换届考察相关配合工作的情况汇报。会议书面通报关于区四套班子该届以来的工作总结和实绩的情况汇报,关于传达学习市委提升党员干部队伍推进现代化建设新能力暨县乡领导班子换届工作会议精神及吴兴区贯彻落实建议的情况汇报,关于区委领导班子成员2020年度履行“一岗双责”情况汇报,关于2021年全区意识形态联合督查的情况汇报,关于吴兴区2021年度党风廉政建设和反腐败工作组织领导与责任分工的情况汇报,关于吴兴区委2021年上半年度政治生态建设自评自查状况的情况汇报。

中共湖州市吴兴区委第115次常委会会议 2021年7月6日召开。出席会议的有吴炳芳、潘永锋、宁云、程佳、郑志亮、杨治、朱建忠、徐兆辉、潘帆。因事请假的有费屹巍、何卫军。列席会议的有姚广民、丁芳芳等。会议由吴炳芳主持。关于习近平总书记在庆祝中国共产党成立100周年有关活动上的讲话精神和省庆祝中国共产党成立100周年大会精神及省委、市委常委会会议有关精神:会议传达学习习近平总书记在庆祝中国共产党成立100周年有关活动上的讲话精神和省庆祝中国共产党成立100周年大会精神及省委、市委常委会会议有关精神。会议书面通报关于第二轮中央生态环境保护督察整改工作的情况汇报,关于给予部分重点工作行政奖励的情况汇报。

中共湖州市吴兴区委第118次常委会会议 2021年7月20日召开。出席会议的有吴炳芳、潘永锋、宁云、程佳、郑志亮、朱建忠、徐兆辉、潘帆。因事请假的有杨治、费屹巍、何卫军。列席会议的有丁芳芳等。会议由吴炳芳主持。会议开展党性(纪)教育一刻钟,传达学习了中央全面深化改革委员会第二十次会议精神。关于生态环境工作:会议听取区生态环境分局关于传达学习全市建设新时代美丽湖州暨碳达峰碳中和工作推进会议精神及本区生态环境领域重要问题整改的有关情况汇报。关于“五级书记抓乡村振兴”工作:会议听取区农业农村局关于传达学习全市落实推进会会议精神及本区当前工作情况和下一步贯彻落实建议的情况汇报。关于人大换届工作:会议听取区人大常委会党组关于《区委转发〈区人大常委会党组关于做好全区区、乡镇两级人民代表大会换届选举工作的意见〉(审议稿)》的情况汇报。常委会原则同意《意见》相关内容,要求根据会议意见进一步修改完善并抓好落实。会议书面通报关于传达学习省委书记袁家军在省委党史和文献研究室调研时讲话精神及本区贯彻建议的情况汇报,关于传达学习省市对台工作会议精神及吴兴区贯彻落实建议的情况汇报,关于落实省市促进房地产市场平稳健康发展有关精神和吴兴区下一步贯彻落实的情况汇报。

中共湖州市吴兴区委第119次常委会会议 2021年7月28日召开。出席会议的有吴炳芳、潘永锋、程佳、郑志亮、杨治、费屹巍、徐兆辉、潘帆。因事请假的有宁云、朱建忠、何卫军。列席会议的有丁芳芳等。会议由吴炳芳主持。关于防汛防台风工作:会议传达省、市防汛防台相关精神并部署吴兴区防汛防台救灾工作。关于郑栅洁省长调研湖州精神:会议传达学习省委副书记、省长郑栅洁在湖州调研时的讲话及指示精神。关于经济工作:会议传达学习省委常委会、市委常委会关于省、市上半年经济形势分析及下半年工作安排的相关精神。关于全会相关工作:会议听取区委办和区发改经信局关于区委四届十二次全体(扩大)会议安排、全会报告及《吴兴区争当浙江高质量发展建设共同富裕示范区模范生的实施方案(2021—2025年)》起草情况的汇报。常委会原则同意《全会报告》《实施方案》等相关内容,要求进一步修改完善并抓好落实。

中共湖州市吴兴区委第120次常委会会议 2021年8月4日召开。出席会议的有吴炳芳、潘永锋、宁云、程佳、郑志亮、杨治、徐兆辉、潘帆。因事请假的有费屹巍、朱建忠、何卫军。会议由吴炳芳主持。会议专题研究政府债务化解工作。会议专题学习《中共中央、国务院关于防范化解地方政府隐性债务风险的意见》(中发〔2018〕27号)、《财政部关于印发财政部门开展地方政府隐性债务问责工作实施办法的通知》(财预〔2019〕105号)、《中共浙江省委浙江省人民政府关于开展防范化解地方政府隐性债务风险专项行动的实施方案》(浙委发〔2018〕40号)等政府隐性债务管理相关政策及文件精神解读。关于债务化解工作:会议听取区财政局关于传达2021年上半年债务化解及下一步工作打算的情况汇报。

中共湖州市吴兴区委第121次常委会会议 2021年8月4日召开。出席会议的有吴炳芳、宁云、程佳、郑志亮、杨治、潘帆。因事请假的有潘永锋、费屹巍、朱建忠、徐兆辉、何卫军。会议由吴炳芳主持。关于中央政治局会议精神:会议传达学习了7月30日中央政治局会议精神。关于市委全会精神:会议传达学习市委八届十一次全体(扩大)会议精神。关于疫情防控工作:会议听取区防控办关于当前新冠感染疫情防控形势及下一步工作安排的情况汇报。关于编外用工薪酬待遇管理工作:会议听取区人力社保局关于规范乡镇(街道)和区级部门财政供养人员管理暨编外用工薪酬待遇管理办法的情况汇报。

关于禁毒工作:会议听取区公安分局关于传达学习全省、全市禁毒工作会议精神及本区贯彻落实意见建议的情况汇报。会议还书面通报关于中共吴兴区委高质量全面落实意识形态工作责任制综合试点工作方案的情况汇报,关于打造对口工作、山海协作升级版行动方案的情况汇报,关于加快培育新经济新业态九条政策意见修订的情况汇报。

中共湖州市吴兴区委第122次常委会会议 2021年8月25日召开。出席会议的有吴炳芳、潘永锋、程佳、郑志亮、杨治、费屹巍、朱建忠、徐兆辉、潘帆。因事请假的有宁云、何卫军。列席会议的有丁芳芳等。会议由吴炳芳主持。会议开展了党性(纪)教育一刻钟,传达学习《中华人民共和国监察官法》有关精神。关于中央财经委员会会议精神:会议传达学习中央财经委员会第十次会议精神。关于检察工作:会议听取区检察院关于传达学习《中共中央关于加强新时代检察机关法律监督工作的意见》精神及本区贯彻建议的情况汇报。关于规范区管领导干部退出领导岗位工作:会议听取区委组织部关于进一步规范区管领导干部退出领导岗位有关建议的情况汇报。会议书面通报关于吴兴区县域共青团基层组织改革全国试点的情况汇报,关于传达学习全省加强干部选拔任用监督暨选人用人巡视检查问题整改推进会会议精神及吴兴区贯彻落实建议的情况汇报,关于建立吴兴区优秀公务员(参公)和事业单位工作人员健康休养制度的情况汇报,关于传达学习省、市组织系统学习习近平总书记"七一"重要讲话精神暨推进干部队伍干部工作系统性重塑建设变革型组织专题培训班有关精神及吴兴区贯彻落实建议的情况汇报,关于传达学习全省城乡风貌整治提升暨未来社区建设工作现场会精神及吴兴区贯彻落实建议的情况汇报,关于2021年度高新区、各乡镇街道和区级各部门综合考核指标体系修订的情况汇报。会议还讨论干部事宜。

中共湖州市吴兴区委第123次常委会会议 2021年8月31日召开。出席会议的有吴炳芳、潘永锋、程佳、郑志亮、杨治、费屹巍、朱建忠、徐兆辉、潘帆。因事请假的有宁云、何卫军。列席会议的有丁芳芳等。会议由吴炳芳主持。关于习近平总书记在河北承德考察时的重要讲话指示精神:会议传达学习习近平总书记在河北承德考察时的重要讲话指示精神。关于共同富裕工作:会议听取区发改经信局关于传达学习省、市共同富裕领导小组会议精神及吴兴区贯彻落实建议的情况汇报。关于义务教育"双减"工作:会议听取区教育局关于传达学习全省"双减"工作会议精神及吴兴区贯彻落实建议的情况汇报。会议还讨论了干部事宜。

中共湖州市吴兴区委第124次常委会会议 2021年9月13日召开。出席会议的有吴炳芳、潘永锋、宁云、程佳、郑志亮、杨治、费屹巍、朱建忠、徐兆辉、潘帆。因事请假的有何卫军。列席会议的有丁芳芳等。会议由吴炳芳主持。关于台风防御工作:会议研究部署台风"灿都"防御工作。关于乡镇党代表和区党代表选举工作:会议听取区委组织部关于乡镇党代表和区党代表选举工作的情况汇报。常委会原则同意区党代表和乡镇党代表选举工作安排。会议还书面通报关于2021年吴兴区党内法规工作要点的情况汇报。

中共湖州市吴兴区委第125次常委会会议 2021年9月24日召开。出席会议的有吴炳芳、潘永锋、宁云、程佳、郑志亮、杨治、费屹巍、朱建忠、潘帆。因事请假的有徐兆辉、何卫军。会议由吴炳芳主持。会议开展党性(纪)教育一刻钟,传达学习《规范领导干部廉洁从政从业行为进一步推动构建亲清政商关系的意见》和规范公务用车管理使用的有关精神。关于习近平总书记在中青年干部培训班开班式上的重要讲话精神:会议传达学习了习近平总书记在中央党校(国家行政学院)中青年干部培训班开班式上的重要讲话精神。关于《中国共产党重大事项请示报告条例》:会议传达学习了《中国共产党重大事项请示报告条例》。关于习近平总书记在服贸会和民族工作会议上的重要讲话精神:会议传达学习习近平总书记在2021年中国国际服务贸易交易会全球服务贸易峰会视频致辞及在中央民族工作会议上的重要讲话精神。关于文化工作:会议听取区委宣传部关于传达学习省委文化工作会议精神及吴兴区贯彻建议的情况汇报。关于第五次党代会筹备工作:会议听取区委组织部关于中共吴兴区第五次代表大会筹备工作安排建议的情况汇报。常委会原则同意《安排建议》相关内容,要求根据会议意见进一步修改完善并抓好落实。会议讨论干部事宜。

中共湖州市吴兴区委第126次常委会会议 2021年10月9日召开。出席会议的有吴炳芳、潘永锋、宁云、程佳、郑志亮、杨治、朱建忠、徐兆辉、潘帆。因事请假的有费屹巍、何卫军。列席会议的有丁芳芳等。会议由吴炳芳主持。会议开展党性(纪)教育一刻钟,传达学习中央全面深化改革委员会第二十一次会议精神。关于村级工程项目管理:会议听取区农业农村局关于吴兴区村级工程项目管理办法的情况汇报。关于习近平总书记讲话和贺信精神:会议传达学习习近平总书记在中央人才工作会议上的重要讲话和致2021年世界互联网大会乌镇峰会、中国质量大会贺信精神。关于《关于开展党员干部、公职人员酒驾醉驾及其背后"四风"问题专项治理的通知》精神:会议传达学习省纪委《关于开展党员干部、公职人员酒驾醉驾及其背后"四风"问题专项治理的通知》精神。关于人大换届选举工作:会议听取区人大常委会党组关于做好区、乡镇两级人大换届选举工作的情况汇报。常委会原则同意通知等相关方案,要求根据会议意见进一步修改完善并抓好落实。关于能耗双控工作:会议强调,要提高政治站位,深入贯彻中央和省市关于能耗双控的决策部署,落实双控要求,严控“两高”项目,做好能源保障工作,推动可再生能源发展。会议书面通报关于区委法律顾问工作情况的汇报,关于传达学习《关于市、县(市、区)党委落实巡察工作主体责任的实施意见的通知》精神及吴兴区贯彻落实建议的情况汇报,关于开展2021年吴兴区经贸科技人才洽谈会活动方案情况的汇报,关于吴兴区全面实行林长制建设的情况汇报。

中共湖州市吴兴区委第127次常委会会议 2021年10月25日召开。出席会议的有吴炳芳、潘永锋、宁云、郑志亮、杨治、费屹巍、朱建忠、潘帆。因事请假的有程佳、徐兆辉、何卫军。列席会议的有丁芳芳等。会议由吴炳芳主持。会议开展党性(纪)教育一刻钟,传达学习习近平总书记在中央政治局第三十四次集体学习会议上的重要讲话精神。关于中央人大工作会议和习近平总书记重要讲话精神:会议传达学习中央人大工作会议和习近平总书记重要讲话精神。关于习近平总书记在纪念辛亥革命110周年大会上的重要讲话精神:会议传达学习习近平总书记在纪念辛亥革命110周年大会上的重要讲话精神。关于基层党建工作:会议听取区委组织部关于传达学习全省基层党建工作会议精神及本区贯彻落实建议的情况汇报。关于党代会代表推选工作:会议听取区委组织部关于乡镇推选产生吴兴区第五次党代会代表候选人预备人选和区委提名代表人选的情况汇报。会议书面通报关于2021年全区意识形态(网络意识形态)工作责任制落实专项检查的情况汇报,关于传达学习省委民族工作会议精神及吴兴区贯彻建议的情况汇报,关于加强属地化解稳控责任减少吴兴区发生赴省越级访相关情况的汇报。会议还讨论了干部事宜。

中共湖州市吴兴区委第130次常委会会议 2021年11月26日召开。出席会议的有赵如浪、潘永锋、杨治、朱建忠、徐兆辉、潘帆。因事请假的有宁云、程佳、郑志亮、费屹巍、何卫军。列席会议的有丁芳芳等。会议由赵如浪主持。会议开展党性(纪)教育一刻钟,传达学习中共中央办公厅、国务院办公厅印发的《关于加强网络文明建设的意见》精神。关于省委书记袁家军和市委书记王纲讲话精神:会议传达学习省委书记袁家军在新一届县(市、区)党政正职集体谈话会上的讲话精神和市委书记王纲在全区领导干部会议上的讲话精神。关于省委副书记、代省长王浩在湖调研讲话精神:会议传达学习省委副书记、代省长王浩在湖调研讲话精神。关于党代会代表选举工作:会议听取区委组织部关于市第九次党代会代表选举工作的有关要求及吴兴区贯彻落实安排建议的情况汇报。关于人大代表初步建议人选工作:会议听取了区委组织部关于区五届人大代表候选人初步建议人选的情况汇报。会议书面通报关于传达学习陈希在全国加强换届风气监督工作电视电话会议精神及本区贯彻落实建议的情况汇报,关于传达学习全省纵深推进清廉机关、模范机关建设工作会议精神及本区贯彻建议的情况汇报。

中共湖州市吴兴区委召开常委扩大会议 2021年12月2日召开。出席会议的有赵如浪、潘永锋、郑志亮、杨治、费屹巍、朱建忠、潘帆。因事请假的有宁云、程佳、徐兆辉、何卫军。会议由赵如浪主持。会议传达学习省委十四届十次全体(扩大)会议精神和市委常委会扩大会议精神。关于省委全会精神和市委常委会扩大会议精神:会议传达学习省委十四届十次全体(扩大)会议精神和市委常委会扩大会议精神。

中共湖州市吴兴区委第132次常委会会议 2021年12月3日下午召开。出席会议的有赵如浪、潘永锋、郑志亮、杨治、费屹巍、朱建忠、潘帆。因事请假的有宁云、程佳、徐兆辉、何卫军。列席会议的有姚广民、丁芳芳等。会议由赵如浪主持。关于区人大代表候选人初步建议人选工作：会议听取区委组织部关于组织提名区人大代表候选人初步建议人选的情况汇报。

中共湖州市吴兴区委第133次常委会会议 2021年12月6日召开。出席会议的有赵如浪、潘永锋、朱小芳、郑志亮、杨治、费屹巍、朱建忠、潘帆、丁鹍、鲁有铭、刘小翔。列席会议的有姚广民、丁芳芳等。会议由赵如浪主持。关于市、区党代表推选工作：会议听取区委组织部关于市、区党代表推选有关情况的汇报。会议还讨论了干部事宜。

中共湖州市吴兴区委第135次常委会会议 2021年12月16日召开。出席会议的有赵如浪、潘永锋、朱小芳、郑志亮、杨治、朱建忠、潘帆、丁鹍、鲁有铭、刘小翔。因事请假的有费屹巍。列席会议的有丁芳芳等。会议由赵如浪主持。关于习近平总书记重要讲话精神：会议传达学习习近平总书记在中央政治局第三十五次集体学习时的重要讲话精神。关于中央经济工作会议、全省领导干部会议精神：会议传达学习中央经济工作会议、全省领导干部会议精神。关于全国宗教工作会议精神：会议传达学习全国宗教工作会议精神。关于打造全国文明典范城市工作：会议听取区委宣传部关于打造全国文明典范城市工作的情况汇报。关于党代会报告起草工作：会议听取区委办关于中国共产党湖州市吴兴区第五次党代会报告起草情况的汇报。关于党代会筹备工作：会议听取区委组织部关于中国共产党湖州市吴兴区第五次代表大会筹备工作的情况汇报。关于工商联（总商会）人事工作：会议听取区委组织部关于吴兴区第五届工商联（总商会）人事安排方案的情况汇报。会议书面通报关于《中国共产党湖州市吴兴区委工作规则（征求意见稿）》的情况汇报，关于《中国共产党湖州市吴兴区委关于加强自身建设的决定（征求意见稿）》的情况汇报，关于中国共产党湖州市吴兴区第四届纪律检查委员会工作报告的情况汇报，关于吴兴区委2021年度政治生态建设自评自查状况的情况汇报，关于2021年吴兴区老干部重点任务推进及2022年工作安排的情况汇报，关于学习宣传贯彻中共十九届六中全会精神实施方案的情况汇报，关于2021年度吴兴区档案工作情况及2022年度工作思路的情况汇报。

中共湖州市吴兴区委五届第1次常委会会议 2021年12月29日召开。出席会议的有赵如浪、潘永锋、杨治、朱小芳、郑志亮、费屹巍、潘帆、丁鹍、鲁有铭、刘小翔、杨斌。列席会议的有丁芳芳等。会议由赵如浪主持。会议开展党性（纪）教育一刻钟，传达学习中央保密办关于坚决遏制微信泄密高发态势相关文件精神。关于习近平总书记重要讲话精神和平安中国建设表彰大会精神：会议传达学习习近平总书记在中国文联第十一次全国代表大会和中国作协第十次全国代表大会开幕式上的重要讲话精神，以及平安中国建设表彰大会精神。关于省委经济工作会议讲话精神：会议传达学习省委经济工作会议讲话精神。关于加强“一把手”和领导班子监督工作：会议传达学习省委贯彻落实《中共中央关于加强“一把手”和领导班子监督的意见》的十三项实施意见及省委、市委“五张责任清单”等文件精神，听取区委办关于区委加强对“一把手”和领导班子监督“五张责任清单”起草情况的汇报。关于区“两会”工作：会议听取区人大常委会党组、区政协党组关于召开区五届人大一次会议、区政协四届一次会议有关事项的情况汇报。关于区委常委分工：会议明确区委常委分工。关于岁末年初重点工作：会议强调，一要抓民生、增福祉。持续优化公共服务供给，重点做好困难群体兜底性帮扶、“菜篮子”商品保供稳价等工作。二要保平安、守底线。抓好房地产市场平稳发展、安全生产、能耗双控、春节农民工欠薪治理、打击电信网络诈骗等各项工作，确保社会大局和谐稳定。慎终如始抓好疫情防控，鼓励支持外来民工留吴过年。三要抓冲刺、收好官。高质量完成全年目标任务，实现市对区考核工作“保二争一”。四要抓起步、早见效。打好经济工作提前量，为2022年重大项目集中开工、土地集中出让等活动做好准备。会议书面通报关于2021年吴兴区委党校重点任务推进及2022年工作安排的情况汇报。会议还讨论了干部事宜。

【区委重要专题会议】 2021年3月8日，中共湖州市吴兴区委常委举行专题学习会。出席会议的有潘永锋、宁云、程佳、郑志亮、杨治、费屹巍、朱建忠、徐兆辉、潘帆。列席会议的有姚广民、丁芳芳等。吴炳芳、何卫军因公事请假。受吴炳芳委托，会议由潘永锋主持，吴炳芳就本次会议作出批示。会议传达学习《习近平在浙江》相关内容和省委办公厅《关于做好〈习近平在浙江〉学习工作的通知》。会议认为，《习近平在浙江》主要反映习近平总书记2002年10月至2007年3月任浙江省委副书记、代省长和省委书记的领导工作历程，有助于干部群众不断加深对习近平新时代中国特色社会主义思想，特别是“八八战略”发展脉络的理解及其理论纵深的把握。全区上下要认真学习领会，抓好贯彻落实，把思想和行动统一到党中央决策部署上来，全面落实省委忠实践行“八八战略”、奋力打造“重要窗口”和市委“一四六十”工作体系总体部署，争当全市建设“重要窗口”示范样本排头兵，为浙江争创社会主义现代化先行省贡献更多吴兴力量。

（区委办）

【信访工作】 2021年，吴兴区四级走访总量306批863人次，同比批次下降19.7%，人次下降31.6%，其中集体访53批543人次（同比批次下降34.6%，人次下降32.9%），县级走访占比为80.9%，年内，信访总量在浙江省各县区排第33名。2021年度开展区领导下访接访活动，党政主要领导接待群众10批13人次，办结率100%、化解率100%；其他领导接待群众107批342人次，办结率100%、化解率95%。每月区领导接访在区登记走访占比均达到50%以上。全年受理网信总量1618件，纸质初信73件，信访局自收并登记15件（主要领导批示11件），初次网上化解率97.23%，初次来信化解率97.50%，重复信访网占比17.49%。2021年第一批国家和省重复信访事项各交办60件、60件，每件信访件均依法依规落实政策，实现国家重复信访事项全报结，化解率95%，回流3件，回流率5%；省重复信访事全报结、全化解、无一回流。进一步加大矛盾纠纷排查力度，特别是对重点领域、重点问题，全面排查、摸清底数。

（陈佳钰）

宣传工作

【舆论宣传工作】 2021年，吴兴区宣传工作围绕区委、区政府中心大局，坚持正确舆论导向，发挥媒体融合传播优势，讲好吴兴故事、传播吴兴声音，组织开展党史学习教育、庆祝中国共产党成立100周年、高水平全面建成小康社会、“十四五”规划开局起步等重大主题报道，累计开设《奋斗百年路 启航新征程》《六中全会精神在基层》《逐浪筑梦践初心》等专栏45个，2021年刊播各级各类新闻报道1万余篇，《吴兴时讯》出刊148期，“爱上吴兴”微博发稿9093篇，“爱上吴兴”微信2518篇，“爱上吴兴”客户端发稿19810篇，直播报道85场，短视频观看量10万+作品214条；创新推出《吴兴观察》《走读吴兴》两档视频专题栏目，节目累计播出185期，播放超3000万人次。2021年5月，省委宣传部印发《浙江县级融媒体中心新媒体传播力评估报告》，区融媒体中心“爱上吴兴”微信传播力在全省90个县（市、区）名列第三、综合传播力列第十五。

【对外宣传】 2021年吴兴区特色工作在省级以上媒体发稿2400篇（条），包括新华社380篇；央视52条，其中央视《新闻联播》10条（含综合稿）；《人民日报》36篇，头版4篇；《浙江日报》354篇，头版头条4篇（头版28条）；浙江卫视113条，其中浙江卫视《新闻联播》头条7条（含综合稿）。应对各级媒体新闻舆论监督，做好浙江卫视《今日聚焦》、湖州新闻传媒中心《联播调查》等新闻舆论监督报道对接，协调指导各单位召开新闻发布会9场。组织开展主题活动的宣传报道，包括吴兴区滨湖花园城市“一塘十山十漾”公园建设、2021年中国名校水上运动公开赛、2021吴兴区经贸科技人才洽谈会等主题活动。做好由中共中央宣传部统一部署的中央媒体“浙江高质量发展建设共同富裕示范区”集中采访团走进吴兴区织里镇专题采访工作和“共同富裕看浙江”国家部委政务新媒体赴湖州吴兴集中采访活动。

【宣传信息报送及网络文化】 2021年，吴兴区宣传工作撰写信息进行报送，其中《浙江省湖州市吴兴区积极做好减贫外宣》被中共中央宣传部和国务院新闻办公室《对外宣传通讯》录用。以区网络文化协会为龙头，培育健康向上的网络文化，先后举办“吴兴年　更有味”网红大V打卡吴兴、“5·3”防诈云公益行动、“首届长三角电竞大赛”等网络文化活动10余场，点击量超千万。持续深化“湖城e家”网络文化家园建设，加快互联网企业招引孵化，截至2021年，入驻互联网企业13家，在谈30余家，互联网产业集聚区初具规模。“湖城e家”网络文化家园入选第三批省级新的社会阶层人士统战工作实践创新基地和区委改革创新项目三等奖，短视频《联动辖区党员传递主流声音“湖城e家”汇聚吴兴正能量》入选省委网信办“旗帜·身边的党员”优秀作品。

【网络安全治理】 2021年，吴兴区宣传工作持续开展“清朗”“净网”“千百工程”等系列网络专项整治行动，妥善处置“网民反映留吴过年暖心券线上消费使用问题”等敏感舆情50余起，查删相关不实帖文及评论1000多条。进一步筑牢网络安全防线，对全区部分重点政务网站、办公系统、移动客户端开展扫描检测及渗透测试，完成18个网站（系统、App）、112个安全漏洞整改。联合区公安分局、区大数据局，开展网络安全专项检查，常态化做好隐患排查、攻防演练、问题整改等网络安全工作。

（徐周飞　杨　勇　朱伟良）

【党史学习教育】 2021年，吴兴区宣传工作通过开展“建功新时代　勇当排头兵”活动，推动吴兴区党组织和党员干部围绕庆祝中国共产党成立100周年，深入开展党史学习教育，加强对党的理论创新成果的学习，并将学习成果转化为促进社会经济发展的具体思路、创新举措和实践实效，组织区委理论学习中心组集中学习32次，撰写理论文章、调研报告等90篇，开展基层党课103场、专题调研640次，署名文章《关于争当全省高质量发展建设共同富裕示范区模范生的路径研究》在《湖州日报》刊登；推进全区乡科级中心组学习，定期发布学习提示，督导中心组进行高质量规范化理论学习；以“六讲六做”大宣讲活动为重要载体，上下联动推进全区“双十双百双千”大宣讲行动，组建特色宣讲团26个，开展领导干部宣讲300余场，“8090后”新青年全区巡讲150余场；做好“学习强国”学习平台建设运行，完善搭建学习组织架构和供稿体系，全区注册学员16010人，供稿录用1721篇。

【社科理论研究】 2021年，吴兴区宣传工作深化社科理论研究，立项区级规划课题21个，2个获得市级立项；深化社科理论普及工作，开展以党史学习教育、中共十九届六中全会精神、共同富裕等主题的专题讲座，先后邀请中央、省、市部门领导，著名专家学者开展“吴兴论坛”6场，通过专家讲座拓宽理论学习的领域和层次；深化社科队伍及阵地建设，打造“爱上吴兴”新闻客户端社科普及专栏，展现吴兴人文的《蚕乡丝府的初始密码》系列、《碧浪涌波听潮音》《织里往事》浏览量均超过12万，“织里·知礼”青年宣讲系列科普活动入选2020年度“浙江省社科普及创新项目”，刊发理论文章、理论宣讲视频累计100余篇(个)。

(冯安琪)

组织工作

【人事制度改革】 2021年，吴兴区坚持党管干部原则，以变革型组织建设为契机，以选人用人“一体系三机制”(即：选人用人高质量发展指标体系，干部成长选育管用全链条机制、立体透视察人识人机制、精密智控干部大监督机制)为牵引，推进领导班子和干部队伍建设，锻造忠诚干净担当的“吴兴铁军”。把握换届机遇，对照“五好五新”(即：绘出好蓝图、选出好干部、配出好班子、树立好导向、形成好气象和构建基层整体智治新格局、提升推进现代化建设新能力、推动班子整体功能新升级、重塑乡镇干部选育管用新体系、促进基层政治生态新优化)目标要求，聚焦重点、全局联动，整体推进领导班子建设，讨论干部9批177人次，其中提任正职9人次，提任副职34人次，进一步使用13人次，调整和交流121人次，紧紧围绕领导班子和领导干部思想政治建设，以县乡换届为重要契机，针对领导班子从政治判断力、政治领悟力、政治执行力三方面，领导干部政治忠诚、政治定力、政治担当、政治能力和政治自律等五方面，设置“正”“反”项指标，以民主评议形式检测领导班子和领导干部政治综合能力，相关做法被中组部《干部监督工作通讯》刊发。

【干部队伍教育培训】 2021年，吴兴区持续加强干部队伍建设，累计举办“青苗论坛”9期，培训5600余人次；开发“吴兴干部学堂”应用终端，2021年入选市级优秀课程和案例17个，累计线上学习达2.35万多人次；抽调160余名干部参与“五区联创”、“十大专班”、新冠感染疫情防控、区委巡察等中心工作或专班，着力在攻坚克难一线锤炼干部。持续强化换届风气监督，组织观看教育片《警钟长鸣》等活动90多场次、覆盖3600多人次，签订严守换届纪律承诺书2600余份；开展换届风气巡回督查，发现并整改问题58个；从严做好“两代表一委员”资格审查，累计开展联审4086人次，116人因涉及“九个一律、九个不宜”进行调整。开展“四季百日”专项行动，以季度为周期确定违规兼职取酬、违规参保、因私出境、干部人事档案等4个主题开展专项检查，发现各类问题54项，清退违规取酬5.5万元，诫勉2人，批评教育2人，提醒谈话1人。

(尤　佳)

老干部工作

【概况】 2021年，吴兴区老干部工作高举习近平新时代中国特色社会主义思想伟大旗帜，深入学习贯彻党中央、省、市有关老干部工作的精神要求，以“3+1+N”(“3+1”为市局统一确定的“银领先锋”“银领志愿”“银领乐活”和队伍建设等共性项目，“N”为各区县自主申报的创新性、特色性和探索性项目)市县区联动重点工作项目为载体，整合多方资源和平台打造8分钟银领服务圈，推行“银智享”数字化应用系统，相继开展省级、市级现场会、党专题会，不断加强离退休干部党组织建设，优化“四就近”(就近学习、就近活动、就近得到关心照顾、就近发挥作用）服务，有效提升老干部工作实效，助推吴兴经济社会发展。年末，全区离休干部17名，其中，属地管理13名，异地管理4名。

【“银领”系列行动】 2021年，吴兴区“银领先锋”行动。根据离退休干部的类型、分布区域、实际需求等情况，合理设立“银领驿站”党建综合体46个，各银领驿站通过整合离退休干部功能型党组织、“家门口老年大学”“老干部活动中心”“最美老干部工作室”等活动阵地，发挥老干部在文化建设、基层治理、服务群众等方面的积极作用，累计申报市级“最美老干部工作室”15家。建设“银领”系列品牌，内容涵盖文化传承、社会服务、行政支持、矛盾调解、生态环保等多个方面，累计打造舞蹈、书画、志愿服务等各类工作室（团队）220多支。

【老年大学办学模式】 2021年，吴兴区开展“银尚乐活”行动。深入推进“1+7+N”[1所区老年大学、7个乡镇（街道）教学点、N个社区教学点]老年教育办学模式，进一步加强“家门口老年大学”和“老年活动中心”两个阵地建设，逐步形成覆盖区、街道、村社的多级办学网络，完善老年教育组织体系。先后开设钢琴、摄影、书画、太极拳、健身舞、瑜伽、旗袍秀、歌咏、国学文化等15门课程，并建有戏曲、舞蹈、歌咏等四个老年活动社团。依托各级党群服务中心建设，把“家门口的老干部活动中心”与“银领驿站”建设相结合，年内累计建成活动点46个。以红色宣讲、风采展示、志愿服务等形式，充分发挥老干部学员正能量，全年累计开展活动100多次，参与人数1600多人次。“银领志愿”行动。围绕“三服务”活动，组建“银领导师团”“银领智囊团”“银领先锋团”等“党建+银领先锋队”特色志愿服务团47支，深入企业宣传政策、了解需求、出谋划策，深入乡村开展宣讲、传播技术、文化走亲，深入社区开展治安维稳、关心下一代、互助帮扶等活动，累计调处矛盾、化解纠纷700余起，开展垃圾分类、社区环境卫生整治等各类活动100多次，解决各类难点问题150余个。

【离退休干部服务工作】 2021年，吴兴区发挥主城区区位优势，通过“党建融合法”“工作融合法”“团队融合法”深化“四就近”服务，优化资源配置、强化制度保障、突出服务实效，常态化落实离退休干部服务管理，引导离退干部做到离岗不离党、退休不退责、流动不流失。党建融合法，打造“银领”系列品牌。围绕“双重管理、融入社区、就近活动、凝心聚力”目标，探索建立离退休干部党员“一方隶属、多方管理、全面覆盖”的党建工作机制，累计开展党课活动40余场。聚焦离退休干部实际需求，横向联通民政、卫健、原退休单位、属地村社等为老服务资源，纵向贯通区市县三级，深挖社区各类功能室潜力，推动阵地服务功能提档升级。工作融合法，不断提升学习活动阵地。统筹整合社区办公用房功能，打造老干部学习区、老干部活动区、老干部服务区、老干部工作区等四大区块，方便学习活动，累计开展活动150余次。将离休干部“四就近服务”纳入城市基层党建工作，发挥社区党群服务中心、卫生服务中心两个平台作用，调动老干部工作者服务动能，累计服务老干部120人次。团队融合法，注重发挥离退老干部门正能量。重视老干部人才资源的二次开发，探索老干部银色人才服务社会工作。将为党和人民的事业增添正能量价值取向作为老干部工作的本质追求，引导离退休在围绕中心工作、专业特长、社会需求等方面发挥正能量。同时，丰富社区离退休干部党员活动平台载体，积极参与“三服务”、社区（乡村）管理、纠纷调解、关爱帮扶等共建共治工作，累计开展道德门诊、银领宣讲、银领志愿等活动60余次。

（叶　威）

关心下一代工作

【概况】 2021年，吴兴区关工委以习近平新时代中国特色社会主义思想为指导，贯彻落实习近平总书记关于关心下一代工作的指示精神，始终以党的建设为引领，以“五老”为主要力量，立足吴兴实际、坚持改革创新，担负起立德树人光荣使命，支持和帮助青少年成长成才。年内以开展“百年回眸，薪火赓续”老少共庆党的百年华诞系列活动为主要抓手，立足青少年理想信念，把立德树人的工作引向深入。开展“百年潮涌·薪火相传”吴兴区老少同庆中国共产党成立100周年书画展，征集作品550余幅、巡回展出110余幅。开展《学百年党史　传红色基因》红色报告会100多场次，参与青少年达3.5万人次。以征文演讲等形式组织开展主题读书征文、有声阅读大赛等系列活动，分年龄段开展“红色阅读　悦动成长”“童心向党迎华诞　礼赞百年奔未来”等讲红色故事比赛，引导学生深入阅读各类红色书籍，了解英雄事迹和党的发展历程。

【青少年关爱工作】 2021年，吴兴区关爱困难家庭、留守儿童等弱势群体，正式成立“吴兴苗”关爱基金，一期筹措资金150万元，为更好服务和关爱青少年的健康成长提供有力的资金保障。发挥阵地优势，开展“吴兴苗”农事体验、湖剧学唱、柳编、陶艺等传统文化技艺传承等主题研学活动助力“双减”。通过公益项目支持建设上强小学“关爱儿童之家”，实现全区小学、幼儿园预防烧烫伤安全教育全覆盖。持续开展“‘睛’彩世界　呵护未来”眼健康教育活动，联合区中小学生近视防控中心专业力量，打造“家门口”的眼健康科普角6个。配合相关部门，继续实施社会关爱帮教机制，组织“五老”参与“服刑人员未成年子女家庭关爱”项目。

【家庭教育知识普及活动】 2021年，吴兴区关工委联合区教育局、妇联等部门共同推进家教指导工作，关注青少年健康成长，深化“灯塔暖心”工作室品牌，开展心理健康“灯塔暖心”服务进社区进校园活动50余场。着重发挥社区家长学校的作用，为家长送去科学家教、儿童身心健康等讲座211场，发放关注青少年健康倡议书5万多份。整合社会资源，启动实施微创投公益项目，引进湖州市爱心妈妈联谊会、爱飞扬公益事业促进会等专业社会组织，开展童创家园——儿童友好社区融合促进、青少年心理健康等帮扶项目5个，探索青少年家庭教育服务工作的有效途径。

【关工委组织自身建设】 2021年，吴兴区关工委进一步完善党建带关建工作机制，推进关工委群团改革，区关工委领导班子力量提档升级，“五老”参与比例大大提高。健全年度工作会议、重点工作交流会等制度，工作凝聚力和执行力进一步增强。组织全区关工委系统在职干部和“五老”开展党史教育、青少年心理健康等交流培训，武装头脑、指导实践、推动工作。典型人物不断涌现，八里店镇五老汤斌昌被评为全国教育系统关心下一代工作先进个人。主动融入党委统一领导的大宣传格局，拓展“吴兴关工委”网络新媒体平台，宣传各级关心下一代工作“双先”(即:先进集体、先进个人)事迹，向社会展示基层“五好”关工委、最美“五老”和各类教育基地的相关情况。

（史丹妮）

湖州市吴兴区人民代表大会

人大重要会议

【吴兴区四届人大五次会议】 2021年2月2日—5日举行。会议应到代表254名，实到代表240名，列席人员53名。会议的主要议程是：听取和审查湖州市吴兴区人民政府工作报告；审查、批准湖州市吴兴区国民经济和社会发展第十四个五年规划和二〇三五年远景目标纲要草案；审查、批准湖州市吴兴区2020年国民经济和社会发展计划执行情况的报告及2021年国民经济和社会发展计划；审查、批准湖州市吴兴区2020年预算执行情况的报告及2021年预算；听取和审查湖州市吴兴区人民代表大会常务委员会工作报告；听取和审查湖州市吴兴区人民法院工作报告；听取和审查湖州市吴兴区人民检察院工作报告；审查湖州市吴兴区人民政府关于2020年度环境状况和环境保护目标完成情况的报告；票决2021年度湖州市吴兴区人民政府民生实事项目；选举湖州市吴兴区第四届人民代表大会常务委员会副主任1名；选举湖州市吴兴区第四届人民代表大会常务委员会委员3名；其他事项。

【吴兴区四届人大常委会第30—36次会议】 2021年，区四届人大常委会共举行常委会7次，听取和审议38项议题，作出9项决议、决定。

第30次会议于2月20日举行。会议的主要议程是：审议有关湖州市第八届人大代表补选事项；审议有关人事任命事项。

第31次会议于4月6日举行。会议的主要议程是：审议通过区人大常委会2021年工作要点（草案）；审议关于调整区四届人大常委会代表资格审查委员会的决定（草案）；听取和审议区人民政府关于吴兴区行政区划调整的议案；听取和审议各人大街道工委2020年工作总结及2021年工作计划的报告；审议有关人事事项。

第32次会议于5月28日举行。会议的主要议程是：听取和审议区人民政府关于加快打造吴兴区智能装备产业集群的情况报告；听取和审议区人大财经委关于加快打造吴兴区智能装备产业集群的调研报告（书面）；审议通过《湖州市吴兴区人大常委会规范性文件备案审查办法（修订草案）》；审议有关人事事项。

第33次会议于7月22日举行。会议的主要议程是：听取和审议区人民政府关于上半年工作和下半年安排的政情报告；审议区人民政府关于2021年上半年国民经济和社会发展计划执行情况的报告（书面）；审议区人民政府关于2021年上半年预算执行情况的报告（书面）；审议区人民政府关于2021年上半年环境状况和环境保护目标完成情况的报告（书面）；审查和批准区人民政府关于2020年度财政决算草案的报告；听取和审议区人民政府关于2020年度区本级预算执行和其他财政收支的审计工作报告；审议区人民政府关于2020年度国有资产管理情况的报告（书面）；听取和审议区人民政府关于2020年度自然资源资产管理情况的报告；听取和审议区人大监察和司法(法制)委员会关于区四届人大以来规范性文件备案审查工作情况的报告;审议有关人事事项。

第34次会议于9月28日举行。会议的主要议程是:听取和审议区人民政府关于2020年度法治政府建设情况的报告;听取和审议区人民政府关于推进美丽河湖建设、助力美丽吴兴提标情况的工作报告;审议区人大常委会调研组关于推进美丽河湖建设助力美丽吴兴提标情况的调研报告(书面);听取和审议区人民政府关于应急管理和安全生产数字化转型情况的报告;审议和批准区人民政府关于2021年度调整预算的报告;审议关于促进和保障吴兴区聚力打造“无差别城乡”争当浙江高质量发展建设共同富裕示范区模范生的决定(草案);审议有关湖州市第八届人大代表辞职事项;审议有关人事事项。

第35次会议于11月2日举行。会议的主要议程是:传达学习习近平总书记在中央人大工作会议上的重要讲话精神;审议区、乡镇两级人大换届选举有关事项;审议有关人事事项。

第36次会议于12月15日举行。会议的主要议程是:开展吴兴区人民法院员额法官、吴兴区人民检察院员额检察官履职评议;听取和审议吴兴区四届人大五次会议代表建议、意见办理情况的报告;听取和审议2020年度吴兴区本级预算执行和其他财政收支审计查明问题整改情况的报告;听取和审议吴兴区“七五”普法工作开展与“八五”普法规划情况的报告,审议通过关于“八五”普法的决议;审议关于接受韩新梅辞去吴兴区四届人大常委会副主任职务的议案;审议关于接受吴志新辞去吴兴区人民检察院检察长职务的议案;审议决定吴兴区人民检察院代理检察长;审议有关人事事项;通报区、乡镇两级选委会组成人员辞职事项(书面)。

人大重要工作

【“数字人大”建设创新工作】 2021年,吴兴区“数字人大”建设有成果。积极融入数字化改革发展大势,持续推进“数字人大”建设,在全市率先开通“吴兴人大”微信公众号,定期刊发全区各级人大履职实践和创新亮点。打造无纸化会议系统,实现人大各类会议使用全覆盖,并依托系统,实现区人代会决议线上表决、民生实事项目满意度在线测评。锚定省市区数字化改革部署要求,排定“七大任务+20个具体场景”,按统建、联建、自建分类推进,实现“选民在线登记”“代表寻访一件事”“预算国资监督系统”等重点应用场景的上线使用,有力提升人大数字化履职水平。“创新人大”建设有突破。坚持改革破题、创新制胜,连续两年举办“吴兴人大争先创优”评选活动。全区人大围绕助推中心工作、增强监督实效、规范履职行权、发挥代表作用等,通过“年初申报立项、年中探索实践、年底现场答辩”,上下联动、组团实施,先后推出“基层人大参与社会治理的有效途径”等两批12项创新成果,《浙江人大》《湖州日报》等媒体对评选会进行现场观摩和集中采访,有效激励人大系统比学赶超、锐意进取。“专业人大”建设有提升。注重提质强能,紧扣习近平总书记提出的“五个过硬”“七种能力”“八种本领” 要求,实施“薪火接力、书香人大、枝叶论坛、实战赛马、组合培养”五大工程,通过思想淬炼、政治历练、实践锻炼、专业训练,推动人大队伍“更专更精、走深走实”。

【人大监督工作】 2021年,吴兴区助力经济健康发展。密切关注经济运行,专题审议政情报告、计划执行、项目引建等议题,认真组织“十三五”规划中期评估、审查批准“十四五”规划,并开展规划实施专项监督,有力助推“十三五”收好官、“十四五”开好局。紧抓数字经济“一号工程”,组织信息产业、绿色制造、智能物流装备产业集群等专题调研监督，开展《浙江省数字经济促进条例》执法检查，为区委区政府加快数字经济发展提供有益参考。面对严峻的形势和新冠感染疫情影响，组织“百名代表帮百企”活动，有效助推复工复产和经济发展，该届内有846人次代表走访企业290家，推动解决问题366个，督促“留吴过年”等政策落地、6.77亿元惠企资金兑现，展示广大代表在推动“两手硬、两战赢”中的风采和担当。

【人大财政监督工作】 2021年，吴兴区人大助力财政平稳运行。认真审议预算编制、执行、调整、决算等工作，实现预算审查全口径。及时贯彻中央和省市委关于人大“管好政府钱袋子”的要求，协助区委出台国有资产报告制度、人大预算审查监督重点向支出预算和政策拓展等意见。首创预算编制民主化、预算审查规范化等“五化”模式，特别是在全市率先开展预算绩效监督，创新“第三方评价+代表问政+满意度测评”机制，该届内组织代表和专家参与审查1652人次，召开问政会、询问会4场，提出审查意见637条，推动政府科学有效用财；实现小吴兴范围内预算联网监督系统在代表联络站的全覆盖，促进政府依法阳光用财。高度关注政府债务化解，听取专项报告、开展专项督查，严把政府投资项目审核关，该届内共否决前期不成熟项目66个、计划总投资12.41亿元，推动政府打好防范化解重大风险攻坚战。

人大重要活动

【人大助力乡村振兴战略工作】 2021年，吴兴区助力乡村振兴战略。着眼农业强，开展农业供给侧改革、主导产业培育、惠农服务等监督，其中调研审议农产品质量安全体系建设被列入该届全市人大联动议题；组织《浙江省粮食安全保障条例》执法检查，开展“耕地‘非农化’、粮食功能区‘非粮化’”专题调研，推动政府稳产保供、提高粮食安全水平。着眼农村美，开展《湖州市美丽乡村建设条例》执法检查，召开代表问政会，首创“城乡结对”方式，组织414名代表寻访美丽乡村短板，提出问题及建议170条。着眼农民富，开展壮大集体经济、促进农民持续增收等调研，组织“寻访低收入家庭”活动，649名各级代表和196名议政员寻访低收入家庭1346户，协助政府精准扶贫，确保全面小康路上不漏一户、不落一人。助力生态文明建设。

【垃圾分类监督实施】 2021年，吴兴区人大自觉践行绿水青山就是金山银山理念，锚定全国垃圾分类示范市创建目标，持续开展以“当好三大员、引领新时尚”为主题的“百名代表促分类”活动，组织584名代表开展专项监督142次，提出意见建议736条，全区713个分类驿站全部投入使用，312个小区实现“二定四分”模式全覆盖，以主城区担当助力湖州勇夺生活垃圾分类评估全国中等城市第一。组织“落实河长制”监督活动，以督办一批建议件、征集一批金点子等“十个一”机制，有效助推剿灭劣V类水。

【污水治理监督】 2021年，吴兴区人大开展“六督治气促提升”专项监督，组织“寻访身边污染源”活动，111名代表提出问题及建议71条。同时，打好矿山复绿、美丽河湖建设、固废污染防治、全域土地整治、污水零直排区创建等监督组合拳，为绘好吴兴“山水清远图”贡献人大力量。

【平安吴兴创建】 2021年，吴兴区人大助力平安吴兴创建。坚持统筹发展和安全，聚焦铝合金产业、有限空间作业等关键领域和安全生产数字化转型、小微产业园安全生产智能化试点等重点工作，持续开展“百名代表问安全”活动，“一季一主题”进行靶向监督，累计提出问题及建议20余条，确保人民生命财产安全。开展禁毒、行政诉讼、诉源治理、基层人民调解等专项调研，积极提出工作建议。组织扫黑除恶专项监督，推动斗争取得胜利。依法做好人大信访工作，并动员200多名代表参与推进信访“最多跑一次”、矛盾纠纷调处化解“最多跑一地”改革，助力平安吴兴“十连冠、夺银鼎”。

【人大代表工作】 2021年，吴兴区人大常委会激发代表有效履职。围绕“顺应时代要求、争当优秀代表”主题，举办“吴兴人大代表论坛”，分层分类开展履职培训，该届内组织各类培训46场次、参与代表和议政员1150人次，不断提升履职能力和水平。完善“三联系”制度，常态化邀请306人次代表列席区人大常委会会议，谋划重要工作、出台重大决策前征求代表意见，不断扩大人大工作代表参与度。打响“履职作表率、代表在行动”主题实践活动品牌，并贯穿该届任期，评选出先进个人80名、优秀代表建议件40件，在区人代会上表彰；分批组织在吴市代表向区人大常委会述职、区和乡镇代表在选区向选民述职，实现该届市、区、乡镇三级代表述职评议全覆盖，有效激发代表履职热情。出台《区人大代表履职服务管理办法》《区人大代表活动经费管理办法》等，提高人均活动经费，建立履职补助制度，有力保障代表履职。建好用好代表履职阵地。按照“学习之家、履职之所、活动之地、凝心之寓”的定位要求，经过三年努力，全区39家代表联络站全部达到市区“双五星级”标准，实现代表联系群众常态化。发挥“两渠道一平台”（密切联系群众的重要制度化渠道、群众参与基层社会治理的制度化渠道、人大深化“三服务”的重要制度化平台）作用，出台《关于深化拓展代表联络站功能的实施意见》，建立上下联络、流动联络、线上联络等机制，完善联系服务、民意收集、知情督政等功能，并在挖掘内涵、用好用实上下功夫，形成“云议政”“五方会谈”“周六连心桥”“阳光议政厅”“流动议事厅”等一批特色品牌，同时在区法检“两院”建成全省首家代表联络室，实现“一站一品”（一个代表联络站一个工作品牌）全覆盖。该届内，市区领导干部代表带头进站接待选民，带动8290人次代表进站开展接待活动1493次、接待选民1.17万人次，印发《民情通报》1437期，交办问题4025个、解决率66.5%。

【人大议案办理】 2021年，吴兴区人大高质高效办理议案建议。为提升议案建议质量和代表履职水平，组建法律、经济、农业农村等五个专业代表小组，引进38名智库专家，构建“专（工）委+专业代表+专家智库”的人大履职新模式，支撑代表高质量履职行权。对区人代会议案建议，坚持区委区政府领导牵头领办、区人大常委会领导挂牌督办，并主动赴南太湖新区现场交办有关建议，该届内历次区人代会上代表提出的382件议案建议均在法定期限内全部办理完毕，问题解决率70%以上，代表满意度100%。

【人大代表换届选举工作】 2021年，吴兴区人大常委会依法依规完成代表换届。按照中央和省市区委部署，坚持党的领导、充分发扬民主、严格依法办事有机统一，自觉践行全过程人民民主，通过“一图两单三机制”（换届选举工作推进图，责任清单、时间清单，部门联席会议制度、内部例会制度、面上工作通报制度），压茬推进选民登记、候选人推荐、投票选举等步骤，保证人民依法行使选举权，完成区、乡镇两级代表换届选举，选举产生区五届人大代表290名、新一届乡镇人大代表534名。把纪律和规矩挺在前面，制定“一函三书”、成立风气监督组、设立信访接待专班、公布投诉举报热线，严格落实“两个责任”（主体责任、监督责任），确保换届选举风清气正。

（沈欢欢）

湖州市吴兴区人民政府

政府重要会议

【政府全体会议】 2021年3月13日，吴兴区政府全体会议暨廉政工作会议召开。区委副书记、区长潘永锋出席会议并讲话。区委常委、常务副区长徐兆辉主持会议。区领导程佳、杨治、宋建方、傅远超、金斌斌、周兴强、卢晓华、厉云燕、任静、郑峻出席。会议通报表彰抗击新冠感染疫情中涌现的有功集体和个人；同时就政府自身建设和区人大代表议案建议、政协委员提案办理工作进行安排部署。

【政府常务会议】

2021年区政府共召开14次常务会议：

第50次常务会议 1月14日召开。会议研究关于2021年吴兴区经济发展大会的情况；关于政府投资项目管理办法有关情况；关于制定“吴兴区2021年全域低效土地处置攻坚行动方案”的情况；关于建议调整吴兴区工业用地基准地价的情况；关于2021年中心城部分学校施教区调整的情况；关于制定“吴兴区关于支持市场采购贸易方式试点发展的若干政策意见”的情况；关于湖州市吴兴区2020年国民经济和社会发展计划执行情况及2021年国民经济和社会发展计划草案的报告；关于设立吴兴区天使创投基金的情况；关于“湖州市吴兴区2020年预算执行情况及2021年预算草案”起草有关情况；关于《政府工作报告》起草情况和民生实事有关情况；关于湖州市吴兴区国民经济和社会发展第十四个五年规划和二〇三五年远景目标纲要草案的情况（书面）；关于2020年度吴兴区法治建设总结的情况（书面）；关于2021年度吴兴区政府常务会议学法计划的情况（书面）；关于2020年度全区应急管理和安全生产（消防）工作落实情况、2021年工作思路的情况（书面）；关于湖州市吴兴区埭溪镇人民政府相对集中行使行政处罚事项有关情况（书面）。

第51次常务会议 1月27日召开。会议研究关于制定2021年“五区联创”工作方案的情况；关于制定2021年“全域土地整治、垃圾分类创优、民生项目推进、人气商气提升”四个专班工作方案的情况；关于制定2021年“采购贸易试点、科创资源集聚、乡旅大会承办、美妆小镇崛起”等四个专班工作方案的情况；关于设立中小学校卫生室的情况（书面）；关于2020年度吴兴区“建功新时代 勇当排头兵 ”活动先进集体和先进个人表彰的情况（书面）；关于吴兴区农业“标准地”有关情况（书面）；关于吴兴区第二轮中央生态环境保护督察反馈问题整改方案的情况（书面）。

第52次常务会议 3月11日召开。会议研究关于“聚力‘三服务’ ‘五战’开新局”活动方案的情况；关于进一步规范乡镇编外和区属国有企业用工管理的情况；关于小微园提质扩规行动实施方案的情况；关于坚决制止耕地“非农化”防止耕地“非粮化”稳定发展粮食生产意见的情况；关于吴兴区科技银行实施方案的情况；关于坚决打赢遏制较大生产安全事故风险防控争先战实施意见的情况；关于2021年度吴兴区政府重大行政决策目录的情况（书面）；关于给予2020年度部分重点工作行政奖励的情况（书面）；关于纪念潘季驯诞辰500周年活动方案的情况（书面）；关于鼓励大学生应征入伍有关情况（书面）。

第53次常务会议 4月1日召开。会议研究关于吴兴区轨道交通建设的情况；关于2021年吴兴区中小学招生方案的情况；关于做好新冠疫苗接种工作的情况（书面）；关于进一步促进吴兴区农贸市场提升发展实施意见（试行）的情况（书面）；关于吴兴区公安工作的情况（书面）。

第54次常务会议 4月23日召开。会议研究关于举办第四届世界乡村旅游大会的情况；关于化解四类电气火灾风险专项攻坚提升行动方案的情况；关于全市迎接国家统计督察专题部署会精神及全区贯彻建议有关情况；关于湖州市吴兴区深化综合行政执法体制改革工作实施方案；关于吴兴区滨湖花园城市“一塘十山十漾”公园建设相关工作的情况；关于制定湖州市吴兴区“飞英计划”实施办法的情况（书面）；关于吴兴区东部新城生活垃圾处理收费相关工作的情况（书面）；关于2021湖州吴兴（北京）投资推介会暨吴兴商会会员大会活动的情况（书面）；关于2021年一季度全区应急管理和安全生产工作落实的情况（书面）；关于进一步加强基层应急管理体系和能力建设实施意见的情况（书面）；关于湖州东站建设进展的情况（书面）。

第55次常务会议 5月24日召开。会议研究关于制定“吴兴区推进企业上市倍增‘1311’行动实施方案（2021—2024）”的情况；关于吴兴区重点骨干企业“培大育强”专项行动2020年完成情况及2021年预期情况；关于持续巩固壮大村级集体经济发展意见的情况；关于坚决制止耕地“非农化”防止耕地“非粮化”稳定发展粮食生产意见的情况；关于“吴兴区区属国有企业投资管理暂行办法”有关情况；关于开展童装产业品质革命行动的情况；关于“2021年吴兴区生态文明建设工作方案和生态文明体制改革工作要点”有关情况（书面）；关于湖州市（书面）东部新城商业服务业用地“标准地”改革试点方案的情况（书面）；关于全区政府性融资担保机构体系改革方案的情况（书面）；关于如通苏湖城际铁路的情况（书面）；关于全区安全生产隐患排查整治攻坚行动推进及相关事故调查处置有关情况（书面）；关于推进行政服务中心数字化建设实施方案的情况（书面）；关于新能源产业投资合作方案的情况（书面）。

第56次常务会议 6月29日召开。会议研究关于第二轮中央生态环境保护督察整改工作的情况；关于2021年上半年节能形势及全区错峰生产初步安排建议的情况；关于“2021年吴兴区法治政府建设工作要点”的情况（书面）；关于当前吴兴区行政诉讼案件的情况（书面）；关于给予部分重点工作行政奖励的情况（书面）；关于落实省市促进房地产市场平稳健康发展有关精神和全区下一步贯彻落实情况（书面）；关于湖州市吴兴区人民政府与中国美术学院校地合作的情况（书面）。

第57次常务会议 7月30日召开。会议研究关于规范乡镇（街道）和区级部门财政供养人员管理暨编外用工薪酬待遇管理办法的情况；关于学习贯彻2021年全国医改工作电视电话会议精神及近期疫情防控工作的情况；关于半年度经济运行形势和做好下半年工作建议有关情况；关于打造对口工作、山海协作升级版行动方案的情况；关于《关于加快培育新经济新业态的九条政策意见》修订的情况；关于南塘漾未来社区项目推进情况；关于建立吴兴区优秀公务员（参公）和事业单位工作人员健康休养制度的情况（书面）；关于与市产业集团合作设立湖州吴兴城兴实业发展有限公司相关事宜的情况（书面）；关于《吴兴区供销合作社基层社建设五年行动计划》的情况（书面）；关于《吴兴区推进邮政快递业高质量发展的实施意见》的情况（书面）。

第58次常务会议 8月24日召开。会议研究关于全省城乡风貌整治提升暨未来社区建设工作现场会精神及全区贯彻落实建议有关情况；关于《吴兴区鼓励开放型经济发展十条政策》修订情况；关于进一步强化和规范乡镇财政管理的若干意见有关情况；关于吴兴区深化农村公路管理养护体制改革实施意见的情况（书面）；关于"吴兴区商务（电商）高质量发展'十四五'规划"起草情况（书面）；关于吴兴区残疾人就业创业服务中心建设实施方案（试行）的情况（书面）；关于吴兴生态环境保护"十四五"规划编制情况（书面）。

第59次常务会议 9月11日召开。会议研究关于吴兴区创建全省第一批低碳试点区县实施方案的情况；关于传达学习全省新一轮制造业"腾笼换鸟、凤凰涅槃"攻坚行动推进大会精神及全区贯彻落实建议的情况；关于传达学习全省农业高质量发展大会精神及吴兴区贯彻落实有关建议的情况；关于全区信息化项目情况；关于《吴兴区"两山银行"建设实施方案》的情况（书面）；关于吴兴区制造业高质量发展实施意见（2020—2022年修订版）（书面）；关于2020年度吴兴区工业企业"亩产效益"分类综合评价工作的情况（书面）；关于全省"双减"工作会议精神及全区贯彻建议（书面）；关于湖杭、沪苏湖铁路包干经费超概算部分资金的情况（书面）；关于吴兴区市场监管"十四五"高质量发展规划编制情况（书面）。

第60次常务会议 9月30日召开。会议研究关于吴兴区创建"无废城市"有关情况；关于吴兴区村级工程项目管理办法的情况；关于规范农业"标准地"管理促进乡村产业振兴的实施办法的情况；关于吴兴区全面实行林长制建设的情况；关于吴兴区现代服务业发展"十四五"规划的情况；关于"2021年吴兴区政务公开工作要点"的情况（书面）；关于开展2021年吴兴区经贸科技人才洽谈会活动方案情况（书面）；关于"吴兴区旅游业发展'十四五'规划"编制情况（书面）；关于吴兴区生态联勤警务站工作实施方案的情况（书面）。

第61次常务会议 11月1日召开。会议研究关于传达学习省、市文物安全专题工作会议精神及全区贯彻建议的情况；关于吴兴区民政事业发展"十四五"规划编制情况；关于奋力争当美丽繁华新江南排头兵高水平建设新时代美丽吴兴规划纲要（2021—2035年）编制情况（书面）；关于吴兴区社会信用体系建设"十四五"规划编制的情况（书面）；关于吴兴区公共服务体系建设"十四五"规划编制的情况（书面）；关于《吴兴区绿色发展"十四五"规划（审议稿）》的情况（书面）；关于吴兴区推进长三角一体化发展"十四五"规划的情况（书面）；关于出台《吴兴区就业和社会保障事业发展"十四五"规划》的情况（书面）；关于《湖州市吴兴区水安全保障"十四五"规划》的情况（书面）；关于2021年度吴兴区开放型经济考核办法的情况（书面）；关于吴兴区残疾人事业发展"十四五"规划编制情况（书面）；关于湖州市吴兴区埭洛线及104国道埭溪段下穿宁杭高铁、在建湖杭高铁桥孔工程有关情况（书面）。

第62次常务会议 11月13日召开。会议研究关于吴兴区防范和惩治统计造假、弄虚作假工作情况；关于第三次全国国土调查情况及成果发布的情况；关于吴兴区综合交通运输发展"十四五"规划编制情况；关于吴兴区教育事业发展"十四五"规划的情况；关于"吴兴区绿色金融'十四五'发展规划（审议稿）"的情况（书面）；关于"吴兴区工业强区'十四五'发展规划（审议稿）"的情况（书面）；关于吴兴区国资国企改革发展"十四五"规划（2021—2025年）方案（书面）；关于吴兴区卫生健康事业发展

“十四五”规划的情况（书面）。

第63次常务会议 12月11日召开。会议研究关于高质量指标有关情况；关于吴兴区农业农村现代化“十四五”规划的情况；关于吴兴区科技创新发展“十四五”规划的情况；关于吴兴区制造业高质量发展“十四五”规划的情况（书面）；关于吴兴区数字经济发展“十四五”规划的情况（书面）；关于“吴兴区创建全省第一批低碳试点区县专项政策意见”的情况（书面）；关于“吴兴区新一轮制造业‘腾笼换鸟、凤凰涅槃’攻坚实施方案（2021—2023）”的情况（书面）；关于2021年行政规范性文件评估清理结果的情况（书面）；关于吴兴区住房和城乡建设（人防）事业发展“十四五”规划的情况（书面）；关于制定“全区今冬明春火灾防控暨深化消防安全‘遏较大’整治攻坚行动实施方案”的情况（书面）；关于浙江吴兴经济开发区东林区块“区域环评+环境标准”改革实施方案的情况（书面）。

【政府专题会议】

2021年吴兴区政府召开如下专题会议：关于吴兴区有关省道工程项目建设工作的专题会议；关于2020年度经济发展工作考核结果奖励服务业发展专项资金审查工作的专题会议；关于浙江吴兴经济开发区国家绿色产业示范基地建设工作的专题会议；关于延续农村家宴放心厨房建设奖励政策的专题会议；关于西塞山“科学谷”施工有关工作的专题会协调会议；关于吴兴区太湖实验室装修项目建设推进的会议；关于沈家本历史文化园后续管理工作的专题会议；关于吴兴区与浙江大学建立浙江大学水上运动中心吴兴基地的协调会议；关于吴兴区行政中心周边区域管理权属划分的专题会议；关于飞英街道楼宇经济产业与人才招引事宜的专题会议；关于进一步明确农村公路建设大中修专项资金补助实施意见的会议；关于八里店潞村田园综合体和竹博园项目专题会议；关于2021年中国名校水上运动公开赛暨吴兴“十漾连珠”第三届水上嘉年华活动工作布置会的专题会议；关于区青少年心理健康服务中心迁址改造事宜的专题会议；关于104国道埭溪段改建工程项目建设工作的专题会议；关于西湖漾2号地块南侧河道代建景观项目专题会议；关于第四届世界乡村旅游大会会务策划执行服务项目招投标事宜的专题会议；关于全区“三改一拆”工作后续跟进有关事宜的专题会议；关于2021年启动“一塘十山十漾”公园建设项目的专题会议；关于潞村世界乡村旅游小镇综合展示中心相关事宜的专题会议；关于2021年长三角地区主要领导座谈会重大项目开工仪式浙江分会场相关事宜的专题会议；关于西山漾水生态修复项目工程推进有关情况的专题会议；关于湖州市现代化滨湖花园城市·吴兴区“一塘十山十漾”公园建设启动仪式筹备工作的专题会议；关于吴兴区融媒体中心建设项目相关事宜的专题会议；关于飞英街道服务业发展政策支持的专题会议；关于2021年启动湖东街道残疾人之家（人大社区党群服务中心、幸福邻里中心）建设的专题会议；关于区青少年心理健康工作购买社会服务事宜的专题会议；关于滨湖大道绿化养护及景观农作物种植移交等事宜的专题会议；关于吴兴跨境电商产业园有关事宜的专题会议；关于吴兴区文化馆图书馆建设运维事宜的专题会议；关于争先创优工作专题会议；关于2021年度吴兴区第一批电子商务发展专项资金政策兑现审查工作的专题会议；关于湖州原乡小镇等文旅项目有关事宜的专题会议；关于吴兴区开展市场监管所“双百”行动有关事宜的专题会议；关于2021年度吴兴区上半年度市场采购贸易方式试点发展专项资金政策兑现审查工作的专题会议；关于吴兴—上海长三角人才专车有关事宜的专题会议；关于吴兴区2103工程建设招标相关事宜的专题会议；关于协调湖杭、沪苏湖铁路建设资金的专题会议；关于加快科学谷之聚贤项目推进有关事项的专题会议；关于世界乡村振兴培训中心规划核实相关事宜的专题会议；关于进一步明确浙江吴兴经济开发区与埭溪镇、东林镇职责分工有关事项的专题会议；关于湖州市知识产权数字化产业园建设项目相关事项的专题会议；关于2021年度经济欠发达村购买砂洗城物业项目有关事项的专题会议；关于婚姻登记婚检两中心项目租金等事宜的专题会议；关于湖州东部青年人才新城技能提升基地建设有关事项的专题会议；关于月河街道浮星桥社区党群服务中心建设相关事宜的专题会议；关于诸墓漾公园等5个建设工程项目招标相关事宜的专题会议；关于湖浔大道和湖山大道有关工程代建资金结算支付事宜的专题会议；关于长湖申线城东（水上）服务区供地有关事宜专题会议；湖州市平安实训基地项目专题会议；关于西塞科学谷项目建设有关事项的专题会议；关于协调建筑业高质量奖励税收计算口径的会议；关于持证残疾人参保“南太湖健康保”事宜的专题会议；关于明确东部新城及外围主干市政绿化管养职责的专题会议。

【人大代表建议和政协提案办理工作】 2021年，在吴兴区四届人大五次会议上收到建议、意见66件；在区政协三届五次会议上收到提案95件。161件“两案”中关于经济建设39件、政治建设6件、文化建设17件、社会发展65件、其他34件，办理工作涉及51个承办单位。经过3个月办理，实现办理速度快、问题解决好、办理效果好的目标。2021年办结区人大代表建议66件、政协提案95件，满意率均为100%。问题解决或基本解决151件，解决率93.8%；列入解决计划9件，占比5.6%；供参考1件，占比0.6%。

【民生实事项目】 2021年，吴兴区城市交通治堵方面，在东部新城中兴大道、吴兴大道等主要道路实施智慧交通建设，打造智慧路口52个，建成区级综合指挥中心；在湖师附小西山漾校区等学校周边拓展临时停车位813个，完成年度目标的101.6%。

医疗健康保障 吴兴区公共卫生中心和中医院开工建设，完成主体工程23%以上；完成改建社会心理服务中心1个、社会心理服务站14个，均完成年度目标的100%。

食品安全建设 完成学校食堂智能化建设141家，实现中小学幼儿园食堂“阳光厨房”全覆盖，完成学1校食堂和社会餐饮“阳光厨房”建设457家，完成年度目标的114.3%；完成农贸市场“五化”提升5家，完成年度目标的166.7%。

教育布局优化 诸葛小学主体结顶，新城中学进入土方开挖和基础施工阶段。完成达昌府等11个幼儿园和织里实验小学东校区等7个中小学校新（改）建工程并投入使用，分别完成年度目标的137.5%和100%。

困难人群帮扶 推动低保、低边、特困人员在原有医疗救助基础上提升救助比例15%—20%，大幅提升尿毒症患者、严重精神障碍患者、患重特大疾病家庭及困难家庭适龄学生等救助比例。年末，累计实施精准救助13778人次、1006万元；完成困难老年人家庭适老化改造313户，完成年度目标的313%；为54户困难残疾人家庭进行无障碍改造，完成年度目标的154.3%。

物业管理提标 中心城区40个老旧小区全部实行不低于三级物业服务标准，实现53处无物业的零星独幢房屋物业管理全覆盖，均完成年度目标的100%。

学生护眼工程 完成2260个中小学校教室照明系统改造工程，实现全区公办中小学教室照明改造全覆盖，完成年度目标的107.7%。

农村交通改善 优化农村路网，完成新（改）建农村公路31.2千米，完成年度目标的104%。

垃圾分类创优 新增省级高标准生活垃圾分类示范小区18个，完成年度目标的180%；创建市级垃圾分类处理标杆村53个，完成年度目标的265%。

文化体育惠民 区图书馆开馆运行；建成社区多功能运动场等基层便民体育设施6个，打造“百姓健身房”6个，均完成年度目标的100%。

【行政服务数字化改造】 2021年，吴兴区推进大厅数字化改造。制定《吴兴区关于推进行政服务中心数字化建设的实施方案》，推进区行政服务中心数字化升级，上线大厅实时监测大屏，提升大厅智能管理水平；整合区政务大厅综合事务窗口与网上自助服务区，升级24小时自助服务区，开展“肩并肩”业务办理。推进政务服务2.0建设。30个区级部门完成1064项政务服务2.0系统配置事项认领，2.0单事项一网通办占比达标率95.53%；配置612个收件员账号，其中乡镇街道账号474个；推进政务服务事项向乡镇街道延伸，在14个乡镇街道及221个村社区建立2.0网厅，乡镇（街道）延伸494事项，村（社区）延伸211事项。推进政务服务中心标准化管理。年内开展标准化集中检查10次，发现窗口存在问题86个并进行整改；举办标准化现场管理建设成果展示评比活动，评选出三个标准化现场管理五星区块；以日常考勤考核、群众好差评情况为依据评选季度服务之星和红旗窗口，全年评选出32个红旗窗口及52名服务之星，营造争先创优良好氛围。推进基层便民服务中心建设。规范统一全区行政服务中心标识，明确乡镇（街道）便民服务中心面积原则上不少于200平方米，确定织里镇、龙泉街道、东林镇新凤鸣集团为基层便民服务中心试点单位；对全区乡镇街道基层服务中心标识情况、窗口设置情况、自助机配置使用情况、AB岗制度、区级部门事项延伸等实施情况开展专项检查，推动基层服务中心建设。

（区政务办）

【民生服务工作】 2021年，吴兴区充分发挥《政府阳光热线投诉处理三级响应制度》《政府阳光热线疑难投诉联席会商制度》两项机制作用，有效提升热线办理质效，化解民生痛点、堵点问题，共受理各类投诉、建议、举报等电话62268件，按期受理率、按期答复率均100%，群众满意率99%以上，累计通报热线办理指数9期。落实领导接听机制，吴兴区领导接听10次共101件，有效推进疑难件化解。根据责任单位上报和热线中心梳理，协调化解一批涉及属地乡镇街道、文体、住建、市场监管、商务、农业等多个单位的疑难复杂来电。进一步优化考核机制，强化责任落实，在效能指数通报对责任单位办理存在问题专门点评，报送区主要领导和分管政法区领导。发挥热线快速预警功能优势，主动服务营商环境优化、村庄撤并、小微企业纾困等专项工作，提供民意信息及投诉的数据支持。

（陈佳钰）

政协湖州市吴兴区委员会

政协重要会议

【政协全体会议】 2021年，中国人民政治协商会议第四届湖州市吴兴区委员会(简称政协吴兴区委员会)第一次会议于2月14日至2月16日举行。会议听取和审议政协吴兴区第三届委员会常务委员会工作报告；听取和审议政协吴兴区第三届委员会常务委员会关于提案工作情况的报告；列席吴兴区第五届人民代表大会第一次会议；审议通过政协吴兴区第四届委员会第一次会议提案收集初审情况的报告；审议通过政协吴兴区第四届委员会第一次会议决议。

【政协常委会会议】 2021年1月18日，吴兴区政协主席丁芳芳主持召开区政协三届二十次常委会。会议审议通过区政协常委会工作报告、提案工作情况报告、召开区政协三届五次会议有关事宜和有关人事事项。

7月23日，区政协主席丁芳芳主持召开区政协三届二十四次常委会。会议听取和审议区人民政府关于2021年上半年工作完成情况及下半年工作安排的政情通报、区人民法院关于2021年上半年工作完成情况及下半年工作安排的通报、区人民检察院关于2021年上半年工作完成情况及下半年工作安排的通报。

【政治协商】 2021年，政协吴兴区委员风采充分彰显。面对突如其来的新冠感染疫情，广大政协委员响应号召、闻讯而动，各展所长、各尽其能，参与疫情防控和复工复产，慷慨解囊、捐钱捐物，以实际行动展示大爱情怀，体现使命担当。深入开展开放式“招标”调研，持续推进“岗位建功、为民建言”活动，广大委员用心实干，亮点纷呈。委员王建荣获评2020年全国劳动模范；俞忠力委员受邀赴京参加全国政协办公厅有关座谈会，成为全市反映社情民意与司长面对面座谈“第一人”；委员蒋晓锋获评农工党中央定点扶贫先进个人；于利英委员受聘为省政协特邀信息员。

【民主协商】 2021年政协吴兴区委员会持续关注农业农村、教育、医疗等领域，围绕农民增收、饮用水源地保护、农村污水长效治理等开展协商，助推山区农民饮用水等问题的解决。就民办幼儿园健康发展、学校集团化办学管理、智慧医疗、校医配备等协商建言，促进相关举措的出台。

(徐莹斐)

政协重要工作

【调查研究和民主监督】 2021年，政协吴兴区委员会针对群众关注的关键小事，就厨房革命、民办校外托管机构管理、文化市场规范管理、乡风文明移风易俗等40余项议题，组织开展调研视察126次，提出意见建议460多条，并及时形成《民主监督建议书》，助推惠民利民措施落实到位。注重联动开展专项集体民主监督，先后组织参与“五水共治”“高水平全面建成小康社会补短板工作”“城乡生活垃圾分类治理”等5项省市区三级政协专项民主监督。围绕“最多跑一次”改革等市区两级联合开展监督。开展“重点提案办理+民主监督”活动，提出意见建议65条，落实采纳59条。落实区人民法院、区人民检察院每年向政协常委会通报工作制度。五年来，先后有15名政协委员应邀担任“两院”特约监督员、部门行风监督员和人民陪审员。

【数字政协履职平台建设】 2021年度，政协吴兴区委“数字政协”掌上履职平台全面上线。根据省、市政协建设“数字政协”的部署，主动融入数字化改革大局，注重数字赋能、委员提能，通过细化模块、优化流程、量化标准、固化机制，推动流程再造、机制重构，以数据链串起委员履职工作链、责任链、成效链。6月在全省率先获批上线以来，坚持学中干、干中学，边建设、边使用、边完善。完成十个模块的建设，初步形成学习交流随时随地、履职尽责线上线下、团结联谊区内区外、工作评价有图有据的多跨应用场景。

“请你来协商”工作平台全面成型。以“三长制”[区委书记、区长与委员专题协商，部门局长（部长、主任）与专委会、界别对口协商，高新区、各乡镇街道党（工）委书记、乡镇长（主任）与辖区委员基层民主协商]面对面协商体系为基础，打造“6+X+N”（6指6场区领导与委员面对面协商；X指区政协专委会牵头，组织局长与委员面对面协商；N指20个乡镇街道组织委员与乡镇街道负责人面对面协商）协商议政新格局。制定出台“请你来协商”平台建设实施意见、操作细则，明确协商的内容形式、工作原则、程序方式，推动“请你来协商”活动有序开展。有效推进协商民主在吴兴的广泛多层制度化发展。

【政协委员会客厅文化平台】 2021年，政协吴兴区委“委员会客厅”全面上线。委员会客厅是省政协打造的具有鲜明标识度的特色履职品牌，全市4家省级委员会客厅有3家坐落在吴兴区。牢牢把握“四新”定位，坚持用“四心”提“四力”（坚持同心同向、贴心服务、精心指导、匠心创特，着力提升委员会客厅引领力、持久力、执行力、影响力），全力助力委员会客厅建设，培育形成了“三香、三声、三线”[在书香（求知与求真）、茶香（和谐与传承）、咖啡香（开放与创新）“三香”里筑精神，在会意的笑声、自发的掌声、真诚的建言声“三声”中显作为，在上接天线、下接地线、守住底线“三线”上管方向]具有吴兴特色的政协委员会客厅文化。吴淑英、冯文明、潘水琴三位牵头委员和各自的团队，践行“互学互鉴、同心同行”理念，累计开展各具特色的主题活动41场，参与人数1200多人，有效拓宽团结引领界别群众的渠道。3家省级委员会客厅全部获评省“四星级”委员会客厅，有关做法在全省政协主席读书会上作书面交流。

【政协提案办理】 2021年，政协吴兴区委民主监督全方位拓展。注重联动开展专项集体民主监督，先后组织参与“五水共治”“高水平全面建成小康社会补短板工作”“城乡生活垃圾分类治理”等5项省市区三级政协专项民主监督。围绕“最多跑一次”改革等市区两级联合开展监督。注重提升提案办理新机制，出台提案工作十项制度，推出提案工作“九步法”。开展“重点提案办理+民主监督”活动，提出意见建议65条，落实采纳59条。落实区人民法院、区人民检察院每年向政协常委会通报工作制度。

合作协作 年内，注重合作协作。把握人民政协大团结大联合的独特优势，坚持区政协党组成员联系各民主党派制度，鼓励和支持各民主党派和无党派人士参与政协履职活动，在政协各项会议和活动中优先安排发表意见和建议，做到真诚相待、真心相交、真情相融。各民主党派和无党派人士在区级层面各类协商会议上发言820余人次，占70%；立案集体提案52件，占集体提案总数的49%；反映社情民意信息1280余条，占85%。

联络联谊 年内，注重联络联谊。会同统战部门，发挥民族宗教界代表人士的积极作用，密切与港澳台同胞和海外侨胞的联系联谊。加强与省内外政协横向联系，完成第四次长三角地区政协主席联席会议等重大考察的接待任务。持续开展“六送下乡”为民服务活动，累计开展上门义诊、农技指导、法律维权、艺术表演等各类服务活动60余场次。借助委员会客厅开展各类联谊帮扶、社会公益活动20多次。

政协重要活动

【政协文史宣传】 2021年，政协吴兴区委注重文史宣传。编印出版《走读清远吴兴》系列丛书，支持参与沈家本历史文化园建设和沈家本诞辰180周年等相关活动。开展东西部扶贫协作文化交流，举办和参加四川青川、安徽谯城三地书画联展。运用报刊、电视、网络以及“吴兴政协”微信公众号等媒体平台，加大政协宣传力度。100多条报道被《人民政协报》《浙江日报》《联谊报》等省级以上媒体刊登，诞生浙江政协系统第一部以“政协委员会客厅”为题材的小小说《同心厅》，媒体累计浏览量超百万。

【政协组织建设】 2021年，政协吴兴区委强化党建引领。协助区中共区委出台《关于加强和改进新时代人民政协工作的意见》《关于加强新时代人民政协党的建设工作的实施意见》。在区委的关心下，加强和充实政协机关和基层政协工作联络组的力量。立足政协系统党建“两个全覆盖”（党的组织覆盖党员委员、党的工作覆盖全体委员），完善组织体系，推进“专委会+界别”的功能型党支部建设。召开全区政协系统党的建设工作座谈会，加强以政协党组为主体的政协党建工作，引导党员委员模范做到“五个带头”（带头遵守各项纪律、带头深入调查研究、带头参加协商讨论、带头撰写政协提案、带头结交党外朋友），有效实现了支部建在专委会、小组设在界别里、委员聚在党旗下、引领融入活动中。

【提案和社情民意工作】 2021年政协吴兴区委注重开放式招标调研成果转化，《创建美丽庭院2.0升级版　助力建设新时期美好吴兴》《以“典范”物业服务助力文明典范城市创建》《数字赋能科创新生态体系 助力打造长三角科创共同体》等5篇转化为大会发言。注重提升提案办理新机制，出台提案工作十项制度，推出提案工作“九步法”（发布选题、撰写提交、审核立案、交办、办理、答复反馈、监督评议考核、提案“回头看”、形成提案工作报告）。五年来，委员们反映社情民意1500余条，经梳理后编发报送各级领导435期，被全国政协录用40期，转送国家有关部委办局16篇，其中《关于环保税实施过程中的问题及对策》的信息，得到中央领导批示，并被全国政协办公厅评为优秀信息，是全市政协系统首次获此殊荣。4篇社情民意信息得到省委、省政府主要领导的批示。区政协反映社情民意信息工作跃居全市前列。

（徐莹斐）

中国共产党湖州市吴兴区委员会纪律检查委员会

纪委重要会议

【纪委全委会议】 2021年12月26日，中国共产党湖州市吴兴区第五届纪律检查委员会(简称中共吴兴区纪委)第一次全体会议召开。会议由郑志亮主持召开并讲话，区纪委委员参加会议。会议选举产生中国共产党湖州市吴兴区第五届纪律检查委员会常委和书记、副书记。会议指出，过去的五年，第四届区纪委坚持以习近平新时代中国特色社会主义思想为指导，认真贯彻落实全面从严治党决策部署，忠实履行党章赋予的职责，坚定不移推动纪检监察工作高质量发展，党风廉政建设和反腐败斗争取得明显成效。会议强调，新一届区纪委任期的五年，既是吴兴实现跨越式发展的机遇期，也是开启第二个百年新征程的起步奋斗期。新一届区纪委常委会，要旗帜鲜明讲政治，增强“四个意识”、坚定“四个自信”、坚决做到“两个维护”，自觉从习近平新时代中国特色社会主义思想中汲取科学真理力量、强大实践力量、持久创新力量。要敢于担当勇作为，把握运用好监督执纪“四种形态”，锲而不舍纠治“四风”，推动中央八项规定精神落地生根，保持惩治腐败的高压态势，不断提升人民群众幸福感、获得感。要清正廉洁做表率，带头讲政治、守规矩，坚持“执纪者必先守纪、律人者必先律己”，严格执行“十不准”等相关规定，坚持刀刃向内，坚决防止“灯下黑”，努力建设一支忠诚、干净、担当的纪检监察铁军。

政治监督

【监督执纪】 2021年，中共吴兴区纪委坚决扛起政治监督首责。把坚决维护习近平总书记在党中央和全党的核心地位、坚决维护党中央和集中统一领导作为首要政治任务。聚焦习近平总书记重要指示批示精神和党中央重大决策部署落实，开展涉粮领域、餐饮浪费、“低级红”“高级黑”、村庄撤并等专项监督，进一步深化“大棚房”专项治理“回头看”和违建别墅清查等整治，坚决纠正有令不行、有禁不止行为。坚持服务保障中心大局。围绕区委中心工作，突出经济社会发展监督保障职能，聚焦共同富裕示范区建设、“十四五”规划实施、长三角一体化发展等监督重点，以“五区联创”“十大专班”(即：西塞山国家级旅游度假区、国家级高新区、国家级“四好农村路”示范县、国家级绿水青山就是金山银山实践创新基地、健康浙江示范区；整体智治改革专班、全域土地整治专班、垃圾分类创优专班、民生项目推进专班、采购贸易试点专班、科创资源集聚专班、低效土地处置专班、乡旅大会承办专班、人气商气提升专班、美妆小镇崛起专班)等工作任务为监督切入点，跟进式开展监督检查13

次。深入开展抗台风防疫情、工程项目招投标、招商引资、拆迁安置等重点工作专项督查，获区委主要领导批示8次，保障区委中心工作有力落实。坚定从严强化政治纪律。严格落实“四责协同”机制，全覆盖开展党风廉政建设责任制检查，推动主体责任落实落细。落实“四清单”“两档案”“两报告”制度(即：政治监督任务清单、责任清单、问题清单、落实清单；领导干部廉政档案，被监督地区、单位政治生态建设档案；党委〈党组〉政治生态建设自评自查报告、纪检监察机关政治监督报告)，推动政治监督具体化、规范化、常态化。建设主体责任履责平台，推行“政治生态健康码”三色评价，实现政治生态精准画像。严肃换届风气监督，严把换届意见审核关，审核干部调整和提拔40批611人次，审核“两代表一委员”换届人选15批4048人次。

【纪检审查调查】 2021年，中共吴兴区纪委全面推进“四种形态”预审制度，运用“四种形态”576人次，其中第一种形态404人次，占比70.1%。坚持“室组地”联动，立案查处违纪违法案件181件181人，同比增长8.4%，其中乡科级7人；给予党纪政务处分172人，同比增长1.8%；采取留置措施11人，严肃查处东林镇原党委委员叶某某、东林镇原派出所所长葛某某等严重违纪违法案件。

惩治腐败

【纪检正风肃纪】 2021年，中共吴兴区纪委把整治“两个主义”纳入监督检查、政治巡察工作重点，紧盯“两个主义”新动向新表现，全面检视、靶向治疗。全年查处形式主义、官僚主义20起，处理党员干部22人。常态化开展“清风行动”，紧盯重要时间节点，聚焦违规吃喝、违规收送礼品礼金等问题、酒驾醉驾背后“四风”问题、公务用车使用管理等重点，开展专项监督检查180余次，查处享乐主义、奢靡之风问题40起，处理党员干部41人，其中党纪政务处分30人，下发通报7起，曝光问题18个，形成震慑作用。

【纪检警示教育】 2021年，中共吴兴区纪委强化以案促改、促治，发放纪律检查建议书和监察建议书17份。严格执行处分决定，回访教育46人次，组织70余人参加庭审旁听。开通“吴晓纪”微信专栏，常态化开展“党纪教育一刻钟”活动，接受教育1.4万人次。

【纪检基层监督】 2021年，中共吴兴区纪委畅通群众信访渠道，受理群众信访举报78件(次)，同比下降55.2%，其中初次检举控告类59件，重复举报3件，分别同比下降38.5%、86.4%。研究下发《实名检举控告处置工作流程指引》，实现实名举报件办信质量和群众满意度双提升。围绕政法、教育、国企、拆迁拆违、供销、粮食等重点领域开展专项整治，立案查处19件19人，整改问题67个，完善机制40项。常态化开展“打伞破网”专项行动，协同公安机关查处褚某某串标围标案件，深挖违规运输倾倒外来渣土行为背后“保护伞”。排定漠视侵害群众利益突出问题专项治理15项，发现并推动整改问题28个。积极探索基层监督数字化改革。依托全省基层监督数字化改革“揭榜挂帅”试点，围绕村级工程等6大应用场景，规范设置审批流程585条，汇集群众诉求626条，处置红色预警40条，实现权力规范、流程再造、制度重塑。

清廉建设

【清廉吴兴建设】 2021年，中共吴兴区纪委清廉乡村全面深化。坚持制度创新，推动形成织里镇“1+8”村级权力规范运行模式(即：1个总体目标，着力建设基层组织坚强有力、权力运行规范透明、村级事务管理精细、监督体系完备有效、党群干群关系和谐、村风民风清朗向上的新时代美丽乡村;8个方面,组织建设一体化、集体决策清单化、三资管理规范化、工程管理科学化、三务公开制度化、工作任务项目化、监督保障常态化、村级事务数字化)、道场乡村级物资采购管理、东林镇失地农民养老保险名额分配、妙西镇“三小三监督”(即:小微权力阳光监督、小型工程广泛监督、小额资金规范监督)等长效监管机制。注重示范引领,织里镇义皋村以“五廉”机制成功申创第二批全国乡村治理示范村,妙西镇妙山村“妙山、妙水、妙境”清廉示范带初步形成。开发三资“哨兵”预警监督平台,打造数据监控驾驶舱,实现农村“三资”智能分析和预警监控。清廉街居创新发展。系统梳理小区管理职责,编制《清廉街居履职手册》,实现小区事务“一册清”。推动清廉“五双”机制(即:职责“双清”、队伍“双建”、事财“双晒”、访化“双通”、政群“双议”的清廉街居“五双”工作机制)覆盖,完成小区推广151家。创新“双资”管理,实施“业账社管”,设立公共收益账户101个,管理公共收益超4000万元。启动建设清廉街居数字化治理研究实践中心,集中展示清廉治理成效。清廉街居“五双”机制做法获评全省“三服务”活动月度十个好典型,“小额维修金”做法获市纪委主要领导批示肯定。清廉机关推进。协助区委制定《关于全面深化清廉机关建设的实施意见》,聚焦“人、财、物、事、权”监督管理,制定清廉机关建设评价标准和指数体系,高效推动清廉机关创建。注重品牌打造,推动形成区执法局执法检查“三项制度”、区检察院廉政风险防控“三色清单”(即:绿色职责清单、蓝色权力清单、风险防控清单)等风险防控机制。清廉单元齐头并进。制定清廉吴兴建设分工方案和工作要点,形成党委、纪委协同共推格局。深化清廉学校建设,依托“吴兴教育魔方”平台,实现招生、采购等工作“应用+监管”一体化。全省首创清廉医院智慧云平台,实现医疗系统监察对象全覆盖。注重清廉文化润心,完成湖州清廉馆廉政教育基地建设。建立重点民企清廉建设联络员制度,建设全市首批清廉民企示范点6家。制定清廉工程建设标准,培育区级清廉工程示范点4个。

【纪检机构体制改革】 2021年,中共吴兴区纪委全面落实《关于进一步深化纪检监察派驻机构改革的实施意见》精神,调整派驻机构5家、监督单位13家。研究制定《贯彻落实进一步深化纪检监察派驻机构改革部署任务分工方案》。制定《吴兴区开发区(园区)纪检监察机构建设工作方案》,设立区纪委区监委派出湖州现代物流装备高新技术产业园区纪检监察工委和派出浙江吴兴经济开发区纪检监察工委,核定行政编制3名,配备专职纪检监察干部2名。

(吴兴区纪委、监委)

民主党派·工商联

民主党派

【综述】 2021年，吴兴区有民革、民盟、民建、民进、农工党、九三学社等6个民主党派，党派成员399名。民革区基层委有党员57人；民盟区基层委有盟员66人；民建区基层委有会员82人；民进区基层委有会员76人；农工党区基层委有党员50人；九三学社区基层委有社员68人。作为参政党，本着“长期共存、互相监督、肝胆相照、荣辱与共”的原则，通过“两会”平台、党派专题调研、“金点子”“微点子”专刊等形式进行参政议政、履职建言，围绕中共吴兴区委、区政府中心工作、民生热点难点开展专项民主监督，为经济社会发展献计出力；发挥党派优势，参与“双百结对·同心共治”活动，履行社会责任，提高服务社会能力。

【民革吴兴区基层委】 2021年，民革吴兴区基层委强化思想建设。集中学习全国两会精神、习近平总书记“七一”重要讲话精神、纪念辛亥革命110周年大会上的讲话精神、中共十九届六中全会精神以及省、市、区重要会议精神，把学习成果转化为推进工作的强大动力。组织多名班子成员和党员15人次参加民主党派新任市委委员培训班、湖州政协委员履职能力研修班、中共吴兴区委统战部党外代表人士培训班、区委统战部组织瑞金党性教育培训班等，增强党性修养和综合能力，18名代表参加市委会第八次代表大会。强化履职能力。三个支部分别确定以市现代渔业发展情况、基层矛盾纠纷化解情况、全社会研发投入情况等为主题的专题调研，为全市推进共同富裕示范区建设提供有效建议，全市民革有18个课题，获奖10个。依托市区“两会”平台提出多项建设性建议，全体党员撰写上报信息、金点子等56篇。其中，民革中央和全国政协等国家级单位录用3篇，省政协、省委办、民革省委会等省级单位录用9篇，市政协、市委办、民革市委会等市级单位录用30余篇。强化组织建设。抓好新党员发展工作，发展新党员3名。以民革二支部争创民革全国示范支部为切入点，通过创建工作促使基层委和三个支部各方面工作能力进一步提升，强化基层委组织建设，2021年12月，二支部被民革中央评为第二批全国示范支部。

【民盟吴兴区基层委】 2021年，民盟吴兴区基层委提升思想建设新高度。组织盟员深入学习贯彻习近平总书记在庆祝中国共产党成立百年大会上的重要讲话精神、中共十九届六中全会以及民盟浙江省委会十二届六次全会等各类重大会议精神。开展“学党史，读盟史”活动，全年10多次开展政治学习、参观考察、交流座谈等活动。坚持用好宣传阵地，做好宣传报道。向湖州民盟、中共吴兴区委统战部报送宣传稿件30多篇。成立参政议政小组，通过市委会的“民盟·议政半月谈”平台，围绕社会热点、焦点问题定期召开参政议政工作会议。全年紧盯疫情防控、经济发展主线，高质量完成各类社情民意信息报送61篇，获各级录用批示近30件次。金斌斌撰写的“建议将我市原中心医院改建成集中隔离点和方舱医院提升全市应对重大疫情韧性和能力”获中共湖州市委书记王纲、副市长闵云批示，获得相关部门采纳后实施。参加市委会“365+N”聚焦市委、市政府“三重”工作（重大决策、重点工作、重要事项），发挥六个民主党派职能作用，通过体验式、调研式、协商式、会诊式、助推式等五种民主监督形式，助力解决若干个企业、基层和群众反映的实际困难和问题。专项民主监督工作，先后组织创建工作民主监督小组的盟员70多人次，深入大街小巷，乡镇、街道、社区主要路段、路口实地监督并形成报告稿件10篇。拓宽社会服务新渠道。整合吴兴民盟基层委慈善基金资源，在城南实验学校建立民盟“同心·农村教育”烛光行动“同心·同育”慈善基金奖励制度，设立“同育奖学金”“同心质量奖”和“烛光园丁奖”，全年累计发放奖金6.33万元。对因脑膜瘤急需手术治疗的困难学生捐款1万元。通过教师结对等形式，帮助城南实验学校提升美术、英语、体育教研组教育理念和教学水平。组织盟员深入基层一线，开展“同心公益大讲堂”等送政策送服务活动；全年通过公益讲堂，指导帮助“七幸科创园”“吴兴梦工场”“湖州文创园”成功创建省级大学生创业示范孵化基地，帮助指导园区创业就业大学生申报各项大学生就业创业优惠政策补贴1000多人次。展示自身建设新风貌。注重规范建设，完善各项制度，制定班子分工负责制、会议制度、学习制度、经费使用制度、走访慰问制度等，保障基层委健康有序发展。设计盟员信息表、盟员活动记录表和盟员年度考核表等，由专人负责动态管理。严把入盟质量关，发现和吸纳优秀人才入盟，为组织发展持续注入新血液、充实新力量，2021年，新发展3名盟员。

【民建吴兴区基层委】 加强思想建设。将政治理论学习摆在首位，专题学习中共十九届六中全会精神、省市区有关会议精神，自觉接受中国共产党的领导，坚定不移做到“两个确立”的忠诚拥护者和“两个维护”示范引领者。选派会员参加中央民建、省委会、市委会、区政协、区委统战部举办的各类专题培训、全区经济社会发展通报会。开展“不忘合作初心，继续携手前进”专题教育活动和主题征文，会员结合主题教育撰写体会文章12篇。推进坚持和发展中国特色社会主义学习实践活动，并会同农工党、九三学社一起组织会员赴安徽泾县开展红色教育。强化履职尽责。借力两会平台，为市区经济社会发展建言献策，提交市区两级提案建议15篇，其中优秀提案2篇，市区大会发言2篇。全年向政协、统战部门、上级民建组织报送各类稿件130余篇，其中20篇信息被全国政协录用，65篇信息被民建省委会录用，《关于优化耕地地力保护补贴机制的建议》和《建议减轻村股份经济合作社税负，为共同富裕“最后一公里”卸下包袱》得到省长郑栅洁批示。围绕中共吴兴区委区、政府中心工作和经济社会发展的重大战略部署和热点难点问题，选好课题深入研究。在区政协开放式课题中，调研报告提交5篇。其中，一篇被评为优秀课题。牢记初心使命。积极融入长三角一体发展战略，加强与上海市民建企业家协会、上海闵行区基层委、宁波市直属基层委等联系，邀请民建企业家到吴兴高新区、总部经济园参观考察，推荐吴兴的营商环境。承办“科技生翼 创新驱动 助力长三角一体化发展”浙江民建青年企业家走进湖州活动。开展“双百结对同心共治”活动，推进党派资源优势与基层治理深度融合。参与各类公益事业，为“民建助你上大学”、东西部扶贫协作、灾后重建等项目奉献力量，会员参与、开展各类公益活动120多次，民建区基层委捐资赠物共计500多万元。加强组织建设。修订完善基层委多项制度，成立三个专门委员会，聘请市其他支部的骨干力量及经验丰富的会员作为名誉主任，充实力量，各专委会主任带领团队围绕专委会特色开展活动。以吴兴区民主党派活动中心为主要阵地，在建立“学思谷”“梦工场”“爱满园”“导师苑”四个民建之家的基础上，定期在活动阵地开展各类活动。开展“走出去、引进来”的学习交流活动，组织会员赴宁波、金华、绍兴、嘉兴等地交流探讨。带领会员赴宁波开展以“不忘合作初心，继续携手前进”为主题的交流学习，四个支部分别与宁波外联支部等结成友好支部。

【民进吴兴区基层委】 2021年，民进吴兴区基层委围绕“一个中心”，学习领会、贯彻落实中共党史学习教育、中共十九届六中全会精神及习近平总书记系列重要论述，回顾同中国共产党团结合作的奋斗历程，坚守合作初心，积极履职尽责。参加市区统一战线建党百年庆祝活动、湖州市民进第九次代表大会，分赴德清、安吉等地开展“学党史　担使命”红色教育学习系列活动，组织召开5次专题学习会，不断提升政治定力。做好“两篇文章”。牢牢抓住参政议政、民主监督这个根本，组织召开5次参政议政专题培训会，提升会员参政议政能力。聚焦关乎发展大局、关系人民幸福的重点领域，撰写一批高质量提案。年初两会上，递交15篇个人提案，2篇联名提案，录用率100%，2件集体提案和1件个人提案荣获优秀提案。全年报送社情民意50篇，多篇信息稿件在省市平台录用，《中小学自然科学课程缺乏实践性亟须重视》获民进中央刊发。健全“三项机制”。夯实学习与研究机制。采用“班子成员带头学+会员组团专题学+个人研讨学”形式，不断加强统战理论学习，提升会员思想政治素养。完善提案工作机制。组织专家确定团体提案调研课题，分配给各专委会，组成课题组，制定调研计划和方案，组织专题调研，形成高质量提案建议，并向民进中央、省市委会遴选提交。多篇信息稿件在省市平台录用，《中小学自然科学课程缺乏实践性亟须重视》获民进中央刊发。构建“人才+”发展机制。采用“重点发展+帮带培养+组织推荐”人才全生命周期培养模式，吸纳5名优秀年轻骨干，并通过“一对一”帮扶机制加强培养锻炼，累计报送6篇社情民意信息。紧盯“四个重点”“咨询+结对”医疗服务惠民生，组织开展应急救护培训5场次，开展爱心义诊等活动8场次。“助学+助教”教育帮扶促普惠，开展“数字家长学校”新模式的研究，利用节假日到社区开展心理辅指导和学习辅导。开展“送教下乡”活动，为贵州金沙民兴学校捐献物资22万元。“寻访+专访”养老服务下功夫，开展“爱心义诊　情暖重阳”敬老服务进社区活动，探访社区孤寡老人，了解社区老人的对适老化改造和无障碍改造方面的实际诉求，增进社区老年人的幸福感。“社区+广场”防疫宣传见实效，开展“助力新冠疫苗接种，共筑全民免疫屏障”现场咨询和实操服务活动，参与社区卫生共建、向居民宣传疫情防控活动。

【农工党吴兴区基层委】 2021年，农工党吴兴区基层委持续推进政治建设。学习中共十九大和十九届历次全会精神，习近平新时代中国特色社会主义思想和省、市、区委全会精神，忠诚拥护“两个确立”，增强“四个意识”，坚定“四个自信”，做到“两个维护”。围绕庆祝中国共产党建党100周年活动，组织党员学习中共党史。组织党员多形式专题学习习近平总书记七一重要讲话精神、中共十九届六中全会精神及省、市、区全会精神。撰写理论学习体会文章，荣获农工党中央2021年理论研究优秀论文三等奖。参加省委会和市、区政协及市、区统战部的专题协商、调研、民主监督和各类培训,基层委组织全体党员赴安徽省泾县开展红色教育。抓好组织建设,高标准开好民主生活会和年度述职、民主评议会。认真做好市、区政协委员换届推荐和政治考察等相关工作。加强新党员的培养,做好党员发展工作,全年吸收5人加入党派。做好11名退休党员的上门走访慰问等工作。探索开展“党员之家”与所在街道、社区的合作共建工作,发挥“党员之家”在思想交流、精神归属、情感关怀等方面的作用,联合兄弟党派,开展交流联谊活动。发挥党派职能作用。坚持把参政议政工作放在首要位置,《关于加强制造业技能人才队伍建设的建议》在市政协大会上发言,《关于完善社会治理领域‘最多跑一地’改革的建议》在区政协大会上发言,《关于加强制造业技能人才队伍建设的建议》《关于打造我区高能级科创平台的建议》列为区政协重点提案。组织党员参加《湖州市预防和化解矛盾纠纷条例(草案)》立法协商会,并提出意见建议。引领全体党员充分发挥专业、行业优势,加强社情民意、金点子等的采集编报。深化社会服务工作品牌。围绕区委“八大行动”“十大专班”,深入基层一线,参与新冠感染疫情防控、全国文明典范城市创建、台风防御、安全生产、社会稳定等工作。发挥党派在教育、卫生、党政机关方面的资源优势,认真开展相关服务。强化与3个结对社区联系,开展义诊、急救培训、健康讲座、法律咨询、义诊等活动,退休党员陈幼荣和陈爱花领衔的“道德门诊”和“陈奶奶工作室”获得社会的一致好评。

【九三学社吴兴区基层委】 2021年,九三学社吴兴区基层委坚持政治学习,坚定理想信念。学习传达中共十九届五中、六中全会精神,组织学习社省委、市委以及区委相关会议精神,组织社员开展“寻访红色故事”、接受党史教育和爱国主义教育等,通过开展政治学习坚定理想信念,提高思想共识。坚持围绕中心,提高履职水平。围绕中共吴兴区委、区政府中心工作,发挥九三界别特色优势,多位医生社员在节假日坚守医疗一线阵地,参加疫情防控志愿服务。区“两会”召开前,多次组织社员代表、委员讨论协商,并赴结对社区进行专题座谈和实地调研,6位区政协委员提交9篇提案并被立案,全年成功申报调研课题5项,其中两项课题分获九三学社浙江省2021年优秀参政议政成果二等奖和三等奖。报送社务动态信息14篇,社情民意信息18篇,其中全国政协录用3篇,社中央录用1篇;参加民主监督活动20人次,共4人次获社省委表彰,7人次获社市委表彰。区基层委被社省委评为2021年度全省“先进基层组织”。坚持深入基层,拓展服务领域。开展“双百结对·同心共治”活动,主动联系结对社区,多次开展上门协商和社会服务。依托社员资源拓宽服务领域,开展老年人防诈维权专题讲座、社区中老年人声乐讲堂、国家宪法日主题宣讲等公益活动,提升社会声誉。坚持队伍建设,提高组织活力。分发《论中国共产党历史》《世界大格局、中国有态度》《共同富裕看浙江》等学习资料并开展读书分享,让社员通过学习交流增进了解。全年,共有4人批准入社,其中拥有高级职称两人。区基层委现有社员70人中获硕士学位及以上者为1/3(23人),高级职称36人,拥有一批包括工学博士和6位正高级职称社员在内的高层次人才。

(宋　涛)

工　商　联

【概况】 2021年,吴兴区工商联(总商会)成立于2003年10月,有会员3755人,其中执委以上企业家109人,下属基层商会30家,其中乡镇、街道商会14个,上海、北京、粤港澳大湾区、杭州吴兴商会等在外吴兴商会4个,温州平阳、安徽安义、绍兴诸暨、金华兰溪、安徽蒙城、湖南临湘、安徽太湖、江西井冈山商会等异地商会8个，织里童装商会、区电子商务商会、区美容美发商会等行业商会3个，观凤商城市场商会1个。美欣达集团董事会主席单建明担任区工商联(总商会)主席。区归侨侨眷联合会成立于2005年，是由归侨、侨眷组成的人民团体，是党和政府联系广大归侨、侨眷和海外侨胞的桥梁和纽带。区归侨侨眷联合会主席由钱凯担任。

工商联作为中国工商界组成的人民团体和民间商会，是中国共产党和政府联系民营经济人士的桥梁和纽带，是政府管理民营经济的助手。年内，围绕中心工作，加强同心引领，依靠自身优势，广泛利用资源，为民营企业发展提供服务，为招商引资牵线搭桥；鼓励引导民营经济代表人士利用“两会”“政企恳谈会”等平台，发挥优势特长，结合企业经营经验参政议政，为区委、区政府决策提供参考。

【工商联服务经济工作】 2021年，吴兴区工商联全周期助力“双招双引”。落实“两进两回”部署，举办电子信息产业推荐会、经贸科技人才洽谈会、北京吴兴商会会员大会，签约新乡贤投资项目10个，计划总投资超105亿元。全方位服务“两个健康”。拓展政企沟通渠道，围绕科技、建筑、税务、人才等方面举办“亲清直通车 政企恳谈会”6场，帮助企业协调解决问题困难80余件，化解率100%。深化亲清服务团上门问诊服务，为16家企业开展“健康体检”，提出合理化意见建议58条，指导企业解决实际问题18个。贯彻“人才强市、创新强市”首位战略，举办吴兴区首届新生代企业家创新创业大赛活动。联合区司法局建立“千所联千会”联系合作机制，常态化开展民营企业“法治体检”，亲清政商关系持续优化。全链条推进青蓝帮带。推进“311”领航计划，举办导师帮带结对仪式，制定《吴兴区新生代企业家导师培育机制实施方案》，遴选21位区领导担任新生代企业家创业导师，深化落实“五个一”工作举措(组织一次师生见面、开展一次谈心交流、走访一次学员企业、破解一个发展难题、参与一次主题活动)，以“传、帮、带”的形式，对新生代企业家进行全方位培养。深化新生代企业家成长学院平台建设，延伸举办新生代企业家成长学院第二期研修班，累计开课4场，培训学员270人次，全面提升新生代企业家政治理论素养、增强社会责任意识，提升宏观把握能力、增强创新发展意识，实现民营企业传承创新发展。

（宋　涛）

人民团体

吴兴区总工会

【概况】 2021年，吴兴区总工会有基层工会909家（其中独立基层工会761家，联合基层工会148家），工会会员实名制入库123132人、激活90935人。吴兴区总工会在区委和上级工会的正确领导下，深入学习贯彻习近平新时代中国特色社会主义思想和中共十九届五中、六中全会精神，对标积极助力吴兴区在全市加快建设共同富裕绿色样本中扛起首位区担当的要求，全力以赴做好服务企业、服务产业工人、服务基层工作，做到了全国有声音、省内走前列、全市争第一。

【总工会四届六次全委扩大会议】 2021年3月27日，吴兴区总工会四届六次全委（扩大）会议在区行政会议中心召开。区委副书记、政法委书记、织里镇党委书记宁云出席会议并作讲话，区人大常委会副主任、区总工会主席汤益培，区总工会全体班子成员出席会议。区总工会党组书记、常务副主席王祎，区总工会党组成员、经审会主任洪缨莉分别作工会工作报告和经审工作报告。会议对2020年度吴兴区"示范型工会"、2020年度吴兴区重点建设项目立功竞赛先进集体（个人）、2020年度吴兴区特色小镇立功竞赛先进集体等进行了授奖。区总工会四届委员会委员、经审会委员和高新区、各乡镇街道党委分管副书记，部分区教育、财贸、机关工会基层单位工会主席等100余人参加会议。

【工会基层组织建设】 2021年，吴兴区总工会强内力，全力推进新业态新就业群体建会入会工作，开展"百日攻坚"行动，创新组建湖州历史文化街区联合工会、湖州吴兴万达广场联合工会、湖州飞英（跨境）电商产业园联合工会等；全区建立工会组织909家，其中：单建工会761家、联合工会148家，工会会员实名制入库123132人、激活90935人。强化企业工会组织建设，推进企业工会创建年度"示范型""达标型""基础型"工会活动，建设"示范型"工会75家；深化"1+X履职绩效积分"（"1"即基础工作，"X"即特色亮点工作）制度，提升企业工会主席业务能力；补助企业工会奖励资金58.43万元。以"我心向党　礼赞百年"为主题，组织"劳动光荣　创造伟大——庆祝中国共产党成立100周年'我心向党'系列活动"；开展"学党史、知党情、跟党走"吴兴区职工读书知识竞赛、"车间好声音演唱擂台赛""为劳模工匠留倩影""吴兴区唱响劳动者之歌"送文艺进企业、"书香玫瑰"女职工阅读活动等50场次；承办全市职工演讲比赛。选送作品参加2021"网聚职工正能量　争做中国好网民"主题活动，组织短视频作品参加"湖州人的一天"全市职工短视频大赛，《织里基层干部的一天》获评二等奖。推进数字化改革，投入资金250万元建设"'心植工'数字家园应用"项目，聚焦工会主责主业，提升组织力、拓宽覆盖面、增强服务力、激发生产力。

推进企业“六有”(有依法选举的工会主席、有独立健全的组织机构、有服务职工的活动载体、有完善的制度机制、有自主管理的工会经费、有会员满意的工作业绩)职工之家和“五有”(有活动场地、有活动内容、有专人管理、有运行机制、有工作经费)职工文化阵地建设,年内新建企业“职工之家”10个、补助资金53万元。创建全国职工书屋1家、省级劳模工匠书架配书点1个、浙江省模范职工小家1个,获评浙江省优秀工会工作者2名。

【工人服务志愿队伍建设】2021年,吴兴区总工会立体式服务。建立劳模工匠服务队、法律志愿服务队、勤俭节约服务队、车间好声音服务队、“心植工”服务队,组织开展“我心向党 劳动光荣——吴兴区‘心植工’志愿者服务系列活动”;构建“中心+站点”布局方式,形成区、镇、企业三级产业工人(青少年)心理健康服务网络,建设产业工人心理健康服务中心1个、服务站10个,原创LOGO并建设吴兴区产业工人“心灵驿站”20个;把心理健康教育培训纳入企业组织的产业工人年度培训计划,结合产业工人需求,精心排出培训内容清单,以产业工人点单形式,开展心理健康知识宣传培训活动102场次。组合式服务。举办吴兴区机关干部首届“含氧赋能”趣味运动会,组织开展“抓铁有痕”等12个项目的赛事活动,有60支队伍、1578名运动员参加比赛;组织开展“吴兴区‘心植工’青少年心理健康行动”系列活动,建立湖州市首家“小候鸟之家”和“爱心托班”,开设公益课程20个,举办青少年心理健康知识讲座18场;组织“心植工”服务队走进辖区中小学校开展“青春护航 我的情绪我做主”系列心理健康知识讲座;区工会女职委组织开展“科学育儿、幸福家庭”主题宣教活动,提高家庭科学育儿知识与技能;“吴兴工运”微信公众号开设专栏,推出微宣讲16期,以家庭“小气候”温润社会“大环境”,倡导产业工人以良好品行、健康生活、和睦家庭影响教育青少年。通过宣传引导以“声”留人、送法入企以“心”留人、暖心举措以“情”留人,引导助力外来务工产业工人“留吴过年”。送消费券,做深做细服务工作,确保342.64万元的暖心消费券精准送到17132名“留吴过年”外来务工产业工人的支付宝卡包中;送电影,组织外来务工产业工人开展“留吴过年看大片”活动,影院、影片、时间等均由产业工人自主选择,产业工人选定8家影院,组织观影20场次,惠及企业14家、外来务工产业工人2000余人次;送岗位,在湖州市率先开通并运营“吴兴工运”视频号,开展“劳动的味道·云招聘”直播活动,通过“单位展示+直播带岗”的方式,组织云聘直播系列活动5场,创新助力71家企业招才,推出岗位2295个,服务产业工人就业,直播间参加活动人数10万多人,投递简历5000多人次。

【工会法制宣传文化建设】2021年,吴兴区总工会强化对产业工人法治宣传教育和维护合法权益的探索实践,新建全市首家以提供各类专业法律书籍服务为鲜明特色的“职工书屋”;组织普法宣传活动32场,发放宣传资料8000多册,现场答疑700多件;举办工会主席培训班,组织劳动法律监督员暨工资集体协商指导员普法培训,邀请专家律师入企宣讲民法典下的企业用工管理及风险防范、工资集体协商规范化建设和典型培育等。助力东西部扶贫协作,投入资金120万元,建成“青川县职工服务中心(湖州市·吴兴区援助)”并投入使用;有效助力新疆柯坪县消费扶贫,全区工会会员购买农特产品248.6万元;机关事业单位职工疗休养费用增加至3000元/人/年,精心组织赴对口支援地区疗休养16批、530人、支持疗休养经费367.6万元。区职工维权帮扶中心入驻区矛盾调解中心、乡镇维权帮扶站入住乡镇矛调中心,创新推出维权服务

“三一”闭环工作模式(劳模工作室“一站式”服务、产业工人维权帮扶“一揽子”解决、产业工人急事难事维权事“最多跑一地”)。强化职情信息收集、分析、研判、上报,开展产业工人队伍专项排查,走访企业85家,刊发职情信息12期。持续开展劳动关系和谐企业创建,推荐10家企业申报第八批市级劳动关系和谐企业,对47家市级和谐企业进行复评,新创建区级劳动关系和谐企业2家。全区工会共协调劳动争议案件935件、涉及企业825家、人数1985人、资金2982.66万元。精细普惠。建立常态化帮扶机制帮扶11名困难职工,落实困难职工家庭与所在单位、联系人之间的“一对一”精准帮扶服务。走访慰问困难职工97人次,发放慰问款物16.00万元,帮助4名困难职工实现脱困退档。对20批次企业组织的1109名职工开展的“本地行”疗休养活动,给予资金补助18.12万元。深化职工医疗互助“跑零次”服务,报销3950人次、金额260.17万元。

【产业工人队伍建设】 2021年,吴兴区总工会蓄植创新模式。先后组织召开“2021年吴兴区产业工人队伍建设改革工作会议”“吴兴区产业工人队伍建设改革工作推进会”“深化新时代吴兴产业工人队伍建设改革工作推进会”,举办“吴兴工匠日”系列活动;产改工作得到吴兴区实地督查的浙江省推进产业工人队伍建设改革工作督查组的充分肯定和高度评价。新建吴兴区产改工作“四大基地”:“吴兴区产业工人队伍建设改革思想政治教育基地”“吴兴区产业工人队伍建设改革思想引领宣讲基地”“吴兴区产业工人队伍建设改革普法基地”“吴兴区劳模工匠健康服务基地”“‘人民楷模’王启民展示馆”获评第一批浙江省产业工人思想政治教育基地。投入资金85.66万元,慰问高温季节奋战一线的企业和项目工地276个,惠及产业工人11025人。蓄树先进典型。获评浙江工匠8名、湖州工匠10名、湖州市五一劳动奖状1个、湖州市五一劳动奖章4名、湖州市工人先锋号2个;推进“吴兴工匠”选树活动,经专家评审、公示,评选出年度“吴兴工匠”16名。开展2021年吴兴区“最美班组”“最美工人”评选活动,选树“最美班组”10个、“最美工人”10名。吴兴区总工会选送的“金点子”获评“浙江省职工2021年安全隐患即时抓拍(随手拍)合理化建议活动100个‘金点子’”二等奖2项、三等奖1项,获得奖项数量居全市首位。蓄育创新创业。在浙江省技能竞赛中,4名产业工人获评“浙江金蓝领”;“茶艺技能大赛”和“童装制版制作技能大赛”获评全省百场最受好评的特色职工职业技能竞赛。评选吴兴区重点建设项目立功竞赛先进集体8个、重点建设项目立功竞赛先进个人4名、特色小镇立功竞赛先进集体4个;建成长三角地区劳模工匠创新工作室1个、市高技能人才(劳模、工匠)创新工作室2个、市创新创业基地5个、市职工创客4名、市职工优秀创新成果2项;做好2021年浙江省“农民工学历与能力提升行动”工作,产业工人申报学历提升77人、能力提升26人;开展红色工匠培育工作,申报2021年度全市非公企业“红色工匠”培育对象32名。

【工会财务经费管理】 2021年,吴兴区总工会以审促改,经审工作规范化取得新进展。对区总本级等34家单位2020年度工会经费预算执行情况进行审计,出具审计意见81条,实现“下审一级”全覆盖。对2020年度被审单位开展整改回访督查,将“问题清单”与“整改清单”逐条对照,逐项筛查,确保审计整改工作落细落地落实。在全市率先举办全区基层工会“三跨”联合审计暨经审业务培训班,组织开展全区工会优秀审计项目征集评选活动,获评2020年度全市工会优秀审计项目3个。迭代升级,职工会员监督工作再上新台阶。举办“坐上班车奔共富——吴兴区创新‘职工会员监督’模式　精准提升职工‘三感’（获得感、幸福感、安全感）启动仪式暨湖州市职工会员监督工作总结交流会”。在3个乡镇街道总工会开通微信公众号打造“指尖上的监督站”，让职工实时掌握监督工作动态。在“云经审”平台增设“职工会员监督”模块，以“二维码”形式畅通诉求渠道。在乡镇街道新建吴兴区总工会职工会员监督工作示范基地3个，辐射带动基层工会140家。数字赋能，工会“云经审”工作注入新动能。在“云经审”平台增设“职工会员监督”“经审工作规范化考核”“下审一级”三模块，通过监督“入手”、考核“在线”、审计“上云”，推动经审工作数字化建设，实现“智汇+智慧+智惠”的一体化融合。对全区基层工会2020年度经审工作开展情况进行线上评选，多维度立体化比拼基层工会经审工作完成进度、审计整改力度、经费使用绩效等，评选优胜单位134家。

【工会党建廉政评优工作】　2021年，吴兴区总工会擦亮初心本色练内功。深入开展党史学习教育，推进十九届五中和六中全会精神学习宣讲活动，高标准抓落实，推动走深走实、锤炼作风；高质量抓争先，推动见行见效、守正创新。原创“心植工”党建工作品牌，开展“工心向党”系列活动，《劳动，书写100年时代画卷》获评“2021年吴兴区‘学党史话初心’青年干部理论宣讲大赛”二等奖。贯彻落实吴兴区党委（党组）意识形态工作责任制要求，抓紧抓实意识形态（网络意识形态）工作；强化党风廉政建设责任制，层层签订党风廉政建设责任书；开展主题党日活动12次、党纪教育一刻钟12次；参加疫情防控集中隔离医学观察点工作、治气等全区中心工作，4项工作入选吴兴区“三服务”典型案例。1名工会干部获评“湖州市优秀党务工作者”；1名产业工人获评“浙江省优秀共产党员”；1名企业工会主席获评“湖州市优秀共产党员”称号。深入开展基层蹲点服务活动，以区总工会每名班子成员蹲点3个乡镇街道总工会、每名工会干部蹲点1家非公企业工会的“一对一”服务方式，服务企业“三型工会”创建。在浙江省率先组织开展“深化‘三服务’当一周工人体工会初心”活动，区总工会班子成员带队、工会干部化身“吴小工”在湖州老恒和酿造有限公司，承包一条车间生产流水线，与工人师傅同劳动同过元宵节，“吴小工”5天打包产品1308箱、包装15696瓶。做好“小微企业工会经费全额返还”和“大中型企业工会经费减半征收”政策宣传、落实工作，全额返还小微企业156家、工会经费1037387.48元。

（冯虹雅）

共青团吴兴区委

【概况】　2021年，共青团吴兴区委内设办公室、工农学少部、组织宣传部、青少年事务部4个职能科室，行政编制3名，领导职数：书记1名，副书记2名。团区委下设事业单位：吴兴区青少年活动中心（青少年宫）1个，为正股级事业单位，核定编制4人。团区委坚持以习近平新时代中国特色社会主义思想为指导，持续优化青年成长环境，解决青年需求，维护青年发展权益，促进青年创新创业，为吴兴区高质量发展建设共同富裕绿色样本贡献青年力量。各类活动信息在《人民日报》、新华网、《浙江日报》等省级以上媒体中报道200多次。在团市委网站累计发布信息144篇，团省委网站累计发布信息90篇。团省委、团市委领导到吴兴区调研16次，区领导调研1次。累计获得省级以上奖项12项、市级奖项14项。

【青少年思想教育】　2021年，共青团吴兴区委深化党史学习教育，在思想观念上做到“自觉融”。通过“团聚吴兴”的“学习百年党史，筑梦时代青年”专栏推送110期党史内容，学习人数

2.2万多人次；发动全区青年开展“青年大学习”，参与人次20.7万人次，参学率24次位居全市首位，平均参学率超65%；开展“浙里潮音”学习，学习分数17055分，居湖州市第二。组建100多人的“小红砖”新时代青年理论宣讲团，开展专题宣讲活动120多场。动员基层团组织开展习近平总书记“七一”重要讲话精神专题学习会、“请党放心强国有我”主题团日活动、中共十九届六中全会精神专题学习会等，实现专题学习100%覆盖各级团组。在“五四”青年节期间，举办“筑百年初心·扬五四精神”系列活动，提升青年理论水平和思维层次。持续开展“真善美”行动，在实践行动上做到“深入融”。在“大学习”中，构建线上线下互动、校内校外联动的格局，开展“童心向党　礼赞百年”“党的故事我来讲”“忆党史　唱红歌”等主题活动50余场，引导青少年坚定理想信念。在“大传播”中，邀请退役老兵施阿毛、红色老党员张崇魂、吴兴好人陈长珍为辖区内青少年讲述抗战经历、入党历程、红色故事，激发青少年干事创业的“精神气”。在“大实践”中，通过组建“垃圾分类小分队”“节约粮食先锋队”“红色理论宣讲队”等，开展流动少年宫活动11场次，服务青少年儿童3000多人次。组织辖区内500多名青少年走访钱壮飞烈士纪念馆和长兴金钉子地质博物馆研学基地，引导青少年在实践中接受教育。在“大寻访”中，开展“三突出”和“新时代好少年”评选活动，评选出成绩突出少先队员65名，成绩突出辅导员81名，成绩突出少先队集体85个和区级“新时代好少年”53名，有效发挥青少年的榜样作用。

【青春建功助推行动】 2021年，共青团吴兴区委打好“引育牌”，带领青年踏上“共富”征程。选派1名团干部担任吴兴区驻上海选商引才分局副局长，并兼任湖州市政府驻上海联络处吴兴工作部联络员。联合团市委开展2021年湖州市高校大学生暑期千人就业实习专场招聘会，有134家企事业单位参与其中，提供岗位1000多个，吸引1500多名在校大学生前来咨询对接。开展浙江大学第四期“青知计划”行动，将15名大学生分配至团区委本级及各乡镇街道开展基层实践活动。年末，招引大学生4635人，包括博士54人。特别是织里镇团委引进海外高层次人才5名，提升本土企业核心竞争力。打好“创业牌”，助推青年解锁“共富”密码。对接吴兴农商行为园区创业团队申请绿色低息贷款300多万元，并与经发办协力合作广泛宣传，帮助慧兰大厦青年创业园区提升入住率15%。组织创业青年参加“5·28”青年创业贷款现场咨询对接会，吴兴区授理贷款180笔。组织吴兴青年参加第四届浙江省青工创新创效大赛、“创青春”浙江省青年创新创业大赛、“就来吴兴　创见未来”吴兴大学生创新创业大赛等，其中51CLOUD平台项目获大赛银奖、湖州天力建设集团有限公司荣获青工大赛优秀奖。打好“振兴牌”，引领青年贡献“共富”力量。深化“两山”新农人联盟，通过搭建学习培训、交流合作、公益事业等平台，组织开展各类培训5次、培育农村青年带头人27位。推动团属众创空间建设，年内有团属孵化器众创空间在孵企业33家，其中有12家企业成功毕业。此外，为助力乡村振兴，湖州职业技术学院艺术设计学院与谷堆乡创共建“乡村振兴运营规划实训基地”，为在校大学生开设创新创业课程，提升专业技能；5月，妙西镇团委建立“旅小青”志愿服务队，为妙西镇创建国家级度假区、建设西塞科学谷贡献青春力量、提供助力经验。

【志愿服务提升行动】 2021年，共青团吴兴区委助力“双减”，对标对表抓落实。响应“双减”工作要求，通过打造一支吴兴“青春托管志愿服务队”，在区青少年宫、中小学校分批次、分阶段开展课后、假日托管志愿服务工作。以学校为独立阵地，组织30多名青年志愿者赴辖区内各学校为5000多名学生开展100期校内课后托管课，通过防疫知识、安全教育、垃圾分类等科普小课堂，以及创意美术、朗诵、少儿编程、声乐、街舞等10多种文化文艺课堂，不断拓宽学生兴趣范围。校外以区青少年活动中心为主阵地，以点扩面，依托家园志愿服务广场、村（社区）文化礼堂等20多个校外暑期托管服务站点开设暑期托管班，有效扩大校外优质资源服务覆盖面。

【数字化升级志愿服务】 2021年，共青团吴兴区委作为湖州市唯一的青年志愿服务进社区省级试点单位，持续深入优化“一元·益愿”志愿服务品牌，创新将“一元·益愿”志愿服务融入数字化改革中，培育“云尚吴兴——数字化志愿服务项目”。利用数字化系统建立182张服务需求清单、120张资源清单以及85张结对清单，定向排摸服务群众2万多人次。该项目成功晋级2021年度浙江省青年志愿服务项目大赛复赛，斩获铜奖。

【共青团文明服务活动】 2021年，共青团吴兴区委开展多种志愿服务活动，规范全区范围内89个学雷锋志愿服务站的建设与运行，通过发挥全区“分小青”“河小青”“路小青”等志愿团队力量，开展疫情防控、巡河、路口指挥、垃圾分类、帮扶帮教等各类便民志愿服务182场，累计服务时长8530小时。在打造全国文明典范城市工作中，负责全区50个主要交通路口开展文明城市劝导志愿服务154场次，累计开展活动时长超过4000小时。选取全区范围内高新区灵粮农场等17个阵地作为亲子志愿服务首批单位，累计开展小小实验室、小手绘明天、垃圾精准分类宣传等适合亲子家庭参与的志愿服务活动76场次，累计参与活动1500多人次。重点关注青年人才交友需求，开展亲青恋公益活动10次，参与人数500多人，解决青年实际新问题。

【青年成长护航关爱行动】 2021年，共青团吴兴区委开展多渠道帮扶助困、护航青少年心理健康，与湖州市心理咨询师协会开展“青春护航　心灵花园”体验活动项目合作，开展考前减压、认知自我、人际沟通等大型团辅课程6场次，累计服务青少年2000多人。常态化开展重点青少年一对一帮扶工作，对42名重点青少年群体进行排查摸底工作，帮扶次数364次。按照“我在窗口写青春”行动部署要求，完成“亲青筹”平台发起公益众筹项目4个，筹集善款4万多元，帮扶青少年100多人。对结青川困难儿童，开展“团团结对”活动，累计为青川儿童捐助爱心衣物1500多套，精准有效帮扶困难青少年。

【青少年法制教育维权工作】 2021年，共青团吴兴区委实现矛调中心“调小青”志愿服务常态化，年内，提供志愿帮扶70余次。3月，织里“调小青”工作室作为全省唯一青年助力基层社会治理单位进行线上展示。联合区教育局、区司法局、区检察院、区法院等多个部门开展“开学法治第一课”“三禁三防三自”（三禁：禁黄、禁赌、禁毒；三防：防传销、防诈骗、防校园欺凌；三自：自爱、自重、自强。）等主题教育实践活动等48场次，覆盖青少年6000多人次以上。承办湖州共青团助力禁毒工作“强基固本、冲刺示范”百日攻坚暨“青春无毒”十大专项行动启动仪式，与青年共同打造无毒家园，护航青年健康成长。优化少先队成长培养模式。为传承红色基因、关注政治启蒙、聚焦价值观塑造，新建“红领巾e站1013”阵地3个，开展“科技实践·创新成长·解锁未来”“真善美红娃娃”等“真善美”主题实践活动60多场。开展“珍爱生命　远离危险”“考试后的亲子沟通”等真善美红领巾空中公益课堂5次，参与学生5000多人次。通过开展“小小石榴籽，浓浓湖柯情”湖州柯坪青少年交流、"湖州—柯坪'石榴籽'青少年夏令营等活动，赠予柯坪青少年礼物200份、书信200封，爱心单位捐赠童装1300套、文具100套，进一步深化两地少先队员交往交流交融。

【共青团改革示范行动】 2021年，共青团吴兴区委数字化赋能团干管理。开发"团干部管理"系统，推动团干部信息由"经验评判"向"多维研判"转变，团干部协管由"手工填报"向"智慧抓取"转变，团干部监督由"静态评估"向"动态管理"转变，团干部选任由"被动反应"向"主动供给"转变，"信息缺失"向"全面掌握"转变。同时形成团干部协管、团干部积分管理、团干部预警等多个子功能，系统性地将每个干部的属性清晰化、能力直观化、条件人选精准化。建设线上线下"青年之家"。实现团的组织、工作、阵地在基层的有机融合，年内，青年之家线下实体新建2家，线上新建1家以上。织里镇团委、朝阳街道团委分别获得闪亮青年之家2次和1次。助推智慧团建系统管理。借助"智慧团建"系统载体，创新团员管理系统，将团员信息管理、团员编号管理、团组织管理、团组织关系转接管理等进行"一体化"整合，实现线上系统内部"一键完成"，全年吴兴区新发展团员593名，录入率93.24%。此外将入团考试、团员培训课程、党团知识竞赛等模块录入"智慧团建"系统，实现对青年团员的"全链条"式管理。

【共青团思想建设】 2021年，共青团吴兴区委强化宗旨意识，优化作风建设。团区委机关党支部通过每月的党日活动开展"党纪一刻钟""清廉机关模范机关建设"等专题学习严把团干部作风问题；并组织各级团组织开展"双述双评"工作，通过对团的思想建设、组织建设、日常团务等各方面工作情况总结回顾，找问题10个、提出改进措施16条，推动青年工作迈上新台阶。加强团干部作风建设，组织各级团干部通过条目式研讨交流的方式深入学习《全省深化团干部作风建设三年行动(2021—2023年)》，收集各级团干部专题笔谈19篇，深化团干部思想教育。安排团干部参与区委组织部"青苗论坛"计划，推荐团干部参加各类主体班次，开展团干部全员轮训。规范团干管理。深化团干部协管机制，按照《吴兴区乡镇(街道)团干部亮分制管理实施办法》，在团干部管理中以同级党组织管理为主，上级团组织协助管理，按照"共抓共赢"的思路，推动各级团组织协助党组织从严选拔、从严管理团干部。

(朱彤瑶)

吴兴区妇女联合会

【概况】 2021年，吴兴区妇女联合会(简称吴兴区妇联)内设办公室(城乡发展部)、组织宣传部、妇女儿童工作部3个职能科室。行政编制4名，其中主席1名，副主席2名。设挂职副主席1名、兼职副主席2名。区妇联下设事业单位吴兴区妇女儿童发展中心1个，为正股级事业单位，核定编制3人。区妇联紧紧围绕党政工作大局，立足党政"最关切"、妇女"最需要"、妇联"最擅长"，建设坚强有力充满活力的"温暖娘家"，团结带领广大妇女听党话、跟党走、建新功，为建设"生态吴兴、科创新城、产业强区、幸福家园"贡献半边天力量。

【妇女助推吴兴"两美"建设】 2021年，吴兴区妇联动员200多支巾帼志愿者队伍，开展疫情防控、全国文明典范城市打造、平安吴兴建设等志愿服务600多场。推进文明乡风，开展生态文明巾帼行动，发动妇女干部和群众参与垃圾分类、美丽庭院提升、推进"移风易俗"等活动500余场。启动新时代美丽家庭三年专项行动，提标区级以上美丽庭院2930户，培育市级美丽庭院示范带2条，创建美丽家庭示范村落6个，打造"古韵义皋"美丽成果展示窗口。培育良好家风，开展各类特色家庭创建，评选区级以上最美家庭30户，绿色家庭19户，美丽家庭1000户，实施“千村万户亮家风行动”，开展家风宣讲活动200多场。

【妇女参与经济建设】 2021年，吴兴区妇联实施“妇女技能培训计划”，开展家政、民宿、村播等行业培训班60余期，培训妇女1600多人次。加大金融政策支持，为65个女创项目争取巾帼创业创新贷款2400余万元，争取小额贷款贴息补助、来料加工奖补等24.5万元。推进巾帼文明岗创建，新培育25家区级岗，培树市级三八红旗手5名、三八红旗集体2个。开发巾帼乡村旅游精品路线6条、网红巾帼民宿打卡地12家，开设巾帼夜茶座10余家，组织“妈妈的味道”美食活动5场，推荐国芳粽参加省妇联“妈妈的味道”大赛，获得特色风味奖，发动“红姐”村播参与“吴上兴鲜”直播带货10场，销售农产品1500吨。

【妇女儿童民生服务工作】 2021年，吴兴区妇联成立区妇联爱心基金和“吴兴苗”关爱基金，筹集资金近200万元；开展“两癌”妇女救助、困境儿童帮扶等活动，为163位妇女儿童送去慰问金近30万元；联合爱心社会组织参与东西部协助，捐款捐物30多万元。上线“吴兴家”云课堂，为全区家庭提供优质直播课程30场，获得3万点播量；推荐亲子活动实践基地18个，开展亲子活动42场。新建亲子阅读基地“倩宁书屋”4家。争取中国社会福利基金会“预防儿童烧烫伤”项目、省妇儿基金会“定格瞬间”公益摄影志愿服务项目，持续实施省妇儿“两规”示范项目——0—6岁儿童眼保健服务，扩大“童梦家园”0—3岁婴幼儿照护服务项目。实施首届妇女儿童家庭公益项目23个，投入资金27万元，提供精细化服务。运用“五色”家庭法，走访服务家庭6000多户，解决问题3000多个，各级执委累计领办项目2000多个。

【妇联组织自身建设】 2021年，吴兴区妇联开展“跃动四季”妇联干部培养计划，举办全区妇联系统党史教育暨综合素质提升班，开展巾帼标兵训练营活动，提升基层妇女干部业务工作水平、社会工作能力。成立全市首家快递物流行业妇联组织—申通快递物流，新建执委工作室1个，新增妇女微家100个，打造特色妇女微家25个。

（史丹妮）

科技协会

【概况】 2021年，吴兴区科协工作以助推产业提档升级、服务吴兴经济社会高质量赶超发展为使命，聚焦主业，旗帜鲜明地践行“市区一体、奔跑赶超”的工作原则。在学会学术、科技服务和科普等重点工作方面取得较好成效。

【科协实施创新驱动助力工程】 2021年，吴兴区科协紧密围绕服务科技工作者的职责定位，探索科技经济融合发展新模式，率先成立湖州市第一家研究院科协，填补全市研究院科协组织建设的空白。推动区级学会服务能力进一步提升，把学会特色资源转化成发展优势，促进区级学会积极联动市级相关学会资源，组织特色品牌科普活动。如：依托区人工智能学会，举办16场次亲子实验课程，受众家庭840余人，受到社会一致肯定。浙江久立特材科技股份有限公司参赛项目“海底复合金属管关键工艺设备开发产业化”荣获2021年中国创新方法大赛浙江赛区决赛一等奖，是全市唯一（全省四家）。

【院士专家工作站】 2021年，吴兴区科协推荐弗兰尼尔认定为市级院士专家工作站，久立特材、核工业井巷建设集团等2家省级院士专家工作站周期性绩效评价结果均为“优秀”等次。协助久立集团全职引进中国工程院刘正东院士进站，受聘为太湖实验室新材料领域首席科学家，申报并入选湖州市唯一省“鲲鹏计划”。邀请南非科学院院士肯尼斯与东尼持续合作成为进站院士；基础物理和弦理论前沿科学家罗伯特·肖恩院士成功加盟“西塞科学谷”，并签约入驻廿舍“院士之家”。

【科协助力经济融合工作】 2021年，吴兴区科协邀请中国、省地质学会、中国纺织工程学会、省环境科学学会等120多名学会专家到吴兴区开展专企对接，解决技术改造、产品研发、资质认定等方面技术难题52个，多项合作成果亮眼。如：久核地质顺利入围2021年浙江省污染地块调查评估和治理修复从业优秀单位推荐名单。以浙江省地质学会湖州吴兴地矿产业服务站为基础，进一步主动对接，成功签约中国地质学会，共建中国地质学会湖州(吴兴)服务站，并举行揭牌仪式。精准聚焦共富主题，围绕道场乡红里山村地质概况和产业基础，邀请院士专家开展实地调研，形成振兴“富硒产业”、打通“研学路线”、创建“国家级地质文化村”等具体举措。通过“一项调研、一条路线、一个试点”三位一体打造“学会助农”共富样本，汇聚扶持产业人才62人，开展技术对接122人次。浙江省地质学会湖州吴兴地矿产业服务站顺利通过浙江省科协验收。

【“科普+活动”科普场馆建设】 2021年，吴兴区科协聚焦“双减”政策下青少年心理健康领域，组织开展“青春同伴　心享YOU你”——吴兴区青少年心理健康促进联盟成立仪式暨全国科普日主场活动。率先在湖州市成立由协会、卫健、大学生社团组成的青少年心理健康专业科普讲师队伍，用“双促”(促进科学兴趣普及，促进科学素养提升)助力“双减”，并连续五年入选中国科协全国科普日优秀活动名单。重视青少年科学素质提升，联合市科协、市区两级学会开展各类科技竞赛活动，普及科学知识、提升科学素养的氛围。深化场馆集聚建设，新建专业科普馆2家(妙西镇“茶文化”博物馆、钱山漾“丝绸文化”科普馆)。开展基层科普场馆提升项目，启动专项科普资金对辖区重点基层科普场馆开展专项提升工程，覆盖社区、企业、基层等各类科普场馆设施得到进一步优化。

【科协服务引进科技人才】 2021年，吴兴区科协聚焦争创“科创中国”国家级示范试点荣誉，重点围绕“国家级高新园区”打造，谋划并成功创建中科协海智计划工作基地。依托海智引才，支持企业“出海借智”。如：邀请南非科学院院士肯尼斯与东尼持续合作并成为进站院士；基础物理和弦理论前沿科学家罗伯特·肖恩院士成功加盟“西塞科学谷”，并签约入驻廿舍“院士之家”；全职引进英国皇家学会产业院士、剑桥大学教授西瓦·桑布博姆并成功入选省引才计划。

(区科协)

群众团体

吴兴区文学艺术界联合会

【概况】 2021年，吴兴区文联大力发展各文艺家协会，团结带领广大文艺工作者，担当起举旗帜、聚民心、育新人、兴文化、展形象的使命任务，着力唱响主旋律、汇聚正能量，为建设新时期绿色共富美好吴兴提供强大精神动力。

【“建党百年”文联庆祝活动】 2021年，吴兴区文联聚焦重点领域，提高文化活动影响力。围绕党和政府的中心工作，精心组织开展各大主题文艺实践活动。开展“璀璨星光·活力无限”基层文艺擂台赛，办好“颂歌献给党·礼赞新时代”中国共产党成立100周年大合唱、“建党百年·美丽中国梦”优秀作品展演等活动，营造共庆百年华诞、共创历史伟业的浓厚氛围。承办省文联“艺心向党 崇德尚艺”做有信仰、有情怀、有担当的新时代文艺工作者巡回宣讲活动、市文联“我们的节日——中秋谷堆诗享之夜”等活动。开展“不负韶华·逐梦前行”文艺精品展，展出吴兴历年创作的图书、音乐作品、舞台艺术等优秀文艺作品100部。开展“翰墨初心·寻梦丹青”“庆建党百年·享美好生活”“笔墨寄情映初心”等10余场书画摄影展，累计展览作品500余幅。开展“共同富裕看吴兴”摄影大赛，用镜头展示吴兴乡村振兴、创新创业、产业平台、百姓安居乐业的精彩瞬间。

【文化品牌打造】 2021年，吴兴区文联打造特色文化品牌。坚持下好文艺创作“先手棋”，引导和鼓励文艺家用新思维、新理念、新方法、新手段、新技术开展文艺创作，推出一批立得住、打得响、走得远的文艺精品。年内指导、创作文艺作品17部，其中9部作品入选区级优秀文艺作品扶持项目，获区级优秀文艺作品奖励扶持资金99.97万元。电视剧《风起南太湖》获省文化艺术基金300万元扶持；图书《湖笔文脉王一品》《大美埭溪》《气壮山河》3部作品入选市文联重点扶持项目；图书《此心安处》《诗画溇港》和电影《一线生机》3部作品入选市委宣传部优秀文艺作品扶持项目。培育组建基层文艺团队28支，其中织里之星艺术团等3支文艺团队入选2021年度全市基层优秀文艺团队。

【文化平台建设】 2021年，吴兴区文联搭建发展平台，激发文艺人才活力。成立区摄影家协会，发挥文艺人才集聚优势，完善区文联组织架构。定期召开文艺人才座谈会，收集宝贵意见，在功能设计、展览策划、学术交流等方面予以支持和指导。年内，全区评选市级以上文化人才及团队40余人，通过“选管育用”全链式服务机制，推动文化人才全周期培养，重力打造新时代文化高地。成立文联专家志愿者团队，结合新时代文明实践云平台，设置文联志愿活动发布的渠道，通过“菜单式选择，点餐式服务”，让群众参与活动制定，活动自己选，节目自己点，以满足群众不同的个性化文化需求。全年开展“送戏下乡”“春节送春联”“文化进万家”等文艺志愿服务200多场。

（张羽雷）

吴兴区残疾人联合会

【概况】 2021年，吴兴区残疾人联合会（简称残联）深入学习贯彻习近平新时代中国特色社会主义思想和习近平总书记关于残疾人事业的重要指示精神，全面贯彻落实省委忠实践行“八八战略”、奋力打造“重要窗口”，围绕助力全区广大残疾人在现代化和共同富裕道路上“一个不掉队”的目标，固根本、创特色、树品牌，残疾人各项事业取得新进展新成效，高标准编制完成《吴兴区残疾人事业发展“十四五”规划》。

【残疾人扶贫救助】 2021年，吴兴区残联全面落实残疾人“两项补贴政策”，做到应保尽保，应补尽补，全年为1816名残疾人发放困难残疾人生活补贴542.6万元，为5344名残疾人发放重度残疾人护理补贴1304.8万元。为131名家庭人均收入在低保标准150%以内的二级以上重度及精神智力三四级残疾人发放基本生活保障金35.44万元。发放高中以上残疾人家庭子女及残疾人学生助学补助111人次27.2万元，义务教育阶段残疾儿童少年特殊教育补助168人16万元。

【残疾人基本公共服务】 2021年，吴兴区残联成功争取到省残疾人服务能力提升工程财政专项激励资金1000万元，有力推进残疾人服务设施项目3个。开发建设“浙里助残”——辅助器具服务应用，被纳入全省残联系统数字化改革“数场赛马”项目清单，参加省残联“数场赛马”路演。八里店镇西山社区成功创建省级无障碍社区。高质量推进民生实事项目，建成残疾人之家3家，规范化提升建设残疾儿童康复机构3家，实施困难残疾人家庭无障碍改造54户。

【残疾人就业创业】 2021年，吴兴区残联推进残疾人共同富裕工作，创办“放飞梦想”残疾人就业创业服务中心。落实区属国有企业产投集团下属全资子公司招录残疾职工1名。全年新增就业145人，开展残疾人职业技能培训14期，培训290人。

【残疾人康复工作】 2021年，吴兴区残联在浙江省率先启动“十四五”残疾儿童早期干预试点。依托“残疾人之家”平台，联合区卫健局全域推广建立“心康园”日间照料站，经验做法入选吴兴区三服务2021年第二批典型案例。精准落实残疾儿童康复服务制度，为170名残疾儿童提供康复训练、辅具适配等基本康复服务。实施持证精神残疾人免费服药全额保障，精神残疾人康复医疗补助全覆盖，康复医疗补助89人次25.48万元。落实残疾人基本型辅助器具服务实施办法，完成助听器验配56人，假肢取模14人，大额小额辅具发放315人次。深化“辅具共享”品牌，新增农贸市场、图书馆等公共场所租赁点10个，全区14个乡镇街道建立辅具共享租赁站点113个。

【残疾人优秀造树活动】 2021年，吴兴区残联强化典型培树，施献荣家庭荣获全国“最美家庭”“中国好人”和浙江省第二届“最美浙江人·最美残疾家庭”提名，朱亮荣获2021年度全国助残新闻人物，魏俊荣获“浙江省首席技师”荣誉称号，范晓云荣获省残联自强励志馆行业先锋·道德楷模人物。朱亮、沈彧萍荣获“十三五”期间浙江省残疾人工作成绩突出个人荣誉称号。入选“湖州好人”1个，入选市“最美残疾人家庭”2个。选树区“最美残疾人”6名，“最美助残人”个人5名，集体1个。2021年，吴兴区残联组织参加全国第十一届残疾人运动会获3金2铜。参加省书画摄影大赛，获得二等奖、三等奖各2个。《龙抬头》《沙漠王子·算命》分获省第九届残疾人艺术会演一等奖、三等奖。承办庆祝湖州市·吴兴区第三十一次“全国助残日”暨第六届残疾人艺术会演，现场观看及南太湖号线上直播点击3000人次。组织“无障碍观影、志愿暖人心”观影活动15场，服务观影残疾人1950人次。启动吴兴区青少年心理健康护航行动，开展残疾人励志报告团宣讲活动4场。“彩虹绳”志愿服务品牌工作成效明显，先后被央视新闻频道和一套新闻栏目报道4次，省级媒体报道8次。通过组织开展形式多样、丰富多彩的活动，让残疾人自信地走出家门、融入社会，在全社会营造了扶残助残的浓厚氛围。

【残联组织建设】 2021年，吴兴区残联开展党史学习教育，引导残联干部不断提高政治判断力、政治领悟力、政治执行力。开展“支部结对党员助残”志愿服务活动，区级部门、乡镇街道、村（社区）、企业共67个基层党组织与全区23个残疾人服务机构结对，开展助残志愿服务活动107场，党员参与助残服务600多人次，服务残疾人1400多人。在湖州市率先搭建“掌上残疾人之家”管理服务平台，探索构建“群里面对面、服务人对人”助残服务新机制，建立掌上“残疾人之家”微信群224个，工作经验在全市推广，受到浙江省残联党组成员、副理事长黄树良和湖州市副市长夏坚定批示肯定。代表市残联参加全省首届残疾人工作专职委员知识竞赛荣获团体二等奖。参加省手语大赛，获省业余组三等奖、优秀奖。

（吴兴区残疾人联合会）

红十字会

【概况】 2021年，吴兴区红十字会始终坚持“保护生命和健康、维护人的尊严”工作主线，以打造“群众身边的红十字会”为目标，以“基层组织建设三年行动计划”“红十字博爱家园建设三年发展规划”为抓手，聚焦“三救”（应急救援、应急救护、人道救助）、“三献”（造血干细胞捐献、人体器官捐献、无偿献血推动）核心业务，主动参与社会治理，推进吴兴区红十字事业高质量发展。

【红十字会组织建设】 2021年，吴兴区红十字会建立197个村（社区）红十字会，并对15706人成人会员进行数字化管理，相关信息录入数字红会系统。全年建成织里镇云村社区红十字博爱家园、飞英街道墙壕里社区红十字博爱家园、月河街道东湖家园社区红十字博爱家园、埭溪镇乔溪村红十字博爱家园等4家博爱家园并投入使用。其中飞英街道墙壕里社区红十字博爱家园成功申报红十字会总会城乡社区红十字博爱家园示范点。

【红会救助实力增强】 2021年，吴兴区红十字会接收134.71万元款物，累计支出125.89万元款物。新建红十字博爱家园公益项目，99公益日筹资3.7万元。其中对口支援面向新疆柯坪县累计发放童装价值37.47万元。发挥织里镇童装之都优势，通过博爱中转一个站、募捐童装一件事、凝聚一队伍、规范管理“一制度”、捐赠信息“一清单”五个“一”，正式运营织里镇红十字博爱中转站，联合平安大姐工作室、织里镇童装协会、织里镇校服协会开展童装募集。“衣心衣意编织爱的港湾”织里镇红十字博爱中转站项目在湖州市新时代文明实践志愿服务项目大赛中获金奖。

【应急救护培训】 2021年，吴兴区红十字会推进应急救护培训进高危行业、进村（社区）、进学校、进机关、进企业，完成普及培训153期、32673人，发证培训82期、3288人。由区红会指导的两支救援队（吴兴区万里应急救援队、蚂蚁公益救援队）在市应急救护大赛中分别获团体二等奖、团体三等奖，个别队员获单项第一名、第二名的好成绩。

【造血干细胞等“三献”工作】 2021年，吴兴高新区等14个乡镇街道推进无偿献血宣传，动员造血干细胞入库，成功动员126名志愿者加入中华骨髓库，遗体（器官）捐献登记新增982人。全年，全区实现遗体捐献2例、眼角膜捐献1对、脑组织捐献1例。

【红会精神广泛传播】 2021年，吴兴区红十字会积极发动红十字会员会和志愿者参与群防群控；织里镇红十字志愿服务队定期在献血屋协助工作人员接待团体献血人群，帮助测量体温、消毒等。结合“五八”世界红十字日、世界急救日、无偿献血者日等节日，发动全区红十字系统的工作人员、红十字志愿者、红十字会员共同开展各项纪念活动。

（虞淦平）

法 治

政法委及综治

【政法综治概况】 2021年，吴兴区政法和平安建设工作中的吴兴“平安报表”工作成绩优异。完成建党百年大庆等重大会议(活动)维稳安保工作，全区社会大局持续稳定；省“平安指数”5次列全市第一，4次列全省前十。省委常委、政法委书记王昌荣，省检察院检察长贾宇多次调研吴兴，对吴兴平安实训基地、矛盾调解中心建设以及数字法治工作予以充分肯定。

社会稳定维护 年内，贯彻总体国家安全观，不断加强人民防线建设和隐蔽战线斗争。紧紧围绕“两个排查见底”专项行动，开发重点人员管理态势分析系统，提升各类风险隐患和重大不稳定因素的排查力度和频率。开展“清风2021”专项行动，办结湖州市首例按照犯罪集团形式打击的邪教犯罪案件，实现从零星打击到系统打击的转变。完成各级“两会”“建党一百周年”“十九届六中全会”等重大活动和重要节点的维稳安保工作，牢牢守住“五个不发生”底线。

服务保障 开展“法治文化基层行”活动，以沈家本历史文化园为平台，广泛开展法治主题教育，服务群众1300余人。将法律服务与大型单位综治工作站建设相结合，在新凤鸣集团安装公共法律服务自助终端，为企业职工提供普法学法、法律公证、法律文书等全方位的自助办理业务。牵头制定《吴兴区未成年人平安护航专项行动方案》，开展重要场所专项整治，挤压未成年人犯罪空间。开展重大案件协调督办，加快构建制约监督体系，全年受理群众来信来访15件，涉及民事5件，刑事8件，刑民交叉案件2件，办结7件，另4件转相关政法单位核查处理中。审批司法救助件47件，发放救助金41.7万元。

【平安吴兴建设】 2021年3月完成2020年度平安建设考核，实现“九连冠·夺银鼎”目标。开展“平安片区”建设，精心打造“平安建设示范点位”。以埭溪镇为试点，创新建设共同富裕基层治理单元。完善“民意通”建设，收到群众“点单”爆料2161件，匹配部门“接单”处置，系统智能“跟单”监督。平安建设每月通报采用“三色预警”模式，直观显示各项考核指标的数据变化。坚持定期召开平安形势分析会，早预警、早分析、早谋划，对存在问题及时落实整改。组建平安检查专家库，对每次督查暗访情况实行清单式管理，建立健全“倒查—挂牌(督办)—验收—销号”的工作机制。在全省第二次暗访中，吴兴区问题检出率、平均问题个数、问题严重程度在湖州市均为最低，考核成绩均列全市首位。

【基层社会治理】 2021年，吴兴区政法委牵头推进数字法治工作，获《全科网格员能力素质系统性提升应用》等省级试点项目7个，被省级媒体刊物报道45篇。依托“县乡一体、条抓块统”改革试点，健全完善“镇呼区应、上下联动”机制。截至11月底，全区上报平台各类信息累计

16.98万件，办结率98.66%，流转处置14.43万件，流转率85.22%。新建大型单位综治工作站15家，提供接访、调解、公共法律服务等菜单式服务，累计办理各类服务事项12684件，周边警情较上年同比下降45.3%，刑事发案同比下降59%。依托平安实训基地，在全省率先构建网格员职业技能鉴定体系。

【政法队伍建设】 2021年，吴兴区高质量组织开展政法队伍教育整顿工作，政法单位"五必谈"覆盖780人次，召开征求意见座谈会12场次，收集意见建议134条，制定相应整改措施357项。针对执法司法突出问题和管理监督的短板漏洞，梳理形成制度成果62个。开展全区"最美政法人""最美法治人物"等评选活动，提升全区政法先进典型影响力。策划"强治理、助共富""我为群众办实事""吴兴政法先锋"等系列宣传活动，主动唱响吴兴政法"好声音"。

【社会矛盾纠纷调处化解中心迭代升级】 2021年，吴兴区矛盾调解中心深入贯彻落实习近平总书记考察浙江重要指示精神，以"标准化建设"推动迭代升级，开展《吴兴区社会综合治理标准化试点项目》建设，总结吴兴区在区中心、乡镇街道分中心、片区工作站、(村)社区多级化解链条的主要做法。以"数字思维"推动中心智治。发挥区中心在信访和矛盾纠纷调处化解、社会治理事件处置、社会风险研判等方面的主导作用，提高数字化条件下的预测预警预防能力，做到让数字说话、用数据决策，更好地实现动态管理、调度指挥、预测预警等功能，完善风险闭环管控。全年中心接待来访群众9473批次，15753人次，化解各类纠纷8146件，调解成功率95%，民商事受理数同比2019年下降0.35%，信访总量同比批次下降20.5%，民转刑同比下降40%，辖区群众幸福感、满意度进一步提升。

（马素娟）

公 安

【概况】 2021年，吴兴区公安分局以庆祝中国共产党成立100周年安保为主线，践行"扛起主城区担当、彰显首位区风采"使命，围绕"三个更美"愿景目标，全力以赴做好防风险、抗疫情、保安全、护稳定、促发展等各项措施，确保全区政治社会大局持续平安稳定。分局荣获市扫黑除恶专项斗争集体二等功，连续两年被评为省级执法质量优秀单位，连续9年获区级部门综合考核一等奖，连续两年"三服务"考核列全市公安机关第一。分局综合服务窗口被授予"全国巾帼文明岗"，情指中心被评为全国公安机关"五一"成绩突出集体，39个集体和175名个人获市、区级以上荣誉。

【"惠民十大行动"】 2021年，吴兴区公安分局守护百姓"菜篮子"，开展"剑锋"系列行动，食品类刑事犯罪惩治人数同比上升69.2%，打造朝阳红丰农贸市场联勤警务站，矛盾纠纷化解率达100%；服务企业促发展，侦破涉企案件数同比上升66%，并通过分局公众号设置11087助企服务专栏，推动警企联动更顺畅、宣传更精准；打防电诈"护钱袋"，以防诈热线为载体，常态化开展"一十百千万"工程和"12个起来"(即：推出喇叭响起来、全屏亮起来、家门敲起来、夜摊摆起来、题目答起来、群主喊起来、宝贝播起来，预警快起来、红包奖起来、电话打起来、广告推起来以及公约签起来。)反诈活动，接听咨询电话1.53万余起，拦截高危交易2000余起，反制800余起，帮助群众防损1000余万元，刑事立案同比下降7.56%，成功摧毁全市唯一全链条打击的"杀猪盘"犯罪团伙；调和矛盾解民忧，在全区村(社区)警务室建立矛盾纠纷调解区域60个，确定民警"老娘舅"75名，组建调解团队26个，线上线下调解矛盾纠纷521起，"两个回访"(即：对疑难矛盾纠纷进行跟踪回访，对调解完毕的进行满意度回访)率100%。

“平安校园”建设 2021年，吴兴区公安分局民警兼任法制副校长实现全覆盖，开展培训、演练85场次，建成“智安校园”37个，设立“护学岗”85个，校园周边“三见”(即:见警察、见警车、见警灯)率100%;初步建成“吴兴涉毒人员智慧管控模型”，建成禁毒健身绿道20条、共享雨伞取用点35个、防撞锥桶800个，实现大中小学全覆盖。

“清朗”行动净网络 警示违法网民250人次，成功预警广西南宁非法制造、持有枪支爆炸物案获公安部副部长林锐批示肯定。

窗口服务提质效 全区公安窗口均实现“一窗通办”1+X模式(即:在原来户籍窗口的基础上入驻公安治安、交警、出入境的2.0事项，实现三大警种高频事项100%全覆盖。)办理长三角区域户籍业务1614余笔，创新推出“家里办”平台，实现群众户政办理“零等候”;整治涉犬违法行为，建立犬类警情研判机制，明确犬患重点地区并开展精确巡查。

【刑事违法犯罪案件严打】 2021年，吴兴区公安分局主责主业全线突破，常态化开展扫黑除恶、跨境赌博、反诈禁毒、缉枪治爆等系列专项行动，破获各类刑事案件502起，打处765人，抓获逃犯66名。实体化运作侦查中心，破获各类涉网新型违法犯罪案件74起，查处191人，成效位全市前列。电诈刑事立案同比下降7.56%，破获特大“杀猪盘”网络诈骗犯罪团伙案件。重拳打击黄赌违法犯罪活动，刑事打击处126人，治安处罚1006人，涉黄赌警情同比下降23.21%和23.22%，均为全市最大降幅。推进全区禁毒专项整治，破获全市首例合成大麻素案件，侦破省目标案件一起，全案刑事打处13人。深挖灰色产业犯罪线索，成功破获全省首例提供通用XSS黑客攻击平台案件。严打经济领域犯罪，破获全省电梯行业领域重大围标串标案件，采取刑事强制措施27人，涉及该领域公司达上百家。做忠实践行“两山”理念的捍卫者，破获食药环刑事案件39起，采取刑事强制措施87人，移送起诉85人。

【防控体系建设】 2021年，吴兴区公安分局创新和发扬新时代“枫桥经验”，通过“警调衔接”“律师进所”双非警情“二二四”(即:二个平台二类流转四级联调)联调等工作方法，形成“动态排、源头防、合力调、就地了”的矛盾纠纷化解新模式。深化“警格+网格”融合建设，借助乡镇街道力量提升社区基础信息采集、社情民意收集、安全隐患整治等综合治理能力，最大限度地实现双向赋能。创新推出八里店所警物联治法、飞英所“楼宇警务”等基层群防群治新举措，广泛发动群众打造共建共治共享的社会治理新格局。依托社会风险智控平台，从人、事、物、场所全方位自动预警、分级管控、分类处置，实现风险排摸智能化，自上线以来研判发现问题青少年120人，疑似精神障碍患者34人，动态管控矛盾695起，成功化解633起，民转刑案件同比下降40%以上，并在全市范围推广应用。

【公安队伍自身建设】 2021年，吴兴区公安分局深入开展党史学习教育、队伍教育整顿、“三能”主题教育实践活动，深化清廉公安建设，精心组织开展4次集中警示教育活动，1个部门和4个派出所被命名全市公安机关清廉机关部门和清廉派出所。严格落实公安部“六项规定”，常态化不定期对民辅警饮酒情况进行抽测，共抽查民辅警5104人次。运行“三清三色”队伍管理预警机制，开展谈心谈话345人次。高标准建成全区首个“三能”主题教育实践基地，打造高新“六如警队”(即:“警心如炬、警智如磐、警营如家、警色如画、警队如阳、警爱如怡”)、道场“八警”(即:保一方平安·最智警务、扬一方文化·最美警营、促一方发展·最强警卫、护一方山水·

最精警力、暖一方百姓·最亲警民、强一方业务·最聚警心、领一方风气·最正警容、练一方本领·最刚警队)等基层队伍品牌。常态化开展练兵比武,提高全警综合素质能力,3个集体和8名个人荣获全市公安机关大比武第一。优化干部队伍结构,年内85后年轻干部占中层干部比达到42%。加大先进典型培养,39个集体和175名个人获市区级以上荣誉。

【便民利民服务举措】 2021年,吴兴区公安分局开展"我为群众办实事"实践活动,深化"最多跑一次"改革,运用信息化手段破解户政"跑改"瓶颈,创新推出户政"家里办"平台,在全省公安机关率先打通"浙里办"申请户籍迁移核心环节的最后一关,"网签网办"户口业务办理事项(不包括居民身份证事项)从省标的14项大幅提升至42项,实现100%"家里办",业务办理平均用时压缩60%以上,获评2021年三季度区改革创新一等奖。完善线上线下"适老"服务机制,为子女不在身边的老年群众提供上门服务,由辖区民警携带"家里办"PAD上门手把手指导"网签",方便老年人享受智能便捷。推进线上"一网通办",巩固提升"延时、预约、容缺、领办代办"的"一窗受理、全程代办"特色品牌服务,在"家里办"平台中设立个性化的材料上交模块,办事群众可以自定义网传资料,实现补正材料"家里办"通传,制发新证邮寄到家,有效减少群众补充资料"重复跑"现象,并针对70周岁以上老年人或"特殊人群"提供派出所协办员送证上门服务。"家里办"平台上线以来,邮寄居民户口簿1241件,上门送证60余次,真正实现群众户政办事"零跑腿"。

【警务信息化建设】 2021年,吴兴区公安分局以"11261+N"工程(即:"1"是建成一个数据集群;"1"是优化情指行舆一体化合成作战中心;"2"是建设侦查打击中心、基础防控中心并完善运行机制;"6"是拓展智慧党建、智慧情指、智慧防控、智慧打击、智慧执法、智慧服务等六方面综合应用;"1"是完善智慧评估系统,"N"是建设若干个场景智慧应用,高标准推进智慧警务建设构建现代警务模式。)为主线,打造符合辖区实际、体现地域特色的智慧警务模式。做实基础感知,投入建设资金7000多万元,新增视频监控2500多路,接入社会停车场250个,新增高空鹰眼50个,布建"云眼"前段感知设备454套,全区21273路视频监控在线率、完好率99%以上。做精数据融合,推动"云眼"系统迭代升级,实现基础要素一屏展示。做好场景应用,同步推进风险智控平台、AR指挥调度系统、户政"家里办""警情一件事"四大建设,促进改革创新全速提质。做优运行机制,持续深化"情指勤舆"一体化改革,13个派出所均完成"一室两队"(即综合指挥室,基础中队,打处中队)建设,出台《综合指挥室绩效评估办法》《所领导值班坐堂责任追究办法》等制度规定。

【执法规范化建设】 2021年,吴兴区公安分局以政法队伍教育整顿活动为抓手,开展执法质量攻坚战,提升执法公信力。开展执法质量考评,在每月10号组织各派出所进行案件交叉考评,及时剖析通报存在的问题,第一时间抓好整改纠错工作,每季度评选执法考评前三名的单位为执法优胜单位予以表彰,后两名的单位予以挂牌整治。开展执法能力提升工程,制定全警法制大练兵方案并开展综合督导,组织每月执法能力考试及各类法律知识能力测试,在全市公安机关法制实战大比武热身赛暨"最强师徒"执法能力PK赛中荣获团体二等奖。强化执法监督工作,严格执行所领导值班坐堂制度,落实"每日一清",规范接处警行为、办案区监管及涉案财物管理,确保"日结日清"。定期召开法制剖析会,落实执法过错责任追究相关规定,实现执法全过程监管及质效全方位提升。

【安全领域监管常态化】 2021年，吴兴区公安分局紧扣总体安全工作目标，围绕重点人、物、事、单位场所等要素，深化“两个排查见底”（即：排查社会矛盾，排查安全隐患）行动。开展居住出租房、街面店铺、人员密集场所、易燃易爆单位火灾隐患的专项整治，检查单位2589家次，整改消防隐患246处，下发处罚决定书37份，火灾事故同比下降16.1%。持续开展“打击整治枪爆违法犯罪”工作，深入排摸涉枪涉爆案件线索，统筹“网上、网下”两大阵地，核查各类涉枪涉爆线索54条。强化打击各类涉枪爆违法犯罪，立案查处20起，采取刑事措施4人，行政处罚15人，处罚单位4家。定期开展集中清查整治，围绕城郊接合部、“城中村”、小商品市场等重点区域，排查收缴流散在外气枪19把，铅弹1650发。打好网络安全阵地坚守战，第一时间权威发声，有效遏制谣言传播，确保重大网络舆情和重大网络安全事件两个“零发生”。

（金　帆）

检　察

【概况】 2021年，吴兴区人民检察院设11个机构——第一检察部、第二检察部、第三检察部、第四检察部、第五检察部、第六检察部、第七检察部、政治部、办公室（挂司法警察大队牌子）及2个基层检察室——南太湖检察室、八里店检察室。设检察长1人，副检察长3人。政法专项编制58名，事业编制4名。截至年底，在编干警62人（女36，占58%），干警平均年龄38岁。院党组成员6人（党组书记1人，副书记1人），检委会委员9人（专职委员2人），员额检察员28人，助理检察员12人。研究生学历12人，本科学历49人。检察队伍正向专业化、知识化发展。区检察院实际办公面积主楼为2392.64平方米，两个辅楼约600平方米，于2017年正式搬迁至新办公大楼，新办公大楼面积18456.58平方米。案件管辖吴兴区和南太湖新区。

【检察工作服务大局】 2021年，吴兴区人民检察院紧紧围绕法律监督主责主业，以“重要窗口”建设为引领，以数字化改革为牵引，统筹推进党史学习教育、队伍教育整顿和各项检察业务，各项工作取得一定成效。

全力惩治刑事犯罪。受理提请逮捕案件500件742人，经审查批准逮捕410件575人；受理审查起诉案件1600件2290人，经审查提起公诉1187件1687人，受理总人数同比增长15.2%。先后办理400余人网络开设赌场系列案件、100余人特大跨境电信网络诈骗案、建设银行两任行长受贿案、全市首例邪教组织犯罪集团案、全市首例危化品运输危险驾驶案等一批重大疑难复杂案件。总结扫黑除恶专项斗争经验，推进常态化开展扫黑除恶斗争，办理的“两池”黑社会组织案获评全省十大法律监督案例，第一检察部获评全国检察机关扫黑除恶专项斗争优秀集体。服务共同富裕，找准结合点、切入点和着力点，从服务保障全区高质量赶超发展、乡村振兴、全域美丽建设、新时代文化建设和社会治理全国示范等方面研究出台工作意见。持续优化法治化营商环境，优化涉企办案模式，推行案前走访、案后审视以及不起诉案件检察官联席会议制度。

【刑事检察法律监督】 2021年，吴兴区人民检察院侦查监督取得新的突破，监督立案270人、撤案4人，追诉51人，追捕15人，开展口头及书面侦查活动监督1254件次。针对公安机关在办案质量、执法规范及人员管理等方面存在的监管漏洞和违法行为制发检察建议，有效提升公安机关移送案件质量及规范化水平。开展审判监督3件，均获改判。开展刑事执行监督，监督纠正刑事执行违法行为14件，针对2起社区矫正人员违反“从业禁止令”案件发出纠正违法通知书，联合司法局开展“禁止令”专项检查。民事检察，开展民事生效裁判监督29件、民事审判活动和执行活动违法监督190件，办理民事支持起诉1件。与法院建立防范和打击虚假诉讼协作机制，针对43起追索劳动报酬纠纷及套路贷虚假诉讼系列案件开展立案调查，查办29件，打击虚假诉讼从专项监督走向常态化监督。建立检察官出席再审法庭机制，加强对再审案件审理的监督，确保再审检察建议落实到位。行政检察，开展行政审判、执行活动监督37件，开展行政非诉执行“终本执行”案件的专项监督行动，参与行政争议实质性化解，促成行政强制拆除“程序空转”案件案结事了。公益诉讼检察，办理行政公益诉讼案件42件、民事公益诉讼案件2件、刑事附带民事公益诉讼案件6件，实现四大领域全覆盖。围绕南太湖流域水生态保护、老虎潭水库饮用水源地生态保护，建立“专业化法律监督+恢复性司法实践+社会化综合治理”生态检察模式，办理长江十年禁捕以来全省首例非法捕捞太湖水产品刑事附带民事公益诉讼案件，入选“沪苏浙皖检察机关联合发布的长江禁捕典型案例”。设立水生态修复增殖放流点及生态环境法治宣传教育基地，探索打造具有吴兴特色的“一检生情”生态检察品牌。

【社会治理】 2021年，吴兴区人民检察院强化未成年人司法保护，探索建立全省首个未成年被害人“一站式办案”地方标准规范，建设未成年人司法社会服务中心。以检察建议为法律监督抓手，积极寻求基层社会治理最大“法治公约数”，推动解决未成年人出入旅馆酒吧、企业合规经营、食品药品安全、建筑施工特种作业等领域问题隐患20多个，获检察日报等多家媒体报道。完善“2.0 版检调融合”工作模式，建立“老宋工作室”，积极参与矛盾纠纷多元化解，推进轻微刑事案件非罪化处理，对26起案件开展联合调解，促进案结事了。以矛调中心为平台，共对28起案件开展公开听证，实现公开听证案件类型全覆盖。积极延伸法律监督工作触角，推进基层检察室转型创新发展，南太湖新区检察室被评为全省基层检察室优秀案事例，相关工作经验获全省交流。

【数字赋能开局良好】 2021年，吴兴区人民检察院认真贯彻省、市院检察数字化改革部署，紧紧围绕“重大集成创新硬核改革”这一要求，逐步形成“一个基础、二项机制、三项重点、多个场景”数字检察工作格局。以政法一体化办案为基础，建立“领导抓、例会推、专班干”改革推进机制及破题攻坚奖励机制，聚焦办案难点、监督重点和社会治理盲点，推进类案监督。被确立为职务犯罪案件网上移送全省试点单位。针对掌握的毒品犯罪办案实践规律，建设涉毒人员数字画像监督线索研判系统，集中采集、录入涉毒刑事案件中吸毒、贩毒等人员信息，对接湖州市强制隔离戒毒所强戒人员信息库，通过数据比对排查，发现监督线索，梳理毒品犯罪立案监督和追诉线索103人，查办14人，其中2人被判处十年以上有期徒刑，8人被判处三年以上有期徒刑，相关做法在全省条线会议上作书面交流。升级打造“吴小检”类案检索辅助应用系统，对接政法一体化办案系统，实现案件数据实时更新，通过提供海量同类既判案例比对，辅助检察官提出精准量刑建议，促进认罪认罚从宽制度的落实。创新开发“心晴码”小程序，开展涉案未成年人心理健康跟踪评估。

【检察队伍建设】 2021年，吴兴区人民检察院加强思想政治建设，深入开展党史学习教育，以科学理论筑牢理想信念之基。坚持以党建带动队建，打造“先锋引领守正义”党建品牌，拓展“三色”(锻造“红色队伍”，践行“绿色司法”，打造“蓝色文化”)党建工作法，入选全市优秀融合党建项目。加强队伍教育整顿，锚定队伍教育整顿的目标任务，提高政治站位，强化宣传发动和组织领导，聚焦“六大顽瘴痼疾”，开展“七查”[举报线索核查；涉黑涉恶案件(线索)倒查；重点案件交叉评查；涉法涉诉信访案件清查；法律监督专项检查；智能化数据排查；队伍建设巡查]工作，针对排查出的“‘三个规定’(《领导干部干预司法活动、插手具体案件处理的记录、通报和责任追究规定》《司法机关内部人员过问案件的记录和责任追究规定》《关于进一步规范司法人员与当事人、律师、特殊关系人、中介组织接触交往行为的若干规定》)落实不到位”等问题，建章立制，逐项整改。深化运用“四种形态”，对4名干警开展批评教育、诫勉谈话处理，确保教育整顿工作取得成效。加强专业素能建设，建立与绩效奖金和员额退出机制直接挂钩的考核办法，突出考核司法办案的数量、质量和效果，激发队伍活力。举办“匠心公诉”论辩赛、“西山论道”研讨会等活动，以赛促学、以学促行，提升干警专业素能。集体获市级以上荣誉9项，干警获市级以上荣誉25人次，其中国家级、省级荣誉5项。

(胡佳丽)

法　院

【概况】 2021年，吴兴区人民法院设有立案庭(诉讼服务中心)、刑事审判庭、民事审判一庭、民事审判二庭、民事审判三庭、民事审判四庭、行政审判庭(综合审判庭)、执行局、司法警察大队、政治部(机关党委)、综合办公室、审判管理办公室等12个内设机构，下辖环城、织里、埭溪、菰城、织南、常溪6个人民法庭，1个下属事业编制单位审判保障服务中心，以及区纪委派驻纪检组。在编干警116人，其中行政编制102人，事业编制14人，具有审判员资格44人。

【审判工作】 2021年，吴兴区法院紧紧围绕“努力让人民群众在每一个司法案件中感受到公平正义”的目标，牢牢把握司法为民初心，锚定航向忠诚履职，践行公正司法使命，实干担当展现作为，各项工作取得较大进展。荣获“2021年年度省级司法宣传和通联工作先进单位”“全省人民法院司法警察先进集体”“全省知识产权成绩突出集体”等荣誉。2021年新收各类案件18444件，同比上升13.83%，办结17928件，结案率91.46%，收、结案位居湖州市第一。法官人均结案429件，高于全省平均114件，主要办案质量、效率、效果指标居全省前列。新收各类刑事案件935件，审结902件，同比上升7.13%，判处罪犯1252人；妥善化解民事纠纷，审结各类民商事案件7165件，同比下降9.89%。审结全区首例个人债务集中清理案件，帮助债务人获得经济上的“重生”。倡导诉前化解，系统总结人民法庭整体入驻矛调中心的经验做法，发布规范化指引，形成“一入驻三下沉”(“一入驻”是指人民法庭入驻社会矛盾纠纷调处化解中心，“三下沉”是指“法治副书记下沉村社、法官下沉网格片区、公证调解站下沉人民法庭”。)的诉源治理吴兴模式，全年诉前化解率达到54.5%。加强法院文化建设，以建设学习型法院为驱动，夯实干警能力基础。强化调研工作，2021年，在市级以上期刊发表调研文章23篇，承担各类重点课题2项，发送各类司法建议12项。2021年共获得市级以上集体荣誉4项、个人荣誉18项。

【行政诉讼及信访案件】 2021年，吴兴区法院支持、监督行政机关依法行政，审结行政诉讼案件77件，行政非诉审查案件21件。成立湖州市法院系统首个行政争议联络站，并实现乡镇(街道)全覆盖。通过发送司法审查白皮书、召开联席会议、开展专题讲座等举措，深化司法与行政良性互动，助力法治政府建设。常态化开展院领导大接访大调研活动，畅通申诉信访渠道，完善律师参与涉诉信访案件工作机制，开展案件涉稳风险评估，排查化解信访隐患，稳妥化解涉诉信访。及时传递司法温度，设立农民工欠薪案件绿色通道，健全快立快审快执机制，依法运用先予执行程序。执结各类执行案件5086件，执行到位金额5.9亿元，执行到位率、案件直结率等六项质效指标位居浙江省前十。全年共拘留、罚款被执行人2513人次，纳入失信名单、限制高消费7162人次。致力谋划数字法院建设，研发全国首个童装知识产权司法保护预警平台“吴兴知产一点通”，作为浙江法院知识产权司法保护成果在第八届中国国际版权博览会展出。推动区委区政府出台“共享法庭”建设实施意见，完成乡镇（街道）和特设“共享法庭”全覆盖，设立的首个校园“共享法庭”被省未成年人保护工作委员会作为亮点工作上报国务院。压实院庭长审判监督管理职责，全力包案化解长期未结案，强化审判委员会和专业法官会议职能作用，规范案件监督管理，做到权责统一、监督有序。实施类案强制检索制度，最大程度避免“类案不同判”，确保裁判尺度统一。

（王琼娴）

司法行政

【概况】 2021年，吴兴区司法局紧紧围绕推进基层治理现代化的工作目标，以推进法治吴兴建设为总抓手，深入推进“八项行动”，为吴兴争当“重要窗口”示范样本排头兵提供法治保障。吴兴区被评为“2020年度法治浙江（法治政府）建设先进单位”，并成功入选全省首批法治浙江（法治政府）建设示范区。

【司法队伍建设】 2021年，吴兴区司法局建队强基，锤炼过硬过实司法行政队伍。高定位推进政法队伍教育整顿。落实各项部署要求，通过“一把手”上党课、轮流领学、交流研讨、政治轮训等形式，保证内容、时间和效果三落实。开展社区矫正执法过程中漠视群众利益问题专项整治。落实教育整顿“回头看”，通过完善制度体系，不断巩固教育成果。高标准落实党史学习教育，多层次、多角度开展党史学习教育，开展党委理论中心组集中学习13次。在“吴兴普法微刊”微信公众号开设“弘扬英模精神、凝聚奋进力量”等党史学习专栏。建立所长学校，举办微党课比赛和“吴兴司法讲武堂”8场次。组织线下红色观影、线上红色视频展播近百期。高质量加强司法行政队伍建设。推进“清廉机关”建设，打造机关里的“清廉微馆”。加强人民调解员队伍建设，举办全区人民调解员培训班，开展金、银牌人民调解员评比，全面提升业务水平。2021年度，吴兴区司法局荣立集体三等功一次、全区抗击新冠感染疫情工作集体嘉奖、区级部门争先创优奖和改革创新三等奖。机关党总支荣获区先进基层党组织，六和律师事务所党支部荣获市先进基层党组织。埭溪司法所所长费云峰被评为全国司法所模范个人，公法科科长范晓云等11人获评区级以上先进个人。

【普法依法治理】 2021年，吴兴区司法局一体统筹，全面依法治区纵深推进。狠抓示范创建，区委书记吴炳芳作为全省22名县委书记代表之一，在浙江经视《法治的力量》栏目中面向全省分享法治建设吴兴经验。织里镇率先开展乡镇法治化综合改革试点。结合法治浙江建设十五周年，选树“吴兴最美法治人物”10名。紧盯关键少数，持续创新“区长领学”“局长讲学”“镇街促学”三级学法机制，举办“吴兴论坛——法治中国建设战略”专题讲座。依托区科级领导干部“比学赶超”大讲堂暨年轻干部“青苗论坛”，举办法治政府建设专题讲座，构筑法治景观。吴兴司法抖音号和视频号上线运行。启动实施全区“民主法治村

（社区）”创建三年行动计划及法治“一带一路”建设，着力打造吴兴“法治文化大观园”。沈家本历史文化园正式开园，省检察院检察长贾宇、省司法厅副厅长钱德海、市委书记王纲等领导先后走访调研，累计接待团队194批次，访客9059人。

【矛盾纠纷排查调处】 2021年，吴兴区司法局矛盾化解全域协同。唱响全区“吴所不调”区域化调解工作品牌，建立“美妆·云调”“妙喜泉韵轩”等20多个品牌调解工作室，人民调解法治指导员实现全覆盖。全面推进区矛盾调解中心调解案件规范化建设，累计审核3207件“以奖代补”案件、发放85.29万元。全区累计受理调处矛盾纠纷4809起，调处成功4803起，涉及金额10278万元。“法雨春风”送法到基层。开展“3·5学雷锋，助力法德同行”“我为群众办实事”等主题实践活动80余场次。“百名律师进百企”排摸体检企业1217家，提供法律意见或解决问题649个。

【特殊人群管控】 2021年，吴兴区司法局智慧矫正全维赋能。打造吴兴司法“北冥”系统，成功入选全省社区矫正全纬智控改革项目试点、省级社区矫正心理健康智能场景运用试点，“如燕”随行智控场景应用纳入省数字化改革“一本账S0”和省数字法治系统多跨场景清单1.0。护航建党百年，开展大排查2438人次、集中点验84场次，司法所公安副所长社矫新模式获得上级领导的肯定。

【法律服务】 2021年，吴兴区司法局与湖州市华信公证处合作，通过驻点帮办+在线公证等方式，方便基层群众就近办理公证。“植法之家”服务在一线。推进基层公共法律服务站点建设，建立32个村（社区）“植法之家”示范点。建立全市首个法律援助案件质量评估专家库，“援调衔接”服务模式累计受理案件237起。“律政先锋”冲刺零距离。深入开展律师行业突出问题专项整治，举办法律服务行业职业道德执业纪律教育讲座，敲响规矩意识警钟。开展“律政先锋”一支部一品牌创建活动，举办“律政先锋”工作技能竞赛，打造有标识度、美誉度、体验度的党建品牌。开展“3·5学雷锋 助力法德同行”“我为群众办实事”等主题实践活动80余场次，充分利用“24小时法超市”功能，结合主办责任制等惠民制度的开展，法律援助初审权全面下放至公共法律服务站（司法所），将群众服务圈缩小至10分钟以内，实现多渠道、短时间、不出乡镇即可办好事情，快捷、方便、高效。坚持为未成年人、老年人、残疾人等重点特殊群体维权针对性地与劳动、妇联、法院、检察院等部门建立工作机制，打通案件从诉请、援助到解决的程序的专项通道。

【法律援助】 2021年，吴兴区司法局建立援调衔接双向互通的服务机制。出台《关于建立援调衔接工作机制的实施方案》，利用区社会矛盾纠纷调处化解中心的平台优势，基本形成援前化解、援中调解、援调并行三大模式灵活对接的工作机制，引导矛盾纠纷分案情、分层次、分类别解决，发挥援助在调解中主动权，有效提升矛盾纠纷化解效率和成功率，有效降低基层社会治理成本，推动形成具有吴兴特色的社会矛盾纠纷调处化解格局。进一步提升法律援助服务和办案质量。在全市首个成立区级法律援助案件质量评估专家库，在省标的框架下，形成符合吴兴实际的更具可操作性的评估标准。贯彻落实“五位一体”案件承办管理。加大对网上监控的运用，加大庭审旁听和回访力度，多方面做好对办案的监督管理，提升法律援助服务水平。

【基层基础建设】 2021年，吴兴区司法局全面升级阵地建设。埭溪司法所争创省级“枫桥式”司法所，道场、爱山司法所争创市级“文明规范公正”司法所。推进“司法驿站”进企业、进园区、进商圈“三进”活动，建立新凤鸣、中节能、大东吴等驻企（园区、商圈）“司法驿站”55家。高标准打造朝阳、埭溪社区矫正基地。

（区司法局）

军 事

人武部工作

【概况】 2021年，吴兴区人武部党委在湖州军分区党委和区委、区政府的领导下，深入贯彻中共十九大精神，高举习近平新时代中国特色社会主义思想伟大旗帜，牢固确立强军思想根本指导地位，落实上级党委扩大会部署要求，把握稳中求进总基调，坚定维护核心，聚焦备战打仗，狠抓工作落实，推动正规化建设，在建设全面过硬一流人武部上迈出坚实步伐，各项建设稳步提升。吴兴区被省政府省军区评为征兵先进单位，区人武部党委被省军区评为先进团级单位党委，区人武部被省军区评为军事训练、安全管理先进单位。

【党管武装】 2021年，吴兴区各级站在国防建设全局的高度，自觉把武装工作摆上位置，形成齐抓共管的良好局面。制度坚持好：区委认真落实好议军会、过军事日、现场办公、专项述职等基本制度。在区委的示范引领下，各级认真落实党管武装工作的基本制度，坚持把武装工作纳入经济社会发展规划，纳入工作目标责任考核体系。领导带头好：区委、区政府、镇街两级领导将经济社会发展与武装工作统筹推进，做到重点工作亲自决策、重要活动亲自参加、重大问题亲自解决。组织落实好：镇街党政主要领导和国动委各职能部门能按照区人武部党委部署要求，参加相应军事活动，尽心抓好国动各项工作，形成了党委统揽、政府牵头、部门落实的良好局面。

【政治工作】 2021年，吴兴区人武部严格落实党委中心组理论学习制度，有机融合"不忘初心、牢记使命""传承红色基因、担当强军重任"主题教育和党史学习教育。注重提升政治教育质量效果，强化思想灌注和政治引领，编印下发民兵政治教案汇编，开展全员心理健康和网络安全教育，抓好经常性教育和谈心制度落实，人员思想基础得到进一步夯实。

【战备工作】 2021年，吴兴区人武部修订完善战备方案和非战争军事行动方案，规范机关值班秩序，推动民兵情报信息网建设和应急能力建设。重大节日前组织机关营门防暴恐演练，确保遇有情况能迅速处置。对接区政法、信访、公安等部门，完善情报信息互通协作机制，进一步强化辖区情报侦搜能力。

【军事训练】 2021年，吴兴区人武部学习贯彻习近平主席训令，按照上级年度军事工作和训令知识要求，组织应急连、对口保障军兵种及其他专业民兵分队进行实弹射击，完成区属民兵应急连、城市排涝班、市属应急营的训练任务；组织后勤保障、装备保障、保交护路、工程抢修、交通运输5个专业全市区内联训；协调勤务支援旅完成对口保障陆军民兵专业分队集训。在7月份湖州军分区第四届岗位练兵比武中，区人武部带领民兵积极训练、奋勇争先，在全部5个科目中获得1个团体和4个单项名次，总评第3名。

【后勤保障】 2021年，吴兴区人武部按照“保为打赢、集约高效”的要求，完成各项保障工作。抓好后勤行业重点领域整肃治理攻坚工作，保持“一抓到底、务期必成”的强劲态势，一个节点一个节点扎实推进，一个问题一个问题跟进解决。抓好资产清理清查工作，对所属固定资产进行全面清查，确保各项资产账物相符、数据可靠。

【国防教育】 2021年，吴兴区人武部调整吴兴区国防教育委员会领导机构，抓实抓大国防教育，营造全社会关心国防、支持国防的浓厚氛围。结合国防教育“六进”(进党校、进机关、进企业、进学校、进网络、进社区)，拓展完善“国防主题公园”“八一光荣榜”学校“荣誉墙”功能，在中学生军训时专题安排国防教育“五个一”活动，调整编配国防教育讲师团。9至12月份，会同区教育局组织全区“铸魂杯”国防知识竞赛。军地联合为辖区内立功受奖的官兵送喜报上门，营造“崇军尚武”的浓厚氛围。

【安全管理】 2021年，吴兴区人武部按照政治安全、管理安全、作风安全、防疫安全一起抓的思路，坚持理念教化、制度监管、检查督促，全面筑牢安全堤坝。坚持每月党委、支部安全形势分析和重大任务安全风险评估制度，针对性分析查找安全隐患，制定防范措施。

(姚志亮)

人民防空

【概况】 2021年，吴兴区人民防空办公室(民防局)成立于2005年6月，区防空防灾指挥服务中心为其下属事业单位。吴兴区辖织里、八里店、埭溪、东林、妙西五个人防重点镇，及湖东、月河、飞英、朝阳、爱山、龙泉、环渚、康山、凤凰、仁皇山、滨湖、龙溪和杨家埠13个街道。重点镇、街道分别成立人防办，分管领导为各重点镇(街道)分管城建领导，人防办主任由区住建局局长担任。

【人防宣传教育】 2021年，吴兴区人防办坚持人防宣传教育工作“五进”(即：进机关、进社区、进学校、进企业、进网络)工作，突出抓好学校及社区人防宣传教育。在湖师附小井安小学进行防空防灾应急疏散演练，现场向学生展示防空防灾宣传知识；完成2021年中小学人防教材征订。5月12日，9月18日，吴兴区人防办进行防空警报统一试鸣。开展社区人口战时遇到空袭、平时遇到突发事件时人员的紧急疏散演练。

(李敏华　冯烨锋)

农村经济

综　述

【概况】 2021年，吴兴区农业（含农林牧渔业）增加值23.7062亿元，同比增长3.2%；农民人均可支配收入42275元，增长10.6%。粮食播种面积17.14万亩，粮食总产量7.88万吨。新增国家级农业龙头企业1家，市级农业龙头企业3家，市级以上农业龙头企业累计52家，工商注册家庭农场累计664家。

【现代农业建设】 2021年，吴兴区紧扣农业产业振兴，持续推进农业平台建设，培育提升新型经营主体，提升农业产品品牌。吴兴区现代农业建设重点进一步突出，力度进一步加大，优势进一步显现：严守保护耕地红线。健全耕地保护党委领导、政府负责、部门协同、公众参与、上下联动的共同责任机制，全面摸底调查吴兴区粮食生产功能区内“非农化”“非粮化”情况，实现粮食生产功能区整治“一乡镇一方案”，新建高标准农田2792亩，完成粮食功能区“非粮化”整治优化面积4.626万亩。农业平台建设加快推进。按照“工业化理念提升园区平台”布局，通过土地全域整治、整村流转，推动土地连片、集中规模经营，建成3.6万亩优质水稻、2.2万亩特色水产“两水”主导产业，建设物联网示范基地12个，依托太湖溇港农耕资源，建成浙江省最大太湖蟹养殖基地，年产优质蟹2860吨。连续三年获评全国县域数字农业农村发展水平评价先进县。

发展绿色生态农业　年内，推动绿色渔业发展。完成渔业尾水设施治理9.35万亩。高新区杨溇太湖蟹养殖示范园区、八里店镇丰盛湾罗氏沼虾养殖示范园区和东林镇湖旺优鲈3号苗种繁育示范园区、八里店弘鑫现代渔业示范园区、织里镇吴氏现代渔业示范园区基本完成建设。培育40家美丽渔场，356户健康养殖示范户创建完成。

畜牧生态养殖整治　新增美丽牧场1家、数字化牧场1家。疫病防疫工作，完善病死动物无害化收集机制，加大非洲猪瘟防控力度，建立全区生猪运输车辆洗消中心。加强畜禽养殖废弃物资源化利用，规模化畜禽养殖场（小区）配套完善的粪污贮存设施比例达到100%以上，规模养殖场粪污综合利用率99.15%。

【农业企业主体培育】 2021年，吴兴区农业局加快现代农业经营主体培育。着重培育一批生产规模大、质量效益高、示范带动强的优质农业经营主体，培育国家级农业龙头企业1家，市级农业龙头企业3家，市级以上农业精品园区3家。新增省级示范性家庭农场3家，市级示范性家庭农场7家。农产品质量有效保障。吴兴桃产业标准化生产有效提升，举办妙西黄桃“一县一品一策”现场会。完成基地农产品定量检测641批次，基地生产环节例行抽检176批次，乡镇快速检测5482批次，合格率100%。累计建设327家可追溯主体，实现市级以上示范性主体二维码追溯全覆盖。发展“三品一标”（无公害农产品、绿色食品、有机农产品和农产品地理标志）农产品，申报绿色食品7个，全区有效期内无公害农产品59个，绿色食品40个，无公害认证基地有效期面积9.41万亩，绿色食品有效期面积1.65万亩。主要食用农产品中绿色优质农产品比率为58.03%。

【农产品品牌培育】 2021年，吴兴区开展“吴上兴鲜”公用品牌培育，打造“吴上兴鲜”网络销售平台7个，线下实体销售网点10个，引领35家专业合作社、120家企业的2900个产品入驻品牌商品库。依托第二届湖蟹文化节等“月月农”系列农事节庆品牌，开展农产品直播带货活动，通过有关部门认定市级农村电子商务示范村5个，省级农村电子商务精品村2个，各类农村电商平台完成网络销售14.92亿元。

【农业综合改革】 2021年，吴兴区农村改革不断深化，农业发展活力持续增强。深化农村产权改革。以赋权、活权为核心，全面深化农村土地产权制度改革。探索和完善农业“标准地”制度体系，制订《规范农村宅基地和农民建房审批管理办法（试行）》，明确各方职责和审批流程，推广使用农民建房“一件事”审批管理系统，完成系统录入166宗。乡村治理现代化水平不断提升，织里镇义皋村获得全国乡村治理示范村称号，“四治三全”织里模式（以自治、法治、德治、智治“四治融合”优化管理路径，构建全域覆盖、全员参与、全程智控的乡村治理模式），在全区全市得到肯定。通过“飞地抱团”、网上竞价交易等举措，村级集体经济持续巩固壮大，强村增收做法被省共富办列为典型案例。出台《关于印发吴兴区规范农业“标准地”管理 促进乡村产业振兴实施办法的通知（吴政办发〔2021〕57号）》文件，区级认定通过农业“标准地”项目13个，面积55.55亩，累计通过农业“标准地”项目为12个主体解决建设用地需求95亩。

（区农业农村局）

粮 油

【概况】 2021年，吴兴区粮食播种面积17.14万亩，粮食总产量7.88万吨，粮食播种面积和总产量与2020年度基本持平；水稻主导品种推广面积11.91万亩，完成100%，引进“甬优1540”“春优927”“湖粳100”等水稻新品种，超级杂交稻和优质米种植面积进一步增加；油菜种植面积1.52万亩，单产167.7千克，与2020年基本持平，总产量2550吨。“浙油51”和“浙大630”等油菜新品种的推广面积较2020年有大幅度增加，品种趋向高档化、优质化。

【粮食生产】 2021年，吴兴区粮食播种面积17.14万亩，粮食总产量7.88万吨，粮食播种面积和总产量与2020年度基本持平。其中单季晚稻11.91万亩，单产532千克，与2020年基本持平，总产量6.34万吨；小（大）麦面积3.21万亩，总产量9396吨，平均单产292千克；玉米播种面积0.48万亩，单产324千克，总产量1566吨；大豆种植面积4334亩，单产227千克，总产量1566吨；马铃薯种植面积1989亩，单产240千克，总产量477吨。

【粮食生产功能区建设】 2021年，吴兴区健全耕地保护党委领导、政府负责、部门协同、公众参与、上下联动的共同责任机制，全面摸底调查吴兴区粮食生产功能区内“非农化”“非粮化”情况，实现粮食生产功能区整治“一乡镇一方案”，完成粮食功能区“非粮化”整治优化面积4.626万亩。

【粮油扶持政策】 2021年，吴兴区规模种粮大户补贴完成发放和登记工作，50亩以上稻麦规模种粮按照310元/亩的补贴标准执行，全区140户，发放67014亩稻麦规模种粮补贴20774340元（其中，省级补贴8041680元，市级财政配套4690980元，区级财政配套8041680元）。2021年耕地地力保护补贴发放到位，发放标准为210元/亩，全区22253户，发放43629.5亩耕地地力保护补贴9162213.2元。全区旱粮基地补贴19户共1770亩，发放规模旱粮基地补贴212415.6元。全年全区良种生产补贴面积730亩，发放省级补贴17.52万元。

【粮食生产示范】 2021年，吴兴区上下深入开展粮食高产创建活动，采取集成技术、集中力量、集约项目、良种良法配套和农机农艺结合等措施，有效地提高粮食生产水平。全区建立水稻高产创建示范片4个，示范面积0.52万亩。

【植保工作】 2021年，吴兴区植保工作取得新突破，水稻、小麦、茶叶、果蔬等作物专业化统防统治面积13.6万亩，实现绿色防控融合发展面积达13.5万亩。通过应用推广新型农药、绿色防控等技术降低农业面源污染，实现农药减量27.16吨，保护生态环境，提高社会效益。

【测土配方施肥】 2021年，吴兴区实施面积55万亩，推广有机肥1.32吨。覆盖146个村，5.32万个农户。推广应用配方肥3730万吨；实现化肥减量117吨。

（黄华顺　徐建强）

蚕　桑

【概况】 2021年国内外茧丝行情回暖、蚕茧收购价格有所提升，但是受农村劳动力稀缺、成本上升、桑园减少、“三改一拆”等因素等综合叠加影响，蚕桑生产持续滑坡，蚕茧生产总量持续下降，随着新农村的建设，农村居住条件的改善，新一代农村人进城打工居多，影响吴兴区种桑养蚕持续稳定。2021年，吴兴区饲养蚕种2275张，同比减840张，减27%，其中织里镇、八里店镇全年饲养蚕种10～20张。

【蚕桑价格产量质量】 2021年年初，吴兴区初吨丝价格维持在32万元/吨左右，至春茧收购时同比提高到35万元/吨左右，由此带来的蚕茧收购价格的提高，全年平均收购茧价2271/担（50千克），同比提高707元/担（50千克），其中春蚕茧价2437元/担（50千克），同比提高801元/担（50千克）；秋蚕茧价1763元/担（50千克），同比提高403元/担。纵观全年蚕种饲养量、产量、效益均有不同程度下降。年饲养2275张，同比减840张，减27%；总产茧126.8吨，同比减47.7吨，减27%；茧款收入575.72万元，同比增加30.3万元，增5.6%。在蚕桑生产大幅下降的同时，蚕茧质量也明显下降，由于上蔟的簇具越来越简化，毛草、竹梢、油菜梗等，柴印茧、毛脚茧泛滥，含水量高，解舒率普遍低，严重影响蚕茧质量品位和新蚕品种推广，不利于蚕桑产业持续发展。

【蚕桑生长期气候情况】 2021年度湖州站平均气温为18.1℃，比常年高1.7℃，比2020年度高0.2℃，超历史同期极端最高值（2020年度17.9℃）。年度极端最高气温为38.0℃，出现在7月14日。其中，4月极端最高气温34.4℃，创历史同期新高；10月33.7℃，为历史同期第二高值；9月36.1℃，为历史同期第四高值；5月35.9℃，为历史同期并列第四高值。年度极端最低气温为−7.1℃，出现在1月8日。本年度湖州市高温日数偏少、强度较弱，有15天高温天气（日最高气温≥35℃），出现在5—9月。降水1359.3毫米，比常年多77.3毫米，比2020年度少504.7毫米。为历史同期第三高值；降水日数为139天，比常年少0.9天，比2020年度少30天。本年度湖州站日照时数为1659.0小时，比常年少160.0小时，比2020年度多100.4小时。各月日照时数与常年同期相比，1月、9月和11月偏多，偏多范围为7%～37%，其余月份均偏少，偏少范围为1%～27%。但由于各期蚕发种时间布局合理，饲养期间气候适宜，2021年无大的中毒事故，蚕作安全，张产高，茧质好，养蚕成绩好于预期。

【蚕桑发展】 2021年，吴兴区弘扬传统蚕丝文化，推动蚕旅融合发展。随着新农村建设的不断发展，传统的蚕桑产业已经不适应现代农业发展的要求。如何利用湖州蚕丝文化品牌，走出蚕桑产业困境，是值得探索的问题。将蚕桑丝绸文化与乡村旅游业融合在一起，是蚕桑产业持续稳定的新途径之一。打造以蚕丝业为主的古村落。位于吴兴区八里店镇潞村古村落的钱山漾遗址出土的残绢片和丝织品是我国和世界迄今为止发现最早的蚕丝织品，距今有4700多年，证明中国世界丝绸文化教育的发祥地，因此被认定为“世界丝绸之源”。2018年开始，潞村启动“古村落风貌整体改造方案工程”，通过保护修缮，打造成以蚕丝业为主的养蚕采茧、钱山漾文化展示厅、绣坊等农文旅融合的特色乡村旅游目的地，让千年古村落焕发出新的活力。建立果桑基地，开展采摘体验模式。桑果采摘能够较好地吸引游客的注意力，提高游客兴趣。做好蚕桑丝绸文化与乡村旅游业的融合发展，在开展新桑、蚕品种推广和新技术推广的同时探索蚕桑综合开发应用，开展桑园冬闲时间作蔬菜和桑叶茶开发。

（沈玉丽）

茶　叶

【概况】 2021年，吴兴区有4个产茶乡镇，茶园总面积3.61万亩，比2020年同期增加6000亩，其中采摘面积3.41万亩，茶叶总产量1535吨，同比2020年增168吨，增12.3%；茶叶总产值16808万元，同比增加2481万元，增17.3%；名优茶产量415吨，增70吨，增20.3%；产值12500万元，同比增加34.1%。有初制茶厂105家，有1家企业已续载了QS质量安全认证。

【茶叶生产受天气影响】 2021年，吴兴区由于前期气温异常偏高，有利于茶叶生长，而后期气温有所下降，春茶芽生长减慢，整个春茶生长较上年略有提前。全年最早开采时间为3月14日，是长林农庄龙井43，比2020年提早1天，白叶一号是3月23日开采，比2020年提早1天。开采后气温适宜，采摘正常，无出现冻害情况，大约4月18日结束，采茶时段约为25天。

【名优茶生产销售】 2021年，吴兴区茶农以卖鲜叶为主，主要销往安吉、长兴市场。从2021年市场价格看，茶叶价格同比2020年有所提高。明前茶鲜叶价格，同比2020年提高60～100元/千克左右，干茶价格1600元/千克左右，同比提高30%左右，明后茶干茶同比2020年提高10%左右。同时，茶叶生产企业根据销售趋势，审时度势，积极调整产品结构，逐渐倾向做中低档茶叶，并简化茶叶包装，茶叶价格逐步回归理性。由于上年新型冠状病毒的影响，全年采茶工成本提高，采茶工工资上涨后一直居高不下，但由于中低档茶销量、价格明显好于2020年，亩茶效益有所提高，增加了茶农收益。

【茶树良种化工程】 2021年，吴兴区有无性系良种茶园面积3.1万亩，主要以发展白叶1号等无性系优良品种为主。在大力发展良种新茶园的同时，中低产茶园和老茶园的改造及改植换种的步伐进一步加快，全区新种茶园400亩，改植换种茶园达到2800多亩。重点茶区茶园的肥培管理工作普遍较好，茶树生长情况良好，逐渐引导茶农向生态茶园建设发展。

【茶叶采制机械化工程】 2021年，吴兴区茶叶采制机械化程度进一步加强。有机剪茶园面积2.5万亩，修剪机59台；机制名茶产量415吨，茶园轨道运输机36台，重点推广名茶连续化、自动化生产线加工技术，产品品质明显提高、产能显著增加、效益明显提升。长林农庄建有一套茶叶标准化自动化加工流水线。从茶叶摊青开始到脱毛将6道工序全部连接起来，生产线只需4～5人管理，不仅工效提高，茶叶从炒制到结束，做到摊青叶、茶制品不落地，清洁又卫生。实现以“机器换人”，从而使效率大大提升。

【茶叶质量安全与管理】 2021年，吴兴区茶叶产品质量。在茶叶上市前，吴兴区农林发展局农产品质量安全科对吴兴区部分茶叶企业进行检查。宣传《农产品质量安全法》，告诫企业禁止使用违禁农药以及注意农药的安全隔离期并做好农药购买入库、农药使用记录等。开展茶叶专项抽检，由市农产品质量检测中心，在茶叶生产期间对吴兴区相关的茶企、农户10多家的茶叶样品进行抽检，送市质检中心检测，确保茶叶质量安全。

【茶叶科技创新与服务管理】 2021年，吴兴区加强茶叶生产期间的服务指导。农技人员深入长林农庄、浙江琴忻谷生态农业有限公司、湖州菱新茶叶专业合作社、吴兴大湾家庭农场、白鹭谷茶厂等茶叶业主体和农户加强调查，做好服务和技术指导。依托浙江大学湖州市现代农业茶叶产业联盟及湖州市经济作物技术推广站，开展各类培训指导和项目研究。全年全区重点茶农参加茶叶联盟举办的“茶产业高质量发展若干问题与思考”“白茶加工技术及管理”等培训班，参加培训人员40余人(次)。组织参加茶事活动。组织吴兴区湖州真味茶叶有限公司的“三癸雨芽”、长林农庄的“老虎潭”牌茶、湖州菱新茶业专业合作社的“菰云顶”白茶、浙江琴忻谷生态农业有限公司的“琴忻谷”茶等茶企参加第四届中国国际茶叶博览会，确立参展主题“从茶经中走出来的吴兴绿茶”；同时参加在湖州凤凰公园隆重举行的以“茶为国饮，健康饮茶”为主题的湖州市第十一届全民饮茶日活动；为宣传吴兴的茶品牌起到了积极的作用。推进茶产业融合发展。以茶叶为名片，打造茶旅生活。以缦谷狮子山庄、慧心谷庄园、原乡小镇等茶旅融合项目为主，打造吴兴“三癸雨芽”等茶旅产品，做强做优，提高茶旅品质。

（沈玉丽）

桃

【概况】 2021年，吴兴区桃树种植面积5535亩，总产量7395吨。总产值7223万元。其中，黄桃面积3700多亩，80%以上分布在吴兴妙西镇区域内。吴兴妙西桃的种植历史可谓源远流长，“西塞山前白鹭飞，桃花流水鳜鱼肥。青箬笠，绿蓑衣，斜风细雨不须归。”唐代诗人张志和的这首《渔歌子》，生动地描写一千多年前湖州吴兴妙西一带依山傍水、桃花盛开的美景。在《湖州市志》中记载有：南宋嘉泰年间吴兴境内种植桃子“此土植桃颇多，种亦不一”；明朝以及民国21年，吴兴产桃最多；《湖州市志》在湖州弁南、道场一带就有种植。

【黄桃果品特性】 2021年，吴兴区黄桃是浙江省湖州市吴兴区的特产，以其果肉饱满、鲜甜多汁、香气浓郁而闻名。产自白鹭飞、流水清的妙西镇白鹭谷的黄桃，更是凭借得天独厚的天然生态环境和地理优势，种植出来的黄桃不仅果形均匀、色泽鲜润、口感纯正，特别是果型大、产量高、品质优、甜度佳，成为“生态妙西”最具代表性的特色商品之一。

【黄桃品种引进与推广】 2021年，吴兴区根据市场需求，引进种植不同成熟期的桃新品种10多个。全区主要引进推广以“锦香、锦园、锦绣、锦花”为主的四锦黄桃、“黄金蜜2号”黄桃和“黄金蟠”蟠桃，同时引进推广金秋蜜桃、白凤、湖景蜜露等水蜜桃。在妙西锦丰家庭农场开展桃树“Y”字形整形修剪示范，并在全市推广运用。

【桃业发展情况】 吴兴区黄桃产业自2008年的不足200亩，发展到2021的5500多亩，桃产业在吴兴悄然崛起。吴兴妙西黄桃更是异军突起，近年来涌现出近20家黄桃新型农业生产规模经营主体，大规模的专业种桃农户就达到10余家，其中湖州四锦果蔬专业合作社是浙北地区最大的黄桃种植基地，种植面积高达418亩，亩产可达1550千克，销售额达到500多万元，带动周边百姓种植黄桃100多户。被评为浙江省种植业“五园”省级示范基地“四锦精品果园”。

【桃产业品牌营销】 2021年，吴兴区桃产业越做越大，特别是吴兴黄桃的产业发展更是迅速，品牌营销的道路显得更加重要。作为全国重要的黄桃种植基地之一，拥有自己的省级黄桃种植基地，吴兴黄桃创立“四锦”“锦丰”“食之源”等多个企业自主品牌，通过合作社带动在杭州、宁波、余姚、绍兴多地设置定点经销处，并通过妮素、天猫等平台开拓线上销售渠道。成功申报“妙西黄桃”农产品地理标志。为了扩大妙西黄桃的知名度和质量的提高，区里从2018年开始每年举办黄桃节活动和桃评比活动，2021年吴兴区在妙西镇原乡小镇隆重举行第四届黄桃节和举办“吴兴第四届桃比赛”，最终湖州四锦果蔬专业合作社选送的“晚锦香”黄桃荣获金奖。同时组织桃企参加湖州市2021年第五届“城山沟”杯桃王争霸赛，湖州四锦果蔬专业合作社选送的“四锦”牌“金露”黄桃和吴兴妙西锦丰家庭农场选送的妙西“锦丰”牌“锦香”黄桃获桃王争霸赛金奖。

（沈玉丽）

畜　牧

【概况】 2021年，吴兴区以“大农业观、整产业链、全绿色化、高附加值、强竞争力”为着眼点，抓好畜产品质量安全监管，持续抓好畜禽养殖污染治理工作，强化病死动物无害化处理监管，强化疫病防控，推进吴兴区畜牧业转型发展、绿色发展、美丽发展。受生猪稳产保供、畜产品市场价格影响，生猪存栏3.67万头，同比下降31.5%，生猪出栏4.68万头，同比增加56.5%。家禽总存栏145.95万羽，同比减少6.8%，家禽出栏531.10万羽，同比增加14.8%。湖羊市场行情向好和湖羊产业兴旺政策的影响，存栏6.71万只，同比增加15.5%，出栏5.02万只，同比增加20.9%。全区肉类总产量1.58万吨，同比增加39.9%，牧业产值4.24亿元，增加30.7%。

【畜牧业政策扶持项目建设】 2021年，吴兴区加强畜禽养殖废弃物资源化利用，全年全区畜禽粪污资源化利用量达274092吨，畜禽粪污综合利用率99.15%，规模化畜禽养殖场（小区）配套完善的粪污贮存设施比例100%。8月省农业农村厅、省生态环境厅对全省2020年度畜禽养殖废弃物资源化利用工作进展情况进行通报，吴兴区政策落实到位，农牧结合程度高，畜禽养殖废弃物资源化利用工作成效明显，获通报表扬；高标准创建美丽牧场，在前5年创建22家美丽牧场的基础上，2021年对湖州吴兴宇恒牧业有限公司进行美丽牧场改造提升，成功创建并顺利通过验收；全年，吴兴区湖州绿昌生态农业有限公司成功创建全区首家数字化牧场；持续推进湖羊产业振兴，争取专项资金，合理制定项目建设方案，高质量实施畜牧业转型升级、畜禽粪污资源化利用（规模养殖场粪污治理）等中央和省财政项目。

【畜牧业规模化养殖】 2021年，生猪年出栏500头以上规模场8家，出栏5.0956万头；湖羊出栏100只以上38家，出栏5.04万只，家禽年出栏1万羽以上117家，出栏469.72万羽，猪、羊、家禽规模化率分别达到91.4%、78.9%和72.53%。

【畜禽销售价格】 2021年受非洲猪瘟及市场行情影响，猪肉价格较2020年走低，均价18.5

元/公斤，最高"外三元"毛猪价格达37元/千克；家禽养殖效益丰厚，价格稳定，温氏肉鸡全年均价13.9元/千克，最高达16.5元/千克，禽蛋价格9.1元/千克；湖羊产业规模化养殖持续推进，肉羊价格高起，最高价突破40元/千克，全年平均价格36元/千克，同时受市场影响及湖羊养殖技术的提高，出栏肉羊毛重有较大幅度增加，最高可达60千克左右，湖羊种羊供不应求，价格最高达到70元/千克，平均价格在67元/千克。总体上，畜禽养殖效益较好，养殖企业养殖积极性较高。

【畜禽养殖疫病防治、卫生监督】 2021年，吴兴区开展春、夏、秋、冬四季集中免疫行动。全年完成高致性禽流感病毒灭活苗免疫708.29万羽，其中鸡、鸭、鹅、其他禽类的免疫数分别为693.53万羽、7.73万羽、3.39万羽、3.54万羽，使用疫苗186.19万毫升；猪口蹄疫免疫2.88万头，牛羊口蹄疫免疫17.8万头，累计使用口蹄疫疫苗11.99万毫升；高致病性蓝耳病免疫1.03万头，使用疫苗1.07万份；猪瘟免疫1.234万头，使用疫苗1.28万份；小反刍兽疫免疫10.44万只，使用疫苗10.27万份。全区未发生禽流感等重大动物疫病。完善产地、屠宰检疫监管，依法执行产地检疫申报程序。全年全区产地检疫生猪3.20万头。屠宰生猪11.27万头、牛0.60万头。完成屠宰环节瘦肉精监督抽检2236份，合格率100%。健全行业监管，通过开展"规范动物诊疗行为""规范跨省调运行为"等专项行动，对养殖场防疫条件、畜禽屠宰环节、动物诊疗行为和兽药经营等进行规范监管，严厉查处违法行为，共办结各类动物卫生监督违法案件10起。

（黄华顺　邱　峰）

水　产

【概况】 2021年，吴兴区现代渔业产业，围绕生态统领渔业发展，以"保生态、保安全、促增收" 为着力点，以"循环高效、优质安全、强渔富民"为主攻方向，推进现代渔业园区建设，加快渔业转型升级，现代绿色渔业发展取得新成果。养殖面积基本稳定、水产品产量和产值继续增长。由于饲料和人工工资上涨，水产品养殖成本增加，常规鱼价格基本稳定；名特优水产品的价格有涨有跌，全区各类水域养殖面积5766公顷（稻田1813公顷，不计入养殖面积）。水产品总产量103991吨，比2020年增加9113吨，同比增长9.60%，淡水捕捞产量1879吨，比2020年减少4吨，同比下降0.21%；淡水养殖产量102112吨，比2020年增加9117吨，同比增长9.80%。全年渔业经济总产值243241万元，比2020年增加22033万元，同比增长9.96%。其中，渔业产值219390万元，比2020年增加21168万元，同比增长10.68%。

【水产品养殖及市场】 2021年，吴兴区四大家鱼等常规鱼养殖产量32702吨，增长6.27%，名特优新水产品养殖产量69410吨，增长11.55%，占养殖总产量67.97%。常规鱼市场价格基本稳定，名优鱼类的市场价格有升有降，主要养殖名优鱼价格相对稳定，虾蟹类市场价格与2020年基本持平，前期高后期略有降低。全区名特优水产品专、混养8.43万亩面积约占97.46%，常规鱼养殖面积呈现下降趋势。养殖品种主要以河蟹、青虾、鲈鱼、黄颡鱼等品种为主，罗氏沼虾、青虾、南美白对虾等虾类面积有所上升。

【水产种子种苗】 2021年，吴兴区淡水苗种繁育量增加，鱼苗价格平稳，青、草、鲢、鳙、四大家鱼鱼苗价格基本稳定，黄颡鱼、鲈鱼等名优产品生产量增加，价格稳中有升。全区淡水鱼苗总量30亿尾，比2020年增3.0亿尾。全区虾类育苗50亿尾，其中罗氏沼虾育苗生产企业5家总销售量50亿尾，产值1.9亿元，平均价格比2020年基本持平。

【无公害水产品生产】 2021年，吴兴区累计有效无公害水产品生产基地13个，总面积3810亩，无公害产品13个，全区省级以上水产健康养殖示范场累计26家。积极开展水产养殖病害测报工作，全年落实7个测报点，池塘面积640亩。继续加强渔业生产投入品监管，严厉打击违禁生产销售渔药、饲料及饲料添加剂等行为，规范水产苗种生产行为。

【渔业园区建设】 2021年，吴兴区杨溇太湖蟹养殖基地和湖旺水产种业基地是两个省级渔业园区，全区省级水产园共16个（主导产业5个，精品园11个），面积27170亩（主导产业22780亩，精品园4390亩）。通过建设园区基础设施条件显著提高，初步建成一批主体明确、布局合理、基础设施完备、养殖品种新、技术标准化、营销品牌化的现代渔业园区。

【渔技推广】 2021年，吴兴区发布主要推广技术和品种，主导产业：河蟹、青虾、名优鱼类。主导品种：太湖1号青虾、太湖2号青虾、南太湖2号罗氏沼虾、申江1号河蟹、优鲈1号加州鲈鱼、优鲈3号加州鲈鱼、黄颡鱼。主推技术：稻渔综合种养技术、池塘养殖尾水的处理净化技术、池塘内循环流水养殖（跑道养鱼）技术、池塘配合饲料替代冰鲜鱼养殖技术、池塘鱼类多品种生态混养技术、种草养蟹/虾生态技术。建设高品质绿色科技示范基地2家，总面积1520亩，全区培育科技示范户46户，示范总面积0.92万亩，辐射带动周围农户690余户，面积1.6万亩。

（张　艳）

林　业

【概况】 2021年，吴兴区林业产业总产值为218376万元，同比减少1915万元，降低0.87%。其中，第一产业实现产值58404万元，同比增长2064万元，提高3.66%；以木竹制品加工等为主的第二产业实现产值101996万元，同比增长3792万元，提高3.86%；以林业为依托的森林休闲旅游等为主的第三产业实现收入57976万元，受疫情影响，较2020年同期降低了11.8%。

【林业生态】 2021年，吴兴区结合生态区建设，推进生态公益林工作，建设重点生态公益林面积165222.64亩，进一步完善森林生态屏障体系，林业生态建设上了新台阶。加强美国白蛾监测防控，贯彻落实省领导“加强监测、及时处置、阻断传播”的批示要求，做好定期普查工作，设置10个监测点进行诱集，定点监测，确保林业生态安全。开展松材线虫病除治攻坚，坚持“因地制宜、多措并举，标本兼治、以防为主，依法防控、科学除治，政府主导、社会参与”的原则，扎实推进松材线虫病除治各项工作。吴兴区涉松面积63012亩，2021年秋季疫情普查显示，松材线虫病发生面积30098亩，病死松树4126株。截至2021年年底，共清理疫木7600余株，其中安全利用110余万公斤。

【林业产业】 2021年，吴兴区大力发展林业主导产业，实现竹笋产业产值17563万元。推进湖州长颈鹿庄园有限公司、湖州原乡假日小镇实业有限公司等旅游企业的发展。积极组织浙江琴忻谷生态农业有限公司、湖州绿乐农业科技有限公司、湖州兴篁林业科技有限公司、湖州菱新茶业专业合作社、湖州吴兴新艺笔斋、吴兴拾芳园家庭农场等企业参加义乌森林产品博览会。

【森林资源保护】 2021年，吴兴区林地保有量52.1万亩，森林面积49.4万亩，2022年森林督查和“一张图”年度更新结果显示：吴兴区2021年度森林覆盖率为38.20%，较2020年度上升0.01%；乔木林单位面积蓄积量5.82立方米/亩，较2020年度上升0.2立方米/亩。林长制体系全面推开。制定实施《吴兴区全面深化林长制的实施方案》，构建具有吴兴特色的“四长+一员”管理模式，即“一级林长”由区相关领导担任，“二级林长”由各乡镇党政主要领导担任，“三级林长”由所在村(社区)书记担任，“四级林长”由专职护林员担任，乡镇建立起乡土技术专员队伍，进一步压实区镇村“造林护绿”属地责任。毁林行为有效遏制。按时完成浙江省林业局下发的2013—2017年毁林专项行动17个图斑的整改，回收林地面积139.35亩。处置2018—2020年确认违法的图斑27个，违法案件24宗，涉及林地面积322.36亩。推进2021年森林督查年度更新，完成2021年663个图斑核查，及时发现和处置违法案件5宗。自然保护地不断优化。完成《湖州市吴兴区自然保护地优化整合调整方案》，整合优化后，吴兴区县域内共有2处自然公园，各类自然保护地总面积为21534.55亩，占全区区域面积的1.66%，其中梁希国家森林公园20714.08亩、移沿山省级湿地公园820.47亩。野生动物有效保护。高度重视林业生态和资源保护建设，探索建立野生动物保护长效机制，在湖州长颈鹿庄园设立吴兴区首个陆生野生动物收容救护点，实行全年24小时救援待命。全年，救护点完成救护猫头鹰、白鹭、黑天鹅、苏卡达陆龟等野生动物58次。

【林技推广】 2021年，吴兴区开展“一亩山万元钱”五年行动计划，新建以竹类覆盖技术推广为重点的示范面积610亩，辐射推广面积3500亩，巩固深化面积5000亩，新增产值4380万元。开展竹林下种植食用菌、中药材等科技推广试验，竹林微耕机等林业机械和鞭笋丰产技术应用的科技推广项目，举办林业技术推广培训班，培训103人次。

【森林城市创建】 2021年，吴兴区贯彻落实省委、省政府“五年绿化平原水乡、十年建成森林浙江”战略部署，推进全省新增百万亩国土绿化行动，全区完成造林面积1233亩；结合“森林吴兴”和“大花园”建设，妙西、道场、东林三镇同创，成功创成“省级森林城镇”，实现吴兴区省级森林城镇全覆盖；开展“一村万树”建设行动，新创建“一村万树”示范村4个。

(区自然资源和规划分局)

农　机

【概况】 2021年，吴兴区按照“立足大农业，发展大农机，培养新农民，建设新农村”的总体思路和要求，坚持以促进农业增效、农民增收、提高全区农机化作业水平为重点，推进农业生产规模化、机械化，促进土地流转。按照浙江省人民政府《关于大力发展农业机械化的若干意见》精神，宣传贯彻农业机械化法律法规，认真执行农业机械购置补贴政策，推广先进适用农业机械及配套技术，扶持发展农机专业合作社，加强农业机械化安全生产管理，强化农机机械依法监督管理，社会、经济、生态效益日趋显现，农业机械化事业稳步推进。全年早稻和晚稻种植面积10.52万亩，其中机械耕地10.52万亩，机械栽植7.38万亩，水稻机收10.52万亩，水稻综合机械化率约为91.05%。全区高效植保机械化覆盖率为100%，谷物机械化烘干率87.5%。

【农机购置补贴政策】 2021年，吴兴区农业机械购置补贴坚持“总量控制、优化结构、突出重点、分级扶持、包干使用”和“公开、公正，农民直接受益”的原则。综合考虑农业产业结构、农机化综合水平、在用农机存量结构和农民需求，严格按照浙江省下达的资金控制额度，合理调配使用。全年受理农机购置补贴农机具240台，受益农户197人次，其中支付农机购置补贴资金185万余元．积极开展中央农机报废补贴政策，坚持“农民自愿、国家扶持、便捷高效、促进更新”的原则，鼓励和引导农业机械加快淘汰和升级换代，全年累计兑现报废补贴资金5.7万元。通过加强与交警部门联系，组织上道路拖拉机清零回头看等工作，全区上道路拖拉机数量全部清零，有效优化农业机械装备结构，提高农业机械技术水平和作业效率，保障安全生产，促进节能减排。

【农机监督管理】 2021年，吴兴区农机安全监督管理坚持以农机安全生产为中心，贯彻落实《中华人民共和国农业机械安全监督管理条例》，加强领导、精心组织，狠抓农机安全生产和规范化管理，为全区农业机械化又好又快发展提供较好的安全保障。全年创新引入第三方机构开展农机安全年检工作，聘请第三方专业农机检验机构年检农机199台套。此外全年受理拖拉机上牌及驾驶员补换证件业务35余件，会同公安交警出动警力90余人次，检查上道路拖拉机8次，纠正各类农机安全隐患45项；组织集中安全宣传18次，发放各类安全宣传资料850余份，安全生产检查65余次，全年农机事故零死亡，无重特大事故发生。

【农机推广】 2021年，吴兴区农机推广工作不断向高效、科技、数字化层面迈进。遵照省、市、区统一部署全面实施科技强农，机械强农行动，坚定不移走高效生态农业发展路子，推进机械强农工作取得实际成效。包含良种繁育，宜机化改造，农事综合服务中心建设不同方面五家农业主体建设项目纳入省级双强行动建设名单，总投资1200余万元，争取省级补助资金700多万元。积极开展省级“一县三基地”主体示范创建任务，2021年吴兴区创成稻麦产业机器换人高质量发展先行县，创建高标准农机综合服务中心3家，农艺农机融合示范基地4家，数字农机应用基地3家以及农机创新试验研究基地1家。注重农机化示范带动作用，农机社会化服务范围持续扩大。在吴兴稻丰农业有限公司，湖州沃有农业有限公司积极推广无人机植保飞防服务，年累计植保服务量约10万亩。吴兴尹家圩粮油植保专业合作社创新推广“稻渔共生+跑道养鱼”新型生态种养模式，实现“千斤粮万元钱”的生产目标。各类示范创建的引领带动作用，为提升吴兴区产业层次，助力农业机械化高质量发展，实现乡村振兴和共同富裕做出应有贡献。

（沈　旗）

水　利

【概况】 2021年，吴兴区境内（不含南太湖新区）有河道1492条总长1469千米。湖漾共80个16.9平方千米（500亩以上的较大湖漾有8个，即西山漾、长漾、松溪漾、清墩漾、义家漾、陆家漾、商林漾和洛舍漾）。有中型水库1座（老虎潭水库，属市水利局管理）。小型水库20座（妙西8座、埭溪10座、东林2座），总库容1亿立方米。山塘总计 243座（其中万方以上山塘69座，万方以下山塘174座）。

【水旱灾害防御】 2021年，吴兴区重新核定各类水利工程2021年度控制运行计划，汛前汛中全程监管执行到位。组建一支由29位专家和技术骨干组成的水旱灾害防御应急抢险技术支撑队伍。抢在汛情来临前完成七里亭工地临时排涝设施安装调试。对东林镇青山港水利工程设施作修复，完成3处堤防护岸应急抢险修复工作。完成20座水文测站改扩建工程。开展吴兴区第一次水旱灾害风险普查，实施山洪灾害非工程措施，进一步提升水旱灾害防御和山洪灾害预警防御能力。汛期严格执行24小时值班值守制度，科学调度水利工程，及时启动排涝，在防御梅雨、台风烟花和灿都期间共排涝近2100台时，水库预泄预排水量120万立方米。成功处置郭西湾圩区漫堤险情，保障全区安全度汛。

【水系综合整治工程】 2021年，吴兴区累计完成投资3.8亿元。太湖流域苕溪（吴兴区）周边水系综合整治工程，计划总投资3.65亿元，年内累计完成投资7000万元，顺利完成七里亭泵站桩基工程，郭西湾排涝站完成场地清理、平整工作。高铁新城周边水系综合整治工程EPC工程总承包项目，计划总投资5亿元，年内累计完成投资1.5亿元。老虎潭下游河道及周边水系综合整治（一期）工程，计划总投资5亿元，年内累计完成投资1.6亿元，二期工程方案编制完成。

【水利改革】 2021年，吴兴区深入推进水管理平台二期建设，主汛期前上线"一舱六能一中心"（"一舱"即一个防汛指挥驾驶舱；"六能"包括水情态势感知、山洪公众预警、水库泄洪预警、低洼易涝预警、险情联动诊断、在线协同指挥六大智慧赋能场景化子应用；"一中心"即一个防汛数据共享中心。）的防汛防台数字化系统，提升了预警监测水平，获得浙江省水利厅水旱灾害防御数字化样板试点和水利视频AI组件揭榜挂帅试点。完成《吴兴区"三化"改革工作方案》编制，成功列入省水利厅"三化"（物业化、标准化、数字化）改革创建试点县区名单。创新水利工程物业化管护模式，采用区级统招乡镇分签的方式，实现全区205个规模以上水利工程物业化管理全覆盖，打破水利行业"重建轻管"的历史格局。2021年完成农业水价综合改革五个"一百创建"（全省创建100座农业灌溉更新升级示范泵站机埠、100座农业灌溉更新升级示范堰坝水闸、100个改革示范灌区灌片、100个各类农民用水管理示范主体、100个改革示范基层水利站所）及各项绩效考核，农田灌溉水有效利用系数提升至0.634，列湖州市第一。

【河道整治与管理】 2021年，吴兴区全面推进51条河道整治项目，整治总长度60千米，全年累计完成投资7000万元。大力提升河湖保洁水平，组织锦绣公司300名员工，150条船，对全区骨干河道做到及时打捞、及时处理。开展中心城市河道蓝藻防控工作，为湖州市打造文明典范城市和长三角主要领导人座谈会云开工仪式期间提供水环境保障。成功创建省级美丽河湖2条。

【水政水资源管理】 2021年，吴兴区万元GDP用水量列湖州市第一。成功通过国家级节水型社会创建达标县验收。推进取水许可清理规范，开展无证取水和取水许可审批不规范等问题集中整治。推动吴兴区童装配套产业园区节水试点建设，对园区内砂洗企业实行"节水论英雄"制度，成功打造浙江省唯一工业园区节水标杆。

【水利文化】 2021年，吴兴区举办全国性潘季驯治水成就与新时代水文化高层论坛。活动邀请来自全国各地100多名水利史、水文化专家参会，弘扬了吴兴水利文化。太湖溇港水利风景区作为浙江省2家之一，获水利部指定在全国水利风景区高质量发展现场会上作典型发言。西山漾水利风景区成功通过国家级水利风景区现场考察验收。

【面上水利工程建设】 2021年，吴兴区累计实施6片圩区整治工程，整治面积13.82万亩，全年累计完成投资1亿元。全面推进10座水库除险加固工程，2021年累计完成投资5000万元。

（吴永祥）

工业经济

综 述

【概况】 2021年，吴兴区以数字化改革为总牵引，以"五区联创""十大专班"为主载体，踔厉奋发、笃行不怠，以沸腾状态开创"十四五"发展新局面，全区工业经济规模总量迈上新台阶，发展质效取得新突破，交出了制造业高质量赶超发展的高分答卷。

2021年，吴兴区完成规模以上工业总产值842.1亿元，同比增长31.1%；规模以上工业增加值169.4亿元，同比增长12.5%，规模以下工业增加值同比增长13.5%，列全市第一；实现利税、利润分别为69.4亿元、51.5亿元，同比分别增长24.3%、25.3%；完成战略性新兴产业、高新技术产业、装备制造业增加值分别为100.8亿元、134.6亿元、68.9亿元，同比分别增长15.0%、13.5%、20.0%。

（戚绮霞）

数字经济

【概况】 2021年，吴兴区紧扣数字经济"一号工程"，善用"锻优补"强脑、工业大脑、城市大脑、万物智脑和创新动脑的"五脑"赋能，数字经济整体发展水平全市领跑、全省先进。数字经济是以数据资源为关键生产要素，以现代信息网络为主要载体，以信息通信技术融合应用、全要素数字化转型为重要推动力，促进效率提升和经济结构优化的新经济形态。

【数字经济新一代通信技术】 2021年，吴兴区创新设计"1+2+3+N"（"1"中心：长三角云数据中心，"2"基地：数字经济制造生产基地、软件研发基地，"3"商圈：网红圈、金融圈、电商圈，"N"幢数字经济楼宇：EBD总部自由港、双子大厦、清远大厦等为核心）数字经济生产力布局，数字基础设施不断夯实。深化光网城市建设，加快推进5G通信、云数据中心等数字基础设施建设，全区重点区域免费无线上网AP点达到1万个以上，累计建设5G基站近2000个，列全市第一，建成长三角云数据中心等3个数据中心。

（胡 佳）

智能装备

【概况】 2021年，吴兴区在新型工业化加速发展的大背景下，我国高度重视智能制造装备产业的发展，始终把大力发展智能装备产业作为产业发展的重中之重，先后成功创建省级现代物流装备产业示范基地、省级高端装备制造业特色基地、省第三批"万亩千亿"新产业平台。企业主要分布于高新区、埭溪镇。全区智能装备产业企业116家，实现产值264.4亿元，占比31.4%。其中，三一装备履带起重机获评国家制造业"单项冠军"示范产品，实现全区零的突破。

【智能装备产业链】 2021年，吴兴区智能装备产业企业116家，培育一批自主创新能力强、竞争力强的“双强”企业，德马科技是我国境内最大的输送辊筒及零部件制造商、规模最大的输送机制造商之一；精星物流是国内排名第一的自动化立体仓库制造企业；世仓仓储自主研发的智能穿梭车的国内市场占有率排名第一；三一装备是国内最大的履带式起重机研发和制造企业；力聚热水机在真空热水锅炉领域处于国内行业龙头地位。

（戚绮霞）

金属新材

【概况】 2021年，吴兴区金属新材产业企业57家，实现产值175.8亿元，占比20.9%。其中，金洲管道工业获评浙江省企业技术中心论证。金属新材业作为高技术产业、先进制造业的基础和先导，是提升综合实力、打破技术壁垒、维护国家安全的重要战略性新兴产业。金属新材产业是发展起步较早、规模较大的传统产业，是吴兴区工业经济的支柱产业，成功创建特种金属管道国家级特色产业基地、金属新材产业市级产业集群。

【金属新材产业企业】 2021年，吴兴区金属新材产业企业57家，金属新材产业形成了以金洲管道、栋梁铝业、久立穿孔等龙头企业为代表的金属新材企业集群。未来空间布局，重点发展区域主要为高新区、织里镇、八里店镇；重点发展不锈钢管材、新型铝材两大领域，依托企业为金洲管道、栋梁铝业、久立穿孔、米皇新材等。

（戚绮霞）

纺织服装

【概况】 2021年，吴兴区纺织服装产业企业110家，实现产值244.4亿元，占比29.0%。纺织服装产业是吴兴区传统支柱产业之一，织里童装产业集群成功列入省现代产业集群转型升级示范区试点，服装(童装)产业大脑入选全省第一批行业产业大脑建设试点“揭榜挂帅”项目。

【家纺类企业】 2021年，吴兴区形成以珍贝羊绒、米皇羊绒等为代表的羊绒制品类企业群，以新凤鸣、华祥高纤为代表的化纤类企业群，以喜盈盈纺织、大港纺织为代表的家纺类企业群，以东立丝绸、新南海织造为代表的丝织类企业群，以布衣草人、今童王为代表的童装类企业群。新凤鸣、华祥高纤成为功能性纤维领域的领军企业，双双被评为2021年度“双金”企业，引领全区现代纺织企业向前推进。珍贝羊绒是一家以生产羊绒纱、羊绒衫、羊绒大衣等产品为主的民营毛纺织企业。公司被评为浙江省“隐形冠军”，产品连续多年获得全国同类产品销售综合占有率第二名。浙江布衣草人服饰有限公司是一家集设计、生产、销售、服务于一体的儿童品牌服饰公司，拥有2万多平方米的现代化生产基地，企业在全国各地拓展近千家销售门店。未来空间布局，重点发展区域主要为织里镇、八里店镇；重点建设织里童装现代产业集群转型升级示范区，重点发展品牌童装、差别化纤维、羊绒制品、真丝及棉织品四大领域。

（戚绮霞）

童装产业

【概况】 2021年，吴兴区童装生产销售15亿件套，销售额约700亿元，占据国内童装市场2/3；电商企业达8000多家，全年线上交易额约200亿元；织里童装产业配套较为完整，形成相对完整的产业链，拥有全国性专业童装面辅料轻纺城、童装市场、物流中心和劳动力市场，成为中国规模最大、分工协作最紧密、反应速度最快的童装产业集群。推进织里童装产业发展，把握传统制造业和童装产业发展规律，以“万千百十个”为工作路径，即强力整治万家加工点、推进千家小升规、重点培育百家示范户、精准实行十家规改股、做强一个综合体，有序推进转型升级工作，推动童装产业规模化、品牌化、国际化、数字化发展。

【童装品牌建设】 2021年，吴兴区为加快织里由"童装名镇"向"童装强镇"转变步伐，织里镇"品牌运营中心"开业，通过织里、浙北大厦集团共同合作，嫁接阿里旗下蚂蚁金服资源，打造集内贸外贸、线上线下于一体的童装零售为主的品牌营运中心。有男生女生、巴拉巴拉、贝贝王国等近200家国际国内一线品牌签约入驻，于2020年正式启动运营，二期招商基本完成。建设"织里童装产业示范园区"，着力打造童装生产"工匠精神"展示基地，破解织里童装低端生产模式，成为童装制造业的一个龙头园区，持续推动"生产进园区"，现一期投入使用，二期竣工招商中，三期一标段初步建设完成。"童装智慧仓储物流园区"与腾讯合作建设，打造集仓储、配送、管理、结算、运营为一体的现代化智能仓储物流中心，加快建设中。童装上市企业总部园计划占地千亩，集聚优势资源，吸引全国知名童装企业总部入驻织里，营造品质品牌引领、龙头带动效应。现一期500亩招商工作已基本完成，越也、笛沙等11家企业已签订协议，其中1001夜、中赛、越也和不可比喻等7家企业已经竣工。

【童装产业链】 2021年，吴兴区童装产业创新服务综合体，集聚创新服务机构74家，引进合作大院名校8家，建立产业创新公共服务平台8个，引进科技中介机构31家。加快推动"童装产业大脑"项目，通过运用大数据和人工智能，开发"一键设计""一键用工""一键智造""一键团购""一键金融"五大功能模块，打破数据壁垒，疏通企业堵点，解决企业难点，破解童装设计、产业用工、产能调配、材料采购、金融需求等五大问题，实现资源互补和产能高效利用。加速推动童装新制造项目，引入杰克、汉脑等智能制造系统解决方案供应商，推进童装数字化车间和智能工厂建设，以"标准制造+数据分析"，创新生产新流程，建立生产新标准，构建生产新体系，实现生产更高效、管理更科学、质量更可靠，重新定义童装制造，让"智造"回归。弗兰尼尔等11家童装企业全面启动数字车间改造，其中7家企业于年底完成改造，为童装数字化改革创新作表率，为行业树标杆立标准。公共服务整体提升。设计中心已有14家专业设计公司及摄影机构入驻。该中心2021年通过线上线下相结合的形式为童装企业提供品牌服务400余次，各类培训服务覆盖2000余人次，举办新品发布会订货服务会10余场。综合体着力构建"一城二园三中心五平台"的创新格局（"一城"：即打造中国童装城为童装产业技术创新服务的综合大楼；"二园"：即童装产业园、童装小微企业园，建设成为规范化、标准化、创新化童装生产企业的集聚地；"三中心"：即童装设计中心、电商孵化中心和质量检验中心，着力增强公共服务功能，五平台即电商众创、人才支撑、金融服务、跨境贸易、童装大数据等平台。），自设立以来致力于通过科研项目成果转化、产学研一体化建设等方式，不断推动童装产业转型升级。2021年，服务中小企业12010家次，解决技术难题41个、检测童装8000多批次、培训5000余人。建设浙江湖州数字文化职业学院，破解童装产业人才难题，由中国美院倾力设计将以"一馆、两院、三平台"的产业结构，打造中国首个"地标性童装文旅产业"和童装产业的人才供给、培养平台。

【童装市场服务体系】 2021年，吴兴区域提升服务质量和办事效率，培育童装市场主体，推进童装经营业主建立现代企业治理机制。三大中心建成投入使用，提升公共平台服务能力。织里镇童装电子商务孵化中心，立足电子商务人才培训、第三方服务支持、摄影、代运营、电商专业人才输出等方面提供相应服务，电子商务孵化中心培训3000余人次，为企业提供人才输送、人才培训、摄影、美工、代运营等相关服务5000多家次。质检中心检测8000多批次，累计与1000多家织里童装企业建立的稳定的服务关系。

（织里童装办）

小微产业园

【概况】 2021年，吴兴区持续深化小微企业园“标准房”制度改革，明确“产业类别、企业规模、投资强度、亩均产值、亩均税收、环保安全、企业能耗、履约退出”八条标准，积极打造“事前定标准、事中做监管、事后强履约、亩产论英雄”的新型建设管理模式，优化小微企业发展环境，推动小微企业园高质量发展。

【小微企业园建设管理】 2021年，吴兴区持续深化“标准房”制度改革，加强小微企业园建设管理，优化小微企业创业创新环境，不断推动小微企业园高质量建设和小微企业高质量发展。全区新增省“五星级”小微企业园1家，省“四星级”小微企业园2家，省“数字化”示范小微企业园1家，市“三星级”小微企业园2家，列全省前列、全市第一。

【小微企业园数字化建设】 2021年，吴兴区“五力法”推动小微企业园“数字化”转型列入小微企业园主管单位最佳实践案例，湖州中节能（湖州）节能环保产业园小微企业成长与区域绿色发展的实践与探索、湖州七幸科技产业园创新打造“孵化+医疗”特色小微企业园列入小微企业园运营机构最佳实践案例。全区累计省认定小微企业园17家，其中，国家小型微型企业创业创新示范基地2家，省“五星级”小微企业园3家，省“四星级”小微企业园5家，省“数字化”示范小微企业园8家，市“三星级”小微企业园6家，列湖州市第一。

（戚绮霞）

节能减碳

【概况】 2021年，吴兴区以推动实现“碳达峰碳中和”为总目标，紧盯能耗双控，大力发展可再生能源，深化绿色制造，助推全区经济社会绿色低碳循环发展。全年，吴兴区单位规模以上工业增加值能耗下降率4.4%，列全市第一；全年煤炭用量46.2万吨，较2020年下降21.8%，占全年控制用量的72.3%；全年新增光伏装机5.3万千瓦。深化推动绿色制造，新认定国家级绿色工厂1家、国家级绿色设计产品9个、国家级绿色供应链管理企业1家；省级绿色低碳工厂2家。

【绿色制造业体系建设】 2021年，吴兴区持续完善以园区、工厂、产品、供应链为重点内容的绿色制造体系建设，全年，新认定国家级绿色工厂1家、国家级绿色设计产品9个、国家级绿色供应链管理企业1家；省级绿色低碳工厂2家；市级绿色低碳园区1家，市级绿色低碳工厂9家；累计完成绿色工厂提档升星56家；全区三星级及以上绿色工厂占比达到56.1%。浙江德宏汽车电子电器股份有限公司和湖州珍贝羊绒制品有限公司列入国家工业产品绿色设计示范企业名单。推进工业企业绿色低碳改造，全年，完成绿色化改造项目22个和资源综合利用项目4个；推动9家企业通过清洁生产审核，服务20家企业完成节能诊断；久立特材管件、金洲管道工业2家企业申报省级节水型企业。

【资源循环经济示范城市建设】 2021年，吴兴区加快推进资源循环利用示范城市建设，全面完成17项创建指标年度目标任务，列入省级资源循环利用示范城市创建类名单，获得2022年省发展与改革专项资金750万元。加快推进重点项目建设，美欣达汽车拆解一期、绿能吴兴可再生利用中心、一环环保废油回收利用、欧汇工业固废资源化利用等重点项目竣工投运。开展园区循环化改造，浙江吴兴工业园区国家园区循环化改造示范试点中期调整方案获得批复同意，完成新港吴兴童装产业环境综合整治配套园污水处理改扩建工程等3个新增项目资金申请报告专家评审工作。

【淘汰落后产能企业】 2021年，吴兴区严格实施《浙江省淘汰落后生产能力指导目录》，以水泥、铸造、造纸、印染、化工等高耗能行业为重点，排定全年淘汰落后产能企业和腾出用能空间目标。全年，全区淘汰落后产能企业19家，腾出用能空间1.13万吨标准煤。

【“低散乱”企业整治】 2021年，吴兴区持续推进以“四无”，即无证无照、无安全保障、无合法场所、无环保措施等违法违规生产经营行为为重点的“低散乱”企业（作坊）动态排摸，依法依规采取关停淘汰、搬迁入园、改造升级等整治措施。全年，全区完成“低散乱”企业（作坊）整治提升135家。

（沈婧莹）

企业建设

【概况】 2021年，吴兴区以“金象金牛”大企业培育为抓手，着力开展“小升规”、企业6S管理等专项工作，采取重点关注、要素保障、规划引领等举措，加快引导企业由规模战略向自主创新转变，加快提升产品价值链地位及市场竞争力，全力培育国际知名、国内领先的产值百亿级企业（集团）和超亿级企业群。2021年，规模工业企业达到404家，营业收入超10亿元企业达到14家，全年完成“小升规”48家。

【“金象金牛”企业科技创新】 2021年，吴兴区加快培育“双金”企业、6S管理先进企业、初创型企业，构建合理企业梯队。大东吴、美欣达、新凤鸣被认定为全市2021年度“金象”企业，三一装备、金洲管道、万邦德、华祥高纤被认定为全市2021年度“金牛”企业，“金象金牛”企业数量全市第一。三一装备履带起重机获评国家制造业“单项冠军”示范产品，实现全区零的突破。宜可欧等3家企业入围国家专精特新“小巨人”企业，累计达5家。

（戚绮霞）

信息化建设

【概况】 2021年，吴兴区坚持数字经济“一号工程”发展理念，紧扣“数字产业化、产业数字化、企业智能化”主线，深入推动产业大脑、未来工厂、云计算、物联网等新一代信息技术与制造业深度融合发展，提升全区数字经济发展水平。全年，吴兴区数字经济综合指数88.1，列全省第二十二、全市第一；两化融合发展指数108.2，列全省第十二、全市第一，均列全省第一梯队。

【信息技术推广应用和企业信息化改造】 2021年，吴兴区开展专家问诊服务，组织智能制造领域相关专家深入区龙头企业，重点针对企业一把手、CIO，围绕信息化建设等进行政策解读和专业指导，着力提升企业信息化发展水平。聚焦重点企业，抓好示范引领。久立特材列入2021年省级未来工厂企业名单；栋梁、长城电工等5家企业获评省级智能工厂（数字化车间）；服装（童装）产业大脑列入省级第一批揭榜挂帅项目，且列入数字经济系统第一批优秀应用名单，吴兴区在2021年数字经济系统建设考核中被评为优秀，列全省区县第五。

【信息化项目及专项资金申报】 2021年，吴兴区德宏汽车电子等5家企业列入2021年度省级云上企业，全市第一；三一装备、久立特材2家企业列入省级工业互联网平台名单，久鼎电子等3家企业列入2021年度省级工业互联网创建平台名单，全省前列。落实用好研发加计扣除、各类财政优惠政策，引导企业积极申报国家、省市政策资金，实现借力发展。全年全区落实数字经济领域高质量发展专项资金2798.51万元。

（胡　佳）

电　力

【概况】 2021年，吴兴区供电分公司始终践行“人民电业为人民”的企业宗旨，旗帜领航，务实担当，在高质量建设多元高弹性电网、实现服务转型升级与优化营商环境的进程中稳步推进各项工作。全区社会用电量达82.82亿千瓦时，同比增长14.28%，最高负荷达162.52万千瓦，同比增长8.29%。

【电网建设】 2021年，吴兴区完成电网建设改造项目51项，累计完成投资1.65亿元。新建及改造10千伏高压线路30条，长度113.2千米。新建及改造0.4千伏低压线路124条，长度239.56千米。新增变压器79台，容量3.70万千伏安，新增开关站64座。秉持电力先行战略，推动电网规划落地实施。立足吴兴区“十四五”发展规划，深入分析地区供电薄弱点，提升电网供电能力，完成雁沙220千伏输变电工程、五林110千伏输变电工程可研初设等工作，顺利完成瑞祥110千伏输变电工程投运。有序推进金桥110千伏输变电及各项配套送出工程建设，开展市北110千伏输变电工程、环渚110千伏3#主变扩容工程前期可研工作。响应政府民生需求，做好城市建设电力服务。全力配合做好电力迁改工作，先后完成内环快速路地下综合管廊、104国道拓宽、湖苏沪高铁建设等市政重点工程电力线路移位搬迁，

2021年吴兴区全社会用电量按行业构成情况一览表

表1

用电分类	用电量（万千瓦时）	构成（%）	比上年增长（%）
全社会用电量合计	828169.56	100	14.28
城乡居民生活用电	110894.85	13.39	9.96
全行业用电	717274.70	86.61	14.98
（一）农、林、牧、渔业	8833.04	1.07	0.03
（二）工业	508763.06	61.43	12.89
（三）建筑业	21355.74	2.58	13.26
（四）交通运输、仓储、邮政业	24758.15	2.99	7.52
（五）信息传输、计算机服务和软件业	14462.78	1.75	36.44
（六）商业、住宿和餐饮业	46903.42	5.66	26.14
（七）金融、房地产、租赁与商务服务	11669.21	1.41	19.31
（八）公共事业及管理组织	2780.66	0.34	6.86
（九）城乡居民生活用电	19520.94	2.36	31.41
（十）租赁和商务服务业	8431.38	1.02	28.88
（十一）公共服务及管理组织	49796.34	6.01	21.83

保障市政重点项目落地。不断助力“美丽小区、美丽街巷”建设，完成23个老旧小区电力线网整治。完成15个老旧小区充电桩配套“整体加装”，有效破解老旧小区电动汽车充电难问题。践行“双碳”发展理念，示范新型电力系统建设。面向电动汽车充电监测用能实际需求，完成滨湖综合能源服务站氢—电双向转换及储能一体化系统投运，形成能源清洁生产和末端高效利用的低碳闭环新范式。打造潞村自动化自愈圈，试点建设浙江省首套就地保护型馈线自动化系统，实现毫秒级隔离故障区域，为湖州城乡一体化建设提供充足电力保障。

【供用电有序稳定】 2021年，吴兴区供用电秩序平稳，有序用电工作安全稳定，成功应对电力供应缺口。6月，国网湖州供电公司编制《2021年浙江电网超电网供电能力拉限电序位表》，并与吴兴区发改经信局进行盖章确认。7月，吴兴区发改经信局、南太湖新区经发局联合下发《关于做好2021年度吴兴区有序用电和电力需求侧管理工作的通知》，对吴兴地区内所有的企业按照企业所属行业类别、产业层次和区企业培育计划，分为重点保障、优先保障、一般保障、重点限制四个档次。根据企业档次与负荷情况，分六个等级编制避峰负荷28万千瓦的限电预案及相关机动负荷。9—10月，为应对电力供应缺口，根据浙江省发改经信厅指示，吴兴区依次启动B级、C级有序用电。同时，根据吴兴区各行业生产实际，吴兴区发改经信局、南太湖新区经发局联合下发《关于调整2021年有序用电工作方案的通知》，对有序用电方案作出适应性调整，有效应对阶段性电力供应缺口。

另外，为减轻有序用电压力，增强电网弹性，吴兴区支持供电企业进一步开展电力需求响应工作。7月，吴兴区发改经信局、南太湖新区经发局共同参与国网浙江省电力有限公司组织的迎峰度夏需求响应实战演练。吴兴区切实加强企业用电负荷管理，合理引导企业错峰避峰用电，保障供用电秩序、满足用电需求、促进产业转型升级。

【电力营商环境优化】 2021年，吴兴区坚持深化电力“最多跑一次”改革，持续优化电力营商环境创新服务举措，实现业扩提质提速。优化办电流程简化办电手续，围绕“减环节、减时间、减费用、减材料”的要求，提出进一步精简用电报装环节、降低企业用电报装成本、优化外线工程行政审批等工作举措，明确企业客户用电报装申请材料减少至2项。全面推广“三零三省”服务，低压小微企业用电报装“零上门、零审批、零投资”服务，高压用户用电报装“省力、省时、省钱”服务，高、低压客户用电报装环节分别精简至4个（有条件的精简至3个）、2个环节；高压单电源用户、高压双电源用户合计办理时间分别压减至22个、32个工作日以内，将居民用户、实行“三零”服务的低压非居民用户从报装申请到装表接电的全过程办电时间分别压减至5个、15个工作日以内。推动降低客户用电成本，延伸业扩配套电网工程投资界面，放宽接入容量限制，吴兴区全域小微企业低压供电接入容量放宽至160千瓦。全面推广应用线上渠道及产品，在全区范围内应用“阳光业扩一站通”服务平台，实现供电服务“一网通办”。积极推进营销服务模式转型，构建渠道运营体系，拓展服务调度职能，将19类业务全部纳入供电服务调度，快速响应客户需求，积极提升服务品质，为客户提供智能型、市场型、体验型、线上线下一体化的全新电力服务。

（吴兴供电分公司）

经济管理与监督

国有资产监督管理

【概况】 2021年,吴兴区推进国有企业改革,建立现代企业制度,完善国有资产管理体制,提高国有资本配置绩效,做大做优做强国有企业,不断增强国有经济活力、控制力、影响力和抗风险能力,促进经济社会持续健康发展,规范监管基础,切实防范风险,加大资产注入力度,优化存量债务结构、降低成本,在强化监督管理的同时推进国企自主发展。截至年底,全区国有企业资产1698亿元,净资产601亿元。

【国有资产监管】 2021年,吴兴区科学规划发展目标,研究制定《吴兴区国资国企改革发展“十四五”规划》;推行国企重大财务事项月度例会报告制度,进一步规范国企经营。开展全省国企领域突出问题专项治理工作,推动国有企业高质量发展。按照梳理排查、集中处置和总结完善三个阶段扎实推进,高标准、严要求落实吴兴区纪委巡视发现的“八大”国有企业国资管理方面问题的整改意见,督促国企实施整改,督促国企完善大额资金支付、公务接待、差旅费报销制度。为加强债务风险防控,提升财务管理能力,营造区属五大集团良好竞争氛围,对债务和财务两大主项内容实行季度亮晒,并于季后以分析专报形式向区主要领导汇报。

【国有资产管理】 2021年,吴兴区贯彻省委落实中央巡视反馈问题整改工作动员部署会精神和工作方案要求,对“二房东”进行再次排摸,确保最终承租户足额减免。做好国有资产向人大例行报告工作,完成国有企业负责人2020年度和2018—2020年度任期经营业绩考核,实现国有资本经营预算收入8500万元。健全制度机制,建立具有约束激励实效的薪酬考核体系、国企投融资运营决策机制和企业市场化的经营机制,逐步实现由政府投入向市场投入的积极转变,助力国企做大做优做强。全区主体信用评级“AA+国企”从1家增至3家,“AA国企”从4家增至6家,国企信用评级提升数量增幅列湖州市第一。

【国有资产管理政策法规】 2021年,吴兴区出台《吴兴区区属国有企业投资管理试行办法》《关于规范区属国有企业负责人业务招待管理的通知》《区属五大集团季度亮晒办法》,与区审计局联合印发《协同推进区属国有企业内部审计工作发展的意见》,同时转发湖州市国资委《湖州市属国有企业并购监督管理办法》《湖州市属国有企业违规经营投资责任追究实施办法》等文件,规范国企管理依据,督促国企规范业务行为,加强国企运行全过程监督。

(薛　华　高创建)

国土资源管理

【概况】 2021年,吴兴区紧盯年度目标任务,认真履行自然资源和规划职责,2021年取得新增建设用地指标2649.6亩。通过使用省级下达新增建设用地指标和吴兴区增减挂指标共上报工业、商业、住宅、民生项目88个，使用国家专项农民建房指标保障农民新村、单户农民建房地块49个，使用国家预留指标上报并批准省重点基础设施单独选址项目3个，有效保障吴兴区发展建设需求。

【土地开发用地保障发展】 2021年，吴兴区取得新增建设用地指标2649.6亩，其中存量盘活挂钩指标829亩，重大产业项目奖励指标311亩，存量土地处置、特色小镇指标555.4亩，国家农民建房专项指标526.6亩，另通过土地开发等取得吴兴区增减挂指标427.6亩。完成城镇低效用地再开发1241亩，盘活存量土地1619亩，消化批而未供2121亩，近五年平均供地率71%；成交商业、住宅等经营性用地24宗面积954亩，成交价款60.21亿元。全年不动产分中心总计受理不动产登记业务71789件，同比2020年增长9.1%。夯实制度基础，创新驱动保障农业“标准地”落地，协助区政府出台《关于印发吴兴区规范农业“标准地”管理促进乡村产业振兴实施办法的通知》（吴政办发〔2021〕57号），2021年成交工业“标准地”50宗面积3835亩，成交价款14.31亿元。

【耕地资源保护】 2021年，吴兴区落实责任，积极推进保护耕地资源。不断加大领导力度和资金投入，全面加大耕地保护力度，实现耕地保护核心指标超额完成。2021年吴兴区的耕地实有面积24.79万亩，达到上级下达的任务数；永久基本农田面积为17.6万亩，基本实现总量不减少、用途不改变、质量不降低的基本农田保护目标；标准农田的实际入库面积为14.94万亩，其中储备库面积6.34万亩。完成表土剥离面积1428亩，符合剥离条件的耕地实行“应剥尽剥”。加大垦造耕地管理力度，严格按照项目化管理要求，有效指导项目立项的申报、实施督促、检查和区级验收，提高工程建设标准，把新增耕地质量建设放在首位。全年完成垦造新增耕地5406亩，超出市下达1200亩任务要求。年度建设占用耕地面积1017亩、补充耕地面积1017亩，达到占补平衡的要求。坚持“保护耕地与保障发展并重”机制，强化年度责任目标考核和监督，增强本辖区内保护耕地和永久基本农田责任意识，确保耕地、永久基本农田保护任务不减少质量有提高。结合国土空间规划编制，按照“三区三线”（“三区”即：根据城镇空间、农业空间、生态空间三种类型的国土空间。“三线”即：对应划定的城镇开发边界线、永久基本农田保护红线、生态保护红线三条控制线。）划定要求，加快新一轮永久基本农田保护红线划定工作。

【矿产资源管理】 2021年，吴兴区矿政管理。按照省市要求完成县级矿产资源“十四五”规划编制工作；贯彻执行市委、市政府“四控双停”［“四控”即：凡采矿权出让期限到期受让资源量开完或受让资源量开完出让期限未到的矿山企业，一律依法实行关闭；几年度开采量达到企业年出让规模量的矿山企业，一律实行年内停产休整；凡工程项目涉及矿产资源开采的，应坚持开挖与回填平衡原则，有多余矿产资源的要严格规范管理；凡县区（开发区）区域内实际开采总量达到市政府对各县区（开发区）年核定规模总量的，区域内所有矿山企业年度内实行全面停产休整。“双停”即：凡到期到量、滥采乱挖，违反法律法规的矿山企业或工程项目，依法实行停供炸药和停止供电］管理措施，加强矿山企业动态监管，组织开展矿山年报、日常巡查、联合巡查、储量动态实测、矿山开采动态监测、矿产督察、打非治违等工作。加强矿业权管理，按照矿业权出让登记权限，深化“净矿”出让，2021年建筑石料矿业权无新增协议出让。组织开展绿色矿山建设质量再提升三年专项行动，全区有生产性矿山6家，全部纳入全国绿色矿山名录库，实现国家级绿色矿山发展全覆盖。组织在产矿山和工程性矿山联合巡查，同时联合区生态环境分局对矿山扬尘治理等工作进行检查指导，累计出动巡查人员101人次、502点次。组织开展涉矿工程专项检查工作，查找近年来在涉矿工程规范管理上存在的薄弱环节或问题，依法处理违法违规行为。开展省级智能化绿色矿山建设试点工作，东林镇新开元碎石有限公司青山石矿通过试点验收。完成东林鼎储贸易公司油漆类仓库边坡余渣、埭溪镇185号地块场平工程、埭溪镇长茅线涉矿工程3宗“工程采矿”资源公开拍卖，合计价款收益605.76万元。督促矿山企业完成2021年度年报编制并完成信息的上报和公示，完成2021年度矿山企业信用监管及录入和储量年报评审及上报工作，完成矿山砂石料月报上报录入。

【地质灾防治】 2021年，吴兴区完成1∶5万地质灾害风险普查工作，完成妙西、埭溪两个乡镇1∶2000风险量化评价工作，2021年组织对埭溪镇前期三处(庄上村、红旗村)地灾应急治理项目进行验收并通过。在台风“烟花”期间，区自然资源和规划分局联合浙江省核工业二六二大队“驻县进乡”地质队员累计出动巡查人员155组466人次，巡查258点次，防治工作短信5125条，建议并协助乡镇组织妙西镇关山村宝峰寺和埭溪镇庄上村方右梅户屋后滑坡防范区涉及的22名人员转移，做到“应转尽转”。对台风期间发生的2宗小型道路边坡滑坡迅速赶到现场排查险情，配合当地政府部门应急处置。根据《浙江省自然资源厅关于开展2021年度地质灾害风险隐患汛前大排查工作的通知》(浙自然资厅函〔2021〕132号)增加农村切坡建房调查统计工作的要求，区自然资源和规划分局与各乡镇自然资源所积极配合，由浙江省核工业二六二大队负责并安排地质灾害“驻县进乡”地质调查人员实地踏勘，完成吴兴区农村切坡建房成果上报。

【矿山生态修复】 2021年，吴兴区落实生态修复与矿山复绿工作，年内启动并推进道场乡云巢劳务石矿和埭溪镇铜宝坞废弃矿两处治理。推进矿地综合开发利用试点，埭溪镇美妆小镇小羊山场平工程截至年底开采725.4万吨，开采进度43%。完成2020年度治理恢复基金计提工作，2020年度全区涉及计提基金的矿山6个，累计完成计提金额1553.63万元。

【国土办理事项服务】 2021年，吴兴区继续深入推进“无证明化”改革，定期梳理更新证明事项清单，落实动态调整机制。全面实施行政许可告知承诺制改革，结合实际进行新一轮工作事项梳理，不断缩减办事流程，精简申请材料。运用政务服务2.0平台，进行日常事项认领、业务办理与信息维护。根据省级相关文件要求，持续深化“一网通办”改革成效，提升“一网通办”效能。开展“阳光信访系统”处置工作，2021年吴兴区自然资源和规划分局受理12345政府阳光热线和信访163件，其中征迁补偿安置类21件，规划类89件，不动产登记类30件，违法行为举报类23件。根据“阳光湖州服务指数”测评办法，实现即时响应率、及时反馈率和有效办结率均为100%，满意率为98.56%。

【自然资源确权登记工作】 根据《浙江省自然资源统一确权登记工作方案》和《吴兴区自然资源统一确权登记工作方案》的有关要求，制定吴兴区自然资源统一确权登记三年实施计划，对照三年实施计划分年度分阶段开展自然资源确权登记工作。2021年不动产分中心总计受理不动产登记业务71789件，同比2020年增长9.1%。持续推进“互联网+不动产登记”服务。全市办理不动产抵押登记业务可统一发放不动产登记电子证明；2021年上半年启用房地产首次登记电子分割凭证；自2021年8月2日起，吴兴区范围内全面启用不动产预告登记电子证明，不再出具纸质不动产登记证明。启用不动产权电子证书（证明）替代原纸质证书（证明），权利人可登录“浙江政务服务网”或“浙里办”App查看和下载不动产登记电子证书（证明），也可扫描二维码在线核验电子证书（证明）的有效性和真实性。

【干部队伍建设】 2021年，吴兴区突出抓好政治建设。贯彻新时代党的建设总要求，落实区委区政府的决策部署，把庆祝建党100周年作为党建工作主线，把学习贯彻精神与“三地一窗口”（“三地”即：爱国主义教育基地、社会主义核心价值体系学习教育基地、民族团结进步宣传教育基地。“一窗口”即：展示中国发展模式和发展道路勃勃生机的窗口。）赋予的新目标、新使命相结合，动员广大党员干部以更高的政治站位和政治自觉，全面学习好、领会好、落实好全会精神的核心要义与丰富内涵，坚持以宣促干，把学习热情和宣讲成效转化为干事创业的强大动力。狠抓党风廉政建设。层层签订党风廉政责任书，层层压实责任。深入推动清廉自然资源建设五大行动，以庆祝建党100周年为契机，抓好廉政教育，巩固深化“初心使命”。规范机关科室职能配置，理顺内部工作关系，对内设机构和科室职责进行调整，取消审批科、法规科两个科室，调整相关科室职责，提高工作效率。组织参加湖州市自然资源和规划局组织的新时代基层干部教育培训，进一步提升基层干部综合素能。紧抓队伍规范化所建设。按照省自然资源和规划厅、市自然资源和规划局相关工作要求，开展自然资源所规范化建设，在市级复核组考核后严格按照复核意见进行整改，全部通过市级二次复核，进一步夯实自然资源管理队伍基层基础。

（区自然资源和规划分局）

固定资产投资

【概况】 2021年，吴兴区固定资产投资同比增长25.6%，居全市第二，增幅高于全市平均11.4个百分点，各主要指标均显著增长。其中，工业投资增长35.7%，民间投资增长17.3%，交通投资增长492.3%，居全市第二，高新技术产业投资增长23.5%。

【重点工程项目建设】 2021年，吴兴区6个省市县长工程项目落地率100%，18个省重点建设项目开工率100%，完成年度投资目标的140.24%，18个“4+1”（是浙江省狠抓扩大有效投资的重要载体，“4”是指交通投资、生态环境和公共设施投资、高新技术与产业投资、民间项目投资，“1”是指省市县长项目工程）重大项目完成年度投资目标的140.82%，59个“六个千亿”投资工程项目完成年度投资计划的139.94%。

（陈力）

价格管理

【概况】 2021年，吴兴区价格工作按照省、市发改委的部署要求，按照“稳物价、保民生、强服务”的工作目标，推进价格改革，提升监测职能，规范成本监审，为吴兴经济发展和社会和谐创造良好的价格环境。

【价格改革稳步推进】 2021年，吴兴区加强价格调控监管，制定了西山漾景区停车场机动车停放服务收费标准，修订《吴兴区市场价格异常上涨事件应急预案》，开展农村饮水安全工程供水用电和农产品初加工用电定比定量核定工作，保障惠企惠农政策落地。

【监测职能持续提升】 2021年，吴兴区提高监测时效，按时采集、上报、公示农贸市场、超市、特色商品等13个价格监测点的各类产品价格，新增3个工业生产资料价格监测点，及时报送监测分析报告，密切关注粮油肉蛋蔬菜类市场变化情况，准确掌握市场价格动态,为政府宏观决策提供科学依据。

【规范成本监审夯实】 2021年,吴兴区按照"准确核定成本、科学确定利润、严格进行监管"的思路,开展义务教育阶段学科类校外培训机构成本调查,完善长江经济带污水处理收费机制,完成中环、埭溪、东林污水处理厂2020年污水处理费成本监审。

(杨慧慧)

审计工作

【概况】 2021年,吴兴区审计局有干部职工21人,其中在编16人(行政7人,事业9人),行政编制人员中含领导职数4人;编外9人。下设职能科室5个,办公室(挂牌区委审计办秘书科)、法规和内审指导科、财政审计科(挂牌电子数据审计科)、经济责任审计科(挂牌自然资源资产审计科)、固定资产投资审计科(挂牌企业审计科);下属事业单位1个,即吴兴区公共投资项目审计中心。完成审计项目7个,查出主要问题金额2.41亿元;出具审计报告和专项审计调查报告11篇,被批示、采用13篇;审计提出建议29条,被采纳29条;促进被审计单位制定、完善规章制度31项;提交审计信息88篇,被批示、采用54篇。

【财政审计工作】 2021年,吴兴区审计局坚持科技强审,深入推进本级"四本预算"和一级预算单位审计全覆盖,持续推进乡镇财政决算审计;立足审计为民,重点关注社保基金、垃圾分类、污水处理等民生资金管理使用情况;聚焦预算绩效管理,加强对财政支出预算和政策审计监督,跟踪揭示地方政府债务、重大国有资产等重点领域风险,促进收回财政资金3510.69万元;完善非税对账、结余指标收回、严控广告宣传费等工作机制。《2020年度吴兴区本级预算执行和其他财政收支的审计工作报告》审议通过并获吴兴区人大肯定。

【经济责任审计】 2021年,吴兴区审计局对东林镇、卫健局等6个单位的10名领导干部实施经济责任审计,其中东林镇、埭溪镇同步开展自然资源资产审计。助力国企高质量发展,聚焦重大资金、资产、项目三大主业,推动被审计单位完善7个内部管理制度,出台《2021年区属五大集团季度亮晒办法》《湖州吴兴城市投资发展集团有限公司建设项目招投标管理办法(试行)》。促进信息互通共享,与水利、农业农村、自然资源和规划、生态环境等部门探索建立生态环境线索共享机制,推动领导干部落实生态环境保护责任。依托联席会议平台作用,强化结果运用,进行汇编案例、分类施教,达到"以案促改"的警示教育作用。树立容错理念,用好容错免责机制,2021年人防工程建设管理不到位、织里镇外购安置房源闲置等2个容错免责案例分别被湖州市委组织部、吴兴区委组织部录用。

【公共投资审计】 2021年,吴兴区审计局运用K-means聚类算法、地图API可视化技术、地理信息技术等大数据审计方法,开展湖州吴兴童装产业环境综合整治配套园工程竣工决算审计项目和村级公共投资项目管理情况专项审计调查。针对投资审计转型后,建设单位项目管理基础薄弱、管控压力增大等情况,绘制工程领域易发频发问题预警图,借力区政府常务会议等平台深入讲解,促进健全各单位建审分离等内控机制。

【人才政策跟踪审计】 2021年,吴兴区审计局对人才政策2019年至2021年的执行情况实施专项审计调查,重点关注人才工作资金统筹使用情况,围绕资金投入支出情况、重点工作方向、资金安排结构、项目招引、人才培育以及政策执行等方面开展审计调查,发现相关职能部门在制定规划政策、工作机制体制、资金审核发放以及重点人才工作执行等方面，存在着制度缺陷、机制混乱、脱离实际、重复享受补贴等问题，并针对性地提出相关整改建议。有效督促吴兴区有关部门明确工作职责，及时抓好整改，健全机制体制，推动全区人才政策落地见效。

【审计整改】 2021年，吴兴区推动区级层面出台各项规章制度31项，促进整改落实有关问题资金0.73亿元，充分履行"经济安全卫士"的职责。完善审计整改工作制度，推动中共吴兴区委出台《关于进一步加强审计整改工作实施意见》，进一步明确审计整改工作责任；建立党政定期会商、审计整改督查、审计整改联动、审计整改结果运用等工作机制，健全审计整改配套制度体系。强化审计整改督查机制，将对审计整改情况的督查纳入区委督查室、人大财经委年度重点工作，全年开展联合督查2次；与区人大建立审计查明的未整改问题持续跟踪机制，针对上年度遗留尚未整改的问题在下年度继续跟踪督查整改情况，并向区人大专题汇报整改情况。抓好重大审计问题清单，成立以主要负责人为组长、分管领导为副组长的重大审计问题清单工作专班，建立吴兴区"七张问题清单"应用工作分机制重大审计清单，坚持问题导向、目标导向、效果导向。进一步落实与纪委、巡察等部门协作机制，建立吴兴区《问题线索移交工作机制的暂行办法》《关于加强区委巡察组与区审计局协作配合的实施办法》；与吴兴区纪委派驻纪检组建立"评审联动"机制，充分发挥各自职能优势，凝聚监督合力，强化监督管理，推动审计问题整改工作有力有序开展。

【内部审计】 2021年，吴兴区推动协同机制建设，为规范区属国有企业、农村集体经济组织内部管理，区审计局分别与区财政局（区国资办）、区农业农村局联合发文《吴兴区财政局（吴兴区人民政府国有资产监督管理办公室）以及吴兴区审计局关于协同推进区属国有企业内部审计工作发展的意见》《吴兴区农业农村局　吴兴区审计局关于协同推进乡镇（街道）对农村集体经济的内部审计工作意见》，真正实现内部审计工作科学发展，形成外部监督与内部监督"一盘棋"格局。提升人才队伍水平，成立"内审宣讲团"，结合具体案例解剖乡镇实际管理中的疏漏处、风险点，为埭溪镇、东林镇等内审机构人员等300余人进行现场授课，进一步提高乡镇内审机构人员的业务素养。加强内部审计指导监督，结合已实施的国家审计项目，要求被审计单位内审机构充分发挥"治已病"作用，以2020年实施的织里镇、区卫健局以及区城投领导干部经济责任审计项目为主，推动区审计局出台各单位内部审计工作的指导和监督意见，加强内部审计整改落实的督促工作，确保按时完成整改工作，不断规范内部管理行为，并进一步发挥"防未病"作用。

【审计理论与队伍建设】 2021年，吴兴区审计局重视思想政治理论学习和业务技能知识培训，结合党史学习教育活动，组织审计干部参加中共十九届六中全会精神专题培训、各类业务集中培训、开展系列党史教育活动等方式，坚定审计干部理想信念，提升政治理论素养和业务能力。打造"青审先锋"队伍品牌，以《进一步加强年轻干部培养工作实施方案》为牵引，发挥青年在"急、难、险、重"项目中的生力军和突击队作用。全年，累计开展内审宣讲培训基层干部300余人次，参与防汛防台、疫情防控及环境整治等志愿活动100人次。以争创巾帼文明岗为契机，持续开展"送文化、送法律、送技术、送政策、送项目、送温暖"活动，组织巾帼志愿者定期走访慰问联系社区内的孤寡老年妇女、贫困妇女等，主动帮忙解决困难，发挥"半边天"作用，以巾帼之美树优审计形象。吴兴区审计局经济责任审计科被评为2020—2021年度吴兴区"巾帼文明岗”，3名女性干部获得区委、区政府联合表彰的“建功新时代勇当排头兵”先进个人等荣誉。

【审计工作信息化建设】 2021年，吴兴区审计局树立数据思维和数字化转型意识，壮大计算机审计人才储备力量，组织11名年轻干部分批参加计算机初中级培训，其中1人取得信息系统监理师中级职称；组织“金审三期”系统运用等计算机内部培训3次，有效提高审计干部业务素质和专业技能知识能力；在自然资源资产审计、工程审计等领域，探索“数据先行”模式，运用大数据审计方法，精准获取所需的关键信息，提高数据审计成果质效。年内，1个大数据审计案例入选省厅优秀案例；成功申报“金审三期”电子邮件系统试运行任务，并顺利完成相关测试工作。

（邓惠心）

统计工作

【概况】 2021年，吴兴区统计局以提高数据质量为中心，以强化统计监测研判为抓手，以迎接国家统计督察为重点，主动作为、攻坚克难，不断提升统计业务能力和服务水平，为吴兴经济高质量发展提供坚实的统计保障。年内，紧紧围绕“保二争一拼特色”为目标，加强对GDP、重点经济指标、高质量发展指标等监测力度，预先谋划、深入研判，在监测分析中显示“统计精度”，更好发挥统计服务决策作用。加强数据评估预警，持续提高对全区经济社会发展预警研判的主动性和前瞻性，形成预计数、上报数、评估数三个层次预警，主动对接、定期会商、专题研究、剖析短板，为指标争先创优贡献“统计力量”。发挥统计专业优势，加强数据跟进，优化投资结构，助力申报全省投资赛马激励，2021年第三季度赛马统计取数部分总预测得分42.36分，列全市第二，较前一次提高1.43分。善谋善为，创新破难有思路。挖掘存量、寻求增量，增强全区经济发展后劲。通过年度战略性新兴企业库调整将新凤鸣、中跃等企业成功纳入战略性新兴产业，全区战略性新兴产业占规模以上工业比重从原来的41.1%提高到58.9%，占比排名跃居全市第一。精准指导企业准备入库资料，成功入库4家批发业企业，拉动全区批发业增长11个百分点，为批发业增长注入新动能。利用服务业行业变更和求真学院转设独立学院的机会，梳理盘石软件和湖师院教师变动和工资发放等相关规定，对接省统计局，消除盘石同期数3.7亿元和师范学院的同期数1.26亿元，助推其他营利性服务业营业收入增速稳居全市前列，非营利服务业工资总额增速排名由全市第六提升至第二。示范引领，基础建设有举措。加强督查督导，配合区委下发《关于加强统计基层基础建设的通知》，实地走访乡镇街道开展统计规范化督查，督促乡镇街道严格按照要求配备统计人员，增强基层统计力量。加强考核监督，将统计规范化考核纳入区对乡镇综合考核，从时效性、规范性、准确性三个方面全面加强统计数据质量管控。

【统计规范化示范乡镇建设】 2021年，吴兴区成功创建三星级以上乡镇7个，列全市第一；累计创建吴兴区统计诚信示范企业145家，列全市第一。精准发力，数据质量有提升。专班化管控数据，成立工业、投资、服务业等统计数据提升专班，建立“网格化”管理机制，指定专人监管，负责辖区内企业数据审核、质量管控、资料收集。清单化建立台账，通过建立明确清晰的统计台账模板，编制核查目录清单，企业根据清单计算产值准备相关基础资料，实现统计台账清单化。

【数据联审机制建设】 2021年，吴兴区采取专业联审和乡镇联审相结合的方式，实时跟踪、监测、评估，对波动较大企业进行及时反馈和实地核查，累计实地核查企业320余家，项目56个。

4月份，省统计局对吴兴区贸易业进行数据核查，差异率为0.15%；7月份对该区20家工业企业1—6月数据进行实地核查，指标总体差异率仅为2.7%；9月市统计局到吴兴区交叉核查12个投资项目，差异率为1.6%。对标对表，统计督察有准备。专题部署，落实主体责任，在常务会、常委会分别就迎督工作做了专题汇报，先后召集各乡镇街道和相关部门召开迎督专题部署会议4次，对照统计督察问题清单和任务清单，明确工作要求、细化职责任务。专班运作，坚持问题导向，成立工业和服务业（商贸）两大核查专班，分六组赶赴各乡镇街道实地核查，强化工作成效。全面自查，加强检查指导，建立“白天实地核查、晚上研讨分析”的“白+黑”模式，对全区规模以上工业、服务业（商贸）企业开展自查自纠，针对税务数据与统计上报数据存在差异的企业开展实地走访，查找原因，督促企业落实整改。

（赵　筠）

市场监管

【概况】 2021年，吴兴区市场监管局按照区委区政府和上级业务部门的工作要求，以数字化改革为抓手，以“食药安全、质量安全、特种设备安全、队伍安全”四大安全为主线，以加强队伍建设为保障，紧紧围绕年初确立的相关目标任务，全局上下践行“定了必干、干了必成、成了必优”的工作理念，统筹谋划，推进各项工作，完成各项目标任务。获得“全国市场监管系统扫黑除恶先进集体”“浙江省市场环境建设成绩突出集体”等荣誉称号，创建全省首个国家药监局高级研修院化妆品教学基地，参与承办全国绿色产品认证经验交流会，推动网络餐饮政企共治（入选市“三服务”典型案例），上线全国首个童装知识产权保护预警平台，争取到“三比一讲”讲大局加分14分，各项工作获得各级领导批示23次。

【市场监管服务地方经济】 2021年，吴兴区新增市场主体21536家，同比增长36.41%，其中新增个体工商户16769家，各类企业4767家；新增小微企业3346家，其中八大万亿元重点产业小微企业1066家；累计市场主体107616家，总量连续5年位居湖州市第一。持续优化“掌办、网办”专区服务，加大电子营业执照、电子公章和电子发票应用力度，落实企业开办“420”工作机制（4小时办结，开办2环节、零费用）。2021年电子营业执照下载量70153户。享受“零成本”开办企业3980家，为企业减免开办费用104.49万元。全区企业年报率首次跨过90%，达到90.23%，创历史新高。一次性注销僵尸个体户6300多户，办结各类企业一般注销1067家，简易注销1201家。

【企业转型升级】 2021年，吴兴区新增“品字标”企业10家，在童装产业试点分层分类分级“三分法”，吴兴童装成功入选全省质量提升行动重点支持的11个项目，受邀参加第十七届中国国际博览会质量认证促进中小企业高质量发展高峰论坛。标准升级效果明显：新增参与“对标达标”企业155家，浙北大厦集团入选国家级服务业标准化试点（商贸流通专项），晶日科技股份有限公司入选全省首批省级标准国际化试点，在美妆小镇举办“品字标浙江制造”团体标准美妆产业专场立项答辩会，2021年获批发布4项美妆、1项童装“浙江制造”团体标准。知识产权受益广：深化《吴兴区专利创新与发展资金管理办法》政策引导，推动企业对知识产权的创造和应用。全年，全区专利授权总量3272件，其中发明专利授权341件；有效发明专利拥有量4271件，万人发明专利拥有量42.0件/万人，PCT专利申请量49件；办理专利权质押396件，质押登记额6.7亿元。

【市场改造提升】 2021年，吴兴区紧紧围绕全国文明典范城市创建、浙江省城市文明程度指数测评和湖州市建设高水平文明城市测评，推进农贸市场长效管理机制建设，落实精细化管理。对农贸市场日常监管、场容场貌、食品安全等落实情况进行定期或不定期督促检查，全区农贸市场管理水平、经营环境持续改善，市场卫生、秩序明显好转，长效管理考核中稳步上升，红丰农贸市场、湖州中心农贸市场排名稳居前列。全区7家市场(5家农贸市场，2家专业市场)全部通过“五化”(便利化、智慧化、人性化、特色化、规范化)市场考核验收(占全市总量的28%)，5家农贸市场通过“放心市场”考核验收。

【消费维权】 2021年，吴兴区放心消费扎实推进，2021年共收到消费投诉举报7826件，总投诉举报数量比上年同期减少6%，其中浙江省统一平台同比减少10%。经过积极处理，为群众挽回经济损失近320余万元。全年培育放心单位3746家，无理由退货单位1235家，放心工厂556家，放心消费商圈5个。在前期药品网店订送、送药上山等活动的基础上，在湖州市率先建成首家民生药事服务站(德泰恒药店)，建成7家民生药事服务站，3家24小时智慧药店。

【市场经济秩序整规】 2021年，吴兴区查处各类违法案件834起，大要案133件，同比上升112.2%和125%，罚没款668.95余万元，移送公安13起。其中，食品安全案件423起，罚没款134.32万元，侵犯注册商标专用权的童装领域违法案件成效典型，结案56起，罚没款80.08万元。对社会舆论关注高的重点领域和区域，开展“民族品牌专项护航”行动，共立案查处相关案件20起，查获假冒民族品牌童装6228件，涉案货值30余万元，罚没款35余万元；持续开展转供电价格监管，核实转供电违规主体42家，清退违规电费共计232万元。开展打击成品油非法经营黑窝点行动、“黑加油站点”专项整治汽柴油及尿素抽检行动，移送案件4起。加强与烟草部门协作，查处无证经营国产卷烟案件5起。探索长三角一体化执法，与上海市市场监管局执法总队及湖州市局开展执法协作，共同查处一起涉嫌质量问题口罩案件。

【市场管理执法监管水平】 2021年，吴兴区 开展包括春节中秋、清明糕点等专项抽检任务10余个，累计完成抽检2010批次，不合格62批次，不合格率3.08%。挂牌成立食品安全风险综合治理中心，完成五星级食安办初步验收，完成建设“阳光工厂”32家。提升建成学校智能阳光厨房90家；建成农村家宴“阳光厨房”47家；7家医院食堂通过量化等级A级验收，数量居湖州市第一。吴兴成功入选“浙苗链”“化妆品生产企业主体责任落实”试点区县，在浙江省率先发布2个地方标准《民生药事服务规范》《化妆品生产企业信用评价管理规范》，建成全省、全市双百尖兵化妆品、药品实训基地2个。组建吴兴区药品医疗器械GMP\GSP检查员队伍。特种设备方面，按照2021年特种设备使用单位日常监督检查计划，对307家重点单位实行“双随机+重点+信用监管”。开展童装产品质量追溯，根据全国流通移交的质量线索共核查处置190件，同时开展面辅料产品质量风险监测，抽检面料500批次。

【干部队伍建设】 2021年，吴兴区成立“亮剑、食安、维权、助企、巡市”党员先锋队，深化党建业务“双融合”，“党建315”品牌已被区直机关工委列为“2021年度机关党建重点项目”。通过开展“所长经验讲坛”“年轻干部成长论坛”“执法能手训练营”等系列培训，不断提升干部专业能力，全年开展各类教育培训活动20多场，参训干部350多人次。组织召开专题党风廉政建设工作会议，“五级联动”签订党风廉政建设责任书238份。开展“学党史、践初心”作风建设提升暨清廉机关建设推进百日专项行动，开展正风肃纪专项督查和明察暗访24次，处理作风效能投诉类35起，运用“第一种形态”提醒教育22人。推进市场监管所“双百”行动（选树100家示范所、提升100家薄弱所），织里分局争创“示范所”，妙西和爱山争创“消薄所”。

（许旷达）

安全生产监督管理

【概况】 2021年，吴兴区紧紧围绕年度工作目标，深化隐患排查治理，压实企业主体责任，突出工贸行业重点企业提质增效和安全风险普查创建等重点工作，突出“两重点一重大”企业监管，进一步强化源头治理，完善工作机制，推进吴兴区第二轮安全生产综合治理三年行动计划，坚决打赢遏制较大生产安全事故攻坚战，发挥危化和工贸两个安全生产委员会办公室的牵头作用，紧盯重要任务和时间节点，突出防范化解非煤矿山、危险化学品、三场所三企业、小微园区等重点行业领域重大风险、遏制重特大事故的核心要求，进一步完善工作机制，强化源头管理，强责任、抓重点、夯基础、遏事故，促进全区安全生产形势稳定好转。

【安全生产监管体制】 2021年，吴兴区贯彻《地方党政领导干部安全生产责任制规定》、省《实施细则》，区政府及时调整安全生产委员会成员单位，副区长全部担任安委会副主任，区长潘永锋2次主持召开安委会全体会议，建立专业安全委员会季度考核通报制度；与区委巡察办对接，将安全生产纳入区委动态巡察内容，实行住建、交通、消防、文旅等重点部门到安委办实体化轮值。区委常委会4次、区政府常务会议4次专题研究应急管理工作，区四套班子领导7次分别带队检查安全生产和防汛防台工作，区委中心理论组学习会、全区科级领导干部培训班专题学习安全生产工作。区政府8次召开全区安全生产工作会议；专业安全委员会主任召集召开协调会议27次、带班开展安全生产检查38次；区安全委员办公室牵头召开专业委员会办公室主任工作交流会议4次，“安全生产月”期间，各专委办主任在《吴兴时讯》发表署名文章谈安全。按照要求形成“亮剑”执法统筹协调的监管模式，与乡镇委托执法形成合力，完成办理安全生产违法案件249件，处罚款1007.36万元，同比增长192.7%。

【安全排查治理】 2021年，吴兴区主要领导与各乡镇（街道）和区级部门层层签订个性化安全生产责任书，制定并下发《吴兴区安全生产风险普查和隐患排查整治攻坚行动方案》和《“平安护航建党百年”安全隐患大排查大整治专项行动方案》等方案，召开专题部署会议，层层压实责任，春节、“五一”“十一”等重要时间节点，区四套班子领导分别带班赴联系乡镇（街道）开展安全生产检查。钳住重点深化隐患治理，开展为期3个月的安全生产风险普查和隐患排查整治攻坚行动。2021年度“遏较大”攻坚行动205项任务，完成率100%，其中工贸领域落实整改14000余处，消防领域落实整改近2200处。狠抓重大隐患挂牌整治，持续推动安全生产和可持续发展项目（SCORE）。6月23日，应急管理部副部长宋元明一行到吴兴区调研并主持召开SCORE项目现场会。印发《吴兴区工贸企业有限空间作业安全专项整治工作实施方案》，召开2次专项整治推进会，对162家有限空间开展全方面、多层次的监管。印发《吴兴区高温熔融（深井铸造）企业安全专项整治工作实施方案》，邀请国家级专家胡根林到现场指导，对吴兴区30家高温熔融（深井铸造）企业进行全面整治提升；对吴兴区32家涉可燃爆粉尘企业进行全面诊断，排查隐患200余条，整改完成率100%。持续推进安全生产风险普查和隐患排查整治攻坚行动，全年完成安全生产风险普查4865家，完成比例100%，完成浙江省要求的20%核验比例。制定《吴兴区危险化学品领域遏制生产安全事故攻坚整治实施方案》，细化《危险化学品领域风险链关键节点管控措施和责任清单》，组织辖区内有关企业建立重大危险源安全包保责任制。2021年，危化领域开展各类专项整治现场检查142家次，发现安全生产隐患537条，整改完成率100%，下发《责令限期整改指令书》27份，《现场处理措施决定书》2份，行政处罚2家。邀请省应科院专家对全区6家危化品生产企业进行诊断服务，排查隐患233条，督促企业制定整改方案并落实整改。严格执行领导带班、24小时值班制度和“零”报告制度。

【安全宣传教育】 2021年，吴兴区在森林消防月、防灾减灾宣传周、安全生产月、安全生产法宣传周期间，开展各类活动，累计开展主题宣传40场次，参与人员4万人次。利用《吴兴时讯》、“爱上吴兴”微信公众号等媒体，加强全社会安全生产宣传教育工作，继续推进“五进”宣传教育活动，开展应急安全互动体验馆建设工作，建成全省首个应急安全宣传教育矩阵云平台——“吴兴云上安全”，使居民足不出户便可云上体验应急安全场馆，学习应急安全知识，积极打造国家级、省级应急安全教育体验馆建设，全年申报一类场馆2个，二类场馆2个，持续建强安全教育平台，提升全民安全素养。

【安全事故情况】 2021年，吴兴区发生各类生产安全事故13起，死亡11人，与上年同期相比，事故起数和亡人数分别下降13.3%和下降26.7%。工矿商贸领域事故3起，死亡2人，同比下降25%和71%。道路交通领域10起死亡9人，同比下降9%和上升13%，水上交通无事故发生。

【安全管理工作特点】 2021年，吴兴区创新社会治理手段，全区生产发展环境有效提升。推进应急管理数字建设，打造应急体系“一张网”，在全市率先建立综合应急指挥中心，通过信息化建设，实现指挥大厅应急指挥调度视频系统与各乡镇（街道）及消防、水利等多个职能部门互联互通。形成统一指挥、专常兼备、反应灵敏、上下联动、平战结合的应急管理体制。建立吴兴综合应急指挥平台、可视化系统平台，对全区基础数据进行全面排查，并将数据接入平台，建立“应急管理一张图”。实现监测预警“一体化”，构建安全生产风险监测预警系统和自然灾害综合监测预警系统的综合平台。在2016版安全生产监管系统基础上，打通监管执法一体化，建立监督管理、隐患整改、行政执法、案件处置、文书归档云上闭环的监管执法一体化平台。创建应急数据共享，并推出“吴兴云上安全”VR体验云平台，通过720度全景展示、语音导览等互动体验，公众可深入空间场景进行浏览，线上找隐患和线上预约。年内有14个应急安全互动体验馆（点）上云，市民可用“浙里办”App参观体验。深化安全生产行政执法与刑事司法衔接，出台《关于进一步深化安全生产行政执法与刑事司法衔接机制的意见》，是全市首个安全生产领域“行刑衔接”制度。

（沈佳佳）

商贸·服务业·旅游业

商　贸

【概况】　2021年，吴兴区实现社会消费品零售总额469.2亿元，同比增长9.1%，实现商贸业增加值172.15亿元，同比增长11.2%，占吴兴区国内生产总值的20.18%，占服务业比重的39.98%，进一步形成集商业集聚区、购物中心、特色商业街、连锁店、专卖店及社区业态为一体的立体商业网点体系，现有5000平方米以上大型商业网点32个，总营业面积160余万平方米。吴兴区列入国家级商品市场优化升级试点（织里童装市场），获评省内外贸一体化改革试点产业基地（埭溪美妆）。

【电子商务特色商贸】　2021年，吴兴区持续推进“电商换市”工程，电子商务与实体经济不断深度融合。实现网络零售额526.7亿元，同比增长18%，占湖州市比重54.5%。吴兴区在重点监测第三方电子商务平台上活跃网络零售网店1.06万家。

【电商平台及项目建设】　2021年，吴兴区大力引导电商平台打造。大港村、秦家港村、前村等22个入选省级电商专业村。商贸流通项目呈建筑规模化、功能综合化发展趋势，吴兴区列入商贸业重大实施类项目14个，计划总投资58.45亿元，完成投资12.75亿元，实现2021年度计划投资（12.12亿元）的105.1%。亿元以上大项目比重达100%，民间投资项目比重达100%，继续占据主导地位。

【商贸行业监管】　2021年，吴兴区健全商贸流通监测系统及网络，加强对粮油、猪肉、蔬菜等重要生活必需品及成品油、煤炭等重要生产资料市场运行监测分析，明确14家生活必需品生产和流通企业，完善生活必需品等市场应急管理，强化商贸流通领域安全生产工作。

（沈　佳　张　卓）

供　销

【概况】　2021年，吴兴区供销合作社联合社始终坚持以服务“三农”为工作的出发点和落脚点，不断完善服务功能，建立健全生产、供销、信用“三位一体”的服务“三农”体系。年底，下辖7家基层供销合作社；直属企业4家、控股企业3家、参股企业6家；组建特色产业农合联6个，农合联会员总数520个，占全市农民合作经济组织总数的30%，约占全区总农户的80%；全社资产总额13082万元，同比增长48.29%。

【乡村环境治理】　2021年，吴兴区供销社在全区设立农资废弃包装物回收点21个；废旧农膜回收点19个，截至12月，在全市率先承担农资包装废弃物回收、废旧农膜、肥料包装废弃物回收工作，年完成农资废弃包装物回收率和处置率100%，废旧农膜回收率90%以上。超额完成年度目标，未发生重大安全污染事故。

【社会化生产服务】　2021年，吴兴区供销社推进依托于尹家圩、钱山下、诚龙三个省级现代农业服务中心，开展社会化服务达10万亩；按照“户转场、场入社、社联合”的思路，组建太湖蔬菜产业农合联，使该区特色产业农合联达到6家。举办“党建引领三服务、供销为农‘三下乡’”现场活动、首届吴兴区金秋丰收节展示展销等农事活动。

【基层组织建设】 2021年，吴兴区坚持开放办社，与农民结合，推进新型基层社与农业主体建立资金联结、项目联结、服务联结。年内，高新区、各乡镇成立镇级农合联，初步形成上下贯通、互促融合全覆盖网络格局。出台《区级示范性农民专业合作社（联合社）评定办法》规范性文件，乡镇农合联规范化率100%，产业农合联标准化率达到90%以上，对全区243家农民专业合作社摸底，开展空壳社清理工作。织里供销社、埭溪供销社分别得以重建和改造，基层社新建和改造建设五年规划初见成效。

【授信展现新标杆评级】 2021年，吴兴区广泛开展信用合作，农合联会员授信率100%，2016—2021年完成农合联会员授信5亿元，年内，为吴兴区农业发展担保融资累计2.48亿元，其中2021年达到1.33亿元；短融12.35亿元，提高合作社会员免担保信贷额度，全部实现100万元以下免担保。特别是依托区农合联旗下的“吴兴两山农林联合社”，创新推出“两山农林贷”和“农担通”两款金融产品，走出信用服务的新路子。“农担通”作为全省试点，最高贷款由原先200万元增加到300万元，而担保费用新农贷由原先的1.5%/年降到0.8%/年，粮农贷更是降到0.5%。

【农产品扶贫新业绩】 2021年，吴上兴鲜设立10家分店，授权使用的农业主体增加至25家，有效帮扶农业主体销售1400余万元，所帮扶农产品企业利润增加20%以上，引领35家专业合作社、120家企业的4500个产品入驻产品库，联结示范基地15个，示范区面积3万亩，签订产品收购合同155户、实现助农增收200余万元。该社报送的专报信息《吴兴区巧变区域公共品牌模式，构建共同富裕新路径》被批示。

【老资产盘活打开新形象】 2021年，吴兴区资产租赁收益稳步提高。全年，区社本部资产租赁收益同比上年增长7.3%。出台《吴兴区供销合作社（含农合联资产公司、联创资产公司）社有房屋出租管理办法》，明确社有房屋出租管理办法，让资产出租公平、公开、透明并逐步完善。开展社有资产清产核资工作。根据全省供销社资产清产核资的通知及市供销社清产核资工作方案，该社制定区社及基层社资产清产核资工作方案并按时完成清产核资的各项工作。

【供销电商平台经济打开新征程】 2021年，吴兴区供销社成功建立以“吴上兴鲜”品牌为引领的农产品融合发展供销新模式。受疫情影响，农副产品普遍面临滞销，及部分地区农产品运输受阻难题。吴上兴鲜积极对接种植基地、农民合作社、农户，搭建产销合作关系。线上利用淘宝、微信接龙、邮乐网等平台，线下对接浙北超市和其他大型电商平台仓库，畅通农副产品销售渠道。针对疫情防控期间“全民在家抗疫”的特点，联合湖州邮政开展“线上下单、线下配送”的“无接触”配送服务。开通抖音、淘宝直播带货，走进田间地头，开展农产品带货20余场，解决农户卖难，百姓买难问题的同时，也收获品牌的美誉度和知名度。深化青川、新疆农产品产销对接，开展消费扶贫，完成销售订单900万元。

【供销党建工作】 2021年，吴兴区供销社党组织发展预备党员1名，培养发展对象1名，全年开展12次主题党日活动，“三会一课”30余次，“党纪教育一刻钟”12次，累计党组中心组学习14次，开展专题研讨5次，其中专题研究意识形态工作1次，专题学习网络意识形态工作1次，党的中心组组长发言14次，其他成员各发言10次，撰写《发挥合作经济优势 助力乡村振兴 探索共同富裕新路径》等调研报告4篇，联系楂树坞村、清水兜村和胜利村数十次，联系北齐巷社区十余次。改造提升湖羊产业农合联党建阵地1个，“红色引擎助农先锋党建联盟持续发挥党建助农作用，“助农·服”功能型党支部多次开展直播助农活动帮助农户销售早园笋、枇杷、黄桃等，“助农·贷”功能型党支部把更实惠的“农担通”金融产品带给有资金需求的农户，“助农·产”党支部在春耕备耕、秋季丰收等农时发挥重要作用，确保不误农时。

（区供销社）

服务业

【概况】 2021年，吴兴区以服务业强区建设为目标，以现代服务业转型升级为重点，围绕项目引建、企业培育、平台打造以及要素保障等工作载体，持续增强服务业整体实力和竞争力，着力加快现代服务业提质增效发展。全年，吴兴区实现服务业增加值430.64亿元，同比增长8.7%，服务业增加值占GDP比重50.5%，为全市体量最大及三县两区中占GDP比重唯一超50%的区县。

【服务业产业分布】 2021年，吴兴区服务业发展以现代服务业高质量赶超发展为主题，构筑数字赋能、优质高效、支撑有力、特色鲜明的“433”现代服务业高质量发展体系（即：打造数字商贸业、软件和信息服务业、现代物流业和现代金融业四大特色优势产业，创新发展文化创意服务业、商务服务业和科技服务业三大新兴产业，提质发展旅游休闲业、健康服务业和居民服务业三大生活性支柱产业）。坚持极点带动、轴带支撑、辐射周边、网络发展，构建“一核引领、一带串联、四区带动”的“114”现代服务业空间格局。“一核”：东部新城服务业发展核，突出东部新城的核心引擎作用，打造全区现代服务业高质量赶超发展的引领极核；“一带”：服务业空间集聚发展带，打通全区主要服务业节点，辐射串联丝绸小镇、吴兴科创园、多媒体产业园、总部自由港等重要服务业平台载体，形成一条集生产性服务业和生活性服务业为一体的综合性现代服务业核心发展带；“四区”：主城区服务业综合创新发展区（发挥7大街道综合集聚发展优势，依托浙北大厦、万达广场等，重点发展现代商贸、金融、文化创意、公共服务等业态）、织里童装数字贸易创新发展区［进一步发挥织里童装对生产性服务业的拓展作用，凸显人口集聚对生活性服务业的促进作用，加快织里（童装）及日用消费品交易中心市场采购模式试点建设和跨境电商发展等］、埭溪美妆生产性服务业创新发展区（围绕美妆布局生产性服务业，推动生产性服务业向专业化和价值链高端延伸，全面实现美妆产业强链、延链、补链）、西塞科技及旅游服务业创新发展区（包括一园、一链、四片：“一园”即西塞山体公园、“一链”即环西塞山麓创新链、“四片”即围绕西塞山公园形成四大科创片区，打造“孵化器、加速器、助推器”三“器”合一的新型创新载体）。

【服务业成效】 2021年，吴兴区服务业围绕项目推进、企业培育、平台打造等载体，提质增效发展取得实效。聚焦项目建设推进，凝聚项目突破“一股劲”。坚持项目为王，突出产业精准招引，年内，新增入库科学谷酒店、聚贤谷小型科研院所等5000万元以上服务业项目42个，其中5亿元以上项目15个。多媒体产业园三期、浩博物流园、西塞科学谷等5个项目获评2021年市服务业“大好高”项目，提前完成市定目标任务；原乡中医养生文化村、织里镇文体中心获评全市“十大推进快的好项目”，均并列全市第一。1—12月，18个市服务业大好高项目完成投资10.15亿元，完成年度计划118.2%。

服务企业发展 形成主体培育"一条心"。以企业为本，深化三服务，服务全区规模以上服务业企业实现全覆盖。向上申报力度加强，组织辖区企业等主体申报市服务业引导资金，获得市本级服务业资金奖励466万元，列全市第一。做好省、市服务业重点行业规模以上企业"亩产效益"领跑者、市服务业标杆企业等申报工作，浙北大厦集团、湖州之星2家企业入选2021年度省级服务业重点行业规上企业"亩产效益"领跑者，27家企业获评市级服务业重点行业"亩产效益"领跑者，23家企业获评市服务业标杆企业。持续开展培大育强一企一策孵化培育，引导20强重点企业开拓市场，东南建设、中核等6家重点其他营利性服务业企业营业收入合计增长43.9%，贡献率52.2%，东吴开元名都获评国家五钻酒店、浙北大厦集团列入国家级质量奖评选名单、九州云通过省级"双软核定"。

服务平台提质扩容 激活平台集聚"一池水"。以信息服务、科技服务、数字贸易等"556"重点产业领域为主攻方向，以总部自由港、吴兴科创园、多媒体产业园等园区平台为依托，助推企业集聚、产业升级。持续深耕微笑曲线两端"设计研发+销售"，吴兴织里童装数字贸易创新发展区成功列入首批浙江省现代服务业创新发展区名单，年内，引进近千名设计人才，汇聚男生女生等一线品牌400多个，创新发展区当年实现营业收入274亿元，缴纳税金2.3亿元，集聚企业2670家，吸纳就业43700人。

（黄丽萍）

旅 游

【概况】 2021年，吴兴区旅游受疫情影响数据有所回落，据大数据监测显示，2021年接待国内游客3158万人次，同比下降4%，实现旅游总收入352亿元，同比下降6%。年内，旅游项目建设招引作为文旅发展"一号工程"，区级层面抽调4人成立文旅招商分局专门脱产负责文旅项目招引，实行"揭榜挂帅"。全年接洽357批次，引进文旅项目6个，其中5亿元以上4个。项目实行动态管理，64个重点文旅项目全年完成投资额53.27亿元，完成年度计划投资的129.42%，其中竣工运营项目13个。织里镇文体中心、湖州海亮国际康养度假小镇等2个项目列入浙江省"4+1"重大项目。文旅项目推进工作在省专题会议上作经验交流。

【乡村旅游】 2021年，吴兴区文旅局大力推动乡村旅游提质增效，全区有国家AAA级以上旅游景区17家，其中国家AAAA级景区5家。国家A级景区村庄82个，其中国家AAA级景区村庄24个，示范景区村庄5个；实现国家AAA级以上景区镇全覆盖，其中国家AAAA级景区镇3个；民宿共65家，其中等级民宿14家；银百合级以上乡村度假酒店2家；省级产业融合示范基地13家；"百县千碗 湖州味道"美食体验店13家。2021年，共打造"微改造、精提升"示范点66个，示范项目159个，完成投资额4.24亿元，吴兴区入选全省综合实践奖。太湖溇港景区、长颈鹿庄园分别成功创建国家AAAA、AAA级景区。妙山村创成国家级乡村旅游重点村。潞村、义皋村创成省级乡村旅游重点村。妙西镇、八里店镇创成省级乡村旅游重点镇。义皋村、潞村、红里山村、菰城村创成市级示范景区村庄。埭溪镇创成国家AAAA级景区镇，东林镇创成国家AAA级景区镇。"归去来兮""清晨里"等5家民宿创成省级"银宿"级民宿。"西塞山前"度假酒店、"廿舍"度假村分别创成"金百合""银百合"级乡村度假酒店。

【旅游企业】 2021年，吴兴区有旅行社24家，其中品质旅行社6家，出境社4家；星级酒店4家，绿色饭店7家。国家A级景区

（度假区）17个，其中省级旅游度假区1个、国家AAAA级景区5个、国家AAA级景区12个，其中包含5个景区村庄。

【旅游营销宣传】 2021年，吴兴区文广旅体局响应“就地过年”的倡议，发起“新春惠民游”一系列活动，推出2021年新春免费游政策，派发600万元文旅消费券，惠及旅游企业88家、游客和群众超50万人次，消费券核销率达85%，政府补助金额512.51万元。撬动3倍市场综合消费。结合519中国旅游日宣传，在携程平台上派发20余万元景区、酒店、民宿文旅优惠券，景区门票低至对折，高端民宿、酒店5～8折优惠。当日携程住宿、门票订单量近1000份。深化“春来游吴兴”主题系列活动，赴上海开展“春来游吴兴 爱上西塞山”文旅推介活动，推出2021吴兴文旅十大主题；举办“第七届菰城文化旅游节”；邀请长三角地区20多家主流媒体开展摄影采访活动，截至9月底全区开展文旅活动60余场。组织辖区重点文旅企业参加上海旅游产业博览会、杭州都市圈惠民文旅展、国际滨湖博览会、丽水、金华疗休养专题推介会、第三届大运河文化旅游博览会等展会，融合吴兴文旅要素参展2021“湖州吴兴（北京）投资”推介会，进一步扩大吴兴文旅知名度。联合携程邀请百万粉丝达人现场拍摄小视频宣传吴兴文旅十大主题目的地；以电梯、地铁广告的形式宣传吴兴文旅，主题宣传面向上海长宁区住宅电梯，覆盖全市电梯1500余部；杭州地铁2/4/5号线90个站点；联合“携程”“南天湖”视频号开展吴兴文旅酒店民宿直播专场活动，直播现场关注互动客流数达万余人。制作吴兴文旅疗休养宣传折页，向湖州市各县区机关派发邀请函800多份，向湖州市各大企业发出1600多份，向周边杭州、苏州、南京等省市机关发出2500多份。

【智慧文旅体数据仓建设】 2021年，吴兴区文广旅体局基于吴兴全域旅游一张图，精心设计推出4条初心之旅红色地标打卡线路，将“初心之旅”红色地标打卡活动作为吴兴区数字化改革中重点应用场景之一，通过创新的形式把红色旅游数字化、年轻化。加快推动全行业、全过程、多领域的智慧应用场景建设，旅游线路打卡系统、乡村旅游统计系统、体育场地智慧普查系统三个应用场景争取到数字化改革应用试点项目。

【旅游管理】 2021年，吴兴区文广旅体局以区安全委员会名义出台《吴兴区旅游新业态项目多部门全过程联合监管实施办法》，统筹指导项目立项、审批、建设、验收、应急等环节多方面工作，出台《ATV全地形车监管标准规范》，打通旅游新业态项目安全监管路径。对全区旅游新业态项目开展地毯式安全隐患排查和复查，累计驻点服务30余次。原乡小镇景区玻璃水滑梯成为湖州市首个通过验收的新业态项目，验收完成率居全市第一。建设区智慧文旅平台，推出新业态项目“安全码”，生成企业隐患治理“四色图”和企业安全预警“三色图”，探索“四个一”安全监管方法，即完善一套项目安全标志标牌、建立一套风险自辨自控体系、健全一套隐患自查自治机制、落实一套安全常态管理制度，确保景区始终处于安全状态。创新旅游企业“信用+”监管模式，把企业信用纳入评优评先及申请专项资金必备条件，指导失信文旅企业信用修复5个。湖州珍贝浙北大酒店有限公司获得省“金鼎”级特色文化主题酒店称号，新国际高级导游员孙雯玮入选浙江省“金牌”导游培育对象，新增高级导游5名，中级导游14名，育有“绿色点餐员”27名、旅行社“绿色导游员”18名，全面打响“吴兴旅游”品牌。

（区文广旅体局）

对外贸易·区域合作和对口支援

招商引资

【概况】 2021年，吴兴区新批准外商投资企业28家，增资企业8家（其中两家企业为2021年度新设且增资），减资企业6家，累计合同实际外资70925万美元，完成市年度目标的141.9%，列全市第三位；实到外资31103万美元，完成市年度目标124.4%，列全市第二位。

【引资结构】 2021年，吴兴区批准的40家（含增、减资）外资企业中，二产企业18家，三产企业22家。二产企业实现合同外资34568万美元，占吴兴区合同外资总额的48.7%；三产企业实现合同外资36357万美元，占吴兴区合同外资总额的51.3%。外方资金主要来源于美国、英国、萨摩亚等国家或地区。

【引资方式】 2021年，吴兴区批准的40家外资企业中，外商独资企业22家，合同外资77823万美元，分别占总数的55%和109.7%，为吴兴区外资企业引进的主要方式；中外合资企业18家，累计合同外资6898万美元。其中增资企业8家，合同外资19897万美元，分别占总数的20%和28.1%。

【外贸项目】 2021年，吴兴区批准的40家外资企业中，新设或增资合同1000万美元以上项目17家，累计合同外资98595万美元，占吴兴区合同外资总额的139%。认定市外资“大好高”项目8个，累计合同外资41895万美元，实到外资26456万美元，项目认定数及认定率走在全市前列。

【平台引资】 2021年，吴兴区加快高质量外资集聚先行区建设，以高新区、吴兴经济开发区、中韩产业园等三大省级平台为主战场，进一步加大平台承载力。三大平台批准外资企业26家，占吴兴区总数的65%，其中新设企业21家，增资企业4家；完成合同外资38170万美元，占吴兴区合同外资总额的53.8%，其中新批总投资1000万美元以上企业13家；实际利用外资11382万美元，占吴兴区实到外资总额的36.6%。八里店、妙西等其他乡镇批准外资企业6家，合同外资29868万美元，占吴兴区合同外资总额的42.1%。

（江　敏）

对外贸易

【概况】 2021年，吴兴区对外贸易增势强劲，规模及增幅均创建区以来历史新高。全年实现进出口总额2136176万元，同比增长80.0%，增幅列全省第一；其中，出口1868391万元，同比增长94.4%，增幅列全市第一、全省第三；进口267785万元，同比增长18.5%。

【进出口外贸企业】 2021年，吴兴区新增进出口实绩企业109家，新增进出口额702077万元，有进出口实绩的外贸企业441家，其中进出口超百万美元的企业213家，超千万美元的企业67家。民营外贸企业是吴兴区出口的主要力量，全年完成出口 1734507 万元，同比增长 102.9%，占吴兴区出口总额的 92.8%；外资企业完成出口 133884 万元，同比增长 26.1%，占吴兴区出口总额的 7.2%。

【进出口商品结构】 2021 年，吴兴区出口机电产品 849845 万元，同比增长 125.7%，占全区出口总额的 45.5%；出口纺织品 489604 万元，同比增长 36.1%，占全区出口总额的 26.2%；出口杂项制品 262223 万元，同比增长 267.9%，占全区出口总额的 14.0%。进口贸易方面，机电产品进口额 115425 万元，同比增长 49.3%，占全区进口总额的 43.1%，化工产品进口额 51896 万元，同比增长 50.4%，占全区进口总额的 19.4%；木及木制品进口额 43302 万元，同比下降 15.5%，占全区进口总额的 16.2%。

【贸易方式】 2021 年，吴兴区一般贸易进出口额 1320956 万元，同比增长 15.8%，占全区进出口总额的 61.8%，其中出口 1080869 万元，同比增长 15.8%，占全区出口总额的 57.9%；市场采购贸易出口 731041 万元，分别占全区进出口、出口总额的 34.2% 和 39.1%；加工贸易进出口额 83229 万元，同比增长 89.7%，占全区进出口总额的 3.9%，其中出口 56292 万元，同比增长 113.6%，占全区出口总额的 3.0%。

【出口市场结构】 2021 年，吴兴区商品出口至全球 162 个国家和地区。2021 年对传统市场（美欧日等）出口 38.3 亿元，增长 19.5%，其中欧盟 18.0 亿元，增长 31.0%，美国 13.7 亿元，增长 19.3%。对新兴市场出口 148.6 亿元，增长 131.8%，其中“一带一路”市场 103.4 亿元，增长 136.8%，对 RCEP 成员国市场出口 62.8 亿元，增长 85.6%。

【外贸转型升级】 2021 年，吴兴区积极发展外贸新业态，2021 年湖州（织里）市场采购贸易方式试点落地首个年度，累计实现出口 73.1 亿元，实现本地童装产业本地直接出口从无到有的实质性转变，助推全区进出口增长保持全省首位。外贸商品结构持续优化，2021 年机电及高新技术产品进出口额 965270 万元，增长 112.7%，占全区 45.2%，为吴兴区第一大进出口商品。品牌建设加快推进，2021 年新增湖州市出口名牌企业 2 家，全区累计拥有省级出口名牌企业 9 家，市级出口名牌企业 16 家。

（吕　慧）

对外经济

【概况】 2021 年，吴兴区备案境外投资项目 8 个，其中增资项目 1 个，境外中方投资额 7745 万美元，同比增长 270.1%，完成市定目标的 154.9%，列全市第三，其中对“一带一路”沿线国家（地区）投资额 2250 万美元；完成外经营业额 3592 万美元，同比增长 3.4%，完成市定目标的 149.7%，列全市第二。

【境外投资质量】 2021 年，吴兴区企业“走出去”意识逐步提高，境外投资项目规模、质量进一步提升，与“一带一路”沿线国家（地区）产能合作进一步深化。2021 年备案的 8 个项目中，4 个为生产基地项目，总投资达 6995 万美元，其中澳洲旺能环保能源有限公司备案中方投资额 4745 万美元，为建区以来吴兴区最大的对外投资项目；美欣达环卫（柬埔寨）有限公司备案中方投资额 1700 万美元，为该区赴“一带一路”沿线国家（地区）投资最大项目。

【境外投资领域】 2021 年，吴兴区积极引导企业在更大范围、更广领域、更高层次拓展市场，境外投资领域进一步拓展。吴兴区企业分别在日本、美国、澳大利亚、克罗地亚、柬埔寨等 20 多个国家和地区设立营销网络或生产加工企业，投资领域也从纺织服装业拓展至物流装备、节能环保、绿色家居、跨境电商、废弃资源综合利用等十多个行业。

【境外承包工程】 2021 年，受新冠感染疫情影响，吴兴区建筑类企业境外工程类项目进展缓慢，但吴兴区以三一装备、贝盛绿能等机电龙头企业为代表的境外非工程类项目稳步推进，实现外贸外经联动发展，全年完成外经营业额3297万美元，是该区扩大外经营业额的主要力量。

（吕　慧）

区域合作和对口支援

【概况】 2021年，吴兴区紧扣国家、省、市关于长三角一体化和对口工作的规划纲要统筹布局，以“开放融合争先战”为牵引，发挥“重要窗口”的使命担当，在共同富裕和乡村振兴的大场景下持续提升区域合作的质效，全面展现长三角一体化和对口工作进程中的吴兴作为和吴兴风采。

【东西部扶贫协作】 2021年6月，吴兴区在全国精准扶贫典型案例发布会总结了吴兴青川脱贫攻坚实践的可行性经验，为下一阶段如何巩固长效脱贫、衔接乡村振兴提供重要参考。7月，两地3年结对任务完成，东西部扶贫协作结对关系正式退出。三年来，吴兴区与青川县累计实施帮扶项目68个，带动2.6万人实现脱贫增收。为持续做好结对帮扶“后半篇文章”，双方共同签署友好区县框架协议。

【对口支援工作】 2021年，吴兴区实施羊驼富民工程。引导天下牧业（湖州）有限公司、湖州吴兴农业投资发展有限公司在柯坪县设立项目公司，计划总投资5亿元。年内，落实到位资金3200万元，湖羊产业园一期100个羊圈工业化养殖方式改造基本完成，1万只基础母羊、500只种公羊将陆续运抵柯坪；织里镇政府出资450万元，购买怀孕母驼190峰，通过采取村集体+县畜牧发展公司+柯小驼生物乳液公司的经营模式，实现以村集体收益、公司托管养殖、乳液企业驼奶收购的良性循环。打造消费帮扶金名片。吴上兴鲜以运营区域公共品牌的成功经验开展助农行动，打造吴兴首个柯坪馆。年内，吴上兴鲜发挥“专馆”“专区”“专柜”作用，落实消费帮扶金额600余万元。同时推进“十城百店”工程，通过浙北超市集团公司、浙江麦巴夫农产品有限公司等销售新疆农产品超4000万元。助力人才队伍建设，举办各类干部人才主体培训班15期，培训干部人才902人次；同时充分发挥传帮带作用，在组建“南太湖杏林”“新坐标”“红沙子”“红石榴”“红柳”“沙舟”“驼铃”等11个“工作室”的基础上，向所有派驻受援单位持续拓展延伸，实现“派驻一批人才、帮带一批人才、留下一批人才”。

【长三角一体化发展】 2021年，吴兴区承办长三角地区重大活动。5月26日上午，长三角三省一市联合举行重大项目开工仪式，湖州市吴兴区“水韵湖城”项目现场作为浙江省开工仪式分会场并取得圆满成功。开通吴兴人才专线。为加快完善吴兴合作产业园区的配套设施，10月22日，“沪湖融合，才聚吴兴”长三角之心·吴兴人才专线发车仪式在上海长宁区举行，由政府购买服务，在沪苏湖高铁建设完工前周一至周五在吴兴数字产业园与长宁区之间设立每日早晚专线，打造两地人才互通的捷途。打造首个跨省生态联勤警务站。湖州市公安局织里分局和江苏吴江区公安局建立乔溇生态联勤警务站，两地公安民警入驻警务站实体化办公，建立以警务站为中心方圆2千米的“治安联管区”，有效解决省际交界社会治理难点，开创长三角区域警务协作新机制。

（沈端斐）

城乡建设与管理

城乡建设

【概况】 2021年，吴兴区自然资源和规划分局（简称吴兴区自然规划局）推进城乡风貌建设，7个社区入选浙江省第三批、第四批未来社区创建名单，申报6个城乡风貌样板区通过省级评审。启动“一塘十山十漾”21个公园建设。埭溪镇成功创建2021年省级美丽城镇样板镇。棚户区改造续建2个项目八里店镇常路家园和埭溪镇联山二期1484套，完成进度80%。公共租赁住房全面实行“线上受理”，完成审核30户。安置“长期未安置”家庭831户，实现清零。全区公积金新增13500人，净增3428人，超额完成目标任务。

（区住建局）

【城乡规划工作】 2021年，吴兴区自然规划局规划编制，按照省市统一要求，以“三调”成果为基础，深入研究论证，开展“三区三线”划定，完成吴兴区范围内生态红线划定，以及第一轮、第二轮“三线三区”试划并报省级审查，有序推进吴兴区各乡镇国土空间规划编制工作。科学谋划吴兴区“十四五”的城乡发展，划定过渡期城市开发边界，梳理完成重点项目清单及增补清单（2021—2023年），为下一步项目落地做好规划保障。按照全市“五谷丰登”计划（即：顾渚“画溪谷”、弁山“云起谷”、西塞“科学谷”、阳山“时尚谷”和莫干“论剑谷”这五座“创新创业之谷”。）高质量完成《西塞“科学谷”概念性城市设计研究》《埭溪时尚谷概念性城市设计研究》，并启动“两谷”的详细城市设计及控规编制工作。通过对吴兴区全域层面村庄进行深入摸底，科学测算和合理布局，开展《国土空间规划体系下吴兴区村庄布局规划研究》编制工作，作为湖州市国土空间总体规划相关内容的技术支撑。根据部、省关于“三区三线”统筹划定工作要求，进行永久基本农田核实整改补足方案编制研究。开展织里镇全域城市设计和重点街区城市更新设计，启动吴兴区下菰城文化遗址公园文旅策划与历史专题研究及总体城市设计。结合吴兴区经济社会发展新态势，优化完善西湖漾单元、乌山单元等多个控规调整，提升公共服务配套水平和城区环境品质。完成潞村、海亮、驾云山等郊野单元控规，保障重大乡村振兴项目的落地；开展妙山村、义皋村实用性村庄规划省级试点，探索创新乡村地区规划编制模式。

【规划审批服务】 2021年，吴兴区自然规划局做好全区项目的规划审批服务，2021年召开吴兴区城乡规划会议4次，审查项目方案、概念设计等48项，针对民生项目做到靠前、贴身、主动服务，完成审批全流程提速、提质、增效；全年核发建设项目用地预审和选址审批意见书31件、地块规划出让75个、建设用地（临时）规划许可证89件、建设工程规划许可证149件（涉及住宅开发、商业、工业，共计建筑面积649.72万平方米）、建设工程规划核实113件。建设项目用地复核验收40个，按时完成每月数据归集工作，并配合开展“工业标准地”联测联验工作。

（区自然资源和规划分局）

【市政公用事业】 2021年，吴兴区自然规划局全面排查全区雨污管网，累计排查管网39千米，管网清淤160千米，完成乌山路、中兴大道等8个积水点的改造提升。新建（改造）污水管网12.11千米、雨水管网10.36千米，雨污分流改造管网9.8千米，提标改造管网14.28千米，发放排水许可证50份。提标改造东郊污水处理厂。完成污水零直排改造小区14个。建成省级绿道9千米，新、改建公厕10座。完成绿化养护面积183.5万平方米，保洁面积303.4万平方米，市政道路维修总面积116.8万平方米。台风“烟花”“灿都”等防汛期间，出动人员1855人次，检查易涝积水点203次，完成整改29处。

【垃圾分类】 2021年，吴兴区725个驿站建成并全面投入使用，实现312个小区“二定四分”模式全覆盖。“艾小厨”人工智能AI识别系统覆盖小区25个，小睿机器人覆盖驿站20多个。建成易腐垃圾就地处理试点20个，就地处理量达9吨/月。创新“铛铛师傅”回收模式，启用资源化回收站24个，辐射覆盖小区64个，实现3千米半径辐射面全覆盖。共收集可回收物10.51万吨，回收利用率达62%，全区城镇垃圾总量23.67万吨，同比2019年下降3.5%。创成东方明珠、新华府小区等省级高标准示范小区18个，富民南路等省“定时定点”试点商业街2条，富景园等省“定时定点”试点小区2个，飞英街道等省级示范片区1个。

（区住建局）

【城乡老旧小区改造】 2021年，吴兴区推进中心城区19个老旧小区改造，完成治理改造小区2个，完成微改造项目3个。完成既有住宅电梯加装20台。启动“一塘十山十漾”21个公园建设。埭溪镇成功创建2021年省级美丽城镇样板镇。推进城乡风貌建设，7个社区入选浙江省第三批、第四批未来社区创建名单，申报6个城乡风貌样板区通过省级评审。

【“美丽宜居示范村”建设】 2021年，吴兴区织里镇晓河村、道场乡道场浜村、埭溪镇五石坞村成功创建2021年省级宜居示范村，埭溪镇盛家坞村和东林镇泉益村完成规划方案评审和项目启动。推进农村生活污水治理，构建全区统一的农村生活污水数字化智慧监管平台，全年实现170个10吨及以上终端设施远程监管，完成34座污水处理设施提升改造，完成70座20吨及以上处理设施标准化。

（区住建局）

【土地管理工作】 2021年，吴兴区统筹谋划土地管理工作，全面提升国土资源管理水平，重点在资源配置、保护耕地、要素保障、节约集约、创新发展、生态建设上有所突破。争取要素资源保障。全年取得新增建设用地指标2649.6亩，其中存量盘活挂钩指标829亩，重大产业项目奖励指标311亩，存量土地处置、特色小镇指标555.4亩，国家农民建房专项指标526.6亩，另通过土地开发等取得吴兴区增减挂指标427.6亩。通过使用省级下达新增建设用地指标和吴兴区增减挂指标共上报工业、商业、住宅、民生项目88个，使用国家专项农民建房指标保障农民新村、单户农民建房地块49个。另使用国家预留指标上报并批准省重点基础设施单独选址项目3个，包括湖杭高速932亩、新建上海经苏州至湖州铁路955.53亩、苕溪清水入湖河道整治工程1684.19亩。

【耕地保护】 2021年，吴兴区推进耕地保护。全年完成垦造新增耕地5406亩，超出市下达1200亩任务要求。年度建设占用耕地面积0.10万亩、补充耕地面积0.10万亩，达到占补平衡的要求。严格土地节约集约利用。完成城镇低效用地再开发1241亩，盘活存量土地1619亩，消化批而未供2121亩；2021年成交工业“标准地”50宗面积3835亩，成交价款14.31亿元；成交商业、住宅等经营性用地24宗面积954亩，成交价款60.21亿元。提升服务保障。全年及时发放征地补偿款39903万元，保障2434被征地的农民基本生活。

（区自然资源和规划分局）

建筑业

【概况】 2021年，吴兴区完成建筑业产值454.6亿元，同比增长13.2%。新开工装配式建筑面积162万平方米，办理绿色建筑节能审查项目24个，建筑面积111.27万平方米，完成既有公共建筑节能改造项目3个，全区12个公共建筑项目设计安装建筑用能分项计量及数据采集传输装置。吴兴区推动建筑业和房地产业平稳健康发展成效较好获省政府督查激励。吴兴区获评2021年度全省建筑节能与绿色建筑优秀区。

【建筑行业发展】 2021年，吴兴区住建局深入实施《吴兴区人民政府支持建筑业高质量发展的若干政策》，助力建筑业企业做大做强，评选2021年度建筑业高质量发展奖10家，发放专项奖励资金450万元。推行建筑工程绿色化，实现区域内城镇新建民用建筑一星级以上绿色节能强制性标准100%执行，二星级以上绿色建筑占新建民用建筑面积比例69.5%。创建高星级绿色建筑和建筑节能示范工程5个。推动绿色建筑和绿色金融协同发展，全年区属银行新增绿色建筑贷款20.69亿元。

【建筑资质资格企业】 2021年，吴兴全区有资质建筑企业227家，其中特级资质建筑企业5家，一级资质建筑企业10家，二级资质建筑企业13家，三级资质建筑企业199家。5家特级资质企业为浙江大东吴集团建设有限公司、华煜建设集团有限公司、中铁十六局集团第三工程有限公司、浙江天力建设集团有限公司、浙江乔兴建设集团有限公司。

【建筑市场监管】 2021年，吴兴区开展企业资质预审和人员诚信审核，审核上报企业资质申请36项，完成人员诚信平台审核备案2500多人。查处违法分包案件2件，罚款20.7万元。做好欠薪防治工作，开展专项督查3次，整改问题6个，约谈企业6家，为56家施工单位办理农民工工资支付专户。处理农民工讨薪事件11次，涉及工人600余人，协调支付资金2280余万元。

【建筑质量监管】 2021年，吴兴区以住宅工程通病防治为重点，严格落实全过程质量监管，抓好关键部位质量控制，开展工程质量专项检查。开展质量验收监督抽查抽测、巡查692次。主体结构验收监督191项次，质监竣工验收监督107个项次，发出验收监督意见书或整改单268份。出具工程质量监督报告88份。

【建筑安全生产】 2021年，吴兴区开展在建工地“地毯式”安全生产检查，建立重大危险源监控清单，分级管控安全风险，对排查出的重大隐患和违法违规行为零容忍、顶格罚。出勤执法检查6100余人次，排查安全隐患883起，发出监督整改单356份，停工令139份，联系单38份，约谈告诫72家企业及相关人员，工程不良行为公示7项，通报批评并公示企业8家。加强安全生产考核，对企业实行安全生产事故“一票否决”制度。

【建筑工地扬尘治理】 2021年，吴兴区严格按照“7个100%”要求抓好建筑工地扬尘治理，每个工地落实1名“扬尘防治负责人”。推广“八字诀”管控法，即

“挡、整、美、盖、硬、喷、湿、洗”，落实全区在建工程的扬尘常态化监管，首推吴兴区建筑施工文明施工整改提升专项行动“红黑榜”。加强与乡镇协同执法，推行施工单位工地长制度，落实网格化责任体制，加强与区治气办、区综合行政执法、区环保局等部门的联系、沟通，形成组合拳，通过联合执法检查等方式，推进建筑施工扬尘治理。

房地产

【概况】 2021年，吴兴区房地产完成投资178.38亿元，同比增长14.25%。商品房竣工面积151.81万平方米。商品房销售均价11598元/平方米，同比下降4.13%，商品房销售面积216.5万平方米，同比增长9.3%，销售金额251.1亿元，同比增长5.07%。春翠里、景璘府等48个项目开盘开业。

【房地产行业管理】 2021年，吴兴区加强房产市场监管，严格执行房产销售价格审批手续，住宅成交均价13562元/平方米，同比增长21.7%，住宅成交面积173.34万平方米，同比下降18.3%，新上市商品房面积136万平方米，同比减少31.6%。建立健全隐患排查制度，充分完善房地产销售领域纠纷处理专班调处机制，明确专员、开通专道，召开协调会议22次，组织各方实地查看43次，接待零星业主90余次，成功化解矛盾纠纷72件。

【物业管理】 2021年，吴兴区平稳有序完成老旧小区准物业承接，以“红色物业”创建为统领，打造“区物管中心+街道物管分中心+社区物管办”三位一体物业管理体系，40个准物业老旧小区物业管理水平稳步提升，53处零星独幢实现物业管理全覆盖。强化物业服务企业考核督查机制，严格季度履约考核，设立“红黑榜”定期公示，促进物业企业优胜劣汰。完成21个红色物业小区示范点创建，其中学士府、湖东府等6个小区获得省级红色物业小区，创建“双资”管理示范小区建设35个。

（区住建局）

综合行政执法

【概况】 2021年，吴兴区行政执法局面对复杂严峻的外部环境和艰巨繁重的改革发展任务，贯彻落实中央和省、市、区各项决策部署，坚定不移推进“大综合一体化”行政执法改革和各项工作，着力提升人民群众的获得感、幸福感、安全感，较好地完成主要目标任务。

1—12月，吴兴区综合行政执法局完成一般程序立案6731件，位列全省前五，12345热线投诉群众满意率98.16%，各项指标增长继续领跑全市、高于全省、好于预期。市区两级民生实事圆满完成，完成创建全国文明典范城市、抗疫抗台等重要任务。改革突破成果显著，列入全国行政执法人员培训标准化体系试点和全省“大综合一体化”行政执法改革试点，行政执法协同指挥集成应用和统一处罚办案系统的个性化改造纳入《全省数字化改革重大应用“一本账S1”目录》，区改革创新奖实现四季度目标，改革经验交流文章分别在国办秘书局和省委改革办《竞跑者》刊登。

【综合执法体制改革】 2021年，吴兴区行政执法局贯彻省委、省政府、市委、市政府关于深化综合行政执法改革的决策部署。“大综合一体化”行政执法改革是浙江省率先探索，走在全国前列的重大改革。2020年12月，在埭溪镇率先组织开展“乡镇一支队伍管执法”试点。2021年10月，吴兴区作为全省四个试点县区之一，正式获批“大综合一体化”行政执法改革省级试点。

行政执法改革实施背景 2021年4月，吴兴区被确定为全省“县乡一体、条抓块统”改革试点县区后，坚持以数字化改革为抓手，对基层综合行政执法的体制机制、组织架构、方式流程、手段工具进行全方位、系统性重塑，取得较好的成效，相关经验做法分别在省“县乡一体、条抓块统”改革工作专班联席会议和省“大综合一体化”执法改革推进会上作经验交流，并被国务院办公厅《专报信息》和省委改革办《竞跑者》刊发。吴兴区开发的“行政执法联合处罚指挥应用”和“行政处罚办案应用”被吸收进《全省数字化改革重大应用“一本账S1”目录》。

改革创新做法优化顶层设计 变“九龙治水”为“一龙管水”。坚持制度先行，重构行政执法体系的顶层设计，着力强化跨部门跨领域的统筹协调能力。建立统筹强的“司令部”，首创成立“区级行政执法指导委员会”，由区委副书记任主任、分管副区长任常务副主任，把全区行政执法工作纳入一个盘子，在区级层面进行统筹协调、决策指挥、督导问效，确保改革工作有序推进。组建协调强的“参谋部”，实体化运行“区综合行政执法指导办公室”和“区行政执法指挥服务中心”两个机构，前者主要承担日常各类行政执法活动的线下协调指挥，后者主要承担数字化指挥平台的开发建设、维护与管理等工作，实现线上、线下的融合指挥。按照“执法权限，将民政执法、劳动监察、能源监察、水政监察4支执法队伍撤销，保留市场监管、农业农村、文化市场、生态环境、应急、卫生健康等专业执法队伍。

科学划转事项，变“条块分割”为“协同治理” 年内，以完善“县乡监管执法事项清单”为抓手，通过执法事项的划转下沉，推动权责更统一、分工更合理、执行更有力。把执法事项“应划尽划”作为常态，将吴兴区15个领域的956项执法事项划转至区综合行政执法局统一行使。同时，在市级相关部门的大力支持下，进一步承接自然资源、林业、气象等5个领域的57项执法事项。整合后，全区纳入综合行政执法事项1529项，占全区全部执法事项的30.26%，超过省定要求20%。把执法事项“应下尽下”作为常态，重点向乡镇（街道）下放“高频多发、易发现易处置、专业要求适宜”的事项。其中，织里镇承接1528项区级综合行政执法事项，赋权率99.99%；埭溪镇承接1150项，赋权率达到75.21%；其他6个乡镇街道赋权率均60%以上，基层治理能力得到显著提升。如，2021年埭溪镇一般程序案件量同比增长120.3%，市容类案件数量从89%下降59.3%，一批“睡眠条款”被激活。把监管职责“应管尽管”作为常态，明确业务主管部门处罚权划转后，监管职责不变，全面构建起由业务主管部门主抓，属地乡镇（街道）和综合行政执法部门配合的协同监管格局，筑牢监管执法链条。

【基层综合执法力量强化】2021年，吴兴区综合执法局基层力量，变“被动应对”为“主动处置”。从领导体制、人员配置和管理机制三方面强化基层行政执法力量，实现“越到基层越综合”。把指挥层级“提起来”，进一步做强乡镇（街道）综合信息指挥室，明确由乡镇党委（街道党工委）副书记分管统筹指挥，并通过“基层治理四平台”的行政执法平台，实现对事项的预判、交办、流转和评价闭环，执法类事件平均处置时长缩短26.7%。把人员力量“沉下去”，在组建8支乡镇（街道）综合行政执法队的基础上，进一步调剂挖潜15名参公编制和5名事业编制充实基层一线综合行政执法队。

【市场监管专业执法队伍建设】2021年，吴兴区综合执法局市场监管明确要求部门人员下沉比例不低于80%。对于应急、卫健、环保等执法力量相对薄弱的单位，要求建立责任到人的分片联系制，确保“乡镇（街道）吹哨，部门报到”。把日常管理“严起来”，创新“人随事走、编不转”做法，人事关系保留在业务主管部门，派驻人员做到“二年固定不动、三年轮岗、五年必须换岗”，避免权力寻租。同时，落实乡镇（街道）对派驻人员的统筹指挥权、任免建议权、考核管理权和反向否决权，确保下沉执法事项“接得住、管得好”。

【数字赋能增加执法综合能力】 2021年，吴兴区执法局变“人力密集型”为“人机交互型”。创新建设行政执法指挥应用，加快探索“152体系”（“1”指一体化智能化公共数据平台；“5”指5个综合应用，分别是党政机关整体智治综合应用、数字政府综合应用、数字经济综合应用、数字社会综合应用和数字法治综合应用；“2”指数字化改革的理论体系和制度规范体系）和“141体系”［“1”指县级社会治理中心；“4”指乡镇（街道）基层治理“四个平台”；“1”指村社网格］贯通的“吴兴答案”。重构执法协同闭环，在应用中一网串联全区26个部门3575个检查事项和5025个执法事项，形成“二元需求发起—三级协同处置—多维评价画像”的执法流程，推动检查执法过程全主体覆盖、全过程留痕、全量化赋分、全要素画像。全年覆盖2.9万个监管对象，乡镇（街道）发起需求101次，部门响应率100%，平均得分98.6分以上。重塑分层检查体系，将3575项行政检查事项分成903项简单检查、1951项专业检查和621项特殊检查“三级清单”，做到“简单事项一人一次查多项、专业事项多人一次查多项、特殊事项多方一次查一项”，检查结果平台共享，相关证据公正固定，市场主体受检频次平均降幅52%、检查人数减少21.4%。重组多跨应用场景，整合“餐饮油烟在线监测”“共享单车监控”“工程车监管”等14个“高频”多跨场景，基于“一体化智能化公共数据平台”，归集调用数据229.95万条，40%以上的案件实现自动识别和立案派遣。通过数据分析，形成趋势走势、热点分布，大幅提升监控预警能力，推动综合执法辅助人员减少27%，实现基层治理减人、减负、增效。

【数字化执法】 2021年，吴兴区以数字化改革为统领，依托“县乡一体、条抓块统”县域整体智治改革试点，发挥良好的“智慧执法”先发优势，加速打造具有吴兴辨识度的行政执法改革样板。8月，吴兴执法协同指挥应用系统上线，完成一级协同、二级协同、联合执法、执法保障、联勤保障和督（交）办管理六大任务场景的布置运行。12月，行政执法指挥应用和处罚办案系统协同应用被同时纳入《全省数字化改革重大应用“一本账S1”目录》浙里综合行政执法应用，全年区行政执法指挥应用完成上线正在调试中，处罚办案系统协同应用个性化改造项目进入招投标程序。

综合行政执法生态系统重构 围绕执法指挥中枢、执法主体和队伍建设的三个核心要素，全方位重塑“统得起、沉得下、管得住”的全新执法生态系统。高规格全面系统推进。设立区行政执法指导委员会，负责全区行政执法工作的统筹调度、协调指挥，由区委副书记任主任、分管副区长任常务副主任，下设办公室，设在区综合行政执法局，重点负责全区行政执法工作的规划、规范、协调和监督，确保区级行政执法统筹协调功能做优做强。全方位综合集成事项。以全省综合行政执法事项统一目录为基础，按照“能划尽划”的原则，梳理专业技术性要求强、执法程序要求高的处罚事项，编制出部门专业执法事项清单，全年将1529项事项逐步划转至区综合行政执法局统一行使，形成新的吴兴区综合行政执法事项目录清单。大力精简执法队伍。全区行政执法层面，根据“改革后执法队伍不超过8支”的要求，按照“执法权限全部划转、执法机构相应撤销”的原则，拟订全区执法队伍精简整合方案，将6支区属部门执法队伍精简为2支，保留市属4支专业执法队伍。

【监管执法不同场景构建体系建设】 2021年，吴兴区综合执法局按需赋权，推动“多支队伍”向“一支队伍”转变。坚持“看得见、需要管、管得着”原则，在乡镇和街道分别设置综合执法队和派驻执法中队，并按照“下得去、接得住、管得好”的原则，重点将违法行为易于确定、执法程序简便易行、与群众生活密切相关，且由街镇实行更加方便有效的执法事项下放。分层检查，推动“多频执法”向“综合查一次”迭代。按照事项的专业程度，将省级权力事项清单中3575项行政检查事项，分成903项简单检查、1951项专业检查、621项特殊检查“三级清单”，形成简单事项一人一次查多项、专业事项多人一次查多项、特殊事项多方一次查一项等分层级检查体系。优化协同，推动“单打独斗”向“一体监管”升级。坚持“谁审批、谁监管，谁主管、谁监管”的原则，围绕“处罚权划转，监管权不变”的要求，形成由业务主管部门主抓、属地乡镇（街道）和处罚权所属部门配合的“1+2”监管格局。同时，健全工作追责机制，由业务主管部门承担主要责任，属地乡镇（街道）和处罚权所属部门承担次要责任，分解厘清乡镇（街道）与区级部门的责任比例，真正实现依单问责、按例问责。

【执法机制优化再造】 2021年，吴兴区综合执法局设计危化、娱乐等19个一级场景和油烟、噪声等80个二级场景，构建“发起—选择—处置—评价—分析”全流程执法闭环。构建以需求为导向的任务处置机制。减少企业（群众）端被多头查、多频查情况，构建“需求报告—平台吹哨—部门报到—协同处置”的数字执法流程，推动乡镇街道或部门“按需”发起执法任务，指挥平台基于任务类型、部门职责进行派单“集中查”，部门根据任务时间、要求统一行动。构建全量化赋分的考核评价机制。围绕“谁来评”“怎么评”两个维度，建立以90%系统评价为主、10%人工评价为辅的执法评价模块，对各执法单位在信息接收、分流交办、执行处置、回复反馈4大环节进行全过程留痕和全量化赋分，倒逼参与单位严格执法。构建全要素画像的数据分析机制。将评价数据纳入综合执法数据仓，围绕高频事项、重点区域、重点事件、重点对象、重点人员等5个核心数据，对2018年以来执法案件数据进行全流程统计、分析、整合，形成包含高频事项、重点隐患企业等要素的“全域一张图”，从源头推动“监管一件事”和“需求发起”两大流程再优化。全年，梳理出2.9万个监管对象、14个重点区域，匹配完成“监管一件事”检查事项604项，执法辅助人员减少27%。

（邵　晨）

【城市精细化管理】 2021年，吴兴区紧紧围绕中共湖州市委、市政府关于城市精细化管理考核要求，全面深化中心城区美丽标争先战，持续围绕“占据前三、避免后二”的目标，要求全区上下锁定目标、攻坚克难、确保实效，努力打造“美丽城区”吴兴样板。

【人居环境提升】 2021年，吴兴区将创建文明典范城市与精细化管理、“美丽城镇”长效管理相结合，依托全区网格化管理机制，落实区四套班子领导、驻村局长带班，发动广大党员干部、志愿者和居民群众，开展城市人居环境大整治，推进街巷、小区卫生保洁、基础设施、垃圾分类、广告清理等专项整治工作。区城管办每月对10个乡镇月度精细化长效管理考核情况进行分析，并对督查督办事项进行实地查看，结合上半年市督导发现的5625处巡查抽检问题，建立问题点位发现、交办、整改、复查的闭环销号机制。规范犬类长效管理。按照“规范管理、文明养犬、保障安全”的工作要求，抓好犬类规范管理工作。打造免疫登记发牌一站式服务，加强对流浪犬的规范收容，加大对不文明养犬的执法力度，建立健全疯犬伤人快速处置机制，完成全区14个乡镇街道疯犬伤人应急演练。年内，全区设置接种免疫点26个，设置犬只信息登记点181个，犬只接种免疫、登记8120只，收容流浪犬2427只，对“不文明养犬”行为执法办案595起。深化治水治气监管。以深化餐饮单位“治水、治气、治危、治违、治乱”的“五治”专项行动为依托，实现全域餐饮单位油烟净化设施安装率、使用率和油烟在线检测100%，加压餐饮油烟专项整治，推动商贸区“污水零直排”建设。油烟在线监测安装2092台，截至6月，全区餐饮油烟类投诉53起，同比下降42.1%。

【工程车专项整治行动】 2021年，吴兴区重点查处车辆带泥上路、乱倒渣土等违法行为，实现全区范围工程车“三化”（公司化、本地化、专业化）管理全覆盖。各乡镇街道执法中队严格落实工程车“三化”机制并实现常态化管理，出动6998人次，检查车辆114辆，立案47起；检查工地出动9616人次，检查2091个次，立案查处72起，处罚金额500多万元。户外广告有序清理。按照“拆除一批、规范一批、提升一批”的思路，以道路两侧及楼顶屋面乱设广告、悬挂张贴物等情况为重点，对存在安全隐患、无审批、影响市容、遮挡交通视线的违规广告牌集中清理，消除以往广告设置参差不齐、高低错乱的现象。全年，确定中心城区26条道路开展高标准规范化整治，全区的垂直墙面店招（猫耳朵）进行全部清理，以“哪里最乱最难弄就弄哪里”的韧劲，6月底完成5条道路店招整治验收，累计拆除店招162块，先后清理乱张贴1541处，横直幅210条，拆除各类违规大中型户外广告288处，进一步提升城市容貌和形象。

【垃圾精准分类】 2021年，吴兴区312个小区全面转换并开展“二定四分”（定时定点，厨余垃圾、可回收物、有害垃圾、其他垃圾）分类模式，713个驿站全面投入使用，实现全覆盖。133条主次干道常态化开展“定时定线”收运，落实街面易腐垃圾专项整治行动，启动14条分类样板街创建，累计创建完成市级垃圾分类标杆小区257个。

【文明示范区创建】 2021年，吴兴区年度省级创建任务：飞英街道省级示范片区创建工作正在推进中；东方明珠、新华府小区等15个省级高标准小区已完成创建工作；卡丽兰、浮玉花园等3个省级高标准小区创建工作正在推进中；富民南路、小西街2条省“定时定点”试点商业街和富景园、鸿泊湾2个省“定时定点”试点小区完成创建工作。

【市容秩序常抓不懈】 2021年，吴兴区全面推进市容市貌、农贸市场、沿街商铺、城郊环境等综合整治工作，结合整改督促和长效管控，保障城市精细化管理和文明城市创建复评。整治流动摊贩、店外占道及张贴晾晒、车辆违停等现象，并集中开展三轮车车容车貌管理，对吴兴区所有在册运营的人力客运三轮车进行三轮车篷布、车体两侧公益广告更换工作，完成更新178辆。

【城市环境管理精细化标准建立】 2021年，吴兴区强化领导建立机制。区委、区政府高度关注城市精细化管理工作，区政府主要领导每月召开全区精细化管理暨美丽城镇工作例会，专题商议部署城市精细化管理和城乡环境整治等工作，通报、分析研判当月全区精细化管理考核情况。制定标准常态管理。继续在小城镇综合环境整治标准的基础上，参照中心城精细化管理要求，结合高新区、织里、八里店等乡镇实际情况，深化精细化长效管理标准体系，侧重以“环境卫生、城镇秩序、乡容镇貌”管控为重点，实现综合执法全覆盖、环卫保洁全覆盖、网格责任全覆盖。网格管理全面落实。以深化基层治理“四个平台”

（综治工作平台、市场监管平台、综合执法平台、便民服务平台）建设为依托，推动执法重心下移，结合配备全科网格员，按照片区统一管理、统一调度，有效解决“各自为政”的情况。同时，结合驻村局长工作机制，要求全区科级干部驻村指导参与环境整治，督促和提升基层村、社区的主动性和积极性，引导基层干部、广大群众主动参与乡镇环境长效管理。创新举措加强执法。依托智慧城管和“一店一档”数据库，探索推进“非现场执法”模式，推进4G立体化指挥系统和行政执法电子证据互联网公证系统建设，大幅提升执法办案效率。试点推进社会服务折抵罚款处罚，让违反《文明行为促进条例》的当事人通过参与环境卫生整治、街面秩序维护以及执法体验等，增强广大群众的社会责任感，提升文明守法意识。

（王爱萍）

交通·邮政·通信

交　通

【概况】 2021年，吴兴区综合交通建设实施项目工程161个，完成投资47.49亿，完成年度投资任务的105%，其中省市重点项目12个（含谋划类项目7个），完成投资36.48亿元；区内交通工程项目149个（含谋划类项目22个），完成投资13.34亿元。交通规划编制取得突破。高起点、高水平系统谋划、科学编制吴兴交通未来发展规划。1月份，发布《吴兴区东部滨湖一体化发展交通规划》《吴兴区西部组团发展交通规划》；12月份，发布《吴兴区综合交通运输发展“十四五”规划》。如通苏湖城际铁路湖州段线性方案论证等按计划推进，湖州东站站房及相关工程取得国铁集团和浙江省人民政府的初步设计批复。综合交通建设加快推进。深度融入长三角一体化发展格局，重点保障推进沪苏湖铁路、湖杭铁路建设，加快推进湖杭高速建设和104国道长兴李家巷至湖州施家桥段改建、104国道埭溪段改线，积极谋划推进如通苏湖城际铁路、湖州东站综合交通枢纽建设，确保重大交通项目建设年度工作任务完成，加快打造“轨道上的吴兴”。

【“四好农村路”创建成效显著】 2021年，吴兴区交通建设围绕中共吴兴区委“五区联创”重要部署，精准聚焦“四好农村路”全国示范县创建目标，对照标准要求、对表年度任务，全面补齐短板，全域提升品质，打造具有吴兴标识度的“四好农村路”。全年实施农村公路新改建、大中修、路域景观等项目工程126个。5月份，获评省级“四好农村路”示范县；12月湖山大道全线通车。

【交通安全管理】 2021年，吴兴区交通总体稳定。精准聚焦守牢交通运输行业安全管理底线，做到科学研判、分类施策、全域整治、全面防范，全区交通运输行业安全管理总体稳定可控。全面落实绿色车站、高铁站出入口等重点场所常态化疫情防控，建立G50高速湖州服务区进口冷链运输车辆防疫检查点；开展“平安交通建设年”活动，推进铁路沿线隐患整治、码头环保设施整治提升、危化运输企业安全隐患整治等安全隐患专项治理，完成全区县乡村道自然灾害综合风险公路承灾体普查。

【基础设施建设】 2021年，吴兴区交通局全面实施综合交通运输发展“十四五”规划，争创“四好农村路”全国示范县，全年完成交通基础设施建设投资49.82亿元。沪苏湖高铁、湖杭高铁、104国道长兴李家巷至湖州施家桥段改建工程（吴兴段）项目涉及的土地征用、房屋拆迁、三线迁改等工作全面如期完成。湖杭高铁（吴兴段）总体形象进度完成97.5%，隧道工程完成100%，无砟轨道、主体工程全面完成。沪苏湖高铁（吴兴段）墩身完成75.9%，路基桩基完成100%，道场山隧道提前49天正式贯通。湖杭高速公路（吴兴段）及连接线工程路基完成

60%，桥梁完成20%。104国道长兴李家巷至湖州施家桥段改建工程（吴兴段）路基工程完成，百亩山隧道贯通，S306改线段、妙新线改线段建成通车。启动实施湖织大道（高新区段）拓宽、埭芳线拓宽等农村公路新改建项目50个、123.8千米，竣工完成62.1千米。深入谋划城市轨道交通、同心路（吴兴段）、318国道南移、湖山大道南延等重大交通项目的前期工作。

【交通基础设施维护】 2021年，吴兴区交通局精准聚焦"四好农村路"全国示范县创建目标，管养全面深化，通行环境大幅改善。农村路网养护方面：重点完成农村公路大中修项目27个、63.1千米和危桥改造15座、安防工程24.2千米。路域环境提升方面：实施保戈线、青菱公路等美丽公路绿化提升项目23个。完成省市挂牌道路交通事故多发点治理11处（省级1处、市级10处）；完成区级道路交通安全隐患点治理52处。交通设施完善方面：改建城市道路16.5千米，新建城市道路17.4千米，新建城市绿道8千米，改善拥堵点7处，新建改造港湾式停靠站103个，建成公交智能站台30个，新建公共停车场4个，新增停车位2493个，新增公交线路8条，优化调整公交线路14条。日常管养规范方面：完成规范提升7个乡镇农养站，完成东部新城智慧交通项目建设试点，完成辖区内22座货运码头结构检测评估及隐患排查整治；完成辖区内16座通航段桥梁安全隐患排查整治。

【交通安全管理】 2021年，吴兴区交通局深入开展平安交通建设，严防交通领域安全事故发生，坚决守牢交通安全防线，对吴兴区所有县乡村道进行全覆盖普查，摸清摸透辖区内公路基础设施自然灾害风险底数，实施精准防控。全年淘汰非标校车64辆，全部更新为标准校车；淘汰国三及以下老旧营运货车107辆。完成老旧危险货物码头检测评估工作3个。完成铁路安全隐患整治点位28处。加强交通建设工程安全管理，紧盯突出的红线问题，全年下发检查意见书107份，及时发现整改安全问题242个。修订完善《吴兴区突发公共事件道路水路运输应急保障行动方案》等应急预案3项，规范应急处置流程，做好"三防"应急物资储备、应急队伍备岗和应急响应机制通畅等应急处置工作，开展道路积水应急抢险演练1次，确保突发紧急情况能够及时处置。绷紧疫情防控弦，当好交通"转运人"，做好交通场站疫情防控及入境人员转运工作，绿色车站出口处核查17万人次，出动转运车辆351车次，高铁站出口处共核查旅客204万人次，出动转运车辆1683车次；入境人员转运共出动防疫转运车辆185车次，转运入境人员227人。

（沈　翔）

邮　政

【概况】 2021年，吴兴邮政管理局围绕数字化改革、"两进一出"工程和共同富裕示范区创建等重点工作，狠抓落实、注重成效，努力在高质量发展上破难题，在安全稳定上严监管，在服务民生上立新意，推动全区邮政业绿色、安全、健康发展。

2021年，完成的主要指标：邮政企业和全区规模以上快递服务企业业务收入26.82亿元，同比增长20%；业务总量达到35.2亿元；规模以上快递服务企业业务量累计完成39015.6万件，同比增长20.3%；完成业务收入21.52亿元，同比增长20%；同城业务收入达到0.91亿元，同比增长13.75%；异地业务收入达到12.61亿元，同比增长12.31%。

【邮政党史教育活动】 2021年，吴兴区邮政管理局贯彻落实中共十九届六中全会精神，组织快递行业党员代表一同参加党史学习教育，开展参观"郎部"抗日纪念馆、吴兴县第一区农民协会纪念馆等系列主题党日活动。

与湖东街道富田家园社区党支部开展共建，提升党建工作水平。在微信公众号上开设“百年党史天天读”学习专栏，组织线上党史有奖竞答活动，在全局上下营造学党史、悟思想、办实事、开新局的浓厚氛围。整合党建和业务资源，构建区、镇、企三级组织体系，通过加强党建红色联盟建设，做强“先锋速递”品牌，相关经验做法在《浙江日报》、省“党建”电视栏目上刊登，在全国快递业党建联盟举办的“快递物流业党建案例征集”活动中获评“创新案例”。

【邮政“最美快递员”颁奖活动】 2021年，吴兴区邮政管理局开展第二届“最美快递员”评选，挖掘行业先进典型，树立行业模范形象，为行业提质增效、转型升级凝聚更广泛的精神力量。推选韵达快递有限公司董事长薛强获评区十大“杰出青年”荣誉称号。成立行业团工委，联合团区委开展“快递从业青年服务月活动”，40余家青春驿站向快递员开放。开展留吴过年暖心慰问活动，发放礼包652份，价值13万元。监管引导助推生产“富余”。

【邮政新冠感染疫情防控工作】 2021年，吴兴区邮政快递从业人员新冠肺炎疫苗接种2552人次，接种率98.2%。邮政快递相关人员新冠肺炎疫苗接种219人次，接种率99%。全行业新冠肺炎疫苗加强针接种300人次，接种人员数量列全市第一。全区邮政快递主体企业全部安装快件杀毒装置，确保所有进港快件都能有效消杀。结合疫情防控期间邮政快递业生产操作规范要求，对企业及快递网点开展防疫专项检查12次，确保口罩、手套、消毒水等防疫物资准备充足。联合区卫健局、区疾控中心、区人民医院开展涉疫包裹应急处置演练，提升从业人员的疫情防控知识以及对突发事件处理的实战能力。

【邮政执法检查】 2021年，吴兴区执法检查130余次，出动检查人数220余人次，对主体企业和分拨中心全覆盖检查6次，对分支机构和末端网点全覆盖检查4次。协助德清禁毒大队破获境外走私毒品案件一起，缴获150毫克新型毒品。在建党百年维稳安保期间制定并出台《吴兴区邮政快递业中国共产党成立100周年庆祝活动寄递渠道安全服务保障工作实施方案》，指导企业开展安保工作。其间对14家主体企业和邮政公司戴山处理中心、34家网点、23家驿站进行检查，重点检查机械、电力、消防、燃气安全和三项制度执行情况，发现各类隐患问题26个，落实主体责任进行整改。有效整治市场秩序。全年办理各类违法违规案件6起。

【邮政快递业务】 2021年，吴兴区邮政管理局积极对接发改经信、交通等部门，通过吴兴区服务业发展专项资金补助为企业争取快递进村补助12万元，生产设备投资补助40万元，营业收入达标补助45万元，“下转上”（规模以下转规模以上）统计入库奖励2万元。利用创建国家级“四好”农村路（即：建好、管好、护好、运营好农村公路）资金补助政策，为全区2个快递集散中心补助40万元，58个农村快递服务点补助58万元。

【邮政普服网点建设】 2021年，吴兴区邮政管理局普遍服务助推服务“富民”。开展邮政普服网点合格检查23个，报刊亭12个，党报党刊监测17次，不断提升服务水平。聘请社会监督员进一步加强社会监督力量。巩固建制村直接通邮成果，打造高质量的进村服务，对28个建制村直接通邮情况进行检查，进一步提升全区邮政普遍服务水平。持续推进妙西“邮快合作”试点项目，建成邮政青山快递集散中心，促进农村物流供需资源、多级作业网点资源、各类社会运力资源的深度高效整合，优化提升农村物流服务水平，解决农村寄递物流“最初一公里”和

“最后一公里”问题。同时叠加“警医邮”、电信3C和本地特色农产品零售等综合服务功能。

【出版物市场及网络市场监管】 2021年，吴兴区邮政管理局按照部署要求，做好出版物市场及网络文化环境监管，履行行业“扫黄打非”工作职责，召开“扫黄打非”专项行动部署会，重点对邮政网点以及报刊亭进行检查，打击利用报刊销售渠道传播非法出版物的行为，维护全区报刊销售渠道的安全畅通。完成《中国共产党成立100周年》《中国共产党成立100周年庆祝活动标识》等邮票发行销售的现场监督工作，组织安排，针对检查中发现的问题及时进行监督处理，进一步提高服务质量和水平，取得良好社会效益。

【快递进村服务】 2021年，吴兴区担当破难助推经济“富裕”。“快递进村”提质增效。多渠道推进邮快合作、快快合作，全区“快递进村”基本全覆盖，周投递次数从4次提升至7次，申通、中通等9大主要品牌基本实现行政村全域派送。“快递活村”纳入湖州“共富班车”首批5个发车项目，标志着行业由此迈上高质量发展的新起点。绿色发展攻坚破难。指导企业创建绿色分拨中心2个、绿色网点4个，采用可降解胶带、循环中转袋、电子面单等规范快件包装。对“生产企业—寄递企业—末端使用者”全生产线进行联合检查，着重对重金属含量、溶剂残留、有毒有害等指标进行检测、备案，确保“生产线”上所有环节绿色寄递。数字赋能保障寄递安全。建设“智慧邮管”大屏监控系统，严格执行“三项制度”（收寄验视+实名收寄+过机安检），开展以庆祝中国共产党成立100周年、亚运安保为周期目标，以反恐禁毒、涉枪涉暴、扫黄打非等专项整治行动，确保全区寄递渠道安全。开展邮政快递业应急演练，提升从业人员安全意识。

（何浙雯）

通信

【中国电信吴兴分公司概况】 2021年，中国电信吴兴分公司落实全国国有企业党的建设工作会议精神贯彻落实情况“回头看”，落实国企改革三年行动方案，深化数字化改革，推动共同富裕示范样本建设。坚定践行“人民邮电为人民”的初心使命。变革创新、提升服务、落实责任、真抓实干，履行建设网络强国、数字中国、维护网信安全的职责使命。破难题、解新题、谱新篇，为“十四五”开局起步凝心聚力履职尽责，实现企业高质量发展。

【基层党组织建设】 2021年，电信吴兴分公司用好“一部一品”“党建赋能”和“党建翼联”三大品牌优势，形成“比学赶超帮”的氛围，充分发挥支部堡垒作用。每月至少与签约单位党组织开展一次“党建翼联”活动，全年新增6家签约单位。最美“电信逆行者”。及时响应区政府及各乡镇、街道对核酸检测点的紧急通信需求，各支局主动对接各乡镇主要领导，配合街道社区对核酸点位进行现场勘查，支撑近200个核酸点位的通信保障。深入开展“我为群众办实事”实践活动。开展特殊群体服务以及适老化服务，将爱心翼站志愿服务辐射至各乡镇，将“幸福学堂”搬进社区、乡村。开展老旧小区线网整治工作，推进“美丽小区”样板建设行动，小区的旧貌得到改观，人民的幸福感、获得感、安全感大幅提升。落实“最多跑一次”，响应“携号转网”政策。用心服务于广大用户，营业厅总体排名1次列全省第一，4次列全省第二。坚持“云改数转战略”。保障当地政府、企业的数字化需求。在智慧应急、数字社区、数字城管、雪亮村居等行业取得一定成绩。其中，与浙江三一装备有限公司合作的项目荣获工信部“绽放杯”比赛二等奖。坚持整体国家安全观。各部门“一把手”是安全生产的第一责任人，明确各安全重点岗位职责，把安全生产目标责任落实到部门、班组、岗位。做好员工安全教育培训，不断提高员工自身生产安全素质。各特种设备上岗人员持证率100%。年内，获得市双拥模范单位、国资国企系统“双创双全”和标准化示范单位。

（中国电信吴兴分公司）

【中国移动吴兴分公司概况】 2021年，吴兴区移动分公司坚持疫情防控和生产建设“两手硬、两战赢”，加快赶超发展，践行社会责任，服务地方经济发展，全年完成营运收入8.73亿元，同比增长6.67%，超整体行业增幅。

【5G精品网络建设】 2021年，吴兴移动分公司克服疫情影响，建设5G网络。年内，该区建设完成5G站点1200余个，实现市县城区、乡镇、重要景区和交通干线的5G网络覆盖，行政村覆盖率超过50%，城区道路测试平均下载速率800Mbps、5G流量占比超过30%。为5G成为社会信息流动的主动脉、产业转型升级的加速器、数字社会建设的新基石打下坚实的网络基础。

【数字改革赋能】 2021年，吴兴移动分公司随着湖州移动5G商用进程深化，5G的大带宽、多连接、低时延特性不断融入人们的工作生活中，为吴兴数字化改革推进按下了快进键。年内，吴兴移动分公司和该区内28家政府部门、头部企业、学校医院签订“5G”全面战略合作协议，打造大智造、大旅游、大科创、大金融和大健康五大绿色产业体系，重点围绕智慧生活、智慧生产、智慧治理、智慧生态四个方面，为吴兴区高质量发展培育新动能。为更好助力政府数字化改革，吴兴移动分公司紧紧围绕吴兴区数改工作相关要求，在四大数改领域做优贡献。在数字法治领域，吴兴区司法智慧经纬矫正项目入选部级+省级试点，为平安吴兴、法治吴兴建设营造良好的法治氛围；在数字政府领域，吴兴区数字后勤项目入选省级试点，为提升机关事务管理提供完善的后勤保障体系；在数字社会领域，吴兴区文旅旅游路线成就打卡系统项目入选省级试点，为吴兴区打造创新高质量精品旅游路线；在数字经济领域，基于美妆小镇智慧园区衍生的数字孪生项目入选省级楼宇经济领域数字孪生建设试点，为吴兴区楼宇经济营造优良的营商环境。

【企业数字化转型】 2021年，吴兴移动分公司在网络能力不断提升的前提下，加强与本地各行业龙头合作，推广5G网络、工业互联网、边缘计算等技术，通过承办湖州未来工厂建设现场交流会，推进未来工厂在本地开花结果，成功与久立特材联合搭建全省首个云边融合5G未来工厂，7月被浙江省经济与信息化厅纳入浙江省“未来工厂”试点企业名单；与三一重工合作5G远程驾驶项目，基于中国移动5G边缘计算能力，赋能“国之重器”三一重工的超大型履带式塔吊设备，打造全球首个超大型载重设备远程驾驶场景。主动作为响应政府重点工作部署。响应政府碳中和战略要求，倡导节能减排低碳行动，通过采用水冷热管系统、空调气流组织优化、低负荷电源模块调整关停等创新，实现节能的目标，机房能耗PUE值从1.86降到1.58。参与典范城市创建工作，履行路长责任，配合各乡镇街道开展线路整改工作，累计完成整改650千米，做到“文明城市我响应、我参与、我示范”。

【新冠感染疫情精准防控】 2021年，吴兴移动分公司助力企业开复工，疫情以来该公司扛起央企责任，勇于担当，利用大数据能力，累计推送短信564.9万余条，推出云视讯、神灯疫扫、5G热成像测温等十项“智慧企”服务，累计助力376家企业复工复产，为企业科学防疫、有序复工穿上科技“护甲”。

（吴兴移动分公司）

【中国联通吴兴分公司概况】 2021年，中国联通吴兴区分公司隶属于中国联通湖州市分公司，承担吴兴区范围内联通业务的通信服务工作。分公司内设综合支撑中心、政企客户营销中心两个中心，下辖吴兴本级公众、本级商企、八里店镇、埭溪镇4个网格支局，在册员工82人。年内，按照区域分布、服务下沉的经营理念，在所辖区域范围内设置北街、红旗路、八里店、埭溪、东林等服务网点，面向广大客户提供优质的通信服务。

夯实履责基础，坚定不移推进党建工作。坚持把政治建设摆在统领全局的首要位置，不折不扣地贯彻落实党中央、上级党组织决策部署，不断提高政治判断力、政治领悟力、政治执行力。紧扣庆祝建党100周年和党史学习教育主线，推动党史学习教育活动，掀起学习贯彻习近平总书记“七一”讲话和十九届六中全会精神热潮。坚持强化纪检监督，营造风清气正良好政治生态。以创建“清廉浙江，联通先行”示范点活动为抓手，组织开展纪检专题学习16次，参加人数190余人次；举办各类廉洁主题活动8次，参与人数200余人次。在创建“清廉浙江，联通先行”示范点活动的考评中，完成市级示范点的创建。坚定不移地推进企业文化建设。弘扬奋斗者文化和“铁脚板”精神，激发全员工作的动力和潜力，将“奋斗”“奉献”作为公司工作作风的主旋律，营造比学赶超的氛围。坚持以创新业务为引领，讲奋斗、敢争先。实现经营业绩稳步增长，荣获“创新业务领先奖”，被评选为“创新创优创先团队”。

【数字化改革】 2021年，联通吴兴区分公司与当地政府的同频共振，成立数字化改革专班及“数·治”先锋党员突击队，展现联通数字化运营能力和高品质服务，推进政府数字化转型。在数字政府方面，与吴兴区政府签订战略合作协议，获取吴兴区政务云基座项目；重点推进长三角云数据中心顺利落地实施，通过“数字吴兴基础资源平台项目”，在智慧城市建设方面取得重大突破。在数字民生方面，获取八里店人脸识别高抛监控服务项目；在数字校园方面，获取湖州交通学校智慧校园标杆项目；在数字生活方面，5G赋能西塞山国家级旅游度假区创建，通过“一码游”项目，整合西塞山旅游资源，助力乡村旅游数字化转型，深刻领会乡村振兴战略重要意义，先后完成吴兴区12个村委数字乡村平台部署，全力打造乡村整体智治。强化个性化服务的需求。

【联通公司服务提升】 2021年，联通吴兴分公司推出异地办理“补换卡”“统一查询”等业务服务，方便客户；不断完善中国联通手机营业厅App的线上服务内容，优化服务体验；通过企业微信，建立与用户之间的纽带，打造便利的贴身服务，提升用户感知；组织智家工程师队伍人员进社区开展家庭网络检测为民服务活动，推进网络服务转型等。强化服务能力提升。开展助老爱老公益助力活动，打造有温度的贴心服务，通过高品质服务推动高质量发展，夯实服务基本功，解决用户提出的基础问题，践行“我为群众办实事”服务理念，开展志愿者进社区服务，为社区居民提供手机清洗、宣传防电信（网络）诈骗小知识、智能手机课堂等，2021年“小燕子公益”整合各类社会资源，拓宽服务对象，呈现新风貌，开展公益活动40多场，服务覆盖用户近2000人，客户口碑进一步提升。主要活动包括健康咨询、防诈宣传、智能手机课堂、助力社区建设、公益助残等，通过“小燕子公益”特色活动的开展，实现本地差异化服务。

（施丽君）

财政·税务

财 政

【概况】 2021年，吴兴区完成地区生产总值853.18亿元，比2020年增长13.3%。其中，第一产业增加值22.23亿元，减少2.5%；第二产业增加值400.31亿元，增长17.2%；第三产业增加值430.64亿元，增长10.9%。三产结构比为2.6∶46.9∶50.5。实现财政总收入96.22亿元，比2020年增长16.2%，一般公共预算收入63.44亿元，比2020年增长23.9%，其中税收收入60.06亿元，比2020年增长21.1%；一般公共预算支出为58.40亿元，比2020年增长26.0%，全年财政收支平衡。

【财政税务收入与支出】 2021年，吴兴区财政局积极组织财政收入。充分发挥“1+2+X”（以区政府为中心，财政与税务相联动，乡镇和各主管部门协同配合组织收入）财税协调机制作用，按照高质量发展的要求，持续优化三个占比，2021年一般公共预算收入占财政总收入的65.9%、占GDP的7.4%，税收收入占一般公共预算收入的94.7%。优化政策兑现流程。加快完善惠企政策兑现长效机制，全年兑现各类惠企政策资金3.01亿元。建立“资金拨付绿色通道”，使中央直达资金更好地惠企利民，全年，收到并分配中央直达资金1.70亿元。乡村振兴深入推进。安排农业农村高质量发展资金1.34亿元，加大农村特色产业培养力度。统筹资金7890万元用于补齐农村基础设施短板。成功争取省财政厅基层政策性农业信贷担保创新试点，完成48笔涉农贷款放款，涉及资金6089万元，放款金额全省领先。通过村集体经济欠发达村“造血”能力提升项目，累计带来1445万元的收入。抓实化解存量债务。开展存量隐性债务化解攻坚行动，累计完成总化债任务的70%，风险等级由橙色降至黄色。成功争取财政部建制县区隐性债务风险化解试点，获债券置换资金30亿元。

【政府投资项目联审制度】 2021年，吴兴区财政局严格落实“三个不得立项”要求，实行政府投资项目联审制度，从源头上遏制债务增量，全年审核政府投资项目概算12个，核减金额1.14亿元。着重厘清乡镇与国有公司职责边界，以镇属国有公司“上划规范一批、继续保留一批、整合关停注销一批”为抓手平稳推进。保障民生发展，全区新增财力的82.4%用于农业、教育、社保、医疗、环保等民生事业。全年，全区民生支出45.05亿元，占一般公共预算支出的77.1%，增长28.8%。深化财政领域改革。强化预算一体化建设，深化集中财力办大事体系，全面实现零基预算管理。强化绩效评价结果应用，2021年预算调减、取消项目114个，涉及金额7664万元。在湖州市率先上线政府专项债券全生命周期管理系统，推广运用公款竞争性存放网上招标平台，开展项目采购全流程电子化招标。

【财政数字化建设】 2021年，吴兴区财政局推进财政数字化进程。成功争取省乡镇内部控制指引建设试点，以织里镇为先行示范，构建智能化乡镇内控系统，被《中国财经报》《中国会计报》《浙江之声》等多家媒体报道。作为先进代表在2021年全省基层财政工作会议上就乡镇财政监督管理相关经验作交流发言。

（高创建）

税　务

【概况】 2021年，吴兴区税务局组织各类税费收入159.20亿元，增收58.47亿元，增长58.05%，与2020年同期相比有大幅增长。其中，税收收入为92.37亿元，增收13.88亿元，增长17.68%。社保和非税收入66.83亿元，同比增长200.54%，为社会经济发展提供可靠的财力支持，税收完成情况在区、县中继续保持领先。年内，吴兴区税务局扎实开展党史教育。结合庆祝建党100周年，开展党史知识竞赛、青年理论宣讲等系列活动，营造浓厚学习氛围。以“集体研讨带头学”“跟着党史专家学”“沿着红色足迹学”等形式不断把党史学习引向深入，围绕党史学习教育，开展党委书记为全体党员讲专题党课、班子成员到各自党建联系点讲党课活动。注重将理论学习转化为为民办实事的能力，落实“红色联盟助发展”机制，号召各支部“打开门来搞党建”，与企业党建联建，结合“进万企”“三服务”活动，走访企业，点对点帮助企业解决困难。

【退税减税政策落实】 2021年，吴兴区税务局贯彻落实各项减税降费举措，加快优化营商环境，帮助企业应对疫情渡过难关，以真金白银的“减负礼包”持续助力企业爬坡过坎，全年减退缓税费43.9亿元。自主开发“留抵退税小助手”，前置化缩短各流程办理时限，退税时间从2.3天压缩至平均1.12天，加速政策“红利”到企业发展动力的转化。“云上服务”便民惠企。

【税务智能服务】 2021年，吴兴区税务局在办税大厅电子税务局终端设备上安装“智能服”助手插件，以“分屏显示、双向操作”的形式将电子税务局操作页面和税小蜜辅导窗口同时整合在一个屏幕的左右两边，动态回应网办过程中遇到的操作步骤、政策业务等各类问题。与电信运营商合作，引入智能语音客服，实行“智能系统为主，人工服务兜底”的人机协同运行模式，提供7×24小时全天候实时咨询服务，实现来电呼入自动接听、线路忙时在线排队、实时播报排队进度、通话录音云端储存等特色功能，接通率基本稳定在95%。

【税收经济分析机制】 2021年，吴兴区税务局以税资政当好参谋。建立健全税收经济分析工作机制，打造“税说‘兴’经济”经济税收联动分析品牌，进一步细化分析维度、挖掘分析深度，把握关键时间节点，抓住吴兴区发展的重点、热点问题，用好税收大数据优势，以税务角度切入，动态开展专项分析，达到“以税资政、以数说话、契合吴兴、扩大影响”的效用，为党委政府科学决策提供参考。深入推进部门协作。

【税务矛盾调解中心】 2021年，吴兴区税务局入驻吴兴区矛盾调解中心，分管领导+党员业务骨干组队轮流进驻矛调中心，提升涉税矛盾纠纷调处化解的质效，形成涉税矛盾纠纷“一扇门”进、“一揽子”调处的闭环管理模式。同法院、公安、审计、银行等部门开展协作，在涉税数据交换共享、强化破产债权税费征收、规范职业放贷人税费征管等方面加强合作交流。

【税收执法】 2021年，吴兴区税务局推行行政执法公示、执法全过程记录、重大执法决定法制审核“三项制度”，优化税务执法方式，健全税务监管体系。实行税务轻微违法行为“首违不罚”清单，体现执法温度。聘请执业律师、法学专家等为法律顾问，为重大行政决策、复杂疑难案件等提供法律意见，规范税收执法行为。推进网格化内控机制建设，打造“全面覆盖、全链防控、全员有责”的管理体系。

（区税务局）

金融业

金融改革与发展

【概况】 2021年，吴兴区属19家银行存款余额1277.35亿元，同比增长17.53%。贷款余额达1100.38亿元，同比增长29.91%，其中民营企业贷款余额516.82亿元，同比增长29.57%；小微企业贷款余额470.21亿元，同比增长29.98%；绿色贷款274.63亿元，同比增长51.35%；信用贷款165.58亿元，同比增长34.61%。上市申报1家，股份制企业25家，挂牌企业14家，直接融资309.48亿元。

2021年，吴兴区金融工作围绕全区经济发展大局，坚定信心，奋发作为，推动落实金融服务实体经济、防范金融风险、深化绿色金改三大任务，继续坚持稳中求进工作总基调，按照“稳定大局、统筹协调、分类施策、精准拆弹”的方针，突出重点、压实各方责任，切实压降存量风险、严控增量风险，抓好防范化解金融风险工作。构建更加强健有效的金融安全网，守住不发生系统性金融风险的底线，坚决维护经济社会大局稳定。

（张　云　杨　莹）

【绿色金融改革】 2021年，吴兴区金融服务实体再提质。以省级民营和小微企业金融服务综合改革试点为契机，开展金融机构“季评年考、比拼亮晒”考核引导机制2.0版，在引导银行开展更好的金融服务方面取得明显成效，涉及工业经济的各类贷款余额同比增速均保持在20%以上。创建吴兴首家科技银行，推出科技型企业“白名单”，通过推出“轻舟贷”产品、简化放贷流程、提高风险容忍等金融支持方式，破解科创型企业融资难题。绿色金改引领再突破。在规模以上工业企业碳效提升、绿色金融与绿色建筑协同、乡村振兴提升等领域积极探索，创新“低效提升贷”“低碳成长贷”“阳光存折贷”等产品，吴兴区绿色金融助力低碳化的探索实践经验在全省推广。资本市场培育再深化。实施吴兴区推进企业上市倍增“1311”行动（即围绕上市公司数量倍增“1”个目标，力争上市后备力量、上市公司实力、上市公司贡献“3”个增强，建立重点拟上市“青鸾”企业库等“10”项重点举措，出台“10”条政策意见），召开“凤起吴兴”企业上市大会，发布激励资本市场发展十条新政，并与重点拟上市“青鸾企业”签订提速协议书。建立重点拟上市“青鸾企业”库、“筑巢引凤”培育库、上市培育后备库等三张清单梯度开展上市培育工作。全年，上市申报1家，股份制企业25家，挂牌企业14家，直接融资309.48亿元。

（杨　莹）

【金融行业监管】 2021年，吴兴区防范和处置非法集资成效明显。推进“老恒和”“潜丰控股”“洛安沪金”等案件侦办工作，处置好“中新房”“中海微银”“邦家案”等案件善后工作，其中“中新房”PPP项目，年底前完成化解。出台《吴兴区开展防范和处置非法集资工作实施方案》，成立处置非法集资工作专班。年内，联合审批企业172家，其中新设14家，迁出或注销27家，变更131家。化解企业两链风险力度显著。加大对重点上市企业的纾困帮扶力度，老恒和民间借贷资金将于年底由区城投收购优质资产后垫付结清，企业运行平稳。绿色金融纠纷调解作用成效明显，全年，绿色金融纠纷调解案件成功调解21件，案件标的1497.6万元，节省诉讼费、律师费11.3万元。风险专项整治落实到位。年内，先后多次开展各项专项检查。上半年开展放贷领域、民融公司、转贷非持牌机构、政信类中介、私募基金领域排查，下半年开展民间资金管理企业、第三方财富管理公司、汽车消费贷款担保行业等领域专项整治，实现新发风险全面归零。对类金融领域问题机构联合检查21次，出动106人次，核查57家，挤压清退11家，退非法所得1000余万元。地方金融组织监管引导有为。发挥地方金融组织作为金融机构的有力补充地位，鼓励做大做强，全年共办理地方金融组织变更事项6件，增加注册资本金1.85亿元。完善政策性融资担保体系建设，6月底完成对市政策担保公司首轮增资5000万元，在保余额12.5亿元（全市27.32亿元）。规范经营防风险，先后8次开展各项专项检查，其中3项检查，专门引进第三方会所进行审计，较往年专项整治有明显提升。

（张　云）

工商银行

【概况】 2021年，工行吴兴支行位于湖州市苕溪东路355号康城国际商务楼，有员工116人，下设七个营业网点：支行营业部（苕溪东路355号）、埭溪支行（埭溪镇上强路22号）、八里店支行（八里店前村杏花苑）、东街支行（东街300号）、市陌路支行（新市陌路138号）、碧浪湖支行（建设南路196号）、二里桥支行（湖东路320号）。2021年，工行吴兴支行认真贯彻落实吴兴区委、区政府各项决策部署，坚决扛起政治责任和使命担当，靠前站位、精准发力，以排头兵姿态统筹推进疫情防控和支持实体经济，为吴兴区“扛起主城区担当、彰显首位区风采，实现高质量超敢发展”做出贡献。

2021年，工行吴兴支行本外币两项存款余额达106亿元，本外币各项贷款余额达102.3亿元、比2020年增加15.47亿元。其中，公司贷款余额达30.87亿元、比2020年增加6.47亿元，制造业贷款余额15.79亿元、比2020年增加8.3亿元，普惠余额7.12万元、比2020年增加2.19亿，支持地方经济发展和客户成长。年内，紧紧围绕绿色金融发展战略，结合吴兴区绿色经济特点，在传统产业改造、新兴产业培育等方面提供一系列金融服务，支持吴兴区绿色经济发展。

【信贷投放增长】 2021年，吴兴区坚持服务地方经济高质量发展导向，破解民生、绿色、民营、普惠和制造业等领域的融资难题，量价协调推动信贷业务稳健发展；加大绿色信贷投放。将绿色产业与绿色经济作为绿色信贷的支持方向，重点支持智能智造、企业数字化提升、培育高端电机及高端线材等行业。全年发放2.85亿元，绿色信贷余额5.64亿元；深入推进实体经济提质增效，加大制造业和普惠投放力度，制造业贷款增长率111.84%。严格执行“两增两控”（“两增”，即：增贷款增速、增户数；“两控”，即：合理控制小微企业贷款资产质量水平和贷款综合成本）和“两跑三降”（“两跑”，即：“跑企业、跑数据”；“三降”，即：降门槛、降成本、降风险）要求，落实小微客户发展战略部署以及“工银普惠　助力小微”营销活动要求，推动普惠金融发展。通过推广网贷通、流贷网络化、票据网络化、白名单网信通、融e借等网络融资产品的运用，新发展小微企业客户107户，签发电票金额11759万元；创新融资产品。为减轻企业负担，率先尝试单一窗口付汇，为国际业务客户付汇提供便利；资产质量继续保持优良，全行不良贷款余额561万元，不良率为0.05%。

【党建工作】 2021年，工商银行吴兴区支行在实践中形成以党的建设为引领，以文明创建为载体，以工作实绩为检验标准的创建工作与经营管理相融合互促进的新格局。组织党员开展“学党史 强责任 破难题 开新局”主题党日活动，赴“两弹一星”主题文化园开展爱国主义教育之旅，感受热爱祖国、无私奉献、艰苦奋斗、勇于攀登的“两弹一星”精神；积极开展党支部共建、银企共建、专题党课、党日活动等，通过共建结对，强化党建引领，提高党组织的创造力、凝聚力和战斗力；推动支行“我为群众办实事”实践活动，努力解决好人民群众的急难愁盼问题。在工作中严格执行党的政治纪律、组织纪律要求，贯彻落实中央八项规定；抓实党员队伍建设。发展预备党员3名，2名预备党员转正，有7名青年员工向党组织递交了入党申请书。

【银行风险防控】 2021年，工商银行吴兴区支行防范和消除违规行为和案件事故隐患。按照“内控合规价值创造年”“制度管理建设年”活动要求，将合规理念和正确的经营观、业绩观的有机结合，推进内控案防工作。持续深入推进反诈拒赌工作，严格执行监管部门管控要求，有效压降个人涉案账户数量；关注业务和舆情风险，在业务发展的同时，持续关注合规销售、信贷资金流向等风险，把风险控制前移；持续推动疫情防控工作有序开展，全行员工严格按照疫情防控工作要求做好防疫工作，坚持疫情防控和经营发展两不误；加强员工日常行为管理和风险排查，树立正确的合规理念，增强员工合规意识，为支行健康发展提供保障。

（工行吴兴支行）

农业银行

【概况】 2021年，农行吴兴支行位于湖州市墙壕里路2号，下辖东林、埭溪、城南、余家漾、白鱼潭、东部新城6家二级支行和1家营业中心，有员工83人，是农业银行在城区范围内网点数量最多、服务覆盖面最广的一级支行，依靠城乡双轮驱动、公私业务齐头并进、本外币一体化推进的全功能、综合化经营服务，助推地方经济社会发展。年末，各项存款63.8亿元，比年初增加11.68亿元。各项贷款67亿元，比年初增加12.5亿元。小微企业贷款5.4亿元，比年初增加2.5亿元。

【农业银行党建工作】 2021年，农行吴兴支行以党建为引领，筑牢发展根基。强化政治建设。对重大决策、重要人事任免、重大项目安排和大额度资金运作，实行党委集体研究，坚持民主决策；严肃党内政治生活，坚持“三会一课”制度、民主生活会制度和谈心谈话制度，召开党史学习教育专题民主生活会，开展严格的批评和自我批评。响应扶贫号召，结对资助4名凉山贫困学生，组织企业购买扶贫商城商品共计2万元。强化思想建设。通过召开党委理论学习中心组扩大会议学习、举办《百年大党风华正茂——中国共产党的奋斗历程与经验启示》党史学习教育专题讲座、主动发起“学党史，我为群众办实事”志愿者服务活动、党委书记上《奋斗百年路，启航新征程》《在奋斗中赓续红色血脉，弘扬伟大建党精神》党史学习教育专题党课、上专题党课学习习近平总书记“七一讲话”，以及赴南浔开展“探访红色足迹 传承红色精神 学习《中国共产党组织建设一百年》”主题党日等活动，学习和研讨党史学习教育，提升学习教育成果，提升党性修养。强化组织建设。支行部门、网点共建立党支部10个，实现独立党支部全覆盖，同时对党员超7人的营业中心党支部，按照规定成立支委会。根据“双培养”方案，全年新发展2名业务骨干和1名优秀青年员工为入党积极分子。

【农行助力地方经济发展】 2021年，农业银行吴兴支行重点解决政府关心的热点焦点问题。全年全行新落地招商引资客户12户，支持东林全域土地整治、道场南郊风景旅游、高新区高端智能装备产业园区建设、城市更新等一系列重点项目，共获批授信39.54亿元。从新设企业源头营销，解决企业问题。开展“外联”，继续落实“最多跑一次”的政策，有效提升新注册企业开户率。全年，全行新增对公结算账户715户。持续加大绿色金融供给，为绿色产业的发展提供农行力量。加大对绿色环保企业信贷支持，持续走访绿色工厂、亩均效益高的企业，宣传绿色金融政策，为企业的提升改造增产提供金融支持，加大绿色贷款投放，绿色贷款余额17.61亿元，增速69.16%。坚持做好普惠业务。通过“抵押e贷”“小微网贷”等系列产品，采用线上模式，契合“让数据多跑路，让客户少走路”的理念最大限度地简化业务流程，持续推进普惠业务发展。全年普惠贷款突破8亿元，比年初增加3.5亿元。

【农行助力乡村振兴】 2021年，农业银行吴兴支行用农情绿意装点绿水青山，做好“服务‘三农’”，吸取成功工作经验，搭建‘三农’服务专业团队，支行及网点上下配合工作，由分管行长、督导员、网点客户经理等骨干组建‘三农’营销小组对接周边农村。通过“包产到户，责任到人”的方式，各网点分区分片与经验丰富的督导员共同上山下乡、走村入户营销农户贷款。通过与村党支部结对，建设掌银示范重点村，金融自治村整村授信以及投放展架、开展产品宣讲等方式，推广乡村振兴带头人、惠农e贷、增信e贷等个人产品，全年新增“三农”个人贷款7974万元，普惠“三农”贷款6096万元。另外配合政府建好农村地区融资畅通工程，推广小微网贷、抵押e贷、续捷e贷等线上产品，解决农村地区小微企业融资难题；支持道场、东林等乡村农村土地综合整治，并成为道场、东林两个乡镇拆迁资金批开存单银行，累计批开存单资金近4亿元，获得政府和农民的一致好评。

【金融风险防范】 2021年，农业银行吴兴支行在员工行为管理方面，持续加强党风廉政建设，推动从严治党从严治行。深入开展员工行为排查，走访外部单位进行调查，对员工经商办企业和员工涉诉等进行重点核查。认真做好“三线一网格”（即：“三线一网格”是指以党的建设为统领，以强化监督为保障，以案件风险防控为重点，以网格化管理为抓手，以信息系统平台为支撑的员工行为管理模式）。各项工作，坚持“严管就是厚爱”。在落实案防责任方面，抓好安全生产工作，强化安全生产责任落实，针对突发情况，分别制定防疫、防汛应急预案，抓好防疫、防汛物资发放，加强安全保卫风险防控，有序推进“平安农行”“三化三铁”（为全面提示营业机构基础管理水平，从2011年起在全行营业机构全面开展“三化三铁”工作，通过持续推进临柜业务“标准化、规范化、制度化”建设，促进营业机构实现“铁账、铁款、铁规章”的管理目标，为各项业务快速发展和安全运行奠定坚实基础）创建工作，内控案防得到进一步强化，实现全年“无经济刑事案件，无重大违规违纪事件，无重大风险声誉事件”的目标。在信贷风险防控方面，一方面从源头把控好客户准入，同时关注信贷客户生产经营情况，做好贷后管理，对有风险的贷款及时收回，力争实现风控和营销两手强，两手硬，全年成功收回拟存在风险的项目贷款2900万元，加大不良贷款清收处置力度，进一步压旧控新，加强与法院的联动，通过现金清收及核销，确保不良管控取得新成果。

（段依雯）

中国银行

【概况】 中国银行湖州吴兴支行（简称中行吴兴支行）成立于2003年5月18日，2008年9月28

日搬迁至富民中路2—8号营业。2020年10月，中国银行湖州市分行党委进一步加大对吴兴支行的倾斜支持，将市本级的城东支行、南街支行以及区府所在地八里店前村东部新城支行划入吴兴支行管辖，吴兴支行实现机构数量和人员翻番，提升服务吴兴地方经济发展的能力。2021年，吴兴支行党支部升格为吴兴支行党总支，辖属本部党支部、东部新城支行党支部、城东支行党支部。全行在岗员工49人，领导班子成员3名。2021年，吴兴支行贯彻区委、区政府决策部署，履行国有大行责任担当，深入开展“三服务”，支持实体经济发展，争当吴兴区金融机构排头兵。年内，紧抓共同富裕示范区建设、长三角一体化发展、绿色金改创新试验区建设等重大发展机遇，主动融入地方发展大局，取得较好经营业绩。2021年吴兴支行分别荣获吴兴区金融机构考核一等奖、金融机构优质服务奖，省行级先进党组织、第20届青年文明号、开门红优秀青年突击队、下辖网点东部新城支行荣获市行级先进党组织等荣誉称号。

【营业收入】 2021年，中国银行吴兴支行实现营业收入7749万元，较2020年同期增长209万元，同比增长2.77%；拨备前利润6200万元，较2020年同期增长60万元，同比增长0.99%；净利润4605万元，较2020年同期增长714万元，同比增长18.36%；净利息收入6867万元，较2020年同期增长522万元，同比增长8.22%。支行本外币存款日均余额17.49亿元，较年初新增0.17亿元，增长0.96%；本外币存款时点余额19.78亿元，较年初下降0.29亿元，增长-1.47%；本外币时点贷款余额37.77亿元，较年初新增9.53亿元，增长33.75%；本外币日均贷款余额29.03亿元，较年初新增1.21亿元，增长4.35%。

【贷款业务】 2021年，中行吴兴支行积极贯彻落实上级行抢抓高质量发展建设共同富裕示范区的重大战略机遇，进一步加大实体经济的支持力度，提升该行贷款市场份额和市场影响力，持续推动全行资产业务高质量、高增速发展，坚持做大做强支行规模，对接跟进区内大项目。参与和牵头未来社区银团项目，取得吴兴区一号工程——南塘漾未来社区项目银团牵头行资格，授信30亿元，践行和诠释了中行“争抢先机、激发活力、敏捷反应、重点突破”发展战略。年末，吴兴支行公司贷款余额37.22亿元，较年初新增8.98亿元，增长35%。

【中行支持乡村振兴普惠贷款】 2021年，中行吴兴支行成功推动吴兴区政府与中国银行浙江省分行签订《金融支持吴兴区缩小城乡差距、加快建设共同富裕绿色样本战略合作协议》，中国银行将以此为契机，忠实践行“融通世界、造福社会”的使命担当，紧紧围绕湖州各项发展规划，助推吴兴区经济社会发展，以更高水准打造绿色发展名片，以更优服务支持城乡融合发展。吴兴支行扎根吴兴，深入吴兴区产业园，紧盯织里特色市场，支持乡村振兴，深耕普惠金融，发挥大行责任担当。年末，普惠贷款余额137849万元，较年初新增65106万元，合计普惠客户数262户，较年初新增87户。用于助力织里童装市场贷款余额50398万元，较年初新增23911万元。其中，公司余额74902万元，较年初新增40390万元，个人余额62947万元，较年初新增24716万元。

绿色发展 中行吴兴支行在现有绿色金融信贷体系引导下，围绕绿色金融发展战略，引导全行上下形成“将做好绿色金融工作作为实现分行转型突围的必由之路”的共识，践行“绿水青山就是金山银山”发展理念，深度融入湖州绿色金融改革试验区绿色发展浪潮，立足吴兴、深耕吴兴、服务吴兴，积极助力吴兴区绿色金融业务领域。年末，绿色信贷规模余额119648万元，较年初新增28368万元，信贷规模占比40%。

党建共建 2021年是中国共产党成立100周年，吴兴支行深入开展党史教育学习，争当学史悟思排头兵，充分发挥党建引领保障作用。自党史学习教育开展以来，中行吴兴支行党总支着力在学党史、办实事上下功夫，将党史学习教育与实际工作相结合，开展“我为群众办实事”实践活动。同时推进“零距离”党建联盟建设，通过项目联推、活动联办、支部联动的方式，与多家企事业单位签订党建共建协议，进一步深化银法、银检、银村、银企共建合作，强化资源互补，推进党建融入业务、融入基层、融入社会、融入人心，以高质量发展党建引领高质量发展。

（卢　珏）

建设银行

【概况】 2021年，建行吴兴支行是建行湖州分行辖内所属的一级支行，位于湖州东街435号（月河街道办事处旁），内设机构完善，下辖支行营业部和客户部。吴兴支行服务的客户主要面向吴兴区，客户结构丰富，包括区内多家大型企事业单位、上市公司、高等院校以及普惠金融客户等公司和个人客户。吴兴支行坚持党建引领业务发展，以服务客户为己任，客户至上，围绕“守规矩、强基础、重创新、比贡献”，坚持党建引领和创新驱动，团结协作、求真务实，推进各项重点工作，践行新金融实践，不断增长“三个能力”，持续推进“三大战略”。存款和效益增长明显，队伍稳定，呈现出良好的发展势头。

【存款余额】 2021年12月末，建行吴兴支行一般性存款时点余额为25.11亿元（人行口径），比年初新增3.18亿元；其中，公司存款时点余额19.53亿元，新增2.34亿元，个人存款时点余额5.58亿元，新增0.84亿元。一般性存款日均余额为23.74亿元（人行口径），比年初新增3.33亿元；其中，公司存款日均余额18.65亿元，新增3亿元，个人存款日均余额5.09亿元，新增0.33亿元。

【公司资产业务】 2021年，建行吴兴支行成功获批湖州市首笔特色小镇贷款1.9亿元，年内实现投放1.8亿元，该笔贷款同时也是乡村振兴贷款、绿色贷款。同时成功获批三一装备7亿元授信，增额3亿元，为增强银企合作奠定基础。成功新投放当地民营上市企业新凤鸣集团湖州中石科技有限公司流动资金贷款7000万元。吴兴支行服务国有大企业及民营大中型企业的能力进一步得到加强，为助力吴兴区经济发展贡献建行力量。

个人贷款业务 2021年，支行持续重视个贷业务拓展，针对吴兴区域楼盘，突出服务效率提升，提高客户满意度，受理房贷客户454笔，金额3.9亿元。特别是在年中额度非常紧张的情况下，支行多措并举解决部分客户的燃眉之急，得到客户的一致好评，体现支行以“以客户为中心，想客户之所想，急客户之所急”的理念。

乡村振兴业务发展 2021年支行持续推进“裕农通”各项业务，调整和完善“裕农通”服务点，同时在缴交水电费、话费充值等服务民生项目做足了工作，解决部分群众在家门口完成缴费的需求。另外，响应省、市、区政府的号召，持续拓展共富贷业务，全年新增共富贷35笔，发放金额达6000余万元，为实现乡村振兴和“共同富裕”添砖加瓦。

（建行吴兴支行）

交通银行

【概况】 交通银行湖州吴兴支行于2021年6月7日搬迁至红旗路172号，隶属交通银行湖州分行下辖的一级支行。履行国有行责任担当，深入开展金融三服务，采取有效措施，支持实体经济发展。

2021年，交通银行吴兴分行常态化开展“百名行长进千企”，做强服务能级。全年合计新增各类资金投放81.26亿元，同比增长152.7%，其中符合民营、制造业、绿色贷款合计净增22.07亿元。全年两增"口径"贷款净增4.88亿元，贷款增速29.18%，高于全部贷款增速9.15个百分点。用好无还本续贷机制，稳定企业融资预期。全年无还本续贷授信总额达4.22亿元，其中小微企业无还本续贷授信2.22亿元。"政采贷"小微项目制贷款列省交行系统内第一。加快总行试点政策落地，用好绿色授信审批专项授权，利用"绿色工厂"专项授权新批绿色客户11户，新增授信额度2.73亿元。主动发力绿色建筑金融服务工作，落地单个绿建项目授信5.4亿元。

【交行服务民生】 2021年，吴兴区交行围绕"房住不炒"，保障刚需，2021年按揭贷款净增13.24亿元。坚持以客户为中心的工作理念，紧跟监管要求，履行金融消保主体责任取得较好的成效，消保条线年度考核系统内名列第一。人行消保服务综合评价得分104分，获监管部门好评。

【内控监管】 2021年，吴兴区交行内控管理综合评价为B+，系统内排名全省列第五，比2020年提升2个名次。贷投后管理年度考核系统内名列第二。年内持续深入开展飞行检查，重点对员工行为管控、保密、印章管理、案防、业务合规、反洗钱和贷后监控等领域开展风险排查和检查。扎实开展"反诈拒赌"专项活动，对可疑账户采取分类监管措施，达到"百日攻坚"活动的阶段性监管考核要求。年度安保和疫情防控工作无缺漏，信息科技保持安全运行。湖州银保监分局公布2020年度监管评级为BB+级，较前一年度再提升一级。外管局年度外汇业务合规与审慎经营考核评价在当地29家银行考核中取得最高评级，继2018年后再次被评定为A类银行。落实各项年度反洗钱计划工作要求，人行反洗钱评级由C级升到B级。

（交通银行吴兴支行）

湖州银行

【概况】 2021年，湖州银行是在五家城市信用社和五家农村信用社的基础上，由地方财政、企业和个人参股组建的地方性、股份制商业银行，股本总额为6.08亿元。严格按照公司法、商业银行法等法律要求，构建较为完善的公司治理架构。以"财富新动力"为使命，坚持"立足地方、面向中小、服务市民"的市场定位，强化管理，稳健经营，锐意改革，开拓创新，在促进地方经济建设的同时实现全行综合实力的不断提升。年内，湖州银行深入贯彻落实中共十九大及历次全会精神，开展党史学习教育，紧紧围绕"金融+科技+绿色+合作+风控"的发展战略，坚守本源、专注主业，走出一条深耕本土、拥抱科技、开放合作的高质量发展的绿色路子。

经营发展稳健有效。全行总资产1013.99亿元，比年初增长18.62%；总负债945.06亿元，比年初增长19.17%；所有者权益68.93亿元，比年初增长11.57%；各项贷款余额534.34亿元，比年初增长21.56%，其中小微贷款余额422.53亿元、占比79.08%，制造业贷款余额148.03亿元、占比26.74%；各项存款余额696.97亿元，比年初增长14.98%，其中储蓄存款315.99亿元，比年初增长14.65%；实现净利润8.49亿元，比2020年增长30.18%；五级不良率为0.78%，覆盖率为424.94%。2021年，该行成为浙江省金融机构支持浙江经济社会发展先进单位和改革创新优秀单位，获评浙江省"民企最满意银行"，湖州市国家绿色金融改革创新试验区建设优秀单位、金融支持地方经济发展优秀单位等称号。服务实体主动有为。

【信贷服务】 年内聚焦主责主业，持续扩大信贷投放、加大帮企力度，成为金融支持地方经济发展的"排头兵"。常态化推进"走企、助企、帮企"活动，全年新增贷款95.96亿元，其中新增小微企业贷款80亿元、制造业贷款27.35亿元、民营企业贷款48.75亿元。创新推出线上供应链、湖银易贷、快抵贷、法人自助循环贷等多款线上化产品，线上贷款余额超20亿元。年内，落实人民银行两项直达货币政策工具，持续推进减费让利工作，降低实体经济负担。年末，全行贷款平均收益率为5.68%，较2020年下降40个基点；全年累计为企业提供延期还本付息贷款62.47亿元；累计发放普惠小微信用贷款13.97亿元。严格执行支付结算、收单等业务手续费减免等优惠政策，全年为实体企业、商户节省支出2088万元。

现代化商业银行打造 年内，加快推进上市银行、绿色银行、数字银行建设，成为国有金融机构改革发展的“先行者”。主动做好与监管部门的沟通对接，逐一突破上市推进过程中的重点难点问题，推动在会审核状态向前迈进一步，年末，进入预披露更新阶段。创新推出“全域生态贷”“强村光伏贷”“低效园区提升贷”等绿色产品，做大绿色信贷规模，年末，全行绿色信贷余额131.39亿元，占比24.59%，较年初提升4.12个百分点；优化绿色信贷管理系统，推出ESG违约模型，成为国内首家将ESG因素融入信贷授信审批和风险管理全过程的城商行。

【银行数字化建设】 2021年，湖州银行巩固“双一工程”建设成果，出台全行数字化建设总体方案，全面启动新核心系统建设，顺利上线指尖饭卡、积分系统、企业网银、机器人流程自动化RPA等基础系统58个，不断加大智能柜台铺设以及完善移动PAD、手机银行App等功能，全面提高全行信息科技水平。

【风险防控】 2021年，湖州银行把风险防控摆在更加突出的位置，做精做实风险防控工作，筑牢高质量赶超发展的“压舱石”。深化“党建+公司治理”模式，完善各类风险制度，全年制定修订国别风险管理、非信贷资产风险分类管理等制度办法12项，推动各项工作制度化、规范化、精细化。加快不良资产处置，全年累计处置不良贷款2.15亿元，其中现金收回1.03亿元，现金清收率47.91%，现金清收率逐年提升。开展“合规建设深化年”活动及反洗钱专项检查和自评估，加大合规、内审监督力度，不断强化制度执行。年内，围绕房地产贷款、大金融市场条线、员工行为动态等重点领域开展专项检查、飞行检查160余次，开展审计项目40个，加快对检查发现问题的整改，坚决守住不发生金融风险的底线。

（湖州银行吴兴支行）

吴兴农商银行

【概况】 2021年，湖州市吴兴农村商业银行股份有限公司（简称“吴兴农商银行”）是在原吴兴区农村信用联社和全区农村信用社的基础上，由辖区自然人、农村工商户、企业法人和其他经济组织自愿入股组建，并经中国银行业监督管理委员会批准设立的股份制社区性地方金融机构。2021年，吴兴农商银行内设“十一部三室”[董事会办公室、办公室、监事会办公室、审计部、人力资源部、合规风险部、计划财务部、运营管理部、金融科技部、业务（普惠）管理部、授信评审部、零售金融部、绿色（公司）金融事业部、金融市场部]，下辖“1家营业部、23家一级支行、15家二级支行”，全行员工总数705人，各项存款307.12亿元、各项贷款231.28亿元，实现账面利润3.64亿元。

【农商银行金融服务】 2021年，吴兴农商银行聚力打造“五个样板”，深化以人为核心的全方位普惠金融。制定“五个样板”（即：客户经理走访机制、丰收驿站标准建设、共同富裕金融创新、三级三员联动机制、绿色普惠融合发展）工作方案，建立工作领导小组，明确责任分工与具体任务要求，协同建设五大样板，确保抓出特色、抓出成效。

推进客户经理走访常态化，出台《客户经理走访机制管理办法》，细化走访标准、目标管理、考核机制等具体事项，借助网格管理、移动PAD等手段，提升走访质效。与区委组织部共同发文，选派14名金融指导员以“全脱产、全覆盖”派驻辖内乡镇街道，发挥“金融顾问”“信息联络员”的作用，推进普惠金融、信用生态、项目服务以及金融参谋等工作。加快共同富裕金融创新，创新“农担通”、农业“标准地”抵押贷款，针对专业合作社、家庭农场等农业经营主体，发放贷款3.2亿元，支持新型农业主体176户。全年，新增标准型丰收驿站57家，网点布局不断完善优化。深化绿色普惠融合发展，制定碳中和银行建设工作计划，创新“绿色建筑贷”“新能源碳惠贷”等基于碳效的产品。开展碳盘查项目，积极倡导低碳文化，推进低碳运营管理。聚焦中心服务发展，全力争当地方金融排头兵。深化政银共同体建设，与市公积金中心、织里镇政府、湖州师范学院等单位签订战略合作协议，得到省领导批示1次，市领导批示4次，区领导批示3次，金融地位和作用更加重要。

【信贷融资帮扶政策】 2021年，吴兴农商银行落实融资畅通工程和各项信贷帮扶政策，截至2021年12月30日，支农支小再贷款余额16.19亿元，发放信贷资产质押再贷款6.07亿元，累计延期还本付息普惠型小微企业贷款40.04亿元，发放普惠型小微企业信用贷款27.19亿元。推进微贷业务发展，实施微贷事业部利润中心考核与分中心建设，微贷余额、户数分别比年初新增4.4亿元、1655户。

【数字化转型】 2021年，吴兴农商银行加快敏捷转型驱动，高质量促进业务全面提升。抓好数字化转型，推进系统应用、数据分析、人才建设、课题研究等转型工作，建立敏捷小组工作机制，累计上线省联社第一阶段数字化系统33个，上线第二阶段数字化系统29个，上线行内自建系统16个。抓好大零售转型，建立实施“1+5”营销管理体系，(即：“1”是推行“三量”客户管理，“5”是实施客户经理走访、客户经理履职评价、厅堂营销管理、社区闭环活动、电话邀约营销等五个标准化路径)，个人贷款余额达到109.55亿元，比2021年年初新增19.15亿元，个人贷款户数40655户，比年初新增6403户。

【互联网贷款管理】 2021年，吴兴农商银行抓好互联网贷款管理，实行互联网贷款集约化管理和利润中心考核，数字贷款余额达到40.75亿元，比年初新增17.16亿元，数字贷款占比78.17%，比年初上升23.45%。

【金融风险管控】 2021年，吴兴农商银行强化合规风险管控，建立健全风险防控体系。深化内控合规建设，完善员工行为管理、操作风险与道德风险管理等内控管理制度，建立贷款风险与员工管理四级检查机制，通过开展“六个一”(开展一次思想大讨论、开展一次作风大提升、开展一轮合规大学习、开展一次专项大清收、组织一次形象大改观、开展一次关爱大宣讲)活动，提升员工“爱岗敬业、合规从业”意识。加大电信诈骗防范力度，2021年累计拦截电信诈骗4起，挽回经济损失31万余元。提高反洗钱水平，加强数据治理，加强可疑交易监测，开展反洗钱风险评估。加强征信合规管理，维护客户征信信息安全。防范化解信贷风险，制定《不良清收处置考核办法》，建立内部清收、司法清收与委外清收的竞争机制，12月组织开展为期半个月的“不良贷款清收”攻坚战，活动期间累计清收表外不良555.21万元，全年累计现金清收表内不良5132万元、表外不良6894万元，累计处置不良12026万元。推进责任追究工作，对已核销不良贷款进行责任认定，问责307笔、金额12512万元，免责168笔、金额7060万元。深化企业文化建设，不断提升品牌形象地位。加大品牌形象宣传，根据品牌VI手册和SI手册，推进网点统一化视觉改造，加大广告投放力度，全方位提升品牌宣传效应。提升优质文明服务水平，修订印发《优质文明规范服务考评办法》，细化员工着装、物品摆放等管理标准，举办三期覆盖全员的商务服务礼仪培训班，优质文明服务管理更加制度化、规范化、体系化。积极践行社会责任，向吴兴区共同富裕基金捐赠1000万元，全年入库上交各项税收1.45亿元，持续深化“百兴金融”文化理念，成为讲情怀、重责任、有温度的银行。

（徐永明　吴梦刚）

科学技术

综 述

【概况】 2021年，吴兴区科技局贯彻落实上级决策部署，聚焦人才强区、创新强区战略，以科创资源集聚专班为抓手，融入全市国家创新型城市建设和“五谷丰登”计划，提升区域创新能力，在全国科技创新百强区中的位次由64位提升至58位，“创新指数”从全省32位提升至29位。国家级海智基地创建、国家级绿色产业示范基地创建、“鲲鹏计划”、数字化改革省级试点等工作成效明显，连续三个季度获区争先创优奖。

【高新技术产业壮大】 2021年，吴兴区科技局大力实施国家级高新技术企业、省级科技型企业“双倍增”计划，不断完善科技企业培育机制，进一步健全科技企业“微成长、小升高、高壮大”的梯次培育模式。新认定省科技型中小企业152家，新认定高新技术企业34家。1—12月，全区高新技术产业增加值增长13.5%，占比79.5%（全市第一）；高新技术产业投资增长23.5%。鼓励企业与高校院所和高端智力合作，围绕关键核心技术攻关，积极建设省、市研发平台，新认定市级科技企业研发中心45家，新认定省级研发中心12家、省级企业研究院1家。首创性开展“未来研究院”评定，激发企业开展关键核心技术攻关动能。

【科技人才合作深化】 2021年，吴兴区科技局大力实施人才强区战略，围绕重大平台打造高端人才“蓄水池”，全职引进中国工程院院士刘正东并成为湖州市首个“鲲鹏计划”入选人才；成功入选省级及以上引才计划入选6人。招引创新力强、活跃度高的领军型团队和青年科技人才。省领军型创新团队入选1个，该项工作连续三年居全市第一，省“万人计划”入选4人，位列全市第一，省海外工程师10人。

【科技创新平台建设】 2021年，吴兴区科技局围绕产业布局，引进培育各类创新载体，全力打造科创新高地。湖州现代物流装备高新区列入全省高新区亩均效益领跑者名单第8名、年度综合评价第7名，被评为全省突出贡献集体。西塞科学谷技术研发、中试孵化、公共服务等场地基本完工，对接洽谈项目30余项。阳山时尚谷贤才居、博览中心、美学艺术园等8个工程项目全部启动。太湖实验室建成并完成装修，首批签约4家产业研究院集聚科研人才50多名、孵化项目12个。国家级“海智基地”获批，属全市唯一（全省3个），国家级学会服务站成功揭牌。童装产业创新服务综合体开展“童装行业大脑”建设，实现童装企业系统化管理和数字化决策。

【特色低碳技术创新推动科技惠民】 2021年，吴兴区科技局积极探索打造产业、文化、旅游“三态”融合发展的“星创天地”，为初创期农业企业和返乡创业大学生进驻孵化提供一站式服务，新认定市级众创田园3家。制定出台《吴兴区碳达峰碳中和科技创新行动方案》，加快构建吴兴特色低碳技术创新体系，推动吴兴区绿色低碳循环发展。依托该区国家级首批绿色产业示范基地、省级首批低碳县建设，以“绿色低碳引领节能环保产业创新发展”为主题，重点围绕高效节能环保装备、资源循环利用两大重点领域产业链与创新链的深度融合，申报创建省级可持续发展创新示范区，列入第四批浙江省可持续发展创新示范区拟建设名单。

科技创新与成果

【概况】 2021年，吴兴区科技局围绕强链补链延链，系统梳理科技项目“四张清单”，围绕吴兴区重点产业发展，聚焦“腾笼换鸟、凤凰涅槃”，发布制造业领域研发攻关计划榜单20项，促进产业迭代升级，培育未来硬核产业。加快突破该区关键核心技术“卡脖子”问题，组织申报各级各类重大重点科研项目，不断提升企业核心竞争力。新立市级科技计划项目41项，全市第一；进入省级“尖兵”“领雁”研发攻关项目公示4项。

【高新技术产业认定】 2021年，吴兴区科技局新认定省科技型中小企业152家，新认定高新技术企业34家。1—12月，全区高新技术产业增加值增长13.5%，占比79.5%（全市第一）；高新技术产业投资增幅23.5%。鼓励企业加大研发投入力度，1—12月，吴兴区规模以上工业企业研发投入26.07亿元，同比增长33.2%；规模以上工业企业研发经费支出占营业收入比重为2.76%。

【研发机构建设】 2021年，吴兴区科技局鼓励企业与高校院所和高端智力合作，围绕关键核心技术攻关，建设省、市研发平台，新认定市级科技企业研发中心45家，新认定省级研发中心12家、省级企业研究院1家。首创性开展“未来研究院”评定，对列入企业未来研究院的，每年支持1000万元，连续支持三年，年内有10余家企业入库培育。2021年第一批已支持久立建设未来研究院，重点攻克先进核电站热交换器、燃料组件结构材料等技术，创建国际一流的金属材料实验室。

【科技创新平台建设】 2021年，湖州现代物流装备高新区列入全省高新区亩均效益领跑者名单第8名、年度综合评价第7名，被评为全省突出贡献集体。“西塞科学谷”技术研发、中试孵化、公共服务等场地基本完工。阳山时尚谷贤才居、博览中心、美学艺术园等8个工程项目启动。太湖实验室建成并完成装修，首批签约4家产业研究院。童装产业创新服务综合体开展“童装行业大脑”建设，实现童装企业系统化管理和数字化决策。现代物流装备综合体确定综合体服务中心选址，即将进行招投标。省级众创空间备案3家，市级优秀众创空间3家，列全市第一。

【农业科技项目平台建设】 2021年，吴兴区科技局强化农业企业创新主体作用，涉农科技成果转化不断加速，农业科技创新平台建设稳步推进。庙港人等3家众创田园通过市级认定，淞江鲈循环水育种关键技术装备与数字化精准管控系统研发及集成示范、渔雅科技（湖州）成功立项市级科技计划项目乡村振兴专项。浙江数斯智能机器人等4家成功立项农业攻关项目，湖州蜂巢商务成功立项众创田园专项项目。

（区科技局）

专利工作

【概况】 2021年，吴兴区作为国家知识产权强县工程示范区，坚持实施知识产权战略，以高质量发展为主题，通过国家知识产权强县工程示范区建设工作的深入推进，不断创新工作思路，健全体制机制，加大知识产权专项投入力度，大力提升知识产权创造质量、运用效益、保护效果、管理效能和服务水平，知识产权综合能力显著提升，成为全市知识产权高质量发展的“重要窗口”。

【知识产权战略实施】 2021年，在吴兴区市场监督管理局加挂知识产权局牌子，设知识产权发展科（专利监督管理科），对涉及知识产权相关职能设置、人员配备情况进行系统梳理，在科室、乡镇、街道等建立有能力、有担当的约30人的知识产权工作人员队伍，有效推进知识产权各项工作落地落实，形成健全完善的知识产权工作组织网络体系。知识产权专项工作经费列入财政预算，强化财政保障力度。2019年以来，全区各部门、各乡镇街道涉知识产权工作共投入经费超4000万元。建立并完善以高质量发展为导向的知识产权工作考核评价体系，将知识产权作为区委、区政府中心工作和重点工作，并纳入对区级各部门、乡镇街道的年度考核。不断加大知识产权考评在政府激励创新考核体系中的比重，细化工作任务，量化年度目标，有效推动示范区工作任务的执行落地。区委、区政府将知识产权工作纳入全区改革突破争先战、全面深化改革、创优营商环境、共同富裕和人才工作目标责任制考核等十余项考核体系中。

【专利工作环境优化】 2021年，吴兴区科技局依托吴兴区西塞科学谷、阳山时尚谷和太湖实验室等科创平台，加强与知识产权的双向融合，形成产城学研创新“无限环”，协力打造“基础研究+技术攻关+成果转化+制造基地+品质服务”全过程创新生态链，打造成为“长三角科创协同的重要战略支点”，成为长三角“科技头部企业总部集聚中心、大中小科学实验室集聚中心、科学家创新创业孵化中心”，形成科创态势活跃、高端资源集聚、谷底效应明显。首批联合浙江理工大学、浙江工业大学、钱塘科技创新中心、乌克兰国立冶金学院等国内外知名高校院所开展深度合作，加快推进高价值发明专利创造。

【企业知识产权管理体系完善】 2021年，吴兴区科技局提升企业自身知识产权管理水平。持续推进企业知识产权贯标工作，组织开展贯标业务培训，引导企业贯彻国家知识产权管理规范，提升企业内部知识产权管理能力。全年，吴兴区有知识产权贯标企业41家；加大对各级知识产权示范优势企业的培育力度，引导开展专利布局，特别是高价值专利，2021年度指导19家企业申报省级和市级知识产权示范企业，2019年以来，全区获得中国专利优秀奖2项，截至2021年，共培育国家知识产权优势企业7家、国家知识产权示范企业1家。

【专利创造运用水平提升】 2021年，吴兴区科技局在全省首创“小个信贷通”平台，提供知识产权金融服务“吴兴样本”。通过创建“六维数据模型”，完善小个“信用画像”，探索“一站式、全链条、全周期”线上融资服务新路径，上线“小个信贷通”平台，实现“一码对接、一步授权、一秒授信、一键获贷、一库管理”五大功能，为全省推进数字化赋能金融服务提供可复制推广的“吴兴样本”。在区政务服务中心设立质押专窗，办理质押登记材料预审受理工作，提供专利、商标权质押融资咨询服务；开展知识产权质押融资入园惠企活动，搭建银—政—企对接桥梁，打通服务最后一公里，助力企业将静“知产”变为活“资产”，缓解中小企业融资难题。

（许旷达）

防震减灾

【概况】 2021年，吴兴区贯彻执行《中华人民共和国防震减灾法》《浙江省防震减灾条例》以及上级防震减灾工作会议精神，以保护人民生命财产安全为根本出发点，在防震减灾应急预案编制、防震减灾法律法规宣传等方面开展工作，坚持“预防为主、防御与救助相结合”的工作方针，不断完善防震减灾安全工作体系，进一步促进防震减灾工作扎实开展。

【抗震设防准备工作】 2021年，吴兴区加强防震应急工作的领导，把地震应急准备工作放在重要位置，把非常态救灾的准备工作做到位。在助力区政府抗震救灾指挥部及其办公室建设的基础上，进一步完善成员单位间沟通联动、信息共享、资源整合等机制建设。与相关兄弟部门联合，在吴兴区地震安全示范社区、学校等区域开展地震应急综合演练活动，推动全区基层防震减灾工作规范开展，增强人民群众防震减灾意识。

【地震安全示范创建】 2021年，吴兴区经深入指导、积极推荐，月河街道东湖家园社区、飞英街道墙壕里社区创建为市级防震减灾科普教育示范基地，全区累计防震减灾示范单位达到28家。

【防震减灾知识宣传】 2021年，吴兴区加强防震减灾社会宣教工作，通过印发宣传资料、制作标语板报等形式，广泛普及有关法律法规和防灾减灾知识。做好“防灾减灾日”及宣传周等防震减灾科普宣传工作，发放灾害防御科普宣教材料10000多册，发放各类科普宣传用品3000余件，组织辖区内学校开展地震应急演练，并在社区播放防震减灾科普影片、开展“防震减灾千场科普讲座”和主题电影观赏，全区民众防震减灾的意识不断增强。

【防震减灾联动机制】 2021年，吴兴区加强地震应急救援水平建设，在整合全区各种行政资源的基础上，确立各乡镇、部门、企事业单位、社会团体防震减灾联动机制，加深防震减灾各个环节主管部门、协作单位、参与单位的职责，实现信息、队伍、物资三级联动。

（沈佳佳）

教 育

综 述

【概况】 2021年，吴兴区（含南太湖新区）学校139所，其中初中21所（含民办4所，九年一贯制学校9所），小学25所，幼儿园84所（含民办53所），乡镇（街道）成人文化技术学校9所。学生101995人，其中初中14922人，小学56877人，幼儿30196人。截至2021年年底，全区在职教职工8878，其中在编教职工4650人。其中，初中1277人，小学2891人，成校39人，公办幼儿园387人，直属事业单位56人。全区中小学占地面积分别为87.78万平方米和110.74万平方米，校舍建筑面积分别为44.14万平方米和58.5万平方米。全区有中小学高级教师489人，中小学一级教师2191人。2021年新增省万人计划教学名师1名，省教坛新秀2名，市教学明星7名，市教坛新秀11人，12人入选市第四期第一层次名教师培养对象，1人入选2021年国培计划，申报南太湖特支教育领军人才6人，入选数申报数均位于全市前列。

【省教育领域数字化改革第一批创新试点项目】 2021年6月，浙江省教育厅公布教育领域数字化改革第一批创新试点项目名单，吴兴区申报的“新型教学空间积分服务系统项目”成功入围，位列全省第一梯队。

【全国青少年校园足球试点区】 2021年，吴兴区推进青少年校园足球相关工作，蝉联湖州市中小学校园足球联赛冠军，全区有国家级青少年校园足球示范校15所，2021年1月成功创建全国青少年校园足球试点区。

【浙江省教育工作业绩考核优胜单位】 2021年，吴兴区教育局获评2020年度全省教育工作业绩考核优胜单位，系全省20个获此殊荣的县（市、区）教育局之一，在2021年全省教育工作会议上获表彰并现场领奖。

【浙江省先进教研集体】 2021年，吴兴区教育局大力加强教师教学研究与培训工作，有效促进教师专业发展，助推学校教育提质增效，区教育局教学研究与培训中心成功获评2021年浙江省先进教研集体。

（舒 童 杨 浩）

基础教育

【概况】 2021年，吴兴区（含南太湖新区）学校139所，其中初中21所（含民办4所，九年一贯制学校9所），小学25所，幼儿园84所（含民办53所），乡镇（街道）成人文化技术学校9所。学生101995人，其中初中14922人，小学56877人，幼儿30196人。

【学前教育】 2021年，吴兴区有84所幼儿园，126个园区。中心城53所82个园区（公办园16所42个园区，部队办1所1个园区，民办园36所39个园区）、乡镇31所44个园区（乡镇公办园14所27个园区，民办园17所17个园区）。全区共有等级幼儿园84所126个园区：省一级园区23个、二级园区79个（包括预评二级园区21个）、三级园区24个（包括预评三级园区1个），等级园占比100%，二级及以上优质园占比达80.95%。全区学前教育专任教师2380人，园长84人，合计2464人，其中中心城专任教师1517人，园长53人；农村专任教师863人，园长31人。专任教师学历合格率100%，大专以上学历99.11%，教师资格证书持有率100%。2021学年，在园幼儿30196人，学前三年幼儿入园率99.58%。全区约61.2%的幼儿在中心城接受学前教育，约38.8%的幼儿在乡镇中心幼儿园（含村教学点）接受学前教育。继续发挥以实验幼儿园、第一幼儿园、第三幼儿园、蓝天实验幼儿园、童星幼儿园、清河幼儿园为牵头园的“吴兴区学前教育发展联盟”作用，拓展优质学前教育资源，展开有效教学活动，推动区域内各园的发展，促使区幼教事业在更高层次上的均衡发展、优质提升。

【义务教育】 2021年，吴兴区实行（中小学）九年制义务教育。小学适龄儿童入学率100%，小学升初中比例100%。初中毕业生按时毕业（结）业率100%，初升高比例达99.37%，特殊儿童入学率100%，符合条件的新居民子女入学率100%。与吴兴区司法部门、各街道综治办等成立“未成年人关爱平安预警系统”，关爱未成年人身心健康发展。

心理教育 与吴兴区委宣传部、吴兴区青少年心理健康护航行动专班等联合组织未成年人心理健康护航行动校园长专题培训，提高学校心理健康教育工作的指导水平。组织7名骨干校长参与“说心理”电视访谈节目。做好春秋两季学生心理健康普查和高危学生筛查，“一人一案”落实帮扶措施。下发《给家长的一封信》7万余份，有效开展家庭心理健康教育指导服务。开展心理健康教育示范月活动，重点组织考前心理辅导，心理健康教育宣讲，心理剧表演等活动。

城乡义务教育 根据《浙江省教育厅等四部门关于新时代城乡义务教育共同体建设的指导意见》，将“互联网+义务教育”结对学校升级和重组，组建共建型教共体10对，协作型教共体5对，达到乡镇学校共建帮扶全部覆盖。着力研究“新授课+复习课”课型，推进“常态+专题”的教研模式，满足“多样化+个性化”的需求。开展“互联网+义务教育”三项评优活动，评选出优秀教师58人，优秀案例48个，优课171节。在湖州市组织的教共体工作专题推进会上进行工作经验交流。2个案例在2021年度浙江省城乡教育共同体案例征集中获奖。继续扩大STEAM教育区域品牌影响力，拓宽丰富综合学习课程，探索项目化学习新路径，开展项目学习综合实验。组织开展“初中提质强校工程”管理人员素养提升培训。确定湖州市第十一中学、织里镇中学等6所学校为2021年初中提升行动学校。

教育“双减”工作 “双减”工作落实推进，利用“校外培训机构联合监管一件事”应用，归集全区653家各类校外培训机构基本信息。开展联合执法行动30余次，对日常排查发现问题实行台账式跟踪整改管理。顺利完成127家营利性学科类校外培训机构转登压减，率先打破“人事壁垒”，面向校外学科类培训机构择优选聘优秀教师16名。

互联网+ 狠抓教育教学质量和服务水平提升，实现中小学课后托管服务100%覆盖，“五项管理”100%落实。下发《关于进一步加强吴兴区中小学作业管理的通知》等五项管理文件。组织全区教学校长、教务主任开展“双减”背景下的强效提质管理人员素养提升培训。全区“双减”工作特色亮点被今日头条、新华社、《浙江日报》等各级各类媒体宣传报道200多次，吴兴区教育局获评2021年市“双减”工作先进集体。

【育人工作】 2021年，吴兴区教育局育人工作特色彰显。推进生态文明教育、文明校园创建等工作。全域开展“光盘行动”“垃圾分类”活动。100%完成区级中小学“绿色学校”创建。评出湖州市生活垃圾分类标杆单位29个，1所学校被评为浙江省节水标杆校园。区教育局获全国文明城市复评市级集体嘉奖。有效落实法治教育，组织禁毒征文比赛、“学宪法 讲宪法”演讲比赛和知识竞赛，5所学校被评为市级年度毒品预防教育示范学校；1人获评浙江省普法教育先进个人；1人获得全省第六届“学宪法讲宪法知识竞赛”一等奖。

特殊教育 有效开展特殊教育提档升级。吴兴区特殊教育指导中心被评为浙江省“基于省网络IEP平台应用的个别化教育实践”专题论文评比“优秀组织奖”；2名教师获得全省随班就读资源教师基本功大赛的二等奖。

【建党百年红色教育宣传活动】 2021年，吴兴区教育局围绕建党百年，开展系列活动。在全区开展“建党百年走进百校”红色宣讲活动，组织“阅读，悦成长”讲故事比赛，“唱响红歌旋律，献礼建党百年”中小学生大合唱比赛等。全区44所中小学组织学生开展红色研学活动，进一步引导青少年坚定理想信念，传承红色基因。53人获评吴兴区“新时代好少年”；2人获评湖州市“新时代好少年”；2人获评“两山追梦好少年”。57人获评市级三好学生，29人获得市级优秀学生干部，27个班级荣获市级优秀班集体。月河小学教育集团一名少先队员获评全国优秀少先队员，一名老师获浙江省班主任基本功大赛一等奖。

【教育安全工作】 2021年，吴兴区教育局以“平安校园”创建为抓手，以“网格管理、优化教育”为手段，以“重点突击、营造氛围”为方法，坚决贯彻“平安稳定压倒一切”的原则，层层压实责任、人人各负其责，有效解决非编幼儿教师待遇、中小学招生等一批涉及稳定的问题，实现学校安全事故清零。以“安全教育平台”为依托，进一步加强安全教育“进学校、进课堂、进家庭、进社区”工作，2021年平台日常授课率100%，全区学生家长“安全教育平台”App安装率100%，阅读率96%以上。全区中小学校严格实行学生演练制度，幼儿园每学期举行1次、中小学每月举行1次应急疏散演练。深入推进“食安校园”行动，提升校园食品安全管理水平。2021年，新增A级食堂18所，全区500人以上食堂实现A级全覆盖。提升学校食堂智慧化监管水平，推动“厨房革命”及“智能物联”管理建设。稳步推进交通安全管理，增购新国标校车71辆，报废旧制校车73辆，对全区152条校车线路386个校车站点进行核验。建立健全校园传染病防控体系，配备驻校卫生专业技术人员15名，标准化建设医务室15所，全面做好学校新冠感染疫情防控工作。

【文艺体育工作】 2021年，吴兴区教育局素质教育亮点纷呈。各中小学以“阳光体育”活动为载体，开展形式多样的课外体育活动，确保每天一小时校园体育活动制度的落实。组织开展吴兴区中小学阳光大课间评比，5所学校荣获市一等奖。持续加大校园足球资金投入，成功创建全国青少年校园足球试点区，新增全国青少年校园足球特色学校1所，吴兴区作为全省第7个校园足球试点区组队参加2021年浙江省青少年足球文化节并在全省足球发展高峰论坛上作经验交流。全区180多项艺术作品在省市级艺术节获奖。推进健康吴兴建设，培养学生健康意识，提升师生健康素养。新增健康促进学校金牌3所、银牌16所，铜牌12所。全区健康促进学校42所，占比95.45%，较2020年增长27个百分点。进一步推进儿童青少年近视防控工作，将“学生护眼工程”列为2021年区政府民生实事项目，严格按照标准完成2099个教室灯光改造。

中小学生近视率较2020年降低1.07个百分点，中小学生体质健康合格率达98%以上，优良率达68.59%，全区中小学生体质健康水平逐年提升。

【语言文字工作】 2021年，吴兴区教育局语言文字成效显著。以第24届全国推广普通话宣传周为载体，积极开展宣传教育活动。指导企业、社区、政务服务窗口工作人员规范用语，通过浙江省语言文字督导评估。组织开展“阅读伴我成长”征文比赛、“阅读·悦成长”中华经典诵读比赛、“百年潮涌”中小学生演讲比赛等活动，近百人在省、市级比赛中获奖。

【教育科研工作】 2021年，吴兴区教育局聚力核心素养导向下的教育教学改革为核心，围绕“五育并举”“三全育人”“双减”工作等研究热点，多形式推进基于“双减”背景下的作业管理改进、课后托管、跨学科项目化学习、精准教学、教育教学评价等理论与实践研究，助力教师强化教育科研意识、改进教育教学行为，持续探索学校育人模式改进和学校文化内涵发展。全区教育科研氛围浓厚，教科研成果位列全市前列。年度立项课题省级16项（其中1项省级重点规划课题）、市级81项；科研成果获奖省级3项、市级73项；教学论文省级获奖29篇；新风实验小学教育集团主持的全国教科规划课题顺利通过鉴定。吴兴区教育局研训中心和湖州市蓝天幼儿园等2家单位荣获“浙江省2019—2020年度教科研先进集体”称号，姚惠平、周乒等2名教师被评为“浙江省2019—2020年度教科研先进个人”称号。

【教育阳光招生】 2021年，吴兴区“阳光招生”举措创新。开发吴兴区教育预决策应用场景，多次在省、市各级各类数字化改革会议上进行展示。对全区中小学适龄户籍新生进行预测，3次发布招生预警信息。建立施教区划分第三方评估机制，规范稳妥做好施教区调整。教育系统及乡镇街道出动干部387人，入户宣传17438人次，发放招生宣传折页近20000份，更新新生相关信息1039条，有序调剂7个校区962名新生，有效化解风险，确保招生工作平稳。

（舒　童　杨　浩）

职成教育

【概况】 2021年，吴兴区乡（镇）成人文化技术学校9所，教职工39人。教育培训服务覆盖全区（含南太湖新区）100余万常住人口。创建成省现代化成校6所，省现代化社区学校2所，省成教品牌5项。全区职成教紧紧围绕“创特色、树品牌、强内涵”的工作要求，坚持硬件建设和内涵发展并重，推进各项工作，全区职成教工作得到新发展。

【社会培训办学特色亮点】 2021年，吴兴区教育局完成各类社会培训37万人次。其中，成人学历在读1595人，毕业611人；职业技能培训13344人次，结业获证13274人次；全区新增老年学堂17所，各级老年大学（学堂）共开设教学班164个，注册入学3027人，参与各类教育培训及活动的老年人93242人次；全年导入浙江省学分银行学习成果总数21万人次；全区145个文化礼堂送教827场次，参与学习培训居民达85150人次。成功举办“吴兴区暨妙西镇全民终身学习活动周”开幕式，选树表彰各类“学习型”组织、单位及个人121项。春节前后，各成校精细谋划、精准施策，开设近10个类别70个培训班级，参与线上线下培训活动的留吴新居民达8000人次。

【社区教育示范性建设】 2021年，吴兴区教育局继续开展吴兴区社区教育“三个一批”示范性建设工作（即：建设一批“示范性社区教育工作站”，一批“示范性老年学堂”、一批“示范性优秀社团”），认定16个“示范性社区教育工作站”、7所“示范性老年学堂”、5个“示范性优秀社团”。“织里镇社区治理展示馆”和八里店“世界丝绸之源文化艺术村”被评为湖州市2021年市民终身学习体验基地；汤炳昌和吴悦被评为湖州市百姓学习之星；王金发广播”和“蚂蚁公益”被评为湖州市终身学习品牌项目。金洲集团的技术工人陈云明被评为浙江省“百姓学习之星”；东林成校成功创建省现代化社区学校；“山水田园 秀美东林”学堂被评为浙江省社区教育进文化礼堂品牌项目；妙西“沈家本历史文化园”被评为浙江省“在浙学”市民终身学习体验基地。

（舒 童 杨 浩）

队伍建设

【概况】 2021年，吴兴区在编教职工4650人。其中，初中1277人，小学2891人，成校39人，公办幼儿园387人，直属事业单位56人；离退休教职工2182人（其中，离休干部6人）。年内，严格执行干部选拔程序，统筹调整全区学校的领导班子队伍，完成暑期校（园）级领导调配工作，2021年暑期共调整充实领导干部70人（其中，提拔36人，平职调整21人，到龄退职11人，个人申请2人），“85后”年轻校园级领导干部有38名，“90后”年轻校园级领导干部有7名。全年选派2名校园长参加长三角名校长培训，选派7名干部赴区级部门挂职锻炼，选派1名干部赴长三角地区跟岗锻炼，4人入选2021年浙派名师名校长培养工程。

【教师人才引进】 2021年，吴兴区教育局新进优秀教育人才281名（招聘248人，区外调入33人），其中硕士研究生47人，“双一流”建设高校、建设学科或原“985”“211”高校毕业生39人，有效缓解吴兴区高层次、高学历教育人才偏少的问题。严把幼儿园编外教师入口关，统一组织公办幼儿园编外教师招聘，择优招聘编外幼儿园教师200名。依托“三名工程”平台，完善三级学科专业发展共同体网络，实现专业突破发展和团队整体的共同发展与提升，该区具有区教坛新秀及以上教学名师723名。2021年新增省“万人计划”教学名师1名，省教坛新秀2名，市教学明星7名，市教坛新秀11人，12人入选市第四期第一层次名教师培养对象，1人入选2021年国培计划，申报南太湖特支教育领军人才6人，入选数申报数均位于全市前列。

【教育人事制度建设】 2021年，吴兴区教育局继续实施“区管校聘”改革。按照区管校聘实施方案，稳定推进区内外调动、中心城教师赴乡镇学校交流、教育集团内部交流等工作，中小学校参与率达100%，全年有183名教师参与跨校竞聘，实现从“要我动”变为“我要动”。坚持以德为先、立德树人、注重实绩的原则，完善量化评分标准，突出重业绩重能力重贡献的激励导向，推进职称评审工作，全年评审高级教师（副研究员）32人，一级教师（助理研究员）285人，二级教师299人，三级教师56人。2021年在湖州四中教育集团、爱山小学教育集团和实验幼儿园三所试点单位继续实行职称评聘改革试点工作，试点学校共评审高级教师5人，一级教师39人，二级教师53人，三级教师5人。

（舒 童 杨 浩）

办学条件

【概况】 2021年，吴兴区教育局中小学固定资产分别为141334.23万元和189780.67万元（教学仪器设备值分别为初中10606.86万元，小学19438.55万元）。中小学占地面积分别为87.78万平方米和110.74万平方米，校舍建筑面积分别为44.14万平方米和58.5万平方米。小学体育场（馆）面积、体育器械、音乐器材、美术器材、教学自然实验仪器达标的学校数占总学校数的比例均为100%。全区新增计算机957台，计算机拥有量为21689台，生机比为3.2∶1。全区新增多媒体451套。公办中小学校园网覆盖率100%。全区建有录播教室44

个。图书总藏书量为274.1万册，生均约39.52册。

【教育经费】 2021年，吴兴区地方教育经费总收入257984万元，比2020年233923万元增加24061万元，增长10.29%。全区教育经费总支出261254万元，比2020年234345万元增加26909万元，增长11.48%。教育部门教育经费总支出237204万元，比2020年214892万元增加22312万元，增长10.38%。全区中小学免收课本费和作业本费2059.3万元（春季学期950.5万元，秋季学期1108.8万元）。春季学期享受“爱心营养餐资助”学生1549人，秋季学期1627人，共计补助238.1万元。学前教育共资助幼儿春季313人，秋季352人，补助151.3万元。

【教育基本建设】 2021年，吴兴区教育资源扩容不断提速。完成7所中小学和11所幼儿园建设工程。中小学新（扩）建7所：毗山中学（建筑面积51361.29平方米，建设规模42班）、凤西小学新建工程（建筑面积23709.32平方米，建设规模36班）和吴兴区第一中学（建筑面积30699.28平方米，建设规模30班）、织里实验小学东校区（建设规模42班）、爱山小学青阳校区（新增建筑面积3233平方米，新增班级12个）、环渚学校塘甸校区（新增建筑面积4680.2平方米，新增班级12个）和弁南小学改建工程（新增班级12个），下半年投入使用。幼儿园建设方面，完成市陌4号地块（建设规模9班）、富力一号院盛悦居（建筑面积4038.65平方米，建设规模12班）、达昌府（建筑面积3703.22平方米，建设规模12班）、映荷府（建筑面积4042.2平方米，建设规模12班）、群贤府（建筑面积3278.02平方米，建设规模9班）、保利堂禧（建筑面积4045.04平方米，建设规模12班）、枫丹壹号（建筑面积4200.73平方米，建设规模12班）、织里当代绿景名苑（建筑面积4000.37平方米，建设规模12班），漾山府（建筑面积4064.04平方米，建设规模12班）、雍景湾（建筑面积3278.19平方米，建设规模9班）、祥生悦江南（建筑面积4140.02平方米，建设规模12班）等11所住宅小区配套幼儿园改建工程。启动5所中小学和5所幼儿园建设工程。继续推进诸葛小学、高新区新城中学、爱山小学奥体校区、凤西中学、仁北中学等5个建设工程。继续推进诸墓漾幼儿园、织里中心幼儿园、轧村幼儿园、妙塘幼儿园、杨家埠幼儿园等5个建设工程。

【教育装备建设投入】 2021年吴兴趣区中小学校累计教育技术装备资产为36797.9万元，生均拥有教育技术装备资产5304.97元。其中，中学累计教育装备资产总计13711.4万元，生均拥有教育技术装备资产6769.05元，占当年累计教育技术装备资产37.3%；小学累计教育装备资产总计23086.5万元，生均拥有教育技术装备资产4701.08元，占当年累计教育技术装备资产62.7%。全年全区教育装备总投入（含图书）为11448.4万元，其中全区财政拨款10900.4万元，自筹及其他款项548万元，财政拨款占教育装备购置总经费的95.2%，当年生均投入教育技术装备资金1650.5元。

【教育信息化建设】 2021年，吴兴区中小学拥有计算机数量为21689台，当年生机比达到3.2:1。全年全区新增计算机957台，全区有班级数1614个，中学349个，小学1265个。全区有多媒体3967套，当年新增451套。当年普通教室配有多媒体设备占有率为100%。全区有交互式多媒体2899套。全区建有学校校园安防（监控）系统的学校数为45所，达全区学校数的100%，42所学校建成智慧校园。

（舒　童　杨　浩）

文化·卫生·体育·广电

文化　旅游

【概况】　2021年，吴兴区图书馆正式开馆对公众免费服务，区文化馆深化装修，建成城市书房4家；乡镇（街道）综合文化站13家均通过全省第七次乡镇（街道）综合文化站评估定级。

【公共文化服务提升】　2021年，吴兴区创建浙江省第二批戏曲之乡1个、浙江省公共文化场馆服务功能拓展先行先试单位2个，浙江省文化示范村（社区）2个，6户、16名获评2021浙江省级文化示范户和乡村文化能人，乡镇街道全部通过全省第七次乡镇（街道）综合文化站评估定级。

【文艺精品生产和创作】　2021年，吴兴区新创作艺术作品参加省、市重大活动、赛事，取得3金、9银、10铜优异成绩。“庆建党百年　享美好生活”浙江省第七届群星视觉艺术综合大展获1个金奖2个铜奖，新创作小品《那必须的》获浙江省第三十二届群众戏剧小品大赛银奖，独唱《炫镜》获“庆建党百年　享美好生活”浙江省庆祝中国共产党成立100周年群众声乐大赛暨浙江省第九届群众声乐大赛青年美声组银奖。

【文化市场监管体系】　2021年，吴兴区严格监管，治理水平稳步提升。以市场平稳发展为目标，以规范市场运营为主线，以强化执法办案为抓手，围绕重要节点，落实“护航”任务。规范市场运营，开展“五环”治理。落实常态管理，持续推进“扫黑除恶”专项斗争。突出防疫安全，持续强化“疫情”防控。年内，出动检查人员1087人次，检查各类经营单位3261家次，办理涉及印刷、出版物、娱乐场所、网吧、体育、文物六大领域行政处罚案件26件，罚款195220元，联合属地政府、公安等部门开展专项整治行动23次，处理举报、投诉案件73起。完成部门联合“双随机、一公开”监管任务，完成率100%。

【文化产业】　2021年，吴兴区争取中央补助地方公共文化服务体系建设资金109万元，省诗路文化带建设资金167万元。全区人均接受文化场馆服务8人次（完成指标任务数）。文物安全（工作奖惩指标）确保无扣分情况。文化基因解码共梳理文化元素260项，完成解码数据入库203条，重点元素32条，解码21条，初步形成基因解码报告，居全省前列。中国茶文化圣地·茶经故里入选首批“浙江文化标识”。织里镇文体中心项目列入浙江省“4+1”重大项目。

【文化遗产保护】　2021年，吴兴区组织“东林柳编”“织里刺绣”等省级“非遗”项目申报第六批浙江省非物质文化遗产传承人，确定1名（“周生记”大馄饨制作技艺）为省级“非遗”传承人，“天官牌”湖笔为第三批浙江省“非遗”旅游商品。承办市“文化和自然遗产日”系列活动。对3个“非遗”项目进行濒危抢救性保护。建立区级“非遗”数据库，实现与省数据库互通互联。公布新一批区级“非遗”项目和传承人。

（区文广旅体局）

【文化艺术会演活动】 2021年，吴兴区举行“颂歌献给党 礼赞新时代建党百年大合唱”、全区“璀璨星光· 活力吴兴”基层文艺团队擂台赛决赛、区第四届文艺宣讲报告会，承办市第六届残疾人艺术会演，参与湖州市“两弹一星功勋”湖剧现代戏《屠守锷》创作。组织参加“庆建党百年 享美好生活”浙江省庆祝中国共产党成立100周年群众声乐大赛、“迎建党百年 享美好生活”省民间音舞广场展演、“守好红色根脉·书写青春忠诚”省群文系统微宣讲大赛、“礼赞百年大美湖州——湖州市庆祝中国共产党成立100周年”视觉艺术大展等省、市重大百年党庆活动赛事。开展“幸福吴兴”“菰城讲堂”主题展览、讲座、文艺演出等公共文化活动，为每个乡镇街道送演出5场、流通图书2000册。

【文化产业发展】 2021年，吴兴区文广旅体局布点城市书房和振兴书栈建设，挖掘“文化基因”，打造“菰城讲堂”文旅IP品牌。排摸整理公共文化“微改造、精提升”示范点46个。湖州王一品斋笔庄有限责任公司的天官牌湖笔入选第三批浙江省优秀“非遗”旅游商品名单。

【旅游事业发展】 2021年，吴兴区文广旅体局西塞山旅游平台发展稳步推进，协调解决西塞山技术指导等问题18个，赴文旅部、省文旅厅对接汇报7次。赋能文旅消费，承办“红韵湖州”文旅消费年活动，发布“红韵湖州·银领研学”等推荐线路10条。

乡村旅游 年内，世界乡村旅游大会永久会址建成启用，召开世界乡村旅游可持续发展论坛，与亚太旅游协会签订战略合作协议，共同推动乡村旅游高质量发展。

工业旅游 年内，举办湖州市工业旅游发展现场推进会暨吴兴区工业旅游线路首发启动仪式，发布工业旅游首发线路3条。推进AAAA级景区、AAAA级景区镇、等级民宿、示范景区村庄、采摘基地、工业旅游基地、百县千碗体验场所等创建任务31项，涉及市场主体70余家。

【旅游景区建设】 2021年，吴兴区太湖溇港景区成功创建为AAAA级旅游景区。吴兴区美妆小镇建设投资开发有限公司成功入选浙江省工业旅游示范基地名单。吴兴原乡蝴蝶小镇成功列入浙江省特色小镇第七批创建对象名单。湖州灵粮生态农场、土蛋哥家庭农场、桑农生态园、立竿见影家庭农场入选2020年度“浙江省采摘旅游体验基地名单”。钱壮飞纪念馆入选第五批省级红色旅游教育基地。义皋村、潞村、红里山村、菰城村获评市级示范景区村庄。湖州海亮国际康养度假小镇项目列入浙江省“4+1”重大项目。推进妙禅谷等60个项目建设，塘里休闲养生村、沈家本历史文化产业园等13个项目竣工。国内首个野奢洞穴酒店——野界营业后好评不断；地标建筑——世界乡村旅游大会永久会址运营；余不谷国际度假小镇项目以绿色新材料为主，是全省首个被动式超低能耗建筑，项目一期在10月份试运营。

（区文广旅体局）

社科联

【概况】 2021年，吴兴区社科联围绕中心，服务大局，开展社科理论研究和社科普及工作，为全区经济社会建设凝心聚力、高质量赶超发展提供理论支撑和智力支撑。立足吴兴实际，深化社科理论研究，为吴兴经济社会发展提供智力支持，全年立项区级规划课题20个，其中课题《关于高质量建设城乡融合发展示范区的对策研究》和《诗游吴兴》获得市级立项；围绕爱党爱国爱社会主义的主题，在全区选择6篇关于庆祝中国共产党成立100周年的理论研讨会优秀论文推荐至浙江省社科联；为深入贯彻习近平总书记关于家庭家教家风的重要指示精神，结合吴兴实际，与区妇联、区科协联合制定《吴兴区推进母亲科学人文素养倍增三年行动计划（2021—2023年）的实施方案》。深化社科理论普及工作，提升全民社科素养，组织开展以学习习近平新时代中国特色社会主义思想为主题的社科普及活动600多场；组织开展以法治中国建设战略、推进共同富裕、学习习近平总书记应急管理重要论述、加强高质量发展建设共同富裕的法治保障和环境保障等主题的"吴兴论坛"6场，邀请各领域知名专家学者开设解析吴兴特色文化现象的"菰城讲堂"6场，"爱上吴兴"新闻客户端社科普及专栏中展现吴兴人文的《蚕乡丝府的初始密码》系列、《碧浪涌波听潮音》《织里往事》浏览量均超过12万，"织里·知礼"青年宣讲系列科普活动入选2020年度"浙江省社科普及创新项目"。

【社科队伍建设】 2021年，吴兴区社科联努力夯实社科工作基础，加强对辖区内所属学会（协会、研究会）的管理和指导，与吴兴区咨询委、南太湖社会治理研究院的互动和社科普及联动；不断强化社科阵地建设，对标指导创建的湖州大众书局·菰城讲堂、湖州方志馆、沈家本历史文化园获评第四批"湖州市社科普及基地"，王一品斋湖笔博物馆获评第十批"浙江省社会科学普及基地"；强化打造网络社科普及阵地，充分利用"爱上吴兴"微信公众号、抖音号等网络宣传平台，发布人文社会科学知识，开展社科普及教育活动，累计参与人数44万人次。

（冯安琪）

档　案

【概况】 2021年，吴兴区档案局、区档案馆贯彻落实全国和全省、全市档案局长馆长会议精神，有序接收各类档案资源进馆，加强对乡镇、街道、区级各部门档案业务指导工作；继续推进数字档案共建共享平台、虚拟档案室管理平台等系统的优化管理；强化档案库房安全管理，确保档案资料安全。年底，馆藏文书档案200166卷、85808件，图书1979册。

【档案服务"最多跑一次"改革】 2021年，吴兴区档案局深化服务"最多跑一次"改革，结合"最多跑一次"改革工作，开展全区"最多跑一次"事项电子文件归档工作，推动改革事项归档材料简化、优化、数据化。助力机关内部"最多跑一次"，依托吴兴区基层档案管理系统线上提供数字档案收集、管理、利用等服务，建立档案互查协查机制，开通"机关查档直通车"，实现机关查档跑零次。深度融入数字政府建设。加快档案政务服务2.0建设，实现档案政务服务网上办、掌上办。推进电子公文单套制归档工作，召开多方协调会议，研究制定《吴兴区档案馆电子公文归档项目实施方案》，开展技术攻关，力争尽快打通堵点，提高系统性能。服务社会治理现代化。以开展全省档案工作服务农村基层社会治理试点工作为契机，推进织里镇乡镇档案馆建设、村级档案规范化建设、实施"村档镇管"等工作，建立健全"1+6+34"（即：织里镇本级、6个办事处，34个行政村）的档案工作协作组，扩大档案工作服务基层的覆盖面，打造新农村档案的"吴兴样板"。

【档案开放利用】 2021年，吴兴区档案局秉持"以人民为中心"的档案发展理念，扩大档案开放，优化档案服务，推进"三个平台"建设。优化档案资源共享平台。巩固档案查阅服务乡镇（街道）、行政村（社区）全覆盖，在查档服务100%向基层延伸的基础上，完成档案服务向全区矛盾调解中心延伸，在14个矛盾调解中心、14个乡镇街道便民服务中心、216个行政村（社区）设立查档服务代办点，全力打造“百姓家门口的档案馆”。打造便捷服务升级平台。协同推进长三角地区综合档案馆民生档案跨省异地查询全程在线办理，推广应用微信“掌上查档”小程序、“浙里办”App档案查阅服务、浙江档案服务网，建立一站式档案服务平台，不断扩大“一网查档、异地出证”惠民服务覆盖面，迭代升级“查档不出门，出证不出村”档案服务。亮出金牌服务平台。以“美丽窗口”“示范窗口”“信息窗口”“满意窗口”四个窗口建设为标准，健全管理制度，提升服务质量，打造“群众满意”服务型窗口品牌。全年，接待查档688人次，提供档案资料 512卷次（其中，“浙江档案服务网”跨馆查档115例、“长三角地区”跨馆查档3例），实现办件满意率为100%。

【档案事业规划编制】 2021年，吴兴区档案局立足“跳一跳，够得着”，科学编制档案事业发展“十四五”规划，并抓好“十四五”开局起步，在档案资源、档案信息化建设、档案安全等方面持续发力。加强档案资源建设。按照“三个地”和“重要窗口”档案资源建设指数测评要求，广泛征集，收集完整，规范接收，推进馆藏档案资源建设。全年接收婚姻、收养档案1.54万卷，土地确权档案4.34万卷，新冠感染疫情防控档案1.33万件及脱贫攻坚档案2266件。年内，档案馆馆藏档案71个全宗，19.8万卷、8.56万件，其中民生档案共计18.7万卷。

【档案数字化建设】 2021年，吴兴区档案局加强档案信息化建设。根据档案工作数字化转型示范工程的要求，开展区级单位数字档案室创建工作，有序推进数字档案室提档升级。累计33家单位完成省级示范数字档案室创建，55家单位完成市级规范化数字档案室创建，省级示范数字档案室创建率60%，市级规范化数字档案室创建率100%。加强档案安全建设。推进“互联网+监管”，深化“双随机、一公开”监管，制定年度档案行政执法专项检查工作计划，设立“掌上执法”任务4项17条，档案行政监管检查事项全覆盖，开通即时检查任务，实现掌上现场监督检查100%。严格执行档案安全管理制度，联合区消防大队，常态化开展档案安全应急演练。组织开展档案系统安全测评，深化档案登记备份工作，守牢档案系统与信息安全底线。

【档案文化资源征集开发利用编研】 2021年，吴兴区档案局挖掘全区档案文化资源，宣传吴兴档案在服务历史、服务社会、服务民生等方面的新经验、新举措，展现档案文化独特价值与魅力。加大档案征集广度。发挥档案的存史资政作用，通过“爱上吴兴”“记忆吴兴”微信公众号发布“红色征集令”，向社会各界征集建党百年档案资料，年底，征集到实物档案资料100余件、照片档案200余张；采集“百年百梦　红色有声”故事，完成邀请10余位老革命家、老党员、老干部、知名企业家等讲述建党百年历史中的奋斗故事。加大档案编研深度。深入实施“记忆吴兴”工程，利用本馆馆藏资源，征集整合近两百部吴兴优秀古籍，完成吴兴百部古籍专题展陈和《吴兴历代古籍图文精选》编研工作；精选辖区内百余棵最具特色的古树，以“吴兴古树图片展”为主题进行展出；通过多部门、多渠道、多形式开展征集工作，整合有效资源，完成《吴兴古桥》编研工作。加大档案宣传力度。紧扣国际档案日“档案话百年”宣传主题，组织学生参观升山城乡融合实践馆和档案教育实践体验馆，增强小朋友档案意识及激发热爱家乡热爱祖国的情怀。根据“一报两刊”信息录用率的要求，超标准完成市对区档案信息考核工作，《中国档案》《中国档案报》《浙江档案》杂志录用10余篇，被中国档案网、中国档案资讯网、浙江在线等档案专业及主流媒体网站录用20余篇。

【档案工作队伍建设】 2021年，吴兴区档案局加强党的建设和党风廉政建设，打造一支政治上坚强过硬、作风上严谨务实、业务上可靠管用的档案队伍，推动全区档案工作发展。结合党史学习教育活动，学习贯彻中共十九届五中、六中全会及习近平总书记在庆祝中国共产党成立100周年大会上的重要讲话精神，通过专题党课、专家讲课、主题宣讲等形式推动学思悟践。持续巩固“不忘初心、牢记使命”主题教育成果，常态化开展学习活动，全年开展党组理论学习中心组学习13次、专题研究意识形态工作4次；“党纪教育一刻钟”14次、主题党日活动12次。结合第十二轮区委巡察工作，推进清廉机关建设，推动日常廉政教育和警示教育常态化、制度化，不定期对各科室人员的在岗在位、业务办理情况、日常的规范执法及廉洁自律等情况进行检查，在全系统营造干部“想干事、能干事、干成事”的良好氛围。人才团队更加专业。根据全省新时代人才强档工程要求，鼓励人员积极参加档案专业人员职称考试，加强档案专业人员继续教育培训，组织人员参加全市档案干部素质能力提升培训班，开展全区档案工作培训会3次。

（裴璐雯）

卫 生

【概况】 2021年，吴兴区卫生工作注重基层基础和能力提升，不断培育卫生健康服务品牌，筑牢健康屏障，取得一定成效。吴兴区各级各类医疗机构有479家，执业（助理）医师2359名，注册护士2789名，床位3643张。本地孕产妇零死亡；5岁以下儿童死亡10例，死亡率2.95‰，婴儿死亡6例，死亡率1.77‰，新生儿死亡5例，死亡率1.47‰。产妇总数3329人，活产数3376人，住院分娩3376人，住院分娩率为100%；产后访视率98.4%；孕产妇系统管理率97.27%，7岁以下儿童保健覆盖率96.76%，3岁以下儿童系统管理率96.01%。人均期望寿命83.46岁。

【社区卫生工作】 2021年，吴兴区持续推动体系化改革，以“三医联动”“六医统筹”集成改革、城市医联体升级版建设、优质服务基层行活动、“人才学科双金字塔”工程为抓手，实现机制重塑、同质嫁接和特色化发展，年度区域门急诊总量、出院量、手术量同比增长12.4%、13.8%和20.6%，10个基层特色专科项目处于培育建强阶段，基层就诊率稳定在86.5%以上。在全省公立医院综合改革考核中连续3年获得优秀（获奖励资金522万元）。

【医疗卫生服务体系建设】 2021年，吴兴区卫生工作以“基础建设标准最高、基层服务能力最强、看病诊疗流程最优、组织保障体系最好”为原则，完成卫生健康事业“十四五”发展规划编制工作。加快推动有限医疗卫生资源按人口集聚度、高质量发展要求调整优化，高标准推动区级医疗卫生单位规划建设，举全区之力支持区人民医院创建二级甲等综合医院，按时序节点推动总投入8.75亿元的区中医院、区公共卫生中心建设项目，补齐“龙头不强”的历史短板；高标准推动基层医疗机构布局建设，强化“三统一、四统筹”，打造用心、省心、放心、暖心、舒心的社区卫生服务体系。全年，完成基层医疗机构建设项目11个。

【社区卫生服务工作内涵】 2021年，吴兴区成功实现健康浙江建设考核“三连优”，持续推动健康促进领域创新实践，2021年度“健康吴兴建设”列为区委、区政府“五区联创”重点工作。在心理健康促进、老年健康促进、慢性呼吸疾病防控等领衔的省级试点项目上做创新探索，在心理健康方面，出台全省唯一的社会心理服务地方标准，创建标准化社会心理服务和心理康复服务“两大体系”；在老年健康方面，重点建设“一数评测健康、一体接续服务、一图感知全貌、一端精细管理、一网融合便民、一站贴近百姓”涵盖六个核心应用的数字化平台，已初步绘制全域“慢病地图”，为8.3万名慢性病患者绘制了“健康画像”。

【医疗卫生系统党风廉政建设】 2021年，吴兴区扎实推进党的政治建设，将“系统党建创新提能行动”列为局“1+5”健康发展行动“一号工程”，迭代升级“健康365”系统党建品牌，丰富党史教育活动形式，组织开展悦读会、悦游会、悦讲会、悦享会等系列活动，促进全系统党员干部联学共进。启用全市首家“卫健+社区”功能型党群服务中心，获中央电视台、浙江卫视等媒体报道。培育“医心为民”“天使先锋”等一批党建示范点，局机关获全省“双建”工作先进集体，局机关退休党支部入选市级示范型离退休干部党支部，成功创建市级、区级党务公开标准化示范点各1个。出台《中共湖州市吴兴区卫生健康局委员会推进清廉医院建设五年行动计划（2021—2025年）》，构建全域清廉指数评价办法1.0版，释放党建赋能效应。落实党管人才，优化下属单位领导班子和局机关中层干部结构，全年提拔股级干部5名，其中80后3名。出台人才引育奖励政策实施细则并将政策落地落实，持续做好人才增量工作，2021年，全区卫健系统引进医疗卫生人才478人，其中本科183人，硕士14人，博士1人。

【新冠感染疫情防控】 2021年，吴兴区卫建局认真贯彻落实中央、国务院和省市有关决策部署，及时向区防控工作领导小组提出专业意见建议，坚持以“非常态”意识应对“常态化”防控，年内，卫生应急处置体系始终保持临战状态，通过强化面上防控措施、举办大规模实战演练、稳妥推进全民疫苗接种等，做到多轮疫情“零输入”。年底，妥善处置涉疫阳性物品事件9起，完成核酸检测18万余次，开展大规模核酸检测实战演练2次，完成新冠疫苗接种135.83万剂次，有关做法获《新闻联播》媒体报道，获市领导批示肯定。成功实现健康浙江建设考核“三连优”。

【医疗资源布局】 2021年，吴兴区医疗资源布局更为合理，全区千人执业（助理）医师数6.32人，千人护士数9.62人，千人床位数9.87张，3岁以下婴幼儿千人托位数2.45个。医疗服务稳步提升，区域就诊率90.58%，基层就诊率86.5%，个人卫生支出占卫生费用的比重达到省市要求。健康水平不断提高，人均预期寿命达83.46岁，城乡居民健康素养水平40.22%，重大慢病过早死亡率从10.81%下降至8.6%。

（金健欢）

【医疗数字化改革】 2021年，吴兴区持续推动数字化改革，以省、市数字化“揭榜挂帅”项目为平台，努力为全省、全市数字化改革工作推进提供吴兴经验。年内，成功争取实施数字化改革试点4项；以原创性改革项目为抓手，探索核心业务与多跨协同并进，重点推动医疗卫生行业综合监管平台、全周期安全用药服务平台、院前急救服务平台建设，取得一定突破。

（金健欢）

人口家庭发展

【概况】 2021年，吴兴区根据《中共中央、国务院关于优化生育政策 促进人口长期均衡发展的决定》稳妥实施“全面三孩”生育政策，推进计划生育特殊家庭帮扶工作，加强出生人口性别比综合治理力度，不断推动孕前优生健康服务夯实基层基础工作，开展公共场所母婴设施建设，推动妇幼健康事业高质量持续健康发展。全区户籍人口出生2632人，出生人口性别比107.68，国家孕前优生健康检查项目目标人群覆盖率93.72%，公共场所配置母婴室43家，落实计划生育特殊家庭三项制度，累计享受奖励扶助12258人，特别扶助867人，落实扶助经费2000.81万元。

【卫生统筹协调机制】 2021年，吴兴区贯彻落实中央、省市有关生育政策方面的重大决策及文件精神，坚持将人口监测与家庭发展工作融入经济和社会发展总体规划，加强母婴设施智能化建设、特殊家庭关爱、人口监测预警、数字化改革等工作，严厉打击“两非”行为，构建生育友好型社会。深化“最多跑一次”改革，推行证明事项告知承诺制，优化办事流程，实现24小时全天候办理和监管。将生育配套政策和优化生育相关公共服务等列为对党委政府和相关部门考核的重要指标，明确责任落实。强化信息互通共享，推进婚育户联办服务，进一步健全完善与公安、民政、人社等部门间的人口基础信息共享机制。

【“全面三孩”政策实施】 2021年，吴兴区认真贯彻落实《中华人民共和国人口与计划生育法》和新修订的《浙江省人口与计划生育条例》，健全“党政领导、部门配合、齐抓共管、综合治理”的保障机制。加强生育政策解读和舆论引导，引导群众按政策、有计划、负责任生育，确保生育假期、陪护假、育儿假、生育登记办理、计划生育奖励制度等政策的稳妥衔接和平稳过渡。实施生育登记服务网办制度，通过生育登记服务平台有效简化办事程序，倡导推行掌办。全年办理一孩生育登记1077人，二孩生育登记598人，三孩生育登记21人。成立区婚育服务中心，为辖区居民提供“婚姻登记、婚育健康”一站式免费孕前优生健康检查和指导服务，避免和减少生育高风险及缺陷儿的出生。推进母婴设施建设，满足群众对母婴设施的公共服务需求，营造生育友好的社会环境，全区43家母婴室均达到省定三星级以上标准。开展婴幼儿照护服务，指导全区16家托育机构开展日常工作，其中5家完成备案，完善全区14家婴幼儿照护服务指导中心，新增“向日葵亲子小屋”14家，实现“向日葵小屋”乡镇、街道全覆盖。制定出台《吴兴区人民政府办公室关于印发吴兴区普惠性托育机构资金补助标准办法的通知》，提高托育服务行业办托积极性，促进全区托育服务健康有序发展。

【计生工作落实人财保障机制】 2021年，吴兴区加大财政资金投入。按照科学合理要求对计生工作经费给予政策倾斜，保障经费投入连年增加，2021年人口家庭工作经费达2910.81万元。全区各乡镇（街道）配备计生行政管理人员51名，其中公务员18名，社区卫生服务中心（卫生院）配备妇幼保健人员38名。全区149个村、96个社区配备卫生健康工作人员257人，其中2000人以上村（社区）119个。村级卫生健康工作人员年报酬均达村支部书记（村委主任）的80%以上，并全部缴纳养老保险，确保“人员、报酬、职责”三到位。

【妇幼健康优化】 2021年，吴兴区域全面深化国家免费孕前优生健康检查项目工作，由市妇保院、区人民医院共同承担辖区新婚、再生育夫妇孕前优生健康检查和指导服务，通过分类检查、细化项目、规范评估随访等，提高优生优孕服务质量。分级分类做好婚、孕、育等全方位随访工作。深化妇幼健康服务改革，推进吴兴区助产机构办理“出生一件事”1122件。保障全区妇女儿童健康，增强妇女儿童健康获得感，该地孕产妇零死亡；5岁以下儿童死亡10例，死亡率2.95‰，婴儿死亡6例，死亡率1.77‰，新生儿死亡5例，死亡率1.47‰。活产数3376人，住院分娩3376人，住院分娩率100%；产后访视率98.4%；孕产妇系统管理率97.27%，7岁以下儿童保健覆盖率96.76%，3岁以下儿童系统管理率96.01%。成立区级健康教育专家讲师团，开展各类健康知识大讲堂、广场咨询等活动534场次，参加人数31733多人次，实现资源共享、优势互补。

【计生特殊家庭保障制度】2021年，吴兴区全面落实计划生育奖励扶助和特别扶助等各项奖励救助政策，全区落实奖励扶助、特别扶助、独生子女父母奖励费发放、低保计生家庭救助、困难计生家庭救助、手术并发症对象救助等各项优先优惠政策救助金2586万元。开展计生特殊家庭联系人制度及责任医生签约服务，明确帮扶联系人和责任医生。通过第三方购买服务的模式，以“五定”（服务对象、服务项目、服务时间、服务地点、服务人员）方式，为计划生育特殊家庭老人提供生活照料、医疗护理、精神慰藉、特定个性化等服务，全年为计生特殊家庭提供居家养老服务35954小时24224人次，支付服务经费72万元。深化“专业+志愿”服务活动，通过“失独少孤独”活动、集体生日会等形式经常性为计生特殊家庭提供关爱服务，全年开展各类活动48余场。区计生协会为计生特殊家庭（失独对象和残疾一级二级残独父母）购买关爱保险，进一步缓解计生特殊家庭后顾之忧。

（顾国英）

体　育

【概况】　2021年，吴兴区体育工作加强群众体育、竞技体育方面工作。

群众体育　年内，开拓基层便民体育场地设施建设。近三年来吴兴区建设社区多功能运动场16个、笼式足球场3个、百姓健身房16个、体育公园（体育设施进公园）1个、中心村全民健身广场1个、体育休闲公园1个，全区共有室外体育场地1740个，室内体育场地576个，共计2316个，总面积272.02万平方米。吴兴区人口103.6万人，年内，人均体育场地面积为2.63平方米。

竞技体育　青少年业余训练工作有效开展。2021年，区文广旅体局综合考虑训练基地布局规划情况，对吴兴区青少年业余训练基地进行调整，命名湖州四中、新风实验小学教育集团、湖州十一中、志和中学、吴兴实验中学等14所学校为新一轮吴兴区青少年业余训练基地。强化体教融合，逐步使该区少体校成为体教共管、优势互补、融合发展的多元化新型体校。年内，区少体校开设空手道、武术散打、足球、女篮、跆拳道、乒乓球6大类项目，涉及湖州“飞沙”乒乓球俱乐部、湖州新风实验小学教育集团等合作主体6个，通过聘任、安置、劳务派遣等方式优选教练员9名，与学校优秀体育教师组建复合型教练团队，保障青少年业余训练专业性。以赛代练队伍水平稳步提升。制定吴兴区中小学生足球联赛、中小学篮球赛等全区性质的各类体育赛事14场，选派运动员参加省、市组织的各项比赛，通过以赛代练的形式促进运动员成绩的提高。按照备战省运会需要，每年开展夏训、走出去请进来活动，邀请北京体育大学等高水平运动队到吴兴区进行交流赛、组织空手道队赴海南等地开展暑假集训，不断提高运动员心理素质和竞技水平。后勤保障服务不断强化。为备战省运会，保障运动员“吃好、养好、练好”，向上争取资金，拨付运动员伙食补助280万元，有效保障运动员科学开展训练，根据不同项目的特点开展体能恢复和营养调控，科学全面提升运动员身体素质。根据备战训练需要，改善训练环境，扩大训练场地，置办训练配套器材，最大限度提升运动员备战环境。年内，空手道、跆拳道等基地投入70多万元进行场地装修和器材采购。

【体育节会】　2021年，吴兴区参加省级以上比赛7场。取得浙江省第四届体育大会舞龙比赛成年组竞速舞龙团体第一名、浙江省社区运动会太极拳剑比赛团体二等奖、浙江省农村文化礼堂运动会健身排舞赛道德风尚奖、浙江省青少年武术散打锦标赛4金3银9铜、浙江省青少年空手道锦标赛3金3银7铜、第十四届全国运动会男子排球(成年组)第三名、第十四届全国运动会男子足球U20第一名。获得湖州市第三届全民健身节龙舟比赛团体二等奖,在湖州市第三届智力运动会上以344积分、12金6银14铜总数32的奖牌数在湖州市各区县排第一名。

【全民健身】 2021年,吴兴区广泛开展全民健身活动。开展群众喜爱的健身活动,全国新年登高活动吴兴区已成功承办6年,同时每年举办吴兴区乡镇街道篮球邀请赛、南太湖流域传统武术比赛、吴兴区羽毛球双打好搭档邀请赛、吴兴区亲子运动会、街道(乡镇)乒乓球赛等计划内群体赛事,并严格做好比赛期间的安全措施、新冠感染疫情防控等保障工作。2021年承办浙江省幼儿体育大会滑步车比赛、湖州市气排球比赛、全国国际象棋棋协大师赛等省市比赛。代表湖州市参加浙江省体育大会、省社区运动会、省农村文化礼堂运动会等项目的比赛。其中,吴兴区舞龙队获得省第四届体育大会舞龙比赛第一名。开展科学健身指导,指导各乡镇街道积极开展全民公益大培训37个项目培训约2万人次。2021年吴兴区体育进社区活动,成功在城区6个街道社区开展,宣传倡导科学健身。按要求开展吴兴区国民体质监测工作,完成各监测样本,监测合格率达到省级体育现代化区要求。三级社会体育指导员培训。2021年开展体医融合、水上运动、健身操、兵道等三级社会体育指导员培训约300人。加强对各体育协会的管理和培训。明确准入条件,规范行业发展,为学校课后服务提供体育类专业服务。探索在体育教师中设立教练员岗位,拓宽渠道,推进师资共享,丰富青少年"体育课表"。

【体育产业概况】 2021年,吴兴区体育产业强化推进体育产业培育扶持。排查大吴兴体育产业项目,更新吴兴体育产业名录库,年内,吴兴区体育产业机构名录库有460家,较2020年增长30%以上,超2021年市对区考核要求。加强对体育企业联系和指导,继续做好省、市体育产业政策宣传,引导业主做大做强。制定旅游新业态体育项目(ATV全地形车)安全管理规范。

吴兴区体育赛事结合景区提升 围绕"极限之都 户外天堂"品牌,提升吴兴区自主品牌赛事影响力。结合菰城景区承办全国新年登高大会,将这项传统活动打造成全区开展全民健身活动、发展运动休闲产业、引领健康生活方式的重要平台之一;结合西山漾景区举办水上运动赛,打造吴兴水上运动品牌,提升城市品牌形象,促进吴兴水上运动产业链的延伸与完善。

省、市体育产业扶持申报 吴兴区有3个项目:湖州赛点红土网球场、湖州市青少儿马术培训、仁皇山体育公园获得2021年度湖州市本级体育产业发展专项资金,总计金额达110万元。

环浙步道吴兴段路线的实地勘察工作落实。年内,环浙步道省主线吴兴段经审核通过,总里程约25千米。

(区文广旅体局)

【体育事业发展】 2021年,吴兴区在全市率先完成4个社区多功能运动场、6个百姓健身房、1个体育公园共11个省民生实事项目建设任务。获得"浙江大学水上运动吴兴教学基地"(是其校外首个水上运动教学基地)。

体育赛事 年内,开展新年登高大赛、区亲子运动会,承办2021年中国名校水上运动公开赛、第二届长三角地区体育舞蹈(国际舞)公开赛、首届南太湖流域传统武术比赛暨2021名人名拳交流赛、省幼儿体育大会滑步车和市气排球赛等。

【体育组织管理】 年内,印发《吴兴区区级单项体育协会年度考核办法》，强化对37个单项体育组织的管理。推动数字体育迭代升级，获全省体育场地常态化管理系统运行试点单位。重新布局青少年业余训练基地，落实运动员伙食补助203万元。十四届全运会获金牌4枚，争取2021年第一阶段全国桨板教练员培训会浙江首站。指导各乡镇街道开展全民公益大培训37个项目培训约2万人次。完成国民体质监测样本4738人，监测合格率为94.15%以上。

（区文广旅体局）

广播电视

【概况】 2021年，湖州市新闻传媒中心吴兴分中心属市新闻传媒中心派出机构。吴兴分中心主要承担新闻宣传和综合管理两大职能。吴兴分中心开办电视《吴兴新闻》栏目、电视专栏《红扬吴兴》《吴兴纵横》《应急600秒》《人社之家》和“村村响”对农广播节目。

吴兴分中心找准立足点，发挥各级力量，紧抓播出平台调整的契机，倒逼报道质量的提升，以权威性对标时政报道，增强《吴兴新闻》引领力；以时效性对应生产流程，增强《吴兴新闻》传播力；以可看性对表主题报道，增强《吴兴新闻》影响力；以创新性对照新闻采访，增强《吴兴新闻》策划力。

经过前期和区委宣传部、区委督查室等多次开协调会沟通，《吴兴新闻》从2021年4月中旬起开设建设性舆论监督栏目——《曝光台》，从隔周推一期到一周一期，再到一周二期，充分发挥新闻舆论监督作用。

【新闻宣传】 2021年，吴兴分中心紧紧围绕区委区政府中心工作，创新形式，做优做精《吴兴新闻》，做深做实融媒传播，做大做强对外宣传。

专项配专班，集中力量办好事。5月份成立外宣专班小组，实现外宣、重大主题报道、舆论监督报道质的突破，在《吴兴新闻》中设主题、推系列、造影响，先后推出《基层治理的吴兴实践》《文明就在身边》《全力打造“三服务”2.0版》等14个系列200余篇主题报道，从声势上更加具有冲击性、持久性。完成市新闻中心对分中心下达的广播连线、短视频、新媒体等发稿任务。2021年度有2件新闻作品获省新闻奖二等奖，外宣任务自我加压，年内，在浙江卫视发稿44篇，浙江广播31篇，学习强国浙江平台2篇，上海东视4篇。在央视央广发稿37篇。“村村响”对农广播全年制作播出节目730余期。向织里王金法广播提供52期对农节目，提升“村村响”广播在织里的传播力。

独唱变合唱，多夸协同破难事。区委宣传部、区委督查室开办舆论监督栏目——《曝光台》，一周一期，对整改不力的问题，报区委督查室督促整改，并列入区级考核问责。为办好该栏目，区委宣传部、区委办分别下发通知，对进一步健全完善新闻媒体舆论监督曝光问题协同督促整改机制进行明确，在吴兴区得到广泛重视。

【新闻数字化设施建设】 2021年，湖州市新闻传媒中心吴兴分中心坚持以“数字化改革”为契机，在转型发展与深度融合进程中，突出流程再造、数字赋能、高效协同、整体智治，把互联网技术创新的后发优势、技术应用的领先优势和大市场优势转化为推进媒体深度融合的发展优势，创造形成传统媒体向“数智传媒”转型的新经验。

推进采编流程智能化。吴兴分中心于2021年8月正式上线集“策、采、编、审、发、评”于一体的融媒体采编业务系统，并实现一线采编人员全员无障碍使用。强化部门协同、流程再造、制度重塑，初步形成具备指挥调度、策划选题、内容生产、审核发布、评估反馈功能的“数智传媒大脑”，有效实现移动优先、信息共享、内容互通、精准分发和一稿多发。

推进媒资管理数字化。坚持突破核心技术环节，整合视频资源、音频资源、图片资源、文稿资源等媒资内容，初步搭建信息智能匹配的智慧媒资库，并启动视频媒资修复、音频媒资入库、图片媒资收集3项重点工作。年内，《吴兴新闻》视频媒资全部归入湖州市新闻传媒中心的媒资管理，为下步媒体资源高质存储、高速提取、高效共享提供有力支撑。

推进节目制播高清化。吴兴分中心于2021年逐步开展高清化技术改造，年底完成摄录系统、演播系统及制播系统的高清化技术改造，涉及12个大项，新添置设备30件（套），设备采购共计65万余元。

【新闻队伍建设】 湖州市新闻传媒中心吴兴分中心2021年新出台内部管理规章制度3个，包括《关于做好媒资（视频）管理的规定》《吴兴分中心2021年度绩效奖金分配方案》《吴兴分中心2021年广告经营实施办法》，内部通知2个，包括《吴兴分中心关于切实做好第6号台风“烟花”防御工作的通知》《吴兴分中心关于切实做好第14号台风“灿都”防御工作的通知》等。

以一张表格统领考核。分中心以“用一张表管人人，一张表管全年”的管理理念，按照“一岗一考核”的原则，设置13个岗位13套考核表，强化以分数体现月度奖、季度奖和年终奖的考核方式。强化了每个岗位的精准性、针对性、公正性。

以一个专班提升业务。5月份利用上挂央视浙江记者站记者回归，制定个性化的考核办法，报道团队实现采编部、综合部跨部门人力资源整合，成立报道小组，尝试专班化运作，在考核上予以倾斜，实现外宣、重大主题报道、舆论监督报道质的突破，以一个专班带动整个分中心报道团队的整体素质的提升。

（胡蕾蕾）

社会·民生

人事人才

【概况】 2021年，吴兴区全职引进A类顶尖人才1名，B类领军人才13名，C类高端人才5名；引进省“鲲鹏行动”计划1人；自主培育国家“引才计划”人才10名、省“引才计划”14名、省“万人计划”人才7名，省领军型创新团队1个；入选“南太湖精英计划”项目29个、“南太湖特支计划”人才12名；培养高技能人才4264名，完成引进大学生26267名；注重人才承载平台建设，创建省级博士后工作站4家、市级众创空间3家、市级院士专家工作站1家、省级企业研究院1家；开发“人才项目全链通”数字化改革应用场景，并列入省级试点；培训企业经营管理人才3832名、高素质农民107名、农村实用人才1219名，为全区经济社会高质量发展和民生事业改善提供强有力的人才支撑。区委严格执行《党政领导干部选拔任用条例》，以选人用人“一体系三机制”为牵引，加强领导班子和干部队伍建设，匡正用人风气，树立正确导向，着力铸造忠诚干净担当的“吴兴铁军”，营造风清气正的政治生态。研究讨论干部177人次，其中提拔任用56人次，调整和交流轮岗121人次。

（倪晓强　尤　佳）

【人才队伍建设】 2021年，吴兴区推出全区首个人才工程“飞英计划”，引进博士以上人才159人。率先实现“鲲鹏行动”计划引进突破，协助指导浙江久立特材科技股份有限公司成功引进中国工程院院士刘正东，成功入选省“鲲鹏行动”计划，成为全省第2家引进“鲲鹏行动”人才的民营企业。实施“三步走”本土人才培养计划，全年自主培育省“万人计划”7人，“南太湖特支计划”12人，高技能人才4264名。持续拓宽人才招引渠道，全年举办海外学子“云聘会”“凤栖吴兴·创见未来”创新创业大赛等十余场线上线下引才活动，为本土企业输送青年博士140人。实施基层引才“大会考”“大比拼”，推出“人才集聚指数”分类评价指标，压紧压实乡镇街道人才工作责任，营造比学赶超、争优创先的积极氛围。开发“人才项目全链通”数字化改革应用场景，精准提升人才服务效率，并入选省级试点。

（倪晓强）

民族　宗教

【概况】 2021年，吴兴区有37个少数民族，少数民族总人数为4240人，其中男性1185人，女性3055人。宗教场所有64处，其中佛教28处、道教28处、基督教8处，教职人员87人。全区民族宗教工作在习近平总书记治国理政新理念、新思想、新战略的引领下，围绕中共吴兴区委、区政府中心工作，结合辖区实际，坚持抓规范、上水平，创平安、促和谐的工作目标，把握各民族共同团结奋斗、共同繁荣发展的主题，尊重少数民族风俗习惯、维护少数民族合法权益；坚持依法管理宗教事务，以加强宗教团体班子队伍建设为重点，构筑培养、考核和使用的立体网络，提高宗教界人士队伍的整体素质，维护宗教稳定。

【民族工作】 2021年，吴兴区民族工作联合区教育局成立“吴兴区中小学校铸牢中华民族共同体意识联合会”，打造学校民族团结进步联建品牌。精准排摸少数民族户籍信息，持续提升少数民族服务管理水平。成立“石榴籽”志愿服务队，解决民族同胞就业、就学、就医等问题及诉求9项，13名在吴民族同胞子女成功就学。成立新凤鸣湖州基地民族团结进步促进分会，组建“新连心”民族团结之家，累计办理少数民族社保异地缴纳、随迁子女就学100多件，提供就业咨询、纠纷受理等500多项。

【宗教工作】 2021年，吴兴区宗教局加强宗教领域新冠感染疫情防控工作，宗教人士新冠疫苗接种率94.3%。开展宗教（民间信仰）活动场所消防、建筑、自然灾害综合风险等隐患排摸，整改隐患23处。取缔私设聚会点1处，有效筑牢“三不”发生安全底线。深化宗教活动场所“两化”建设，利济禅寺获评2020年度省级平安宗教活动场所。落实宗教工作“三级网络、两级责任制”，“浙江掌上宗教”App月度巡查覆盖率达100%；妥善处置慈云寺整改工作。

（宋　涛）

机构编制

【概况】 2021年，吴兴区委机构编制委员会办公室（简称吴兴区编委办）是区委机构编制委员会的常设办事机构，在区委机构编制委员会的领导下负责全区行政管理体制和机构改革以及机构编制的日常管理工作。区委编办设有综合科、机构编制科（行政管理体制改革科）、监督检查科等3个内设机构，区事业单位登记管理局1个直属机构，区机构编制电子政务中心、区机构编制研究服务中心两家下属事业单位，实有人员12名，其中2021年通过“千名硕博”选聘新进事业人员1名。

【行政管理体制改革】 2021年，吴兴区编委办以事项清单明责，助推“县乡一体、条抓块统”改革。坚持清单理事、制度管事，锁定“三张清单一张网”，梳理民生服务清单，区级部门2187项、乡镇（街道）107项政务服务事项，逐项编制办事指南、流程图，完善办理时间地点、申请材料、咨询电话等，在浙江政务服务网上公布。梳理延伸办事清单，围绕就业创业、社保医保、商事登记等“高频领域”，向乡镇（街道）延伸政务办事事项554项，向村（社区）延伸123项。梳理监管事项清单，31个区级部门单位梳理认领监管事项9149项，完成率100%，构建权责清晰的监管服务体系。

【“大综合一体化”执法改革】 2021年，吴兴区编委办以行政执法赋权，助推“大综合一体化”执法改革。担当“双牵头”主责，系统重塑组织架构，创新设立区行政执法指导委员会，在区综合行政执法局增挂“区综合行政执法指导办公室”牌子，完善“局队合一”综合执法体制，新设立区行政执法指挥服务中心事业单位，作为区级行政执法指挥平台的办事机构，精简撤销4支执法队伍，全区形成综合执法、“市场监管+生态环境+文化+农业”“应急管理+卫生健康”“1+4+2”的行政执法机构体系。分层重构权责体系，将市区23个领域1508项行政执法事项划转至区综合行政执法部门，占全区整体执法事项的30.42%；将与群众生活密切相关的执法事项差异化赋权到8个乡镇（街道），其中织里镇1508项执法事项全部下放。重心下移保障基层，探索“赋权职能+派驻职能”的“二合一”基层综合执法模式，组建8个乡镇（街道）综合行政执法队，与区综合行政执法局派驻中队“两块牌子、一套班子”整合运行，统筹协调和推进乡镇（街道）区域内“一支队伍管执法”相关工作。吴兴区作为全省“大综合一体化”改革正式获批的四个县区之一，多次在“县乡一体、条抓块统”改革及“大综合一体化”改革工作推进会上作经验交流。

【“一件事”集成改革工作机制建立】 2021年，吴兴区编委办以多跨难题联办，助推基层治理“一件事”改革。坚持高效联办、闭环运转，动态化管理重要、高频、急迫、多跨事项清单，建立“一季一征集、一季一梳理、一季一发布”的基层治理“一件事”集成改革工作机制，与属地管理事项清单应用相结合，梳理形成童装知识版权保护、欠薪治理、大气扬尘治理、学科类校外培训机构监管等12项基层治理“一件事”清单。标准化构建“一清单、一纪要、一流程、一机制、一案例”的“五个一”工作体系，明确每个事项的“1个牵头部门+N个协同部门”的职责边界，科学编制“一件事”业务流程图，形成“协作会商、争议协商、应急联动、联合执法”等6项工作机制，“五个一”工作体系为全省“属地管理”制度落地见效提供“吴兴样本”。

【机构编制管理】 2021年，吴兴区编委办机构编制服务保障精准化。服务保障经济发展“头等大事”，完成开发区（园区）整合提升工作，精心制定高新区、经开区管委会职能配置、内设机构和人员编制规定，明确经开区与属地乡镇的职责权限分工，稳妥做好人员转隶安置，促进开发区（园区）创新发展。服务保障社会民生“关键要事”，建立区委社会建设委员会、乡村振兴局，加强区委对社会建设、美丽乡村建设的统一领导；做好教育领域编制统筹调配、资源合理流动、队伍结构优化三篇文章，交流轮岗教师78名，保障招考用编250名；起底中小学教职工编制数、实有人数和在校学生数，调剂编制67名完成中小学教职工编制达到国家标准，并为市域统筹调剂编制做好准备。

【机构编制问题整改规范化】 2021年，吴兴区开展机关编制数和领导职数倒挂问题的清理规范，严格对标相关政策口径自查，对排查倒挂的30家部门逐一制定整改举措，加强与省市委编办的汇报沟通，年内，争取政策报备13家，完成整改8家。开展编外用工清理规范，将8大类编外用工纳入全目录管理，重新核定乡镇编外用工控制数2084名，出台《进一步规范乡镇（街道）区级部门编外用工管理办法》，建立“严控总量、限定岗位、清理规范、激励绩效”的乡镇编外用工聘用与管理机制。

【机构编制监督管理制度化】 2021年，吴兴区编委办激发机构编制监管效能，指导59家部门单位完成机构编制年度报告，形成《吴兴区2020年度机构编制年度报告》上报市委编委，在全市率先实行机构编制责任告知书制度，向63家（次）部门（单位）签发《机构编制责任告知书》，协同制定机构编制评估指标体系，对5家政府部门试点开展机构编制评估工作，形成《政府部门机构编制评估工作的实践与思考》。激活事业单位管理动能，突出加强事业单位党的建设，指导教科文卫领域117家事业单位完成章程修订，完成257家事业单位年度报告、6家事业单位法人公示“双随机”抽查，“僵尸”事业单位全面清零。

【权力清单行政检查】 2021年，吴兴区编委办积极推进各部门政务服务事项领用与信息完善工作，指导督促区级部门对160余项未入库事项进行领用。坚持“谁许可、谁监管，谁主管、谁监管”原则，推进“互联网+监管”工作，组织区级部门单位对3169项行政检查事项开展即时检查，检查覆盖率100%，实现行政检查全覆盖。

（梁元柱）

居民生活

【概况】 2021年，吴兴区居民人均可支配收入62298元，同比增长10.6%，其中城镇居民人均可支配收入70166元，增长10.0%，农村居民人均可支配收入42275元，增长10.6%，农村居民收入增幅快于城镇，城乡居民收入差距进一步缩小。

【居民收入基本特点】 2021年，吴兴区居民人均可支配收入62298元，其中工资性收入35835元，同比增长10.3%，经营性收入11832元，增长12.4%，财产性收入4336元，增长10.3%，转移性收入10295元，增长9.8%。从收入占比来看，工资性收入、经营性收入、财产性收入、转移性收入分别占总收入的比重为57.7%、18.7%、7.0%和16.6%，工资性收入占比较大。

【居民支出基本特点】 2021年，新冠感染疫情基本得到控制后，居民消费意愿大大提升。吴兴区居民人均生活消费支出39013元，同比增长17.6%，增幅较上年提高14.5个百分点。其中八大类消费支出中食品烟酒、衣着、居住、生活用品及服务、交通通信、教育文化娱乐、医疗保健、其他用品和服务支出增幅分别为13.3%、18.0%、17.5%、20.5%、18.6%、28.0%、16.9%和14.2%。

（陈雯婷）

社会公共事务管理

【殡葬管理与服务】 2021年，吴兴区落实惠民殡葬政策，安排殡葬四项基本服务费用260余万元，惠及吴兴区3300余户家庭。落实乡村公益性墓地长效管理经费45万余元，乡村公益性骨灰堂建设补助经费148万多元。开展节地生态安葬工作，推进骨灰堂建设，乡村公益性墓地年检合格率100%。建立殡葬日常管理体系，加强基层殡葬协管员队伍建设，实行骨灰处理情况月报制度和墓地例检制度。治理“两路两侧”“三沿五区”[“两路两侧”：公路、铁路两侧；“三沿”：沿铁路、沿公路（包括县乡各级公路）、沿通航河道两侧；“五区”：水源保护区、文物保护区、风景旅游区、住宅区（包括农村各村民居住点）和开发区]坟墓3500穴以上，生态葬法行政村覆盖率100%；乡村公益性公墓绿化覆盖率90%以上。推行节地生态安葬和绿色文明祭扫，广泛开展“鲜花换纸钱”“无烟公墓”等活动，主动为群众文明低碳无烟祭扫提供便利，进一步推行鲜花、鞠躬、默哀、行注目礼等文明祭祀方式，营造文明低碳无烟祭扫的良好氛围。深化殡葬改革，倡导科学、文明、健康的丧葬方式，保护土地资源和生态环境。

【区划与地名管理】 2021年，吴兴区开展“吴德线”界线联检（吴兴德清段界线联合检查）。对全区边界进行不定期巡查，平安创建创优率100%，平安边界创建工作不断引向深入。做好社区成立和调整工作。全区新组建高安社区、湖韵雅居社区、万安社区、雅乐社区、雨荷苑社区、正阳社区和三欣社区；调整富力城社区、香樟湾社区、悦山湖社区和悦园社区管辖范围。开展不规范地名整治，将织里镇“茵特拉根小城”更名为“澄海漾小城”，将“巴黎春天”更名为“春天里”。

【婚姻收养登记】 2021年，吴兴区民政部门学习贯彻民政部《婚姻登记机关等级评定标准》，参加全省婚姻登记员、颁证员的上岗培训，不断加强婚姻登记员的业务知识和标准化建设培训，提升婚姻登记员的工作服务水平。按照婚姻登记场地建设要求，打造AAAAA级婚登场所，场所建筑面积2374平方米。依法开展婚姻登记，全年办理婚姻登记8707对，其中结婚登记3891对，办理离婚登记1283对，办理补结3390对，办理补离137对；办理收养登记48件（其中解除一件），登记合格率100%。

【移民安置】 2021年，吴兴区域做好移民后扶工作，省核定吴兴区大中型水库移民后期扶持人数11595人，区核定78人，共计11673人，其中直补人口6938人，项目扶持4735人。做好直补资金发放工作，对直扶人口实行动态管理，建立扶持人口核销工作流程，扶持人口年度复核由各村按照复核的内容对扶持人口进行逐户逐人复核，对移民人口异动情况及时掌握，准确上报，杜绝瞒报，力争不错报、不漏报。2021人口年度共核减移民人口40人，其中死亡39人，行政事业单位在编在职1名。

【移民资金发放管理】 吴兴区2021年发放移民直补资金364.62万元，惠及移民6076人，全部纳入公共财政信息系统统一发放。按要求做好2021年后扶项目申报、实施、验收和后续管理等工作；区民政局严格按程序管理和实施，坚持实事求是、科学管理、合理规划，协助和参与各村制度符合村组实际的后扶项目计划，及时向省移民办申报，组织和指导项目施工，监督工程质量，完成工程验收，督促做好工程后续使用和管理工作。全年，计划安排各类项目19个，完成19个，落实项目扶持资金1355.1万余元。移民资金后扶项目安排率100%，竣工验收率100%，项目资金支付率约92.5%；项目的实施有效地增强移民村内生动能，促进集体经济持续较快发展，改善村民居住环境，增强村集体实力。全区移民资金严格按照相关政策、法律、法规、规定使用，资金检查内审面100%。完成浙江省水库移民安置办公室关于2019—2020年度水库移民后期扶持资金专项审计工作，审计移民项目41个，涉及直补和项目资金共计约3300万元；通过审计检查及时发现问题，及时督促整改，并将审计结果及时上报市局备案。当年度项目培训移民560余人次，完成上级下达的任务数。建立结余资金、扶持资金、小库资金等三个子项目库，为合理安排好项目资金，加快移民村的生产设施建设打下基础，提高移民的生活水平。设立移民点监测样本村三个，移民监测样本户65余户，为推进移民政策的落实，合理制定后扶政策，积极建言献策。对2020年度大中型水库移民后期扶持政策实施情况进行绩效复评，配合专家开展现场调查走访、召开座谈会等，按省移民办要求提供绩效评估工作相关资料，协调绩效评估工作中的有关工作，经专家评定充分肯定吴兴区移民工作取得的工作成效和后续管理绩效。完成浙江省水库移民共同富裕示范项目申报工作（埭溪镇老虎潭水库库区村联合购买标准厂房项目），项目计划投资2320万元，申请移民补助资金1500万元，实际补助资金以下达文件为准。通过购置标准厂房统一进行招租和管理，租金平均分配给每个村，通过固定资产和租金收益增强移民村造血功能，壮大村集体经济经营性收入，村集体经济收益用于开展扶贫帮困，创办公益事业，受益本村村民，实现共同富裕。

（区民政局）

社区与社会组织管理

【城乡社区建设】 2021年，吴兴区拓展街道服务新空间。在中心城区打造建设11个面积不少于800平方米和500平方米，集党建便民服务、社会组织培育、协商议事、社会工作、文体活动、邻里食堂于一体的各具特色的“幸福邻里中心”。完成高新区（乡镇级）、道场乡（乡镇级）、织里镇港西村、妙西镇石山村、月河街道东湖家园社区、朝阳街道北齐巷社区、八里店镇长荡漾社区、月河街道二里桥社区、龙泉街道祥和社区、埭溪镇小羊山村、八里店镇正阳社区幸福邻里中心建设任务。实施社工人才领军计划，新增初级以上社会工作师340人。

【社区基层民主政治建设】 2021年，吴兴区域继续推进村（社区）事务“准入制”，健全村

（社区）事务准入、退出机制，实施“无证明村（社区）”创建巩固深化行动；进一步规范村（居）务公开，强化村（居）监督，推进“三务e公开”，定期发布阳光村（居）务指数，促进村务的多方位公开、多方位评测、多方位监督。

【社会组织管理】 2021年，吴兴区社会组织队伍不断壮大，吴兴区新登记社会组织66家，推进社会组织规范化建设评估工作，不断加强社会组织监管，2016—2021年，评定AAA以上社会组织31家，其中AAAAA级6家，AAAA级5家，AAA级20家，总体参评率达到97.50%。全区社会组织504家，进行年检410家，开展社会组织党建工作，建立党组织的社会组织58个（党委3个，党总支1个，党支部54个）。

（区民政局）

社会福利

【福利机构建设】 2021年，吴兴区基本构建区、乡镇（街道）、村（社区）三级养老服务网络体系，建立吴兴区智慧养老服务中心，实现乡镇（街道）居家养老服务中心全覆盖。抓好养老福利机构建设，吴兴区有各类养老机构15家，总床位数5433张。全区养老机构安装近2000套离床传感器，实现养老机构“一人一床一码”智能化监管。建成1家养老护理员培训基地，持证养老护理员383人，每万老年人持证护理员29人。

【慈善事业】 2021年，吴兴区以“人人心怀慈善、人人参与慈善”为使命，把加大慈善宣传，增强慈善保障服务能力作为工作重点，各项工作取得新的进展。深入开展慈善公益宣传活动，增强全民慈善意识。依托吴兴区慈善基地，打造集“精准帮扶、组织孵化、项目管理、培训交流、信息共享、文化建设”等六大功能的一站式慈善服务平台，助力现代慈善事业发展新格局。2021年是丰收之年，吴兴区资金募集取得新进展。全年募集款物11879.19万元（含募集物资1532.4万元）。依托“慈善一日捐”活动载体，在湖州市首创慈善共富基金，开展专项募捐行动，募集慈善共富基金专项款物9081.82万元（含募集物资1532.4万元）。进一步完善慈善救助制度，让困难群众共享经济社会发展成果，区慈善总会安排救助（公益项目）资金4163.62万元（含物资定向支出1532.4万元），救助困难群众1.8万多人次。

（区民政局）

社会救助

【基本医疗保障】 2021年，吴兴区根据《湖州市医疗保障局 湖州市财政局 国家税务总局湖州市税务局关于2021年度城乡居民基本医疗保险和大病保险筹资标准的通知》《湖州市医疗保障局 湖州市财政局 域湖州市卫生健康委员会 国家税务总局湖州市税务局关于调整医疗保险有关政策的通知》《湖州市医疗保障局 湖州市财政局 湖州市卫生健康委员会关于调整大病保险政策的通知》《湖州市医疗保障局 湖州市财政局 湖州市卫生健康委员会关于提高慢病门诊保障加强慢病健康管理的通知》《湖州市医疗保障局 湖州市卫生健康委员会关于公布新增医疗服务项目价格等有关事项的通知》《湖州市医疗保障局关于印发湖州市基本医疗保险实施细则的通知》《湖州市医疗保障局湖州市财政局湖州市农业农村局 中国银行保险监督管理委员会湖州监管分局 国家税务总局湖州市税务局关于促进商业补充医疗保险发展完善多层次医疗保障体系的实施意见》《湖州市医疗保障局 湖州市卫生健康委员会关于印发〈湖州市公立医疗机构普通病房床位分类收费管理办法〉的通知》等文件精神，贯彻落实医疗保障政策。出台《关于全面开展医保电子凭证激活使用工作方案》，全域推进医保电子凭证“数字应用”。贯彻落实国家15项医保信息业务编码标准，稳步推进国家贯标“数字编码”。2021年基金总收入48838.36万元，同比增幅0.08%；基金支出39627.47万元，同比增幅6.33%。其中，住院4.71万人次，支出23981.48万元；门诊大病6.01万人次，支出3377.26万元；门诊304.38万人次，支出8185.28万元；大病保险2.79万人次，支出2672.93万元；体检经费支出849.43万元；家庭医生签约费支出560.51万元；退回以前年度缴费0.58万元。当期结余9210.89万元，累计结余50268.12万元，累计结余可支付15个月。

【医疗救助】 2021年，吴兴区根据《湖州市医疗保障局 湖州市民政局湖州市财政局关于印发进一步加强医疗救助工作实施意见的通知》等文件精神，实现城乡居民医疗保险、大病保险和医疗救助一站式结算全覆盖。根据民政部门提供的每月困难人员变动表，及时进行系统维护，确保困难人员及时享受医疗救助。根据省市相关文件精神，落实城乡居民医保困难人员个人缴费免缴政策，2021年，该区（大吴兴）有困难人员（含特困、低保、低边、残疾人、失独等）8079人，政府资助个人缴费金额416万元。医疗救助一站式结算救助4194人，救助金额1113万元。根据《吴兴区困难群众精准救助实施办法》，落实对困难人员、尿毒症患者等对象的专项救助，全年累计审核救助人员14057人次，救助金额1000.69万元。

（高　敏）

【危房改造】 2021年，吴兴区全面开展农村房屋安全隐患排查整治工作，全区鉴定为C、D级农村危房28户，通过修缮加固、拆除重建等方式全部完成治理改造。加快中心城区40幢C、D级危房解危，其中，2幢D级危房已完成腾空解危，38幢C级危房中2幢纳入吉山未来社区实施范围，28幢纳入征收计划（已启动征收18幢），其余8幢已加装动态监测设备。

（区住建局）

【救灾减灾】 2021年，吴兴区结合5·12防灾减灾日活动，以“防范化解灾害风险，筑牢安全发展基础”为主题，吴兴区以进校园、进社区、进企业等为载体，开展形式多样的主题宣传活动。建立防汛防台应急物资储备标准，区、乡、村三级物资充分满足防汛需求。完成区级自然灾害清查工作，完成全区45处避灾安置点选址。对全区应急物资、应急队伍、公共资源等实现了全部数字化。织里镇港西村评为省级综合减灾示范社区，朝阳街道闻波社区评为国家级综合减灾示范社区。

（沈佳佳）

【民生救助保障】 2021年，吴兴区贯彻落实《浙江省社会救助条例》《浙江省推进困难群众救助“一件事”集成改革实施方案》《中共浙江省委 浙江省人民政府关于推进新时代民政事业高质量发展的意见》《中共浙江省委办公厅 浙江省人民政府办公厅关于推进新时代社会救助体系建设的实施意见》等文件精神，健全完善各项社会救助制度，建立联办事项窗口，梳理归集社会救助，特殊群体救助，公用事业民生补贴三类事项，实现困难群众救助事项的统一受理。开展困难群众探访关爱工作，定期让困难群众了解享受政策，提升困难群众的获得感、幸福感、安全感。吴兴区有在册低保2353户3454人（包括支出型贫困），其中城镇887户、1088人，农村1466户、2366人，城乡居民低保标准917元/月（2021年5月1日起，城乡低保标准调整到917元），全年发放保障金3120万余元。特困人员基本生活标准1479元/月（2021年5月1日起，特困人员基本生活保障标准调整到1479元），全年发放保障金784万余元。做好各类临时救助，全年发放各类临时救助资金322.64万元，惠及群众859

人。全年全区实施《吴兴区困难群众精准救助实施办法》，对因病致贫、因残致贫、因学致贫等高风险返贫家庭，分类纳入救助保障范围，提升保障质量，惠及群众13836人，累计发放资金1072.09万元。为社会救助政策有效实施提供精准、高效的工作保障和技术支撑，加强信息核对力度，核对家庭7205户、12392人，有效保障救助的公平、公正。抓好养老福利机构建设，全区有各类养老机构15家，总床位数5433张。其中，乡镇养老机构（农村敬老院、综合福利中心）7家，床位3160张；民办养老机构8家，床位2273张。各类养老机构总入住老人1071人。全区共有特困供养人员428人，集中供养52人。

（区民政局）

消防救援

【概况】 2021年，吴兴区消防救援大队是一支全天候、全时制为吴兴经济社会发展和人民群众安居乐业提供消防安全保障的纪律队伍，担负着全区火灾防控、火灾扑救、应急救援和社会救助等重大任务。大队现下辖大队部、南太湖大道站、飞英站和南街站，并负责埭溪、八里店、妙西、东林及高新区5支乡镇级消防应急救援队的业务指导和调度指挥。2021年，区消防救援大队以习近平新时代中国特色社会主义思想为指引，始终牢记习近平总书记训词嘱托，稳队伍，强主业、夯基础，建正规、促改革，经受一系列考验，攻克一系列难题，在湖城大地用踏实的工作铸就吴兴消防的奋进格局。截至12月31日，区消防救援大队有正式在编消防救援人员22人，政府专职消防员67人，文职人员20人，各类执勤消防车12辆以及各类救援装备近1200余套。

【火灾防控】 2021年，吴兴区作为湖州市首位区，社会关注度高，群众消防安全需求大。区委、区政府专题研究消防工作6次，区人大开展《消防法》贯彻落实检查1次，区四套班子领导带队检查13次，通过进一步细化实化年度消防工作考核方案和平安考核过程性指标，将消防工作与社会综合治理、安全生产工作深度融合捆绑。全区部门联合部署开展消防安全隐患治理专项行动20多项，应急、公安2个部门将消防工作作为基层应急管理服务中心履职落实、公安派出所“双亮双比”考核范畴，市场监管、教育、卫健等9个安全生产专业委员会相继出台本行业领域安全工作专项方案，消防作为重中之重内容予以全面部署落实。区消防救援大队率先在全市实施消防文员派驻乡镇（街道）帮扶机制，下发蹲点帮扶指导意见8份，培训各类网格员、社区干部近700余人次，发现并整改富田家园社区、妙西原乡小镇景区、东林农贸市场等大批存在消防隐患单位，指导办理消防行政处罚案件27起。围绕“消防安全三年行动”和“遏较大”等专项行动，抓好老旧小区、居住出租房、高层建筑、沿街商铺等重点整治。全年，区消防救援大队累计检查社会单位1769家次，发现和督促整改火灾隐患单位1377处，行政处罚109家，罚款147万元，临时查封32家，责令“三停”33家。在全区开展化解四类电气火灾风险专项攻坚提升行动，完成中心城区沿街商铺整治3270家，安装智能烟感4000多套，智能充电桩覆盖吴兴所有老旧小区，共建停车棚5.5万平方米，安装充电插口4.5万多个，充电资费从原先1元5小时下调至0.45元5小时，充电桩使用率提升35%，完成老旧小区表户线路改造7950户，观凤、新天地2个老旧市场消防改造提升有长足进步。全区以万达商业综合体消防标准化建设为试点，落实265个重点单位规范化建设工作，200多幢高层建筑消防安全隐患在区住建局的通力配合下得到彻底整治。

【消防基层基础】 2021年，吴兴区消防救援大队紧盯公共消防资源均等化配置这一目标，并把这项工作上升为区委、区政府民心工程。在区委、区政府的重视和关心下，全区建立乡镇消防救援队伍建设、运行、保障等均形成良性机制。区政府基于当前应急救援任务需求，增编合同制消防员20人，吴兴区消防救援力量覆盖更加均等合理。11月份，埭溪消防站新营房正式投入使用，高新区消防站新营房主体已竣工，备受关注的东部新城中心消防站（大队搬迁工程，建筑面积2.4万平方米，投资1.45亿元）已全面开工建设。在消防车辆装备方面，全年新增一辆多节臂高喷消防车，消防水域救援、高层救援、地震救援等装备全部配备到位，全区各个层面消防应急资源配置覆盖面更加均衡。

【灭火救援】 2021年，吴兴区消防立足"全灾种、大应急"职责使命，推动队伍全面转型升级，打大仗、打硬仗本领进一步增强。全区消防队伍接警出动1604起，出动队伍1881次（含增援），出动消防车2552辆次，消防人员16713人次，确保全区火灾形势稳定。按照《全员岗位大练兵实施方案》，推行"全优带达标""达标带后进"的模式，在支队的比武中获得通信岗位比武团体第一名、全市专职消防员比武团体第三以及挂钩梯项目单项第一的好成绩。制定完善各类重大灭火与应急救援预案、修订数字化预案280余份，开展"六熟悉"500余次，演练200余次。此外，对辖区265家单位微型消防站和29个社区微型消防站实战拉动演练1307次，电话拉动2799次，并对微型站人员开展经常性业务指导，不断提升微型站"灭早灭小灭初期"能力，确保在关键时刻能够"拉得出、冲得上、打得赢"。坚持每战必评机制，开展案例复盘与推演，不断从案例中汲取经验教训，提升所属队站整体战斗力和自身灭火救援指挥能力。

【消防宣传教育】 2021年，吴兴区消防工作结合《中华人民共和国消防法》宣传工作，严格贯彻落实《吴兴区消防宣传"五进"工作指导意见》，进一步明确各行业部门落实《中华人民共和国消防法》中宣传教育主体职责，逐渐构建全民消防的宣传格局；部署开展全区中小学生消防疏散逃生演练活动和"百万员工安全大培训"活动，举办吴兴区基层应急救援大比武暨119消防宣传月启动仪式，成立全市首支旅游景区消防志愿服务队和湖东街道"红肩章"消防志愿服务队等两支特色消防志愿者队伍，依托市人防教育基地和小西街，全面打造消防主题公园和消防历史文化街区，吴兴平安实训基地作为全省唯一申报全国消防科普教育基地，老旧小区、城郊接合部、怡和家园公租房等弱势群体居多的区域消防宣传教育持续发力，全区群众的消防满意度和知晓率逐年提升。发动街道、社区消防志愿者开展"平安敲门行动"35次，为50余名老人、残疾人送去"消防平安大礼包"。针对干旱、台风、洪水后缺水断水、城市内涝等问题，下属各站积极开展义务送水、排涝清淤等社会服务，提升人民群众的获得感、安全感和满意度。

【消防后勤保障】 2021年，吴兴区消防大队党委始终坚持将保障服务作为队伍建设"第一要务"，提前谋划、主动作为，在财务管理、车辆装备、物资采购、固定资产管理等方面落实落地各项要求，着力解决各类难题，圆满保障各类日常工作的完成。大队党委科学统筹，优化举措，向政府争取各类经费2414.09万元，同比2020年增长17.15%。其中，落实政府伙食专项补助70万元，提高消防执勤人员伙食标准。严格落实党委理财制度，严把财务管理、物资采购等重要关口，严格预算管控，规范经费使用，科学安排经费投向投量，重点保障基础设施建设和提高指战员生活待遇，预算执行率达78.2%，走在全市前列。为着力解决固定资产新增、报废、移位导致的固定资产管理混乱问题，大队结合正规化建设工作，完善固定资产管理制度，研发库室管理App系统，制定明确库室资产管理表，明确责任人，确定资产购置报废审批流程，有效杜绝了固定资产随意浪费现象发生。

（吴兴区消防救援大队）

养老服务工作

【概况】 以社会养老服务体系建设为重点，加大养老服务工作财政投入，做好养老服务机构建设基础上，加快推进居家养老服务工作，通过政府购买服务的方式为城乡困难老人提供免费居家养老服务，享受居家养老服务3022人，2021年拨付服务资金374.48万元。完成313户困难老年人家庭适老化改造。新建3家示范性居家养老服务中心，实现乡镇（街道）居家养老服务中心全覆盖。

【养老保障】 2021年，吴兴区抓好养老福利机构建设，吴兴区有各类养老机构15家，总床位数5433张。其中乡镇养老机构（农村敬老院、综合福利中心）7家，床位3160张；民办养老机构8家，床位2273张。各类养老机构总入住老人1071人。全区建有城乡村社区居家养老服务照料中心195个。

【养老机构设施建设】 2021年，吴兴区养老机构建设不断加快。有各类养老机构15家，总床位数5433张。其中乡镇养老机构（农村敬老院、综合福利中心）7家，床位3160张；民办养老机构8家，床位2273张。各类养老机构总入住老人1071人。城乡居家养老服务网络进一步完善，新建3家示范性居家养老服务中心，实现乡镇（街道）居家养老服务中心全覆盖。建成1家区级智慧养老服务中心和1家乡镇（街道）级康养联合体。

（区民政局）

劳动和社会保障

【概况】 2021年，吴兴区按照“全覆盖、保基本、多层次、可持续”的要求，依托全民参保系统，实施参保精准扩面，吴兴区法定户籍人员基本养老保险参保率99.7%。深入贯彻落实养老保险制度，全区城乡居民基本养老保险人均待遇水平提高至380.02元/月，为2981名困难人员代缴基本养老保险费97.57万元，困难人员实现应保尽保，到龄人员应享尽享。稳妥推进被征地农民转基本养老保险工作。推进社保省集中系统上线，建立安全可持续的基金运行长效机制。

【就业工作】 2021年，吴兴区将稳就业工作作为首要工作来抓，推动城乡劳动者多渠道就业，解决农村富余劳动力、就业困难人员、城镇失业人员等各类就业群体的就业问题，尤其在新冠感染疫情影响的大背景下，统筹做好企业复工复产用工服务保障，不断加强就业服务体系建设，保障全区企业用工和就业形势的稳定。全区实现新增城镇就业22195人，其中帮扶失业人员再就业12578人，困难人员再就业2150人，“零就业”家庭保持动态归零，城镇登记失业率2.02%。

【“浙江无欠薪”建设】 2021年，吴兴区围绕“浙江无欠薪”建设，强化欠薪隐患排查，打击恶意欠薪，加强基层劳动监察执法和劳动纠纷调处队伍建设。结合数字化改革，聚焦整体智治，强化欠薪源头预警，打造安“薪”云监管体系。强化区劳动维权一站式窗口建设，深化依法处置欠薪案件联动机制，提高欠薪案件高效处置效率，推进根治欠薪各项工作。会同区公安、市场监管等部门开展清理整顿人力资源市场秩序暨整顿劳务外包承揽秩序专项行动。出台全省首个《乡镇（街道）劳动人事争议调解工作规范》省级地方标准，打造“市—区—镇”三级劳动人事争议调解仲裁指挥巡查系统，深化“互联网+调解仲裁”运用，切实提升纠纷化解效率。

（区人力社保局）

【公共就业服务】 2021年，吴兴区就业管理服务中心继续坚持把“稳就业”作为2021年首要工作，深化“三服务”活动，针对走访调研一线企业和基层民众反映的“招工难”“就业难”问题，在平台建设、服务载体、政策引领上做文章，稳定就业总量，改善就业结构，提升就业质量，推动全区高质量就业。全区实现新增城镇就业22195人，其中帮扶失业人员再就业12578人，困难人员再就业2150人，“零就业”家庭保持动态归零，城镇登记失业率2.02%。落实企业稳岗补贴1435.1万元、小微企业吸纳高校毕业生社保补贴54.69万元以及中小微企业一次性吸纳就业补贴12.1万元。

（施伟康）

【社保体系】 2021年，吴兴区精准扩面，深化全民参保计划。依托全民参保登记动态管理系统，进一步加强数据应用分析，全区法定户籍人员基本养老保险参保率99.7%，强化民生保障。根据上级调整退休人员基本养老金文件精神，完成5.98万人城乡居民基本养老保险待遇享受人员基础养老金调标工作，每月增发待遇约239.2万元；加强工作调度、数据核对，及时做好机关参保人员的待遇调整，完成全区机关事业单位待遇享受人员调待3723人（含待遇暂停人员），补发待遇543.84万元。落实社保精准扶贫，全年为2981名困难人员代缴基本养老保险费97.57万元，困难人员应保尽保。

【养老保险基金管理】 2021年，吴兴区健全内控制度，规范经办流程。实现“三个全面取消”，落实“分段把关、分人负责、相互制衡”的管理机制，定期对经办人员进行风险警示教育，完成基金管理安全评估工作、区委机动巡查组集中巡查和第三方审计，增强业务经办风险意识。定期开展各类业务稽核，按月抽查（城乡居民基本养老、机关事业养老）20%业务办件，全年稽核1600件业务并出具稽核报告，发现问题及时整改。以养老保险伪造身份领取、死亡冒领为核查重点，运用基金监管系统、省市大数据平台、医保就诊记录等开展数据分析比对，完成全区6.3万名退休人员待遇资格领取认证工作。核查核实省内外重复领取养老待遇23人，追回23人城乡居民基本养老保险多发待遇12.06万元。

（陆惠娣）

【劳动关系纠纷案件处理】 2021年，吴兴区累计受理劳动违法投诉举报纠纷2455起，涉及人数5255人，金额8474.58万元，其中立案案件58件，办结案件58件，涉及人员1184人，金额3751.61万元，案件办结率100%；行政处罚案件16件，罚款金额18.35万元，全区受理劳动纠纷类信访件3723件；全区全年受理调解仲裁案件数2527件，涉及3069人、8361.28万元，其中仲裁委受理仲裁案件544件，涉及665人、5612.34万元。仲裁结案率100%，调解成功率94.9%，仲裁终结率96.7%。2021年经区劳动保障监察大队向公安机关移送涉嫌拒不支付劳动报酬罪案件9件，涉及金额741.3万元。全区劳动保障监察机构对5060家用人单位进行劳动保障书面审查。区劳动人事争议仲裁院指导384家规模以上企业建立劳动争议调解组织，建成率达100%。

【人力资源市场整顿】 2021年，吴兴区会同区公安、市场监管等部门开展清理整顿人力资源市场秩序暨整顿劳务外包承揽秩序专项行动，出动执法人员205人次，检查用人单位276家。出台全省首个《乡镇(街道)劳动人事争议调解工作规范》省级地方标准，打造“市—区—镇”三级劳动人事争议调解仲裁指挥巡查系统，互联网+调解仲裁办案模式成效显著，网络办案率53.6%，居全市第一，满足劳动维权双方远程调解庭审需求，区人社局被省人社厅评为年度劳动人事争议仲裁办案先进集体。

（林永吉　沈少卿）

“双拥”优抚安置

【“双拥”工作】 2021年，吴兴区完成浙江省双拥模范城届中检查工作。参照《湖州市双拥模范单位考核细则》，对各基层推荐上报单位进行考核和检查。完成春节、“八一”双拥慰问任务，区领导带队走访慰问驻吴部队和优抚对象。主动为部队办实事解难题，先后协调解决军人军属矛盾困难，为驻地军人子女入学入托提供最便捷、最优质的教育。“三百两千”军民共建活动深入推进，“百连结对百村，携手共建新农村”活动不断巩固。组织开展“村庄环境整治”“军民助困改危房”等活动。“百家民企进军营”活动不断拓展，有23家民营企业与部队结对送技术、送慰问、送关怀和送文化等到军营，服务和支持部队建设。

【优待抚恤】 2021年，吴兴区各项优抚政策得到妥善落实。做好优抚自然增长机制提标和发放，如发放抚恤补助金，义务兵优待金，医疗补助资金等。向义务兵父母及优抚对象提供免费体检。对全区有困难的退役军人发放临时性生活补助。认真做好优抚政策宣传、解答，全年接待各类优抚对象到访和政策咨询74批114人次，处理信访事项17件。

【退役安置】 2021年，吴兴区做好军转干部、退役士兵接收安置任务。对符合政府安排工作条件的退役士兵全部安排工作，发放安排工作期间生活费和社会保险费。发放城镇退役士兵一次性经济补偿金，农村籍退役士兵一次性经济补偿金。制定《关于鼓励大学生应征入伍实施意见（试行）》，从实施定向招考、发放特别奖励金、发放视力矫正补助、增加创业补贴、鼓励企业吸纳就业等五个方面加大对大学生士兵普惠力度，保障大学生享受入伍奖励和退伍就业政策等。自实施以来，累计发放义务兵优待金、一次性奖励金及特别奖励金累计数字1480万元。

（区退役军人事务局）

生态环境保护

生态文明

【概况】 2021年，吴兴区坚持以习近平生态文明思想为指引，深入践行绿水青山就是金山银山理念，以市委、市政府聚力“三服务”“五战”开新局为总纲，实施开展“五区联创”“十大专班”，以国家“绿水青山就是金山银山”创新实践基地、省级无废城市创建和美丽提标争先战“两创一战”为抓手，推进环境综合治理、全域美丽建设、绿色产业发展、绿色理念践行等重点工作，提升生态文明建设水平。

【生态文明建设实践】 2021年，吴兴区推进环境综合治理，生态底色更加亮丽。水环境质量不断提升。深入开展“找寻查挖”和治水“利剑”专项行动，持续深化源头治理，全域推进“污水零直排区”建设，实施水生态环境修复，全区16个区控以上地表水断面100%达到或优于Ⅲ类水质，列入国家“水十条”考核断面100%达到Ⅲ类水质；县级以上集中式饮用水水源地水质达标率保持100%；入太湖水质连续14年保持在Ⅲ类水及以上。空气质量不断巩固。实施“扬尘一件事”改革，制定出台《吴兴区扬尘污染防治长效管理工作机制》《吴兴区关于助力扬尘污染防治十条措施》，推进“四张清单”管控，深入推进扬尘治理、工业废气整治、城乡废气治理，大气环境质量保持稳定，全区PM2.5均值为25微克/立方米，PM10均值为58微克/立方米，空气优良率为82.9%。固废与土壤污染防治不断深化。全力以赴推进“无废城市”创建，“共建无废吴兴，共享吴限未来”品牌不断打响，39项建设指标全部达标，申报特色案例14个，打造“无废城市细胞”68个。开展危废规范化管理提升行动，不断扩大省固废平台应用覆盖面，有序开展土壤污染防治，开展污染地块安全利用，工业危险废物、医疗废物、污泥无害化处置率、污染地块安全利用率分别达到100%、100%、95%和95%以上。

【美丽城乡建设】 2021年，吴兴区推进全域美丽建设，城乡品质蝶变跃升，美丽城镇更有品质。提升中心城区老旧小区物业管理水平，实现准物业管理小区不低于三级物业服务标准，零星独幢房屋物业管理全覆盖。建成省级绿道9千米，新、改建美丽公厕10座，建成美丽小区20个、美丽街巷20条，实现26条路段店招规范提升。妙西镇等4个“美丽城镇(街道)长效管理示范单位”成功创建。美丽乡村更加靓丽。高质量推动美丽乡村创建，积极申报省级新时代美丽乡村标杆县，打造5个新时代美丽乡村样板片区，创建58个新时代美丽乡村和19个精品村，推动“在水一芳”、湖山大道美丽乡村示范带和八里店镇、东林镇2个美丽乡村示范乡镇建设。农村公厕实现“所长制”全覆盖、标识制度上墙和“身份二维码”全覆盖，新建织里镇、妙西镇2个垃圾分类智能体验中心并投入使用。

【乡镇国土空间规划编制工作】 2021年，吴兴区美丽空间加快构建。深入研究论证，完成吴兴区范围内生态红线划定并报省，提前完成市下达的600亩“落地上图”工作。推进农村土地空间重构，高新区五新等2村全域土地综合整治与生态修复工程列入省2020年度乡村全域土地综合整治与生态修复精品工程，东林镇全域土地综合整治试点成功入选国家级试点目录。

绿色产业发展 吴兴区推进绿色产业发展，转化之路越走越宽。绿色产业质效双进。健全完善以园区、工厂、供应链、产品、标准等为主要内容的绿色制造体系，推进绿色工厂提档升星，完成34家绿色工厂“提档升星”，完成绿色化改造14家，开展节能诊断10家。

“亩均论英雄”改革 深入推进“亩均论英雄”改革，全力推动全域低效土地处置，完成盘活存量面积1176亩，完成低效用地再开发600亩。

【生态农业稳步发展】 2021年，吴兴区坚持“项目为王”，高效推动项目落地、产业做强，新认定市级农业“大好高”项目6个，有序推进在库市级农业大好高项目11个。申报“妙境之旅”中国美丽乡村休闲农业和乡村旅游精品线路1条，新丝潞、福萝拉、庙港人等众创田园3个，全区休闲农业和乡村旅游收入6.2亿元。农业数字化改造升级，培育灵粮、渔大哥、金农等省级数字工厂建设试点7个。

【旅游度假区创建】 2021年，吴兴区全域旅游纵深推进。紧扣国家级旅游度假区创建总目标，成立工作专班，推进重大问题协商和重点工作，全力争取国家文旅部、省文旅厅主动支持。推进“百城千镇万村”景区化工程，妙西镇和八里店镇获评省级乡村旅游重点镇，妙山村获评国家级乡村旅游重点村，路村和义皋村获评省级乡村旅游重点村，义皋村等4个示范景区村庄获评市级示范景区村庄。

【绿色理念践行，生产生活加速转变】 2021年，吴兴区深入推进省级低碳试点。统筹跟进全区碳达峰总体行动方案和“6+1”重点领域（能源、工业、建筑、交通、农业、居民生活等六大领域以及绿色低碳科技创新）领域行动方案编制工作，吴兴区科技创新领域碳达峰行动方案印发实施。在绿色工厂、绿色金融等领域积极推进工业“碳效码”应用，吴兴区作为县区代表在全省工业“碳效码”发布会作交流发言。推动绿色建筑与绿色金融协同发展，全区实现城镇绿色建筑占新建建筑（除工业用地及农民建房外）比例100%。加快推进生产方式转型。

【农业废弃物循环利用】 2021年，吴兴区秸秆综合利用率96.94%。实施最严格水资源管理，严格执行用水计划制度，万元GDP用水量降至25立方米，全市第一，成功创建国家级节水型社会。持续完善绿色制造体系，全区三星级及以上绿色工厂占比不断提升，浙江吴兴经济开发区获评市级绿色低碳园区，德宏汽车、珍贝羊绒两家企业列入国家工业产品绿色设计示范企业。

【垃圾分类】 2021年，吴兴区加快推进生活方式转变。强化精准分类、精细管理、精确处置，实现312个小区“二定四分”模式（即生活垃圾分类定时定点分类投放、分类收集、分类运输、分类处置）全覆盖，农村生活垃圾“四分四定”（即分类投放要定时、分类收集要定人、分类运输要定车、分类处理要定位）处理建制村覆盖率100%，城镇生活垃圾回收利用率62%，累计完成省级示范片区3个、省级高标准示范小区52个，完成制定红丰、白鱼潭等2家农贸市场创建。建成再生资源分拣中心2个，再生资源回收利用率达54.4%。

（王保民）

【生态文明体制改革】 2021年，吴兴区推进环境治理改革，治理能力显著增强。构建数字化生态环境治理体系。在全市率先上线污染源电子地图，启动省级“三线一单”（指生态保护红线、环境质量底线、资源利用上线和生态环境准入清单）改革试点，开发“三线一单+规划环评”全流程管理工作应用，创新环评项目全流程信息共享的数字化管理路径，提升服务和管理效能进一步提升。建设乡镇空气微站25个、小微水质自动监测站4个，安装浮标式水质自动监测设备8个，构建天地空一体化监测网络。实施VOCs（挥发性有机化合物）排污权有偿使用和交易。深化服务提质增效，抓好排污权有偿使用系统竞价工作，累计组织开展17期系统竞拍，完成31家企业68项指标的排污权有偿使用系统竞价，成功竞拍化学需氧量167.624吨，氨氮6.9781吨，氮氧化物86.626吨，二氧化硫8.168吨，涉及金额255.84万元。创新实施扬尘治理“一件事”改革。制定《吴兴区扬尘治理“一件事”改革实施方案》，打破原有区主管部门和乡镇街道扬尘问题巡查、治理、执法单干的常规。通过在东部新城核心区3千米范围内布设空气微站、增设乡镇街道空气站点PM10参数、实行每周2次的无人机“天眼”巡查，大幅提升吴兴区扬尘防治网格化、信息化、精细化监管能力。

【自然资源资产管理和生态环境保护离任审计】 2021年，吴兴区出台《关于建立自然资源资产管理和生态环境保护违法线索共享机制的暂行办法》，强化水利、农业农村、生态环境等部门工作统筹，建立违法线索实时共享机制，促进资源共享，对于发现的涉及多部门重大违法问题线索，采用联合执法方式进行专项检查。完善价值实现机制，转化路径不断丰富。探索建立生态产品价值实现机制。拓宽“绿水青山就是金山银山”转化新通道，探索启动全区生态产品价值实现机制研究工作，完成2019年、2020年生态产品价值（GEP）核算。授牌成立“两山银行”，印发实施《吴兴区两山银行建设实施方案》，建立“两山银行”湖州吴兴两山资产管理有限公司，全区“两山银行”建设工作进入实体化运营的全新发展阶段。

【绿色金融改革】 2021年，吴兴区以绿色金融改革创新示范区县区试点为抓手，推动绿色建筑与绿色金融协同发展。创新“零碳建筑贷”支持“余不谷”等项目建设，打造全球最大的被动式绿色建筑集群和绿色生活载体，一期酒店建筑竣工并获评二星级绿色建筑与近零能耗建筑。全区实现城镇绿色建筑占新建建筑（除工业用地及农民建房外）比例100%。

【绿色科技创新】 2021年，吴兴区鼓励企业加快创新，加大科技创新投入，组织申报市级绿色生态科技项目5项。持续推进绿色生态人才引育，申报市级以上人才计划3人。围绕高效节能环保装备、资源循环利用二大重点领域产业链与创新链的深度融合，推动浙江吴兴经济开发区成功入围国家首批绿色产业示范基地名单，全省2家、全市唯一。

【生物多样性保护本底调查】 2021年，吴兴区全面开展高等植物、鸟类、两栖、爬行动物等类群本底调查，记录到高等植物770种，鸟类147种，两栖动物18种、爬行动物10种、昆虫286种等；其中，30多年没有记录的矮细叶苔在吴兴区域内被再次发现；中华秋沙鸭、白鹇、武夷湍蛙、钝头蛇、王锦蛇、貉、小麂等国家I级、国家Ⅱ级、濒危类珍稀物种在吴兴区域内被发现。突出绿色示范引领，生态文明水平全面提升。一是生态环境领域重大示范创建。

【“无废城市”创建】 2021年，吴兴区“无废城市”创建，39项建设指标全部达标，申报特色案例14个，其中获评省级案例2个，打造“无废城市细胞”68个。启动“绿水青山就是金山银山”实践创新基地创建，委托中国环科院编制《创建实施方案》，20项指标达标11项，培育“两山”转化典型案例10个，其中《产业绿色化的吴兴实践》入选中共中央党校出版社出版的《“绿水青山就是金山银山”理念与实践教程》。

【绿色生产生活方式转变】 2021年，吴兴区印发《吴兴区绿色生活创建行动实施方案》，推动节约型机关等七大重点领域创建行动和绿色产品认证等十大专项行动全面开展。联合印发《2021年吴兴区塑料污染治理重点任务清单》及《吴兴区塑料污染治理专项工作机制》，明确塑料污染治理任务目标，统筹推进各领域任务清单落实。

【生态领域立法】 2021年，吴兴区配合市人大完成《湖州市绿色金融促进条例》《湖州市太湖溇港世界灌溉工程遗产保护条例》立法调研，向区有关部门和机构征求意见，参加市人大组织的太湖溇港世界灌溉工程遗产保护条例草案征求意见现场踏勘及座谈会，并参加太湖溇港世界灌溉工程遗产保护条例起草相关会议，完成有关乡镇人大代表的意见建议征求，积极建言献策。

（王保民）

环境保护

【概况】 2021年，吴兴区上下紧紧围绕持续改善环境质量这个核心，以精准治污、科学治污、依法治污为工作方针，深入打好污染防治攻坚战，推进生态环境建设，服务经济高质量发展，生态环境保护实现“十四五”起步之年良好开局。全年，全区PM2.5均值为25微克/立方米，PM10均值为58微克/立方米，空气优良率为82.9%，大气环境质量保持稳定；16个区控以上断面地表水环境功能区达标率、县级以上集中式饮用水水源地达标率均为100%，入太湖水质连续14年达到Ⅲ类水质，水环境质量持续稳定；工业危险废物、医疗废物、污泥无害化处置率、污染地块安全利用率分别100%、100%、95%和95%以上，土壤安全得到基本保障。

【污染防治攻坚战】 2021年，吴兴区紧紧围绕持续改善环境质量目标，推进蓝天碧水净土清废行动。推进蓝天保卫战。推进问题、措施、效果、责任“四张清单”管控，实施动态更新，落实2851个责任人，累计排查点位1941个，发现问题1395个，整改1330个，整改完成率95.3%。加强乡镇街道空气质量监测能力，完成 14个乡镇街道PM10监测因子建设和国控站点周边5千米范围内24个六参数微型监测仪布设，探索微站运行机制建设。

【工业废气整治提升】 2021年，吴兴区完成工业炉窑深度治理6家，完成“低散乱”整治115家，淘汰涉及落后产能企业14家，完成企业低挥发性原料源头替代49家。推进城乡废气治理扩面提质，取缔不达标喷漆工序汽修企业33家，整治提升49家。加强秸秆禁烧工作，发现并制止露天焚烧行为173起，立案查处33起，罚款1万余元。

【固废与土壤污染防治】 2021年，吴兴区全力以赴推进省级“无废城市”创建，打响“共建无废吴兴，共享吴限未来”品牌，39项建设指标全部达标，申报特色案例14个，其中获评省级案例2个，打造“无废城市细胞”68个。推进“一码溯源”省级试点建设，以“浙固码”为载体，通过对每一件危险废物加贴“浙固码”及出入库扫码，实现危险废物全过程“一码”监管。推进危险废物规范化管理，结合“第三方监管”，对全区300余家危废产生单位进行督查，完成企业危废贮存场所提升建设85家。启动建设垃圾飞灰处置项目1个、铝灰渣综合处置利用项目1个，提升全区工业固废收集处置能力。推进建设用地土壤污染状况调查评估地块24个，通过率100%。

【环境治理服务监管】 2021，吴兴区围绕解决环境问题和维护群众环境权益这个工作核心，坚持监管与服务并重，助推全区经济高质量发展。着力抓好政务审批服务做优提效。持续推动环评“放管服”改革，60个“最多跑一次”事项均实现“跑零次”，其中55个事项优化为即办事项，即办率90%以上，承诺件办结时间提速94.3%。进一步提升服务质效，提前介入、主动上门为企业提供业务服务。全年，现场服务企业400余家次，为企业解决环保问题200余个，共审批备案建设项目环评271个，审批45个，备案226个，其中11个项目享受零土地技改项目承诺备案制改革红利，20个项目享受“区域环评+环境标准”降级审批改革政策。严格落实执法监管。不折不扣推动第二轮中央生态环境保护督察反馈问题和交办信访件整改工作，形成调度对接、通报督办、明察暗访、验收销号、约谈追责的闭环工作机制，涉吴兴区28.5件信访件全部办结并完成销号。

【环境隐患专项执法及应急行动】 2021年，吴兴区检查企业3824家次，下发监察意见书73份，依法立案查处案件56件，处罚金额833.8万，较2020年增长80.9%，移送公安行政案件4件，移送公安涉刑案件3件，刑事拘留8人，查封扣押3件。持续强化应急管理。常态化抓好生态环境应急管理工作，健全突发环境事件应急预案体系，完成企业环境应急预案编制（修订）备案30家。开展环境隐患排查见底行动，加大重点风险源企业的环境隐患排查，排查企业486家，发现隐患358处，全部整改完成。开展应急演练，强化属地和部门间协调联动，提升现场处置能力。加强环境社会风险分析和应对，完善环境信访梳理、研判和处理机制，坚决防范和遏制重特大环境事件发生，全年承办环境信访件145件，同比下降42.37%，实现连续6年下降。

【生态环境保护督察整改】 2021年，中共吴兴区委常委会、区政府常务会专题研究分析第二轮中央生态环境保护督察问题整改工作，实施一个案件、一个领导、一套班子、一套整改方案，形成主要领导亲自抓、分管领导具体抓、调度对接、通报督办、明察暗访、验收销号、约谈追责的闭环工作机制，解决信访投诉突出问题。区纪委、监委定期抽查信访件，按照最高督查要求，推进整改。吴兴区接到中央生态环境保护督察组交办信访件28.5件，全部办结并完成销号。

【五水共治】 2021年，吴兴区启动“水韵湖城”之西山漾水生态修复项目，在长三角地区主要领导座谈会期间，作为浙江省重大项目开工仪式分会场，被央视新闻报道，并获批全市唯一一笔中央水污染防治专项资金3600万元。深入开展“找短板寻盲区查漏洞挖死角”专项行动和治水“利剑”专项行动，累计出动3300多人次，排查发现问题1041个，全部完成整改，责令停工整改2家，立案查处14起，处罚金额90万元，约谈8人，问责6人。推进“污水零直排区”全域建设，完成“零直排小区”建设10个。强化太湖蓝藻防控，完成太湖沿线入河排口监测、溯源165个，维修整理推流器6千米、爆气50台、控藻平台2座，并聘请专业蓝藻打捞队伍每日巡查，及时打捞。

（区生态环境分局）

美丽乡村建设

【概况】 2021年，吴兴区认真践行“绿水青山就是金山银山”理念，紧紧围绕打造“重要窗口”示范样本新目标，以实施乡村振兴战略为主抓手，开展“新时代美丽吴兴”三年行动，集中推进以“美丽村居、美丽道路、美丽河湖、美丽田园、美丽农场、美丽家庭”等“六美”为最主要内容的专项行动，全力打造城乡融合的新时代美丽乡村示范标杆。年内，吴兴区全域推进美丽乡村建设，创建新时代美丽乡村达标村58个、精品村19个，高标准推进织里镇陆家湾村、妙西镇稍康村2个市级美丽乡村精品村建设，总投资6453万元。第八批历史文化(传统)保护利用重点村路村建设项目按时序推进，推动“在水一芳”、湖山大道美丽乡村示范带和八里店镇、东林镇2个美丽乡村示范乡镇建设。全力打造滨湖六村、山水妙境、寻梦菰城、丝绸之潞、梅岭漫谷五大美丽乡村样板片区，推动集成推进力量、集成政策措施、集成项目资金、集成实施主体“四个集成”在片区落地，“推行吴兴‘滨湖六村’新时代美丽乡村样板片区建设做法”写入2021年中共湖州市委1号文件。第一批“滨湖六村”和“山水妙境”片区申报浙江省“未来乡村”试点，同时以样板片区项目建设为契机，加强未来乡村建设试点投入保障。

【人居环境提升】 2021年，吴兴区常态化推进农村人居环境洁美行动，坚持村民主体，实施主体和责任主体严格落实到行政村，建立村书记总负责、村干部分片包干、党员联系农户的责任网格。建立“四大员”队伍，配备足额收集员、保洁员、监督员和宣传员，定人定责，落实月度绩效考评和年度评优奖励。推广“门前三包”责任制，广泛动员建立“巾帼督查队”“河小青”“评议团”等民主监督队伍形成提升合力。新出台《吴兴区农村人居环境“三色管理”绩效考核办法》(吴乡振办〔2021〕3号)，将全区行政村按照绿色(优良)、黄色(预警)、红色(警告)进行分型管理，区级层面实体化运作督查专班，每月动态调整一次，与乡镇“一把手”月度综合考核和区级奖补资金全面挂钩。

【农村公共厕所服务大提升】 2021年，吴兴区开展农村公厕整改，纵深推进科学新建一批、整改提升一批、星级评定一批、拆除淘汰一批“四个一批”重点工作任务。开展“五星所长”评定，从“设施维护好、日常保洁好、特色服务好、文明引导好”四个方面对所长进行量化考核，倒逼所长主动作为、真正扛起责任。创新吴兴区农村公厕“3+3”保洁工作法，红、黄、蓝三色毛巾和三色拖把分区悬挂、分类标记、分别使用，真正杜绝“一块抹布抹到底、一把拖把拖到底”。全区无害化卫生厕所普及率100%，146个行政村规范化农村公厕100%，累计建成省级星级公厕36座、示范性公厕4座。进一步完善“农村公厕数字一张图”，完成全区223座农村公厕高德地图上传，实现“一键查询、精准导航”。

【农村生活垃圾分类】 2021年，吴兴区全面建立农村生活垃圾分类“四分四定”(分类投放要定点、分类收集要定时、分类运输要定车、分类处理要定位)体制机制，全区农村生活垃圾分类建制村覆盖率100%，累计创建省级高标准示范村9个、市级标杆村124个。制定《吴兴区农村生活垃圾分类“资源化、减量化、无害化”白皮书》，湖州市首创“三联单”(每日收集员将垃圾收运至垃圾房时进行称重并在三联单上做好记录，收集员、运输员、监督员三方签字)制度助推垃圾收运过程跟踪，率先关注农村聚集用餐场所垃圾分类。农村生活垃圾大数据平台实现全覆盖，创新“收集—清运”全过程智能监管应用场景。总结推广一批吴兴特色的党建引领、积分兑换、巾帼助力、宣传培训、设施标准化提升、小手拉大手等方面的经验做法。强化数字赋能，实现95个农村生活垃圾分类大数据平台全覆盖，以织里镇为试点在全市首创“收集—清运”全过程智慧管理系统，织里镇伍浦村和妙西镇后沈埠村2个农村生活垃圾分类多功能体验中心全面建成并投运，其中伍浦村农村生活垃圾分类数字应用场景在全市生活垃圾分类现场会考察时受到充分肯定。

(赵　晨)

产业园区·高新区·国有企业

吴兴工业平台

【概况】 2021年,吴兴区推进平台整合提升,形成湖州现代物流装备高新技术产业园区和吴兴经济开发区两大高能级产业平台,持续建设智能物流装备新产业平台。以"亩均论英雄"改革和"五未"土地(即:批而未供、供而未用、用而未尽、建而未投、投而未达标)处置等为抓手,推进平台建设,提高平台承载能级,形成平台拓展推进大态势,促进全区经济社会健康发展。全年完成拓展提升面积5010亩,拆迁655户,基础设施投入123303万元,园区内水、电、道路等基础设施进一步完善。

(沈　彬)

【吴兴经济开发区】 2021年,根据省、市党委政府关于整合提升各类开发区(园区)的有关要求,9月,浙江吴兴经济开发区党工委、管委会顺利揭牌。该区由埭溪分区、东林镇工业功能区北区、东林镇工业功能区南区3个既有园区整合形成,管辖面积15.62平方千米,主导产业为新型纺织、装备制造。经开区在2020年度全省经济开发区综合考核排名第12名;化妆品制造产业链被评定为全省开发区产业链"链长制"试点。

(翁一鸣)

湖州现代物流装备高新技术产业园区

【概况】 2021年,湖州现代物流装备高新技术产业园区(以下简称"高新区")于2012年9月由湖州市人民政府批准成立,辖区范围西起G50高速环渚连接线(含延伸),东至G50高速织里连接线,南起中兴大道(含东部光电园),北至滨湖大道,总面积约73平方千米,占全区总面积8.46%,下辖25个行政村(含汇欣社区)、223个自然村,总人口约5.7万人,外来人口约5万人。2020年村经营性收入近2000万元,农村居民人均可支配收入41017元;2021年三季度农村居民人均可支配收入33870元,增幅13.1%。

高新区是吴兴区根据市委、市政府"打造新动力、形成新增长"要求,举全区之力建立的新区,是吴兴作为市本级"打造增长极、提高首位度"的重量级举措。2012年湖州南太湖高新区成立,2013年被评为省级物流装备高新技术产业园区;2014年被评为浙江省智慧园区最佳案例;2015年获批国家级火炬计划特色产业基地;2016年获批省级新型工业化产业示范基地;2018年成为国家级绿色园区;2020年列入省级"万亩千亿"新产业平台、省级科技创新服务综合体。2021年更名为湖州现代物流装备高新技术产业园区管理委员会。在最新的高新区综合评价中排名全省第七,被授予省级突出贡献集体称号。

根据规划,高新区将以申苏浙皖高速(G50)为界分为南北两片。北片36平方千米,突出生态化、智慧化、高端化,重点打造集休闲旅游观光于一体的都市型现代农业园,建设国家级绿色园区,培育优质粮油、果蔬园艺、特种水产三个示范区,聚集都市型现代服务业、现代农业，形成“三业三园四社区”（“三业”：生态高效种养业、农产品精深加工业、农业科研服务业；“三园”：重点培育优质粮油、果蔬园艺、特种水产三个万亩主导产业示范园；“四社区”：幻溇、常溪、戴山、郑港四大农民安置社区）。南片总面积37平方千米，集聚了智能物流装备制造、汽车及关键零部件制造、信息经济、智能装备等关键产业，围绕智能物流装备产业创新中心，规划总面积9.98平方千米的吴兴智能物流装备“万亩千亿”新产业平台，分为东西“两翼”，在3.39平方千米的“西翼”（常溪工业平台）建立智能物流装备关键部件制造区，在6.59平方千米的“东翼”（后林工业平台）建立智能物流装备核心、系统集成及创新两大制造区。

【高新区主要经济指标完成情况】 2021年，高新区牢牢锁定争创“国家级高新区”总目标，以“1+4组团”（“1”：加强高新区干部队伍建设，“4”：选商引才组团、平台拓展组团、项目推进组团、基建提升组团）攻坚为抓手，聚力开展六大专项行动（即百亿项目大集聚专项行动、千亿产业大培育专项行动、万亩平台大提质专项行动、百万游客大吸引专项行动、社会治理大提升专项行动、基层党建大引领专项行动），在选商引才、项目双进、平台拓展、重大基建等各方面都取得优异的成绩，实现高质量赶超发展，主要经济指标实现增幅、占比双领先，经济社会发展整体态势平稳向好。全年地区生产总值76.94亿元，同比增长10.8%；财政总收入14.7亿元，同比增长33%，地方财政收入9.09亿元，同比增长28.3%；完成固定资产投资43.98亿元，同比增长65.6%，其中工业性投入29.3亿元，同比增长62.3%，完成服务业投入14.56亿元，同比增长76.9%。规模以上工业增加值、装备制造业增加值、高新技术产业增加值、战略性新兴产业增加值均位于全区前列。实到外资7198万美元，进出口42亿元，全区名列第一。

【高新区项目引进】 2021年，高新区明确“三主两新一重”（三主：三大主导产业；两新：高新技术产业、新兴产业；一重：省重大产业）招商方向，以省重大产业项目为引领，“大好高”项目招引取得较大突破。引进亿元以上项目43个，其中百亿元以上项目1个（三一装载机），50亿元以上项目1个（美欣达总部），20亿元以上项目2个（毓恬冠佳、法兰泰克），5亿元以上项目14个，3亿元以上项目24个。重点推进亿元以上项目42个，入库项目33个，其中亿元以上项目26个，工业项目20个。高新区税收38万元/亩。

【高新区科技创新、人才引进】 2021年，高新区全面提升科技创新能力，构建3大众创空间+6大孵化器+7大产业园的链式孵化体系。7大科创平台经济指标平稳向好，全年产值100.5亿元，增长29.7%，税收2.02亿元，增长27.2%。森诺氟被认定为市工业“双高”企业；建立久立、锐格等重点省级企业研究院9家、省级高新技术企业研发中心29家。新引进国内外顶尖人才1名，国家级领军人才3名，省级领军人才1名，并引进全市唯一的“鲲鹏计划”顶尖人才。申报国家级引才计划人选13名，申报省级引才计划人选21名，南太湖精英计划项目入选6个，申报省级工匠5名。专场组织企业赴宁夏、黑龙江、湖南外出招聘大学生3场次，累计招引2824名。

【高新区平台建设拆迁安置工作】 2021年，高新区锁定万亩千亿主平台区块，加快拆迁攻坚，全年完成签约201户，同步启动塘红村高速以南拆迁工作，重点区块和重点项目拆迁实现清零；创新推出“拆迁安置五步法”（第一轮商品房安置，戴山二期、郑港一期A地块安置、第二轮商品房安置、郑港一期B地块安置），首推商品房房票安置与实物安置相结合的方式，累计安置2406户，安置面积达30.35万平方米，其中解决首套房未安置问题430户。后林平台完成征地730亩。以“三纵三横”（“三纵”：外环北路、湖织大道中兴大道；“三横”：三环东路南太湖大道、大港路。）路网规划为引领，投资15.8亿元加快提升优化，常溪工业平台路网基本完善。郑港一期已全面竣工，常溪四期工程加紧建设。

【高新区产业发展乡村建设】 2021年，高新区围绕“一核一带四园”（“一核”：核心可持续产业园；“一带”：滨湖休闲观光带；“四园”：设优质粮油园、绿色果蔬园、特色水产园、加工物流园）空间发展格局，累计市级以上农业龙头企业7家，认定农业大好高项目2个，完成2宗57亩农业标准地出让；投资1800万元资金启动东桥村美丽乡村精品村建设；启动幻溇村数字乡村一张图，25村智能化管理平台全覆盖。建成区外13个村实现垃圾分类“减量化、无害化、资源化”治理。“非粮化”整治优化签约超9500亩，提前完成全年任务。高新区幸福邻里中心（常溪）投入使用，社区功能配套进一步得到完善。

【高新区平安建设】 2021年，高新区落实企业为第一主体责任的安全生产意识，打好安全隐患排查持久战，定期做到排查全覆盖，建立起“能第一时间发现、能第一时间纠正、能第一时间杜绝”的良性运行机制。不断夯实平安建设基础，每日开展平安检查，走访各类重点人员4315次。累计调处化解矛盾纠纷307起，未发生民转刑、群体性上访和重大群体性事件，圆满完成“护航建党一百年”等重点时段的安保任务。

【高新区党建工作】 2021年，高新区创新党史学习形式，以党员老兵宣传、文艺表演下乡、专家学者授课、党团青年联合、走访红色之旅为五大着力点，深度挖掘辖区红色资源，筑牢红色根基。以“干部素质提升班”作为常态化教育载体，有效提升干部队伍素质。结合辖区两新组织发展特色与党建亮点，以数字化、影像化、直观化形式讲解宣传“红色党建+企业发展”服务路径，拍摄完成《园区政工师》党员教育电教片，获全区第二名。

（高新区）

国有企业

【城市投资集团概况】 吴兴城投集团于2018年1月11日成立，是经吴兴区人民政府批准，通过股权、资产重组吸收，整合区级资源组建而成，并于2020年9月27日整合划转，重新挂牌。集团注册资本60亿元，内设1室5部3中心，集团获联合资信评估股份有限公司、大公国际资信评估股份有限公司双AA+企业信用评级，持有一级控股子公司11家，其中AA评级公司2家。截至2021年年底，吴兴城投集团总资产780亿元，实现营业收入60亿元，利润总额3.3亿元。

2021年，吴兴区城投集团坚持“新定位、新标杆、新作为、新团队”的“四新”标准，担负起吴兴区“总预备队、总突击队”的定位职责，围绕“112668”“十四五”战略规划，开展“破难题、强经营、优发展”百日攻坚行动，全力深化国企改革、开拓市场化发展道路，完成各项工作。

企业管理提档升级 组织架构持续优化。按照现代企业治理结构要求，以区城投集团本级作为管理平台，调整组建南太湖、新业、浙兴、资管四大集团公司作为具体业务经营主体，各集团公司根据主责、主业设立下属公司。内控管理不断加强，结合区委巡察、区经济责任审计相关要求，修订完善内控制度34个，做到制度管人、管事。创新创业卓有成效，围绕集团市场化业务发展规划，在全集团开展员工创新创业活动，遴选优秀创业项目10个，拟择优开展创业试点。

企业树品牌、拓市场 项目建设成果丰硕。坚持高起点规划、高标准管理、高速度推进，立足东部新城主战场，辐射带动周边区域，实现产业升级、配套完善、生态优化，全年实施重点项目86个，完成投资15.85亿元，其中集团实施的开发项目40个，完成投资7.66亿元；政府性代建项目46个，完成投资8.19亿元。市场业务多点布局。围绕主责主业，探索产业延伸、业务协同，资产管理、金融管理、商业管理、物业服务、工程服务等业务多点开花、效益显著。资金运作安全高效。坚持统全局、拓渠道、优结构、控成本，抓好做好资金保障。全年筹措资金约215亿元。

【城投集团党建队伍建设】 2021年，吴兴区城投集团党建强企走深走实。持续打响"城心向党"品牌，深入开展庆祝建党百年系列活动，高效落实党史教育学习工作。发挥党建"磁场效应"，新发展党员8名，在集团层面培育优秀党员11名，优秀党务工作者2个，先进基层党组织2个，集团党委荣获"吴兴区先进基层党组织"称号。人才兴企精准施策。坚持"引育选"并用，锻造一支"主动有为、担当作为、创新而为"的城投铁军。持续做强人才招引，开展各类招聘13次，成功引进企业运营、工程管理、金融财务等方面人才50名，其中硕士研究生4人。清廉国企推进。坚持以党风促廉风，将党风廉政建设、作风建设等工作任务细化分解，实施纪检监察工作网格化管理新机制，以一厅一站一点建设为核心，打造集团清廉阵地集群。

（湖州吴兴城市投资发展集团有限公司）

【产业投资集团概况】 2021年，吴兴区产投集团紧紧抓住区属五大国企重组新契机，各项工作齐头并进，呈现良好发展态势。集团资产规模再上新台阶，总资产达到350亿元，同比增长54%，资产负债率降至62%，同比降低5.2个百分点；融资评级实现新突破，获得两家评级公司的AA+主体信用等级，平均融资成本6.18%，较2020年同期下降120个BP，融资成本五大集团最低；主营业务得到新提升，新设立天使创投基金，新成立光伏新能源、数字化子公司，全面服务助推吴兴高质量发展；平台建设提供新保障，把服务"万亩千亿"大平台建设作为首要职责，全年融资约50亿元，用于保障和支撑高新区发展。

【产业投资融资平台建设】 2021年，吴兴区产投集团把打造高新区"万亩千亿"大平台建设作为首要职责，推进融资扩总量、优结构、降成本，强化支撑和保障，全年预计融资总额超100亿元。进一步强化工程项目管控，总投资52.2亿元的37个年度重点项目加快实施，湖织大道等20条道路改造提升工程、新城中学和常溪四期安置社区等民生工程有序推进，高端装备智能制造产业园开工建设。

【产业投资集团招引产业项目】 2021年，吴兴区产投集团深化"股东+房东""基金+基地"的招商模式，吸引优质项目落地吴兴。总规模10亿元的吴兴天使创投基金，筛选优秀管理人机构14家。全年投资项目7个，招引落地项目5个，申报南太湖精英计划人才（含创业创新大赛）项目7个，入选2个。累计运营管理政府产业基金及股权投资项目18项，完成投资出资12.08亿元。有效提升资产管理 以实现国有资产保值增值为目标，逐门逐户对集团名下425宗、面积约95.3万平方米资产全面梳理排摸，共清退个人占用店铺28处，追缴历史水电、租金等欠费约332万元。进一步提升国有资产价值，线上拍租商铺21宗，面积2417.2平方米，成交额434.5万元。通过派驻专项小组、物业统一管理、常态化夜间巡察、探索智能化管理等方式，进一步提升砂洗城管理水平。不断丰富业务布局 供应链超额完成销售额85亿元，拉动全区限上批发业销售额快速增长，为全区服务业增长作出体量贡献。民融积极落实合规要求，继续为区内其他国企提供资金保障。融资租赁创新业务模式，以3亿元不动产售后回租模式，解决汇联电子商务城的历史遗留问题。光伏新能源业务全面启动，合资成立浙江国盛新能源有限公司，完成框架协议落地企业5家。

【产业投资集团数字化项目】 2021年，吴兴区从无到有成立数字公司，通过引进数字技术人才、统筹信息化项目推进，推动全区数字化改革工作。全面承接全区经过专家评审论证的信息化项目39个。牢牢锁定智慧交通、雪亮工程等重点项目，积极主动介入项目初期的规划设计和需求调研，对后续解决方案做好技术把关，为东部新城智能化改造做好服务保障。

【产业投资集团党建工作】 2021年，吴兴区产投集团以党史学习教育为契机，围绕“产自初心、投向未来”的党建品牌打造，坚持用高质量党建引领国企高质量发展，累计开展各类党建、志愿活动100余次，引进各类人才24名，探索建立市场化薪酬激励机制。以“清廉国企”建设为抓手，进一步健全廉政防控体系，确保决策制定阳光透明、内部运行高速高效、业务风险整体可控，为集团发展保驾护航。

（徐钊颍）

【交通旅游投资集团概况】 2021年，湖州吴兴交通旅游投资发展集团有限公司于2020年9月27日正式挂牌成立，注册资本6亿元，总资产规模120亿元，净资产54.5亿元，主要负责湖州市和吴兴区交通类项目、吴兴区重大旅游及文化类项目等投资、建设和运营，是整合交通和旅游相关企业、经营性资产、股权组建的现代化大中型国有企业集团。集团聚焦主业布局核心业务板块，做优做强全区交通、文旅、农业、两山、共富各板块能级，新成立交通建设公司、旅游建设公司、农业投资公司、两山资产公司、未来社区公司五大板块一级子公司。截至12月，集团共有下属公司32家，其中一级子公司13家，二级子公司14家，参股公司5家。通过社会化招聘、区级部门选派等方式，配备高管6名，员工44名，平均年龄33.4岁，其中党员22名，专业技术人员31名，中高级职称22名。

2021年是吴兴区交旅投集团扬帆起航的首个完整年度，在区委、区政府的领导下，吴兴区交旅投集团搭结构、清资产、推项目，打开高质量发展新局面。

【交通旅游资产规模】 2021年，吴兴区交通旅游投资集团不断壮大，总资产规模达120亿元，同比增长51.9%；净资产54.5亿元，同比增长39.7%；盈利水平逐渐提升，2021年预计可实现营业收入24亿元，同比增长710%，完成纳税2150万元，同比增长430%。负债结构持续优化，总负债65.5亿元，资产负债率54.6%。新启动项目71个，总投122.9亿元，当年已完成投资15亿元。

企业结构全面优化 组织框架逐步完善。2021年完成14家企业股权变更，新成立交通、旅游、农业、两山、未来社区五大板块一级子公司，下属公司32家，其中一级子公司13家，二级子公司14家，参股公司5家。融资结构持续改进。依托中诚信AA评级蓄力直接融资40亿元，依托重大项目建设对接项目融资130.2亿元。合作金融机构由12家增至22家，融资金额由34亿元增至49亿元，非标融资占比由49.7%降至35.6%，平均融资成本下降100bp至6.1%，节约利息支出5000万元。

业务板块全面启动 2021年累计受托代建交通项目49个，包括国道1条、省道2条、县道1条、乡村道45条，总建设里程125千米，代建协议总投资37.34亿元。完成太湖实验室装修布展工作；“水韵湖城”西山漾水环境治理项目开工建设；潘季驯纪念园完成打造并作为水利部潘季驯治水成就与新时代水文化高层论坛现场考察点；承接2021年长三角地区主要领导座谈会暨重大项目开工仪式浙江分会场活动。完成世界乡村旅游大会永久会址（悦柳酒店）的建设和装修，10月代表吴兴区参加全市项目拉练比拼，获得市领导肯定，11月9日酒店正式开业，项目二期规划初步确定。总投资15亿元，承建“五谷丰登”科学谷—创新田区域，采用平地结合坡地形式布局300亩产业孵化器。投资5亿元与美欣达集团共同建设柯坪县吴兴湖羊产业园，推进对口援疆工作，项目一期1200万元投资落地，11月达到1万头羊存栏量。

资产经营全面突破 丝绸小镇精细管理，租赁收入由610万元提升至2583万元，增幅超300%。完成创意文化集市7452平方米低质商户清理。漾吧、老字号餐饮等投入使用，新开面积1880平方米。小镇年接待游客数量逾80万人次，凸显AAAA景区魅力。投资2.7亿元购置富力绿地西湖观邸房产147套、恒大珺睿府房产46套，为未来社区、城市更新项目征迁储备低价房源。投资2.2亿元让道场乡、妙西镇6.5万平方米成为重点文旅板块土地，发挥城建、旅游平台职能奠定基础。

党建工作 深入学习中共十九大等会议精神，以党史学习教育活动为载体，全年开展中心组学习12次，学习交流30余次，《浙江日报》专版点赞丝绸小镇“共富”做法。组建未来社区专班、科学谷专班等专班，每周通报、每月亮晒，择优选拔中层干部5名。开设“周一夜校”14次，通过名师授课和现场教学等方式，增强干部能力素质。落实班子成员“一岗双责”，抓实主体责任，开展廉政谈心谈话41次，开展“党纪一刻钟”、案例解析等活动16次。

（范良英）

乡镇·街道

织 里 镇

【概况】 2021年，吴兴区织里镇由5个乡镇（太湖、轧村、漾西、晟舍、织里）合并而成，区域面积90平方千米，辖6个办事处，34个行政村，23个社区，实有常住人口超45万人，其中外来人口常年保持35万人左右。全年，织里镇完成地区生产总值380亿元，同比增长11.1%，实现财政收入19.2亿元，同比增长23.5%；其中，地方财政收入13.72亿元，同比增长25.6%，完成社会固定资产投资77.8亿元，同比增长42.8%，其中工业性投入29.1亿元，同比增长43.9%，规模以上工业总产值152.3亿元，同比增长26%，行政村集体经营性收入平均达232.2万元，同比增长11.8%，城镇居民人均可支配收入83105元，同比增长8%，农村居民人均可支配收入52609元，同比增长9%，城乡收入比1.58∶1。

【织里镇产业发展】 2021年，织里镇聚力提高产业质效，发展活力全面释放。坚持把产业作为立镇之本，以全域视角、系统布局，打造织里产业新格局，连续9年获全省小城市培育试点考核优秀等次，连续9年入围全国百强镇。产业竞争力稳步提升。围绕打造“两个千亿级”产业目标，构建良好产业生态。紧盯世界500强、中国500强和行业领军企业，累计引进厦门象屿、星岳电子等亿元以上签约项目21个，总投资112亿元，年内新认定市“大好高”项目13个，其中工业大好高项目12个。推进项目建设，预计全年亿元以上项目新开工入库30个，亿元以上新竣工项目31个，黎盛、华萨尼等2个项目成功申报省重大产业项目。电子信息、新材料、光伏装备等核心产业快速发展，万邦德新厂产能加速释放。全力助推东尼电子、久鼎电子保持良好发展态势，均保持年产值30%以上增幅。

【童装产业务】 2021年，织里镇童装产业提速转型。持续保持“织里童装”集群产业核心竞争力和区域品牌影响力，童装规模企业已增至42家，2021年童装产业预计年销售收入700亿元。主动融入区级童装产业大脑体系，推动童装企业进行数字化车间改造，开通线上应用场景15个，参与企业2691家，整体产能利用率提升20%以上。以“国家级市场采购贸易试点+国家级跨境电商综试区”双试点为契机，成立象屿跨境电商产业平台和市场采购贸易服务中心，首创跨境电商与市场采购两种贸易方式同时监管的吴兴织里港，试点预计年度总出口业务量可达100亿元，直接拉动全市出口增长9.5个百分点，案例入选省“三服务”担当破难典型案例。

【高新技术企业研发机构培育】 2021年，织里镇创新驱动力有效激发。培育研发机构、创新载体，全年新申报国家高新技术企业3家，申报省级企业研究院2家，新增省级科技型中小企业35家。入选南太湖精英计划创业团队2个、创新团队1个、院士工作站1个。中国童装学院正式签约落地,人才红利即将显现。加快创新集聚,车创科技园成功开园,吸引100余家国内优秀科创企业前来洽谈。

【城市建设管理提升】 2021年,织里镇推进城市有机更新,坚持城乡统筹、建管并重,打造现代化城市。空间布局持续优化。科学推进城市建设,完成织里镇总体城市设计和织东平台概念性规划等7个方案的编制工作,不断提升城市风貌管理水平。以"一脊一廊一漾链,三坊十街五客厅"为总体结构,全域统筹整合各类资源,整体谋划产业格局,谋定全镇未来发展定位和空间布局。持续做大做强国有企业规模,总资产达400亿元,公开市场主体评级升至AA+。城市能级全面提升。加快推进城市功能完善、交通路网畅通,完成"八纵八横"交通路网建设,启动湖杭高速建设,加快大港路、阿祥路道路提升工程。高标准推进城市有机更新,完成老旧小区改造14个,完成省级垃圾分类高标准小区创建1个,争创市级标杆小区28个,打造特色分类示范街区4条。镇文体中心、织里实验小学东校区等项目建设竣工并投入使用,不断提升吴兴区人民医院综合服务质量,吾悦广场正式建成并投入营业,进一步满足居民消费需求,提升城市品质。

【乡村振兴 美丽乡村建设】 2021年,织里镇乡村振兴提质增效。坚持滨湖一体化发展思路,打造太湖南岸最美风景线、最优产业带。市级美丽乡村实现全覆盖,完成义皋、陆家湾、上林等一批美丽乡村精品村打造,成为农旅产业发展的有力支点。做好美丽乡村和美丽产业转化文章,打造大好高农业项目3个,农业标准地3家,成功引进星光农业万亩产业园、湖星特色农业综合体等4个农旅产业项目。由新投集团牵头16个村级经济合作社共同组建公司,抱团经营发展,形成新的造血机制,促进村级集体经济发展壮大,19个行政村村集体经营性收入超百万元,城乡收入比持续缩小。以"四治三全"工作法(四治是指以党建引领、体制创新整合汇聚资源,自治、法治、德治、智治,三全是指全域覆盖、全员参与、全程智控)持续推进乡村治理,义皋村入选第二批全国乡村治理示范村。

【民生福祉 民生保障】 2021年,织里镇以满足人民群众日益增长的美好生活需要为目标,坚持和完善民生保障制度,推动人文融合,打造幸福民生新样板。公共服务优质均衡。深化数据互联共享集成,对人力社保、市场监管等6个部门345个事项进行政务服务2.0流程改造,优化政务服务。年内,行政服务中心承接事权531项,日均办理事项1570余项,群众满意率100%。打造政务服务"15分钟服务圈",完成108项公共服务事项,办理权限向村社一线下沉。坚持以人民为中心,不断完善社会救助体系,全年发放各类补助金675万元,让更多困难群众共享发展成果。对全镇2994名80周岁以上老人进行基本信息入户核查和走访,并录入"浙里养"系统实现养老服务数字化管理。

【新冠肺炎疫苗接种工作】 2021年,织里镇构筑全民免疫屏障,累计接种新冠疫苗28.8万剂次。环境提升精细到位。强化数字赋能垃圾分类,已实现63个小区"二定四分"模式全覆盖,完成99个资源化回收站点建设,主干道街面餐厨垃圾桶整治完成。完成交通组织点位提升工作20个,完成路边泊位收费工作1000余个,群众出行更加便捷。投入约4800万元完成7个市级"美丽小区"和2条市级"美丽街巷"创建工作任务,深入开展治气"利剑"专项行动,持续为织里百姓打造宜居宜业的生态环境。坚持"线上+线下"全方位宣传造势,党史学习教育扎实开展,创新打造《党史大事记周周看》《党史故事·织里青年说》等学习教育专栏。多样化推进文艺建设，举行各类演出及体育竞技展示活动198场，并成功入选第二批浙江省戏曲之乡。加强对外宣传报道传递织里声音，在国家、省、市级媒体报道545篇。7月，中央媒体“浙江高质量发展建设共同富裕示范区”集中采访团走进织里镇，探寻共同富裕的“织里样本”。10月，“共同富裕看浙江”国家部委政务新媒体集中采访团调研织里镇，产业致富模式进一步得到推广。

【社会治理】 2021年，织里镇坚持问题导向，进一步提升基层治理共建实效，让居民群众享受更加安全稳定的社会环境。织密协同治理防护网络。强化社会矛盾纠纷调处化解中心作用，“老兵驿站”“平安大姐”等群防群治社会力量参与度持续上升，全年成功调解各类矛盾纠纷1993件，成功率达99.85%。以织里镇综合信息指挥中心为基础，按照6大途径线索汇总、9大系统智慧分析研判，日均处理各类工单300余起，实现问题及早处置。打造童装产业园区综治工作站，创建“平安片区”，逐步以点带面，辐射全镇。“城警一体化”治理模式，全市“城警一体化”协同联动工作现场会在织里召开。

【平安建设】 2021年，织里镇营造平安稳定和谐氛围。消除安全隐患，完善安全风险分级管控和隐患排查治理双重预防机制，累计完成各类检查70万家次，发现并整改隐患15万处，关注未成年人健康成长，建设织里镇未成年人关爱中心，保障未成年人权益。坚持“防为主、防为上”，开展毒品问题“亮剑”及平安稳定“固本强基”专项整治行动，社会秩序平稳有序。

【法治智慧化建设】 2021年，织里镇法治建设，加快“全省法治化综合改革试点乡镇”推进，打造“头雁领航，红色法治”等重点工程10个，细化工作要求78项，职责边界进一步厘清。提升智慧治理工作效能。持续提升数字化治理水平，搭建智能化一体综合平台，搭设智慧停车、智慧安监等应用场景，年内全镇累计安装智能消防预警设备30万余个并实现组网运行，消防灭火救援效能提升近40%；智慧城管平台采集事件2.2万件以上，按期结案率100%；完成“市场监管基层在线”试点建设，首张“智慧健康证”在织里上线。同时，深化警格联动促进隐患化解，实现非警务类事件双向流转、闭环处置，事件化解率达98.5%，群众满意率96.8%。

【党建工作】 2021年，织里镇坚持把党的建设与推进经济社会发展紧密融合，不断适应新形势、新要求，引领织里经济社会高质量发展，党建活力持续增强。深入实施“双创双全”组织力提升工程，完成镇第十六届党代表换届工作，织里镇党委获评浙江省先进基层党组织。做好党史学习教育，开展“百个支部共奋进、千名党员大轮训”主题活动，完成全市首个数字化党建智慧馆建设。两新组织党建工作不断加强，新就业群体党建工作接受中组部现场考察并得到充分肯定。持续推进“百村示范、千村晋位”，成功创建市级先锋示范村党组织9个，义皋村作为全区唯一乡村，党建工作得到全省新任村社书记示范培训班现场教学推广。

【干部队伍选拔招录】 2021年，织里镇干部队伍持续优化。进一步优化干部育选管用工作，完善干部日常监督管理机制，树立干部选拔鲜明导向。开展镇级“孺子牛”“拓荒牛”“老黄牛”选树工作，评选出“三牛”型干部61名。实施“青蓝培优”计划，25名领导班子成员和年轻干部开展“1+1”结对帮带，加快年轻干部成长成才，全年招录各类人才17名，干部结构更加合理。探索建立干部及工作人员培养管理机制，完善编外晋升结构和薪酬体系，激发干事创业活力。突出“实绩”导向，形成能者上、优者奖、平者让、庸者下、劣者汰的考评机制，全年获区委提拔任用3人次。

【清廉乡村建设】 2021年，织里镇落实好主体责任、监督责任、第一责任、一岗双责"四责协同"工作机制，推动从严治党落地生根。持续深化义皋"五廉"机制，建立"村监察工作联络站—网格联络员"协同机制，加强对村级事务运行的网格化监管。打造上林村清廉乡村示范样板，以点带面推动清廉乡村建设。聚焦"1+8"规范化建设(1个总体目标：以上林村村为试点，建设基层组织坚强有力、权力运行规范透明、村级事务管理精细、监督体系完备有效、党群干群关系和谐、村风民风晴朗向上的新时代美丽乡村。8个方面：组织建设一体化、集体决策清单化、三资管理规范化、工程管理科学化、三务公开制度化、工作任务项目化、监督保障常态化、村级事务数字化)，优化完善工作制度，为"一肩挑"后村级权力运行新模式实现有效探索。强化责任追究，重点用好监督执纪"第一种形态"，达到曝光一个、震慑一批、教育一片的效果，全年开展各类谈话48人次。开展市委巡察"回头看"整改工作，整改完成率达100%。

(陈　亮)

八里店镇

【概况】 2021年，八里店镇区域面积59平方千米(东部新城核心区25平方千米，南片34平方千米)，辖18个社区和18个行政村。2021年，全镇有人口7.79万人，其中常住人口4.68万人，暂住人口3.11万人。镇内山水清远，交通便捷，长湖申黄金水道、318国道穿镇而过，申苏浙皖和申嘉湖两条高速拉近与上海等大城市的距离。先后获得世界"丝绸之源"、国家城市湿地公园、全国生态乡镇、浙江省首批特色小镇等荣誉称号；连续三年跻身"全国百强镇"，排位年年晋升(分列97位、80位、76位)，连续两年举办"长三角主要领导人座谈会"及相关活动。

地区生产总值财政收入 2016年年底至2021年年底累计实现地区生产总值333.8亿元，环比增长5%；预计完成财政总收入120.7亿元，其中地方财政收入78.4亿元，是五年前的2.71倍、2.69倍；固定资产投资、其他营利性服务业营业收入、批零住餐业等多项经济社会发展指标在合理区间，总体保持领跑全区的奋进姿态。

【城市化建设】 2021年，八里店镇依托湖州城市副中心的区位优势，以高铁湖州东站落户为契机，不忘初心，众志成城，推进全域城市化，持续唱响"湖城向东看"品牌，优质的商业项目、文教卫资源落户新城，基础设施配套不断完善。其中，集多媒体产业园、EBD总部自由港等的产业集聚区成功打造；全国地产大牌企业富力地产、上实房产相继入驻；湖师附小西山漾校区、湖州四中西山漾校区、吴兴实验中学、吴兴实验幼儿园、枫叶国际学校、吴兴区文体中心等最优质的教育文化资源云集东部，区府路跨长湖申大桥等基础配套加快完善，城市新形象不断展现。

【乡村旅游产业发展】 2021年，八里店镇成功打造移沿山、西山漾两个国家级AAAA级景区，世界乡村旅游大会永久会址落户潞村。推动乡村产业提质增效，以优质粮油、特种水产、精品果蔬三个万亩产业园为引领，完成全省唯一的新农村建设体制创新试验区建设，培育市级以上农业龙头企业7家，尹家圩粮油农机植保合作社"跑道养鱼(将传统老旧的池塘养鱼方式改变成集中在流水槽里进行养殖的新模式)+稻鱼共生新型种养模式(稻田养鱼)"的经验受到省领导及有关部门的肯定。年内，八里店镇坚持项目为王，谋篇布局商业综合体、高档酒店、医疗养老等重点项目，加速城市能级提升。与金成、浩博等13个亿元以上项目顺利签约，万达广场、万豪酒店等一大批优质城市项目加快落地，飞华、德宏、飞剑等一大批重大项目建成投产，金洲、华祥获评“金牛奖”，规模以上企业、亿元企业和税收过亿企业分别达到40家、8家、2家。专注城市经营，破解资金、空间、人才等要素制约。聚焦乌山、紫金桥、318沿线等重点区块的“退二进三”(在产业结构调整中，缩小第二产业，发展第三产业)和“退二优二”(调整优化园区产业结构采取的措施，具体指积极引导产能落后、用地低效、不符合安全生产要求、不符合环保和节能减排要求的工业企业主动退出，腾出空间，发展以高新技术产业、战略性新兴产业为代表的先进制造业)，累计征用土地5160亩，盘活低效城市空间3030亩，出让土地总面积4298亩，成功开拓东部新城、移沿山临港平台、高铁核心板块三个“百亿级”产业区块。依托万马产业园、多媒体产业园等重大平台，加大招才引智力度，引育国家级、省级人才7名，引进“南太湖精英计划”创业创新团队9个；获评国家级高新技术企业9家，入选双高培育库企业5家，完成省科技型企业认定47家，新添1家省级博士后科研工作站。

【社区管理新模式】 2021年，八里店镇划分西湖漾、常路、三合、中心、西山五大片区，实现村社干部集中办公、九大职能部门下沉一线。持续发挥社区管理“123456”新模式(“1”指“党建引领”主线贯穿始终，提高基层掌控能力；“2”指把握“热情服务、严格管理”两大原则，提升基层服务能力和管理能力；“3”指设施转、管理转促民风转，通过设施改造，狠抓管理，促进民风向好、向善；“4”指每月“四周”服务，以“文化服务周、医疗服务周、走访服务周、环境整治周”为主题，切实解决群众关心的核心利益问题，拉近干群距离；“5”指“五化”标准，坚持洁化、硬化、绿化、亮化、美化五个标准，实现环境整、道路平、绿化齐、照明亮、小区美的管理目标；“6”指镇干部、村干部、社区干部、公安执法力量、物业、志愿者等六方主体进社区，实行周一例会制、限时办结制、网格包干制，真正实现一支队伍管一个社区)和物业管理“新十条”(1.装修管理要到位；2.楼道垃圾及时清；3.小区保洁要长效；4.地下管网常疏通；5.日常运行要规范；6.日常管理要精细；7.绿化养护要美观；8.车辆停放要规范；9.消防安全要牢记；10.设施设备要维护)的积极作用，推动服务升级。推动村社有机更新，总投入6000万元，推进全镇20个安置小区、1750个单元门厅的精准改造，成功创建海上湾、翡翠华庭等7个示范类“美丽小区”。每年开展拆违拆旧、楼道清理、街边整治、流摊取缔等各类整治行动不少于500次，有效解决了占道经营、乱停乱放、油烟扰民等群众有感的“关键小事”，为推进文明典范城市创建添砖加瓦。持续深化水环境治理，划分10大包干网格，实行水域清理网格化管理，完成河漾水面提升近万亩，有序推进安置社区污水管道改造提升工程，创新实施全市首个再生资源回收体系，实现镇域小区全覆盖，打造数字化投放驿站，逐步实现垃圾精准分类资源化、无害化、减量化。

【教育卫生养老体系建设】 2021年，八里店镇新增湖州中学西山漾校区、枫叶国际学校、美顿幼儿园等一大批优质学校，有效促进教育均等化。

群众就医环境 年内，成功创建国家级卫生镇，启动吴兴区中医院建设，紫金桥、永福两家社区卫生服务站先后投入使用，八里店卫生院列入全市医共体建设首批试点单位，健全覆盖东部15万人的卫生医疗服务。

养老保险应保尽保 年内，镇全体机关干部与困难群众完成“一对一”结对帮扶，累计发放各类救助金1600余万元，全镇基本养老保险参保率96.8%，基本医疗保险参保率99.5%。社会大局和谐稳定，平安乡镇、“无欠薪”镇建设有效。

【扫黑除恶　平安建设】　2021年，八里店镇内扫黑除恶专项斗争强势推进，信访件和“12345”热线量呈逐年下降趋势，累计办理智慧城管案件6万余起，化解矛盾纠纷4.2万件，提供法律援助2800余次，镇劳动人事争议调解中心获省级“工作示范单位”，镇司法所获评全国模范人民调解委员会。

年内，严格执行重大行政决策程序，自觉接受上级人大、政协和社会监督，办理人大议案、建议48件，办复率100%、满意率100%。

【政府数字化转型】　2021年，八里店镇深化“最多跑一次”改革，统筹推进公共服务事项“一窗口受理、一平台共享、一站式服务”，推进政府数字化转型，有效落实数字赋能、智慧执法，强化领导干部的带头示范作用，班子成员领办攻坚“急事难题”，深入开展“老乡镇”传帮带、中层骨干一线站、年轻干部下村社等工作机制。

【廉政风险防控机制】　2021年，八里店镇实施领导班子“一岗双责”（一个单位的领导干部应当对这个单位的业务工作和党风廉政建设负双重责任）和“廉政谈话制度”，强化对行政审批、招投标、土地出让、政府采购、国有资产管理等重点领域和关键环节的监管。厉行节约，反对铺张浪费，压缩“三公”[中央财政按照有关规定，通过财政拨款安排给相关中央部门及其所属单位，用于因公出国（境）、公务用车购置及运行和公务接待等方面的支出]支出，严控部门专项经费，严格执行公务用车改革，清理整顿超标准办公用房，降低行政运行成本。

（周钰丹）

道场乡

【概况】　2021年，道场乡位于湖州中心城区南大门，区域面积61.5平方千米，下辖7个行政村和2个社区（城南、浮玉），户籍人口1.62万人，常住人口1.68万人，其中党员989人。先后获得浙江省卫生乡镇、浙江省美丽乡村示范乡镇、浙江省文明乡镇、浙江省农村文化礼堂建设示范乡镇、浙江省森林城镇，以及湖州市平安建设优秀乡镇、湖州市2019年度高质量赶超发展先进集体、湖州市2020年度交通强市建设突出贡献集体等荣誉。道场乡交通条件便捷，长湖申航道和东苕溪沿乡而过，杭宁高速、申嘉湖高速的湖州出入口均在境内；104国道、湖山大道，318国道、二环南路“纵横南北、连贯东西”，形成“两横两纵”的交通路网。“湖州多胜景，大半在南郊”，乡域范围内有国家、省、市级文物保护单位13处，是湖州人文历史遗迹最密集、文化遗址档次最高、人文底蕴最深厚的区域。2021年，全乡完成地区生产总值12.52亿元、增长5.4%；实现财政收入1.61亿元、增长11.2%；完成工业总产值12.90亿元、增长5.2%，其中规上工业总产值10.40亿元、增长4.3%；完成社会固定资产投资8.22亿元、增长5.5%，其中工业性投入1.54亿元、增长2.7%。行政村集体经营性收入平均189.6万元、增长18.5%；农村居民人均可支配收入40657元、增长12.1%。

【道场乡城市开发建设】　2021年，道场乡推进城市开发建设、重点交通工程建设、美丽乡村提质、文旅产业发展、老字号产业园打造、施家桥美丽城镇建设以及新时代美丽乡村样板片区创建等重点工作，推动“人文道场、富美南郊”建设再上新台阶。

【产业平台建设】　2021年，道场乡计划总投资15亿元的老字号产业园项目推进顺利，项目林地指标全部落实，首期53亩建设用地指标得到解决；用地范围内85户农房全部签约、444亩用地面积完成丈量和公示。加快项目招引建设速度，臻萃食品、同泰食品等项目成功签约；万隆食品、匠造食品二期、长三角技改等项目投产，郎多食品完成“新升规”，雅炻暖通项目竣工。加大人才招引力度，年内申报国家级引才计划1人、省级引才计划4人，引进“南太湖精英计划”领军型创业团队1个；招引大学生495人，大学生政策资金兑现23万元。

【城市开发建设】 2021年，道长乡浮玉花园东区交付，完成498户694套安置分房工作。二环南路以南乔木山500亩、红口山500亩完成储备；施家坝单元两宗地163亩成功出让，碧桂园等城市综合体项目启动建设；奥园湖山府主体结顶，城市东南板块形象初显。强化城市精细化管理，高标准推进浮玉智慧社区建设；建成垃圾分类智能化驿站4座，完成浮玉花园省级垃圾分类标杆小区创建工作。

【重点交通工程建设】 2021年，道长乡全力保障湖山大道、沪苏湖高铁、104国道改线等省市重点工程无障碍施工，其中沪苏湖高铁道场山隧道比要求工期提早49天贯通；104国道改线工程对下政策处理全部完成，道路路基全线贯通。重点推进6条村级联网公路和4个路域环境提升工程建设，其中里山埠至施红公路等4条公路全面建成，104国道至蛇岭公路完成80%，福林公墓至104国道完成70%；湖山大道照明工程等3个提升工程全面完工，湖山大道主线及连接线绿化景观工程完成80%。

【美丽乡村建设】 2021年，道场乡计划总投资8900万元推进菰城村、施家桥村、红里山村三村联创市级新时代美丽乡村样板片区，年内完成EPC招标并于11月初启动建设，年底完成工程量的50%。通过盘活存量资源助力农文旅项目招引，成功签约白鹭飞、岩朵云舍、安定书院等优质项目，完成微改造、精提升项目8个；森林水世界7月正式对外运营；举办菰城文化旅游节等活动40余场，累计接待游客50万人次，全年各村集体经营性收入100万元，平均数170万元。

【社会保障】 2021年，道长乡兜牢底线民生，完成就业再就业1800余人，发放低保低边、困境儿童、特困供养等各类补助260余万元，发放残疾人各类补贴85万余元。做好拥军优属，发放退役军人优抚金60.65万元、生活补贴57.24万元、退役军人补助金51.73万元、现役军人优待金51.39万元，成功创建省级“红色退役军人服务站”。关切基本民生，做好新冠感染疫情防控和重点人员防疫监测管理，组织辖区群众有序接种新冠疫苗，完成接种1.9万余人；完成居民健康体检4314人；投入250万元建成浮玉社区幸福邻里中心。

【基层社会治理】 2021年，道长乡保障市区乡三级换届期间的社会稳定，实施重点人、重点事包案化解制度，稳妥处理沪苏湖高铁爆破、养猪场农民工欠薪、浮玉分房后续维稳等重点任务。推进信访“最多跑一次”改革，提升直通车效能指数，办理“12345”政府阳光热线1398件，满意率98.87%；调处各类矛盾纠纷126起，涉及金额880余万元，成功率100%。开展安全生产领域百日攻坚专项整治行动，突出危化企业、出租房、建筑工地、交通领域以及旅游景区等重点环节，整改安全隐患130余处；完成船厂整治5家。继续加大扬尘管控力度，新增雾炮车、洒水车、清洗车各2台，完成PM10检测设备安装，空气优良率等指标得到提升。

【基层党建工作】 2021年，道长乡把学习宣传贯彻中共十九届六中全会精神，作为当前和今后一个时期的重大政治任务，创新结合“六讲六做”大宣传活动开展好全会精神的学习宣讲，通过党委理论学习中心组、机关讲堂、主题党日等载体以及“菰城之声”广播、“全景道场”微信、面对面驻村宣讲等形式，累计开展学习宣讲活动22场次，在全乡迅速掀起学习宣传贯彻热潮。成立党史学习教育专班，开展专题讲座10场、发布“菰城之声”48期、视频号15篇，其中道场青年说微视频宣讲累计播放量10+万。构建“乡村振兴同心圆、党建联盟共同体、富美南郊大家园”全域党建联盟体系，成立党建联盟32个，服务群众750人次，帮助办实事47件；完成浮玉社区和菰城村党群服务中心的改造升级。完成乡党代表换届选举、区党代表推选和乡党代会召开等工作，有序推进区、乡两级人大代表换届选举工作。

【土地开发复垦工作】 2021年，道长乡围绕“五区联创”“十大专班”工作要求，加速推进专项工作开展：土地开发复垦方面，完成泉科土地复垦11.6亩，陈家庄立项7.7亩；全年土地开发任务500亩，完成立项522亩并加紧实施；完成菰城村、施家桥村涉及9个自然村302户农户的全域整治方案，成立9个工作组集中推进农户签约工作。低效土地收储方面，全年确保任务150亩、力争任务190亩，年内，完成135亩，推进南天邮电地块23.4亩的收储工作。“非粮化”整治方面，完成2786.88亩的年度任务，整治面积2907亩，完成率104.3%。

（朱智慧）

妙西镇

【概况】 2021年，妙西镇贯彻“1511”工程决策部署，紧紧围绕争创国家级旅游度假区总目标，聚焦重大改革、重大项目，攻坚克难、扎实奋进，全镇经济社会发展呈现强劲态势。全镇实现财政总收入5.3亿元、同比增长65.6%，地方财政收入实现2.7亿元、同比增长56.9%，实到外资5000万美元、同比增长729%。部分主要经济指标实现翻倍增长。全体镇村干部工作日抓项目，节假日迎游客，全国唯一OA系统主板上市企业泛微网络落户西塞“科学谷”；2021年游客接待量130.6万人次，其中过夜游客13.8万人次，旅游业收入3.2亿元。妙西镇“微改造、精提升”推动乡村旅游高质量发展，创新破难，加快了西塞“科学谷”项目建设。妙西镇在市委农村工作会议上作“产村融合助力乡村振兴”交流发言，2次列入全市“互看互学互比”活动。中央和省级主要媒体9次报道妙西农文旅融合助推共同富裕的相关做法。这一年，妙西更强。获评浙江省生态文化建设突出贡献集体、浙江省森林城镇、长三角最佳悠享旅游度假区等荣誉。妙山村入选全国乡村旅游重点村和中国美丽休闲乡村，一年拿下2块国字招牌。“妙西黄桃”国家地理标志获农业农村部认证，成为吴兴区首个获得国家地理标志登记的农产品，茶果成为妙西百姓增收的金钥匙。把有限财力集中到美丽乡村建设上，打造新“妙山十景”“杼山十景”、让楂树坞、稍康成立2个精品村，让百姓看到山区实实在在的发展变化。出台《妙西镇学校质量提升奖励办法》《妙西镇拥军优属奖励办法》，真金白银鼓励更多妙西孩子考上学校，更多妙西军人在部队建功立业。

【妙西镇产业发展】 2021年，妙西镇扩开放、上项目，跑出产业加速度：重大项目精准招商。坚持“项目为王”理念，围绕旅游产业和科技产业专业招商、以商引商，先后引进亿元以上项目10个，其中集镇文旅综合体、君澜度假酒店等7个3亿元以上项目，完成区考核任务数的125%；西塞“科学谷”“聚贤谷”区块签约引进西安交通大学中子源加速器项目、浙大科学计算与应用服务重点实验室、浙大高分中心、湖州产业创新赋能中心、湖州碳排放大数据系统等5个项目，“创新田”区块引入主板上市企业泛微网络“两总部、四中心”项目。项目建设扎实推进。

【文旅项目开发】 2021年，妙西镇举办西塞山旅游度假区文旅项目集中开工仪式，新建续建文旅项目18个,总投资92亿元;科学谷客厅等8个亿元以上项目开工入库,花盈原乡塘里休闲养生村基础配套等6个亿元以上项目竣工;西塞"科学谷"概念性规划与建筑方案通过评审,中型、小型科研院所主体工程基本结顶,悦榕庄酒店完成样板房装修,长颈鹿庄园二期新增88间客房对外营业。原乡中医养生文化村项目被评为全市"十大推进快的好项目",西塞科学谷、科学谷综合度假酒店、中国白酒文化艺术馆3个项目获评市服务业"大好高"。

完成度假区风景地标、机动车导向等标识标牌安装;开通8条度假区公交专线,改造提升游步道和骑行道;完成S12妙西枢纽绿化景观工程,推进高速连接线、旅游北线连接线、妙山至汤村道路工程,完成建安投资超6000万元;实施原乡游客服务中心改建提升工程,完善度假区游客集散中心概念规划。做强"一链"旅游市场更火爆。受国内局部新冠感染疫情反弹的影响,三大景区成为"短程游"首选之地,"五一"、"十一"、中秋等黄金周游客量均达历史峰值;乡村精品酒店和民宿成为"微度假"宠儿,接待量创新高;露营、文化展览、户外运动等旅游业态不断丰富成熟,黄桃节、啤酒节、音乐节等节庆活动每月有看点;"微改造、精提升"项目老邓漫画馆、5D蝴蝶主题餐厅、"鹭"咖啡、沈家本历史文化园等场所人气不断。创新"一码"智慧服务更精准。全市首创"一码游西塞山"平台,以大数据为支撑,打造"智慧旅游"新模式,推动全域旅游整体智治,简化流程,实现5项手续"一码办",节约办理时间30%以上;同步建设游客集散中心智慧指挥系统和智慧停车系统,将近2000个停车位全部纳入管理。"一码游西塞山"平台自五一上线以来,单日访问量最高达1.9万人次,累计35万人次以上,旅游投诉较往年减少65%以上。

【征地拆迁安置】 2021年,妙西镇征迁保障有力有效。开年率先组织拔钉行动,对西塞山区域历时4年多的一处农庄进行拆除,为全年破难攻坚树立导向。组建重点工程征迁双进专班,完成土地征用250余亩、农户及厂房征迁29户、坟墓搬迁55座,推进湖杭高铁、沪苏湖高铁、104国道、两库引水等4个国家和省市重点工程全部实现无障碍施工。

【农业工业项目引进】 2021年,妙西镇农业工业提质提效。引进市定农业"大好高"项目2个,完成粮食功能区"非粮化"整治5342亩,举办全省桃标准生产"一县一品一策"现场会、吴兴区第四届黄桃节,黄桃产业提质增收明显;湖州鸿盈新材料有限公司年产20万立方米新型环保建材项目主体工程结顶,即将进行试生产,湖州龙瑞电子年产200万套新能源汽车零配件项目,完成主体工程50%。要素保障组织有力。

土地开发、低效用地收储、做地出地工作 年内,实施后沈埠村、杨湾村、东边村、渡善村土地开发项目11个264亩,完成率100%;完成度假区游客集散中心等5宗124.8亩的土地出让;完成收储低效企业10家共70亩,盘活企业1家17.5亩,完成率全区第一。

【人才引进 专利申报】 2021年,妙西镇科创引领效应凸显。申报完成国家级引才计划18个、省级引才计划16个,申报省海外工程师1人,一次答辩成功引进"省千人才"3人,创吴兴区之最,完成南非科学院院士罗伯特教授全职到岗,人才集聚指数全区第一。调动企业申报科技项目积极性,指导10家企业申请发明专利26件,完成办理发明专利质押21件,完成80%,完成率全区第一。

【村集体经济开发创建共同富裕】 2021年,妙西镇紧抓"微改造、精提升"契机,盘活闲置资产、引入商业资本,改造破羊圈、养猪场、盛坞水库等为网红打卡地,新增民宿农家乐22家,增加村集体经济经营性收入超100余万元，实现村集体经济经营性收入70万元以上全覆盖，100万元以上占比46.7%；深入融合文化艺术和美丽乡村，推进精神富裕，举办各类文化节庆活动17场、打造文化主题景观15处、新增陶瓷艺术馆等乡村博物馆5个。

美丽乡村建设 年内，全速推进美丽乡村建设。投资1.8亿元打造“山水妙境”新时代美丽乡村样板片区，争创4村联动的国家“绿水青山就是金山银山”创新实践基地示范带，完成绿道环线工程、7个驿站、10个大型节点等建设，累计完成概算投资额1.4亿元；投资5300万元，加快稍康村和楂树坞村市级美丽乡村精品村建设，累计完成概算投资额3300多万元。

违章建筑拆迁 年内，垃圾分类环境治理开展违章建筑拆除攻坚行动，拆除彩钢棚70户，拆除面积约3591.4平方米。推进全域环境治理。制定《2021年妙西镇农村精细化长效管理考核办法》，进一步完善监督考核机制，每月组织行政村人居环境、垃圾精准分类考核排序；投资554万元，建设后沈埠垃圾分类智能体验中心，并投入运营；开展治水、治气“利剑”行动，对9家企业提出整改问题12个，下发治气整改通知书17份，进一步打造天蓝水绿的生态环境。

【安全隐患治理】 2021年，妙西镇办实事、惠民生，增强群众安全感：安全基础更加牢固。落实安全生产责任制，压实各级主体责任，立案查处企业13家，罚金25.5万元；深入排查工矿企业安全隐患，治理安全隐患293项，取缔低小散企业4家；加强春茶采摘安全管理，完成茶场安全隐患排查治理533项；不断完善应急体系建设，应对“烟花”“灿都”超强台风和极端天气，完成避灾安置点规范化建设4处。根据旅游新业态安全监管规范，常态化落实“一企一员”（安全生产督导员）制度，健全隐患自查自治机制，督促景区落实旅游新业态项目安全生产日巡察、周检查、月维护制度，全年旅游行业平稳有序。综合治理更加有效。落实镇村两级主要领导负总责、联村领导分片包干、综治维稳干部抓具体的责任机制。跨部门联动，成立西塞山生态联勤警务站。全年无重大不稳定事件发生，排查调处矛盾纠纷75起，化解存量重大不稳定因素1件，进一步筑牢妙西镇平安稳定基础。开展反诈宣传全覆盖，通信网络诈骗案件同比下降40.7%，其中刑事案件发案率下降47%，下降幅度全区第一。

【民生保障】 2021年，妙西镇持续做好新冠感染疫情防控和健康参保工作，全镇居民疫苗接种率超100%，列全区第一，“南太湖健康保”参保率91%，全区第一；推进农村家宴“阳光厨房”、食品生产企业“阳光工厂”、培育放心消费单位等省政府民生实事项目，完成率100%；投资2160万元，建设五星圩区项目，完成工程量90%，完成东边村绿化亮化工程，倾力改善人民生活。摸排低保边缘户、支出型贫困对象，发放低保金103.4万元，全年落实全镇低保户131户共238人，元旦春节期间慰问困难群众569户，慰问款物54万余元。

【党建工作】 2021年，妙西镇筑基础、强队伍，提升党的引领力：夯实基层基础。重点围绕“三个有”，不断筑牢基本盘，发挥党建在乡村振兴、共同富裕等方面的引领作用。有平台，总投入300万元打造“妙新线党建示范带”，在迭代升级中形成阵地建设示范群；有特色，依托红色资源、文化资源以及文旅资源，连点串线，成功打造全区首个市直机关主题党日活动基地；有活动，完善人大代表联络站，新建成全区首个乡镇政协委员工作站，组织人大代表、政协委员视察考察“美丽乡村补短板”“‘非粮化’整治”等工作，进一步强化依法监督、民主监督和社会监督。优化队伍战斗力。做深做细“导师帮带制”，建设导师专项工作室，新增结对师徒13对，相关做法被报道宣传；成立创国、土地整治等八大工作专班，在中层干部中择优任命八位一线指挥长，不断增强干部“争先进位”意识，开展专班、行政村重点工作推进季度晾晒大比拼活动，形成“处处比干劲、月月争第一”的浓厚氛围；围绕建党100周年主题，开展建党百年系列活动、党史学习教育活动、新时代文明实践活动等，结合度假区“微改造、精提升”、春茶采摘、文明典范城市创建等中心工作开展全体干部志愿服务活动15次。

【清廉建设】 2021年，妙西镇落实全面从严治党主体责任，正风肃纪持续发力；清廉乡村精准施治，加强村级权力小微权力监督，开展村级监察联络站片区协作、交叉检查、专项监督，提升妙山清廉乡村示范点，清风朋友圈、清风同心圆等清廉单元协同共治；政务公开公示，政府决策依法科学、政府履职诚信有责、政府工作阳光透明，班子成员带头宣讲党纪教育一刻钟，开展廉政谈心谈话，筑牢思想防线，谨防“四风”反弹。

（蒋屹平）

埭溪镇

【概况】 2021年，埭溪镇隶属于湖州市吴兴区，始建于宋太平兴国八年（983），是一座具有千年历史的江南古镇，古称“上强”。“埭溪”之名与山水、溪流、埭坝相关。明万历六年《湖州府志》称埭溪市，此为埭溪镇正式命名之始。埭溪镇于2001年1月经过行政区域调整，由原来的梅峰乡、乔溪乡和埭溪镇合并而成，区域总面积173平方千米，下辖20个行政村和1个社区管委会，户籍人口3.4万余人，外来流动人口3.2万余人，城镇建成区面积5.5平方千米，是全国重点镇、浙江省第二批创建类特色小镇、湖州市重点发展的17个中心镇之一。2021年埭溪镇地区生产总值26亿元，财政收入7.18亿元，规模工业增加值15.62亿元，全社会固定资产投资10.4亿元。“十三五”期间，埭溪先后创建了省级美丽乡村示范乡镇、省级园林镇、省级美丽城镇样板镇、省AAAA级景区镇，其间实现产业大突破，成功创建省级特色小镇——吴兴美妆小镇，获评全省十大示范特色小镇、省级行业标杆小镇。作为全市“五谷丰登”战略计划的重要平台，埭溪镇立足“长三角美妆研发策源地”总定位，以高科技、高质量、高颜值引领时尚，重点建设阳山“时尚谷”。埭溪镇将围绕“建好时尚谷、守好大水缸、走好共富路”主路径，打造“科、产、城、人”融合发展新样板。

【埭溪镇产业发展】 2021年，埭溪镇品牌效益不断凸显。时尚品牌持续唱响。推进阳山“时尚谷”建设，创设绿色智造、特色美妆、时尚新经济三大产业平台，入驻项目11个，开工6个。推动贤才居等16个基础设施项目建设，开工8个，其中下沈港流域整治提升一期完成80%，二期完成规划设计。美妆小镇荣获全省首个国家药监局高级研修学院教学基地、省级高质量发展特色小镇的荣誉称号。通过美妆小镇消费品（化妆品）省级标准化试点项目，培育“品字标”企业3家，成功打造化妆品“智慧溯源”监管体系。项目引建聚势赋能。引进西蒙妮化妆品等11个亿元以上项目，其中3亿元以上6个。深化“三服务”，实现项目建设再提速，力聚一期、珀莱雅三期等9个项目开工入库，绮丽华等10个项目竣工投产。平台打造成效显著。牢牢锁定美妆小镇、下沈港两大区域，征地1500亩，房屋拆除208户，平台拓展提升1200亩，争取低效土地收储突破1100亩。绿色制造产业平台完成城市设计，正在对外招商。加快人才集聚，引进国家高层次人才。

【产业优化，经济发展高质高效】 2021年，埭溪镇工业转型升级加快。绿色新材和力聚进入上市辅导阶段。集聚产业创新发展潜力，成功认定“浙江省科技型中小企业”16家，申报

“国家高新技术企业”5家，规模以上企业研发经费累计2.16亿元，同比增长21.3%，研发活动占比96.3%，同比增长10.3%。德马科技入选省级内外贸一体化“领跑者企业”。农业基础不断巩固。完成“非粮化”整治8648亩，成功申报市级农业“大好高”项目2个、市校合作项目和市级农业龙头企业各1个。17个村集体经营性收入70万元以上，低收入农户实现年家庭人均收入1.1万元以下情况清零。水利设施进一步完善，向阳、五四水库完成加固除险，秧田冲山塘完成综合整治。

新业态旅游业 年内，培育新业态旅游。成功举办第四届国际玫瑰文化旅游节，签约8个项目，总投资6.5亿元。推出全区首批工业旅游示范点，首发3条特色工业旅游线路。开展“微改造精提升”示范点工作，培育等级民宿7家。争创省AAAA级景区镇，争取再添美丽新名片。

【美丽城镇加速建设】 2021年，埭溪镇城镇基础持续增强。交通网络不断优化，104国道改建完成许可审查。农村道路等级全面提升。美妆国际会展中心投入运营，新建7个“口袋公园”，40个港湾式公交停靠站，606套安置房年内验收。城镇管理持续提升。入选工业特色型美丽城镇省级样板创建名单，完成省级考核验收。推动“一支队伍管执法”省级试点，创新推出常态化“综合查一次”，共办理一般程序案件206件，所有案件均实现无败诉或复议纠错，案件办理效率提升70%以上。人居环境持续改善。实施“蓝天、碧水、净土”三大保卫战，开展“污水零直排”回头看和治气治水“利剑”专项行动。农村生活污水终端达标提标改造。在全区首推沿街店铺垃圾智能化收集工作，完成4个村市级农村生活垃圾分类处理标杆村创建验收。启动盛家坞村精品村和新时代美丽乡村样板片区建设，推动美丽乡村从全域整治向特质发展提升。

【民生福祉强化】 2021年，埭溪镇发放各类救助金580.6万元；全面提升智慧养老服务水平，发挥幸福邻里中心作用，开展80周岁以上老人免费理发服务；申报省移民共同富裕示范项目1个，争取项目资金1500万元；完成区级民生项目安息堂建设；高质量完成两季征兵任务；成功创建省级枫桥式退役军人服务站。新增就业2876人，招引大学生及各类人才1268人，其中博士12人，招引大学生创业团队5个，发放大学生补贴152万元；处理劳动纠纷128件，涉及金额350余万元，就业环境得到全面提升。社会事业不断进步。推动党史学习教育走深走实，完善新时代文明实践全域阵地布局，启用全区首个乡镇家园志愿广场、首个乡镇志愿者联合会。强化典型培育，获评省级荣誉2人。落实“暖心行动”，精准关爱计生特殊家庭，推广新冠疫苗接种，守好疫情防线。治理水平不断增强。争取共同富裕现代化基本单元改革试点，启动四个基本单元服务中心建设。护航建党百年活动，深化“两个见底”（即：隐患排查见底行动和矛盾纠纷排查见底行动）专项排查行动，上报各类隐患7120件，排查化解率100%，处罚违法违规企业18家。启用矛调中心，创建省级枫桥式司法所，成功调处矛盾纠纷52起，涉及金额355万元，基层治理效能得到优化提升。

【党建工作】 2021年，埭溪镇建强基层堡垒。推进“双创双全”组织力提升工程，优化“红领埭”党建品牌，高标准打造妙新线党建示范带、盛家坞村党群服务中心和“数字”小羊山。建成“工匠传承馆”“马路先锋”执法党建阵地和德马两新党建阵地。成立“文化助力乡村振兴”党建联盟，充分激发活力。打造过硬队伍 深入推进“头雁工程”，强化村级班子队伍的担当意识和履职能力，4名村书记在市区村书记擂台赛上取得佳绩。深化“导师帮带制”，持续做强“埭小溪”标兵训练营干部教育品牌。坚持从严治党。始终把加强党的政治建设放在首位，强化政治纪律和政治规矩。打造亲清园区，推出“清丽埭溪行”清廉建设品牌。坚持问题导向，强化重点领域、重点项目的风险防控，规范村级小微权力运行，持续推进农村“三资”阳光运行。精准运用“四种形态”，进一步净化政治生态。

（沈华锋）

东林镇

【概况】 2021年，东林镇位于湖州城南郊，东与菱湖镇毗连，南与德清县相望，西与埭溪镇接壤，北与道场乡为邻，离杭州城60千米，区位优势明显，水陆交通便利，东苕溪、104国道、竹青公路、杭宁高速公路穿镇而过。镇域面积80平方千米，辖23个行政村和3个居委会，常住人口3.5万。东林历史悠久、人文荟萃，号称“吴兴胜地”。早在4000年前，就有人在这块土地上耕田种地，植桑养蚕。宋朝的《吴兴志》中，东林名列前三，留下了“地入东林眼界奇，神仙遗迹在榴皮”的美好诗句。建于北宋时期的锦锋塔、南朝年间的祇园寺，编撰于清嘉庆年间的《东林山志》，以及祖籍在东林镇保健村的四大家族之“陈氏”家族，无不展示了东林厚重的历史底蕴。

年内，东林镇坚持和加强党的全面领导，以党的政治建设为统领，推动党的建设向基层延伸。以全域土地综合整治为切入点，以助推项目建设为支撑点，以发展服务产业为突破点，以保障改善民生为落脚点，加快经济转型升级，持续打造产业支撑有力、城镇一体发展、文化特色鲜明、生态环境优越、群众生活幸福“五位一体”的“山水田园　秀美东林”。

2021年，东林镇紧紧锚定全域土地综合整治目标任务，聚焦农业创优、工业增效、环境提升等成立五大工作专班，统筹推进经济社会发展。全镇全年完成财政税收4.85亿元、同比增长12.5%，规模以上工业产值205亿元、增长42%，固定资产投资30.1亿元、增长36%，规模工业增加值35亿元、增长17.4%。规模以上利税25亿元，同比增长154%，规模以上利润19亿元，同比增长205%。首批全域土地综合整治工程收官，创成国家卫生镇。实现“平安东林”十五连冠。

【东林镇经济发展】 2021年，东林镇以工业强镇为基，经济发展再创业绩。项目建设动能强劲。全年，全镇多项经济指标如下：新引进亿元以上项目8个，亿元以上工业项目开工入库5个、竣工10个。申报省重大产业项目1个，获评湖州市“大好高”项目4个，吴兴区“大好高”项目5个。转型升级步伐加快。累计关停低散乱企业351家，其中拆除261家，补偿金额超1.3亿元。小微企业园一期项目全部竣工，正式运营后可容纳30家左右有潜质的小微企业集聚入园发展。创新驱动释放活力。申报国家级和省级引才计划14个，引进领军人才1人。新认定省科技型中小企业14家。申报国家高新技术企业6家，省级高新技术企业研究开发中心2家，市、区级科技计划项目11个。

【绿色产业，富民强村】 2021年，东林镇产业层级稳步上升。发挥神农百草园、青芜有机农场、稻丰现代农业、宇恒现代牧业等4个市农业“大好高”项目优势，精耕“粮、渔、牧、蔬”农业产业。引进七禾生物、星光农业、天域生态等一批重点项目，年内，3000亩土地完成规模种植。农业设施加快建设。完成南山水库除险加固工程、青山港支流护岸水毁段修复工程等一批农田水利基础设施建设并通过验收。完成“非粮化”整治5300亩，500亩高标准农田建设及3000亩美丽田园新建提升项目通过验收。文旅名片持续打响。“余不谷”等一批文旅项目成效初显，11月中旬举办首届镇“绿色生活节”暨余不谷开元度假酒店体验日活动。成功创建AAA级旅游景区镇，结合自然风光和历史人文等主题，打造一日游精品路线，开展喜迎建党百年、村庄研学、亲子游等特色节庆活动。

【村镇建设展现新颜】 2021年，东林镇全域整治全面攻坚。成立全域整治专班，累计完成签约2503户，累计拆除2450余户。第一批次中星火一期、星火二期、东华一期、东明四期等4个多层房建部分竣工，星火一期市政完成。第二批次7个新村项目完成多层房建设计，预计年底前完成施工招投标。年底完成土地开发3700亩，土地复垦640亩。城镇建设稳步推进。完成《东林镇总体城市设计》中期方案设计。泉益村省级美丽宜居示范村创建和传统村落风貌保护提升试点的规划文本通过市级评审。全年投资1.45亿元，完成11千米农村公路的新改建项目、3千米路面大中修工程和3.6千米路域环境提升工程。其中，东林至保卫、泉庆公路等年底前完成竣工并验收。城镇管理精细有力，开展大气污染防治、安全生产、外来渣土整治、交通安全隐患排查等专项行动20余场。创建市级垃圾分类标杆村5个，创建无废城市细胞7个。发挥“部门包街”优势，有效助力“文明典范城市”创建工作，创成国家卫生镇。

【民生社会事业平安建设】 2021年，东林镇新增城镇就业4120人，失业和困难人员再就业400人，新增大学生就业1200人。养老保险、医疗保险、住房公积金缴存、家庭医生签约等各项保障切实惠民。发放残疾人补助、困难群众低保及各类慰问金799.5万元。服务为本繁荣民生事业。新冠感染疫情防控到位，首创“恒温候种厅”，接种疫苗64586剂次。其中，18周岁以上全程接种率居全区第一。完成东林小学食堂等一批学校基础设施提升建设项目。文化礼堂、百姓健身房、养老服务照料中心、退役军人服务站等阵地功能进一步提升。开展送戏下乡等各类文体活动24场次。有效办理市长热线1538件，开展“三服务”走访400余次。紧抓“大安全”主基调，开展八大重点领域安全风险底数排查和隐患整治行动。设立镇社会矛盾纠纷调处化解中心，开展反恐、防诈、普法等宣传活动20余场次。多次获评湖州市平安建设优秀乡镇。

【政府服务优化清廉建设】 2021年，东林镇牢固树立法治思维，加快构建权责统一、权威高效的现代政府职责体系。健全依法决策机制，加强公共资源交易、工程招投标等重点领域监管力度。全领域推进政府决策、执行、管理、服务、结果“五公开”，把政府的行政行为运行在阳光下。阵地队伍两手齐抓。总投资1000万元，高标准打造和提升东华、泉益、星火等一批村级服务阵地。创新“雁阵培育”“青优微党建”“红领微治”等品牌，将年轻干部压到镇村重点工作一线培养锻炼。作风建设驰而不息。坚持以零容忍的态度惩治腐败，不断完善权力运行的监督制约机制，推动清廉政府建设。组织集中廉政谈话180人次，开展警示教育大会3次。编印东林镇《警钟长鸣》，严格抓好换届风纪工作。创新“三着力”工作法促进国有资产规范运行和增值保值，扎实推进清廉机关建设。

（东林镇）

环渚街道

【概况】 环渚街道位于湖州市中心市北分区，是湖州建设现代化生态型滨湖大城市的重要区域，是南太湖新区的重要板块，是2013年1月由环渚乡规划调整组建的新街道。面积17.2平方千米，户籍人口1.8万人，下辖金锁、后庄、邵家墩、瑶台、万安4个行政村和玉堂桥、金龙家苑、北白鱼潭、香樟湾4个社区。

【环渚街道经济发展】 2021年，环渚街道在区委“1511”工作部署中找准环渚定位，全面开展“园区改造加速、征迁安置清零、城市管理创优、社会治理攻坚、党的建设强化”等“五大专项行动”，配合做好“县乡一体、条抓块统”改革试点推进工作，坚持数字赋能，紧扣“三服务”2.0版，勇当绿色低碳发展的探路者，为湖州加快建设共同富裕绿色样本打下坚实基础。

【经济建设】 2021年，环渚街道园区征收稳步推进。聚焦工业园区“腾笼换鸟、凤凰涅槃”总目标，将涉及征迁的1655亩用地分为三大区块（共三期）推进征收。夯实园区发展基础，由市城投、区交投共同出资成立平台公司，负责园区整体开发建设。坚持规划先行，统筹完善园区总体布局，初步完成园区城市设计方案，选定园区污水处理厂搬迁新址，厂区规划方案正在设计中。加快工作进度，细化阶段任务，三期征收范围发布，所涉及的36家企业征收意愿同意率100%；现场调查走访未登记建筑11.4万立方米，其中一期4.18万立方米完成认定公示；完成一期全部企业的预评估、社会稳定风险评估、项目征收补偿方案公示等工作，待融资到位后协调区征收办发布征收决定。重点项目保障有力。按照区委部署，保障重点项目建设，清远快速路（环渚段）6月底实现通车；滨湖高中9月投入使用；湖师附小幸福里校区扩建项目完成教学楼主体结构建设；绿城五星级酒店项目启动基建；湖州师范学院科技园项目（总投资约4.5亿元，建筑面积约91407平方米）前期准备工作完成，即将开工。成立万安征迁工作专班，完成整村农户青苗及附属物政策处理，万安村3200余亩土地流转完毕。启动美欣达集团工业互联网数字平台建设，加快推进新一代信息技术与制造业融合发展。

招商引才 年内，以现代服务业为重点，专班化推进项目招引。严把项目准入门槛，对工业园区内拟保留的五幢大型楼宇实行项目审核准入制，湖州慧兰优创人才大厦全年引进优质项目42个，孵化创业团队达27支，实现大学生就业270人。探索校企合作模式和引才举措，全年开展各类创业扶持、政策宣讲、业界沙龙活动14场，线上、线下招聘会共9场，新招引大学生824人、博士生3人、大学生创新创业团队项目1个。注重以企业为高端人才引进主体，采取柔性引才方式，推动形成政企联动的人才工作格局，挖掘人才资源，全年成功引入国家级人才1名，外国专家A类3人，成功申报国家级人才和省级人才各2名、海外工程师2名、省万人才1名，南太湖精英计划1名，每万名人才资源数195人。

【安居工程】 2021年，环渚街道紧盯安置小区工程进度，成立工作专班全面推进安置房分配工作。4月中旬顺利完成后庄家园一期290余户安置人员的房屋分配工作，区域内按老政策房屋分配办法（实物分房）施行的分房工作基本结束。10月完成华丰村171户搁置户集中分房工作，破解十三年分房安置难题。趁势而上加快节奏，一鼓作气开展新政策（房票安置）房屋分配工作，连续攻坚43天——化解安置房结构性缺房、新老政策差异、承诺交房时间远超预期等问题，11月，顺利完成紫玉花苑（南区）262余户和瑶台府700余户安置人员的期房分配工作。全年完成房屋分配2621套，分配面积近28.5万平方米。其余2个在建房票安置小区（后庄家园二期、井安府东区）启动房源确认等相关工作。

【城市建设】 2021年，环渚街道垃圾分类常态长效。以“精准分类、精细管理”为宗旨，提质创优，加强5个既有小区的日常督管，深入开展5个新交付小区及5个未交房小区的垃圾分类指导工作，完成幸福里小区等6处基础设施的提质创优。推动垃圾治理法制化，将生活垃圾分类检查工作纳入执法检查内容，实施差别化监管，全年开展垃圾分类专项宣传工作42次，发放宣传册4810份。办理垃圾分类简易案件273件，确保垃圾分类工作长效常态。9月街道垃圾分类工作全市排名第二。金龙家苑社区成功创建省级垃圾分类高标准社区，北白鱼潭等两个社区创建成为市级垃圾分类标杆社区，玉堂桥等三个小区创建成为市级标杆小区，高富路美食街完成区级垃圾分类示范街创建。

【城市文明创建成果】 2021年，环渚街道建立每月社区互看互评机制和周六环境大整治制度，参与全国文明典范城市打造。高标准推进“双美”创建工作，完成名门花园“美丽小区”和后庄路、井安路“美丽街巷”创建。开展精细化管理，打造整洁市容，全年纠正占道堆放1500余起，处理机动车乱停乱放1200余起，清理小广告2500余处，整改不规范店招36处。加大犬类规范管理整治力度，2021年办理犬类案件47件，抓捕流浪犬48只。加强违法建设管控，严查小区违规装修，做到“早发现，早处置”。下半年街道精细化管理工作连续排名全市前列。

【社会稳定治理】 基层治理创优。2021年，环渚街道建立活动阵地融合共享、工作力量融合共育、党建活动融合共建、管理网格融合共治、事务管理融合共推的“五融五共”工作机制，完善玉堂桥社区村社融合治理“党建+”模式，邵家墩花苑和后庄家园一期成为村社融合社区新成员。直面管理盲区，发挥“条线指导、网格员发现、社区整治、执法保障”的治理“一张网”作用，累计发现并解决问题4204个，提升群众获得感和满意度。发挥人大、政协在基层治理中的作用，成功打造人大微信“云”平台，环渚街道被湖州市人大法工委确定成为基层立法联络点，议政宣传片《小小的心愿》获湖州市“我最喜爱的联络站故事”一等奖。

【平安建设】 平安持续深化矛盾纠纷排查见底行动，全方位掌控矛盾线索，2021年，环渚街道制定重大事件应急预案，维护社会稳定，全年，累计完成工业园区征收、紫玉花苑安置房分配等6个项目的社会稳定风险评估；梳理不稳定情况54件，成功化解33件；受理12345和网络信访1431件、“双非警情”141条；成功化解各类劳动纠纷案件15起，涉及金额约347万元，推动平安考核从全市倒数提升到37位。落实领导包案制和领导坐班制相结合的信访接待制度，化解积案21件，调处重大矛盾51件。铺开反诈宣传，开展防诈宣传活动40余次，宣传受众3万余人次，成功制止诈骗案件近200起，有效提高居民防诈、反诈意识。加强餐饮安全巡查，新装厨房视频监控80家，全年检查各类食品经营主体560家次，处理问题事件435起，立案查处食品一般案件10起、简易案件6起；开展专项抽检5次，处置不合格食品7起。

应急管理加强 2021年，环渚街道坚持“防为主、防为上”理念，针对工业园区征收，深入开展安全隐患排查见底行动，重点关注危化行业整治，排查单位202家次，发现隐患并完成整改203处，查处违法企业11家，处罚金额35.1万元，限期整改33家，关停企业1家。持续做好特种设备“超期清零”工作，定期开展联合执法，督促临期设备检验70家次，查封4台到期未检验叉车，及时排除安全隐患，牢牢守住安全生产底线。开展燃气大整治行动，为居民及沿街商户免费更换瓶装燃气金属包覆管570余户。紧盯老年过渡房燃气安全，免费安装燃气报警器725户，实现燃气预警全覆盖。加强应急演练和应急救援队伍建设，规范救援物资管理，新建救援物资仓库1个，完成金龙家苑社区避灾安置点规范化建设。

【党建工作】 2021年，环渚街道深化党组织建设。强化党员分类管理，发挥社区功能型党支部战斗力量，细化“红色网格”机制，成立4个社区“家园支部”，其中玉堂桥争创“家园支部”示范社区。持续推动“银领驿支部”建设，开展老干部“我看建党百年新成就”系列活动，发挥老干部模范作用，玉堂桥社区获“首批市级‘银领驿站’优秀试点社区”称号。聚焦中心工作，以融入式党建夯实基层工作，组建5个一线临时党支部，推动党建与工作同频共振、双促共赢。发挥党组织引领带动作用，北白鱼潭“我为群众办实事”等多项基层党组织工作被各级媒体报道。

【党风廉政建设】 2021年，环渚街道健全完善全面从严治党联系沟通、动态跟踪工作机制，建立“履职报告+问题反馈”制度，提升责任意识、规矩意识。围绕上级决策部署落实、中央八项规定和工作纪律落实，做细、做实政治监督、日常监督，区委巡察反馈的3方面、10个具体问题整改完成率100%，累计开展各类专项检查和监督检查44次。突出从严治党主责主业，做准、做好监督执纪“四种形态”，累计问责处理8人次，反映万安村的重复疑难信访有效化解。以清廉街居建设作为助推基层治理重要模式，清廉小区建设覆盖率80%。推进基层小微权力“数字化”改革，推广部署基层小微权力和“监督一点通”平台，实现全覆盖，基层小微权力运行更透明。

（徐晓燕）

湖东街道

【概况】 湖东街道位于湖城东部，是湖州高质量赶超发展，践行“两山”理念新征程的重要区域，是吴兴建设东部新城的重要板块，于2018年5月挂牌成立，辖区总面积10平方千米，常住人口约4.1万人，户籍人口约1.9万人，2020年8月，7个新社区挂牌成立后，下辖管理铁路社区、湖东社区、湖东村社区、三里桥社区、富田家园社区、六合家园社区、东柿社区、东南湾社区、章家埭社区、陆旺社区、南塘漾社区、谈家扇社区、怡和家园社区、大升社区14个社区，区域东至蜀山路，南至长湖申航道，西近锁苕桥，北靠中兴大道。

湖东历史文化悠久、人文荟萃，区域内的毗山遗址是全国重点文物保护单位，是浙江省保存面积最大、堆积最为丰富的马桥——商周时期的大型聚落遗址；作为湖州中心城区和东部新城的联结区域，位置优越，交通便利，商贸发达，拥有金洲、大东吴、胜隆等一批总部经济，万达商圈是东部新城区块内的新兴商贸中心；区域内人民生活富足，社会稳定和谐。

2021年，湖东街道以“湖城向东看　建好新湖东”为发展目标，以“全域一体化、区域城市化、管理现代化、服务精准化”为发展路径，对标区委“发挥纽带作用，推动城区更好联结”为发展要求，抓住有利时机，发挥后发优势，融合城乡发展，一张蓝图绘到底，打造机制创新试验田、新城发展样板地、城市经济示范区，开创新型城市化高质量发展新局面，为加快建设共同富裕绿色样本做出新的贡献。

【湖东街道经济发展】 2021年，湖东街道集聚发展高端服务业，提升大东吴、金洲、胜隆石油等总部经济发展水平，三大总部服务业营业收入占比40%以上。打造万达广场、汽车街区等核心商圈，东部新消费核心板块日趋成熟。蜀山医养、浩贤托幼等一批新兴第三产业投产运营，新开办各类市场经营主体400余家。吸引新经济人才创业就业，2021年引进博士以上高层次人才3人，申报“启明计划”、国家优秀青年科学基金等各类人才计划10项，引进大学生1400余人；完成各类科技计划5项。全年淘汰各类“低小散”企业90家以上，有序完成工业企业限电工作。

【未来社区创建发展平台拓展】 2021年,湖东街道积极开展未来社区创建,计划总投资116亿元、规划738亩的南塘漾未来社区于2021年10月正式通过专家评审,成功纳入省第三批未来社区试点;计划总投资129亿元,规划456亩的章家埭未来社区、480亩的蜀山未来社区和305亩的红树湾未来社区于2021年12月成功入选全省第四批未来社区试点。实施吴兴区首个国有土地上房屋征收项目,2021年12月完成一期项目征收,同步推进工业低效用地收储,全年累计完成土地收储(征收)605余亩,为未来社区建设奠定基础。

【美丽小区街区创建】 2021年,湖东街道完成蜀山路、谈家扇路、草荡漾路等道路建设和改造提升,完成污水零直排小区11个,蜀山雅苑、馨水园小区被评为省级节水型小区。开展美丽小区和美丽街巷创建,红树湾小区、东柿路和东南湾路完成验收;铁路等5个社区创建绿色社区,谈家扇花园小区改造工程完成招投标。高标准推动垃圾分类工作提升,湖东府小区成功创建垃圾分类省级高标准小区。加强物业管理,在谈家扇、富田家园小区试点推进物业考核评价付费机制,东郡红树湾、湖东府小区成功创建省级"红色物业"。深化"五方会谈",开展活动70余场次,及时破解城市社区管理难题,《"听出应会"四诊法解决老旧小区"停车难"问题》等3个案例连续入选区"三服务"典型。开展"碧水蓝天净土"利剑行动,投入500余万元,生态修复王家漾港等河道3条,打通断头河5条,种植"城市水上田园"10亩;定期开展河道漾面巡查,建成大钱港省控断面水质监测点1个,创建区级"最美河道"3条;整改治气点位325个、环保不达标企业单位场所46家,查处涉气案件18起,完成油烟在线监测设备安装163家。推动全国文明典范城市创建,纠正占道堆放、取缔流摊、清理乱张贴及横幅共计2300余次,拆除违章搭建、违规广告100余处,整改违规装修270余起,补种绿化2700余平方米,城市面貌得到明显改善。

【民生福祉】 2021年,湖东街道教育基础设施不断改善,四中毗山校区、三幼富力一号园区、蓝天实验幼儿园达昌府园区等投入使用,配套新建商业小区幼儿园3个;开展"双减"排查,4家培训机构完成整改,减压率100%。实现城镇就业2400余人,定期开展欠薪隐患大排查,解决劳资纠纷150余件,金额达360余万元。发放低保、退役军人等各类人员保障资金160余万元,大学生就业、租房补贴350余万元。建成六合家园多功能运动场和家田花园百姓健身房,新建提升新时代文明实践站2家,成立街道志愿者联合会;开展千人体育公益大培训,组织开展群众性文化体育活动300余场。毗山文保遗址保护工作不断加强,考古大棚基本建成,核心区域完成封闭式管理。

新冠感染疫情防控 年内,累计排查重点人员4300余人,管控480余人,累计接种疫苗3.7万人次,设置大规模核酸检测点8个,储备70余万元防疫物资,组织开展街道大规模核酸检测演练。

村级留用地政策兑现 年内,采用统筹代建、资产回购、现金补足方式,全力推进村级留用地政策兑现,市城投代建商业综合体17亩用地已摘牌。完成六合家园安置社区房产证办理,其余3个安置小区正在推进;谈家扇农村家宴成功创建为省级农村家宴阳光厨房,湖东农贸市场成功创建为省级"五化"市场。

【平安建设】 2021年,湖东街道严守平安底线,成立疑难纠纷化解攻坚团,建立领导包案化解和包干排查稳控机制,圆满完成全国"两会""建党百年"及重大节庆活动期间安保工作,稳控重点信访对象19人,统筹化解各类矛盾纠纷3000余件,稳妥处理栋梁铝业职工集体维权、达昌府业主装修等问题。加强网络、网格融合发展，“全科网格”建设成效明显，稳步推进万达广场综治工作站建设，平安阵地得到进一步拓展。应急管理工作不断加强，严格落实“党政同责、一岗双责”安全生产责任制，累计出动检查人员500余人次，开展各类检查3100余次，发现整改安全隐患302处，处罚责任主体14家，关停企业2家；辖区内瓶装液化气软管实现应换尽换，六合老年过渡房消防问题实现彻底整改。组建“红肩章”消防志愿队、安全宣讲“联萌团”等队伍4支，打造户外消防主题公园1处。应对防汛防台及极端天气情况，如期打赢遏制较大生产安全事故攻坚战，全年未发生较大以上亡人事故及应急处置伤亡。

【数字赋能纵深推进】 2021年，湖东街道按照数字化改革要求，以“钉钉”系统为平台建立集考勤打卡、文件传阅、财务审批、薪酬管理等为一体的数字政务体系，节约审批时间60%以上。做好撤村建居“后半篇”文章，8个村股份经济合作社联合成立湖州玖联欣建设发展有限公司，上线股权固态静化数字管理系统，通过标准化管理村集体资产，维护村民合法权益。强化精细管理，依托“执法通”系统对辖区内447家商铺实现“一点一档”管理，“智慧城管”各项主要指标名列前茅。聚焦社会治理，在怡和家园等社区装设人脸识别数字设备，增强特殊人群管理能力；区级“智慧社区”试点湖东府小区实现数字系统试运行；街道人大建成“民情直通车”数字平台，不断提升基层数字化治理水平。

【党建引领工作】 2021年，湖东街道投入1500万元，新建提升六合家园、大东吴集团、金洲集团党建等5个社区（两新）党群服务中心，启动大升社区党群服务中心建设。推进党建联盟工作，实现社区党建联盟全覆盖，特色建成万达商圈党建联盟。打造“党员回家，我来服务”社区党建品牌，东郡红树湾小区成为市级家园支部工作参观点。实施党史学习教育计划，开展月度干部论坛、党史讲座、党务培训、宣讲比赛等活动100场以上。开展十九届六中全会精神学习活动。加强“清廉湖东”建设，探索亲清小区治理模式，出台《湖东街道“业账社管”工作实施办法（试行）》，在全区创新实施“业账社管”机制。

清廉街居建设 年内，打造清廉驿站示范点2个。坚持严管厚爱并重，开展干部集中廉政教育90余次；持续推动作风转变，开展专项督查10次，坚决纠正有令不行、有禁不止行为；精准运用“四种形态”，运用第一种形态处置5人，违纪立案查处3件，给予党纪处分3人。强化氛围营造，打造“爱廉说”特色品牌，《巾帼助廉》等多个视频被省纪委网站等媒体录用。有序推进辖区内党代表及人大代表选举工作，人大代表、议政员、政协委员履职能力不断加强，街道人大“五方会谈”“线上履职”等相关工作获省市媒体和学习强国报道，新建街道政协委员工作室和统战之家。征兵工作圆满完成，退役军人管理保障体制不断完善；民宗、妇联、工会、团委、计生协、红十字等各项工作取得新成效。

（范小燕）

月河街道

【概况】 月河街道地处湖州市中心城区东南部，因月河漾而得名，辖区面积3.5平方千米，总户数1.9万余户，常住人口3.9万余人，设9个社区，有67名社区干部，辖基层党组织73个，在册党员1555人。月河街道历史文化底蕴深厚，霅溪公园、莲花庄公园、千甓亭、皕宋楼、湖笔博物馆等坐落其中，省、市级文保单位、文保点12处。2021年，月河街道加快提升城市能级步伐，“双创”产业园、旅游大厦、绿色汽车东站、旅游集散中心、小商品城等发展的承载力不断显现，航运地块房屋征收更注入发展新动能，全年，月河街道在新冠感染疫情防控、台风防御、旧房征迁、招商引才、精细管理、文明创建、平安建设和基层治理等方面取得了较大的成效。年内，月河街道在招商引才、旧房征迁、精细管理、文明创建、新冠感染疫情防控、平安建设和基层治理等方面取得一定成效。

【产业培育人才引进】 2021年，月河街道引进新经济新业态项目企业41家，新增名录库企业146家。争取高层次人才集聚，引进博士16人，培育高技能人才196人，认定创新创业团队2个。提振产业加速驱动。截至10月底完成财政总收入2.51亿元，地方财政收入1.21亿元，分别增长11.07%和8.81%。盘活楼宇平台，湖州双创产业园、旅游大厦等入驻企业241家。湖州双创产业园获评浙江省电子商务实践基地名录、省级科技型小微企业及市级众创空间，孵化初创型企业44家。依托湖州长运汽车销售有限公司、红门馆前古玩街等平台举办夜间经济促消费活动26场，新增消费500余万元。问需于企强化保障，持续深化企业“问难帮困”和“三服务”活动，厘清“三张清单”，落实涉企优惠政策。新冠感染疫情防控常态化下，鼓励外来务工人员留吴过年，向13家规模以上企业、幼儿园发放文旅消费券155张，合计消费金额9.3万元。开展私募领域风险排查，梳理出集资性质企业20家，同步加强风险处置，营造良好营商环境。狠抓整治、攻坚克难，提高精细管理品质。抓实精细管理，围绕精细管理见效、美丽城区提升、文明典范城市创建等目标，健全机关、社区“月晒季考”机制，深化干部联居、路长制单位联动巡查，常态化推进周六志愿者日。紧扣管理短板，加大督查督办，精细化管理14个交办件、57个点位问题100%整改到位。

【“三改一拆”】 2021年，月河街道顺利推进航运公司本部征收，落实资金2.33亿元，完成178户签约及搬迁，拆除面积12800平方米。推进城市环境综合整治，累计拆除各类违建52处13061平方米。重点加强老旧小区、环城东路、中心农贸市场等整治力度。累计纠正流动车摊、占道经营等8000余处，按时高质量完成数字城管派件1.5万多单。

【垃圾分类】 2021年，月河街道落实《浙江省生活垃圾管理条例》，247家受控单位强制分类到位。落实街面餐厨专用桶定时定线收运，打造月河街70家商户样板街；实现小区“二定四分”模式100%转换，东方明珠小区获评浙江省生活垃圾分类高标准示范小区。文苑新村老小区改造顺利完成。

【“最多跑一次”改革为民福祉工作】 2021年，月河街道专项推进“我为群众办实事”活动，化解问题227个，认领微心愿130个，开展志愿便民服务350余场。建立9个社区掌上残疾人之家，推进8个居家养老日间照料中心，新增社会工作站1个，新培训16名护理员持证上岗，发放全区首份专项养老救助，抓牢“关键小事”。坚持公共服务惠民。抓好就业、社保和救助工作，办理医疗、养老参保登记61人，完成新增就业2886人，新招引大学生就业1617人，兑现各类大学生政策资金137.605万元，发放各类救助186万元，重度残疾人护理补贴358人、92.7万元，完成年度献血和造血干细胞捐献任务。受理劳资纠纷62起，追回金额71余万元。坚持美好生活乐民。以新时代文明实践为抓手，加强社区站点建设，开展“一元·益愿”为民服务。《“小巷之声”传党音》入选省《党史学习教育简报》百法百例专栏。深化“月河好人”特色品牌，1人获评“浙江好人”。发展文化体育事业，积极参加区工会运动会、第二届篮球邀请赛等活动。推动“双减”政策落地，完成辖区内21家校外培训机构督查指导全覆盖。

【新冠感染疫情防控】 2021年，月河街道坚持全域防疫护民。落实落细疫情防控，开展核酸检测1300多人次，对20家医疗诊所实行网格化管理，对60多名境外人员、425多名中高风险区及周边人员落实无缝闭环管控。辖区18岁以上人群完成疫苗全程接种29897人，完成率104.90%；3—11岁全程完成接种2263人，接种率78.03%；12—17岁人群接种1487人，完成率118.93%。

【平安体系建设】 2021年，月河街道建设平安体系。深化“大安全”联防联控排查化解机制，加强网格员、社区、物业、共建单位“四位一体”平安体系建设。累计上报“四个平台”事件6920件，流转率100%，办结率98.85%，其中区级重要信息33件。受理各类矛盾纠纷242件，调处率97%；受理非警务非警情251件，办结率100%。筑牢“月河城墙”。守住平安底线，以矛盾纠纷排查率、问题隐患解决数“两个提升”为抓手，消除风险隐患。深化扫黑除恶专项斗争，严打黄赌毒违法犯罪，净化社会风气。推进“无诈月河”“无邪教街道”建设，防诈、拒邪宣传普及3万余人。深抓“全域安全”。深入“洗楼”式隐患排查见底，累计整改隐患920余处，在中心城率先实现行政处罚案件零突破。化解四电风险专项攻坚行动，联网式烟感敷设950套，表后线路整治2076户，全区首创电梯智能阻车系统，老旧小区火灾发生率下降80%。完善修订应急预案，四级应急演练迅速有效。全年未发生各类安全生产事故，安全形势稳定。

【党建工作】 2021年，月河街道持续深化党史学习、“月河大讲堂”等专题教育，以“三联三问三送”（即三联：领导联点、单位联社区、干部联户。“三问”：问政于民、问需于民、问计于民；“三送”：送平安顺民意、送温暖聚民心、送服务惠民生）“微心愿”等活动为载体，引导广大党员积极参与项目招商、文明典范城市创建等中心工作。马军巷社区原创制作《建党百年党史学习手册》在党员之间反响良好；建党宣传片《小巷之声见初心》刊登光明网。以新时代文明实践为抓手，深化理论宣讲86场次，提升基层实践站2个。深入实施党建引领基层治理“五项行动”（即：经济发展攻坚行动、城市品质提升行动、社会治理深化行动、党建品牌引领行动、担当铁军打造行动），打好红色联盟、红色物业、红色网格等“红色系列”组合拳。高标准打造马军巷“五小工作法”、文苑“365工作法”（即“五小工作法”：“讲清小道理、开展小活动、宣传小人物、解决小问题、做好小事情”；“365工作法”：“三会”议事：“每周研讨会、每月恳谈会、每季评议会”，“六大”服务：“党建服务、便民服务、智慧服务、文化服务、特色服务、公益服务”，“五彩”先锋：红色盟友、银龄安康、巾帼芳华、青年成长、乐动文体五支先锋队）在浙政钉吴兴数字组工学习平台进行展示；月河社区“四合”党建、浮星桥社区党员“三包”（即“四合”：美美与共、和合一家；“三包”：包家庭、包楼道、包小区）活动等，架起了党群“连心桥”。

【清廉建设】 2021年，月河街道深入推进“清廉月河”建设，完善权力运行管理监督机制。用好监督执纪“四种形态”，累计提醒谈话3人，批评教育5人，诫勉谈话1人，责令作出书面检查1人，处理违纪党员2人。开展正风肃纪督查，推进“清廉街居”建设，建立社区“五双”工作格局，促进社区治理体系和治理能力现代化。

（沈　珏）

朝阳街道

【概况】 朝阳街道地处湖州市区南大门，因“有凤来仪、百凤朝阳”而得名，东接月河桥，南至五一大桥，西邻红丰桥，北至仪凤桥，总面积4.5平方千米，辖区有车站、潮音、定安、都市家园、红丰、北齐巷、闻波、碧浪湖、朝阳9个社区，总人口3.2万余人，党员1468名。街道现有干部132人，其中在编干部33人（公务员15人，事业编制18人），非在编人员21人，社区工作者62人，四个平台人员16人；街道党政人大班子领导14人（挂职1人、兼职2人）。2021年，街道以打造“幸福民生样板地、美丽城市新家园”为总抓手，实现财政税收2.38亿元，先后培育金航大厦、人保大厦等4幢税收千万楼宇，点亮城市经济；做好“朝志联”品牌，启用湖城首家社区新时代文明实践超市；投入近8000万元完成全区体量最大的红丰新村老旧小区改造，打造湖城老旧小区中美丽示范样本；率先成立全区首支“朝阳义警”服务队，打造“一中心五品牌全网格”的城市综合治理样板，有效推进现代化治理新进程；先行先试开创老旧小区安全治理3.0模式，以“五色”工作法进一步融合智慧消防元素，该民生项目获市人大点赞和现场展示；打造“朝小安”食安金名片，创成全区首家省级五星级食安办；以“今西印象”品牌为核心，创新打造小西街“大党建”街区，接待“全国党刊总编辑走进浙江”专题采访，区域党建显示度有效提升。

全面推进“破损店招拆除，一店多招整治”专项行动，率先完成南街、杭长桥中路、菜花泾路等320个整治任务。

新冠感染疫情防控 年内，开创全区唯一一家“春风号”新冠疫苗接种流动服务车进社区，完成重点人群集中管控175人，日常健康监测134人，疫苗接种6.6万余人次。

【高层住宅管理】 2021年，朝阳街道试点高层住宅鸿泊湾小区安装电梯电瓶车阻车系统，高层电瓶车管理实现有效管控；红丰新村高标准建设智能充电桩设备82台，充电使用率同比增长20%，朝阳社区开展1200户表后线路集中整治，完成1197户居民和商户燃气软管及联网式烟感安装。投入近8000万元完成全区体量最大的红丰新村老旧小区改造，入选区“三服务”优秀案例。

【服务业】 2021年，朝阳街道规模以上服务业完成2.2亿元，同比增长25.4%。2021年三季度外贸出口2169万元，同比增长40.5%。作为中心城唯一街道在2021年市本级乡镇街道服务业重点工作综合评比中列第三；新增总投资3000万元的智谱科技总部经济项目，金航大厦、人保大厦等4幢楼宇打造成为税收千万楼宇，小西街文创街区入驻外滩五号等人气商家17家。

【企业人才引进】 2021年，朝阳街道通过组织企业培训、上门宣传政策等方式，开展线上、线下和外出招引，全年引进大学生808人，其中博士5人，新增大学生创业主体31家。

【标杆社区建设】 2001年，该街道创成省级高标准小区、省级定时定点清运试点小区、省级定时定点清运试点街区各1个，完成9个市级标杆小区、4个市级标杆社区、39个市级标杆单位等创建任务，1—10月全区月度考核中8次位列中心城街道第一。

【阵地建设】 2021年，朝阳街道持续推动阵地提档升级，闻波社区党群服务中心、北齐巷历史文化街区党群服务中心在浙江党建“寻找最美党群服务中心”上展示，成为全省唯一一个两次入选的乡镇街道。以“今西印象”品牌为核心，创新打造小西街“大党建”街区，接待“全国党刊总编辑走进浙江”专题采访，区域党建显示度有效提升。街道不断绘好统战“同心圆”，小西街成功创建湖州首个历史文化街区统战之家、湖州首个国家级侨胞之家、湖州首个省级南丁格尔助侨服务站。创新推出六个“百年”党史学习教育活动，创办《朝阳青年说》等红学微宣30期，建立红学教育基地1个，发表红色长篇小说《红灯笼Ⅱ秘战上海滩》献礼建党百年。不断创新信访工作机制，2021年，街道居民进京、进省、进市上访为零，继续保持维稳良好势头。围绕清廉街居建设，创新多种形式开展“党纪教育一刻钟”活动125次，举办党纪党规专题培训2期。创新季度社区事务互动精准监督交叉检查，出台街道“业账社管”工作实施办法，在碧潮苑、新江南等16个小区全面推行清廉“五双”工作机制。

（虞颖玥）

爱山街道

【概况】“爱山”一词出自苏轼“我从山水窟中来，尚爱此山看不足”的诗句，历史悠久、底蕴深厚。爱山街道位于湖州中心城市核心商贸区，辖区范围东至人民路，南至小市河，西至横渚塘港，北以龙溪港为界。辖区面积3.2平方千米，下辖6个社区居委会，现有户籍人口12189人，下辖69个基层党组织，在册党员1055名。街道现有行政、事业人员33名，编外人员13名，社区工作者54名，专职网格员15名。辖区内有东吴国际、浙北购物、星火百货、银泰百货、观凤商厦、月星家居、物美等商业龙头企业，有入围浙江省非物质文化遗产名录的中华老字号名小吃丁莲芳和周生记，有享有“江南古刹”之称的铁佛寺，此外还有拥有200年历史的钮氏状元厅。另有爱山广场、新天地、衣裳街、状元街等特色商业街区和历史文化街区均坐落其中，共有大型商场10余座，各类商户5647家。

2021年，爱山街道在湖州市9次城市精细化管理月度考核中7次名列第一，在吴兴区季度考核中连续3次获得一等奖。“扫黄打非”工作被列为浙江省基层示范点，全市首个家园志愿广场在爱山广场落地，全市家园支部现场会在城图广场召开，成功创建中心城区首个博士后工作站。“阳光厨房”“无废街区”等多项工作得到市、区领导肯定。街道先后荣获“先进基层党组织”“扫黑除恶专项斗争集体三等功”等荣誉。街道坚持质量与数量并重，防疫与发展并举，推动经济发展步稳蹄疾，各项指标稳居街道前列。

【财政收入】 2021年1—12月，爱山街道完成财政税收4.24亿元，限额以上批发零售业收入25.16亿元，零售业收入122.24亿元，住宿业收入3.01亿元，餐饮业收入2.05亿元，其他营利性服务业营业收入4.31亿元，较上年同期分别增长−1.02%、33.61%、17.58%、20.59%和30.21%。街道各项经济发展指标稳居中心城区街道第一。

【企业楼宇经济人才引进】2021年，爱山街道新招引各类企业98家，引进高端人才2人，新增“下转上”企业9家。建立楼宇经济发展联席会议制度，并采取“专人跟踪、集约服务”“一事一议”等措施，加快项目开工建设、落地达产、投资入库。年内，拥有税收亿元楼宇3幢，千万元楼宇4幢，各类企业入驻1195家。全年，政企服务专员累计走访企业624家次，为企业协调解决各类问题256个。街道“三服务”案例多次入选区“三服务”工作典型案例，以“双联、双治、双推”的“三双”模式筑牢网络餐饮安全防线”的案例入选市三服务第三批典型案例。

【城市管理改善街居环境】2021年，爱山街道提升城市精细化管理水平，着力改善街居环境。强化管理促提升。出动2000多人次，组织开展市容整治285次，纠正劝离流动宣传摊贩111次，纠正出店经营104起、占道经营165次、清理乱张贴129处。深入推进户外店招广告高标准规范化专项整治，拆除违规、破损店招125块，面积约1600平方米。强化督导提效能。继续坚持常态巡查，执法中队针对辖区商家垃圾分类不规范现象，累计处罚个人633件，现场督促整改824家，发放整改通知单822份；贯彻执行治水治气“利剑”专项行动，完成空气质量监测站改造升级；结合“蓝盾一号”任务部署，多方联动，对天民路餐饮业油烟净化开展专项整治行动，现场整改16家。拆违控违稳推进。按照“零违建承诺、零增量控制、零存量保留、零遗漏监管”的工作要求，推进拆违控违行动，提升无违建创建水平。严格做到存量违建底数清楚、情况明了、分类处置、应拆尽拆；对新增违建做到即查即拆“零容忍”，发现一处，查处一处、拆除一处，杜绝新增违建发生。拆除各类违章建筑37处，5240平方米。

【垃圾分类】 2021年，爱山街道垃圾分类显成效。完成居民小区生活垃圾精准分类全域覆盖，完成26个精准分类小区定时、定点投放，生活垃圾分成厨余、可回收、有害、其他四类。发放宣传册3万余份，张贴宣传海报500余张，开展各类宣传活动19余次。龙溪翡翠、达多灏庭成功创建省级高标准小区，完成星海名城垃圾分类宣教馆建设、衣裳街宣教馆紧锣密鼓建设中，衣裳街成功创建市级“无废街区”。

【社会民生改善】 2021年，爱山街道牢固树立“以民为本，真诚服务”的工作理念，紧紧围绕疫苗接种、就业服务、创业培训和社会保障等各项民生工作，创新机制，狠抓落实，工作取得明显成效。

新冠感染疫情防控 年内防控基础不断夯实。以片区网格为最小管理单位，开展“洗楼”式宣传动员，发动辖区全员群众接种新冠疫苗。年内，累计接种12岁以上第一剂人数16657人，18岁以上全程任务完成率112.20%，12～17岁全程任务完成率133.15%。同时落实重点风险区域来湖人员闭环式管控工作，累计接收医学观察人员757人，其中国内中高风险地区226人，密接1人，次密接32人，时空密接18人，国内重点人员落实日常监测420人，入境人员点对点健康管理60人。

【就业创业】 2021年，爱山街道就业创业不断深化。积极组织开展就业培训和技能培训、岗位技能提升培训，及时与辖区内企业、市场等公共单位加强沟通联系，搜集用工信息，帮助就业。新增城镇就业人数3400人，完成目标任务的107.2%；失业人员实现再就业2518人，完成率104.91%；就业困难人员实现再就业185人，完成率102.77%，与中心医院合作，成功创建中心城区首个博士后工作站。充分保障就业者权利，受理劳动保障监察投诉和劳动争议调解案件110件，成功处理108件，5人以上群体性案件全部得到有效稳控和成功调处，实现“无积压陈案”的目标。

【社会保障】 2021年，爱山街道社会保障不断完善。全年，有41人纳入残疾人困难生活补贴，176人纳入重度护理补贴。发放困难生活补贴134834元，重度护理补贴560875元。元旦、春节期间，慰问困难残疾人65人次，慰问金额71100元。健全完善各项补助动态调整机制，做到动态管理、应补尽补、应退尽退、进退有据。关心关爱老年人，5家社区居家养老照料中心全部实现社会化管理，为困难老人、高龄老人、独居残疾老人安装“12349”一键求助装置，提供智慧养老精细化服务。

【平安创建】 2021年，爱山街道以创建平安街道为目标，以维护社会稳定为基础，以守牢安全生产为底线，为辖区各项事业高速、稳步发展提供良好的社会环境。处理危机基础不断夯实。整合区域内各条块的管理服务力量，建成综合信息指挥室，统筹协调指挥综治工作、市场监管、综合执法、便民服务“四个平台”，推动平台之间融合，形成职能清晰、权责统一、功能集成、扁平一体、便民高效、执行有力的基层管理体制。通过平安通、平安检查App等平台对辖区内所有场所进行全覆盖巡查走访，年内，累计上报各类有效信息6300余条，现场处置率50%以上，发挥矛盾多元化解中心作用，成功化解各类矛盾纠纷1366起，其中消费纠纷1085起、劳资纠纷97起、其他184起，多部门联动成功调处大都汇欠租群体性事件，保障3500万元租金欠款偿还落地，为构建平安街道奠定基础。打击整治力度持续加大。坚持构建“打击有力、防范严密、控制有效、管理到位”的社会治安防控体系，牢牢掌握社会治安主动权。2021年，爱山派出所刑事打处64人，治安处罚187人。整体刑事案件发案率、涉黄涉赌警情、娱乐场所寻衅滋事类发案率较2020年同期有明显下降。

【扫黑除恶专项斗争】 2021年，爱山街道通过“2250000”防诈热线宣传，成功为辖区居民挽回直接经济损失80余万元。在扫黑除恶专项斗争中查处十类涉黑恶案件38起，刑拘158人，打掉3个“套路贷”公司，处理17人。彻底铲除鲁某华、熊某平等社会闲散人员组成的黑恶势力，街道被授予吴兴区扫黑除恶专项斗争集体三等功。

【安全隐患排查工作】 2021年，爱山街道排查见底工作落到实处。街道始终将安全生产作为重要工作摆上工作日程，严格落实领导干部“一岗双责”制度。对辖区不放心区域隐患实行销号式管理，结合区安委会“遏重大”专项行动，对辖区内观风、新天地、福来福、银莱商业大厦等老旧商场开展专项整治；共组织安全检查306次，排查各类企业976家次，发现隐患187处，整改169处。深化“净网行动”，对辖区“天民路外卖一条街”开展网络餐饮专项治理工作，发现问题36个，对9家餐饮单位进行立案处罚，工作成效获省相关部门充分肯定，并作为观摩点进行参观。

【党建工作】 2021年，爱山街道把加强党的建设作为做好一切工作的根本来抓，充分发挥党工委总揽全局、协调各方的领导核心作用，推进人大、政府、政协依法依章履行职能，加强执政能力和先进性建设，党的建设得到进一步加强。加强党史教育学习。依托商圈优势“三步”走深化党史学习教育。巧用区位优势，深度聚焦红色场馆、本地故事、专家学者和商圈宣讲，做到辖区党员教育全覆盖，宣讲活动60余次，观众1500余人；善用人才优势，通过开展“学党史 话初心”比赛等，选拔优秀青年组建小红砖SHINE青年宣讲团和志愿者宣讲团，用年轻力量传播党史学习教育；运用科技优势，利用数字化阅读、阵地直播间和街、社、商圈等阵地大屏，开展线上党史学习教育，通过小红砖宣讲团直播宣讲10次、拍摄爱山青年说、小红砖党史宣讲视频9个，在辖区阵地、微信等平台，累计播放达8000余次。

街道基层党建 年内高标准提升改造社区党群服务中心5个，纵深推进党员分类管理，完成龙庭小区家园支部市级试点工作，建立“红满庭、聚星”等9个家园支部，家园支部轮值先锋活动被市级以上媒体报道20余次；打造全市首条街区功能型党委，加强衣裳街街区管委会、德泰恒大药房、吴兴农商银行、行政执法女子分队、衣裳街社区等各类主体、各类单位的红色联动，开展志愿服务活动，向上向下不断延伸维度，创新推动形成党建引领下的街区治理共同体。

【党风廉政建设】 2021年，爱山街道加强党风廉政建设。深入开展“党纪教育一刻钟”，累计组织专题学习会议12次，开展各类谈心谈话95人次。协助抓好监督检查。全年开展日常正风肃纪检查18次；街道社区工作事务性开支、社区小额工程、低保和困难救助资金使用等情况专项检查4次，督促整改各类问题20余项。对重点工作和中心工作的落实推进情况开展督查12次。全年运用监督执纪“四种形态”处置党员干部10名，其中2名开除党籍处分，1名记过处分，1名警告处分，6名党员干部受到第一种形态处理，其中提醒谈话4名，批评教育2名。

清廉街居建设 年内开展“清廉街居”建设，以小微权力监督为重点，加强街道社区资金和资产管理、大额采购和小额工程项目的规范工作，筑牢基层党风廉政建设基础。加强群团工作建设。发挥人大代表，政协委员参政议政职能，对社区党群服务中心打造，垃圾分类、杜绝餐饮浪费等20余项民生实事项目进行监督，人大代表“云履职”、老字号传承、“五彩助侨”等多项工作入选省平台进行宣传推广；打造全市首个家园志愿广场，开展“固定+常态”的志愿服务活动，年内，开展各类志愿服务265场，接待调研团26个，日均人流量5800人。

（陈　瑶）

飞英街道

【概况】 飞英街道位于湖城中东部，东至大钱港与湖东街道相邻，南至苕溪东路与月河街道相接，西至爱山街道以人民路为界，北至环城河与龙泉街道隔河相望。辖区文化底蕴深厚，飞英塔、府庙皆是“湖州三绝”之一，陈英士故居更是再现了浓厚历史文化底蕴养育的一方英才。街道辖区面积2.78平方千米，辖宗家漾、墙壕里、新华苑、竹翠园、米行街、塔下街、吉北、吉山四8个社区，2021年，居民总户数15289户，户籍人口2.67万人，流动人口6040人。街道机关工作人员51名，社区工作者55名，辖区51个党支部，有在册中共党员1351名。

2021年，飞英街道聚焦“平台提升”，打造融合开放的活力飞英。依托跨境电商产业园等楼宇经济平台，辖区经济稳步提升，街道全年GDP15.7亿元，增速12%。城镇居民人均可支配收入70119元，同比增长9.7%。年底，辖区新注册企业273家，引进楼宇企业192家，其中注册资金5000万元以上4家，1000万元以上31家，500万元以上12家。完成1家市级众创空间、1家市级研发中心、2家省级科技型企业的认定，成功入选南太湖精英计划2个，南太湖特支计划1个，南太湖领军人才两名。承办2021年“两山”青年学院青创班暨湖州市春季电子商务创业创新班、湖州市最美村播等专项培训，开展“数字消费在吴兴”直播专场活动，运用“理论+实践”模式帮助青年就业创业。推动“全域精细”，着力打造宜居宜业的美丽飞英。打造全国文明典范城市，动员街道上下保持沸腾状态，持续发力，严格执行创建标准，对标对表，定点定人，整合各方力量，集中攻坚，开展各类集中整治90多次，出动人员5500多人次。对辖区240多家餐饮店，实现一店一档全覆盖，落实定期清洗制度，成为全区首个油烟在线监测设备正常使用达标的街道。注重“单元建设”，打造人民至上的人文飞英。健全保障体系，落实兜底功能，累计发放救助金133.8万元；审核发放两项补贴及重度残疾人补贴64.15万元。完善养老服务，为183位老人购买养老服务15.59万元。实施吉山新村193幢拆后利用项目，投入800多万元，新建748.5平方米的社区管理服务中心，集社区食堂、垃圾分类、信息服务平台、文体活动中心等功能为一体。

【就业创业】 2021年，飞英街道保障大学生就业创业，发放租房生活补贴271人次，134.8万元；就业补贴172人次，63.3万元。帮扶失业人群就业218人次，新增创新创业大学生团队6个。

校外培训机构整顿 年内精准落实“双减”政策，33家校外培训机构实现规范经营和转型发展。构建公共文化服务网络，开展各类文体活动110场次，推进体育现代化街道和体育现代化社区创建，优化城市“15分钟健身圈”。

【平安建设】 2021年，飞英街道依托“整体智治”，打造和谐和睦的平安飞英。以矛盾调解中心为总枢纽，建立“14559”工作联动体系，探索社会治理“三色”（三色指的是红黄绿，红色代表危险，黄色代表一般，绿色代表没事）管理模式，全面提升街道社会治理能力。组建吾新联盟，签订“吾新”工作联盟协议，帮助社区矫正对象融入社会。开设“烦事樊解”抖音普法频道，趣味解读法律。开展常态化疫情防控工作，健全“源头查控+硬核隔离+精密智控”机制，开展疫苗免费接种。注重“日常安全监管”，开展专项整治14次，检查2600家次，排查隐患670处。注重消防安全隐患点的整治，完成1400多户居民的表后线整治和374家商铺的智慧联网烟感器、空气开关和漏电保护器安装，开展街区店面和住户煤气软管的更换。对存在较大安全隐患的苕溪路“美食城”进行联合执法予以取缔，确保整个面上的安全稳定。

【党建工作】 2021年，飞英街道筑牢“红色根脉”，打造党建引领的红色飞英。履行意识形态工作主体责任，正确把握舆情。推进党史学习教育，以“铭记百年路·奋进新飞英”为主题，开展建党100周年系列活动30余场次，持续不断把党史学习教育的理论实践转化为推动工作、冲刺“全年红”的不竭动力。依法有序推进党代表、人大代表和政协委员推选工作。深化“双创双全”组织力提升工程，擦亮红色街区党群服务中心示范带品牌，以街区5个社区党群服务中心为载体，推出8分钟党群服务圈试点工作，打造社区服务不打烊特色品牌。打造浩瀚人才大厦“瀚未者、创先锋”党建品牌，探索“一核引领，多元一体”的红领创业生态圈，为吸引更多的年轻人创新创业铸就引才“凤凰巢”。持续推进清廉飞英建设，党风廉政建设各项工作成效明显，街道二、三季度政治生态“三色评估”分别取得高分。完成年度征兵工作，街社两级基层规范化建设按标准提升完善。完成政协委员工作联络站建设，持续推进民主议事堂工作。坚持党建引领，持续深化统战、群团等工作，发挥好桥梁纽带作用。

（袁煜岚）

龙泉街道

【概况】 龙泉街道地处湖州中心城区东北部，东以美欣达路为界、南至环城河、西至机坊港、北至二环北路，辖区面积5平方千米。2021年，有10个社区居委会，居民2.6万余户，人口约6.9万人。辖区内有大学1所（湖州师范学院），中学2所，小学幼儿园6所。街道机关工作人员36名，社区工作者86名。街道党工委下辖8个社区党委、5个党支部、1个党总支、55个楼道支部、两新党工委下设6个两新党支部。

2021年，龙泉街道以打造“幸福龙泉、和美社区、生态家园”为总目标，以“三大攻坚”行动为主抓手，深化一个主题、补齐两大短板、做精三大品牌、夯实四大基础，提升龙泉显示度、美誉度，提高居民的安全感、获得感、幸福感。该街道以“三百”活动深化建党百年主题，以学促思，以思促行，以行促效。百场微党课学好党史党章。由区领导、班子成员领衔，市人大“8090”宣讲团带队奔赴社区讲好百场“微党课”，组织全体党员学习党章，重温党史，切实提升党员干部政治素养和理论水平。6月，央视《焦点访谈》专题报道街道党史学习教育工作，街道美誉度显著提升。百个微典型展示榜样风采。从百名先进中选树20位典型，结合“光荣在党50年”纪念勋章颁发工作，通过故事宣讲、视频展播，多角度、多元素展现龙泉党员干部风采，教育引导广大党员传承红色基因，赓续红色血脉。百个微心愿践行党员力量。全面排摸辖区困难党员、失独家庭实际需求，10余个党建联盟单位和200余名党员参与认领，实现“微心愿”250余个，慰问困难党员、群众100多名。

【城市管理及经济发展】 2021年，龙泉街道聚焦城市管理及经济发展两大短板，精准发力，合力攻坚，取得成效。以绣花功夫补齐城市管理短板。以精细化考核为导向，对难点、堵点问题常态化监管，分类施策。在中心街道中首推"微改造"项目，列入街道民生实事项目，先后完成紫云小区休闲广场等"微改造"提升工程6个，累计投入120多万元，整治裸露面积5000平方米，新增车位200多个。推进学士府小区"美丽小区"创建，打造全市样板。推进治水治气专项行动，辖区空气优良率得到明显提升。承接准物业管理提质工作，14个老旧小区环境面貌得到有效提升，相关工作入选区"三服务"典型案例。以深化服务补齐经济发展短板。推进"三服务"工作，为8家限上企业争取补助资金24.5万元；发展电子商务，截至11月实现销售额250万元，其中跨境电商销售额105万元，同时为企业争取电商奖励资金2万元。全年预计实现财政收入1.8亿元，同比增长12%；限上批发销售额2.5亿元，同比增长25%；限上零售销售额0.7亿元，同比增长18.64%；限上服务业营业收入2.3亿元，同比增长35.29%。引进新经济新业态企业16家，新增入驻平台企业40多家，多项指标均超额完成年度任务。深化与湖州师范学院校地合作引才机制，市、区服务业"大好高"项目师院大学生创业创新项目年内可竣工。稳步助推湖州燃气上市工作，预计2021年内可在香港上市。

【党建工作】 2021年，龙泉街道在社区党建、文明实践、垃圾分类工作中争试点、创亮点，努力把先行变先成、试点变示范。切实守好红色根脉。全面完成祥和社区党群服务中心功能提升，建成全区街道首个"政协委员工作站"，举办全区首场"民生议事堂"。白鱼潭社区承办全省村社书记培训会，建立全市首个"家园支部"，在全市首推"周末不打烊"服务，推荐为全省"最美党群服务中心"。谭建丞艺术馆入选吴兴区红色路线打卡地，《信仰的力量》获区党员教育电视片评选三等奖。探索建立全市首个"红管家"联盟，党员在业委会中覆盖率70%以上，解决小区治理的"痛点""堵点"37处，创市级"红色物业标杆"小区2个，相关做法入选区"三服务"典型案例。持续深化文明实践。高标准打造新时代文明实践示范站3个，实现全覆盖。白鱼潭家园志愿广场列入全区试点。以全国文明典范城市打造为主题，自创广播剧《印》，12月在湖州广播电台播出。入选区学习型组织6个、终身学习品牌项目1个和市民终身学习体验基地1个。全域开展"制止餐饮浪费推广公勺公筷"行动，持续唱响"龙泉好声音"，有关报道被中央、省级媒体录用300余篇。推进垃圾分类。完成39个小区109个驿站"二定四分"（即让居民按照可回收物、有害垃圾、易腐垃圾、其他垃圾四分类要求，定时、定点精准投放生活垃圾）模式转换全覆盖，设施机制提升达100%，成功创建省级高标准小区2个、样板街1个。加强执法进小区专项行动力度，查处垃圾分类案件331起，罚款金额17.02万元。创新"双网模式"完善再生资源回收体系，成功申报浙江省全域"无废城市"建设创新推广案例。龙泉街道成为吴兴区唯一获评湖州市重大工作生活垃圾精准分类突出贡献集体。

【社会基层治理为民办实事】 2021年，龙泉街道坚定不移为民办好实事，锻造过硬铁军，牢固夯实基础，提升龙泉形象。基层社会治理筑基石，推进"两个排查见底行动"，着力抓好源头治理，2021年受理各项事项525件，办结率100%。接收各类矛盾纠纷335起，化解322起，化解率为96.1%，涉及金额350余万元，办理"12345"热线2608件。刑事案件累计发生132起，同比下降21.2%。稳妥处理调剂牛事件及"双减"后续工作，1—10月全市平安指数考核列全区第一。高标准抓好民兵建设，"示范型退役军人服务站”通过省级验收，“轮值站长率先示范”做法得到肯定。

【平安建设】 2021年，龙泉街道公共安全管理守底线。全面铺开“遏重大”安全生产大排查及“平安护航建党百年”行动，整改隐患812处，清退整改合用场所78家。抓好防汛防台与避灾减灾基础工作，新建社区避灾安置点2处，完成潘公桥D级危房拆除工作。完成联动式烟感安装825户，新增充电桩插座60个，表后线路改造1820户，燃气软管更换1720户。结合“5·12”等重要节点开展应急演练10次，安全生产培训300余人次。

【社会民生事业保障】 2021年，龙泉街道社会民生事业强保障，做好常态化疫情防控，实行重点人群排摸管控即时报告制，完成3周岁以上人群疫苗接种5.5万余人。实现辖区13个养老照料中心全覆盖，高标准改造提升老年食堂，配送服务辐射至7个乡镇街道，累计送餐人数达5万余人次，白鱼潭社区获得全国示范型老年友好型社区。完成百姓健身房、文明共享学堂及祥和幸福邻里中心等民生工程。统筹各方资源，开展“慈善一日捐”，累计募集资金82万余元。0～3岁婴幼儿公益早教项目获区“共同富裕”工作示范，承办儿童友好社区融合促进项目1个，联合师院共同培育青少年“成长”项目1个，成功打造省级关爱儿童之家1个，街道庇护中心通过四星级验收。

【干部队伍建设】 2021年，龙泉街道干部队伍建设出实招。做好社区换届“后半篇”文章，强化干部日常管理，以“三大攻坚”行动为载体，所有机关干部下沉网格包干负责，闭环处理小区各类问题1200余个。街道人大、纪工委常态化开展“懈怠”督查，并将结果纳入干部季度专项考核。加强干部分类培训机制，按照“七种能力”的要求，重点抓社区书记、科室长、年轻干部教育培训，开展年轻干部论坛、书记论坛等5期。

（韩琴芳）

统计资料

2021年吴兴区国民经济和社会发展统计公报

2021年不仅是“十四五”的开局之年，也是奔向2035年远景目标的新起点。2021年以来，全区认真贯彻落实区委区政府的工作要求和部署，克服疫情带来的经济下行压力，促进经济发展“脱虚向实”，全区经济社会发展呈现总体平稳增长、转型逐步加快、质量不断提升的良好态势。

一、综　合

实现地区生产总值（GDP）853.18亿元，按可比价计算，同比增长9.7%。分产业看，第一产业增加值22.23亿元，增长3.4%；第二产业增加值400.31亿元，其中工业增加值354.48亿元，分别增长11.3%和12.0%；第三产业增加值430.64亿元，增长8.7%。分产业结构看，一、二、三产结构调整为2.6∶46.9∶50.5，产业结构继续优化。人均生产总值按常住人口计算为118415元，增长7.9%。

实现公共财政预算总收入96.22亿元，同比增长16.2%，其中地方一般预算收入63.44亿元，增长23.9%，地方财政税收收入60.06亿元，增长24.2%。在地方税收中，实现增值税16.40亿元、企业所得税7.89亿元、个人所得税2.90亿元。全年公共财政预算支出58.40亿元，其中一般公共服务、公共安全、教育、科学技术、卫生健康分别增长17.2%、8.9%、47.7%、16.0%和25.5%。

居民消费价格总指数102.1%。其中，交通和通信价格上涨4.7%，教育文化和娱乐类价格上涨3.9%，生活用品及服务价格上涨2.6%，医疗保健价格上涨2.6%，居住价格同比基本持平。

二、农业和农村经济

实现农林牧渔业总产值41.94亿元，同比增长4.3%。其中，种植业总产值14.27亿元，增长1.1%；牧业总产值4.24亿元，增长30.7%；渔业总产值17.90亿元，增长5.5%；农业辅助性活动总产值2.44亿元，增长1.1%。农村居民人均可支配收入42275元，增长10.6%。年末羊存栏6.71万头，全年累计出栏5.02万头，分别增长15.4%和21.1%。年末生猪、湖羊和肉禽生产保供成效显著，市场平稳。

按照标准化、绿色化、规模化、循环化、数字化、基地化的生猪产业高质量发展“六化”规范，积极推进生猪产业高质量发展，康强、百架顶、永恒今年新增出栏生猪1万头以上。新增1家万头羊场项目和1家羊场改造提升项目，合计新增存栏7000余头。成功创建1家数字化牧场和1家省级美丽牧场，畜牧业数字化、绿色化养殖水平进一步提升。

三、工业和建筑业

完成规模工业增加值169.41亿元，同比增长12.5%，规模以下工业增加值增长13.5%。新兴动能中的战略新兴、高新技术和装备制造产业增加值分别增长15.0%、13.5%和20.0%。从效益指标来看，规模工业企业实现营业收入945.48亿元，增长32.1%。实现利税总额69.37亿元，增长24.3%，其中利润总额51.53亿元，增长25.3%。

年末拥有在库建筑企业67家，完成建筑业总产值454.6亿元，同比增长13.2%，其中建筑工程产值393.2亿元；房屋建筑施工面积2028.3万平方米，其中新开工面961.3万平方米。

四、固定资产投资和房地产

固定资产投资同比增长25.6%，高于全市平均11.4个百分点。其中，工业投资增长35.7%，交通投资和水利设施投资分别增长492.3%和91.8%。

商品房施工面积1199.2万平方米，同比增长1.3%，商品房竣工面积35.8万平方米，下滑57.2%。住宅销售面积187.6万平方米，增长3.5%，住宅销售额251.8亿元，增长13.4%，待售面积30.2万平方米。

五、国内贸易和对外经济

限额以上商品销售额691.12亿元，同比增长13.9%。其中，限上批发业销售额473.6亿元，限上零售业销售额217.5亿元，化工材料及制品类、日用品类销售情况良好，分别实现商品销售额96.5亿元、9.6亿元，增长522.6%和76.7%。受疫情影响，体育、娱乐用品类销售额下降79.7%。

完成外贸进出口总额213.6亿元，同比增长80.0%，其中，出口186.8亿元，增长94.4%。出口商品结构进一步优化，机电产品出口增长125.7%，占比45.5%，为我区第一大出口产业。出口市场更趋多元化，对非洲等新兴市场出口增长131.8%，其中，对“一带一路”沿线国家出口增长136.8%；同期对传统市场出口增长19.5%，其中欧盟市场增长31.0%。

六、科学技术和教育

获批国家级海智基地和省级可持续发展创新示范区，科技创新综合实力进一步增强，在全国科技创新百强区中的位次提升至58位，“创新指数”提升至全省29位。谋划建设“科技企业成长政策通”应用场景，被省科技厅列为全省科技创新数字化改革先行试点，被省经信厅列为全省数字经济省级应用项目试点示范。新认定国家高新技术企业34家、省级科技型中小企业152家。入选省级及以上引才计划入选9人，省领军型创新团队入选1个，省“万人计划”入选4人，省海外工程师10人。新认定省级研发中心12家、省级企业研究院1家。完成技术合同交易额超28亿元，实现翻番，占GDP比重首次突破4%，挤进全省前20位。

共有各级各类学校139所，学生101995人，在职教职工8878人（其中在编教职工4650人，含直属事业单位56人）。初中21所、24个校区（含民办4所、九年一贯制学校9所），在校学生14922人；小学25所、37个校区，在校学生56877人；幼儿园84所、126个园区（含民办园53所），在园幼儿30196人；成校9所。获评全国青少年校园足球试点区、浙江省教育领域数字化改革第一批创新试点项目，教育大脑项目获评2021年IDC亚太区智慧城市大奖暨中国智慧城市行业大奖优秀奖，基于“教育魔方”的5G+XR智慧教育项目被省教育厅、通信管理局、经济和信息化厅三部门联合推荐为教育部2021年“5G+智慧教育”应用试点项目。完成湖州四中教育集团毗山中学、吴兴一中等新（改扩）建项目7个，完成配套幼儿园改建工程11个。将“学生护眼工程”纳入2021年区政府民生实事项目，投入1600余万元，对全区40所学校（59个校区）、2260个教室进行照明灯光改造。

七、文体、卫生和社会保障

在全市率先完成2021年度基层体育民生实事项目，区图书馆开馆运行，建成社区多功能运动场等基层便民体育设施6个，打造“百姓健身房”6个，新增体育公园1个。位列2021年全国市辖区旅游综合实力百强区第47名，成功创建浙江省全域旅游示范区和全省首批省级体育现代化区。开展“幸福吴兴”主题展览、讲座、文艺演出等公共文化活动500余场次，线上线下参加人次达11万余人次。为每个乡镇街道送演出5场、送图书

2000册。承办2021年中国名校水上运动公开赛、第二届长三角地区体育舞蹈(国际舞)公开赛、首届南太湖流域传统武术比赛暨2021名人名拳交流赛、省幼儿体育大会滑步车和市气排球赛等。指导各乡镇街道积极开展全民公益大培训37个项目培训约20000人次。

本年度全区未发生突发公共卫生事件。高标准推动医疗机构布局建设,完成基层医疗机构建设项目11个,按时序节点推动总投入达8.75亿元的区中医院、区公共卫生中心建设项目。继续深化家庭医生签约服务工作,规范签约308516人,规范签约率达48.4%。深化打造城市医联体升级版建设,进一步健全优质资源下沉、双向转诊等工作机制,区域就诊率达90.58%,基层就诊率达86.5%。织里镇、埭溪镇创建省级健康镇,26个村创建省级健康村;完成区级健康社区16个,健康家庭1011户,健康企业16个,健康食堂3个,健康小屋6个,健康步道7条;省级健康促进医院3家,健康促进学校31家,其中金牌3家、银牌16家、铜牌12家。持续推动数字化改革,成功争取实施数字化改革试点4项,积极推动"3+5"医疗卫生行业综合监管平台、全周期安全用药服务平台、院前急救服务平台建设等原创性改革项目,取得一定突破。

城乡居民养老保险参保人数9.57万人,其中领取待遇人员5.96万人,法定户籍人员基本养老保险参保率达99.74%,城乡居保缴费到账率98%。继续调增机关保、城乡居保养老金调标工作,累计发放城乡居保待遇29733.47万元,机关养老待遇31934.37万元。全区实现新增就业22195人,帮扶失业人员再就业12578人,困难人员再就业2150人,城镇登记失业率2.02%。开展技能培训16332人次,其中高技能人才培训5550人次。招引大学生2.63万人,排名全市第一。入选省"万人计划"青年拔尖人才2人,入选市"南太湖精英计划"创业团队17个,创业人才4名。新建省级博士后工作站4家,新进站博士后18人。人才企业"头雁"培育和"五未"专项攻坚行动化解率93.62%。

八、城乡建设与社会公共安全

全区312个小区、9289家应控单位实现垃圾分类100%全覆盖,完成"定时定线"收运道路133条,建成驿站725个,完成"二定四分"模式转换小区312个,创成省级高标准示范小区52个、省示范片区3个、省"定时定点"示范小区13个和商业街区10条,建成分类宣教中心11个。通过加快推进PPP环卫一体化项目,深化垃圾日产日清效果,全区范围内已实现垃圾处置负增长,同比下降3.5%,日均减少30吨。城市生活垃圾分类处理率92%,城镇生活垃圾资源化利用率和无害化处理率100%,新增和更新分类运输车辆1辆,完成新(改、扩)建中转站1座。

深入开展常态化扫黑除恶斗争工作,保留各级扫黑除恶领导小组办公室,扎实部署四大行业领域专项治理工作,结合政法队伍教育整顿工作,对三年扫黑除恶专项斗争期间的涉黑恶线索及重大案件及时组织开展回头看工作,坚决防止死灰复燃,巩固扫黑除恶专项斗争成果。深入开展安全隐患排查整治,安全生产事故起数、死亡人数分别下降13.3%和 26.7%。列入以数字化手段促进退役军人高质量就业省级试点,区"退役职通车"应用入选全省第五批数字社会案例集。23家单位入选全省"枫桥式"退役军人服务站。获评浙江省退役军人全生命周期管理保障工作成绩突出集体和浙江省退役军人服务保障体系建设先进单位。

九、人口、人民生活和环境保护

年末户籍人口44.93万人,其中男性21.94万人,女性22.99万人,分别占总人口的48.8%和51.2%;乡村人口20.91万人,城镇人口24.02万人,分别占总人口的46.5%和53.5%；全年出生人口2711人，死亡人口3440人。

城镇居民人均可支配收入70166元，同比增长10.0%。其中，工资性收入37692元，增长10.2%；经营性收入13280元，增长11.4%；财产性收入5352元，增长9.5%；转移性收入13841元，增长8.2%。农村居民人均可支配收入42275元，增长10.6%，其中工资性收入31107元、家庭经营收入8148元，分别增长10.0%和13.7%。农村居民收入增速领先城镇0.6个百分点，城乡收入比进一步缩小。

水环境质量全域达标，全区16个区控以上地表水断面100%达到或优于Ⅲ类水质，列入国家“水十条”考核断面100%达到Ⅲ类水质，县级以上集中式饮用水水源地水质达标率保持100%，入太湖水质连续14年保持在Ⅲ类水及以上。启动“水韵湖城”之西山漾水生态修复项目，在长三角地区主要领导座谈会期间，作为浙江省重大项目开工仪式分会场，被央视新闻报道。大气环境质量保持稳定，全区PM2.5均值为25微克/立方米，PM10均值为58微克/立方米，空气优良率为82.9%。率先完成年度空气微站建设任务，在全市率先上线污染源电子地图。土壤环境安全得到保障，全区工业危险废物、医疗废物、污泥无害化处置率、污染地块安全利用率分别达到100%、100%、95%和95%以上。生态环境满意度逐年提高，据省民意调查显示，生态环境质量公众满意度得分86.2，连续七年稳步上升。

注：1.本公报部分数据为年度初步统计数；部分数据因四舍五入原因，存在与分项合计不等的情况。

2.生产总值、增加值绝对额按现价计算，增长速度按可比价计算。

3.地区生产总值数据执行国家统计局2012年制定的《三次产业划分规定》：第一产业是指农、林、牧、渔业（不含农、林、牧、渔服务业）；第二产业是指采矿业（不含开采辅助活动），制造业（不含金属制品、机械和设备修理业），电力、热力、燃气及水生产和供应业，建筑业；第三产业即服务业，是指除第一产业、第二产业以外的其他行业。

4.粮食播种面积及产量数据采用粮食生产统计监测调查结果。

5.主要行业统计范围：①规模以上工业，年主营业务收入2000万元及以上的工业法人单位；②限额以上批发和零售业，年主营业务收入2000万元及以上的批发业、年主营业务收入500万元及以上的零售业法人单位；③限额以上住宿和餐饮业，年主营业务收入200万元及以上住宿和餐饮业法人单位；④固定资产投资，计划总投资500万元及以上项目和全部房地产开发投资；⑤房地产开发经营业包括全部房地产开发经营业法人单位。

6.本公报数据除教育、文化、卫生等部分指标外均不含南太湖新区。

统计图(表)

2003—2021年吴兴区生产总值(GDP)一览表

表2

年 份	2003	2004	2005	2006	2007	2008	2009	2010	2011	2012	2013	2014	2015	2016	2017	2018	2019	2020	2021
实绩(亿元)	105.10	117.88	135.16	157.16	182.23	212.28	266.24	300.64	338.83	380.56	417.20	453.56	496.78	539.40	600.65	668.95	726.98	752.75	853.18
增幅(%)	16.6	17.2	12.3	12.6	12.8	10.7	23.6	6.7	6.5	12.5	10.0	8.8	11.0	9.7	10.5	8.3	7.8	3.3	9.7

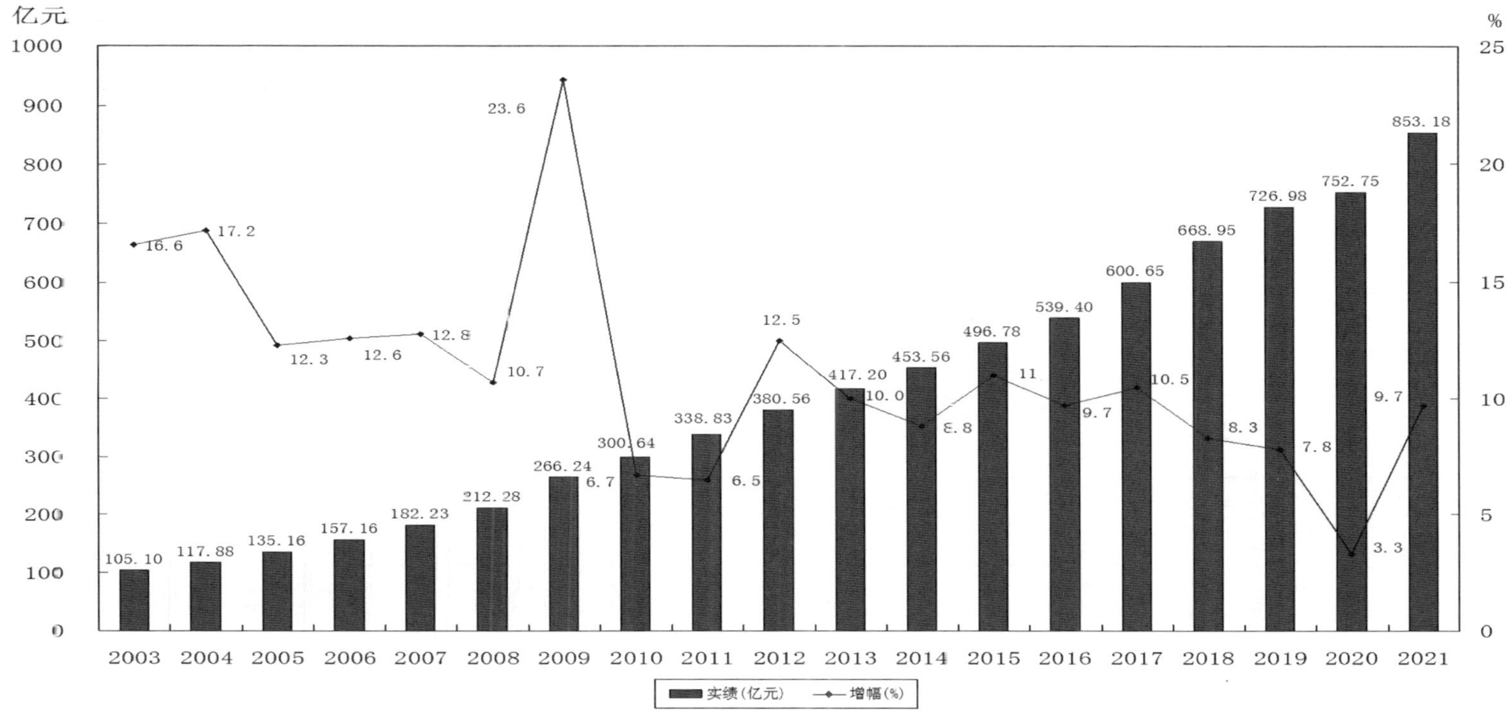

2003—2021年吴兴区生产总值(GDP)示意图

说明:2003—2018年数据均为四经普调整数,2019年数据为年报数

2003—2021年吴兴区财政总收入一览表

表3

年份	2003	2004	2005	2006	2007	2008	2009	2010	2011	2012	2013	2014	2015	2016	2017	2018	2019	2020	2021
实绩（亿元）	6.32	7.90	9.34	11.46	14.21	16.85	18.57	22.19	27.01	28.92	31.62	34.55	39.03	43.70	51.91	67.25	76.52	82.81	96.22
增幅（%）	29.0	26.5	18.7	22.7	24.0	18.6	10.2	19.5	21.7	7.1	9.3	9.3	9.5	12.0	18.8	22.1	13.8	8.2	16.2

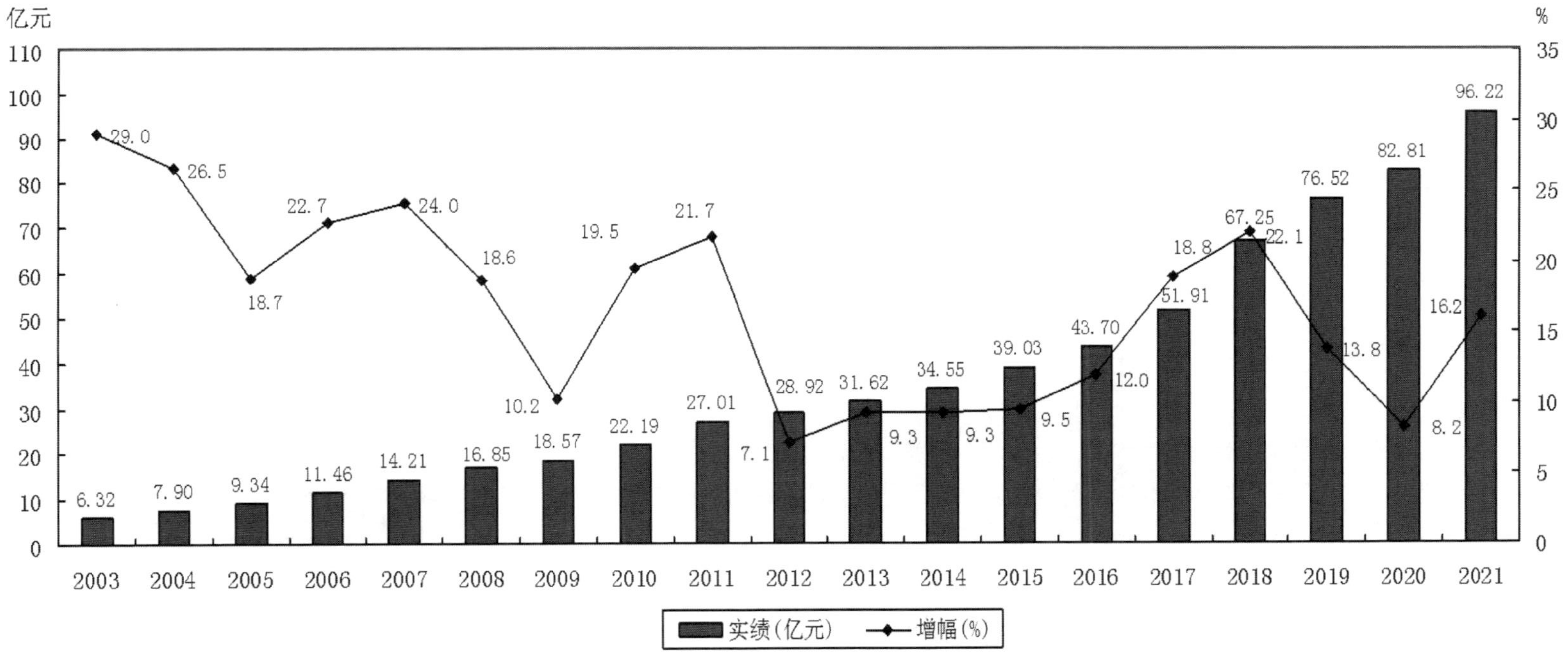

2003—2021年吴兴区财政总收入示意图

2003—2021年吴兴区固定资产投资一览表

表4

年份	2003	2004	2005	2006	2007	2008	2009	2010	2011	2012	2013	2014	2015	2016	2017	2018	2019	2020	2021
实绩（亿元）	38.89	47.88	59.91	68.79	81.35	97.50	128.67	158.51	167.91	203.89	188.76	221.30	256.38	291.92	327.91	–	–	–	–
增幅（%）	29.7	23.1	25.1	14.8	18.3	19.8	21.6	23.1	23.5	21.1	–1.2	17.2	15.9	13.9	14.6	8.3	14.6	7.4	25.6

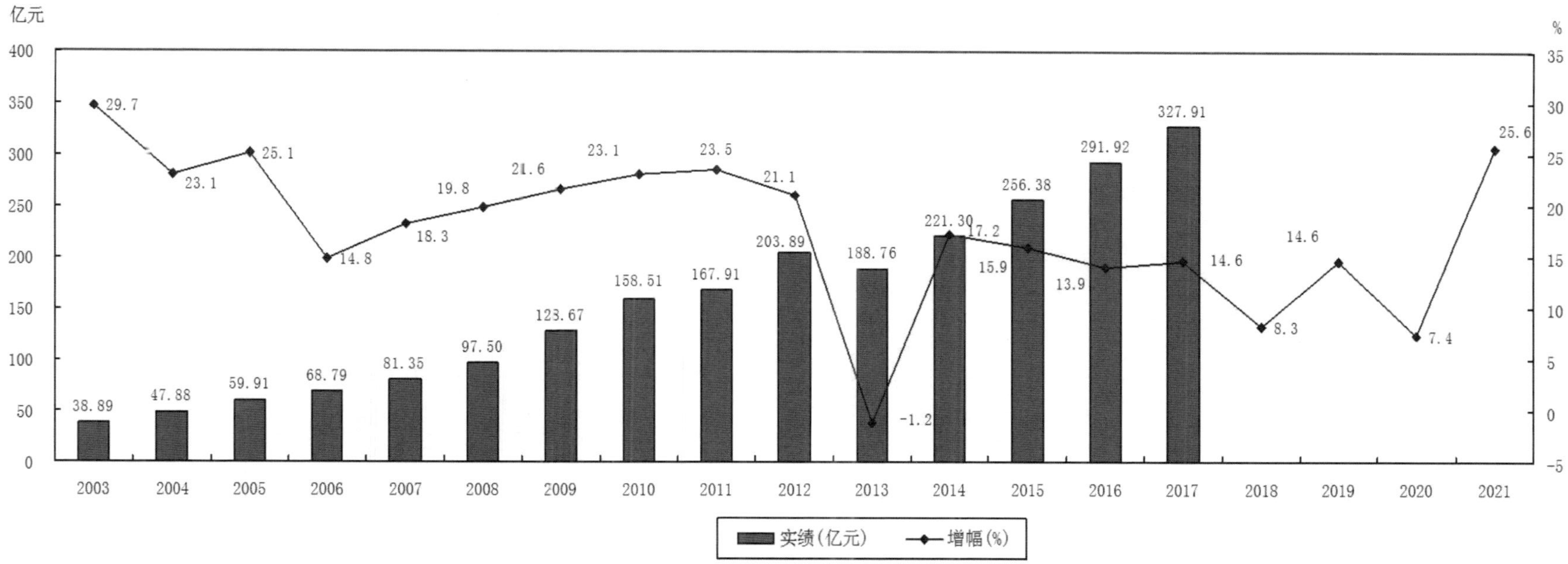

2003—2021年吴兴区固定资产投资示意图

说明：2003—2010年统计口径为全社会固定资产投资，2011年开始统计口径为限额以上固定资产投资；2018—2021年投资绝对数未公布

2003—2021年吴兴区城镇居民人均可支配收入一览表

表5

年份	2003	2004	2005	2006	2007	2008	2009	2010	2011	2012	2013	2014	2015	2016	2017	2018	2019	2020	2021
实绩(元)	12607	13664	15618	17912	20046	21870	23242	25572	29591	33560	36932	40138	43535	47170	51395	55996	60768	63816	70166
增幅(%)	10.7	13.4	14.3	11.3	12.9	9.1	6.5	10.0	15.7	12.4	10.0	8.9	8.5	8.3	9.0	9.0	8.5	5.0	10.0

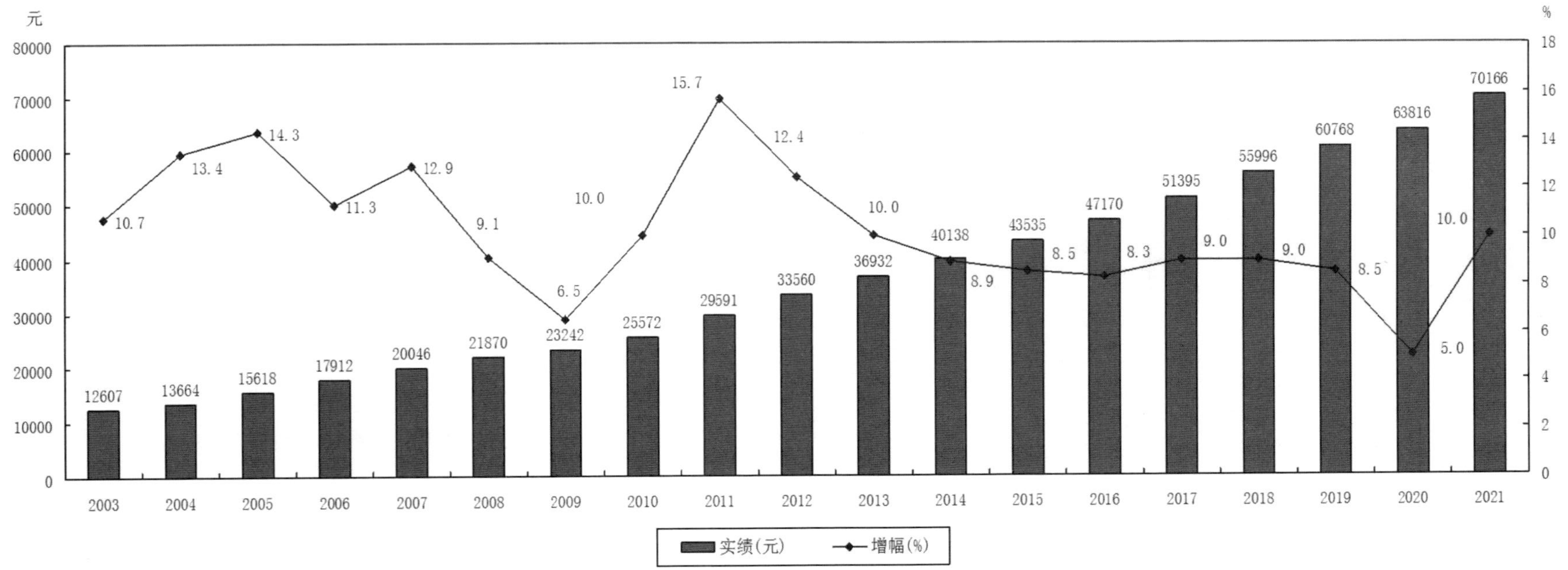

2003—2021年吴兴区城镇居民人均可支配收入示意图

2003—2021年吴兴区农村居民人均可支配收入一览表

表6

年 份	2003	2004	2005	2006	2007	2008	2009	2010	2011	2012	2013	2014	2015	2016	2017	2018	2019	2020	2021
实绩（元）	5702	6478	7405	8465	9685	10913	11900	13486	15895	17739	19645	23075	25142	27391	29980	32693	35742	38219	42275
增幅（%）	8.6	13.6	14.3	14.3	14.4	12.7	9.0	13.3	17.9	11.6	10.7	10.9	9.0	8.9	9.5	9.1	9.3	6.9	10.6

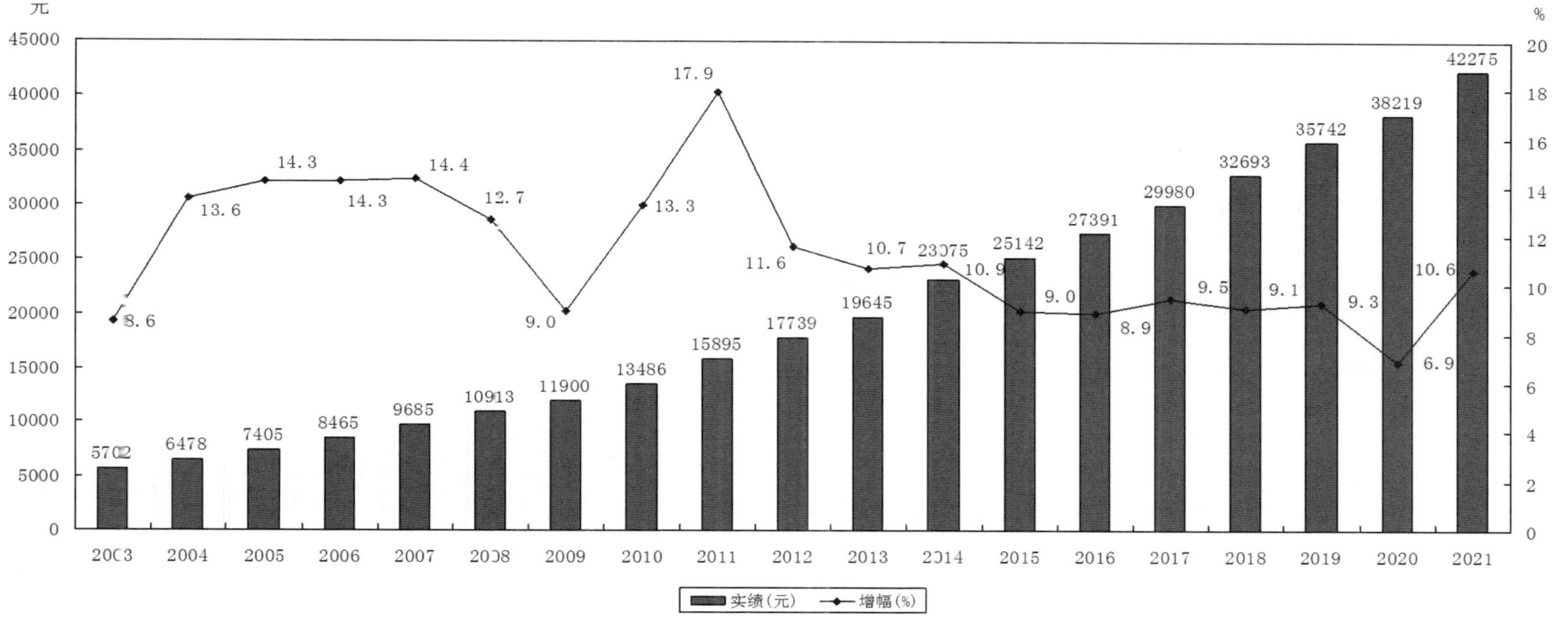

2003—2021年吴兴区农村居民人均可支配收入示意图

2003—2021年吴兴区社会消费品零售总额一览表

表7

年份	2003	2004	2005	2006	2007	2008	2009	2010	2011	2012	2013	2014	2015	2016	2017	2018	2019	2020	2021
实绩（亿元）	50.50	58.20	64.32	74.26	86.79	103.80	119.58	123.98	147.23	170.92	220.71	253.83	270.70	299.20	332.60	437.19	478.64	–	–
增幅（%）	12.3	15.2	15.5	15.5	16.9	19.6	15.2	18.5	18.8	16.1	14.8	15.0	9.0	11.2	11.1	10.1	9.5	-6.1	9.1

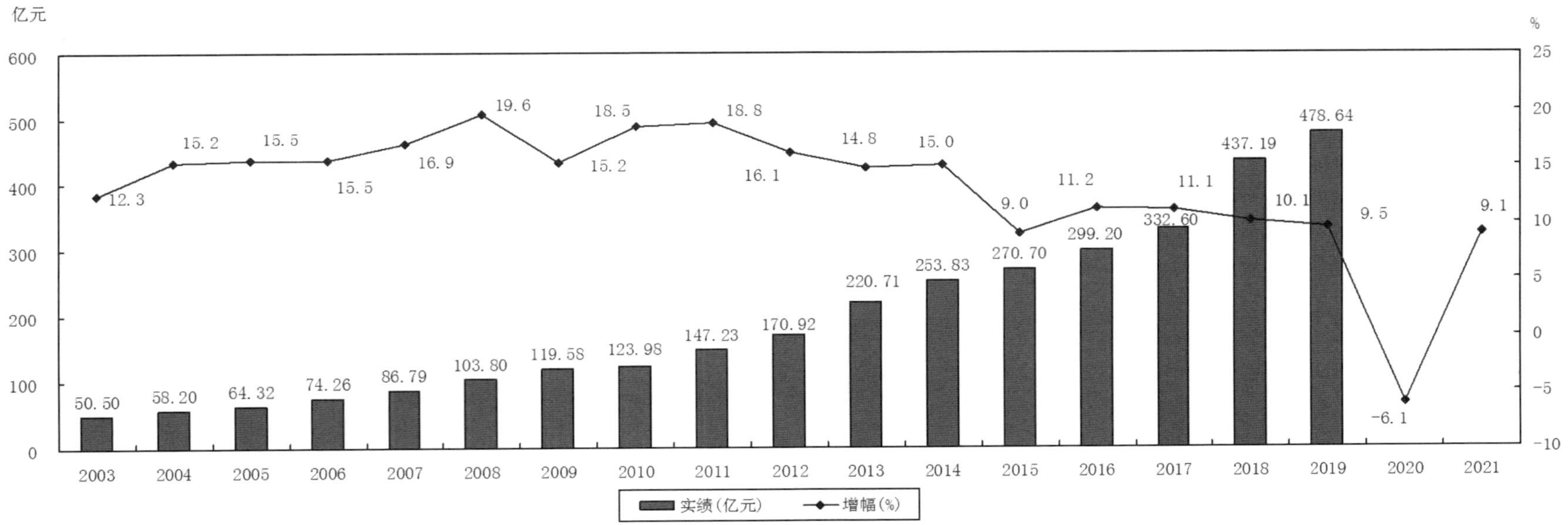

2003—2021年吴兴区社会消费品零售总额示意图

说明：2020—2021年社会消费品零售总额绝对数未公布

2003—2021年吴兴区实际利用外资一览表

表8

年份	2003	2004	2005	2006	2007	2008	2009	2010	2011	2012	2013	2014	2015	2016	2017	2018	2019	2020	2021
实绩(亿美元)	0.80	1.17	1.38	1.23	1.50	1.51	1.26	1.88	1.72	1.70	1.89	2.00	2.16	2.24	2.18	2.37	3.62	1.77	3.11

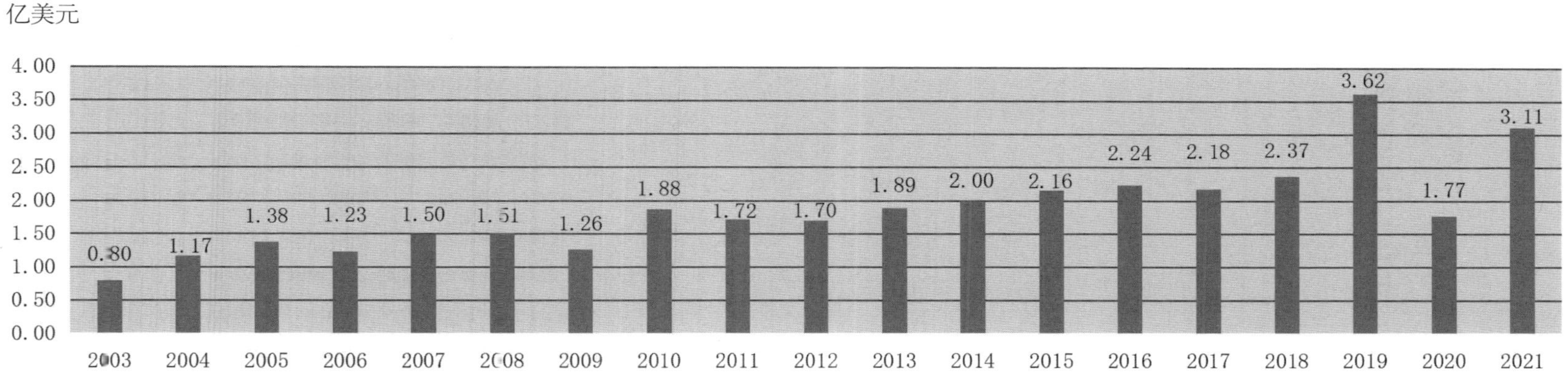

2003—2021年吴兴区实际利用外资示意图

2003—2021年吴兴区外贸出口额一览表

表9

年份	2003	2004	2005	2006	2007	2008	2009	2010	2011	2012	2013	2014	2015	2016	2017	2018	2019	2020	2021
出口额(万美元)	13847	22584	30980	43769	57808	75810	46929	77117	97138	85502	98897	107373	109953	102690	115080	134065	137478	138097	288978

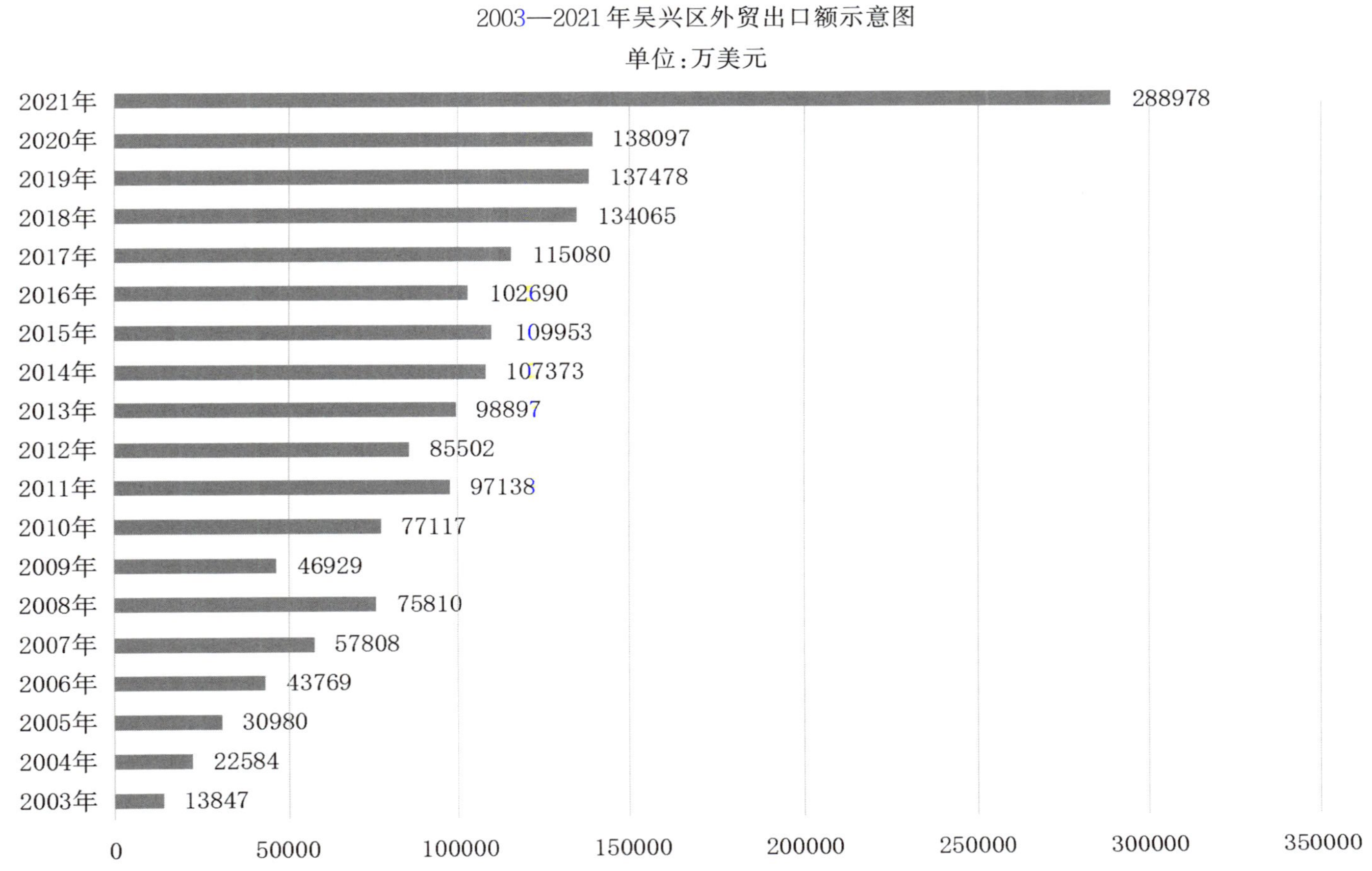

2003—2021年吴兴区外贸出口额示意图

统计表(分乡镇街道)

2021年吴兴区行政区划一览表

表10

	社区(个)	村民委员会(个)	总户数	总人口
全　区	111	146	152464	449335
织里镇	25	42	21730	75282
八里店镇	15	34	12080	43425
道场乡	2	7	5003	16205
妙西镇		15	5564	16564
埭溪镇	4	20	13275	35182
东林镇	3	23	9803	32748
环渚街道	6	5	6452	17776
湖东街道	14		7128	17063
月河街道	9		13003	31754
朝阳街道	9		10614	25742
爱山街道	6		5078	11494
飞英街道	8		10763	26747
龙泉街道	10		16921	42928

说明:本表为统计用行政区划,人口数据为户籍人口数,由公安部门提供

2021年吴兴区国民经济主要指标一览表

表11

	单位	本年	增长%
年末人口(户籍)	万人	44.93	0.2
#乡村人口	万人	20.91	-0.5
地区生产总值	亿元	853.18	9.7
#第一产业	亿元	22.23	3.4
第二产业	亿元	400.31	11.3
第三产业	亿元	430.64	8.7
公共财政预算总收入	亿元	96.22	16.2
#地方一般预算收入	亿元	63.44	23.9
固定资产投资	亿元		25.6
#工业性投入	亿元		35.7
规模以上工业增加值	亿元	169.41	12.5

续表

	单位	本年	增长%
规模以上工业营业收入	亿元	945.48	32.1
规模以上工业利税总额	亿元	69.37	24.3
规模以上工业利润总额	亿元	51.53	25.3
社会消费品零售总额	亿元		9.1
城镇居民人均可支配收入	元	70166	10.0
农村居民人均可支配收入	元	42275	10.6
进出口总额(海关)	亿元	213.62	80.0
自营出口	亿元	186.84	94.4
合同外资	亿美元	7.09	141.9
实到外资	亿美元	3.11	124.4

说明:年末户籍总人口(大吴兴)64.36万人,增长0.98%;全区合同外资、实到外资数为对市上报数,±%为完成进度

2021年吴兴区生产总值及增长率一览表

表12　　单位:万元、%

	实绩	增长
地区生产总值	8531814	9.7
农林牧渔业	237062	3.2
#农、林、牧、渔服务业	14802	1.1
工业	3544828	12.0
#采矿业	92863	10.0
制造业	3270043	12.1
电力、热力、燃气及水的生产和供应业	181922	10.8
建筑业	458578	6.2
批发和零售业	1480168	10.0
#批发业	876202	5.9
零售业	603966	16.6
交通运输、仓储和邮政业	81159	9.2
住宿餐饮业	241359	19.6
#住宿业	23944	10.0
餐饮业	217415	20.8
金融业	661771	9.6
房地产业	657817	4.6
其他服务业	1169072	7.1
#营利性服务业	457733	7.4
信息传输、软件和信息技术服务业	72335	6.2

续表

	实 绩	增长
其他营利性服务业	385398	7.7
非营利性服务业	711339	6.9
第一产业	222260	3.4
第二产业	4003116	11.3
第三产业	4306438	8.7

2021年吴兴区农林牧渔业总产值农作物播种面积一览表

表13

类 别	单位	数 量	比上年增长%	高新区	织里镇	八里店镇	道场乡	妙西镇	埭溪镇	东林镇	环渚街道
农林牧渔业总产值	万元	419384	4.3								
1.农业产值	万元	142658	1.1								
2.林业产值	万元	30934	-8.9								
3.牧业产值	万元	42436	30.7								
4.渔业产值	万元	178990	5.5								
5.农林牧渔服务业	万元	24366	1.1								
农民人均可支配收入	元	42274.99998	10.6								
粮食播种面积	亩	171417.4182	-2.64								
油料作物播种面积	亩	15949	4.8	3005	2918	1652	620	2583	1109	4052	10

说明:2021年开始产值和收入等数据无分乡镇数据;粮食播种面积采用粮食监测推算结果,无分乡镇数据

2021年吴兴区主要农产品产量及畜牧业存栏数一览表

表14

类 别	单位	数量	比上年增长%	高新区	织里镇	八里店镇	道场乡	妙西镇	埭溪镇	东林镇	环渚街道
茶园总面积	亩	35320	12.0	0	0	0	1700	18100	13999	1521	0
桑园总面积	亩	14458	-6.9	2710	4100	260	1500	1400	58	4430	0
茶叶产量	吨	570	2.0	0	0	0	79	235	232	24	0
园林水果产量	吨	14130	51.6	1657	2494	685	81	6592	1310	1311	0
蔬菜产量	吨	199369	0.0	60705	52842	27444	6201	17026	16472	14969	2540
果用瓜产量	吨	20856	1.3	4092	4422	2840	1638	5584	2087	193	0
蚕茧产量	吨	49	-58.8	2	0	0	5	8	1	33	0
生猪年末存栏数	头	3.68	-31.4								

续表

类别	单位	数量	比上年增长%	高新区	织里镇	八里店镇	道场乡	妙西镇	埭溪镇	东林镇	环渚街道
生猪全年出栏数	头	4.68	56.9								
羊年末存栏数	只	6.71	15.4								
羊全年出栏数	只	5.02	21.1								
家禽年末存栏数	万只	145.95	-6.8								
家禽全年出栏数	万只	531.1	14.8								
禽蛋产量	吨	3497.5	-8.0								

说明：畜禽产品无分乡镇核定数据

2021年吴兴区畜牧业生产一览表

表15

指标名称	计量单位	2021年	2020年	增减幅%
一、生猪　生猪年末存栏头数	万头	3.68	5.36	-31.44
能繁殖的母猪	万头	0.3248	0.30	7.05
其他生猪	万头	3.35	5.06	-33.74
年内生猪出栏头数	万头	0.6055	2.99	-79.72
全年饲养量	万头	4.28	8.35	-48.71
二、牛　牛年末存栏头数	万头	0.0025	0.0019	31.58
年内牛出栏头数	万头	0.0000	0.0009	-100.00
三、羊　羊年末存栏只数	万只	6.7063	5.81	15.41
年内羊出栏只数	万只	1.5321	4.15	-63.07
四、家禽　家禽年末存栏只数	万只	145.9476	156.55	-6.77
家禽年内出栏只数	万只	133.1593	462.82	-71.23
五、兔　兔年末存栏只数	万只	0.0000	0.0000	
兔年内出栏只数	万只	0.0000	0.0440	-100.00
六、畜禽产量　肉类产量	万吨	1.18	0.9501	24.10
猪肉	万吨	0.0449	0.23	-80.31
牛肉	吨	0.00	1.00	-100.00
羊肉	万吨	0.0202	0.06	-68.59
禽肉	万吨	1.11	0.66	69.10
兔肉	吨			
鸡鸭鹅蛋产量	万吨	0.0712	0.38	-81.28

2021年吴兴区规模以上工业主要产品产量一览表

表16

产品名称	单位	本年	上年	增长%
建筑用天然石料	立方米	1545073	1655925	-6.7
饲料	吨	18303	16518	10.8
其中:配合饲料	吨	14789	13340	10.9
冷冻蔬菜	吨	2153	2163	-0.5
罐头	吨	953	1162	-18.0
酱油	吨	3775	8361	-54.8
饲料添加剂	吨	5292	5308	-0.3
饮料	吨	2679	2675	0.2
精制茶	吨	4677	6328	-26.1
纱	吨	4184	3846	8.8
棉纱	吨	4184	3846	8.8
布	万米	2731	2043	33.7
其中:棉布	万米	1448	1285	12.7
化学纤维短纤布	万米	1283	758	69.2
印染布	万米	30718	30164	1.8
毛条	吨	1342	1420	-5.5
毛机织物(呢绒)	万米	20	20	-2.5
蚕丝及交织机织物(含蚕丝≥30%)	万米	772	775	-0.4
化纤长丝机织物	万米	2059	972	111.8
口罩		501	4617	-89.1
服装	万件	1222	1076	13.6
梭织服装	万件	461	289	59.5
其中:羽绒服装	万件	0	0	
运动服类服装	万件	2	27	-94.0
针织服装	万件	762	787	-3.2
人造板	立方米	62434	59207	5.5
其中:胶合板	立方米	62434	59207	5.5
实木木地板	平方米		6322	-100.0
复合木地板	平方米	399298	356634	12.0
家具	件	496	81239	-99.4
金属家具	件		81037	-100.0
机制纸及纸板(外购原纸加工除外)	吨	3630	3384	7.3
纸制品	吨	12194	10099	20.7
涂料	吨	7133	5803	22.9

续表

产品名称	单位	本年	上年	增长%
合成纤维单体	吨		2495	-100.0
合成纤维聚合物	吨	7173	11393	-37.0
其中：聚酯	吨	7173	11393	-37.0
化学试剂	吨	33448		
化学药品原药	吨	1464	1281	14.3
中成药	吨	393		
化学纤维	吨	2517967	2295814	9.7
合成纤维	吨	2517967	2295814	9.7
涤纶纤维	吨	2517967	2295814	9.7
塑料制品	吨	6404	4688	36.6
水泥	吨	371509	437627	-15.1
商品混凝土	立方米	2519725	3352233	-24.8
沥青和改性沥青防水卷材	平方米	5115881	3406556	50.2
钢材	吨	1138275	978671	16.3
中小型型钢	吨	3595	2718	32.2
冷轧薄板	吨	16117	13811	16.7
无缝钢管	吨	51520	51982	-0.9
焊接钢管	吨	1033798	882921	17.1
其他钢材	吨	33245	27239	22.0
用外购钢材再加工生产钢材	吨	240953	172569	39.6
用外购国产钢材再加工生产钢材	吨	240953	172569	39.6
铜材	吨	13619	1923	608.2
铝材	吨	326843	323937	0.9
金属包装容器	吨	10389	8361	24.3
钢绞线	吨		5341	-100.0
锻件	吨	16627	3554	367.8
金属切削机床	台	491	352	39.5
机床数控装置	套	10	1379	-99.3
输送机械（输送机和提升机）	吨	19312	14960	29.1
电梯、自动扶梯及升降机	台	130	128	1.6
电梯	台	130	128	1.6
泵	台	1334	1064	25.4
液压元件	件	333885	222657	50.0
气动元件	件	1810205	593730	204.9

续表

产品名称	单位	本年	上年	增长%
齿轮	吨	2315	1073	115.8
钢铁铰接链(工业链条)	吨	5245		
包装专用设备	台	1423	645	120.6
矿山专用设备	吨	2631	2809	-6.3
食品制造机械	台	5658	1745	224.2
纺织专用设备	台	2	56	-96.4
机械化农业及园艺机具	台	866	596	45.3
其中:土壤耕整机械	台	630		
收获机械	台	236	596	-60.4
其中:谷物收获机械	台	236	596	-60.4
通信及电子网络用电缆	千米		64866	-100.0
电力电缆	千米	20478	23296	-12.1
太阳能电池(光伏电池)	千瓦	611033	723640	-15.6
家用吸排油烟机	台	31281	59991	-47.9
灯具及照明装置		182648	248956	-26.6
自来水生产量	万立方米	16802	14767	13.8

2021年吴兴区各乡镇(街道)固定资产投资一览表

表17

	增幅%
全 区	25.6
高新区	100.7
织里镇	37.8
八里店镇	49.4
道场乡	5.6
妙西镇	31.9
埭溪镇	17.3
东林镇	47.6
环渚街道	-18.1
湖东街道	1.0

2021年吴兴区旅游统计汇总一览表

表18

月份	国内旅游(万人次)			入境旅游(人次)		
	本季度	累计	累计同比±%	本季度	累计	累计同比±%
1						
2	869.4	869.4	-6%	–	–	–
3						
4						
5	733.3	1602.7	-5%	–	–	–
6						
7						
8	887.6	2490.3	-4%	–	–	–
9						
10						
11	668.3	3158.6	-4%	–	–	–
12						

全区旅游受疫情影响数据有所回落，据大数据监测显示，全年接待国内游客3158万人次，同比下降4%，实现旅游总收入352亿元，同比下降6%

【2021年吴兴区预算内财政收支情况】 全区实现财政总收入962169万元，比2020年增长16.2%，完成预期数的107.6%，其中一般公共预算收入634425万元，比2020年增长23.9%，完成预期数的114.7%；一般公共预算支出为584001万元（其中债务付息和发行费支出15376万元），完成调整预算的99.8%，剔除一般债券和人才安居等不可比因素，按可比口径计算比2020年增长15.6%。按照现行市对区财政体制计算，加上上级各项补助、动用预算调节稳定基金，统筹政府性基金和国有资本财力，积极盘活存量等，收支相抵，财政收支基本平衡。

（高创建）

2021年吴兴区一般公共预算收入执行情况一览表

表19　　单位：万元

科目	2020年实绩数	2021年预期数	2021年执行数	完成预期%	比上年实绩±%
一般公共预算收入合计	512045	553010	634425	114.72	23.90
(一)税收收入小计	483794	523160	600627	114.81	24.15
1.增值税(50%)	155907	170000	164014	96.48	5.20
2.企业所得税(40%)	72484	79800	78859	98.82	8.80
3.个人所得税(40%)	33461	33500	28963	86.46	-13.44
4.城市维护建设税	22197	23800	21037	88.39	-5.23
5.其他地方各税	115871	135360	172376	127.35	48.77

续表

科　目	2020年实绩数	2021年预期数	2021年执行数	完成预期%	比上年实绩±%
其中:资源税	5848	6700	10154	151.55	73.63
房产税	23573	27000	20627	76.40	-12.50
印花税	8842	10000	9062	90.62	2.49
城镇土地使用税	14062	16500	12945	78.45	-7.94
土地增值税	57096	68000	112638	165.64	97.28【注1】
车船税	5965	6600	6723	101.86	12.71
环保税	214	260	184	70.77	-14.02
其他税收收入	271	300	43	14.33	-84.13
6.耕地占用税	2404	3200	30730	960.31	1178.29【注2】
7.契税	81470	77500	104648	135.03	28.45
(二)非税收收入小计	28251	29850	33798	113.23	19.63
1.专项收入	19575	20750	22555	108.70	15.22
2.行政事业性收费收入	2324	2400	3798	158.25	63.43
3.罚没收入	4898	5100	5627	110.33	14.88
4.其他收入	1454	1600	1818	113.63	25.03
附:预算总收入	828077	894310	962169	107.59	16.19

说明:1.清算缴库。2.历年清欠入库

2021年吴兴区一般公共预算支出执行情况一览表

表20　　单位:万元

科　目	2020年实绩数	2021年预算数	2021年调整预算数	2021年执行数	完成调整预算%	比上年实绩±%
[一般公共预算支出合计]	463533	506465	584957	584001	99.84	15.59【注1】
一、一般公共服务支出	53027	63278	63278	62125	98.18	17.16
二、公共安全支出	41482	43603	43603	45180	103.62	8.91
三、教育支出	98870	111232	146400	146048	99.76	47.72【注2】
教育费附加安排的支出	7292	7607	7607	7323	96.27	0.43
四、科学技术支出	17940	20682	22800	20806	91.25	15.98
五、文化旅游体育与传媒支出	12961	13765	13765	7574	55.02	-41.56【注3】
六、社会保障和就业支出	53507	56697	88030	89184	101.31	66.68【注4】
七、卫生健康支出	52766	55720	57555	66230	115.07	25.52
八、节能环保支出	10037	10375	10375	10527	101.47	4.88
九、城乡社区支出	30239	32116	32116	28371	88.34	-6.18【注3】
十、农林水支出	32011	35142	35142	36510	103.89	14.05

续表

科　目	2020年实绩数	2021年预算数	2021年调整预算数	2021年执行数	完成调整预算%	比上年实绩±%
十一、交通运输支出	6215	6552	12300	11998	97.54	93.05【注5】
十二、资源勘探信息等支出	17967	19238	25750	29362	114.03	63.42【注5】
十三、商业服务业等支出	9152	7163	7163	7076	98.79	-22.68【注3】
十四、金融支出	5573	3180	3600	1115	30.97	-79.99【注3】
十五、自然资源海洋气象等支出	1381	1408	1408	1469	104.33	6.37
十六、住房保障支出	1452	1547	1547	82	5.30	-94.35【注3】
十七、灾害防治及应急管理支出	4827	5098	5556	4367	78.60	-9.53【注3】
十八、其他支出	354	318	318	601	188.99	69.77【注5】
十九、债务付息和发行费用支出	13772	14251	14251	15376	107.89	11.65
二十、预备费		5100				

说明：1.剔除新增一般债券和人才安居工程等不可比因素，按可比口径计算比上年增长15.59%。

2.2021年支出中含一般债券2.5亿元。

3.2021年省市专项转移支付减少。

4.2021年起省市社保补助从政府性基金保障转移至一般预算列支。

5.2021年省市专项转移支付增加

2021年吴兴区进出口总额一览表

表21　　　　单位：万元

	2021年	2020年	同比%
进出口总额	2136176	1187086	80.0
出口	1868391	961112	94.4
高新区	372558	252272	47.7
织里镇	993767	256832	286.9
八里店	48433	40353	20.0
道场乡	14852	21417	-30.7
妙西镇	11116	10595	4.9
埭溪镇	108631	80858	34.3
东林镇	198508	168050	18.1
环渚街道	54583	49705	9.8
湖东街道	21981	28510	-22.9
月河街道	1571	1274	23.3
朝阳街道	2955	2810	5.2
爱山街道	23830	31906	-25.3
飞英街道	8896	7029	26.6

续表

	2021年	2020年	同比%
龙泉街道	4007	4369	-8.3
亚　洲	1042438	487129	114.0
东　盟	504356	217038	132.4
印　度	118043	41784	182.5
欧　洲	250153	182188	37.3
欧　盟	179789	137241	31.0
拉丁美洲	220171	59979	267.1
巴　西	56779	25702	120.9
非　洲	167909	76140	120.5
埃　及	37508	27994	34.0
北美洲	163978	134205	22.2
美　国	136887	114728	19.3
大洋洲	23679	21472	10.3
澳大利亚	20750	19545	6.2
一带一路	1033613	436561	136.8
机电产品	849845	376486	125.7
纺织原料及其制品	489604	359838	36.1
杂项制品	262223	71275	267.9
贱金属及其制品	156352	99861	56.6
塑料及橡胶制品	110660	30254	265.8
进　口	267785	225973	18.5
高新区	67860	53413	27.0
织里镇	74407	74694	-0.4
八里店	669	860	-22.2
道场乡	38	150	-74.9
妙西镇	139	108	29.5
埭溪镇	24835	19563	27.0
东林镇	78446	55892	40.4
环渚街道	31	255	-87.9
湖东街道	2140	2067	3.5
月河街道	1072	676	58.5
朝阳街道	3792	2972	27.6
爱山街道	1397	616	127.0
飞英街道	10629	9513	11.7
龙泉街道	1	2	-39.9

续表

	2021年	2020年	同比%
亚　洲	137970	102148	35.1
日　本	72819	57721	26.2
东　盟	42725	24165	76.8
欧　洲	86387	69312	24.6
欧　盟	85139	67838	25.5
非　洲	29415	33210	-11.4
刚　果	26974	31484	-14.3
大洋洲	7766	8903	-12.8
澳大利亚	7664	8903	-13.9
北美洲	5715	9627	-40.6
美　国	5703	9472	-39.8
拉丁美洲	533	2767	-80.8
圭亚那	261	55	375.9
机电产品	115425	77301	49.3
化学产品	51896	34508	50.4
木及木制品	43302	51253	-15.5
亚　麻	9842	11897	-17.3
羊　毛	7749	9932	-22.0

2021年吴兴区利用外资情况一览表

表22

内容		单位	2021年	2020年	±%
外资审批项目	项目总数	个	40	39	2.56
	新批企业	个	28	26	7.69
	增资项目	个	8	12	-33.33
	减资项目	个	6	1	500.00
外资项目	总投资	万美元	181308	116550	55.56
	注册资本	万美元	144457	97381	48.34
	合同外资	万美元	70925	60861	16.54
	实到外资	万美元	31103	17656	76.16
	高新区	万美元	7201	4681	53.83
	织里镇	万美元	2805	2914	-3.74
	八里店镇	万美元	352	754	-53.32
	道场乡	万美元	0	138	-100.00

续表

内容		单位	2021年	2020年	±%
	妙西镇	万美元	4032	684	489.47
	埭溪镇	万美元	1376	1974	-30.29
	东林镇	万美元	0	0	/
	环渚街道	万美元	0	37	-100.00
	湖东街道	万美元	0	0	/
	其他	万美元	15337	6474	136.90
	第一产业	万美元	0	1000	-100.00
	第二产业	万美元	6732	6959	-3.26
	第三产业	万美元	24371	3704	557.96
	英国	万美元	102	154	-33.77
全区累计批准外商投资企业	企业数	个	256	228	12.28
	总投资	亿美元	64.97	53.97	20.38
	注册资本	亿美元	46.67	37.04	26
	合同外资	亿美元	40.8	32.72	24.69
	实到外资	亿美元	17.55	14.97	17.23

2021年吴兴区城镇居民家庭每百户耐用消费品拥有量一览表

表23

	单位	本年	比上年增减数
1.家用汽车	辆	68	0
2.摩托车	辆	5	-3
3.助力车	辆	112	2
4.洗衣机	台	103	1
5.电冰箱(柜)	台	119	0
6.微波炉	台	105	0
7.彩色电视机	台	237	-1
8.空调	台	257	4
9.热水器	台	108	1
10.洗碗机	台	7	1
11.固定电话	部	63	-4
12.移动电话	部	281	2
其中:接入互联网	部	281	2
13.计算机	台	109	1
其中:接入互联网	台	109	1

续表

	单位	本年	比上年增减数
14.照相机	部	38	1
15.吸尘器	台	55	4

2021年吴兴区农村居民家庭每百户耐用消费品拥有量一览表

表24

指标	单位	2021年	比上年增减数
1.家用汽车	辆	62	3
2.摩托车	辆	40	-11
3.助力车	辆	111	3
4.洗衣机	台	108	2
5.电冰箱(柜)	台	121	1
6.微波炉	台	89	0
7.彩色电视机	台	238	1
8.空调	台	236	1
9.热水器	台	123	0
10.洗碗机	台	5	1
11.固定电话	部	40	1
12.移动电话	部	286	4
其中:接入互联网	部	286	4
13.计算机	台	91	1
其中:接入互联网	台	91	1
14.照相机	部	13	0
15.吸尘器	台	6	1

2021年吴兴区教育事业有关情况一览表

表25

学　　校	班级数	学生数	教职工数	占地面积（m²）	建筑面积（m²）
湖州市第四中学教育集团	81	3959	270	122089.7	51678.38
湖州市第十一中学	29	1276	107	19467	13620.8
湖州市第十二中学	26	951	107	30882	16189
湖州市志和中学	24	1024	83	55927	35134
湖州市织里镇中学	43	1787	138	66690	26439
湖州市织里镇轧村中学	12	499	43	23177.5	9902.19

续表

学　　校	班级数	学生数	教职工数	占地面积（㎡）	建筑面积（㎡）
湖州市吴兴区第一中学	15	599	55	39169	30699.28
湖州市吴兴区东林中学	12	486	44	35018	12199
湖州市埭溪镇上强中学	17	611	61	49579	23590
湖州市弁南中学	10	394	37	20256	5168
湖州市吴兴实验中学	20	874	80	33000	41429.31
湖州市八里店镇戴山学校	26	1050	74	30586	8344.78
湖州市织里镇漾西学校	28	1093	74	38000	8304
湖州市吴兴区八里店镇常路学校	25	1000	67	41240	7332
湖州市吴兴区城南实验学校	32	1372	89	43437	10148
湖州市环渚学校	41	1540	127	46711	13048
湖州市吴兴区妙西学校	18	643	57	23750	9080.51
湖州市爱山小学教育集团	203	8936	440	155600	75974.95
湖州市爱山小学教育集团常溪小学	26	1165	61	41613	33981
湖州市湖师附小教育集团	134	5917	292	95939	46043
湖州市新风实验小学教育集团	148	6433	325	114277	71564
湖州市湖州月河小学教育集团	78	3363	187	74480	56920
湖州市东风小学教育集团	53	2298	130	58145	27129
湖州市飞英小学	18	778	47	6703	4386
湖州市文苑小学	25	1063	59	16550	5980
湖州市龙泉小学	27	1161	65	12054	8396
湖州市凤凰小学	27	1130	64	11085	3978
湖州市湖师附小教育集团井安小学	18	779	46	20744	20968
湖州市爱山小学教育集团鹤和小学	22	903	51	49672	19573.34
湖州市吴兴区太湖小学	23	842	56	18234	6836
湖州市织里实验小学教育集团	65	2850	147	83040	62080
湖州市吴兴实验小学	33	1475	77	52858.66	35583.63
湖州市织里镇轧村小学	27	1201	64	23011	6583
湖州市织里镇晟舍小学	40	1825	84	31431	8793
湖州市吴兴区第一小学	44	1959	108	50713	18672
湖州市环渚乡塘甸小学	11	373	33	13950	4129
湖州市东林镇东林小学	24	934	61	37590	9233
湖州市东林镇第二小学	9	286	25	12087	3653
湖州市埭溪镇上强小学	41	1550	99	48780	18608.8
湖州市杨家埠镇弁南小学	16	658	42	33978	14251.5

续表

学　　校	班级数	学生数	教职工数	占地面积（m²）	建筑面积（m²）
湖州市仁皇山小学	36	1578	88	35807	17857
湖州市织里镇成人文化技术学校			43	3000	3200
湖州市八里店镇成人文化技术学校			10	3000	3300
湖州市环渚乡成人文化技术学校			10	1200	400
湖州市白雀乡成人文化技术学校			7	2345	500
湖州市苕溪成人文化技术学校			6	668	2004
湖州市妙西镇成人文化技术学校			6	3500	2100
湖州市道场乡成人文化技术学校			6	500	850
湖州市埭溪镇成人文化技术学校			8	15834	7514
湖州市东林镇成人文化技术学校			5	3660	2020
湖州市实验幼儿园	43	1283	179	32443.6	31834.35
湖州市第一幼儿园	42	1185	178	25163	18631
湖州市第三幼儿园	30	803	137	17744	14658
湖州市蓝天实验幼儿园	22	567	101	9912	7900
湖州市吴兴区浮玉幼儿园	9	233	40	4669	2800
湖州市童星幼儿园	25	568	105	10152.69	4935
湖州市吴兴区常溪幼儿园	12	304	58	10088.38	7545.33
湖州市东风幼儿园	12	298	50	6045	4650
湖州市吴兴区市北幼儿园	12	302	52	6271	4871
湖州市清河幼儿园	17	452	76	11576.6	8419.6
西风漾幼儿园	16	415	71	9203	6408.1
夹山漾幼儿园	14	339	65	8758.64	6937.2
湖州开发区实验幼儿园	21	574	101	6666.8	5548.9
湖州市王家漾幼儿园	11	284	47	5119	4085.4
湖州市南太湖幼儿园	24	626	100	15519	10942
湖州市仁北幼儿园	13	372	60	13637	9113.5
湖州南太湖高新技术产业园区中心幼儿园	20	528	83	15077	11223
织里镇晟舍幼儿园	30	854	122	18323	15805
织里镇织东幼儿园	22	594	90	8628.45	6900
织里镇织北幼儿园	21	616	86	8229.5	5991.3
湖州市吴兴区八里店镇中心幼儿园	42	1208	165	18887	14959
湖州市吴兴区环渚乡中心幼儿园	2	45	9	841	716
湖州市吴兴区道场乡中心幼儿园	3	76	17	1092	482
湖州市吴兴区妙西镇中心幼儿园	11	276	44	5607	2202

续表

学　　校	班级数	学生数	教职工数	占地面积（㎡）	建筑面积（㎡）
湖州市吴兴区东林镇中心幼儿园	11	321	47	3200	2059
湖州市吴兴区埭溪镇中心幼儿园	26	796	102	10422	7212
湖州市仁皇山中心幼儿园	16	433	69	6531	6230
湖州市杨家埠街道新蕾中心幼儿园	18	493	74	11509	8222
湖州市吴兴区白雀乡中心幼儿园	9	257	36	2812	3056
湖州市长东幼儿园	10	199	42	5765.83	3818
爱山小学教育集团凤西小学	4	180	11	9091.3	3852.3
湖州市第四中学教育集团毗山中学	5	218	20	16267	15064.48

文件选编

文件选编目录

2021年吴兴区文件选编目录索引一览表

表26

序号	文号	文件题名	日期
1	吴政发〔2021〕4号	《吴兴区人民政府关于公布2021年度区级挂牌督办重大火灾隐患单位的通知》	2021-01-26
2	吴政发〔2021〕15号	《关于印发吴兴区鼓励开放型经济发展十条政策的通知》	2021-09-10
3	吴政发〔2021〕40号	《吴兴区人民政府关于印发吴兴区科技创新发展"十四五"规划的通知》	2021-12-30
4	吴政办发〔2021〕13号	《吴兴区人民政府办公室关于进一步做好2021年招引大学生就业创业工作的实施意见》	2021-03-15
5	吴政办发〔2021〕19号	《吴兴区人民政府办公室关于印发吴兴区进一步促进农贸市场提升发展实施意见(试行)的通知》	2021-04-12
6	吴政办发〔2021〕30号	《吴兴区人民政府办公室关于印发2021年度法治政府建设工作要点的通知》	2021-06-29
7	吴政办发〔2021〕32号	《吴兴区人民政府办公室关于印发吴兴童装产业品质革命行动方案（2021—2023年)的通知》	2021-07-20

吴兴区人民政府关于公布2021年度区级挂牌督办重大火灾隐患单位的通知

高新区管委会，各乡镇人民政府、街道办事处，区级有关部门：

为进一步深化火灾等事故预防控制体系建设，坚决预防和遏制较大以上火灾事故的发生，努力为全区经济社会发展营造良好的消防安全环境，经区政府同意，决定将湖州创兴包装有限公司、湖州市余家漾小区、湖州奥奇园区管理有限公司和湖州织里领航交通设施有限公司、湖州织里罗曼蒂克商务宾馆和湖州织里徐建通副食店6家单位列为2021年区级挂牌督办重大火灾隐患单位(详见附件)。

各督办单位、相关部门要认真履行督办职责,综合运用法律和行政等手段,严格落实隐患单位的整改责任,加强督促指导,确保隐患在期限内整改完毕。

吴兴区人民政府

2021年1月26日

附件

政府挂牌督办重大火灾隐患明细表1

表27

单位名称		湖州创兴包装有限公司		
法定代表人		林泽浩	联系电话	15067268811
地　址		浙江省湖州市吴兴经济开发区埭溪分区创新路699号		
建筑基本情况		该单位共有5间厂房,其中1#车间地上3层,建筑高度17.73米,建筑面积为4875.26平方米,使用功能为多层丙类厂房;2#车间建筑高度17.55米,建筑面积为3998.47平方米,使用功能为多层丙类厂房;3#车间(含连廊)地上3层,建筑高度为17.55米,地上3层,建筑面积为6629.84平方米,使用功能为多层丙类厂房;4#车间地上3层,建筑高度为17.55米,地上3层,建筑面积为7903.45平方米,使用功能为多层丙类厂房;新建5#车间地上3层,建筑高度为17.55米,地上3层,建筑面积为5309.59平方米,使用功能为多层丙类厂房。5个车间均属于劳动密集型企业生产加工车间		
火灾隐患情况	主要隐患	1.消防水泵瘫痪不能正常联动,违反《中华人民共和国消防法》第十六条第一款第二项之规定; 2.喷淋泵瘫痪不能正常联动,违反《中华人民共和国消防法》第十六条第一款第二项之规定; 3.消防控制室无人员值班,违反《浙江省消防条例》第三十四条第二款之规定; 4.1号车间封闭楼梯间设置门洞,破坏原有封闭楼梯间形式,不符合《建筑设计防火规范》(GB 50016—2014)第6.4.2条之规定; 5.1号车间一层排烟窗全部被遮挡,不符合《建筑设计防火规范》(GB 50016—2014)第8.5.2条之规定; 6.1号车间二层办公室设置吊顶遮挡原有火灾自动报警系统探头、喷淋喷头,不符合《建筑设计防火规范》(GB 50016—2014)第8.3.1和8.4.1条之规定; 7.部分应急照明灯和疏散指示灯损坏,违反《中华人民共和国消防法》第十六条第一款第二项之规定		
	其他隐患			
建议整改期限		2021年10月31日		
建议督办部门		埭溪镇人民政府		

填报单位:　吴兴区消防救援大队　　　　填报人:　马翔

政府挂牌督办重大火灾隐患明细表2

表28

单位名称	湖州市余家漾小区		
法定代表人		联系电话	13735396661
地　址	吴兴区新华路718号		
建筑基本情况	该小区于2004年建成，整个小区面积35万平方米，共有27幢高层住宅，20幢多层住宅		
火灾隐患情况	主要隐患	1.火灾自动报警系统不能正常运行，违反《中华人民共和国消防法》第十六条第一款第二项之规定； 2.高层建筑防排烟系统不能正常联动，违反《中华人民共和国消防法》第十六条第一款第二项之规定； 3.消防控制室值班人员未持证上岗，违反《浙江省消防条例》第三十四条第二款之规定； 4.高层建筑应急照明灯具、疏散指示灯具损坏或缺失超过30%，违反《中华人民共和国消防法》第十六条第一款第二项之规定； 5.高层建筑消防车道被占用，违反《中华人民共和国消防法》第二十八条之规定； 6.消防水泵不能正常联动，违反《中华人民共和国消防法》第十六条第一款第二项之规定	
	其他隐患		
建议整改期限	2021年10月31日		
建议督办部门	飞英街道办事处、区住建局		

填报单位：　　吴兴区消防救援大队　　　　　　填报人：沈超

政府挂牌督办重大火灾隐患明细表3

表29

单位名称	湖州奥奇园区管理有限公司		
法定代表人	陈晓静	联系电话	18605827888
地　址	浙江省湖州市吴兴区高新区湖织大道755号4幢厂房-2		
建筑基本情况	该建筑为湖织大道755号4幢，共2层，建筑面积约6000平方米，首层局部和二层为湖州奥奇园区管理有限公司负责管理，其中首层为仓储区，第二层为生产车间		

续表

火灾隐患情况	主要隐患	1. 火灾自动报警系统故障，显示面板损坏，无法联动，违反《中华人民共和国消防法》第十六条第(二)项之规定； 2. 洁净厂房隔墙采用泡沫夹芯板，不符合《建筑设计防火规范》第3.2.1条之规定； 3. 共计5扇防火门缺少顺位器、闭门器，违反《中华人民共和国消防法》第十六条第(二)项之规定； 4. 消防控制室无人值班，违反《浙江省消防条例》第三十四条第二款之规定； 5. 部分库室无报警探头保护，违反《中华人民共和国消防法》第十六条第(二)项
	其他隐患	
建议整改期限		2021年10月31日
建议督办部门		高新区管委会、区发改经信局

填报单位：　吴兴区消防救援大队　　　　填报人：陈振一

政府挂牌督办重大火灾隐患明细表4

表30

单位名称		湖州织里领航交通设施有限公司		
法定代表人		沈金华	联系电话	13306726818
地　址		湖州市织里镇中华路北阿祥路东		
建筑基本情况		厂区内共三幢建筑1#车间，3154.91平方米，工业厂房；2#车间，4690.49平方米，工业厂房；3#车间4114.46平方米，工业车间		
火灾隐患情况	主要隐患	1. 未按规定设置自动喷水灭火系统，违反《中华人民共和国消防法》第十六条第一款第(二)项之规定； 2. 未按规定设置火灾自动报警系统，违反《中华人民共和国消防法》第十六条第一款第(二)项之规定。 3. 部分电线未穿管敷设，违反《中华人民共和国消防法》第二十七条第二款之规定； 4. 使用可燃材料装修，不符合《建筑内部装修设计防火规范》(GB 50222—2017)第5.1.1条规范		
	其他隐患			
建议整改期限		2021年10月31日		
建议督办部门		织里镇人民政府、区发改经信局		

填报单位：　织里消防救援大队　　　　填报人：俞高

政府挂牌督办重大火灾隐患明细表5

表31

<table>
<tr><td colspan="2">单位名称</td><td colspan="4">湖州织里罗曼蒂克商务宾馆</td></tr>
<tr><td colspan="2">法定代表人</td><td>曹火荣</td><td>联系电话</td><td colspan="2">13706726522</td></tr>
<tr><td colspan="2">地址</td><td colspan="4">湖州市织里镇富民南路555号</td></tr>
<tr><td colspan="2">建筑基本情况</td><td colspan="4">该场所位于湖州市织里镇富民南路555号，建筑面积2796平方米，地上第一、三至七层，使用性质为宾馆，钢筋混凝土结构，二级耐火等级。设有火灾自动报警系统、自动喷水灭火系统、室内消火栓、应急照明、灭火器等消防设施、器材</td></tr>
<tr><td rowspan="2">火灾隐患情况</td><td>主要隐患</td><td colspan="4">1. 消火栓系统无法正常使用，违反《中华人民共和国消防法》第十六条第一款第(二)项之规定；
2. 消防喷淋系统无法正常使用，违反了《中华人民共和国消防法》第十六条第一款第(二)项之规定；
3. 消防水泵不能进行联动启动，违反《中华人民共和国消防法》第十六条第一款第(二)项之规定；
4. 消防控制室值班人员未按规定持证上岗，违反了《中华人民共和国消防法》第二十一条第二款之规定</td></tr>
<tr><td>其他隐患</td><td colspan="4"></td></tr>
<tr><td colspan="2">建议整改期限</td><td colspan="4">2021年10月31日</td></tr>
<tr><td colspan="2">建议督办部门</td><td colspan="4">织里镇人民政府</td></tr>
</table>

填报单位：　织里消防救援大队　　填报人：赵玮

政府挂牌督办重大火灾隐患明细表6

表32

<table>
<tr><td>单位名称</td><td colspan="3">湖州织里徐建通副食店</td></tr>
<tr><td>法定代表人</td><td>徐建通</td><td>联系电话</td><td>15958350555</td></tr>
<tr><td>地址</td><td colspan="3">湖州市织里镇中华路北侧</td></tr>
<tr><td>建筑基本情况</td><td colspan="3">该建筑为地上5层混合结构，1—2层为商业(房产证显示)，3—5层为住宅，其中1—2层使用用途为，超市面积2448.56平方米</td></tr>
</table>

续表

<table>
<tr><td rowspan="2">火灾
隐患
情况</td><td>主要隐患</td><td>1.未按国家工程建设消防技术标准的规定设置疏散指示标志、应急照明，或所设置设施的损坏率大于标准规定要求设置数量的50%，违反《中华人民共和国消防法》第十六条第一款第(二)项之规定；
2.人员密集场所的安全出口设置卷帘门，不符合《建筑设计防火规范》(GB 50016—2014)第6.4.11条规定；
3.违反国家工程建设消防技术标准的规定在可燃材料上直接敷设电气线路或安装电气设备，违反《中华人民共和国消防法》第二十七条第二款之规定；
4.违反国家工程建设消防技术标准的规定在人员密集场所使用易燃、可燃材料装饰、装修，不符合《建筑内部装修设计防火规范》(GB 50222—2017)第5.1.1条规范</td></tr>
<tr><td>其他隐患</td><td>1.超市与仓库未设有效防火分隔；
2.超市内设置儿童活动场所大于50平方米未与其他区域设置有效防火分隔</td></tr>
<tr><td colspan="2">建议整改期限</td><td>2021年10月31日</td></tr>
<tr><td colspan="2">建议督办部门</td><td>织里镇人民政府</td></tr>
</table>

填报单位：　织里消防救援大队　　　　　　　　　　填报人：王彦平

吴兴区人民政府关于印发
吴兴区鼓励开放型经济发展十条政策的通知

高新区管委会，各乡镇人民政府、街道办事处，区府各部门，区直各单位：

《吴兴区鼓励开放型经济发展十条政策》已经区政府同意，现印发给你们，请结合实际，认真贯彻执行。

吴兴区人民政府

2021年9月10日

吴兴区鼓励开放型经济发展十条政策

为扩大高水平对外开放，畅通国内国际双循环，优化升级对外贸易，提高使用外资、跨国发展和国际合作水平，全面提升开放型经济发展质量效益，特制定以下十条政策：

1.鼓励加快外资到资奖励。对在吴兴区注册登记且被认定为区外资“大好高”项目的外资企业，当年度外方累计现汇到资500万美元以上(商务部认定口径，不含无形资产、房地产，下同)，按500万美元以上、1000万美元以上、3000万美元以上，分档给予不超过当年实际到账外资金额2‰、4‰、8‰的奖励。对当年一次性到资5000万美元以上的外资项目，可一事一议。奖励资金由区与项目落户地平台按1∶1比例分担。

2.提高引进高质量外资奖励。符合上述第一条款要求的外资企业，资金来源于欧美日韩等发达国家（地区）的、实到外资被商务部统计为高技术产业外资的或者世界500强企业直接投资的外资项目，除按第一条款奖励外，分别再给予不超过1‰的奖励。

3.加大国际市场开拓力度。对企业参加区重点组织的境内外展览和对接活动，其统一宣传、公共布展及展位费用全额补助，境外展给予90%人员费补助；参加区重点推荐的境内外展览和对接活动，给予展位费70%补助，境外展给予人员费70%补助；自行参加境外展会，给予展位费50%补助。区目录内展会因疫情等原因转为线上展的，每个展会给予1万元定额补助，未达到定额的按实补助。以上政策标准均含上级补助；目录内展会同一企业同一展会最高补助6个标准展位，3名参展人员，其中童装、美妆、物流装备等区特色产业类展会最高补助8个标准展位；自行参加展会最高补助4个标准展位；当年度同一企业合计补助金额最高不超过80万元。举办出口网上交易会、展览会、境外采购对接活动，建设网上展览平台等，相关费用由专项资金予以全额保障。

4.鼓励做大做强外贸规模。对企业当年度机电高新产品一般贸易出口增量达到500万美元以上，增量部分给予1美元不超过0.03元奖励，其余产品予以减半奖励，单个企业最高奖励不超过50万元。对企业当年度出口额首次突破1000万美元、3000万美元、5000万美元和1亿美元的，分别奖励5万元、10万元、15万元和30万元。支持服务贸易企业出口，对入库企业当年度服务贸易出口增量达到20万美元以上，经核定，增量部分给予1美元不超过0.03元奖励，单个企业最高奖励不超过20万元；对企业当年度服务贸易出口额首次突破1000万美元、2000万美元、3000万美元的，分别奖励5万元、10万元、15万元；对首次获得省级及以上服务贸易（外包）发展基地（园区），给予一次性奖励10万元。

5.加大外贸企业融资支持。对外贸企业出口增量300万美元以上或新设外贸企业出口100万美元以上，给予外贸企业当年新增信用贷款1%的贴息，单个企业年贴息最高不超过20万元。贷款金融机构需在区商务局提前报备。

6.积极防范国际贸易风险。对企业委托出口信用保险公司开展海外买家标准资信基础调查，经核定，给予资信费100%补助，当年度单个企业最高不超过5万元。建立健全预警信息发布平台，加强与专业律所合作，加强对重点出口产业的风险预警防范和应对。对商务运行调查监测系统、“订单+清单”监测预警系统企业填报员给予每人每年600～1200元工作经费补助。

7.着力推进外贸转型升级。对新认定的外贸综合服务等区级贸易平台，当年度服务企业10家以上、进出口100万美元以上奖励10万元；当年度进出口增量500万美元以上，增量部分给予1美元不超过0.03元奖励。单个平台最高奖励不超过100万元。对新获省、市出口名牌的企业，分别奖励10万元、5万元，对获评省级以上文化出口重点企业，奖励5万元。对新获各类管理体系认证、产品认证、境外商标、境外专利的企业，在市补助基础上，再给予项目费用30%补助，单个企业最高不超过10万元。

8.提升特色产业外向水平。支持童装、美妆、物流装备等优势产业外向型发展，推广吴兴特色区域品牌。对企业参加由区商务局统一重点组织的产业推介、展会和国内外市场考察活动，经核定，给予90%人员费补助，同一活动同一企业限2人，最高补助8万元。着力提升开放型经济数字化服务水平，搭建涵盖市场开拓、监测预警、双向投资、政务服务等为一体的线上综合服务平台，相关费用由专项资金予以全额保障。

9.鼓励企业开展外经合作。对企业投资设立境外公司,经备案,中方境外投资额达到300万美元以上、500万美元以上、1000万美元以上,分别给予一次性补助2万元、4万元、6万元。对外承包工程企业、劳务输出企业,当年外经营业额达到500万美元、1000万美元以上,分别奖励2万元、4万元。对企业"走出去"投保信用保险,在市补助基础上,再给予保费20%补助,单个企业最高不超过20万元。

10.加强外贸企业政策倾斜。根据区年度企业亩产效益分类综合评价结果,对上年度外贸出口达到100万美元以上的企业,在执行本政策时予以上升一档执行。为鼓励先进,营造氛围,根据外贸总量、增量和质量,评选年度"进出口贸易先进企业"若干家,给予表彰。

本政策自2021年1月1日起施行,有效期三年。《吴兴区进一步支持和鼓励开放型经济发展十条政策》(吴政发〔2018〕28号)、《吴兴区支持稳外贸稳外资十条政策》(吴政办发〔2020〕27号)同时废止。《吴兴区积极打造高质量外资集聚先行区的六条意见》(吴政办发〔2019〕46号)同步执行,涉及内容有重复或不一致的,按本意见执行。本意见实行最高限额原则,对企业同一事项涉及政府多项奖励补助的,按最优惠一项执行。国家、省、市有新规定的,按新规定执行。高新区、各乡镇街道可参照执行和负担。

吴兴区人民政府

2021年9月10日

吴兴区人民政府关于印发吴兴区科技创新发展"十四五"规划的通知

高新区管委会,各乡镇人民政府、街道办事处,区府各部门,区直各单位:

《吴兴区科技创新发展"十四五"规划》已经区政府同意,现印发给你们,请结合实际,认真贯彻执行。

吴兴区人民政府

2021年12月30日

吴兴区科技创新发展"十四五"规划

"十四五"时期是吴兴争当建设"重要窗口"示范样本排头兵的重要时期。为推进"十四五"期间全区科技创新发展,加快建设科创新城,围绕浙江省创新强省和湖州市国家创新型城市建设,根据《"十四五"国家科技创新规划》《浙江省科技创新发展"十四五"规划》《湖州市科技创新发展"十四五"规划》《吴兴区国民经济和社会发展第十四个五年规划和二〇三五年远景目标纲要》等,制定本规划。规划期为2021—2025年。

一、"十三五"时期主要成就

"十三五"以来,全区深入实施创新驱动发展战略,创新主体培育、平台载体建设、科技人才引育、科技成果转化等领域取得明显成效,科技创新对全区经济社会高质量发展的驱动引领作用日益凸显。

创新实力显著增强。根据《2021年中国中小城市高质量发展指数研究成果》公布，吴兴区位列“全国创新百强区”第58位，“十三五”期间进位10名。获批国家级知识产权强县工程示范区和省科技创新改革联系点。高新技术产业增加值占规上工业增加值比重从2015年的32.87%提高到79.87%，列全市第一。每万人有效发明专利拥有量达到43.38件，实现“翻两番”。累计获得省科学技术奖5项、市科学技术奖19项。

创新平台能级提升。湖州现代物流装备高新技术产业园区提质发展，列2020年全省高新区绩效评价第7位。吴兴童装和现代物流装备产业创新服务综合体成功列入省级创建。西塞科学谷、阳山时尚谷和太湖实验室启动建设，吴兴科创资源集聚发展开创新格局。获评省级以上科技企业孵化器4家，湖州七幸科技创业园成为全市首家国家级民营科技企业孵化器。众创空间建设量质齐升，新增市级以上众创空间54家，其中国家级6家，省级18家，总量规模和质量能级均列全市第一。

创新主体持续壮大。深入实施科技企业“双倍增”计划，着力引进、培育、壮大了一批科技含量高、创新能力强的科技型企业，累计培育国家高新技术企业164家、省级科技型中小企业600家，较“十二五”末分别增长107%和190%。科技金融深度融合，新增科创板上市企业1家。建成省级重点企业研究院5家、省级企业研究院24家、省级院士专家工作站5家、省级高企研发中心78家、省级工程技术中心2家。

创新人才加速汇聚。大力实施人才强区战略，围绕全区主导产业发展需求，积极落实“本土高层次人才特殊支持计划”“海外引才计划”“南太湖精英计划”等高端人才引育工程，吴兴科技创新人才“蓄水池”效应不断增强。入选省领军型创新创业团队5个，总量居全市第一，引进海内外院士23人，培育省级以上引才计划外国专家14人、省级海外工程师22人次、市级以上领军型创新团队25个。

创新合作广泛深入。扎实推进科技成果转化加速行动，积极推动与浙大、上交大、哈工大、浙工大等一批知名高校校地合作，累计引进共建哈工大机器人湖州国际创新研究院、浙江高晟光热发电技术研究院等各类创新载体41家。支持高校院所与企业的联合技术攻关，借力高端智力不断促进科技项目转化落地，实施重大科技成果共性技术转化项目155项，技术交易额超50亿元。

创新生态不断优化。出台《吴兴区人民政府关于进一步加快科技创新的若干意见》、《吴兴区人民政府办公室关于进一步加快推进众创空间发展的实施意见》等一系列扶持政策和创新性举措，持续优化创新环境。不断优化创新科技考评体系，以科技进步目标责任制考核为引领，完善全区上下齐心协力抓创新的浓厚氛围。财政资金对科技创新的政策扶持力度不断加大，财政科技投入每年保持10%以上增长。

吴兴区科技创新发展在“十三五”期间有较大提升，取得一定成效，但由于先天资源基础较为薄弱，在创新平台能级、高新产业规模、创新主体实力、高端人才支撑、创新创业氛围等方面存在短板和制约，主要体现在：一是创新资源要素集聚能力不强。我区高校科研院所等创新资源要素缺少，原始创新能力和重大科技成果供给缺乏。企业引才意识不强，各类人才规模不大，人才类型不均衡，人才工作辐射面不大，主要集中在区内头部企业。二是创新主体动能不足。我区高新技术产业规模总量偏小、数量偏少、附加值偏低，缺乏龙头企业，传统产业高新化和战略新兴产业发展不快。2020年吴兴区全社会研发投入占GDP比重2.15%，低于省市平均水平，企业整体研发投入水平偏低，规上企业研发活动率仅为36.55%。三是创新平台载体能级不高。我区创新载体规模普遍较小，缺少高层次的科技研发平台，创新平台支撑新兴产业发展的核心载体作用较弱。高新区处于省级创建阶段，在规模总量、亩均贡献等方面对标国家级高新区存在较大差距。四是科技创新体制机制有待完善。科技创新协调机制尚不完善，"产学研用金，才政介美云"十联动的创新生态体系还未健全，全社会创新意识、创新活力不足。

二、"十四五"时期面临的新形势

全球新一轮科技革命催生新模式。习近平总书记指出"当今世界正经历百年未有之大变局，新一轮科技革命和产业变革蓬勃兴起"。"十四五"期间，世界经济将加速向数字化发展，5G、人工智能、云计算、大数据、区块链等数字技术是应用创新的主角，数字经济正在成为推动创新发展的新引擎。全球正在加快推进新一轮科技革命，推动产业价值链深度细化分解，全球创新版图正在加速重构，科技创新成为各国实现经济再平衡、打造国家竞争优势的核心，主要发达国家加速布局各大重点领域，加强对全球创新资源流动的引导、组织和控制能力，积极抢占科技发展制高点，全球科技开放创新已经迈入竞合新阶段。

"两个一百年"奋斗目标引领新使命。"十四五"期间正处于我国"两个一百年"奋斗目标的重要交汇点，是全面建成小康社会、实现第一个百年奋斗目标的关键时期，也是乘势而上开启全面建设社会主义现代化国家新征程、向第二个百年奋斗目标迈进的重要阶段，更是我国"新基建"激发高质量发展、强大中国市场加速形成、人才红利和创新能力显著提升的新一轮发力期，全国科技创新发展将进入一个新趋势、新机遇、新动能共同作用的关键发展阶段。在当前保护主义上升、世界经济低迷、全球市场萎缩的外部环境下，必须充分发挥国内超大规模市场优势，通过繁荣国内经济、畅通国内大循环为我国经济发展增添动力，带动世界经济复苏。大力推动科技创新，加快关键核心技术攻关，提升产业链供应链现代化水平是必然趋势。

长三角科技创新共同体建设开启新征程。依据《长江三角洲区域一体化发展纲要》，构建长三角区域创新共同体，是推进长三角更高质量一体化发展的重要组成部分，对于发挥各地区比较优势、优化科技创新资源区域配置、提升区域科技创新能力和产业竞争力，落实长三角区域一体化发展国家战略部署具有重要意义。随着长三角一体化建设进程的稳步推进，要落实长三角科技创新共同体建设任务，发挥三地头部企业、平台企业、独角兽企业作用，以企业为主体协同推进技术创新。三省一市人才、资本、信息、技术等创新要素加速跨区流动和融通，长三角科创共同体逐渐成为撑起一体化建设的创新脊梁。

建设创新型省份提出新要求。浙江省正处于战略窗口期、历史交汇期和攻坚关键期，对照习近平总书记提出的"重要窗口"建设的新目标新定位，以强化人才强省、创新强省工作导向，以超常规举措着力推动"互联网+"、生命健康、新材料三大科创高地建设，着力优化全域创新体系和创新生态，着力实现重要指标"六倍增六提升"，将浙江省建成高水平创新型省份和科技强省，成为我国建设世界科技强国、育新机开新局的中坚力量。

建设"重要窗口"示范样本作出新部署。市委八届四次全会提出了"一四六十"工作体系，围绕全市高质量赶超发展主线，实施人才强市、创新强市首位战略。"十四五"及今后一个时期，湖州处在战略地位持续彰显期、生态红利加速释放期和高质量赶超发展奋力蝶变期，奋力打造新时代全面展示中国特色社会主义制度优越性"重要窗口"示范样本，加快建设现代化滨湖花园城市。科技创新作为经济社会全面发展的核心支撑，将在推动产业升级与动能转换、重塑区域竞争优势、创新社会治理模式与共建

“智治”社会等众多领域，肩负更加重大的责任和使命。

吴兴新一轮高质量赶超发展呼唤新引擎。创新能力的高低决定了一个区域产业发展层次和区域竞争力水平。吴兴区致力于产业迭代、成果转化、载体提档、要素融通和环境优化，在全市创新版图中持续高歌猛进。“十四五”期间，吴兴区把创新驱动作为高质量发展的强劲动力，加快科技体制改革，开放创新要素市场，突破关键核心技术，集聚高层次人才，以科技创新推动产业基础高级化和产业链现代化，促进产业向创新链、产业链、价值链中高端攀升。科技创新将成为吴兴争当全市建设“重要窗口”示范样本排头兵和全省高质量发展建设共同富裕示范区的模范生的重要引擎。

三、开启科创新城建设新征程

（一）指导思想

以习近平新时代中国特色社会主义思想为指导，坚持党对科技工作的全面领导，全面贯彻党的十九大和十九届二中、三中、四中、五中、六中全会精神，深入实施人才强区、创新强区战略，紧紧围绕“生态吴兴、科创新城、产业强区、幸福家园”目标定位，落实吴兴区委区政府关于在全市建设“重要窗口”示范样本中争当排头兵的部署，以数字化改革引领全面深化改革，以满足人民日益增长的美好生活需要、实现共同富裕为根本目的，以绿色创新为主题，大力开展“135”科技创新赶超行动，努力把吴兴打造成为在长三角有影响力的绿色科创引领、高端人才集聚、高新产业先行、创新生态示范的科创新城，为全区争创“重要窗口”示范样本排头兵提供强大动力。

（二）基本原则

坚持协同攻关，技术创新。瞄准前沿科技和国家重大战略需求，实现一批关键技术的快速突破。聚焦重点产业链补链强链，深入实施规上工业企业研发投入提升行动，以“揭榜挂帅”、协同攻关等模式，攻克“卡脖子”难题，抢占技术制高点。

坚持开放合作，协同创新。实施更加主动、更加积极的开放合作策略，全面参与长三角一体化发展新格局，集聚高端要素资源，坚持全球视野、区域联动、协同创新，打造全方位开放格局，持续提升吴兴集聚度、美誉度、显现度。

坚持转型突破，绿色创新。坚决落实碳达峰、碳中和要求，实施二氧化碳达峰行动计划，推进工业生产绿色转型示范，能源资源高效利用示范，循环经济创新发展示范等，推进全区绿色发展。

坚持优化生态，体制创新。不断改革投入方式，打造深化科技体制改革试验区，增强创新供给，全面加强创新环境建设，构建以科技创新为核心、多领域互动、多要素联动的综合创新生态体系。

坚持人才引领，全面创新。突出人才的战略资源地位把人才资源作为推动创新发展的重要潜力和后发优势，实行更加积极、更加开放、更加有效的人才引进政策，集聚社会智慧力量，释放创新创业活力。

（三）发展目标

到2025年，“135”科技创新赶超行动取得明显成效，即高水平创建一个国家级高新区，高标准建成三大高能级科创主平台，高质量实现吴兴科技创新五大新突破。

创新平台建设实现新突破。进一步提高现代物流装备高新技术产业园区承载力，为主导产业集聚奠定更强的基础，实现省级、国家级挂牌。推动西塞科学谷尽快成长为长三角创新共同体战略支点，阳山时尚谷壮大为时尚产业融合发展引领地，太湖实验室成为省级实验室（省级技术创新中心）。加快培育一批新型研发机构，鼓励大企业自主建设研究院、引进海内外高校院所合作共建研究院。到2025年，累计拥有省级以上研发机构200家，重点培育10家以上具有行业影响力的未来研究院。

高新产业发展实现新突破。加快补齐创新主体力量薄弱短板，做大做强高新技术产业，培育形成数字产业、智能装备、健康时尚、金属新材和纺织服装等一批高新技术产业集群。到2025年，高新技术产业增加值占规上工业比重达到85%以上，数字经济核心产业增加值占GDP比重达到5%以上。

创新主体培育实现新突破。加速实施新一轮科技型企业"双倍增"计划。到2025年，培育省级科技型中小企业1200家以上，国家高新技术企业300家以上。实现规上企业研发活动全覆盖，确保研发投入年均增长超过15%，推动全社会研发强度赶超省市平均水平。

创新人才引育实现新突破。推行研究院+高端人才+产业化项目模式，为承载海内外高端人才落地提供平台支撑。完善社会化引才机制，引进一批知名科技人才中介机构，重塑更务实高效的合作模式。到2025年，新引育省级以上科技顶尖人才20名以上。

创新生态优化实现新突破。支持创新创业的政策体系更加完善，科技管理、人才激励、成果转化等体制机制更加健全。科技财政投入逐年增长，政策扶持力度持续加大，更好发挥撬动作用。创新要素进一步集聚、创新服务进一步优化，"产学研用金、才政介美云"十联动的创新生态体系进一步完善。

四、开创科创新城建设新局面

（一）聚焦要素集聚，实现创新平台建设新突破

推动高新区集聚提升。以国家级高新区标准推进高新区建设，聚焦高质量、竞争力、现代化，引导和支持湖州高新区围绕高端智能装备、电子信息、新材料三大主导产业，配置创新要素，加快培育发展新动能，全面提升高新区科技创新能力和产业竞争力。实施高新区高质量发展行动计划，以智能化、绿色化、高端化为发展方向，持续提升高新区R&D投入、高新技术产业增加值和投资增幅，保持亩均效益始终处于较高水平。

高标准建设西塞科学谷。积极践行"五谷丰登"计划，加快产业链、人才链、创新链深入融合，以打造"长三角创新共同体战略支点"为目标，突出产、城、人融合发展，推进产业科技融合创新，打造企业总部基地、产业转化及孵化基地、数字产业创新中心。力争孵化培育省级以上重点实验室1家，培育领军型创新人才和团队50个以上，引进省级以上顶尖人才和领军人才5名以上。

高质量建设阳山时尚谷。以打造"时尚产业融合发展引领地"为目标，充分发挥美妆产业基础优势，以科技助力产业链条向前端研发、末端服务延伸。建设智能制造产业公共研发中心、绿色建筑产业公共研发中心、产业加速基地、总部研发楼等一批引领性创新型空间载体，激发时尚+智能化等新型产业高质量发展新动能。

高水平建设太湖实验室。重点引进集聚新材料、新能源、智能装备三个领域的优势科创资源，通过体制机制创新，打造成为省级实验室（省级技术创新中心），为吴兴战略性新兴产业提质升级提供战略支撑，引进培育2—3个院士团队，汇聚不少于1000人的高水平科研人员。

引进培育新型研发机构。大力引进和培育一批投资主体多元化、建设模式国际化、运行机制市场化、管理制度现代化的高端新型研发机构，推动科技研发、成果转化、产业培育协同发展。大力发展研究院经济，着力提升基础研究与应用基础研究能力，支持浙江工业大学湖州数字经济技术研究院、浙江理工大学湖州研究院、浙江清宸可穿戴技术创新中心、中乌金属新材（湖州）研究院、哈工大机器人湖州

国际创新研究院、浙江高晟光热技术研究中心等研究院建设。

建设高质量未来研究院。安排专项资金重点支持企业建设未来研究院、研发中心等各类研发机构，鼓励企业与高校院所、高端人才开展技术合作，推动科技成果产业化。大力度推进科创平台提质增效，着重体现“空间利用率、资源集聚度、绩效贡献度”等质效特征，引导平台向专业化、精细化、产业化方向提质升级。推动各类科技企业孵化器建设，引进高水平科技咨询、人力资源等科技中介机构，为各类创新创业主体搭建优质平台。

（二）聚焦提质增效，实现高新产业发展新突破

聚力打造高新技术产业集群。对标国内外先进水平，突破数字产业、智能装备等新兴产业，持续做强金属新材和纺织服装两大特色优势产业，以“创新强工”推动企业“腾笼换鸟、凤凰涅槃”，加快形成产业集聚优势、补齐短板，着力打造长三角标志性产业集群。依托行业龙头企业，推动实施一批技术含量高、产业辐射带动性强的高新技术产业化项目。引导企业着力培育集成电路专用材料、新型显示材料、航空航天材料等关键战略新材料，推动数字化纤维全流程生产技术的深度运用，不断优化生产工艺和流程。

开展重点领域核心技术攻关。围绕 “4+2”主导产业体系，坚持目标导向、需求导向、问题导向、企业导向，开展产业基础前沿技术、关键共性技术及“卡脖子”技术重点攻关，支持企业积极承接政府科技计划项目、与高校院所开展产学研合作等方式解决技术难题，实现科技供给与产业需求精准对接，促进基础研究、应用研究、技术研发与产业化融通。积极布局高端科研机构和重大科技基础设施，发挥学科和体制机制优势，形成“一流的人才团队、一流的科研成果”。

加大高新技术产业投资。推动新基建与新技术、新材料、新装备、新产品协同融合发展，推动基础设施改造、关键技术突破、市场化水平提升。加大数字产业、智能装备、健康时尚等新兴产业的投资力度，培育高质量发展新动能。健全完善重大高新技术产业投资项目库，扩大高新技术产业有效投资，抓好重点项目的精准服务，强化政企联动、优化要素保障。“十四五”期间，高新技术产业投资增速高于工业投资增速。

聚焦产业创新多元融合。推进战略新兴产业协同创新，围绕智能装备、数字经济、新材料等战略性新兴产业，依托区内龙头企业着力引进产业链专精特优小企业，积极培育一批创新“小巨人”企业，按照产业链供应链体系建设导向，加大科技型企业的强链、补链力度，打造基于产业链的创新共同体。以科技创新赋能科技强农，推进物联网、大数据、人工智能等数字技术广泛应用，加速农业农村生产生活方式变革。聚焦现代农业生物技术、绿色智慧高效农业、农产品质量安全与生命健康等主攻方向，推进农业科技研发中心、农业科技孵化器等建设，提升关键核心技术攻关能力。

加速科技成果转化产业化。积极探索新路径、新模式，完善技术要素市场化配置机制，全面深化产学研合作，加快新技术新产品转化应用示范，打造创新成果转移转化新高地。建设专业化、市场化技术转移机构，完善技术要素市场化配置机制，推进技术市场与资本市场联动发展，通过天使投资、创业投资、知识产权证券化、科技保险等方式推动科技成果资本化。

加快发展科技服务业。大力发展科技应用和创业孵化服务业，支持开展科技中介服务，打造集科技成果展示、交易、应用、推广、线上线下一体的技术转移服务体系。加快推进创新创业服务，依托吴兴科技创业园等平台，聚焦“4+2”产业体系，为优质小微企业发展提供“一站式”服务。完善创业服务体系，积极引进专利代理、财务管理和科技中介进驻各类孵化器，构建集众创空间、孵化器、加速器、产业园区为一体的创业孵化链条。实施科技创新券政策，推进创新券通用通兑。

增强碳达峰碳中和科技支撑。以西塞科学谷为主平台，开展绿色低碳关键技术研发与科技攻关，发挥绿色科技在生态环境治理与修复、产业绿色化改造中的核心作用，加快低碳技术应用领域，推动构建低碳、高效、可持续的生产与生活方式，全力支撑碳达峰、碳中和目标。

（三）聚焦培大扶强，实现创新主体培育新突破

推进企业加大研发投入。深入实施企业研发投入行动计划，瞄准企业研发投入短板，搭建技术合作攻关通道，探索建立企业出课题、政府出经费、高校院所来解题的新模式。探索企业承担科技项目与R&D经费投入挂钩制度，推动规上工业企业研发活动、研发机构双覆盖。引导龙头企业发挥自身优势，带头开展重点领域和关键环节的技术研发。支持企业建设重点企业研究院、高新技术企业研发中心、重点实验室、院士专家工作站、外国专家工作站等创新载体，持续加大研发投入，提升研发能力。

推动科技企业倍增提质。深入实施科技企业“双倍增”计划，着力培育一批竞争优势明显、产业带动作用强、贡献突出的领军企业，加快培育一批高成长、高技术的“双高”企业、“瞪羚”企业，完善创新企业“微成长、小升高、高壮大”的梯次培育机制。通过开发新产品、运用新技术、推行新模式促成企业逐渐转型成为高新技术企业。引导龙头企业进一步加大科技创新力度，着眼产业链延伸、附加值提升开展重点技术攻关，突破行业关键领域、关键环节，有效带动产业链上下游企业创新变革，加快催生一批中小科技型企业。

支持企业承担重点科技项目。对标省“尖峰”“尖兵”“领雁”“领航”四大计划，支持企业承担国家、省市级重大科技项目，与高校深入产学研合作。以系统化设计、一体化布局、集成化攻关为方向，聚焦集群培育，组织实施一批以企业为主体的国家、省级重点研发计划项目。组织高校院所、科研机构等联动参与，促进产业端与技术端的精准对接，综合运用择优委托、揭榜挂帅、赛马制等多种方式，选择优势研发团队，实行挂图作战全力攻关。“十四五”期间，组织企业每年实施市级以上补链强链项目30个以上，积极争取省级、国家级重大科技专项，形成自主知识产权和自主品牌。

鼓励企业开展合作交流。鼓励企业建立产业创新联盟，支持领军企业、龙头企业联合上下游企业和高校院所，组建产业创新联合体和技术需求联盟，共同推进产业生态协作、行业标准制订、关键技术攻关和前沿技术布局，加快形成全区各类企业协同开展创新的良好氛围。加大与海内外知名高校的合作力度，吸引海内外院士、省级特聘专家等优秀团队入驻，聚焦主导产业开展原发性研究和技术改造升级，加快产业核心技术攻关，给予有力的资金支持和服务保障，“十四五”期间，共建新型研发机构、联合实验室、院士专家工作站等各类创新载体30家以上。

（四）聚焦产业发展，实现创新人才引育新突破

着力拓宽引才路径。丰富人才引进渠道，完善“企业+政府+中介”三位一体引才机制，贯彻落实区人才新政4.0版，以“鲲鹏计划”“海外引才计划”“南太湖精英计划”“海外工程师”等引才项目工程，积极引进和培养一批具有国际先进水平、掌握核心技术、引领新兴产业发展的海外创新型科技领军人才。创新大数据引才机制，建设大数据引才综合服务平台，构建国际化高端人才战略图谱和“人才数据仓”，拓展“人才码”“人才云图”等应用功能，精准引进海内外高层次人才和领军型团队。到2025年，力争引进领军型创新创业团队10个，海外工程师30人以上。

鼓励培养高层次人才。以院士专家工作站、企业研究院等企业创新载体，充分发挥大师传帮带作用，培育一批高精尖人才。大力引导企业与研发机构共建人才培养基地，加快高素质人才培养步伐。深入实施高层次人才特殊支持计划项目，积极培育一批具有战略眼光、掌握先进核心技术、能够引领我区主导产业发展的创新型科技领军人才和科技型企业家。到2025年，力争新培育市级以上创新创业人才20人以上。

全面优化人才服务。围绕国际人才服务，建立和完善户籍、住房、医疗、配偶就业和子女入学等方面政策体系。围绕高端人才工作科研发展需求，建设国际化创新创业场地、公共技术研发平台，建设一批集创业、展示、居住、社交等于一体的“青年城”“创业港”和人才创新创业服务综合体。打造一支能为外国高端人才在工作许可法律咨询、社区沙龙等方面提供政策咨询引导和服务的专业人才服务队伍，全面保障海外人才留在吴兴。积极创建省外国高端人才创新集聚区。

健全人才管理使用长效机制。鼓励区内高端科研机构探索人才使用、管理和激励等创新政策试点，打通高校、科研院所与企业人才流动通道，大胆探索通过高校和重大科研平台留编引才方式。健全人才评价体系，突出标志性成果、实际贡献和科学价值的评价，探索科研人才在科技成果转化、技术转移等方面的激励机制，统筹实施人才奖、人才投、人才贷等与贡献相匹配的人才激励制度。

（五）聚焦改革争先，实现创新生态优化新突破

坚持数字化改革为引领。坚持数字赋能，深化科技领域“最多跑一次”改革，按照跨层级、跨地域、跨部门、跨业务的整体智治理念，统筹运用数字化技术、数字化思维、数字化认知，大胆探索，努力形成一批首创性突破性的改革成果。持续优化“科技企业成长政策通”应用场景，针对企业重大需求，建立科技政策一站式解决机制、企业申报认定智能办理机制、政策兑现无感办理机制，为科技企业提供全周期服务，助推科技企业倍增提质。积极探索科技创新数字化在数字政府、数字经济、数字社会等领域的应用。

加大科技体制改革力度。纵深推进科技体制机制改革，完善支持创新驱动的产业技术、人才引育、成果转化、科技交流、政产学研等创新政策体系，推动项目、平台、人才、资金一体化高效配置。完善财政科技投入稳定增长机制，充分发挥财政资金对全社会科技创新积极性的撬动作用。实行“揭榜挂帅”“赛马”等机制，探索科技项目经费“包干制”在基层的应用。完善科技信用评价、科技风险防范、科技信息公开等制度，构建纵横联动、闭关运行的管理体系。

深化科技金融融合发展。深化国家绿色金融改革创新示范区试点建设，完善多元联动的科技金融生态体系，积极探索科技资源与金融资源有机结合的新机制、新模式。加强银行信贷支持，支持银行加大科技企业信用贷款力度，创新金融产品，推动“科技银行”建设，通过创业投资、知识产权证券化、科技保险等方式推动科技成果资本化。发挥财政资金的引导和杠杆作用，通过“政府引导、市场运作”模式，健全政府投入为主、社会多渠道投入机制，持续稳定加强基础前沿研究支持。围绕创新链配置资金链，加强科技金融公共服务平台建设，支持科技企业对接科创板。

全面推进科技支撑共同富裕。突出科技成果转化惠民利民，强化科技在乡村振兴、智慧城市、生命健康等领域的支撑引领作用。加强乡村振兴科技支撑，积极推进农业领域的科技攻关，在新品种选育、新技术推广、数字农业、农业绿色发展等领域不断加强科技研发投入。大力推进科技赋能乡村振兴，加快畅通科技、人才、资金等下乡渠道。推进物联网、大数据、人工智能等数字技术在经济、社会和政府治理等方面的广泛应用，为全区建设“万物智联”先行区提供科技支撑。提升科技创新公共服务，拓宽创新创业渠道，支持专业化机构为创新主体提供各类创新型服务。

大力倡导创新文化。弘扬科学家精神,激励引导广大科技人员追求真理、勇攀高峰。继续弘扬敢为人先、务实创新的湖商精神,发挥企业家引领创新的关键作用。培育和弘扬工匠精神,营造精益求精的敬业风气。全面提升公民科学素养和创新意识,推动科技创新重大成果、先进经验、典型案例向公众宣传普及。建立健全容错纠错的创新尽职免责机制,探索通过负面清单等方式,制定勤勉尽责规范和细则,营造全社会鼓励创新、宽容失败的良好氛围。加大科技政策、重大科技成果、典型创新人物、科技型企业的宣传和表彰力度,激发社会创新活力。

五、强化规划实施保障

(一)加强组织领导

坚持把创新驱动作为首位战略,充分发挥政府在区域创新中的推动作用,谋划大手笔、营造大环境,建立区域创新发展新格局。高度重视企业自主创新工作,坚持党政同责、齐抓共管,高新区、各乡镇、有关部门"一把手"亲自挂帅、亲自统筹、亲自主抓,形成共同推进创新改革、制定创新政策、建设创新平台、推进创新项目的工作体系。

(二)强化政策供给

根据科技发展规划确定的奋斗目标、重点领域、主要任务和发展措施,出台适应高质量赶超发展的科技新政。破除政企信息"壁垒",提升政策开放度,利用网上公开、入企宣讲、组团服务等形式提高政策的透明度和企业知晓率,在政策兑现上简化流程、减少资料、缩短时间,探索推广"一网通办",推广应用创新券,形成高效开放便民的政策落地新模式。

(三)增强要素保障

健全科技财政投入稳定增长机制,全区科技财政投入年均增长15%以上。强化科技金融作用,改革创新资源配置方式,架起科技银行、风投基金与科创平台、科技企业的合作桥梁,为企业银行贷款、A轮融资等开辟通道,引导企业参与绿色等级评定,降低贷款成本。

(四)完善考核评价

认真对标"十四五"规划确定的战略目标和重点任务,明确规划实施方式、措施、路线图和时间表。健全党政领导目标责任制考核机制,科学设计考核指标体系,完善科技统计监测、评价和通报制度,做到责任落实到人、任务落实到位。加强年度绩效评价和重点工作评估,找出规划实施结果与规划目标之间的差距,分析所存在的问题,提出改进措施,按照考核办法严格执行相应的奖惩措施,保障各项目标任务全面落实到位。

吴兴区人民政府办公室关于进一步做好2021年招引大学生就业创业工作的实施意见

高新区管委会,各乡镇人民政府、街道办事处,区府各部门,区直各单位:

根据《湖州市人民政府办公室关于进一步扶持大学生创业新十条政策(试行)的通知》(湖政办发〔2017〕108号)、《中共湖州市委湖州市人民政府关于实施新时代人才强市战略服务湖州高质量赶超发展的意见》(湖委发〔2020〕8号)、《吴兴区人民政府办公室关于全面推进大学生就业创业的实施意见》(吴政办发〔2018〕6号)等省、市、区文件精神,全面落实市委、市政府关于2021年大学生招引目标任务,深化实施“人才强区”战略和打造吴兴“大学生青年人才新城”,实现以人才引领吴兴高质量赶超发展,推动“十四五”期间人才发展实现“四个转变”。现将有关事项通知如下:

一、主要目标

以习近平新时代中国特色社会主义思想为指引,牢固确立“人才引领发展”的战略地位,坚持党管人才原则,全面贯彻落实市委八届十次全体(扩大)会议、区委四届十次全体(扩大)会议精神,抢抓长三角高质量一体化发展和“大湾区大花园大通道大都市区”“万亩千亿”新产业平台建设机遇,紧紧围绕“五区联创”大学生招引工作目标,以更积极、更务实、更有效的举措,持续发力、狠抓落实、精准施策,确保全年招引大学生3万名,为“人才强区”“创新强区”培育更强劲的发展动能。

二、重点任务

(一)实施大学生增量提质计划

1.深化高校人才引育合作。瞄准产业基础人才供给,深入挖掘合作高校资源,推出“产业—院校”校地合作模式。依托全市“9360”合作联盟、技能人才高校联盟等载体,加强应用型院校毕业生引进。全年新增战略合作高校人才工作站10家、技能人才校企合作联盟院校达50所;全年赴东北、华北、华东、华南、西南、西北等六大片区开展“百场政策宣讲、百场校园招聘”。在深度合作高校设立“城市定制班”“企业订单班”,通过来吴游学、实训、考察等形式提高学生来吴就业创业率。常态化加强与各合作高校的联系沟通,及时掌握各高校2021届、2022届毕业生信息。(牵头部门:区人力社保局、区教育局)

2.培养本土菁英人才。以“南太湖特支计划”等人才工程为抓手,做好本土人才培育,引进更多顶尖人才和急需紧缺人才。推进高技能人才梯队建设,深化重点行业企业人才自主评价改革,广泛推行企业新型学徒制,大规模开展职业技能培训,着力破解结构性就业矛盾。(牵头部门:区委人才办、区发改经信局、区人力社保局)

3.做好高校毕业生留吴工作。加大本地院校与企业的科技人才合作,推动学生在吴企业实习实训,落实实习实训生活补贴,切实提高毕业生留吴率。全年赴湖师院、湖州学院、湖职院等本土高校开展大学生政策宣讲、就业指导、专场招聘、校企对接等活动不少于10场,联办大学生创业创新大赛,培育一批本土院校创业创新项目,促成一批校企合作项目。(牵头单位:区教育局、区人力社保局、高新区、各乡镇街道)

4.实施“吴兴籍人才归雁计划”。建立并用好长三角湖州(吴兴)籍在外大学生信息库和乡贤人才库,调查排摸吴兴籍在外应届毕业生的专业、就业意向、工作区域等情况,通过柔性合作或返原籍等途径服务家乡发展,吸引更多大学生来吴回吴就业创业。(牵头部门:区委人才办、区教育局、区人力社保局、高新区、各乡镇街道)

(二)实施“四大重点工程”引领计划

5.深化人才安居工程。全面实施“才聚湖州　凤栖吴兴”人才安居政策,通过拓宽政策范围,扩大政策覆盖,提高补贴标准带动东部新城广泛吸纳高层次人才,优化东部人口结构。加快推进东部新城医疗、教育、商业、交通等公共配套基础设施建设。按照“户口迁进来、房子买下来、社保缴过来”的标准,升级人才安居工程,高效率做好政策兑现落实工作,提高大学生来吴率,助推东部新城转型发展。

（牵头部门：区委人才办、区发改经信局、区教育局、区人力社保局、区住建局、区交通局、区商务局、区卫健局、区自然资源和规划分局）

6.建设青年人才新城。以市场化运营建设吴兴区大学生技能提升学习基地，加快东部新城集聚、储备大学生及各类人才资源，出台专项政策打造国内首个大学生青年人才新城，使吴兴成为宜学、宜考、宜恋、宜业、宜居的“青年友好城市”，计划三年内带动5万大学生来吴就业创业。（牵头部门：区委人才办、区发改经信局、区教育局、区人力社保局、区住建局、区交通局、区城投集团）

7.打造技能提升基地。探索“政府主导、社会投资、自我积累、滚动发展”的办学路径，整合职业教育及培训资源，将技能提升基地打造成为青年人才学习提升的“加油站”，培育一批省级以上公共实训基地和技能大师工作室。通过公开招标形式确定招商招才机构负责基地的管理和运营，落实培训机构、中介服务机构和青年人才的招引。对入驻的培训机构，给予享受吴兴区众创空间场地租金最高标准每年150元/㎡的租金补贴，同时给予300元/人·月的引才补助（每个机构每年最高补贴不超过150万元）。为鼓励大学生来吴，对在吴学习3个月（含）以上的大学生给予500元/人·月的租房补贴（补贴期限最长不超过6个月）。（牵头部门：区发改经信局、区教育局、区人力社保局、区商务局、区总工会）

8.实施“百千提升工程”。深化“百家人力资源机构服务千家企业”行动，鼓励高新区、各乡镇街道继续强化市场化引才机制，持续完善与第三方人力资源机构引才服务合作模式。加大针对性招聘力度与频次，鼓励乡镇街道和中小微企业与第三方人力资源机构合作，深化劳务派遣、社保代缴等人才服务，切实提高社保参保率。遴选一批资质完备、管理规范、服务优质的人力资源中介服务机构，通过政府购买服务的方式，承办大学生招聘等活动，由政府给予奖补。（牵头部门：区委人才办、区人力社保局、区市场监管局、高新区、各乡镇街道）

（三）实施“双创倍增”成长计划

9.引进高层次人才项目。畅通以赛引才、以会引才、以商引才、以才引才渠道，精准实施“特聘紧缺人才”“百名硕博引才计划”“南太湖精英计划”工程，精准瞄准高端装备、金属新材等重点产业，引进领军型人才项目20个，加强引进人才的教育管理和跟踪培养，帮助人才快速成长为技术骨干。深入推进国家级留创园建设，推动规上企业博士后科研工作站全覆盖。（牵头部门：区委人才办、区科技局、区人力社保局、区商务局、高新区、各乡镇街道）

10.推进双创平台载体建设。跨区域打造人才交流平台，主动接轨高新区、吴兴区经济开发区两个“万亩大平台”和G60科创走廊人才高地建设。加快推进众创空间、大学生创业园、跨境电商产业园、博士后工作站等各类创新创业平台建设，在重点产业领域着力构建“众创空间+孵化器+特色园区”的孵化链条，提升对大学生就业创业的吸引力和聚集力。完善平台园区服务功能，充分发挥平台引才留才效用。将各类平台的大学生招引数据作为年底对平台考核奖励的重要依据，市级及以上大学生创业示范园的入驻企业，按当年招引的大学生成果，其用工补贴不受原规定实习留用的限制。（牵头部门：区委人才办、区发改经信局、区科技局、区人力社保局）

11.提升创业大赛品牌效应。完善大学生创业大赛赛区办赛模式，依托第三方社会化创业服务机构征集优质创业项目，优化大赛落地服务体系，优秀项目可采取“一事一议”。启动大学生创业创新项目常态化评审工作，将大赛评选和常态化评审有机结合，全年引进大学生创业创新团队（项目）不少于40个。（牵头部门：区委人才办、区人力社保局、区市场监管局、区总工会、团区委、区妇联、高新区、各乡镇街道）

12.建立“双创”资源对接平台。建立全区大学生创业数据库，以大数据手段夯实大学生创业数据统计工作。搭建资源和对接交流平台，促进产业园区、投资机构、创业孵化器、服务机构与大学生创业人才的互动。加大创业项目资助、经营场地房租补贴、创业创新金融、中高端培训等方面支持，鼓励和帮助初创期大学生创业企业茁壮成长。选树大学生就业创业先进典型“双十佳”，切实解决大学生住房医疗、子女就学、融资贷款、创业空间等问题，营造吴兴爱才尊才良好氛围。（牵头部门：区委人才办、区教育局、区科技局、区人力社保局、区住建局、区卫健局、区总工会、团区委、区妇联）

（四）实施“凤栖吴兴”生态圈计划

13.打造吴兴城市形象品牌。深化吴兴聚才引智品牌——“魅力湖州城，才聚新吴兴”，充分运用专业化媒体资源，依托互联网、微博微信等现代信息传播手段，结合境内外招商会、文化旅游专题推介会、校友会等活动载体，全媒体、立体式展现“吴兴不须归”的城市形象、大学生就业创业以及青年人才新城政策，提高城市吸引力和政策覆盖面。举办城市综合推介、人才项目洽谈、创新要素洽谈、招聘活动等“人才+”活动。全年举办各级各类招聘活动不少于100场，其中技能人才招聘不少于10场。（牵头部门：区人力社保局、联席会议各成员单位）

14.健全人才需求征集机制。持续深化“三服务”活动，不断完善四套班子及干部联系服务企业制度。定期走访“金象金牛”、十二大重点产业企业、重点骨干企业及科技型中小微企业。建立新增亿元以上重点项目大学生需求信息机制，聚焦数字经济、楼宇经济、创意经济、共享经济、流量经济等重点领域，围绕绿色智造、文化创意、科创研发、智慧物流、信息服务、电子商务、乡村旅游、智慧养老等新经济新业态新模式，抓住“阳山时尚谷”“西塞科学谷”生态创新载体和“太湖实验室”等新型研发机构建设契机，保障重点领域、重点产业、重点项目大学生需求；积极发挥各行业主管部门、行业协会（商会）及第三方人力资源机构作用，精准匹配企业人才需求和高等院校供给信息，共同做好精准招引。（牵头部门：区人力社保局、联席会议各成员单位）

15.提高人才服务舒适度。突出政策集成，从应聘、就业、创业、安家、租房到购房，给予大学生就业创业全链式服务关怀。深入践行“数字化转型”服务理念，持续优化大学生政策兑现流程，实现大学生服务快办简办。继续深化人才创新创业全周期“一件事”改革，建设完善人才补贴申报发放信息化系统，以数据多跑路、人才少跑腿，加快兑现速度。完善优化“吴兴人才绿卡”、大学生人才公寓市场化运行管理平台，协助企业解决大学生工作、生活等方面的实际问题，提升大学生满意度。（牵头部门：区委人才办、区人力社保局、联席会议各成员单位）

16.完善人才交流服务功能。紧盯长三角洲地区人才资源共享、政策衔接、平台共建、服务共享等现实问题，逐步建立互联互通、统一高效的人才发展机制。吸纳大学生就业创业突出贡献TOP20企业（平台），搭建大学生俱乐部、联谊会、相亲会、交友会、沙龙等交流平台。探索建设“青年大学生之家”为全区大学生及高层次人才提供交流服务平台，开展“HR素质提升工程”提升企业HR招引和服务大学生的能力。（牵头部门：区委人才办、区人力社保局）

三、工作要求

1.加强统筹推进合力。定期召开全区大学生就业创业工作联席会议，合力推进招引大学生来吴就业创业工作。高新区、各乡镇街道、区各部门要进一步发挥好大学生就业创业工作协调机构作用，招商和招才融合，搭建“横向到边，众向到底”的主体责任体系，充分调动村社区、部门、高校和企业的积极性和主动性，健全“责任清单、服务清单、政策清单、保障清单”四张清单。

2.压实引才工作责任。联席会议各成员单位要切实提高站位，把思想和行动统一到大学生及各类人才招引的部署和要求上来，把引才工作放到更加突出的位置，研究制定好引才工作实施方案，狠抓贯彻落实。紧密结合工作目标，解决大学生及各类人才招引工作存在的问题，摸清情况、分析症结，拿出真招实策，全力做好大学生就业创业工作。

3.加大督查考核力度。将大学生招引工作纳入高新区、各乡镇街道党政领导班子工作实绩考核。通过每周通报、每月例会、每季督查、每年考核等方式，动态通报工作进展和政策兑现情况。对完成情况好的，给予表扬，对未完成目标任务的，给予通报批评。

吴兴区人民政府办公室

2021年3月15日

吴兴区人民政府办公室关于印发吴兴区进一步促进农贸市场提升发展实施意见（试行）的通知

高新区管委会，各乡镇人民政府、街道办事处，区府各部门，区直各单位：

为进一步推进我区农贸市场提升发展，全面提升农贸市场经营管理水平，根据省、市人民政府关于推进商品交易市场提升发展的文件精神，经区政府同意，结合我区农贸市场发展实际，特制定本实施意见。

一、总体目标

以改善农贸市场硬件设施，建立健全农贸市场长效管理机制为目标，以“五化”市场、放心市场、星级文明规范市场创建活动为载体，在全区推进新一轮农贸市场的提升发展，通过优化结构、创新功能、增强活力、提升业态，切实改善农贸市场设施建设和环境卫生，为群众提供一个舒适、便捷、安全的购物环境，进一步推进全区市场高质量和现代化发展。

二、主要任务

1.开展放心市场创建活动。按照《浙江省放心农贸市场评价细则（试行）》要求，鼓励市场主体为消费者提供安全、整洁、和谐的购物环境，开展放心市场的创建工作。

2.开展“五化”市场创建活动。按照《浙江省农贸市场“五化”提升考评标准》的要求，打造集“便利化、智慧化、人性化、特色化、规范化”为一体的市场服务体系。

3.开展星级文明规范市场创建工作。为促进农贸市场的软硬件升级、长效管理和业态创新，全面提升农贸市场建设、管理和服务水平，按照《浙江省星级文明规范市场标准》和《浙江省星级文明规范市场认定办法》，积极开展星级文明规范市场创建工作。

4.开展守合同重信用建设。根据《浙江省工商企业信用等级“守合同重信用”单位认定管理办法》的规定，全力开展市场举办“守合同重信用”企业创建活动。

5.鼓励农贸市场改造提升。鼓励市场举办方按照《浙江省农贸市场建设技术规范》要求进行新建、改建、扩建。

6.建立完善农贸市场农产品检测制度。各农贸市场设立检测室，配备检测设施和检测人员，中心城区市场每日检测不少于15批次且不少于总经营户数8%，每月非农药检测比例不少于30%。乡镇市场每日检测不少于10批次且不少于总经营户数5%，每月非农药检测比例不少于15%，检测台账齐全、完整。

7.建立健全农贸市场长效管理机制。积极引导各市场通过建立健全各项管理制度、加强对市场日常管理、加强对经营者的宣传教育等各项市场长效管理机制建设，促进全区农贸市场达到市场面貌整洁、环境优美、经营有序、食品安全、管理持久长效的规范标准。

三、政策措施

建立农贸市场提升发展及长效监管奖励专项资金。设立农贸市场提升发展及长效监管专项奖励资金专项用于农贸市场改造提升，推进农贸市场的软硬件升级、长效管理、业态创新，以及加强对农贸市场的产品质量安全检测，全面提升农贸市场建设、管理和服务水平，促进我区农贸市场又好又快发展：

1.对通过省农提办实地考核，首次获得浙江省放心市场称号的按省有关政策配套要求给予1:1奖励，复评市场给予每家5万元奖励。

2.对通过省局实地考核，获得浙江省“五化”市场称号的给予一次性10万元奖励（专业市场“五化”市场配套奖励按农贸市场“五化”政策执行）。

3.对首次获得二星级、三星级、四星级、五星级文明规范市场的，分别给予一次奖励4万元、5万元、10万元、15万元。

4.对首次获得浙江省工商企业“守合同重信用”AAA级的企业，给予一次性奖励5万元。

5.凡纳入改造计划且经验收合格的，按实际投资额给予20%的一次性补助（最高不超过60万元）。

6.每年区农贸市场改造提升工作领导小组将对各市场农产品检测情况进行检查考核，对检测工作符合规定要求的，将给予年检测费用50%的补助（按实际检测费用计算）。

7.推进农贸市场净菜进城、果蔬菜皮就地处理工作，根据《2019年度浙江生活垃圾分类工作评价指标体系》和《2019年度浙江省生活垃圾分类工作考核评分细则》（浙分类〔2019〕4号）的规定，对配置果蔬菜皮就地处理设备的市场给予设备购买金额30%的补助资金。

8.对市场主体长效管理情况实行考核制度，区农贸市场改造提升工作领导小组将把农贸市场长效管理纳入对农贸市场的年度目标考核，将综合市、区市场监管部门检查、市文明办、市城管委督查及第三方测评、群众满意度调查等多方面的成绩每年对农贸市场进行考核，考核结果作为市场监管部门对乡镇、街道综合考核的内容之一。对年度综合考核为优秀等次的农贸市场给予奖励的激励政策，其中城区市场给予一次性5万元的奖励，乡镇市场给予一次性3万元奖励。对考核不合格的市场，责令其限期整改，予以通报批评，并在有关媒体上予以曝光。

四、考核奖励要求

1.坚持治标与治本、整顿与规范相结合，通过实施农贸市场长效管理机制考核，强化对农贸市场的日常监管，考核办法另行制定。

2. 本实施意见涉及奖励主体仅限于吴兴区范围内农贸市场(专业市场“五化”创建配套奖励适用此实施意见)。

3. 本实施意见由区市场监督管理局负责解释,从2021年1月1日起执行,原实施意见(吴政办发〔2014〕134号)同时废止。

附件:吴兴区农贸市场长效监管机制考核办法

吴兴区人民政府办公室

2021年4月12日

附件

吴兴区农贸市场长效监管机制考核办法

为进一步巩固全国文明城市创建成果,提升农贸市场管理水平,切实打造经营有序、环境优美、功能齐备、食品安全的规范化、标准化农贸市场,根据我区农贸市场提升发展的实施意见精神,特制定本考核办法:

一、指导思想

以相关法律法规为依据,对照全国文明城市测评标准,以建立长效管理机制为目标,以精细化管理为手段,狠抓农贸市场管理标准落实,在“以考促管”上下功夫;强化农贸市场的日常监督,完善市场管理体制,促进市场举办方落实责任,规范经营行为,提高经营管理水平,巩固文明城市的创建成果,促进城市文明建设再上新台阶。

二、考核范围

经市场监管部门核准登记且开业满一年的全区农贸市场。

三、考核依据

(一)《浙江省商品交易市场管理条例》

(二)《关于建立商品交易市场信用分类监管制度的指导意见》

(三)《浙江省星级文明规范市场标准》

(四)《浙江省放心农贸市场考评标准》

(五)《浙江省农贸市场“五化”提升考评标准》

四、考核内容

农贸市场长效监管机制考核根据市场举办单位和场内经营者两个经营主体市场准入、经营行为、市场退出等内容指标,制定《吴兴区农贸市场管理考核内容与评分标准》(见附件),并进行综合考核认定,对农贸市场管理考核结果具体分为优秀、良好、合格和不合格四个等级。

五、考核事项

(一)考核的组织工作

农贸市场管理考核工作由区农贸市场改造提升工作领导小组牵头组织实施,统一负责全区农贸市场长效监管机制检查考核。

（二）考核程序和方法

1.考核时间

（1）对市场举办者考核每年根据需要采取重点检查与平时抽查相结合的办法，重点检查每年不少于12次，一般每月1次，平时日常抽查根据需要进行，一般每周不少于1次。检查由区市场监管局组织力量按《吴兴区农贸市场长效管理评分标准（试行）》组织实施，对检查时发现的问题，向市场监管分局、所发出《吴兴区市场监管局农贸市场长效管理督查整改通知单》，责令限期整改。年度考核由区农贸市场改造提升工作领导小组牵头组织实施。

（2）对场内经营者实行信用评价制度。对经营户信用评价每季一次，由市场主办方组织实施并予以公示。市场主办方应根据经营户信用评价结果及日常情况在场内经营者中评出诚信经营户并予以公示。

2.考核方式

根据考核标准，考核将通过实地察看、听取经营者、消费者意见等方式，同时将综合市市场监管部门检查、市文明办、市城管委、市垃圾分类办督查及第三方测评、群众满意度调查等多方面的结果。

3.考核等级

农贸市场考核分四个等级，优秀等级为90分以上（含90分，下同），良好等级为80以上90分以下，合格等级为60分以上80分以下，不合格等级为60分以下。市场被市城管委、文明办或垃圾分类办通报一次扣2分，督办一次扣4分，依次累计。

4.公示反馈

将年度农贸市场考核情况结果通报各乡镇、街道，并在所在市场醒目位置、有关媒体上进行公示，接受社会和消费者的监督。

六、奖惩办法

1.农贸市场参加“星级文明规范市场”、“守合同、重信用”单位、“消费者信得过单位”和“放心市场”等认定要在考核为良好以上等级的市场中产生。

2.对年度综合考核为优秀等次的农贸市场，城区市场给予5万元的奖励，乡镇市场给予3万元奖励。

3.对考核不合格的市场，责令其限期整改，予以通报批评，并在有关媒体上予以曝光。

4.有下列情况之一的农贸市场不能评为优秀等级：

（1）在消防、治安、食品安全等方面发生重大责任事故，或存在事故隐患且在规定整改期限内未完成整改的。

（2）市场举办单位的经营管理行为被多次投诉且经查属实的。

（3）场内经营者在遵守法律法规和市场管理制度方面有严重欠缺，A级信用经营者总数占场内经营者总数的90%以下的。

（4）市场举办者存在不履行市场食品安全管理的其他情形的。

5.有下列情况，经区农贸提升工作领导小组研究确认，可以酌情加分（最多加5分）：

（1）农贸市场管理有特色明显、值得推广的措施，每条加2分。

（2）市场管理者、经营户好人好事突出，被省、市新闻媒体报道，每件加1分。

七、有关要求

区市场监管局各部门要切实加强对农贸市场的监督管理工作，统一认识，加强宣传动员。同时结合实际，对照要求，制定计划，确定专人负责，落实目标责任，把市场管理作为一项经常性的工作抓紧抓好，抓出成效。

各市场举办单位要按照《吴兴区农贸市场长效管理评分标准（试行）》的要求进行自查，对达不到标准的项目，逐条逐项落实整改；要把农贸市场市场管理与全国文明城市创建、平安吴兴创建等工作相结合，加强对场内经营者经营行为的管理，积极倡导经营者文明经营，促进全区农贸市场又好又快发展。本办法自2021年1月1日起施行。

吴兴区农贸市场长效管理评分标准（试行）

表33

评分内容		分值	得分	扣分说明
1	农贸市场及周边环境卫生干净整洁，商品分类划行归市，布局合理，区域标志明显	6		
2	市场内环境整洁卫生，各类设施无明显的蛛网、积尘、污渍，无乱扔杂物、随地吐痰现象	6		
3	市场地面墙面坚固平整，地面硬化整洁，摊位排水设计布局合理，场内无积水	6		
4	商铺墙壁、柜台、门窗、灯具、立柱、挡板等设施无破损或脏乱现象	6		
5	柜台合理安排，物品摆放整齐，无乱张贴、乱涂写、乱设广告牌现象	5		
6	公厕内部有洗用水、卫生整洁、无违章(规)张贴、涂写等小广告现象	6		
7	垃圾分类成效明显，垃圾房及地面不得出现污水及明显异味等，落实市容环境卫生责任制	4		
8	市场不存在重大火灾隐患，疏散通道畅通，消防设施器材保持完好有效，无占用、堵塞、封闭消防车通道现象	6		
9	市场内无违章用火用电，市场内无吸烟现象	4		
10	市场内和出入口秩序井然，进出口设置无障碍设施且不被占用	6		
11	场内通道无车辆停放（周转推车放在划定区域的除外）及柜内经营区域无停放车辆现象，无占通道经营（含堆放）、杂物堆放现象	6		
12	市场食品安全管理制度齐全，并在显著位置公布	4		
13	市场配备食品安全安保、保洁等工作人员，各类应急设施、方案齐全	4		
14	经营户在摊位内亮照经营、建立诚信档案，记录日常信用变化	4		
15	经营户履行进货查验义务，无出售过期、变质、伪劣食品	5		
16	市场按规定设检测室的，应配备检测设备和人员，建立检测台账，记录每日检测情况和不合格产品的处理情况，在显著位置公示每日检测结果	5		
17	在醒目位置设置咨询、投诉窗口和投诉电话，有高效的投诉处理机制	4		
18	熟食品店按规定使用防蝇设施，从业人员必须佩戴“三白”（白口罩白手套白衣帽），不用手直接接触食物	5		

续表

	评分内容	分值	得分	扣分说明
19	市场内设立宣传栏（公示栏）等设施，设置国家“文明城市”“卫生城市”等相关宣传内容	4		
20	定期组织开展创建“诚信经营示范店”活动，在显著位置展示行业规范，诚信经营宣传，文明户评选公示。“文明经营户”挂牌经营	4		
21	加分项及加分理由：			
	总分			

吴兴区人民政府办公室关于印发2021年度法治政府建设工作要点的通知

高新区管委会，各乡镇人民政府、街道办事处，区府各部门，区直各单位：

《2021年度法治政府建设工作要点》已经区政府同意，现印发给你们，请结合实际，认真做好贯彻实施。

吴兴区人民政府办公室

2021年6月29日

2021年度法治政府建设工作要点

2021年吴兴区法治政府建设的总体要求是：坚持以习近平法治思想为指导，全面贯彻党的十九大和十九届二中、三中、四中、五中全会以及省委十四届、市委八届历次全会精神，聚焦法治中国示范区的先行区目标，牢固树立“整体智治、唯实惟先”的现代政府理念，深入推进依法行政，加快打造现代法治政府，助推湖州市高水平建设现代化滨湖花园城市提供坚强有力的法治保障。

一、依法全面履行政府职能

（一）加快构建“1+5+2”工作体系，搭建好数字化改革“四梁八柱”，初步构建一体化智能化公共数据平台，加快运行党政机关整体智治、数字政府、数字经济、数字社会、数字法治等综合应用。（责任单位：区大数据局、区级有关单位）

（二）落实落细外防输入、内防反弹工作，健全“源头查控+硬核隔离+精密智控”机制，全面开展疫苗免费接种，突出冷链物防闭环管理，强化对社区、医院、学校等重点场所日常监管，确保疫情不出现规模性输入和反弹。（责任单位：区卫健局、区市场监管局、区教育局）

（三）优化教育资源布局，提高新建小区义务教育学校配套水平，助力形成“优学吴兴”品牌。（责任单位：区教育局、区级有关单位）

（四）深化公立医院改革，为争创全国综合医改优秀市贡献吴兴力量，全力推进省级区域医疗中心

建设。深入推进医共体建设，建立高质量整合型医疗健康服务体系。（责任单位：区卫健局、区级有关单位）

（五）落实企业职工基本养老保险省级统筹制度，做好被征地农民社会保障工作。（责任单位：区人力社保局、区级有关单位）

二、打造一流法治化营商环境

（一）围绕民生关切、涉企服务和机关运行三条主线，梳理出更多重点领域和高频事项“一件事”，加快构建系统完备、内外协同、场景丰富的“一件事”运行体系，着力推进企业群众全生命周期“一件事”拓展优化和迭代升级。（责任单位：区政务办、区发改经信局、区市场监管局、区住建局、区人力社保局、区公安分局、区自然资源和规划分局、区大数据局等相关单位）

（二）落实营商环境“10+N”便利化行动2.0版，深化投资在线平台3.0深度应用。（ 责任单位：区政务办、区级有关单位）

（三）全面推行证明事项和涉企经营许可事项告知承诺制。梳理实行告知承诺制证明事项清单，取消社区出具证明事项，深化“无证明化”改革，探索以承诺制为核心的极简审批。（责任单位：区政务办、区市场监管局、区司法局、区民政局、区级有关单位）

（四）严格落实《市场准入负面清单》制度，健全清单事项与行政审批体系无缝衔接机制，推动清单信息全面公开。完善强化竞争政策实施机制，建立实施公平竞争审查抽查、公示制度，加强反垄断和反不正当竞争执法，优化事前合规、事中审查、事后执法全链条监管。优化知识产权保护和快速维权机制机平台建设，深化“知识产权一件事”综合服务，加大知识产权保护执法力度。（责任单位：区发改经信局、区商务局、区市场监管局、区级有关单位）

（五）加强地方金融监管，完善非法金融活动监测预警和处置机制。依照相关规定确认执法主体资格，按照规定程序申领执法证，根据上级部门授权开展执法工作，有效防控地方金融风险。（责任单位：区委编办、区发改经信局、区司法局）

（六）推动市场主体法律顾问服务网格化全覆盖，开展“菜单式”“应急式”法律服务。加强涉外法律服务体系建设，推进律师行业对外合作，提升涉外投资项目法律服务水平。建立企业经营管理人员普法清单制度。（责任单位：区司法局、区级有关单位）

三、推进行政决策法治化

（一）全面推进重大行政决策目录化管理制度，严格落实《重大行政决策程序暂行条例》，对重大行政决策程序实现全流程管控。（责任单位：区府办、区司法局、区级有关单位）

（二）完善政府法律顾问和专家参与政府法律事务机制，充分发挥法律顾问和专家的积极作用。（责任单位：区司法局、区级有关单位）

（三）全面落实行政规范性文件合法性审核和备案审查制度，加强行政合同审核和履约风险防控，提升行政规范性文件、行政合同管理的法治化程度。（责任单位：区司法局、区级有关单位）

四、推动“大综合一体化”行政执法改革

（一）坚持“谁审批、谁监管，谁主管、谁监管”原则，区级相关单位根据省级部门确定的监管事项清单，明确本部门对应监管事项，逐一明确监管主体、监管对象、监管措施、设定依据等，实现行政许可、行政检查、行政处罚的关联衔接，构建全覆盖政府监管体系。（责任单位：区市场监管局、区级有关单位）

（二）理顺“三不管”“多头管”问题，探索以案例形式明确各自监管职责和协作配合要求。推进行政执法统一协调指挥平台建设，强化区政府对行政执法的统一领导和协调。（责任单位：区综合执法局、区司法局、区级有关单位）

（三）根据《浙江省综合行政执法事项统一目录》，结合实际制定区综合行政执法事项拓展目录，按规定程序审核报批，建立整体执法事项清单，构建全闭环行政执法体系。开展目录执行情况的评估，确保各项工作合法规范，全力争创综合行政执法改革全国试点市。（责任单位：区综合执法局）

（四）深化生态环境保护、交通运输、农业、文化市场、应急管理、市场监管领域综合行政执法改革。推动改革全面落实到位，明确综合行政执法事项清单，规范制式服装和标志管理，提升行政执法标准化规范化水平。（责任单位：区交通局、区农业农村局、区文广旅体局、区应急管理局、区市场监管局、区生态环境分局）

（五）支持吴兴区埭溪镇开展基层综合行政执法改革，做好综合协调工作，明确改革配套政策，整合行政执法队伍，加强执法人员配备，建立完善案件移送、案情通报、信息共享、联合执法等相关配套制度，妥善制定乡镇（街道）可承接的相对集中行使行政处罚权事项目录。（责任单位：区综合执法局）

（六）强化重点领域、新兴领域行政监管。加强对危化品、安全生产、交通运输、环境保护、食品药品、公共卫生等重点领域监管。实施新经济、新业态、新模式包容审慎监管，严禁“一禁了之”或放任不管。（责任单位：区市场监管局、区应急管理局、区交通局、区卫健局、区公安分局、区生态环境分局）

（七）严格落实行政执法“三项制度”，完善行政执法裁量基准制度，促进严格规范公正文明执法。创新行政执法监管方式，全面推进“综合查一次”制度，推行轻微违法告知承诺制，推广“互联网+监管”，探索非现场执法制度。（责任单位：区级有关单位）

五、加大社会矛盾纠纷调处化解力度

（一）充分发挥区社会矛盾纠纷调处化解中心牵引作用、“基层治理四平台”的支撑作用、全科网格的底座作用，推进社会治理方式优化、体制完善、能力提升。（责任单位：区级有关单位）

（二）坚持和发展新时代“枫桥经验”，开展人民调解质效提升专项行动，加强人民调解“六化”建设，完善以人民调解为引领的大调解工作格局。（责任单位：区司法局、区级有关单位）

（三）巩固行政复议规范化建设成果，开展行政复议“以案治本”专项行动，发挥行政复议公正高效、便民为民的制度优势和化解行政争议的主渠道作用。（责任单位：区司法局、区级有关单位）

（四）加强和改进行政应诉工作，行政机关负责人出庭应诉率高于95%。加强行政争议调解工作，发挥行政争议调解中心作用。强化行政争议预防和化解，持续推进全区行政争议发案量、行政机关败诉率“双下降”。（责任单位：区司法局、区级有关单位）

（五）制定实施“八五”普法规划，贯彻《浙江省法治宣传教育工作规定》《关于构建社会大普法格局的实施细则》，强化落实“谁执法谁普法”普法责任制，实施公民法治素养提升专项行动。（责任单位：区司法局、区级有关单位）

六、强化对行政权力运行的制约和监督

（一）持续完善党内监督、人大监督、监察监督、民主监督、司法监督、审计监督、舆论监督等各类监

督方式。(责任单位:区级有关单位)

(二)围绕加强市县乡三级全覆盖的行政执法协调监督工作体系建设,建立以行政执法绩效为核心的行政执法评议制,建立行政执法评议指标体系,探索开展行政执法公开评议等做法。(责任单位:区司法局、区综合执法局、区级有关单位)

(三)围绕行政权力运行全过程和政务服务全流程,全面推进基层政务决策、执行、管理、服务、结果公开,推动基层政务公开标准化规范化全覆盖。(责任单位:区府办,区级有关单位)

(四)深入实施信用"531X"工程,着力构建以信用为基础的新型市场监管机制,积极创新拓展"信用+"应用服务场景,强化信用在社会治理中的基础作用。发挥政府诚信示范带领引领作用,推进政务、商务、社会、司法等四大领域诚信建设。(责任单位:区发改经信局、区级有关单位)

七、夯实法治政府建设基础

(一)制定实施领导干部学法用法清单,健全政府常务会议定期学法、部门领导班子定期学法、公务员学法用法、庭审现场学法等制度,深化行政执法人员法律知识培训。(责任单位:区司法局,区级有关部门)

(二)落实《法治政府建设与责任落实督察工作规定》,常态化推进区政府和部门向社会公开年度法治政府建设情况报告。(责任单位:区司法局,区级有关单位)

(三)创新基层合法性审查全覆盖工作,深入实施《吴兴区法治乡村建设条例》,建立"以村促乡、以乡带村、一体推进"机制,加强对自治章程、村规民约、社区公约的审查和监管。(责任单位:区司法局、区农业农村局,区级有关单位)

(四)深化培育法治政府建设示范典型和县乡法治政府建设最佳实践项目。(责任单位:区司法局,区级有关单位)

吴兴区人民政府办公室关于印发吴兴童装产业品质革命行动方案(2021—2023年)的通知

高新区管委会,各乡镇人民政府、街道办事处,区府各部门,区直各单位:

《吴兴童装产业品质革命行动方案(2021—2023年)》已经区政府同意,现印发给你们,请结合实际,认真贯彻执行。

吴兴区人民政府办公室

2021年7月20日

吴兴童装产业品质革命行动方案(2021—2023年)

童装产业是吴兴的传统产业和重要民生产业。为深入贯彻党的十九届五中全会关于推动高质量发展、建设质量强国的决策部署,进一步提升童装产业质量水平,增强完善产业链条,巩固提升产业优势，结合本区实际，制定本行动方案。

一、总体要求

（一）指导思想

坚持以习近平新时代中国特色社会主义思想为指导，牢固树立新发展理念，以高质量发展为目标，以供给侧结构性改革为主线，立足织里童装产业集群优势、体制机制优势、人文环境优势，着力拉长产业链、部署创新链、配置标准链。创新开展产业链、创新链与标准链“三链融合”发展模式，优化产业布局、强化创新驱动、突出结构调整、加强平台建设，全力打造高端、智能、绿色童装产业体系，建设成为全国童装产业改造提升的样板区。

（二）基本原则

一是坚持市场导向。遵循市场经济规律，强化企业主体地位，营造公平竞争营商环境，激发企业活力和创造力。把握个性化、时尚化、健康安全消费新趋势，扩大中高端产品供给，提升有效供给水平。

二是坚持创新驱动。完善行业创新体系，加快改造提升童装产业，加强两化深度融合，推动技术、管理、生产和经营模式创新，加大研发设计投入，加强自主品牌建设，强化知识产权保护，增强行业软实力。

三是坚持集约集聚。培育拳头产品，培植优势企业，优化产业布局，提高产业集中度，发挥区域优势。推动资源要素集约化配置，完善产业链条，加强公共服务平台建设，提升产业集群综合竞争力。

四是坚持质量共治。围绕解决质量提升的瓶颈问题，抓住关键环节，凝聚各方力量，不断完善质量治理体系，取得质量提升的新进展新突破。

（三）主要目标

到2023年，将吴兴区织里镇打造成为全国童装产业链最完整、最具综合竞争力的童装产业集群。围绕童装产业链高质量发展的关键环节部署创新链，围绕创新链上瓶颈发展阶段部署标准链，以“三链融合”推动织里童装产业向高端迈进，进一步巩固织里“中国童装之都”行业领军地位。

——集群规模不断扩大。到2023年，培育、扶持和壮大产业链头部企业7家，通过做强做大做优、政策扶持等方式，发挥其对产业高质量发展的核心引擎功能和辐射带动作用。

——质量基础不断夯实。到2023年，童装产品监督抽查合格率稳定在90%以上，质量管理制度建立率100%，培养掌握先进质量管理方法的企业一线管理人员超5000名。

——标准能力不断增强。到2023年，实现童装企业采用国际国外先进标准比例达80%，牵头制修订一批具有影响力的国家标准、行业标准和“浙江制造”标准20项以上。

——品牌优势不断凸显。到2023年，打造一批具有行业影响力的领航型童装企业，力争培育“品字标浙江制造”企业10家、政府质量奖企业2家。

——创新能力不断提升。到2023年，依托童装产业创新服务综合体、知识产权快速维权中心和版权服务工作站，培育童装行业知识产权优势企业50家，培训企业知识产权实用人才超2000名，年新增版权登记作品不少于2000件。

——绿色制造不断推进。到2023年，加强绿色设计、绿色工厂、绿色供应链等重点标准制修订，推动绿色制造标准体系构建。全面推进绿色产品认证改革行动，培育纺织类绿色产品认证企业5家。

二、主要任务

以区镇协作，部门联动的形式开展产业提升工作，聚焦提升产业标准化水平、梯度培育品牌企业、加快产业质量提升、优化净化市场环境、构建质量提升服务平台、营造浓厚宣传氛围六大任务，为实现童装产业高质量发展提供强有力支撑。

（一）提升产业标准化水平

1. 全面提升企业标准化能力。推进童装企业全面实施企业标准自我声明公开和监督制度，开展企业标准自我声明公开情况“双随机、一公开”监督检查。指导童装企业积极参与企业标准“领跑者”，激发企业标准化活力。开展“百城千业万企对标达标提升专项行动”，引导和鼓励童装行业100家以上企业对比国际先进标准找差距、促提升，以先进标准引领质量提升。

2. 加快建设童装产业标准体系。加快关键技术创新攻关，健全童装产业标准体系，增强产业链配套能力和产品市场竞争力。搭建覆盖全产业链的“浙江制造”标准体系，推动先进团体标准和企业标准转化为“浙江制造”标准。力争新增制定“浙江制造”标准10项以上。

3. 强化标准有效实施应用。探索创新基于场景构建的标准综合实施模式，围绕童装产业典型特色场景，编制标准化应用场景手册，推进“标准上墙”。编制童装重要标准实施操作手册，指导企业实施标准，开展童装领域国家强制性标准实施情况监督检查。鼓励企业实施国内外先进标准，规模以上工业企业采用国际标准或国外先进标准比率达到80%以上。

（二）梯度培育品牌企业

4. 促进头部企业做强做大做优。培育产业链头部企业7家，支持头部企业拓宽销售渠道，增强优质产品供给能力，帮助企业积极开拓市场，提高市场主导能力。落实运用好扶持政策措施，加快资源要素向高效益、高产出、高成长性的头部企业倾斜，力争培育10亿元以上童装企业3家，5亿元以上童装企业4家。

5. 加大“品字标”公共品牌建设力度。培育重点企业通过品字标认证，推广“一个标准、一次检测、一次认证、全球通行”模式，打破区域贸易壁垒，便利国内外贸易运行。力争童装产业新增“品字标”企业10家以上。全面实施“品字标”优企贴标亮标“四个百分百”行动，让消费者对高品质更直观，进一步扩大织里童装知名度和影响力。

6. 加快推进产业数字化。着力推动童装企业数字化赋能高质量发展。突出童装产业工业互联网平台建设，面向行业内及产业链企业提供“标准化、通用型、低成本”的数字化解决方案，初步具备展现行业发展现状、快速反映行业运行状况、机智提供行业预警、共享行业资源等能力。提升数字化工程服务，推动规上童装企业开展传统产业实施数字化、智能化改造。全力推进企业智能化，培育国家级、省级、市级数字化车间和智能工厂（包括未来工厂）的童装企业。集聚优势资源重点打造童装产业大脑。

7. 开展“亩产效益”提升工程。深化“亩均论英雄”改革，大力推广腾笼换鸟法、机器换人法、电商换市法、品牌增值法等亩产效益“十法”，不断提高童装产业企业“亩产效益”水平。深化“标准房”制度改革，推动服装制造业小微企业入园集聚发展，切实优化发展环境。2021年，力争服装制造业小微企业园竣工2个，入园集聚发展企业100家，亩均税收同比增长15%以上。

8. 加快推进绿色产品认证。坚持绿色和可持续发展理念，按照“政府引导、企业主体、社会采信”的原则，在童装产业逐步推行绿色产品评价标准和认证体系。加大对绿色产品认证相关政策、措施、成果的宣传力度，推动绿色产品成果展示，倡导“绿色生产”、引导“绿色消费”。

（三）加快产业质量提升

9.加快培育企业质量品牌优势。以各级政府质量奖为载体，引导企业实施先进质量管理方法推动企业质量管理创新，加大中小学质量教育社会实践基地和先进质量管理孵化基地建设力度。创新质量提升激励方式，制定童装质量品牌示范企业评价规范，开展年度评价，打造质量标杆企业，推动童装企业提品质、创品牌。新增导入卓越绩效管理企业100家以上，遴选出20家以上企业开展政府质量奖培育。

10.实施中小企业质量提升精准帮扶。开展童装行业小微企业质量管理体系认证提升试点行动，精准指导试点企业建立管理体系并有效运行，切实解决制约童装产业质量提升的关键因素，通过提升行动实现童装企业通过质量管理体系认证、环境管理体系认证、职业健康与安全管理体系认证超40%。遴选2家质量提升显著的企业，编写小微企业质量管理优良实践案例，树立典型标杆。编制《全国服装行业企业质量管理核心过程实施指南》，为推动小微企业质量管理体系建设领域的研究提供“吴兴方案”。

11.编制完善童装产业提升手册。编制并发放《吴兴区童装产业标准和质量手册》，全面总结吴兴区童装产业发展状况，展示童装产业品质革命行动成果，梳理汇编吴兴区可用于童装产业发展的相关政策。

（四）优化净化市场环境

12.加快推进国家级市场采购贸易方式试点工作。不断完善试点平台建设，严格落实各项配套制度和激励政策，加快建立对外贸易生态圈，常态化集聚国际采购商。每年以市场采购方式出口20亿美元以上，提升特色产业外向度，推动织里由“中国童装之都”向“全球童装之都”转型，推进湖州市日用消费品产业外贸转型升级，建成在全国具有较强示范和带动效应、在全球具有一定影响力的新型贸易示范区。

13.加强童装产品缺陷召回监管。以“实施一次召回提升一个产业”行动为切入口，落实企业质量安全主体责任，引导企业建立和完善缺陷产品召回工作机制，推动企业主动开展产品缺陷追溯和召回活动。设立童装产品质量安全伤害信息监测点，切实维护企业和消费者的合法权益，保障广大人民群众健康和生命财产安全。

14.加大童装产品监督检查力度。将童装行业列为吴兴区近三年质量监督检查重点行业，以各类专项行动为主轴，以抽检为手段，加大对童装产品的抽检监测频次，充分利用风险评估等手段，提升问题发现率。加强对童装原料端、生产端和销售端监管力度，规范产品标识，严厉打击生产销售产品质量不符合国家强制性标准要求的违法行为。

15.重拳整治童装质量违法行为。集中力量开展全覆盖式童装产品执法检查行动，通过严查一批、曝光一批、罚没一批、移送一批等“四个一批”震慑违法行为，倒逼童装经营者提升质量意识及落实整改行动，推动企业走质量强企之路。

（五）构建质量提升服务平台

16.建设质量基础设施“一站式”服务平台。融合计量、标准、认证认可、检验检测、质量管理等要素资源，以现有省童装质量检测中心为核心，为童装企业提供全链条、全方位、全过程质量基础设施综合服务。开展全方位“质量体检”服务，为企业“诊断把脉”，着力提升产品附加值、可靠性和竞争力。

17. 建设知识产权快速维权中心。打造知识产权综合性服务平台，形成专利快速授权、快速确权和快速维权通道。建立外观专利受理、预审便民服务平台，开启专利快速审查的“绿色通道”，大幅缩短授权周期。完善专利侵权判定咨询机制，推进建立地方知识产权侵权判定专家库，积极探索队伍专业化、职业化发展模式。

18. 建设商标品牌指导服务站。制定童装产业商标品牌发展规划，出台企业商标品牌工作指南，分类指导企业实施商标品牌战略，发挥商标品牌引领作用。利用大数据、云计算等现代信息化手段，探索实行“互联网+监管”模式，增强对商标违法行为线索的发现、收集和甄别能力，维护企业合法权益。

19. 建设吴兴区版权服务工作站。筹建全市首家版权服务工作站，下设童装版权登记服务、保护维权两个工作分站，重点服务织里镇童装花样版权登记。同时深化版权登记保护“一件事”改革，由区版权中心统一受理各类版权事件，再根据不同需求进行分流至各主管部门，最终实现版权相关服务“最多跑一次”“最多跑一地”。

20. 完善吴兴童装产业创新服务综合体功能。进一步整合科技创新资源，不断突出科技元素，完善各平台服务功能，为童装企业提供科技创新、数据赋能、供应链金融等全链条产业创新公共服务，不断推动童装产业转型升级。

（六）营造浓厚宣传氛围

21. 开通一个官方微信公众号。开通政务微信，公众号名称为“吴兴区童装产业品质革命”，主要发布童装产业质量提升政策措施、重要工作部署、典型案例，并及时回应公众关注的热点问题。进一步推进信息公开、畅通政企互动、优化办事服务，拓宽政企联系渠道，积极回应社会关切。

22. 形成一份童装产业质量发展报告。全面总结吴兴区童装产业质量发展状况及质量提升成效，编制吴兴区童装产业质量发展报告，形成童装产业品质革命行动成果宣传的有效载体，多维度高视角彰显吴兴区“中国国际童装之都”的竞争优势，进一步促进区域经济高质量发展。

23. 开展一系列宣教培训活动。开展先进质量管理方法典型案例评选活动，并对优秀案例进行凝练总结，切实发挥质量标杆组织的示范作用。结合“质量月”等关键时间节点，开展质量教育进企业活动，不断提升企业高质量发展意识、能力和水平。

三、保障措施

（一）加强组织领导。建立由区政府分管领导任组长的童装产业品质革命工作专班，建立目标责任制和评估制度，形成有效的激励和约束机制，加强督促检查，强化督导落实，严格考核，确保各项任务落到实处。

（二）强化资金保障。制定出台《关于培育织里头部童装企业做强做大的政策意见》，鼓励支持童装类企业高质量发展，重点扶持童装企业发展、童装质量提升、童装标准制定、童装品牌培育，推动织里童装产业提档升级、做强做大。

（三）激发多方参与。充分发挥湖州市服装协会、织里童装商会联系政府、服务企业、促进行业自律的功能，为企业提供经济信息、技术创新和企业管理咨询服务，协助政府推动产业结构优化升级。支持专业机构开展行业研究、规划和咨询，为企业提供行业标准、信息咨询、技能培训等服务。加强行业自律，有效维护公平竞争，不断提高服务水平，为产业健康发展发挥积极作用。

附件

童装产业品质革命行动工作专班人员名单

组　长：杨　治　徐兆辉　傅远超

副组长：王国华（区发改经信局）

王道文（区市场监管局）

陈勇杰（织里镇）

成　员：朱旭艳（区委宣传部）

金　军（区发改经信局）

苏　娟（区科技局）

叶　青（区财政局）

金晓薇（区商务局）

朱文伟（区市场监管局）

吴剑勇（区市场监管局）

史宁慧（织里镇）

先进集体·先进个人

中央、部、委、局、群众团体命名、表彰的先进集体

表34

荣誉称号	获奖集体	授证单位
第二批全国乡村治理示范村	吴兴区织里镇	中央农村工作领导小组办公室 中央宣传部 农业农村部 民政部 司法部 国家乡村振兴局
人民法院司法警察先进集体	吴兴区人民法院司法警察大队	最高人民法院
2021年度司法宣传和通联工作先进单位	湖州市吴兴区人民法院	人民法院新闻传媒总社
全国检察机关扫黑除恶专项斗争优秀集体	吴兴区人民检察院第一检察部	最高人民检察院
2020年全国青少年校园足球特色学校	吴兴区戴山学校	教育部办公厅
2020年全国青少年校园足球特色幼儿园	湖州市蓝天实验幼儿园	教育部办公厅
	湖州市吴兴区八里店镇中心幼儿园	
	湖州市吴兴区山水华府幼儿园	
	湖州市第一幼儿园	
	湖州市清河幼儿园	
第一批全国足球特色幼儿园示范园	湖州市第三幼儿园	全国青少年校园足球工作领导小组办公室 教育部体育卫生与艺术教育司

续表

荣誉称号	获奖集体	授证单位
第八批“全国民主法治示范村”	吴兴区东林镇南山村	司法部 民政部
国家级节水型社会建设达标县	吴兴区	水利部
国家农民合作社示范社	吴兴尹家圩粮油植保农机专业合作社	农业农村部
中国美丽休闲乡村	吴兴区妙西镇妙山村	农业农村部
2021年中国美丽休闲乡村	吴兴区妙西镇妙山村	农业农村部办公厅
2021年全国县域农业农村信息化发展先进县	吴兴区	农业农村部信息中心
第一批全国农作物病虫害绿色防控示范县	吴兴区	农业农村部种植业管理司
全国乡村旅游重点村	吴兴区妙西镇妙山村	文化和旅游部
2017—2020年度全国群众体育先进单位	吴兴区文广旅体局	国家体育总局
2020年“优质服务基层行”活动中表现突出、成效显著机构	仁皇山滨湖街道社区卫生服务中心	国家卫健委办公厅 国家中医药管理局办公室
2021年全国示范性老年友好型社区	吴兴区龙泉街道白鱼潭社区	国家卫健委、全国老龄办
全国五四红旗团委	湖州市吴兴区织里镇团委	共青团中央
2019—2020年度全国“青少年维权岗”	湖州市吴兴区文化市场综合行政执法队	共青团中央 公安部
全国巾帼文明岗	湖州市吴兴区公安分局综合服务窗口	全国妇联
全国“最美家庭”	施献荣家庭（湖州市吴兴区环渚街道）	全国妇联
全国公安机关成绩突出集体	吴兴区公安分局情报指挥中心	公安部 中华全国总工会
2020—2021年度全国“五好”县级工商联	湖州市吴兴区工商联	中华全国工商联
全国侨联系统优秀“侨胞之家”	湖州市吴兴区历史街区“侨胞之家”（区侨联）	中国侨联

中央、部、委、局、群众团体命名、表彰的先进个人

表35

荣誉称号	获奖个人	授证单位
2020年度全国学雷锋志愿服务“四个100”先进典型最美志愿者	王金法（湖州市吴兴区织里镇）	中央宣传部 中央文明办 全国总工会 共青团中央 全国妇联 中国文联 中国科协 中国残联 民政部 生态环境部 农业农村部 文化和旅游部 退役军人事务部 国务院国资委 国务院扶贫办 中国红十字总会 人民日报社 中央广播电视总台
2016—2020年全国普法工作先进个人	林新法（湖州市吴兴区八里店镇）	中央宣传部 司法部 全国普及法律常识办公室
全国司法所模范个人	费云峰（湖州市吴兴区司法局）	司法部
2017—2020年度全国群众体育先进个人	蔡滨斌（湖州市吴兴区文广旅体局）	国家体育总局
中国青年创业导师人选	蒋晓峰（浙江谷堆乡创旅游发展有限公司）	中国青年创业就业基金会
《小康中国一千城早餐》第二季视频展示活动　优秀奖	唐静、陈翔、邓小寒、秦乐妍（湖州市吴兴区委宣传部）	新华通讯社新闻信息中心
中国长三角地区劳模工匠创新工作室	陈云明（浙江金洲管道科技股份有限公司）	上海市总工会 江苏省总工会 浙江省总工会 安徽省总工会

省、委、厅、局、群众团体命名、表彰的先进集体

表36

荣誉称号	获奖集体	授证单位
2021年度平安县（市、区）“平安牌”	吴兴区	省委 省政府
浙江省文明镇（乡）	吴兴区织里镇	省委 省政府
	吴兴区八里店镇移沿山村	
	吴兴区高新区杨溇村	
	吴兴区道场乡菰城村	
	吴兴区东林镇星火村	
浙江省文明单位	浙江剑盾保安服务有限公司	省委 省政府
	吴兴农村商业银行	
	吴兴区埭溪镇中心卫生院	
浙江省文明家庭	徐维丽家庭 吴兴区织里镇秦家港社区	省委 省政府
	赵慷慷家庭 吴兴区环渚街道华丰村	
2020—2021年度平安浙江建设先进集体	吴兴区社会矛盾纠纷调处化解中心	省委 省政府
2021年度改革创新成绩突出集体	湖州市吴兴区委办公室	省委 省政府
2019—2020年度全省反邪教工作成绩突出	吴兴区公安分局政保大队	省委 省政府
浙江省先进基层党组织	吴兴区织里镇党委	省委
浙江省技术发明三等奖	浙江三一装备有限公司	省政府
浙江省科学技术进步三等奖	浙江金洲管道科技股份有限公司	省政府
第二批浙江省全域旅游示范县（市、区）	吴兴区	省政府
2020年浙江省新时代美丽乡村示范县	吴兴区	省委办 省府办
全省第二批“枫桥式公安派出所”	吴兴区公安分局八里店派出所	省委办 省府办
2016—2020年全省普法与依法治理工作先进集体	吴兴区司法局	省委办 省府办
2021年度浙江省网络生态“瞭望哨”工程建设成绩突出集体	吴兴区委网信办	省委办
粮食和生猪增产保供成绩突出集体	吴兴区八里店镇人民政府	省府办
浙江省松材线虫病防治工作和全面禁止非法交易、滥食野生动物工作突出贡献集体	市自然资源和规划局吴兴分局	省府办
	吴兴区妙西镇政府	
农村饮用水达标提标行动工作成绩突出集体	吴兴区	省府办
全省第一批累计三年获健康浙江建设考核优秀	吴兴区	省委省政府健康浙江建设领导小组办公室

续表

荣誉称号	获奖集体	授证单位
2020年健康浙江建设考核优秀县区	吴兴区	省委省政府健康浙江建设领导小组办公室
2021年全省老干部工作先进集体	吴兴区朝阳街道党建办	省委组织部 省委老干部局 省人力社保厅
全省“建设清廉机关、创建模范机关”工作先进集体	吴兴区卫健局	省委直属机关工委
2020年度浙江省高新技术产业园区建设突出贡献集体	湖州现代物流装备高新技术产业园区	省委科技强省建设领导小组办公室
全省新时代乡村集成改革工作成绩突出集体	吴兴区织里镇人民政府	省委农村工作领导小组办公室 省农业农村厅
第二届浙江志愿服务项目大赛银奖	吴兴区平安大姐“织里好大姐　践行法理情”项目	省委宣传部 省精神文明建设委员会办公室 省民政厅
2021年度第二季度浙江“最美家庭”	吴兴区吴萍家庭	省委宣传部 省妇联
浙江省退役军人服务保障体系建设先进单位	湖州市吴兴区退役军人服务中心	省委退役军人事务工作领导小组
2021年度省“新时代枫桥式退役军人服务中心(站)”	吴兴区退役军人服务中心	省委退役军人事务工作领导小组
	龙泉街道退役军人服务站	
	埭溪镇退役军人服务站	
	织里镇退役军人服务站	
	妙西镇退役军人服务站	
	织里镇晟舍村退役军人服务站	
	爱山街道红丰西塘社区退役军人服务站	
	妙西镇杨湾村退役军人服务站	
	埭溪镇红旗村退役军人服务站	
	八里店镇移沿山村退役军人服务站	
	八里店镇紫金桥村退役军人服务站	
	织里镇港西村村退役军人服务站	
	湖东街道铁路社区退役军人服务站	
	埭溪镇上强村退役军人服务站	

续表

荣誉称号	获奖集体	授证单位
2021年度省“新时代枫桥式退役军人服务中心(站)”	道场乡道场浜村退役军人服务站	省委退役军人事务工作领导小组
	环渚街道玉堂桥社区退役军人服务站	
	朝阳街道都市家园社区退役军人服务站	
	飞英街道墙壕里社区退役军人服务站	
	月河街道月河社区退役军人服务站	
	龙泉街道市陌河社区退役军人服务站	
	妙西镇妙山村退役军人服务站	
	东林镇星火村退役军人服务站	
	东林镇泉庆村退役军人服务站	
浙江省第三批社会大普法“六优”培育行动计划优秀项目	吴兴区家事法理工作室(优秀普法公益性组织)	省普法办公室
	湖州市沈家本历史文化园(优秀普法项目)	
全省无邪教创建示范工作成绩突出集体	吴兴区委政法委	省平安领导小组
全省事业单位改革成效突出集体	吴兴区委机构编制委员会办公室	省事业单位改革领导小组
2021年中国社会治理百强县(市、区)	吴兴区	浙江大学社会治理研究院
浙江省社会治理十佳县(市、区)	吴兴区	浙江大学社会治理研究院
党史学习教育百发百例	吴兴区月河街道马军巷社区“小巷之声”宣讲团	省党史学习教育领导小组办公室
2021年度城乡风貌建设考核省级优秀	吴兴区	省城乡风貌整治提升工作专班办公室
全省深化“千万工程”建设新时代美丽乡村(农村人居环境提升)工作考核优秀区	吴兴区	省“千村示范、万村整治”工作协调小组办公室
2021年度全省农村生活垃圾分类处理优胜县	吴兴区	省“千村示范、万村整治”工作协调小组办公室
2021年度浙江省历史文化(传统)村落 保护利用示范村	吴兴区道场乡菰城村	省“千村示范、万村整治”工作协调小组办公室
2021年度浙江省美丽乡村示范乡镇	吴兴区东林镇	省“千村示范、万村整治”工作协调小组
2021年度浙江省美丽乡村特色精品村	吴兴区高新区东桥村	省“千村示范、万村整治”工作协调小组
	吴兴区八里店镇路村村	
	吴兴区埭溪镇盛家坞村	

续表

荣誉称号	获奖集体	授证单位
2021年度浙江省美丽乡村风景线	吴兴区在水一芳风景线	省“千村示范、万村整治”工作协调小组
2021年度浙江省善治示范村	双丰村、戴山村、戴北村、联漾村、树庄村、欣安村、沈溇村(吴兴区高新区)	省乡村振兴领导小组办公室
	香圩墩村、汤溇村、潘塘桥村、轧村村、曙光村、骥村村、晓河村、常乐村、曹家簖村、朱湾村、河西村(吴兴区织里镇)	
	计家湾村、戴南村、乌山村、义山村(吴兴区八里店镇)	
	施家桥村(吴兴区道场乡)	
	肇村村、石山村、稍康村、王村村、龙山村、渡善村、五星村(吴兴区妙西镇)	
	莫家栅村、芳山村、茅坞村、小羊山村、盛家坞村、庄上村、余山村(吴兴区埭溪镇)	
	保卫村、东升村、泉心村、星群村、胜利村(吴兴区东林镇)	
	邵家墩村、万安村、瑶台村(吴兴区环渚街道)	
2020年省级特色小镇年度考核优秀等级	吴兴美妆小镇	省特色小镇规划建设工作联席会议办公室
2021年度新时代美丽城镇建设样板镇	吴兴区埭溪镇	省城乡环境整治工作领导小组
2018—2020年浙江省市场环境建设成绩突出集体	吴兴区人民政府	省“小微企业三年成长计划”工作领导小组
2021年度浙江省高标准生活垃圾分类示范小区	美和家园、富康花园、卡丽兰、西山二期、浮玉花园、江南美墅、景峰苑、金龙家苑、久立湖东府、东方明珠、朝阳里、龙溪翡翠、达多灏庭、新华府、新世纪花苑小区、水岸华庭、香溪悦府、祥和西区(吴兴区)	省生活垃圾分类工作领导小组办公室
2021年度“浙江省森林城镇”	吴兴区道场乡	省关注森林组织委员会
	吴兴区妙西镇	
	吴兴区东林镇	

续表

荣誉称号	获奖集体	授证单位
全省新时代美丽城镇建设2021年度成绩突出集体	吴兴区住建局	省美丽城镇建设办公室
浙江省综合医改2020年度“十佳优秀短视频”	吴兴区卫生健康局	省深化医药卫生体制改革联席会议办公室
2020年度全省公立医院综合改革优秀县区	吴兴区	省卫生健康委 省财政厅 省深化医药卫生体制改革联席会议办公室
2021年度浙江省综合减灾示范社区	港西村（吴兴区织里镇）	省减灾委员会
2021年省五星级乡镇（街道）食安办	吴兴区朝阳街道食安办	省食品药品安全委员会办公室
省2021年度省级“民主法治村（社区）”	欣安村、常溪村、许漤村（吴兴区高新区）	省司法厅 省民政厅 省普法办
	云村村、汤漤村、晟舍村、庙兜村（吴兴区织里镇）	
	曹报村、前村村、紫金桥村（吴兴区八里店镇）	
	钱山下村（吴兴区道场乡）	
	后沈埠村（吴兴区妙西镇）	
	小羊山村、乔溪村（吴兴区埭溪镇）	
	星火村（吴兴区东林镇）	
	狮子巷社区（吴兴区爱山街道）	
	米行街社区（吴兴区飞英街道）	
	祥和社区（吴兴区龙泉街道）	
浙江省军区先进团级单位党委	吴兴区人武部党委	省军区党委
省先进基层武装部	吴兴区八里店镇武装部	省军区
浙江省高新区亩均效益领跑者	湖州现代物流装备高新技术产业园区	省经信厅
浙江省慢性病综合防控示范区（复审）	吴兴区	省卫健委办公室 省教育厅办公室 省民政厅办公室 省体育局办公室
2020年度浙江省教育工作业绩考核先进单位	吴兴区	省教育厅
浙江省数字社会未来教育重点场景先行建设单位（第二批）	吴兴区教育局	省教育厅
2020年浙江省现代化学校（幼儿园）	湖州市吴兴实验中学	省教育厅
	湖州市湖师附小教育集团	
	湖州市东风小学教育集团	

续表

荣誉称号	获奖集体	授证单位
2020年浙江省现代化学校(幼儿园)	湖州市第一幼儿园(龙溪苑园区)	省教育厅
浙江省2021年度节水型标杆学校	湖州市月河小学教育集团	省教育厅
2021年浙江省中小学生艺术节优秀组织奖	湖州市爱山小学教育集团	省教育厅
2020年浙江省青少年校园足球特色学校、幼儿园	湖州市埭溪镇上强小学	省教育厅办公室
	湖州市弁南中学	
	吴兴区三之三绿色家园幼儿园	
	湖州开发区实验幼儿园	
	吴兴区妙西镇中心幼儿园	
浙江省优质(示范)老年学堂	吴兴区埭溪成校	省教育厅办公室
2021年浙江省健康促进学校(金牌)	湖州市环渚学校	浙江省爱卫办 浙江省教育厅 浙江省卫健委
	湖州市织里实验小学教育集团	
	湖州市东林镇第二小学	
(2019—2020年度)浙江省教科研先进集体	吴兴区教育局教学研究与培训中心	省教育厅教研室
2021年浙江省先进教研集体	吴兴区教育局教学研究与培训中心	省教育厅教研室
2021年度省级备案众创空间	吴兴区悦米众创空间、哈工大机器人湖州众创空间、慧兰众创空间	省科技厅
第四批浙江省可持续发展创新示范区	吴兴区	省科技厅
省2021年度省级“民主法治村(社区)”	欣安村、常溪村、许溇村(吴兴区高新区)	省司法厅 省民政厅 省普法办
	云村村、汤溇村、晟舍村、庙兜村 (吴兴区织里镇)	
	曹报村、前村村、紫金桥村(吴兴区八里店镇)	
	钱山下村(吴兴区道场乡)	
	后沈埠村(吴兴区妙西镇)	
	小羊山村、乔溪村(吴兴区埭溪镇)	
	星火村(吴兴区东林镇)	
	狮子巷社区(吴兴区爱山街道)	
	米行街社区(吴兴区飞英街道)	
	祥和社区(吴兴区龙泉街道)	
浙江省“枫桥式”司法所	吴兴区司法局埭溪司法所	省司法厅
浙江省地名文化遗产千年古村落	吴兴区织里镇义皋村	省民政厅 省文物局 省文旅厅 省住建厅
浙江省第二批高质量就业社区(村)	吴兴区朝阳街道北齐巷小区	省人社厅
	吴兴区月河街道马军巷小区	

续表

荣誉称号	获奖集体	授证单位
浙江省第二批高质量就业社区（村）	吴兴区爱山街道友谊小区（已并入安定书院小区）	省人社厅
浙江省第二批高质量就业社区（村）	吴兴区飞英街道米行街社区	省人社厅
2020年度浙江省调解仲裁案件处理工作成绩突出单位	吴兴区人力社保局	省人社厅
2021年度全省建筑节能与绿色建筑优秀区	吴兴区	省住建厅 省财政厅
浙江省园林城镇	吴兴区妙西镇	省住建厅
省级“红色物业”项目	吴兴区东白鱼潭	省建设厅
省级“红色物业”项目	吴兴区湖东府	省建设厅
省级“红色物业”项目	吴兴区东郡红树湾	省建设厅
省级“红色物业”项目	吴兴区学士府	省建设厅
省级“红色物业”项目	吴兴区海上湾	省建设厅
省级“红色物业”项目	吴兴区碧波苑	省建设厅
2021年度第二批浙江省节水型单位	吴兴区城投集团	省建设厅
2021年度第二批浙江省节水型小区	吴兴区蜀山雅苑	省建设厅
2021年度第二批浙江省节水型小区	吴兴区馨水园	省建设厅
2021年度第二批浙江省节水型小区	吴兴区海上湾	省建设厅
第四批“四好农村路”省级示范县	吴兴区	省交通厅
2021年度省水利建设工程质量监督先进集体	吴兴区水利工程质量与安全管理中心	省水利水电工程质量与安全管理中心
浙江省第一批特色产业农业“机器换人”高质量发展先行县	吴兴区	省农业农村厅
第二批全国乡村治理示范村	吴兴区织里镇义皋村	省农业农村厅
2021浙江好稻米金奖产品	湖州维农农业科技有限公司	省农业农村厅 省粮食和物资储备局
2021年浙江省电商镇	吴兴区八里店镇	省商务厅
2021年浙江省电商镇	吴兴区埭溪镇	省商务厅
2021年浙江省电商镇	吴兴区织里镇	省商务厅
2020年度“浙江出口名牌”称号	浙江德马科技股份有限公司	省商务厅
2020年度“浙江出口名牌”称号	浙江天地之光电池制造有限公司	省商务厅
2020年度“浙江出口名牌”称号	湖州埭溪振华工贸有限公司	省商务厅
浙江省乡村旅游重点镇	吴兴区妙西镇（旅游风情小镇、AAAA级景区镇）	省文旅厅 省发改委
浙江省乡村旅游重点镇	吴兴区八里店镇(AAAA级景区镇)	省文旅厅 省发改委

续表

荣誉称号	获奖集体	授证单位
第三批全国乡村旅游重点村镇推荐名单	吴兴区妙西镇妙山村	省文旅厅 省发改委
浙江省乡村旅游重点村	吴兴区织里镇义皋村	省文旅厅 省发改委
	吴兴区八里店镇潞村	
2021年浙江省工业旅游示范基地	湖州吴兴美妆小镇建设投资开发有限公司(吴兴区)	省文旅厅 省经信厅
浙江省文化强镇(复核通过)	吴兴区织里镇	省文旅厅
	吴兴区八里店镇	
第二批“浙江省戏曲之乡”	吴兴区织里镇	省文旅厅
浙江省文化示范村(社区)	吴兴区朝阳街道碧浪湖社区	省文旅厅
	吴兴区湖东街道章家埭社区	
	吴兴区白鱼潭社区	
	吴兴区织里镇大港村	
	吴兴区龙泉街道市陌二社区	
	吴兴区八里店镇移沿山村	
	吴兴区道场乡施家桥村	
	吴兴区飞英街道吉山四社区	
	吴兴区织里镇元通桥村	
	吴兴区织里镇伍浦村	
	吴兴区东林镇泉庆村	
	吴兴区八里店镇路村村	
	吴兴区埭溪镇乔溪村	
	吴兴区东林镇星群村	
	吴兴区环渚街道瑶台村	
	吴兴区埭溪镇大冲村	
	吴兴区妙西镇妙山村	
浙江省文化示范村(社区)(候选)	吴兴区埭溪镇上强村	省文旅厅
	吴兴区月河街道月河社区	
浙江省第三十二届群众戏剧小品大赛吴兴区文化馆原创的小品《那必须的》获大赛银奖	吴兴区文化馆	省文旅厅
浙江省第四届体育大会舞龙比赛第一名	吴兴区八里店镇移沿山村舞龙队	省第四届体育大会组委会

续表

荣誉称号	获奖集体	授证单位
2020年度全省卫生行政执法效能监测重点工作推进成效明显地区	吴兴区	省卫健委办公室
首批全国示范型退役军人服务站	吴兴区退役军人服务中心	省退役军人事务厅
	织里镇退役军人服务站	
	八里店镇退役军人服务站	
	埭溪镇退役军人服务站	
	东林镇退役军人服务站	
	龙泉街道退役军人服务站	
浙江省退役军人全生命周期管理保障工作成绩突出集体	吴兴区退役军人事务局	省退役军人事务厅办公室
浙江省百家红色退役军人服务站	道场乡退役军人服务站	省退役军人服务中心
	埭溪镇退役军人服务站	
	八里店镇升山村退役军人服务站	
浙江省优秀审计项目一等奖	吴兴区审计局	省审计厅
2021年度全省地方市场监管工作评价优秀等次	吴兴区市场监督管理局	省市场监管局
2021年全省市场监管系统"三比一讲"争先创优竞赛二等奖	吴兴区市场监督管理局	省市场监管局
全省市场监管系统2016—2020年度法治宣传教育表现突出单位	吴兴区市场监管局	省市场监管局
2021年度药品安全信息宣传工作优秀单位	吴兴区市场监管局	省药品监管局
美妆小镇消费品(化妆品)省级标准化试点项目	吴兴区美妆小镇管理委员会	省市场监管局
2020年度省级商业秘密保护示范站(点)	吴兴美妆小镇管理委员会	省市场监管局
全省疫情防控冷链食品物防工作先进集体	吴兴区市场监管局爱山所	省疫情防控冷链食品物防专班
2021年全省医疗保障系统县级局先进单位	吴兴区医保局	省医保局
2020—2021年度浙江省"安康杯"竞赛活动成绩突出组织单位	吴兴区总工会	省总工会 省应急管理局 省卫健委
浙江省产业工人队伍思想政治教育基地(王启民旧居)	王启民旧居(吴兴区埭溪镇)	省总工会
2021年度第四季度浙江"最美家庭"	吴兴区孙建龙家庭	省妇联
	吴兴区曹丽霞家庭	
2021年度浙江省巾帼文明岗	吴兴区　店派出所　籍窗口	省妇联
	吴兴区医疗保障事业管理服务中心	

续表

荣誉称号	获奖集体	授证单位
省示范慈善分会	织里镇慈善分会	省慈善联合总会
2021年度全省20强县级社	吴兴区供销合作社联合社	省供销合作社联合社
全省“110工作成绩突出集体”称号	吴兴区公安分局情报指挥中心	省公安厅
2020年度全省公安机关“三微”大赛微电影作品三等奖	吴兴区公安分局公关办	省公安厅
全省消防救援队伍先进大队党委	吴兴区消防救援大队党委	省消防救援总队党委
全省消防救援队伍先进基层单位	吴兴区消防救援大队	省消防救援总队
浙江省生态文化建设突出贡献集体	吴兴区妙西镇政府	省林业局
浙江省“一村万树”示范村	陆家湾村(吴兴区织里镇)	省林业局
	红里山村(吴兴区道场乡)	
	楂树坞村(吴兴区妙西镇)	
	贯边村(吴兴区埭溪镇)	
“全省侨联系统抗击新冠肺炎疫情成绩突出集体”	吴兴区侨联	省侨联
2021年省行先进基层党组织	中国银行吴兴支行党总支	中国银行省分行党委
第20届青年文明号	中国银行吴兴支行	中国银行省分行
第20届青年文明号	中国银行东部新城支行	中国银行省分行
2021年度开门红“青年突击队”	中国银行吴兴支行	中国银行省分行团委
2021年度浙江农信系统考核一级(优胜)单位	吴兴农商银行	省农信联社
浙江农信系统2021年度“业务成长十佳银行”	吴兴农商银行	省农信联社
全省农信系统2021年度宣传工作先进集体	吴兴农商银行	省农信联社办公室
省级金牌人民调解工作室	吴兴区八里店镇人民调解委员会林新法调解工作室	省人民调解协会
2021年全省律师行业党建工作先进典型——优秀共产党员	余　磊[浙江六和(湖州)律师事务所]	省律师行业党委
全省基层法律服务行业防疫抗疫工作先进个人	周淦生(吴兴区致远法律服务所)	省基层法律服务工作者协会
2020年度浙江省城市精细管理先进单位	吴兴区综合行政执法局	省城市建设管理协会
2021年度浙江省城市建设管理成绩突出集体	吴兴区数字城管监督指挥中心	省城市建设管理协会
省级金牌调解室	林新法品牌调解室(吴兴区八里店镇)	省人民调解委员协会
2018—2020年度反邪教工作先进集体	吴兴区反邪教协会	省反邪教协会

续表

荣誉称号	获奖集体	授证单位
浙江省最具人气党群服务中心	吴兴区龙泉街道白鱼潭社区党群服务中心	“浙江党建”网
2021年度“浙报集团先进报道组”	吴兴区委报道组	《浙江日报》报业集团
“魅力长三角”短视频征集展播活动优秀作品奖	“爱上吴兴”	《天目新闻》

省、委、厅、局、群众团体命名、表彰的先进个人

表37

荣誉称号	获奖个人	授证单位
浙江省农业科技先进工作者	施星仁（湖州吴兴金农生态农业发展有限公司）	省委 省政府
2020—2021年度平安浙江建设先进集体先进个人	杨晓东（吴兴区公安分局）	省委 省政府
	刘晓霞（吴兴区公安分局）	
全省“五水共治”工作先进个人	童 悦（吴兴区环境应急与事故调查中心）	省委 省政府
2020年度县域医共体工作成绩突出个人	吴 舒（吴兴区卫健局）	省委办 省府办
2016—2020年全省普法工作先进个人	周伟国（吴兴区东林中学）	省委办 省府办
2019—2020年度浙江省党政系统优秀调研成果优秀提名奖	当前小城镇培育存在难点及对策——以湖州市吴兴区织里镇为例（湖州市吴兴区委吴炳芳等）	省委办 省府办
2021年全省防汛防台先进个人	刘秋进（吴兴区应急管理局）	省委办 省府办
浙江省松材线虫病防治工作和全面禁止非法交易、滥食野生动物工作突出贡献个人	钱新江（吴兴区埭溪自然资源所）	省府办
	张 力（吴兴区妙西镇）	
农村饮用水达标提标行动工作成绩突出个人	姚连华（吴兴区水利局）	省府办
2016—2020年浙江省普法工作成绩突出个人	陈丽华（吴兴区司法局）	省委全面依法治省委员会守法普法协调小组委员会
	王晓华（吴兴区市场监管局）	
浙江省农村土地承包经营权确权登记颁证工作成绩突出个人	朱 伟（吴兴区农业农村局）	省委农村工作领导小组办公室 省农业农村厅
全省新时代乡村集成改革工作成绩突出个人	潘 薇（吴兴区八里店镇）	省委农村工作领导小组办公室 省农业农村厅
	郭欢欢（吴兴区妙西镇）	

续表

荣誉称号	获奖个人	授证单位
2020年万人计划教学名师	卞娟娟(湖州市实验幼儿园)	省委人才工作领导小组办公室 省教育厅办公室
“十三五”期间浙江省残疾人工作成绩突出个人	沈彧萍(吴兴区高新区)	省政府残疾人工作委员会
入选“发现最美浙江人·浙江好人榜”	陈根生(吴兴区埭溪镇)	省文明办
2018—2020年浙江省市场环境建设成绩突出个人	章斌斌(吴兴区市场监管局)	省“小微企业三年成长计划”工作领导小组
2021年浙江省知识产权保护工作成绩突出个人	费秋萍(吴兴区市场监管局)	省知识产权强省建设工作联席会议办公室
省第三次全国国土调查成绩突出个人	薛文其(吴兴区高新区)	省第三次全国国土调查领导小组办公室
全省事业单位改革成效突出个人	陆培红(区人力社保局)	省事业单位改革领导小组
2021年度“省绿化奖章”	施惠江(吴兴区道场乡)	省绿化与自然保护地委员会
省“红船精神优秀五老宣讲员”	汤斌昌(吴兴区八里店镇)	省关工委
浙江省“最美公务员”	邹德明(吴兴区综合行政执法局)	省委组织部 省委宣传部
“浙江好人”(助人为乐)	胡艳杰(吴兴区织里镇)	省委宣传部 浙报集团
全省法院工作个人二等功	史菊芳(吴兴区人民法院)	省高院
全省法院系统信息工作先进个人	徐爱玉(吴兴区人民法院)	省高院办公室
全省法院党建工作先进个人	佘玲晶(吴兴区人民法院)	省高院政治部
2021年度空军招收飞行学员政治考核工作先进个人	俞　健(吴兴区公安分局人口管理大队)	东部战区空军政治工作部
2020浙江教育年度新闻人物	卞娟娟(湖州市实验幼儿园)	省教育厅新闻办公室 《浙江教育报》总社
2020浙江教育年度影响力人物	张雁南(湖州市织里实验小学教育集团)	省教育厅新闻办公室 《浙江教育报》总社

续表

荣誉称号	获奖个人	授证单位
全国教育系统工作先进工作者	汤斌昌（吴兴区八里店镇）	省教育厅关工委
2020年浙江省“绿叶奖”	沈　冰（吴兴区委政法委）	省人民教育基金会
浙江省第一届“幸福杯”社会救助业务竞赛　救助业务能手	郑爱丽（吴兴区织里镇）	省民政厅
浙江省第二届结婚登记颁证技能比赛“金牌颁证员”	陈振伟（吴兴区民政局）	省民政厅
浙江工匠	蔡林荣（湖州吴兴新小绍兴酒家）	省人社厅 省总工会
	陈　晗（浙江海瑞网络科技有限公司）	
	姚金根（湖州新开元碎石有限公司）	
	王佩剑（浙江大东吴汽车电机股份有限公司）	
	金德琳（浙江贝盛光伏股份有限公司）	
	沈建民（浙江金州管道科技股份有限公司）	
	邢利民（湖州老恒和酿造有限公司）	
	李红伟（吴兴红伟陶艺雕刻工作室）	
2021年度浙江省“五水共治”信息工作优秀个人	徐耀中（吴兴区织里镇）	省治水办
2020年度浙江省农业技术推广贡献奖	吴学萍（吴兴区高新区）	省农业农村厅
浙江省农业职业技能大赛动物检疫检验项目二等奖	沈　恒、李云亮（吴兴区农业农村局）	省农业农村厅
浙江省农业技术能手	沈　恒、李云亮（吴兴区农业农村局）	省农业农村厅
优秀先进典型种粮大户	孙建龙（吴兴区八里店镇）	省农业高质量发展大会
2021年省级乡村文化能人	沈家榆、董金康（吴兴区高新区）	省文旅厅
	杨春凤、陈建琴、柳晓萍（吴兴区织里镇）	
	郑海燕（吴兴区八里店镇）	
	王小珍（吴兴区月河街道）	
	龚玉宝、杜美红（吴兴区飞英街道）	
	饶　晓（吴兴区妙西镇）	
2021年省级乡村文化能人	孙亚琴（吴兴区埭溪镇）	省文旅厅
	陈敬文（吴兴区东林镇）	
	顾　鸾（吴兴区环渚街道）	
	戴敏霞（吴兴区龙泉街道）	

续表

荣誉称号	获奖个人	授证单位
2021年省级文化示范户	张佰荣(吴兴区织里镇)	省文旅厅
	汤斌昌(吴兴区八里店镇)	
	王明华(吴兴区环渚街道)	
	王宏丽(吴兴区湖东街道)	
	范　斌(吴兴区爱山街道)	
浙江省退役军人全生命周期管理保障工作成绩突出个人	朱海江、徐建忠(吴兴区退役军人事务局)	省退役军人事务厅办公室
全省"最美应急人"	赵永霈(吴兴区应急管理局)	省应急管理厅
全省市场监管系统2016—2020年度法治宣传教育表现突出个人	徐　彦(吴兴区市场监管局)	省市场监管局
2021年度药品安全信息宣传工作先进个人	邱姝慧(吴兴区市场监管局)	省市场监管局
浙江省市场监管重大案件查处个人三等功	陆凯泉(吴兴区市场监管局)	省市场监管局
2021年度浙江省市场监管安全保障工作成绩突出集体和个人	宋佳佳、张浩然(吴兴区市场监管局)	省市场监管局
2021年全省基层执法人员食品抽样技能比武二等奖	梅　萍、朱　颖(吴兴区市场监管局)	省市场监管局
浙江省"最美综合行政执法人"	顾国强(吴兴区综合行政执法局)	省综合行政执法指导办公室
浙江省"金蓝领"	陆　超、闵来昌、施　荣(吴兴区农业农村局)	省总工会
	邵　晨(吴兴区道场乡)	
2021年"浙江省成绩突出少先队辅导员"	陆国伦(湖州市东风小学教育集团)	共青团省委 省教育厅 少先队省工委
	何文艳(湖州市爱山小学教育集团)	
	姚彩凤(湖州市龙泉小学)	
浙江省成绩突出少先队员	孙依澄(湖州市湖师附小教育集体)	共青团省委 省教育厅 少先队省工委
	郑身弈(湖州市文苑小学)	
	凌涵姝(湖州市吴兴实验中学)	
浙江省林业规划财务工作突出贡献先进个人	陈梦姣(吴兴区自然资源和规划分局)	省林业局
浙江省生态文化建设突出贡献个人	李　东(吴兴区自然资源和规划分局)	省林业局
全省税务系统先进工作者	徐明华(吴兴区税务局)	省税务局 省人社厅

续表

荣誉称号	获奖个人	授证单位
2020年度全省公安机关打击整治打击非法集资、网络传销等涉众型经济犯罪专项行动先进个人	莫海峰(吴兴区分局经侦大队)	省公安厅
2020年度全省公安机关打击整治打击电信网络诈骗犯罪专项行动先进个人	杨　华(吴兴区分局情指联勤中心)	省公安厅
2020年度全省公安机关打击整治“昆仑2020”专项行动先进个人	吴海闽(吴兴区分局东林派出所)	省公安厅
2020年度全省公安机关打击整治严打暴恐活动专项行动先进个人	叶　杨(吴兴区分局反恐大队)	省公安厅
省厅关于对庆祝建党100周年安保工作成绩突出集体和个人予以表扬的通报(第一期)	陈国平(吴兴区分局朝阳派出所)	省公安厅
省厅关于对庆祝建党100周年安保工作成绩突出集体和个人予以表扬的通报(第一期)	叶贞含(吴兴区分局埭溪派出所)	省公安厅
全省消防救援队伍优秀共产党员	楼国彪(区消防救援大队)	省消防救援总队党委
建党100周年庆祝活动消防安保个人嘉奖	帅晓天(区消防救援大队)	省消防救援总队
浙江省农户小额普惠贷款推广工作优秀个人	闵　佳(吴兴区农业农村局)	省农信联社
2021年度浙江农信系统考核A级(优秀)行社领导	周盛东(吴兴农商银行)	省农信联社
2021年度浙江农信系统考核A级(优秀)行社领导	卢启祥(吴兴农商银行)	省农信联社
全省农信系统2021年度宣传工作先进个人	徐永明(吴兴农商银行)	省农信联社办公室
2021年中国银行省行优秀共产党员	葛　诚(中行吴兴支行)	中国银行省分行党委
2020年度浙江省城市精细管理先进个人	邹德明(吴兴区综合行政执法局)	省城市建设管理协会
全省反邪教协会2018—2020年度先进个人	丁佳裕(吴兴区委政法委)	省反邪教协会
浙江省2021年安全隐患即时抓拍(随手拍)合理化建议活动二等奖	方　平(浙江唐锋能源科技有限公司)	省“安康杯”竞赛活动组委会办公室
	姚金根(湖州新开元碎石有限公司)	
浙江省2021年安全隐患即时抓拍(随手拍)合理化建议活动三等奖	王修雄(浙江东尼电子股份有限公司)	

中共湖州市委、市政府命名、表彰的先进集体

表38

荣誉称号	获奖集体	授证单位
2021年度区县党政领导科技进步目标责任制考核结果先进区县	吴兴区	市科技创新工作领导小组办公室
改革突破争先战共同富裕成绩突出集体	吴兴区民政局	市委 市政府
	织里镇政府	
数字化改革成绩突出集体	吴兴区委编办	市委 市政府
	吴兴区发改经信局	
产业创强争先战科技加速推进成绩突出集体	吴兴区科技局	市委 市政府
人才聚引推进成绩突出集体	吴兴区人力社保局	市委 市政府
招商攻坚推进成绩突出集体	吴兴区商务局	市委 市政府
冠军领航推进成绩突出集体	吴兴区发改经信局	市委 市政府
平台提升推进成绩突出集体	湖州现代物流装备高新技术产业园区管委会	市委 市政府
表扬开放融合争先战推进长三角一体化发展(含大都市区建设)成绩突出集体	吴兴区交投集团	市委 市政府
对口工作(含山海协作)成绩突出集体	吴兴区发改经信局	市委 市政府
推进国家跨境电子商务综合试验区成绩突出集体	吴兴区商务局	市委 市政府
美丽提标争先战碳达峰行动成绩突出集体	吴兴区发改经信局	市委 市政府
	市生态环境局吴兴分局	
垃圾分类引领行动成绩突出集体	吴兴区建设局	市委 市政府
美丽城市提质行动成绩突出集体	吴兴区公用事业管理中心	市委 市政府
	吴兴区综合执法局	
美丽乡村领跑行动成绩突出集体	妙西镇政府	市委 市政府
城市品牌示范行动成绩突出集体	吴兴区委宣传部	市委 市政府
市第七次人口普查成绩突出集体	湖州现代物流装备高新技术产业园区管委会	市委 市政府
	织里镇政府	
	八里店镇政府	
	埭溪镇政府	
	月河街道办事处	
	朝阳街道办事处	
	爱山街道办事处	
	龙泉街道办事处	

续表

荣誉称号	获奖集体	授证单位
人才强市创新强市建设先进集体		市委 市政府
“人才创新鼎”	美欣达集团有限公司	
	浙江东尼电子股份有限公司	
“人才科技工作先进集体”	浙江贝盛光伏股份有限公司	
	德马科技集团股份有限公司	
	吴兴科技创业园	
	浙江鸿聚人才发展有限公司	
	吴兴区委人才办	
	织里镇	
“百合奖”	三一装载机生产基地项目	
征兵工作突出贡献集体	织里镇人民武装部	市委 市政府
市先进基层党组织	吴兴区社会治理服务中心党委	市委
	浙江六和(湖州)律师事务所党支部	
	吴兴区财政局机关党支部	
	湖州交通医院党支部	
	吴兴区综合执法局机关党总支	
	吴兴区政务办机关党总支	
	织里镇上林村党总支	
	八里店镇潞村村党总支	
	妙西镇妙山村党总支	
	月河街道月河社区党委	
	湖东街道东柿社区党支部	
	浙江久立特材科技股份有限公司党委	
	浙江德马科技股份有限公司党委	
	湖州市爱飞扬公益事业促进会党支部	
	湖州德泰恒大药房连锁有限公司党支部	
2021年湖州市改革突破入围奖	吴兴区探索“无链主型”产业大脑建设模式推动传统块状 经济加速向“塔式经济体”转型 (吴兴区发改经信局)	市委全面深化改革委员会
	吴兴区以“县乡一体、条抓块统”县域整体智治改革推动“大综合一体化”行政执法制度重塑 (吴兴区综合执法局)	
扫黑除恶专项斗争中表现突出集体		

续表

荣誉称号	获奖集体	授证单位
集体二等功	市公安局吴兴区分局	市政府
	吴兴区法院刑事审判庭	
集体三等功	吴兴区纪委(区监委)	
	吴兴区人民检察院	
集体嘉奖	吴兴区委组织部	
	吴兴区委政法委	
	吴兴区织里公安分局	
	吴兴区织里镇	
2020年长三角地区主要领导座谈会承办工作集体二等功	吴兴城市投资发展集团有限公司	市政府
2020年长三角地区主要领导座谈会承办工作集体嘉奖	吴兴区织里镇政府	市政府
"6·13"吴兴区美欣达印染公司员工硫化氢中毒事故抢险救援工作集体三等功	吴兴区消防救援大队	市政府
2021年度金融支持地方经济发展优秀单位(银行综合考核优秀单位)	吴兴农商银行	市政府金融工作领导小组

中共湖州市委、市政府命名、表彰的先进个人

表39

荣誉称号	获奖个人	授证单位
改革突破争先战共同富裕成绩突出个人	罗静娴(吴兴区发改经信局)	市委 市政府
	李　朋(吴兴区农业农村局)	
	李　波(吴兴区卫生健康局)	
	沈大川(吴兴区总工会)	
	陈家荣(吴兴区慈善总会)	
	王　璞、刘长林(妙西镇)	
	樊　军(吴兴区埭溪镇)	
数字化改革成绩突出个人	丁立旻(吴兴区委办公室)	市委 市政府
	李鑫洁(吴兴区政府办公室)	
	邵泽胤(吴兴区政府办公室)	
	褚　敏(吴兴区委政法委)	
	梁元柱(吴兴区委编办)	
	盛　舸(吴兴区退役军人事务局)	

续表

荣誉称号	获奖个人	授证单位
数字化改革成绩突出个人	费捷毅（吴兴区综合执法局） 宋文瑾（吴兴区政务办） 陆栋梁（高新区）	市委 市政府
“两山”集成改革成绩突出个人	倪海潮（吴兴区委生态文明办） 章陈力（市生态环境局吴兴分局）	市委 市政府
优化营商环境成绩突出个人	薛跃伟（吴兴区政务办）	市委 市政府
科技加速推进成绩突出个人	唐伟杰、梁海红（吴兴区科技局） 徐　芳（湖州现代物流装备高新技术产业园区管委会）	市委 市政府
人才聚引推进成绩突出个人	倪晓强（吴兴区委组织部） 陶　静（吴兴区发改经信局） 王　剑（织里镇）	市委 市政府
招商攻坚推进成绩突出个人	沈志荣（吴兴区委统战部） 江　敏、汤晋江（吴兴区商务局） 徐彬峰（湖州现代物流装备高新技术产业园区管委会） 孙　晨（织里镇）	市委 市政府
冠军领航推进成绩突出个人	沈钰航（吴兴区发改经信局） 徐　杰（吴兴区统计局） 张王锋（吴兴区埭溪镇）	市委 市政府
平台提升推进成绩突出个人	沈　彬（吴兴区发改经信局） 章陈辉（吴兴区织里镇） 翁一鸣（吴兴经济开发区管委会）	市委 市政府
推进长三角一体化发展（含大都市区建设）成绩突出个人	杨元江（吴兴区发改经信局） 沈端斐（吴兴区发改经信局） 朱新民（吴兴区交通局） 陈　岚（吴兴区文广旅体局） 卜伟仪（高新区）	市委 市政府
对口工作（含山海协作）成绩突出个人	刘彦彬（吴兴区市场监管局） 崔丽娜（吴兴区供销社） 毛　铭（织里镇） 方建华（吴兴高级中学）	市委 市政府
枢纽门户城市建设成绩突出个人	刘冬青、王泓伟（吴兴区综合交通发展中心）	市委 市政府
汇聚海内外湖州人智慧力量成绩突出个人	施舟佳（吴兴区委统战部）	市委 市政府
推进国家跨境电子商务综合试验区成绩突出个人	朱　佩（吴兴区市场采购贸易服务中心）	市委 市政府

续表

荣誉称号	获奖个人	授证单位
美丽提标争先战——美丽环境提升行动成绩突出个人	郑焦光(吴兴区生态环境保护综合行政执法队)	市委 市政府
	吴丽萍(市生态环境局吴兴分局)	
碳达峰行动成绩突出个人	曹国良(吴兴区发改经信局)	市委 市政府
	金天红(市生态环境局吴兴分局)	
垃圾分类引领行动成绩突出个人	孙国华(织里镇)	市委 市政府
	陆惠英(埭溪镇)	
	徐斯文(爱山街道)	
美丽乡村领跑行动成绩突出个人	何丹妮(吴兴区农业农村局)	市委 市政府
	陈金丽(吴兴区农业农村局)	
	张　培(吴兴区高新区)	
	温绿琴(吴兴区织里镇)	
	潘　薇(吴兴区八里店镇)	
城市品牌示范行动成绩突出个人	尤静怡(吴兴区委宣传部)	市委 市政府
市第七次人口普查成绩突出个人	储腊梅、杨海丽、曹秀波(吴兴区统计局)	市委 市政府
	王如坤、朱为栋、罗志方(湖州现代物流装备高新技术产业园区)	
	莫文强、朱芳芳、卢燕平、李鑫、吴东华、卢炜(织里镇)	
	董恩荣、张　燕、闵聪聪(八里店镇)	
	沈　枫、杨继业(道场乡)	
	董宇涵、梅初霞(妙西镇)	
	杨婉婉、陆　骁(埭溪镇)	
	顾麒凯、沈文娟、俞　艳(东林镇)	
	沈国琴、严小清(环渚街道)	
	姚心一、钱　红(湖东街道)	
	周建萍、冯耀宗(月河街道)	
	张　炜、庄　珏(朝阳街道)	
	赵中根、李蓉玲(爱山街道)	
	韩红霞、丁平峰(飞英街道)	
	黄　密、陆褚鑫、施春慧(龙泉街道)	
人才强市创新强市建设先进个人		市委 市政府
"创新领跑者"	肯尼斯·奥佐门纳(浙江东尼电子股份有限公司首席科学家)	
"青年人才新锐"	张　扬(浙江三一装备有限公司研究院)	
	徐刚强(吴兴区城南实验学校)	
	陈仙红(湖州市蓝天实验幼儿园)	
	蒋晓锋(浙江谷堆乡创旅游发展有限公司总经理)	

续表

荣誉称号	获奖个人	授证单位
“人才科技工作先进个人”	李绍伍（市派驻深圳招商引才中心）	市委 市政府
	沈　虹（新凤鸣集团湖州中石科技有限公司）	
	李　唯（湖州久鼎电子有限公司）	
	魏吉安（美欣达集团有限公司）	
	倪晓强（吴兴区委组织部）	
	沈巍伟（吴兴区科技局）	
	顾　毅（妙西镇）	
“十佳农业科技先进个人”	孙建龙（湖州吴兴尹家圩粮油植保农机专业合作社）	市委 市政府
市优秀共产党员	张国亮（吴兴区保密机要技术检查中心）	市委
	吴　赟（吴兴区府办）	
	宋健泳（湖师附小教育集团）	
	刘　俊（市公安局吴兴区分局）	
	范晓云（吴兴区司法局）	
	赖尚州（吴兴区综合执法局）	
	谭　婷（吴兴区检察院）	
	费洪杰（市公安局织里分局）	
	卢云旗（织里镇）	
	陈新龙（道场乡）	
	韩琴芳（龙泉街道）	
	沈旭芬（月河街道）	
	翟小红（飞英街道）	
	宋玉健（浙江乔兴建设集团有限公司）	
	吴忠民（浙江大东吴集团建设有限公司	
湖州市优秀党务工作者	纪侃翔（吴兴区委组织部）	市委
	朱立奇（吴兴区委宣传部）	
	许芳芳（湖州市实验幼儿园）	
	方红斌（吴兴区卫健局）	
	汤国娣（吴兴区应急管理局）	
	佘玲晶（吴兴区法院）	
	凌海蓉（吴兴区总工会）	
	鲁先荣（湖州南太湖高新区机关砂洗城园区）	
	董小芳（织里镇）	
	马浩强（八里店镇）	
	谭春林（埭溪镇）	
	钱亚平（月河街道）	

续表

荣誉称号	获奖个人	授证单位
湖州市优秀党务工作者	张秀芳(朝阳街道)	市委
	潘建蓉(龙泉街道)	
	山丹凤(飞英街道)	
	沈　虹(新凤鸣集团湖州中石科技有限公司)	
扫黑除恶专项斗争中表现突出个人		
个人二等功	沈　璋(吴兴区检察院)	市政府
个人三等功	郑志亮(吴兴区委)	
	石春伟(吴兴区委政法委)	
	张　燕(吴兴区人民法院)	
个人嘉奖	沈镇华(吴兴区八里店镇)	
	范丽华(吴兴区爱山街道)	
	郭　舒(吴兴区委宣传部)	
	黄　超(吴兴区公安分局)	
	陈　佳(吴兴区司法局)	
	陈金良(市自然资源和规划局吴兴分局)	
2020年度长三角地区主要领导座谈会承办工作个人二等功	钟俊英(吴兴区交旅投集团)	市政府
2020年度长三角地区主要领导座谈会承办工作个人三等功	杨元江(吴兴区发改经信局)	市政府
	陶　峰(吴兴区飞英街道)	
2020年度长三角地区主要领导座谈会承办工作个人嘉奖	沈　恺(国网湖州供电公司吴兴供电分公司)	市政府
	孔　媛(吴兴区委办公室)	
“6·13”吴兴区美欣达印染公司员工硫化氢中毒事故抢险救援工作个人二等功	柴　彬(吴兴区消防救援大队)	市政府
“6·13”吴兴区美欣达印染公司员工硫化氢中毒事故抢险救援工作个人三等功	陆　涛、蒋　挺、杨孟麟(吴兴区消防救援大队)	市政府
“6·13”吴兴区美欣达印染公司员工硫化氢中毒事故抢险救援工作个人嘉奖	梁　通、汪志勇、肖　哲、陈　灿(吴兴区消防救援大队)	市政府

中共湖州市吴兴区委、区政府命名、表彰的先进集体

表40

荣誉称号	获奖集体	授证单位
区先进基层党组织	高新区东桥村党总支	区委
	高新区幻溇村党总支	
	高新区常溪村党总支	
	浙江佳成科技创业园有限公司党支部	
	中节能(湖州)有限公司党支部	
	湖州新型城市投资发展集团有限公司党委	
	织里镇平安大姐党支部	
	织里镇旧馆村党总支	
	织里镇朱湾社区党支部	
	织里镇河西村党总支	
	浙江米皇集团有限公司党支部	
	吴兴区砂洗协会党支部	
	织里镇矛盾调解中心党工委	
	八里店镇司法所党支部	
	八里店镇三合片区党工委	
	八里店镇升山村党支部	
	金洲管道科技股份有限公司党委	
	八里店镇宜船湾村党总支	
	八里店镇国土所党支部	
	道场乡菰城村党总支	
	道场乡唐南村党总支	
	湖州方路茶业有限公司党支部	
	道场乡机关党支部	
	妙西镇王村村党支部	
	湖州汇能新材料科技有限公司党支部	
	浙江谷堆乡创旅游发展有限公司党支部	
	妙西镇肇村村党支部	
	妙西镇杨湾村党支部	
	妙西镇石山村党支部	
	埭溪镇机关第五党支部	
	浙江力聚热水机有限公司党支部 埭溪镇乔溪村党总支	

续表

荣誉称号	获奖集体	授证单位
区先进基层党组织	埭溪镇红旗村党总支	区委
	埭溪镇上强村党总支	
	埭溪镇大冲村党总支	
	东林镇机关党委	
	东林镇星敏村党支部	
	东林镇青山村党总支	
	东林镇泉心村党总支	
	东林镇保卫村党支部	
	环渚街道北白鱼潭社区党支部	
	湖州梦工场文创企业党支部	
	美欣达集团旺能生态党支部	
	环渚街道机关党支部	
	浙江同泰建设集团有限公司党支部	
	湖东街道铁路社区党委	
	湖东街道三里桥社区党总支	
	零伍柒贰社会工作发展中心党支部	
	湖东街道章家埭社区党支部	
	月河街道东湖家园社区党委	
	浙江加洲物业服务有限公司党支部	
	湖州浩天建设有限公司党支部	
	浙江中屹建设集团有限公司党委	
	月河街道月河社区银奕月河驿党支部	
	月河街道机关党支部	
	朝阳街道闻波社区党委	
	朝阳街道机关党支部	
	朝阳街道机关离退休党支部	
	朝阳街道朝阳社区党委	
	朝阳街道潮音社区党总支	
	浙江红鹰集团党委	
	聚星103联合党支部	
	国药控股湖州有限公司党总支	
	爱山街道利民社区党支部	
	爱山街道红丰西塘社区党委	
	爱山街道机关党总支	
	飞英街道机关党支部	

续表

荣誉称号	获奖集体	授证单位
区先进基层党组织	飞英街道米行街社区党总支	区委
	飞英街道新华苑社区党总支	
	飞英街道吉北社区党委	
	中丝文创园党支部	
	龙泉街道学士府社区党支部	
	龙泉街道华丰社区党委	
	龙泉街道西白鱼潭社区党委	
	龙泉街道白鱼潭社区南白鱼潭小区家园党支部	
	龙泉街道潜庄社区党委	
	区委政法委机关党支部	
	区人民法院机关党委	
	区人民检察院机关党总支	
	湖州枫叶国际学校党支部	
	湖师附小教育集团党委	
	湖州市第一幼儿园党支部	
	区教育局机关党支部	
	区司法局机关党总支	
	区交通局机关党支部	
	区水利局机关党总支	
	区文广旅体局机关党总支	
	区卫生计生行政执法大队党支部	
	埭溪镇中心卫生院党支部	
	吴兴区中西医结合医院党总支	
	八里店镇卫生院党支部	
	区审计局机关党支部	
	区市场监管局机关党委	
	区总工会机关党支部	
	区妇联机关党支部	
	区供销合作社联合社党总支	
	区机关事务管理中心机关党支部	
	区城市投资发展集团有限公司党委	
	区公安分局八里店派出所党支部	
吴兴区“三服务”活动突出贡献集体	织里镇	区委 区政府
	爱山街道	
	区发改经信局(区统计局)	

续表

荣誉称号	获奖集体	授证单位
吴兴区“三服务”活动突出贡献集体	区教育局	区委 区政府
	区商务局	
	区公安分局	
2020年度基层社会治理突出贡献集体		
(一)平安(信访)工作	高新区	
	织里镇	
	东林镇	
	朝阳街道	
	爱山街道	
	区人力社保局	
(二)平安细胞建设		
1.平安示范村	高新区许漤村村民委员会	
	织里镇港西村村民委员会	
2.平安示范小区	朝阳街道车站小区	
	龙泉街道学士府小区	
3.平安企业	浙江全美服装科技集团有限公司	
	浙江龙鹰光电科技有限公司	
	浙江德宏汽车电子电器股份有限公司	
	浙江德马科技股份有限公司	
4.平安宗教场所	九龙观	
5.平安校园(教育培训机构)	环渚成人文化技术学校	
	吴兴区德志恒培训学校	
6.平安商场	湖州万达广场商业管理有限公司	
7.平安加油站	中国石化湖州石油分公司红旗路加油站	
8.平安文化娱乐场所	浙江湖州丝绸大厦有限公司国际大酒店	
9.平安餐饮	湖州浙北大酒店有限公司	
10.平安农贸市场	湖州红丰农贸市场	
11.平安邮政寄递	湖州圆彤速递有限公司	
12.平安医院(平安诊所)	吴兴区人民医院	
	吴兴中和内科诊所	
2021年度吴兴区金融机构考核一等奖	中国农业银行吴兴支行	区政府
	中国银行吴兴支行	
2021年度金融机构优质服务奖	中国银行吴兴支行	区政府

中共湖州市吴兴区委、区政府命名、表彰的先进个人

表41

荣誉称号	获奖个人	授证单位
区优秀共产党员	朱　滨、朱为栋、沈建强、沈新华(高新区)	区委
	陈志刚(浙江鸿昌铝业有限公司)	
	杨　勇(浙江天力建设集团有限公司)	
	姚国琴、吴丽英、沈建华、邵龙斌、姚学建、姚明海(织里镇)	
	王雅洁、王立新、王国华、沈　杰、章中明、孙纪明(八里店镇)	
	朱纪良、张乔、李爱英、钱佳嵋(道场乡)	
	汪颖、方道东、郭欢欢、蒋屹平(妙西镇)	
	费频频、郑碧云、陈根生、杨秀娟、陈丹凤(埭溪镇)	
	丁　进(珀莱雅湖州分公司)	
	倪勤英、沈武英(东林镇)	
	杨　明(康诚石矿湖州有限公司)	
	徐兴国(新凤鸣集团湖州中石科技有限公司)	
	沈剑烽、徐晓燕、杨立帆、沈国平(环渚街道)	
	沈爱华(浙江美欣达纺织印染科技有限公司)	
	俞锦方(金洲集团有限公司)	
	王　华、何　龙、林贤峰、沈春法(湖东街道)	
	陆士林(湖州国芳食品有限公司)	
	沈　燕、杨若涵、周建萍(月河街道)	
	贾国刚(湖州德志恒培训学校)	
	李　栎、施海平、姚玉良、姚卫国、徐　嘉(朝阳街道)	
	钱　丽、蒋阿虎、卢鲍佳、钱苗芬(爱山街道)	
	叶其明(蚂蚁公益协会)	
	姚欢欢、张　峰、顾国强、王晓华、陈鸿斌(飞英街道)	
	章　健、李现强、管　健、王粉宝、邱炜楠(龙泉街道)	
	张晨飞(区调研中心)	
	胡文玉(区人大办)	
	潘晓晔(区府办)	
	焦晨康(区政协办)	
	陈佳佳(区纪委监委)	
	范良英(区委组织部)	

续表

荣誉称号	获奖个人	授证单位
区优秀共产党员	梁元柱(区委编办)	区委
区优秀共产党员	胡喆渊(区社会矛盾纠纷调处化解中心)	区委
区优秀共产党员	戚绮霞(区发改经信局)	区委
区优秀共产党员	徐莉莎(太湖小学)	区委
区优秀共产党员	徐刚强(城南实验学校)	区委
区优秀共产党员	张志萍(区民政局)	区委
区优秀共产党员	杨　婷(区财政票据管理中心)	区委
区优秀共产党员	章　岚(区人力社保局)	区委
区优秀共产党员	闵俊峰(区农业农村局)	区委
区优秀共产党员	吕　慧(区商务局)	区委
区优秀共产党员	吴梦希(区卫健局)	区委
区优秀共产党员	金国兴(区人民医院)	区委
区优秀共产党员	厉小英(区疾控中心)	区委
区优秀共产党员	徐建忠(区退役军人事务局)	区委
区优秀共产党员	徐　彦(区市场监管局)	区委
区优秀共产党员	高　敏(区医保局)	区委
区优秀共产党员	秦国庆(区政务办)	区委
区优秀共产党员	吴美鹰(团区委)	区委
区优秀共产党员	王　越(吴兴产业投资发展集团有限公司)	区委
区优秀共产党员	陈　倩(浙北大厦集团有限公司)	区委
区优秀共产党员	李　伟(国网湖州供电公司吴兴供电分公司)	区委
区优秀共产党员	沈　超(区消防救援大队)	区委
区优秀共产党员	詹光成　湖州市人才发展集团有限公司(湖州市城投资产管理有限公司)	区委
优秀党务工作者	徐佳艳、郑云林、沈　杰、沈哲学、吴新琴(高新区)	区委
优秀党务工作者	高建娣(吴兴科技创业园)	区委
优秀党务工作者	牟丽群(浙江通源工程科技有限公司)	区委
优秀党务工作者	丁巨中、叶再明、陆云霞、李　媛、郁家鑫、陈旭强(织里镇)	区委
优秀党务工作者	罗玉花(湖州大家园职业技能培训学校)	区委
优秀党务工作者	施昌峰、孟锦康、施垚瑶、沈斌乾、陆丽英、王琴英(八里店镇)	区委
优秀党务工作者	陆战美(浙江升浙建设集团有限公司)	区委
优秀党务工作者	姚建强(湖州驼山坞矿业有限公司)	区委
优秀党务工作者	张敏乐、陈　森、杨丽娟、王惠慧、陈惠英(道场乡)	区委

续表

荣誉称号	获奖个人	授证单位
优秀党务工作者	施益忠、吴绍林、莫李平、陆文江、陈永强、王佳雯(妙西镇)	区委
	杨晨辰、林世通、施圣强、丁宏渊、徐　云(埭溪镇)	
	严效明(湖州中环)	
	陆宝泉、沈敏方、侯中江、丁国章、费晓杰、周林俐、施　侃(东林镇)	
	张淑艳(湖州市联峰棉纺织有限公司)	
	朱晶晶、陈杰杰、王振达、朱娟娟(环渚街道)	
	莫新生(美欣达集团有限公司)	
	施海华(皇冠大酒店)	
	钱　红、殷　萍(湖东街道)	
	郎　静(浙江大东吴汽车电机股份有限公司)	
	许琳玲(吴兴区幸福之家养老服务中心)	
	林信华(湖州立方教育用品有限公司)	
	施惠丽、索学英、李云华、梁健红、陈　晔(月河街道)	
	周顺海(湖州市第二建设工程有限公司)	
	张　艳、周羽、陈晓红、陈　雪(朝阳街道)	
	陆美娟(湖州文创文化产业发展有限公司)	
	李蓉玲、朱卓方、陈　斐(爱山街道)	
	邢伟飞(华东医药湖州有限公司)	
	陈　炜、俞慧慧、陶　虹、黄春丽(飞英街道)	
	陆根奎(浙江剑盾保安有限公司)	
	郭博锋、朱秀芬、董　靓、谢成伟、沈宇虹(龙泉街道)	
	姚国琴(区委宣传部)	
	金俐宏(区委统战部)	
	惠姝蕾(区纪委、监委)	
	陈瑜娟(区人民法院)	
	冯　瑶(区人民检察院)	
	王　洁(爱山小学教育集团)	
	鲁瑛瑛(吴兴实验中学)	
	谈琦虹(湖州市第四中学教育集团)	
	沈近夏(区科技局)	
	黄国良(区住建局)	
	范群峰(区文广旅体局)	
	凌　敏(区卫健局)	

续表

荣誉称号	获奖个人	授证单位
优秀党务工作者	朱梦娜(仁皇山滨湖街道社区卫生服务中心)	区委
	胡　敏(环渚龙泉街道社区卫生服务中心)	
	屠再兴(区城投集团)	
	骆　萍(区交旅投集团)	
	钟　瑞(区公安分局)	
吴兴区担当作为好干部	朱双双(高新区)	
	王会江(道场乡)	
	莫芬芬(埭溪镇)	
	宋　云(东林镇)	
	陶国华(环渚街道)	
	王　鑫(湖东街道)	
	沈旭芬(月河街道)	
	许丽萍(朝阳街道)	
	卢鲍佳(爱山街道)	
	陈新娣(飞英街道)	
	沈　波(龙泉街道)	
	倪海潮(区府办)	
	吴彩英(区委宣传部)	
	戚小波(区信访局)	
	娄亚龙(区人民法院)	
	沈　璋(区人民检察院)	
	金凯民(吴兴实验中学)	
	朱新根(道场乡卫生院)	
	沈玮璐(区市场监督管理局)	
	胡爱华(区数字城管监督指挥中心)	
吴兴区“三服务”活动突出贡献个人	章利锋、姚　峰、郭宏杰(高新区)	区委 区政府
	丁百川、马姚靖、宋战华、闵方荣、徐志跃、叶小莉(织里镇)	
	马浩强、周宇莲、徐　良(八里店镇)	
	张敏乐、范沈杰(道场乡)	
	蒋屹平(西塞山旅游度假区旅游管理服务中心)	
	董宇涵(妙西镇)	
	王晓峰、徐云、费频频、程　亮(埭溪镇)	
	陈　弢、林　奕、陈　卓、丁立旻(东林镇)	
	蔡群美、王振达(环渚街道)	

续表

荣誉称号	获奖个人	授证单位
吴兴区“三服务”活动突出贡献个人	朱少峰、邵金根（湖东街道）	区委 区政府
	翁丽丽（月河街道）	
	裘国伟（朝阳街道）	
	张松法（爱山街道）	
	姚欢欢（飞英街道）	
	黄　涛（龙泉街道）	
	王　畅（区委办）	
	方红英、王若禹（区纪委、监委）	
	朱建荣（区人大）	
	王旭强、倪海潮（区府办）	
	吴　霜（区政协办）	
	舒　鸿（区委组织部）	
	杨　勇、陈　畅（区委宣传部）	
	沈子昌（区委统战部）	
	陆　芸（区社会矛盾纠纷调处化解中心）	
	慎小红、蒋立新（区委编办）	
	陈诸胜（区委巡察办）	
	费　斌（区信访局）	
	韩旭康、沈　巍（区人民法院）	
	林　洁、高　超（区人民检察院）	
	谭　政（区发改经信局）	
	楼　丹（区统计局）	
	陈昌来、朱珏媛（区教育局）	
	朱梓华（妙西学校）	
	苏　娟（区科技局）	
	王朝杰（区民政局）	区委 区政府
	黄　帆（区司法局）	
	陈依雯（区财政局）	
	唐晓华、陆惠娣（区人力社保局）	
	杨　芳（区住建局）	
	范　渃（区住建局）	
	朱　崴、姜　文（区交通局）	
	沈　洪（区水利局）	
	孙微微、周瑾婷（区农业农村局）	
	金晓薇（区商务局）	

续表

荣誉称号	获奖个人	授证单位
吴兴区“三服务”活动突出贡献个人	江　敏(区国际贸易促进中心)	区委 区政府
	陈　岚、徐宇虹(区文广旅体局)	
	朱培凤、吴梦希(区卫健局)	
	陈莉莉(凤凰街道社区卫生服务中心)	
	李文冲(区退役军人事务局)	
	冷　静(区应急管理局)	
	刘素萍(区审计局)	
	章斌斌、邱勤勤(区市场监管局)	
	张　妍(区医保局)	
	张锡琴(区医疗保障事业管理服务中心)	
	朱晓芬、程　磊、李根栋(区综合行政执法局)	
	马文安(区政务办)	
	唐一凡(区总工会)	
	吴美鹰(团区委)	
	陈　静(区妇联)	
	唐一平(区残联)	
	徐　超(区供销社)	
	严晓娅(区档案馆)	
	丁家强(区机关事务管理中心)	
	杨锦旭(区机关保障服务中心)	
	沈　琦(区城投集团)	
	沈宏伟(区产投集团)	
	陆　娟(区交投集团)	
	潘丽莉、陈　锐(区税务局)	
	朱　颖、沈鑫焱、王　琦、王一哲、莫海峰、蒋　莺(区公安分局)	
	陈振一(区消防救援大队)	
	徐　丽、黄燚燚(区自然资源和规划分局)	
	吴伟中(区生态环境分局)	
	邱云飞(吴兴邮政管理局)	
	费洪杰、张德强、周　磊、侯云飞(织里公安分局)	
	孟晓东、莘明强、沈丽娟、朱红霞(吴兴农商银行)	
	莫伟忠、柏卫平、张海峰(国网湖州供电公司吴兴供电分公司)	
	卢小媛(湖州市新闻传媒吴兴分中心)	

续表

荣誉称号	获奖个人	授证单位
2020年度基层社会治理突出贡献个人		区委 区政府
(一)平安(信访)工作	费高翔、蔡战强(高新区)	
	施旭东、俞勤东(织里镇)	
	陈学敏、黄　蓉、潘建章(八里店镇)	
	商庆义、朱建明(道场乡)	
	贝英杰、万家标、陆　华(妙西镇)	
	吴雅琴、李　泷、吴爱民(埭溪镇)	
	姚娟萍、顾晓杰(东林镇)	
	李震宇、徐敬科(环渚街道)	
	孙根如、石慧丽(湖东街道)	
	周毅顺、徐　锐(月河街道)	
	张广源、张晓蓉(朝阳街道)	
	戴　赟(爱山街道)	
	施佳乐、陈小江、张婷(飞英街道)	
	何大为、王小成、李岩(龙泉街道)	
	黄　坤(区委政研室)	
	郑晓玲(区人大)	
	沈方明(区调研中心)	
	吴坚敏(区政协)	
	黄学军(区监委)	
	郭　准(区委组织部)	
	姜　斌(区委宣传部)	
	吴　川(区委统战部)	
	蒋妍婷(区委平安办)	
	朱　丹(区委政法委)	
	周　帅(区防线办)	
	刘满凤(区矛调中心)	
	吴　玮(区委编办)	
	钱佳曦(区信访局)	
	徐伟伟(区人民法院)	
	朱　敏(区人民检察院)	
	周勤俭(区发改经信局)	
	吴晶晶、魏霈侃(区教育局)	
	邱亚平(区民政局)	
	陈丽华(区司法局)	

续表

荣誉称号	获奖个人	授证单位
(一)平安(信访)工作	邵璐璐(区财政局)	区委 区政府
	渠　淼(区公路管理中心)	
	沈少卿(区劳动保障监察大队)	
	宣明奇(区住建局)	
	车琦辉(区水利局)	
	朱　梅(区农业农村局)	
	沈　佳(区商务局)	
	戚秋利(区文广旅体局)	
	施　斌(区卫健局)	
	黄逸伦(区退役军人事务局)	
	赵永需(区应急管理局)	
	邱姝慧(区市场监管局)	
	沈旭清(区综合行政执法局)	
	潘凯凯(区总工会)	
	叶　杨、徐江舟、杨　华(区公安分局)	
	屠学峰(市公安局交通警察支队直属五大队)	
	王　鑫(织里公安分局)	
	沈　超(区消防救援大队)	
	朱　健(织里消防救援大队)	
	柴小康(区邮政管理局)	
	陈金良(区自然资源和规划分局)	
	陈李喆(区生态环境分局)	
	沈金强(湖州吴兴南太湖建设投资有限公司)	
	柳月春(爱山小学教育集团)	
	陈炳奎(湖师附小教育集团)	
	徐苏兰(区矛调中心)	
	陆信娣(飞英街道)	
	徐维鸿(织里风度童子服饰有限公司)	
	赵苏闽(湖州分创环保科技有限公司)	
(二)全科网格	吴国萍(高新区)	
	周佳辉(织里镇)	
	陈晓峰(八里店镇)	
	杨扶新(道场乡)	
	张晓斌(妙西镇)	
	朱　权(埭溪镇)	

续表

荣誉称号	获奖个人	授证单位
（二）全科网格	莫麒辉（东林镇）	区委 区政府
	李家豪（环渚街道）	
	汪　勇（湖东街道）	
	沈琳燕（月河街道）	
	费云燕（朝阳街道）	
	张勇勇（爱山街道）	
	虞建美（飞英街道）	
	赵如玉（龙泉街道）	
2020年度获得公务员三等功	费屹巍（区委）	
	陆安华、李小红（区委办）	
	陈　杰、孟胜炜（区人大办）	
	李鑫洁（区府办）	
	吴佳佳、张燕华（区法院）	
	王汝晋（区检察院）	
	张志宏（区教育局）	
	唐于建、金　俊（区民政局）	
	黄新发（区人力社保局）	
	姚荣伟（区水利局）	
	应　卓（区市场监管局）	
	张　妍（区医保局）	
	邹德明（区综合执法局）	
	陈勇杰（织 里 镇）	
	王雅洁（八里店镇）	
	蒋泰峰（埭溪镇）	
	陈桂江（东林镇）	
	陈益娜（区畜牧业发展中心）	
	董　超（区卫生计生行政执法大队）	
	楼　丹（区社会经济调查队）	
	顾国强、王国华、沈力行（区综合行政执法大队）	
嘉奖人员	吴炳芳、宁　云、程　佳、杨　治（区委）	
	姚广民（区人大）	
	傅远超、金斌斌（区政府）	
	丁芳芳（区政协）	
	施国斌、徐燕燕、朱可嘉、凌　夫（区委办）	

续表

荣誉称号	获奖个人	授证单位
嘉奖人员	黄大春、唐　晔、归超超(区府办)	区委 区政府
	胡文玉(区人大办)	
	吴坚敏、赵勤学、陈坤华、焦晨康、蒋旭锋(区政协办)	
	王新太、沈凯风、王若禹、卢晓亮、叶熙熙、郑　瑛、李　轶、邱　敏、陈佳佳、朱　启、秦路炜、陈晓丽(区纪委)	
	许剑辉、沈海明、吴　昊、凌孟硕、褚巍伟、吴红宇、杨　晨(区委组织部)	
	孙斌义、杨　勇、王晨建、朱立奇(区委宣传部)	
	吕志荣、沈志荣、吴　川(区委统战部)	
	沈　冰、华勤德、石春伟、程红良(区委政法委)	
	蒋立新、黄宝明、茅怡宁(区委编办)	
	潘新江、惠姝蕾(区委巡察办)	
	陶文斌、叶　凯、王佳洵(区信访局)	
	陈　静、黄婷玉、刘佳辉、池　浩、李杰颖、吴文婷、沈佳慧、张　洲、蒋红萍、郑　嫣、莫雪伟、徐伟伟、徐国苓、徐爱玉、陶晓红、谢文浩、韩旭康、魏争果(区人民法院)	
	周　芸、胡佳丽、冯　瑶、谭　婷、陆晓媛、高　超、王斯嘉、胡　婧、高奕玲(区人民检察院)	
	罗　英、李　岚、周洪伟、周岳泉、沈婧莹(区发改经信局)	
	陈昌来、钱小珍(区教育局)	
	苏　娟(区科技局)	
	姚新芳、赵　云、俞丽颖(区民政局)	
	黄永强、黄　帆、谢和云、陈卓琦(区司法局)	
	杨卫华、顾　燕、范仁良(区财政局)	
	郭士忠、唐晓华(区人力社保局)	
	李敏华、江根林(区住建局)	
	李学林、王小明(区交通局)	
	叶　伟、金慕雅(区水利局)	
	陈　彬、闵俊峰(区农业农村局)	
	陈玉娟、沈　佳(区商务局)	
	蔡滨斌、朱根初(区文广旅体局)	
	邵树乔、谈晓春、蔡小丰、顾国英(区卫健局)	

续表

荣誉称号	获奖个人	授证单位
嘉奖人员	刘法营（区退役军人事务局）	区委 区政府
	赵永需、尹建波（区应急管理局）	
	丁　媛、汪　洁（区审计局）	
	沈魏华、王逸强、朱凡玲、杨建平、吴　晔、沈玮璐、姚建强、谈　亮、龚小勇、沈晓飞、孙湘山、王玉福、张浩然、童佳媛、李　伟、盛伟强、王高勤、佘惠敏、诸葛敬垚（区市场监管局）	
	沈　滨、慎元芳、孙　蒙（区综合执法局）	
	倪志伟（区政务办）	
	沈大川（区总工会）	
	史娇蓉（团区委）	
	沈乃鹰（区妇联）	
	严晓娅（区档案馆）	
	丁家强、杨锦旭（区机关事务管理中心）	
	吴伟中、吴丽萍（区生态环境分局）	
	陈玉峰、徐　芳、张国地、费争荣、朱　滨、闵科先、郑云林、李　准、张小强（高新区）	
	史宁慧、刘玉军、舒忠明、唐　晖、易小平、郑钦泉、吴雪芳、宋学萍、凌志新、施卫民、沈　泱、池建新、章鸽华、闵为民、柳　川、周青青、陈晓晓、宋　堃、钟振宇、潘萍萍、郁家鑫（织里镇）	
	潘新利、王振宇、马浩强、沈海明、徐　雷、陆丽英、朱国英（八里店镇）	
	潘卫华、叶存模、李丽华、沈洪海、陈　鹏、曹蚕平、张　乔（道场乡）	
	王国华、卢　锋、李清华、邹伟平、张忠良、丁于凯（妙西镇）	
	钱卫华、莫芬芬、俞小建、周何金、樊　军、李　勇、郎一钟、吴国妹、沈世聪、陈永祥、费云峰（埭溪镇）	
	陆　敏、宋　云、钱水中、陶曙华、鲍彦雯、叶晓龙、林　奕、费金松、叶　喆（东林镇）	
	彭建国、陶国华、丁建萍、丁永才、徐金芳、谈臻婕、杨立帆、陈杰杰（环渚街道）	
	余胜奎、吴　频、张王锋、范小燕、沈玉霞（湖东街道）	

续表

荣誉称号	获奖个人	授证单位
嘉奖人员	徐进磊、沈旭芬、章惠民（月河街道）	区委 区政府
	吴继财、费利强、姚卫国、徐　嘉（朝阳街道）	
	范丽华、于　麟、张松法、柳艳娟、郭琴莉（爱山街道）	
	陈新娣、陶　峰、王顺世、丁晓鸿、章占萍、黄　琪（飞英街道）	
	姚谢谢、胡裕强、桂　盈、何大为（龙泉街道）	
	翁一鸣（吴兴经济开发区管委会）	
	郑织璠（南太湖产业集聚区吴兴分区管委会）	
	胡　佳（区金融发展服务中心）	
	方　倩、秦安恬（区民政执法大队）	
	张志萍（区地名委员会办公室）	
	周惠芳、高创建（区区级国库支付中心）	
	郑静秋、顾利芳（区财政票据管理中心）	
	沈少卿、孙一兵（区劳动保障监察大队）	
	涂静文（区就业管理服务中心）	
	徐建宁、倪庆荣、孙微微（区农业综合行政执法队）	
	程建国、王　奕、李　萌（区文化市场行政执法大队）	
	虞淦平（区红十字会机关）	
	王　洁、杨　英、吴云霞、王海燕、谭艳丽、潘菲菲（区卫生计生行政执法大队）	
	闵人杰、曹　亮（区安全生产行政执法大队）	
	王子怡、韦　莉、杨佳宝、陆凯泉、邵华杰、沈吉利、陆清渠、吴　翔、王宇鑫、袁　佳、徐　明、朱福明、周有才、袁逸飞、吴荣军（区市场监管综合行政执法队）	
	杨海丽（区社会经济调查队）	
	张　勇、姚　崎、姚联欢、朱晨勇、侯永胜、朱建成、侯佳佳、邱　强、张莺莺、管　健、李家焕、简芳芳、李敦诚、周　俊、陈晓霞、施垚瑶、宗蓓琪、沈翠琴、沈林燕（区综合行政执法大队）	
	洪缨莉（中国财贸工会区委员会）	

续表

荣誉称号	获奖个人	授证单位
见义勇为个人三等功	吴　松（八里店）	区政府
	王　广（山东省单县莱县）	
	吴　勇（月河街道）	
	沈明煜（织里镇）	
	孙鹏飞（安徽省利辛县）	
	赵东杰（河南省通许县）	
见义勇为个人嘉奖	岳志洪	
	吴康康	
	俞　勇	
	冯至权	
	吕云振	
	邱明华	

附 录

关于湖州市吴兴区2021年国民经济和社会发展计划执行情况与2022年国民经济和社会发展计划草案的报告

——在湖州市吴兴区第五届人民代表大会第一次会议上

吴兴区发展改革和经济信息化局局长　王国华

2022年2月15日

一、2021年国民经济和社会发展计划执行情况

2021年是建党100周年，是"十四五"开局之年，是党和国家历史上具有里程碑意义的一年，也是全面建设社会主义现代化国家新征程开启之年。一年来，面对复杂多变的外部环境和疫情点状散发的新形势，全区上下始终坚持以习近平新时代中国特色社会主义思想特别是考察浙江和湖州重要指示精神为指导，全面贯彻落实省委忠实践行"八八战略"、奋力打造"重要窗口"和市委勇当绿色低碳发展的探路者、加快建设共同富裕绿色样本总体部署，聚力"三服务""五战"开新局，以"五区联创""十大专班"为重点，不断巩固疫情防控和经济社会发展成果，持续推进"生态吴兴、科创新城、产业强区、幸福家园"建设，全区经济发展实现量的合理增长和质的稳步提升。2021年列入高质量发展百强区、中国工业百强区，成功拿下全国百强区"大满贯"，顺利实现"十四五"良好开局。区四届人大五次会议确定的34项预期性指标和10项约束性指标中，全员劳动生产率等4项指标未达预期，其余指标均高于预期或完成目标（见表42）。

2021年国民经济与社会发展有关指标完成情况表

表42

属性	指标名称	人代会目标	完成情况			全市排名
			增幅	绝对值	评价	
预期性	地区生产总值	8%左右	9.7	853.2亿元	完成	2
	全员劳动生产率	高于市平均	低于市平均(*)		未完成	4(*)
	常住人口城镇化率	68%	73.3(*)		完成	1(*)
	财政总收入	8%以上	16.2%	96.2亿	完成	2
	地方财政收入	8%以上	23.9%	63.4亿	完成	2

续表

属性	指标名称	人代会目标	完成情况			全市排名
			增幅	绝对值	评价	
预期性	固定资产投资	11%	25.6%		完成	2
	民间投资	12%	17.3%		完成	4
	制造业投资	12%	44.2%		完成	3
	交通投资	12%	492.3%		完成	2
	高新技术产业投资	15%	23.5%		完成	5
	生态环保、城市更新和水利设施投资	12%	-3.7%		未完成	5
	社会消费品零售总额	7.5%左右	9.1%		完成	3
	R&D经费支出占生产总值比例	2.30%	2.34%		完成	5
	人才资源总量	17.6万名	18万名(*)		完成	1(*)
	每万人高价值发明专利拥有量	7.9件	11.99件		完成	3
	数字经济(核心产业)增加值占GDP比重	3.90%	4.0%(*)		完成	4(*)
	货物贸易进出口额	8%	80%	213.6亿元	完成	1
	服务贸易进出口额	8%	68.8%(*)	21.65亿元(*)	完成	3(*)
	实际使用外资额	2亿美元	3.11亿美元		完成	2
	文化产业增加值	8%	8%(*)		完成	2(*)
	居民综合阅读率	89%	89%(*)		完成	2(*)
	每千人拥有3岁以下婴幼儿托位数	2.45个	2.75个		完成	3
	劳动年龄人口平均受教育年限	11年	11年		完成	1
	城镇新增就业人数	2万人	2.2195万人		完成	1
	城镇登记失业率	≤3%	2.02%		完成	1
	城镇居民人均可支配收入	8%	10.0%	70166元	完成	3
	农村居民人均可支配收入	8.5%	10.6%	42275元	完成	4
	每千人执业(助理)医师数(常住人口)	4人	4.6人		完成	1
	每千人医疗机构床位数	4.45张	6.7张		完成	1
	基本养老保险参保率	95%	99.74%		完成	1
	每万人老年人拥有持证养老护理员数	20人	28.51人		完成	1
	人均体育场地面积	2.96平方米	2.81平方米		未完成	3(*)
	人均预期寿命	≥81.2岁	83.5岁		完成	1
	煤炭石油天然气储存能力	完成市下达目标	完成市下达目标		完成	1

续表

属性	指标名称		人代会目标	完成情况			全市排名
				增幅	绝对值	评价	
约束性	亿元GDP生产安全事故死亡率		0.0148人/亿元	0.0129人/亿元		完成	–
	粮食综合生产能力		完成市下达目标	完成市下达目标		完成	–
	单位生产总值能耗					完成	–
	单位生产总值二氧化碳排放量					完成	–
	主要污染物排放	化学需氧量排放量				完成	–
		氨氮排放量				完成	–
		挥发性有机物排放量				完成	–
		氮氧化物排放量				完成	–
	达到或优于Ⅲ类水体占地表水比例		100%	100%		完成	–
	地级及以上城市空气质量优良天数比率		85%	82.9%		未完成	–
	森林覆盖率		38.2%	38.2%		完成	–
	依申请政务服务办件“一网通办”率		85%	85%		完成	–
	综合行政执法事项占比		6.40%	9%		完成	–

说明：1.大吴兴（含吴兴区和南太湖新区）口径下，实现地区生产总值1135.6亿元，增长9.7%；财政总收入169.7亿元，其中地方财政收入109.2亿元，分别增长18.8%、26.4%；2.表格中城镇居民人均可支配收入、农村居民人均可支配收入两项指标统计范围为大吴兴；3.“*”表示该项数据为预计完成情况

2021年未完成指标情况说明：

一是全员劳动生产率指标。全年目标为高于市平均，预计低于全市平均。主要在于外来务工人员较多，很大一部分从事低产出行业，造成大吴兴全员劳动生产率较低。二是生态环保、城市更新和水利设施投资。全年目标为增长12%，实际下降3.7%。主要在于生态环境投资因认定范围变化导致工业、水利、管网等相关投资无法纳入统计口径；公共设施投资因上一年度专项债下达之后致使全区今年基数过高、老旧小区改造投资认定难、道路公园建设受土地要素制约等影响，导致该项目标无法完成。三是空气质量优良天数比率。全年目标为85%，实际为82.9%。主要在于空气质量中臭氧因子成因复杂，目前国际尚无有效治理办法，日常管理还不够精细，以及2021年整体降雨偏少和高温天气偏多等不利因素影响，导致空气优良率有所下降。四是人均体育场地面积。全年目标为2.96平方米，实际为2.81平方米。2021年实际新增体育场地面积47万平方米，但因9月省体育场地普查系统更新人口普查后的常住人口数，系统内吴兴区常住人口由81万人增加至101.59万人，导致人均体育场地面积从原先的3.52平方米降至2.81平方米。

2021年全区经济社会发展主要取得以下成效：

实现地区生产总值1135.6亿元，增长9.7%，其中小吴兴实现地区生产总值853.2亿元，增长9.7%。实现财政总收入169.7亿元、地方财政收入109.2亿元，分别增长18.8%、26.4%，其中小吴兴实现财政总收入96.2亿元、地方财政收入63.4亿元，分别增长16.2%、23.9%。全年城镇居民人均可支配收入70166元、农村

居民人均可支配收入42275元，分别增长10.0%、10.6%。

（一）科学谋划奋勇争先，奋力谱写开局新篇。一是“十四五”谋划凝心聚力。根据国家、省、市关于“十四五”规划编制要求，以国民经济和社会发展重点领域、关键环节为对象，系统推进“十四五”规划编制，建立起以《吴兴区国民经济和社会发展第十四个五年规划和二〇三五年远景目标纲要》为主、《吴兴区教育事业发展“十四五”规划》等39项专项规划为辅的层次分明、功能清晰的“十四五”规划体系，积极绘制吴兴新一轮发展蓝图。二是共同富裕先试先行。编制印发《吴兴区争当浙江高质量发展建设共同富裕示范区模范生的实施方案（2021—2025年）》，科学设定7方面64项重点指标体系，建立由区委、区政府主要领导任双组长的领导小组。高标准制定印发全区共同富裕“四张清单”，建立常态化“三色评价”机制。“以城带乡全力推动城乡一体化发展”列入浙江省共同富裕示范典型案例清单。《吴兴区精准构建大救助体系确保困难群众病无忧、老无忧、学无忧》入选《浙里共富》工作简报，三县三区唯一。城乡居民收入比由1.67∶1缩小到1.66∶1。三是数字化改革亮点纷呈。数字经济系统建设考核获评优秀，列全省区县第5。服装（童装）产业大脑获评省数字经济系统第一批优秀重大应用，经验做法在省《数字化改革（工作动态）》《浙江信息》上刊发。童装产业大脑、久立未来工厂入选省数字经济系统成果展。“两慢病”全周期智慧管理应用入选省“两慢病”全周期健康管理推进分级诊疗改革试点区，已通过省慢性病综合防控示范区建设复评。“安薪云”应用获省人社系统数字化改革最佳实践案例。“执法协同指挥”应用在多个省级会议上交流，成功入选省数字法治成果展。织里镇成功列入新型城镇化集成应用综合改革试点。

（二）经济发展总体趋好，产业结构优化调整。一是农业生产保持稳定。完成粮食生产任务14.83万亩、粮食总产量0.68亿千克。大力推进畜牧、水产、果蔬等主导产业提档升级，出栏生猪4.7万头，水产品产量10.4万吨，妙西黄桃荣获2021年第一批国家地理标志农产品。推广稻—鳖等生态种养模式，新建稻渔综合种养省级示范基地9家。二是制造业结构持续趋优。404家规上企业全年实现总产值842.1亿元，形成纺织服装、金属新材两大传统优势产业，智能装备、数字产业两大战略性新兴产业，智能物流装备、精品童装、金属新材料、时尚美妆四大产业集群的“2+2+4”先进制造业体系。新兴动能不断增强。实现战略性新兴产业增加值100.8亿元，增长15.0%；装备制造业增加值68.9亿元，增长20.0%；高新技术产业增加值134.6亿元，增长13.5%。三是现代服务业提质增效。聚焦顶层设计，发布实施《湖州市（吴兴区）东部新城商业服务业用地“标准地”改革试点方案》，5个项目列入市服务业大好高项目，全市第1。创新启动服务业培大育强行动，强化20强企业“一企一策”培育。优化产业集聚，打造织里童装等3个省级现代服务业集聚示范区，吴兴织里童装数字贸易创新发展区列入首批省级现代服务业创新发展区。打造消费新场景，支持夜间经济、网红经济等新消费发展，全年实现社会消费品零售额增长9.1%。

（三）选商引才助力转型，有效投资精准发力。一是招大引优推动产业集聚。以产业培育转型升级为主战场，推动项目“靶向招引”。全年引进亿元以上项目109个，其中10亿元以上16个。绘制《吴兴区工程装备产业地图与招商策略》，总投资108亿元的三一装载机项目在省委主要领导见证下签约落户吴兴，在全市率先实现百亿级项目突破。举办两次大型经贸推介活动，共签约项目48个，总投资近400亿元。二是全力以赴扩大有效投资。首创“三单六库”

工作机制抓项目全生命周期服务管理，相关工作经验得到陈金彪常务副省长批示肯定。扎实开展“设备为王”绩效行动，根据“好项目、优装备、高产出、大贡献”的逻辑链条，开展对标行业领先准入、第三方智能化诊断、以设备为核心的“标准地”验收等相关工作。全年新开工亿元以上项目89个，其中3亿元以上39个；竣工亿元以上项目118个，其中3亿元以上41个，带动投资持续快速增长。三是积极争取要素资源保障。坚持“以项目看发展论英雄”理念，投资“赛马”获得省第一轮“赛马”工作机制激励。6个项目列入省重大产业项目，59个项目列入省“六个千亿”计划，18个项目列入省“4+1”重大项目，数量列全市第1。收储低效用地4028亩，完成出让工业用地3835亩，占全部供地面积的68.2%，保障大批制造业项目落地。全力争取地方专项债券发行，新增发债额度16.5亿元。全职引进中国工程院院士1名，实现全市突破。自主培育国家、省级人才项目44个，其中国家“引才计划”10人、省“引才计划”16人、省“万人计划”7人、省“海外工程师”10人、省领军型创新团队1个，招引大学生及各类人才3万人，均居全市前列。

（四）科技赋能创新驱动，培大育强蓄势聚能。一是聚力高新产业发展。高新技术产业增加值占规上工业增加值比重全市第1。大力实施国家级高新技术企业、省级科技型企业“双倍增”计划，新认定省科技型中小企业152家，新申报高新技术企业34家进入公示，新认定省级研发中心12家、省级企业研究院1家、市级科技企业研发中心45家。首创性开展“未来研究院”评定，建立金属材料未来研究院，加快实现腐蚀环境、高低温环境、特殊承压环境及复合环境特种材料及产品的国产化、自主化研究开发及供应。二是聚力政产学研合作。获批国家级“海智基地”，全市唯一。国家级学会服务站成功揭牌。西塞“科学谷”、阳山“时尚谷”建设步入快车道，成功引入泛微网络等科研、时尚项目17个。实行重大技术攻关“揭榜挂帅”，全年高校和人才揭榜67项，金额超5亿元。完成技术合同交易额超28亿元，实现翻番并占GDP比重首次突破3%，挤进全省前20。新立市级科技计划项目41项，全市第1；新立省级第一批“尖兵”“领雁”研发攻关项目公示4项。三是聚力“专精特新”做优做强。“税收超亿元”企业达10家，美欣达、万邦德等7家被评为市“金象金牛”企业。“专精特新”发展卓有成效，宜可欧等5家企业获国家级专精特新“小巨人”。三一装备履带起重机列入第六批国家级制造业单项冠军示范产品，实现“零突破”。天官牌湖笔入选第三批浙江省优秀非遗旅游商品名单。

（五）绿色低碳循环发展，城乡环境更加宜居。一是“双碳”建设多措并举。成功列入省首批低碳试点区县创建名单、省级资源循环利用示范城市创建类名单。成立“两山银行”，印发实施《吴兴区“两山银行”建设方案》和省级可持续发展创新示范区创建名单，“打造西塞山生态旅居转化模式”案例入选全省最佳实践。埭溪镇成功创建工业型美丽城镇省级样板。新增国家级绿色工厂1家、绿色设计产品9个、绿色供应链管理企业1家，省级绿色低碳工厂2家。德宏汽车、珍贝羊绒两家企业获评国家工业产品绿色设计示范企业。完成高耗低效企业整治98家，清理“三低”企业85家。淘汰落后产能企业19家，腾出用能空间1.13万吨标准煤。整治提升“低散乱”企业135家。二是美丽乡村迭代升级。开展新时代“美丽吴兴”三年行动，全力打造5个新时代美丽乡村样板片区。“滨湖六村”和“山水妙境”2个组团共10个村列入省级未来乡村建设试点，建成58个新时代美丽乡村和19个精品村。高标准实施农村“三大革命”，常态化推进农村人居环境洁美行动，获评省农村生活垃圾分类处理工作优胜区县。三是生态环境持续向好。大气环境质量保持稳定，空气优良率达82.9%。16个区控以上地表水断面100%达到或优于Ⅲ类水质；县级以上集中式饮用水水源地水质达标率保持100%。全力以赴推进“无废城市”创建，获评省级案例2个、打造“无废城市细胞”68个。积极培育“两山”转化典型，《产业绿色化的吴兴实践》入选中央党校出版的《“绿水青山就是金山银山”理念与实践教程》。启动“水韵湖城”之西山漾水生态修复项目建设。成功举办“全国放鱼日”暨首届长三角区域水生生物增殖放流活动。

（六）合作交流提档升级，对外开放拓幅增新。一是区域合作持续深入。长三角地区主要领导座谈会重大项目开工仪式连续两年在吴兴举行。开通吴兴人才专线，打造首个跨省生态联勤警务站。对口支援实现精准扶贫，帮扶青川案例成功入选《中国减贫学》十大案例，并在全国精准扶贫典型案例发布会上发布。结对新疆柯坪，共同打造南疆最大的“湖羊繁育基地”和“驼奶生产基地”。积极打造消费帮扶金名片，实现四川、新疆农产品销售超亿元。锚定乡村振兴、聚焦产业合作，打造山海协作升级版，累计到位投资1.36亿元。帮助云和村集体增收，共同打造“消薄飞地”，首年取得收益110万元。二是外贸出口强势崛起。进出口、出口增幅均领跑全市。国家级市场采购贸易试点实现7天破亿、2个月破20亿、半年破50亿，为全市外贸出口增长贡献9个百分点。出口超千万美元企业达54家，成功培育三一、新凤鸣2家出口超亿美元企业，新增省级出口名牌数居全市前列。成功列入省商务领域高质量发展建设共同富裕示范区，吴兴织里港海关监管场所通过杭州海关最终验收。三是国际合作蹄疾步稳。紧盯重点服务出口项目落地，成功备案总投资超千万美元项目2个。澳洲旺能环保能源项目总投资4745万美元，创建区以来单个项目投资额新高。壮大对外服贸主体，60家企业有服务贸易实绩，新增出口主体9家。加大培育特色产业服务出口，三一装备成为首个服务出口超1000万美元企业，多媒体产业园成为全区首个连续两次入选省级服贸发展基地的平台。

（七）营商环境不断优化，平台承载不断增强。一是营商环境持续创优。在全省44个工业大县营商环境总体评价中位列第5。深化市场活力应用建设，制定《吴兴区营商环境创优改革方案》，上线无感监测和民营经济监测两个应用。推动“标准地+”改革迭代升级，新增工业用地除负面清单外均按照“标准地”出让。推进政务服务2.0建设，梳理依申请政务服务事项1668项。打造云上公共服务平台、科技型童装产业应用场景，综合集成童装、美妆和物流装备三大“产业大脑”。加强代理机构管理，进一步规范招标秩序，有效净化市场环境。二是金融环境持续优化。连续2年获评国家绿色金融改革创新试验区建设优秀区县。绿色贷款余额268.5亿元，增量占各项贷款增量的36.2%。绿色金融与绿色建筑协同发展的改革创新举措获央行推广。绿色金融助力低碳化的探索实践获省委、省政府主要领导批示肯定，并在全省推广。创建吴兴首家“科技银行”，破解科创型企业融资难题，93家科技型企业入选“白名单”，发放纯信用贷款1.4亿元。三是园区平台持续提升。推进平台整合提升，形成湖州现代物流装备高新技术产业园区和吴兴经济开发区两大高能级产业平台。持续建设智能物流装备新产业平台，相关经验做法获得省政府主要领导批示肯定。持续深化小微企业园“标准房”制度改革，切实推动园区提质扩规，拥有省认定小微企业园17个，国家级小型微型企业创业创新示范基地2家，省“五星级”园区、“四星级”园区和数字化示范园区数量均列全市第1。加快特色小镇培育建设，美妆小镇考核优秀，原乡蝴蝶小镇成功列入创建名单。织里镇连续9年获省级小城镇培育试点优秀单位。

(八)民生福祉稳步提升,社会事业全面进步。一是公共服务普惠共享。区图书馆正式开馆运营,获评"省满意图书馆"。成功创建"湖州市幼儿园精细化管理试点区"。新增老年学堂17所,成人教育培训超45万人次。城乡居民基本养老保险人均待遇水平增幅达29.1%。建立全市首个法律援助案件质量评估专家库。创成首批国家街道服务管理创新试验区。二是项目建设落到实处。完成湖州四中教育集团毗山中学、吴兴一中等新(改扩)建项目7个,配套幼儿园改建工程11个。支持"学生护眼工程",投入1600余万元对全区40所学校(59个校区)、2260个教室进行照明灯光改造。高标准推动基层医疗机构布局建设,着力补齐医疗卫生"龙头不强"的历史短板,推动区人民医院创建二级甲等综合医院,加快建设区中医院和区公共卫生中心2个项目,完成11个基层医疗机构项目建设。三是社会治理纵深推进。唱响全区"吴所不调"区域化调解工作品牌,共化解各类矛盾纠纷8146件,调解成功率达95%。司法矫正全维赋能,"全纬智控"改革项目和"心理健康智能场景"入选省级数字化改革试点,"如燕"随行智控应用项目列入省数字化改革"一本账S1"和省数字法治系统多跨场景清单1.0。扎实推进"司法驿站"进企业、进园区、进商圈活动,建立"司法驿站"55家。建立全省首个《未成年被害人"一站式办案"》地方标准规范。成功实现平安吴兴"九连冠""夺银鼎"。

过去一年是很不平凡的一年,这一年我们沉着应对百年变局和世纪疫情,形成了吴兴打法、打出了吴兴节奏、展现了吴兴韵味、彰显了吴兴温度、提供了吴兴样本、展现了吴兴担当,全区经济和社会发展态势稳中趋好,实现了"十四五"良好开局。在客观总结成绩的同时,我们也要清醒地认识到,当前经济社会发展仍存在一些问题和挑战,主要体现在:经济结构和投资结构有待优化,土地、能源、人才等要素制约仍旧存在,科技创新和数字化改革的能力有待加强,空气优良率等生态环境问题出现反弹,共同富裕三大差距需要进一步缩小,政府民生兜底能力与群众殷切期盼之间还存在一定差距,对此,必须引起高度重视并切实予以解决。

二、2022年经济形势预判

从国际环境看,2022年世界经济有望在波动中延续复苏势头,但局部封锁与限制性流动仍将是未来一段时间的主流。与此同时,贸易问题政治化倾向加剧,世界经济发展仍面临多重挑战。从疫情后的长期预测看,各国受疫情影响,大概率会出于自身经济安全考虑回迁部分产业,确保本国产业链的安全性、稳定性。预计在未来较长时间内,全球产业链的再调整将成为常态。

从国内环境看,2022年我国将持续巩固拓展疫情防控和经济社会发展,经济稳中向好、长期向好的基本趋势没有变,但也面临着需求收缩、供给冲击、预期转弱三重压力。"稳字当头、稳中求进"仍将是我国经济工作的主基调,重中之重则是实现宏观经济和社会大局"双重稳定"。中央将通过宏观、微观、结构、科技、改革开放、区域和社会等七大政策精准发力,推动经济保持运行在合理区间,为保持社会大局稳定奠定坚实的经济基础。

从区内环境看,2021年全区聚焦高质量发展的根本要求,积极适应经济发展新常态,扎实践行新发展理念,经济社会持续健康发展,成功创建国家级节水型社会建设达标区县,获评国家级商品市场优化升级试点,成功入选省首批法治浙江(法治政府)建设示范区,获评省农村生活污水治理优秀区县和省建筑工业化优秀区县。2022年,全区将继续深入学习贯彻落实党的十九届六中全会和省委十四届十次全会精神,坚决"扛起主城区担当，彰显首位区风采”，奋力在社会主义现代化新征程中书写美好吴兴篇章。

三、2022年国民经济和社会发展主要预期目标建议

根据经济发展及国内外环境分析，考虑疫情反复、大宗商品价格上涨、企业生产成本抬升等因素，按照“稳字当头、稳中求进”的总体思路以及“市区一体、奔跑赶超”的自我要求，与经济发展客观规律相符合、与资源环境承载能力相吻合、与周边县区发展态势相适应以及各项指标之间相匹配等要求，建议2022年全区国民经济与社会发展有关指标安排如下（详见表43）。

2022年全区国民经济与社会发展有关指标安排建议表

表43

一级指标	序号	二级指标		单位	2022年全区目标初步安排	指标属性
经济发展	1	地区生产总值		%	7.5	预期性
	2	全员劳动生产率		万元/人	高于市平均	预期性
	3	常住人口城镇化率		%	73.5	预期性
	4	财政总收入		%	8.5	预期性
	5	地方财政收入		%	8	预期性
	6	固定资产投资		%	10	预期性
	7	民间投资		%	8	预期性
	8	制造业投资		%	11	预期性
	9	交通投资		%	12	预期性
	10	高新技术产业投资		%	12	预期性
	11	生态环保、城市更新和水利设施投资		%	10	预期性
	12	社会消费品零售总额		%	6.5	预期性
	13	网络零售额		%	10	预期性
科技创新	14	R&D经费支出占生产总值的比例		%	2.34	预期性
	15	人才资源总量		万名	18	预期性
	16	每万人高价值发明专利拥有量		件	12.5	预期性
	17	数字经济（核心产业）增加值占GDP比重		%	4.2	预期性
改革开放	18	外贸出口总额		%	8	预期性
	19	服务贸易进出口额		%	8	预期性
	20	实际使用外资额		亿美元	3	预期性
文化发展	21	文化产业增加值		%	8	预期性
	22	居民综合阅读率		%	90	预期性
生态环境	23	单位生产总值能耗		%	完成市下达目标	约束性
	24	单位生产总值二氧化碳排放量		%		
	25	主要污染物排放	化学需氧量排放量	%		
			氨氮排放量	%		
			挥发性有机物排放量	%		
			氮氧化物排放量	%		

续表

一级指标	序号	二级指标	单位	2022年全区目标初步安排	指标属性
生态环境	26	达到或优于Ⅲ类水体占地表水比例	%	100	约束性
	27	地级及以上城市空气质量优良天数比率	%	85	约束性
	28	全区PM2.5平均浓度	微克/立方米	25	约束性
	29	森林覆盖率	%	38.2	约束性
市域治理	30	依申请政务服务办件“一网通办”率	%	85	约束性
	31	综合行政执法事项占比	%	20	约束性
社会民生	32	每千人拥有3岁以下婴幼儿托位数	个	3	预期性
	33	劳动年龄人口平均受教育年限	年	11.1	预期性
	34	城镇新增就业人数	万人	2.5	预期性
	35	城镇登记失业率	%	≤3.5	预期性
	36	城镇居民人均可支配收入	%	8	预期性
	37	农村居民人均可支配收入	%	8.5	预期性
	38	城乡居民收入倍差	—	1.65	预期性
	39	每千人执业(助理)医师数(常住人口)	人	4.8	预期性
	40	每千人医疗机构床位数	张	7.4	预期性
	41	基本养老保险参保率	%	98	预期性
	42	每万人老年人拥有持证养老护理员数	人	26	预期性
	43	儿童青少年总体近视率降低	百分点	1	约束性
	44	人均体育场地面积	平方米	2.6	预期性
	45	人均预期寿命	岁	83.52	预期性
安全保障	46	亿元GDP生产安全事故死亡率	人/亿元	0.014	约束性
	47	煤炭石油天然气储存能力	万吨标煤	完成市下达目标	预期性
	48	粮食综合生产能力	亿千克	完成市下达目标	约束性

主要指标安排简要说明如下：

1. 地区生产总值增长7.5%。主要基于经济增长目标“稳中求进”的考虑。由于全区经济总量较大，加上明年形势更为复杂，7.5%的增长目标，有利于向市场传递经济持续稳定增长的明确信号，更好地推动经济爬坡过坎。同时，也有助于把深化供给侧结构性改革和扩大内需战略有机结合起来，提高供给体系质量，畅通经济循环。

2. 财政总收入和地方财政收入与经济增长基本保持同步。考虑到全区近年来两项收入增长全市领先的良好态势，也考虑到明年错综复杂的宏观经济形势、近年来的高基数以及财政收入增长分化等多方面因素影响，建议2022年财政总收入和地方财政收入增长与经济增长基本保持同步。

3. 固定资产投资增长10%。一是从宏观来看。明年经济增长“三驾马车”中，消费受疫情多点散发影响增长势头减弱、恢复周期被拉长，出口受原材料等成本高企、国外产能逐步恢复的影响，支撑因素有所减弱，全区经济的“稳中求进”需要投资发挥更大作用。二是从微观来看。受房地产调控影响，明年房地产市场降温趋势明显，扩大有效投资主要围绕优化投资结构和提升投资效益来实现，固定资产投资目标不宜过高。三是从预期来看。投资是衡量市场信心的重要指标，尽管明年形势复杂严峻，但不宜设置过低目标，设定“跳一跳、够得着”的投资增长目标，更有利于稳定各方面预期。

4. 社会消费品零售总额增长6.5%左右。考虑到全区原有基数较大、新冠感染疫情的不确定性可能对居民消费带来的影响、新的增量相对有限等因素，建议2022年社会消费品零售总额增长目标与全市增长保持一致。

5. 实际利用外资达3亿美元。一是疫情影响跨国投资和贸易，尤其后疫情发展情况尚不明朗，2022年实到外资主要取决于新项目引进。二是明年是“十四五”规划实施的关键之年，结合省市要求，进一步重视外资工作，扩大外商实际投资规模。三是中央积极扩大对外开放，持续出台一系列稳外资政策，大幅缩减外资准入负面清单，放宽外资准入，为实际利用外资稳步增加提供有利条件。

6. 城镇居民人均可支配收入和农村居民人均可支配收入分别增长8%和8.5%。一是体现与GDP增速基本同步且农村居民收入略快于城镇居民收入增长的导向。二是以共同富裕“缩小城乡差距”为契机，聚焦“扩中”“提低”，多举措提升农民收入，城乡居民各项收入预判将“稳中有进”。三是新冠感染疫情对工农业生产造成很大影响，加上目前国内外疫情形势仍有很大不确定性，城乡居民各项收入将持续受到影响。

四、2022年国民经济和社会发展的主要任务和措施

2022年是党的二十大召开之年，是“十四五”规划实施和共同富裕示范区建设的关键之年，也是吴兴区新一届政府履职尽责的开局之年。中国将开启全面建设社会主义现代化国家新征程，向第二个百年奋斗目标阔步前进。全区要努力把“吴兴能为湖州做什么、为湖州实现浙北再崛起贡献什么”的时代答卷写在吴兴大地上。全年工作的指导思想是：高举习近平新时代中国特色社会主义思想伟大旗帜，深入贯彻党的十九大和十九届历次全会精神，全面落实省委忠实践行“八八战略”、奋力打造“重要窗口”，争创社会主义现代化先行省，扎实推进高质量发展建设共同富裕示范区和市委“勇当绿色低碳发展的探路者、建设共同富裕绿色样本”的总体部署，坚持“市区一体、奔跑赶超，建设新时期美好吴兴”的总定位和“稳字当头、稳中求进”的主基调，扎实做好“六稳”工作，全面落实“六保”任务，以数字赋能推动高质量发展和现代化先行，全力打造十大“硬核”成果，回答好两个重大命题，坚决“扛起主城区担当、彰显首位区风采”，以优异成绩迎接党的二十大召开。

按照指导思想，2022年国民经济和社会发展工作需要把握以下三个方面。一是聚焦一个总定位。“市区一体”，就是要做到对外“一张牌”、全市“一盘棋”，主动精准承接市委、市政府中心工作，在市委、市政府决策部署中谋划我们工作落细落实的具体举措；“奔跑赶超”，就是要把奔跑作为姿态，把赶超作为目标，始终保持沸腾状态，以先人一步、胜人一筹的成效展示首位区风采。“建设新时期美好吴兴”，就是要不断提升吴兴首位度、首位力、首位感。二是打造十大“硬核”成果。就是要再夺全国百强区“大满贯”，确保市对区考核一等奖，争创国家级高新区，创成国家级旅游度假区，打响“两谷一室”品牌，建好高铁新城，搞活城市经济，当好全国文明典范城市打造主力军，守好湖州文脉，进一步打响基层治理“吴兴经验”。三是答好两个重大命题。就是要对标发达国家和地区，从城乡空间规划和人的全生命周期服务两个维度，回答好未来如何建设好我们共同的家园、如何服务好我们的人民群众这两个重大命题。

围绕上述目标,建议明年做好以下九个方面重点工作:

(一)厚植民生底蕴,推进共同富裕,做好美好吴兴的建设者。一是共同富裕抓对标。对标德国先进社会治理模式,深入研究吴兴"乡村有未来"计划,甄别吴兴发展短板,在优化公共服务、缩小城乡差距等领域实现赶超,全力争创第二批共同富裕试点。对照全区"四张清单",狠抓共同富裕发展基金、重点项目、示范样本、专家智库、典型人物五大模块,聚焦低收入群体,创新"扩中""提低"吴兴做法,抓"共富班车"入座,力争2万农村相对收入较低人群进城增收。二是公共服务抓共享。加大基本公共服务财政投入和公共服务资源配置向农村、社区和困难群体倾斜,促进资源共建共享。全面优化义务教育学校布局,加大公共教育投入,加快新城中学、凤西中学等8个在建工程建设,力争诸葛小学、仁北中学投入使用。加大对特殊教育的投入,进一步推进儿童福利和残疾人保障。打造养老服务新业态,确保每万名老年人拥有持证养老护理员数26人。推进区文化馆全面运行,打造"百姓健身房"4个,建成基层便民体育设施4个。三是便民服务抓创新。积极打造"15分钟便民圈",优化建设"邻里生活圈""社区生活圈",在文化体育、教育培训、医疗卫生、社会福利等方面建立基层公益服务供给的长效机制。打造"数字社区"便民网络,推进数字生活新服务工程,加快数字生活新服务标杆区县建设。积极创建绿色智慧社区生活场景,完成吉山和南塘漾两大未来社区建设,创建蜀山等5个未来社区,争取红树湾未来社区在首批试点中率先建成运营,南塘漾未来社区建设初显成效,埭溪镇上强未来社区成功创建乡镇未来社区建设试点。加快谋划和推进"未来乡村"建设,打造"邻里、文化、健康、生态、创业、建筑、交通、数字、服务和治理"等应用场景,建成40个未来乡村。

(二)守好湖城根脉,深耕主城发展,做好城市经济的塑造者。一是挖掘历史文化,提升城市风貌。开展文化基因解码,加快区文保所成立,完善吴兴历史文化专题研究、名人研究、历史文献整理,推出一批具有重要理论创新和文化传承价值的标志性成果。重视小西街、衣裳街等历史文化街区的保护和发展,建成对国内外游客具有较强吸引力的夜间文旅消费集聚区、休闲旅游街区。持续擦亮"家本故里 法治吴兴"文化品牌,全力打造"南荡漾"区级宪法主题公园。以溇港文化和湖学文化为核心,深度融入南太湖滨湖区域文旅一体化发展,全力推进太湖溇港AAAA级景区提升工程,启动五湖书院建设。融合"浙北秘境"规划,深度挖掘禅茶文化底蕴,加快推进西塞山国家级旅游度假区创建。二是建强文化阵地,提升城市素养。推进一批城市文化地标建设,新建一批城市书房、振兴书栈,构建城乡一体的公共文化服务设施网络。实施"文化惠民"工程,常态化开展"送文化""种文化""赛文化"等活动,开设"幸福吴兴"等系列高品质公益讲座和展览,为每个乡镇街道送演出5场、图书2000册。围绕共同富裕、振兴发展,推动艺术精品创作,确保2个以上作品参加省以上艺术大赛。三是聚焦商贸兴业,提升城市品质。构建完善东部生产型服务业、西部旅游服务业、中心城区新经济新业态及以爱山广场为主的中心城区商圈、万达广场和织里吾悦广场为主的东部新城商圈统筹发展的商贸大格局,做大做强一批商贸综合体。促进"老字号"创新数字化转型,不断提升丁莲芳、周生记等一批"老字号"品牌的知名度和影响力。加强商贸集聚区商业品牌建设,推动传统零售大企业线上线下融合发展。实现社会消费品零售额增长6.5%以上。四是创新营销思路,提升城市形象。高质量办好第四届世界乡村旅游大会,推进潞村古村落整治提升和运营。深度推进农文旅融合发展,开展"跟着节气游乡村"活动。以“春来游吴兴”等季节主题为主线，推动吴兴文旅线路推陈出新。积极提升对外推广形象，打造一批有内容、有深度、有代表性的吴兴文创产品。完善提升“一键智游吴兴”功能，谋划好“基层文化服务智慧应用系统”“未来乡村+智慧旅游”等文旅新场景建设。

（三）立足强企优链，发力培大育强，做好产业升级的引导者。一是做强行业龙头。启动新一轮企业培大育强专项行动，引导全区行业50强企业对标行业标杆，开展精准培育，力争规上工业总产值突破1000亿元，培育税收超亿元企业10家以上。抢抓北交所成立和注册制改革机遇，推动湖州银行过会、湖州燃气港交所主板上市，确保新增上市2家，力争3家。积极贯彻落实《湖州市绿色金融促进条例》，加强绿色金融改革创新，支持绿色企业在资本市场上市融资。二是做精中小企业。以“专精特新”“隐形冠军”“雄鹰”企业培育为重点抓中小企业发展，进一步拉长做粗全区产业链，补齐产业发展短板。引导培育对象深耕细分行业领域，力争新增省级“隐形冠军”企业2家、国家级“专精特新”企业2家、国家级“单项冠军”企业1家、省级“雄鹰”企业1家。建立“遴选—培育—上规—提升”闭环培育机制，鼓励小微企业中的高新技术企业“小升规”。三是做优特色产业。扎实开展省级制造业高质量发展试点示范创建，提升发展纺织服装、金属新材两大特色优势产业，加快培育智能装备、数字产业两大战略性新兴产业。突出吴兴智能物流装备产业集群优势，以吴兴智能物流装备万亩千亿新产业平台建设为契机，加快引进产业链“链主”企业和标志性项目；充分挖掘时尚美妆产业集群优势，推动美妆产业做大做强，助力全区工业经济增长。聚焦粮油、水产、湖羊、果蔬特色优势产业，力争3条省级示范性全产业链产值超30亿元。

（四）倡扬雷厉风行，狠抓有效投资，做好项目双进的破题者。一是开展“三单六库”2.0版提升行动。牢固树立“以项目看发展论英雄”的理念，颗粒化项目前期，补足现有项目在环评、能评等重点前期环节的短板，建立50个左右的前期项目储备库。继续以土地要素为核心深入推进项目全生命周期管理，狠抓重大项目推进达产，实现新增开、竣工亿元以上项目各60个，其中3亿元以上各40个。二是开展要素“夺食”优化投资行动。着重把握结构投资调整窗口期，开展以项目为核心的结构优化，开展要素精准直达，保障工业用地出让3000亩以上，推动制造业投资占比超30%，房地产投资占比下降到50%以下。推动省重大产业项目、省要素直达项目申报，争取重大产业项目7个以上，全力争取省级直达能耗、排放指标。推动“设备为王”再升级，严格开展以设备为核心的项目准入、验收和智能诊断工作，完成智能化诊断100家，引导改造40家，实现有效“新升规”30家。三是开展项目招引质效提升行动。以全市打造“高质量外资集聚先行区”为契机，抢抓长三角一体化、G60科创走廊发展机遇，充分发挥外资对区域经济的辐射带动作用，推进全区外资集聚工作继续走在全市前列，完成合同外资5亿美元，实到外资3亿美元。紧盯长三角、珠三角等发达地区产业溢出的战略契机，瞄准全球500强、央企、上市公司、龙头企业、“专精特新”企业，开展产业链精准招商，全力“强链、补链、延链”，力争签约引进3亿元以上项目50个。其中，20亿元以上项目7个，50亿元以上项目2个。

（五）着眼数字化改革，赢取发展主动，做好数创未来的领跑者。一是聚焦体系架构迭代升级。对照省“三张清单”和重大应用“一本账”，加快形成多跨应用“一榜、一单、一库”统筹机制。结合吴兴亮点工作、产业特点，谋划建设更多创新应用，夯实数字化改革“四梁八柱”。以重大应用为抓手，全面推进跨部门、跨行业的业务流程优化、制度重塑、管理重构、实现从点到面、由点及链的整体飞跃。二是聚焦一体化智能化公共数据平台。强化资源整合力度,充分发挥基座、底座优势,进一步统筹全区云资源、视频资源和组件资源集中集成管理,提高资源使用、管理绩效。加快各领域系统的建设进度和推广应用,不断优化场景建设形式和公共数据平台支撑效力。加强一体化智能化公共数据平台对乡镇、街道数字化改革的支撑度,以“一中心两舱(仓)四平台”模式实现“152”体系与“141”体系在基层的承接落地。三是聚焦标志性特色应用。全面落实省委“1512”工作体系,推动重大应用实现全面贯通,全力打造具有吴兴特色的数字化改革样板。童装产业大脑迭代升级,推动省级试点向美妆、物流装备、特色农业等产业扩面。发挥“县乡一体、条抓块统”改革先发优势,深化“大综合一体化”行政执法改革省级试点,加快推动体系贯通、高效协同、闭环管理。四是聚焦数字化新业态。继续实施“5510标杆领航行动”,培育5家“未来工厂”、5家智能工厂、10家数字车间。抓好久立“未来工厂”试点企业建设,稳步建设三一装备、万邦德、新凤鸣等未来工厂。推进吴兴织里童装产业省级新智造集群试点建设。加快推动未来农场、未来市场、未来实验室等现代化新型组织建设。大力发展以智慧商圈、数字楼宇为引领的数字化商贸新业态,推动企业上云、商店上网、商圈上线,以商贸服务业数字化转型带动网购商品消费,培育新零售示范企业6家。

(六)抢抓双碳机遇,擦亮绿色底图,做好生态画卷的绘就者。一是淘汰落后促绿色转型。深入实施“腾笼换鸟、凤凰涅槃”,以纺织服装业的数字化、绿色化、智能化改造为重点,以提升传统产业利润率为抓手,根据高耗低效企业认定标准,结合亩均效益综合评价结果、能耗双控、低效收储等工作,持续推动传统产业转型升级、高耗低效企业整治提升,确保全年推动高耗低效企业整治提升100家以上,盘活低效用地4500亩,腾出能耗3万吨标煤,力争全区亩均税收提升8%。二是节能改造促绿色提升。积极搭建工业控碳数智平台,深化“碳效码”在工业领域的应用。围绕绿色低碳改造项目和光伏等可再生能源项目,深入挖掘企业节能和减碳的潜力和空间。做好节能技改和“碳中和”项目典型案例的展示及推广,引导企业绿色低碳改造,助推企业绿色低碳转型。全力推进20个绿色化改造和资源循环利用项目建设,新增光伏装机80兆瓦。深化绿色制造体系建设,创建市级以上绿色低碳工厂15家。三是试点带动促绿色普惠。以省首批低碳试点区县创建为载体,牵头统筹“6+1”各领域工作开展,建好绿色“碳普惠”平台2.0版,创新“碳金融”服务。加快生态产品价值实现机制研究和“两山银行”实体化运作,打造全省典型案例。积极开展省级“低碳乡镇、村”创建,打造省级低碳乡镇(街道)1个和村(社区)2个。加快西山漾水生态修复项目建设施工,结合“一塘十漾十山”公园建设,有序推进“十漾”水环境治理,打造吴兴“十漾连珠”生态修复样板。

(七)突出科技引领,致力产才融合,做好创新制胜的践行者。一是实施创新主体培育工程。推动先进制造业与科技创新深度融合,量质并举培育高新技术企业,着力提升全区研发投入,力争培育国家高新技术企业30家以上。打好省级优秀新产品、装备制造业首台(套)、浙江制造精品等创新组合拳。加快企业技术创新主体培育,推动三一装备争创国家级企业技术中心;加快新产品研发,力争申报省首台(套)产品、优秀工业新产品4项以上,规上工业新产品产值率达到50%以上;开展品牌培育活动,力争新增“浙江制造精品”3家。强化科技兴农,累计培育省级高品质绿色科技示范基地40个。二是实施平台能级提升工程。全力打响“两谷一室”品牌。西塞科学谷争创绿色低碳国家技术创新中心，太湖实验室争创省级实验室（省技术创新中心）。对标国家级高新区，深入实施高新园区三年行动计划，奏响高新区“夺牌创国”“冲锋号”，力争年度综合评价连续进入全省高新区第一梯队，获省级挂牌。全力推进吴兴西塞山智旅科创区争创省级创新发展区。三是实施人才引智汇聚工程。立足全区新材料、高端装备、数字经济等重点产业，聚焦重点企业人才引进需求，充分发挥太湖实验室、西塞科学谷等高端平台的人才集聚效应和海角科技第三方人才引进平台的主观能动性，为全区龙头企业面向全球招引高层次人才、提供个性化解决方案、攻坚企业技术“卡脖子”难题。力争引进国家“启明计划”、省引才计划10人，入选到岗率达到80%以上。四是实施小微园区升级提质工程。持续深化小微企业园“标准房”改革，制定“标准房”管理办法3.0版，进一步规范园区供地、建设、销售等环节，探索建立园区全链条闭环管理。持续开展园区内小微企业培育行动，充分排摸、挖掘园区内优质企业，力争全年培育“小升规”企业30家以上。坚持“一园一品”原则，推动园区产业发展聚焦1—2个主导产业，引导园区专、精、特、新发展。

（八）彰显吴兴元素，提升合作质效，做好合作交流的共赢者。一是打好长三角一体化“组合拳”。抓好吴兴长宁数字经济产业合作发展园区、吴兴吴江区域生态治理协同发展两大合作事项，在区域联动上实现新突破。以“一件童装串起长三角共富圈”为抓手，联动安徽、江苏等地区整合产业链条上下游，形成完善的童装产业链条和生态；以三一、久立等企业为龙头，以强链、补链、延链为核心，打造长三角智能装备协作区，在产业合作上实现新突破。深化与上海、杭州等地长三角先进城市对接，积极引进长三角名校教育集团来吴投资，鼓励本地医院与长三角名医名院开展医疗合作，在民生共享上实现新突破。二是绘好对口支援“新蓝图”。坚持规划引领和科学施治，围绕产业和民生两大领域，实施“民生强基”“羊驼富民”“人才领航”“文化驼铃”“石榴籽”五大工程，推动吴兴湖羊产业园共建、生态林打造等17个对口支援项目建设。以数字化改革为契机，立足吴兴的美妆产业和阿克苏地区的物产优势，积极推动吴兴化妆品和柯坪特产的线上线下销售。三是念好新时代“山海经”。围绕“童玩与童装”，充分发挥“山”与“海”的特色，统筹谋划云和木玩产业与吴兴童装产业创新合作模式。围绕基础设施、环境整治、产业发展等方面，继续发挥吴兴在乡村振兴上的先进理念，深化吴兴云和乡村振兴示范村建设。围绕云和主导产业技术迭代升级需求，加强两地科研项目合作，推动两地科技活动与人才交流，打造吴兴·云和山海协作科技合作升级版。

（九）深化法治意识，聚焦城乡共治，做好平安吴兴的守护者。一是建设数字法治大体系。以《全科网格员能力素质系统性提升应用》省级试点项目建设为契机，在全国率先探索建立网格员职业化标准体系、规范化培训体系。强化“未成年人平安预警系统”推广，实现预警信息“智能流转、闭环管理”。加快构建“县乡一体、条抓块统”高效协同治理格局，以埭溪镇试点建设为契机，迭代升级“基层治理四平台”，形成基本治理单元“吴兴模式”。推进信用试点建设，探索创新爱山商圈信用+商圈治理的激励场景，加快构建以信用为核心的新型监管机制。加强信用承诺公示、诚信宣传，推进信易批、信易租、信易游、信易行、信易阅、信易医等“信易+”场景建设。二是构建社会普法大格局。高质量推动全区“八五”普法实施，强化普法责任制，落实普法责任清单，切实发挥“大法师”“小法师”作用，积极开展“家家普法”大讲堂系列活动。深入推进“法律十进”活动，全力打造

“一街一特色、一镇一品牌”精品化工程，着力实现精准普法。充分调动“新乡贤”参与法治宣传的积极性，扎实推进“法律明白人”“法治带头人”培育工程。探索“12·4”法治文艺汇演常态化运转机制。三是做大社会治理大品牌。深入推广“四治三全”乡村治理的“织里样本”，总结提炼全域乡村治理新典范经验。积极推广镇域社会治理“织里经验”，做实“织里·知礼”品牌，提升“王金法广播”，扩充“车间好声音”，打造“彩虹志愿者”。深化人民调解“导师帮带制”，做大做强“吴所不调”区域调解品牌，推进品牌调解团队化运作模式，持续释放调解品牌效应。统筹推进“司法驿站”进企业、进园区、进商圈活动，新建“司法驿站”15家。深化“平安大姐”“沈根法”“老警”“法之寓”等14个普法工作室建设，实现“吴知法”区域化普法工作室品牌全覆盖。

附件：吴兴区2022年区本级政府投资项目资金安排情况表

吴兴区2022年区本级政府投资项目资金安排情况表

表44　　　　单位：万元

总序	序号	项目名称	项目主管单位及建设单位	建设规模及主要建设内容	建设年限	计划总投资	2022年计划投资	2022年实施内容及进度	备注
1		合计		67		1090604	353765		
2		在建类		31		640892	264053		
3		区教育局		5		89865	41105		
4	1	诸葛小学	区教育局	总用地72.48亩，建筑面积4.66万平方米，班级数48个	2020—2022	19000	12000	完工	
5	2	诸葛小学装修及配套	区教育局	诸葛小学装修及配套	2021—2022	8000	8000	完工	
6	3	吴兴区诸墓漾幼儿园和织北幼儿园等新(改)建工程	区教育局	本工程主要包括新建(改建)幼儿园共计27所，建设规模为369个班级，在校学生11070人。其中：改建幼儿园22所，主要对现有幼儿园内外墙、楼地面和活动场地进行改造提升；新建幼儿园5所，占地面积约50984平方米，新建总建筑面积35558平方米(其中道场乡中心幼儿园总投资4000万元，占地9.99亩，规模为12个班，在校学生60人，总建筑面积5181.42平方米)	2020—2022	45565	10805	完工	工程涉及甩项，实际招标价34805(财政6805，专项债28000)
7	4	湖师附小教育集团幸福里校区扩建	湖师附小教育集团	2幢教学楼、风雨操场、食堂改造等，共设置班级数30个	2020—2022	10000	5000	完工	

续表

总序	序号	项目名称	项目主管单位及建设单位	建设规模及主要建设内容	建设年限	计划总投资	2022年计划投资	2022年实施内容及进度	备注
8	5	湖师附小西山漾校区扩建工程	区教育局	新增用地约13.5亩，建设面积约7000平方米	2021—2022	7300	5300	教学楼完工	
9		区住建局		10		91532	41490		
10	1	吴兴区污水零直排及污水处理厂技改提升工程PPP项目	区住建局	建设内容主要包含城镇污水处理厂提标改造、工业园区污水治理、城镇小区污水改造（含居民住宅区污水改造及农村生活污水治理）、集镇市政管网改造	2020—2022	54222	7000	完工	工程涉及甩项，实际招标价32000
11	2	湖州市东部新区污水处理厂清洁排放技术改造PPP项目	区住建局	本次清洁排放技术改造工程规模为10万立方米/天（其中一期和二期各5万立方米/天）。主要建设内容包括改造一期生物池，采用A2O+MBBR复合生物处理工艺；增设一期磁混凝澄清池和反硝化滤池；二期高效沉淀池改造为磁混凝澄清池；新增达标保障措施等	2021—2022	6740	6740	完工	
12	3	诸子路（水城路—中兴大道）	区住建局	占地面积33.27亩，道路长917米，宽24米，含桥梁1座	2021—2022	4000	3500	完工	
13	4	水城路（西山路—诸子路）	区住建局	占地面积21.5亩，道路长583米，宽24米，含桥梁1座	2021—2022	2700	2700	完工	
14	5	富力西湖漾地块南北向道路（草荡漾路—西湖漾路）	区住建局	富力西湖漾地块南北向道路，占地面积11.685亩，道路长509米，宽15米，含桥梁1座	2021—2022	1800	1800	完工	
15	6	吴兴区2103工程	区住建局	总用地约9715平方米，建筑面积10459平方米，包括地上人防大楼及地下人防指挥所	2021—2023	11320	9000	主体结顶	
16	7	义山路（三生农庄至中兴大道）	区住建局	万马东侧，道路长1100米，宽32米，占地面积36.48亩	2021—2022	3500	3500	完工	

续表

总序	序号	项目名称	项目主管单位及建设单位	建设规模及主要建设内容	建设年限	计划总投资	2022年计划投资	2022年实施内容及进度	备注
17	8	升山路(草荡漾路—318国道)改造工程	区住建局	道路长1047.62米,宽25米,道路、平侧石、绿化等提升改造	2021—2022	2200	2200	完工	
18	9	戴山路(吴兴大道—中兴大道)道路改造工程	区住建局	包括道路改造、标识标线、信号及绿化提升灯工程	2021—2022	4000	4000	完工	
19	10	谈家扇路提升改造工程	区住建局	道路长约600米,宽约12米	2021—2022	1050	1050	完工	
20		区交通局		1		4000	4000		
21		申嘉湖高速吴兴段绿化工程	区交通局	7.5公里两侧约15~20米宽绿化带提升	2021—2022	4000	4000	完工	
22		区水利局		4		145616	53100		
23	1	太湖流域苕溪(吴兴区)周边水系综合整治工程	区水利局	重建闸站一座、新建排涝站两座、重建排涝站一座,重建水闸一座、维修涵闸一座,水系沟通及圩区内河道堤防整治20公里,河道清淤若干,新建水利技术用房1.6万平方,新建管理用房一间等	2020—2023	36516	15000	完成上部结构搭建	
24	2	吴兴区高铁新城周边水系综合整治工程	区水利局	对八里店高铁新城25.55平方公里区域内水系进行综合优化调整,对区域内6个湖漾进行水系连通和配套景观提升,新建生态车位600个,及其他水利配套设施建设等	2020—2023	50000	20000	完成工程量的85%	
25	3	老虎潭水库下游及周边水系综合治理工程	区水利局	主要包括下沈港河道总长13公里,项目计划新建堰坝10条,新建生态护岸26公里,河道疏浚13公里,新建箱涵3座,新建防汛桥梁5座,新建河道周边绿道26公里及周边配套景观提升,新建生态停车位300个,及其他水利配套设施建设等	2020—2023	50000	15000	完成工程量的85%	

续表

总序	序号	项目名称	项目主管单位及建设单位	建设规模及主要建设内容	建设年限	计划总投资	2022年计划投资	2022年实施内容及进度	备注
26	4	吴兴区蓝藻防治及预警平台建设工程	区水利局	主要包括市中心城区部分河道蓝藻综合防治治理，包括打捞、拦截、生态修复，景观绿地、预警平台建设等；同时规划实施织里镇义皋、伍浦、汤溇和乔溇四个村河道综合整治，总面积约1.69万亩。具体实施包括岸坡治理河道22条，长14.89千米，新建生态护岸29.78千米；河道疏浚50条，清淤土方20.53万立方米；生态修复、景观绿化提升河道6条，绿化面积31980平方米；以及建设周边污水零直排	2020—2022	9100	3100	完成工程量的90%	
27		区农业农村局		1		20300	10118		
28		吴兴区滨湖“两山”样板村建设项目	区农业农村局	主要对区域内村庄基础设施、产业基地基础设施、房屋风貌等进行全面提升。建成太湖蔬菜园2500亩、水上环线2.5公里、600个停车位，提升村庄道路5公里，实施经营性用房配套工程	2020—2022	20300	10118	完工	
29		区卫健局		2		87505.11	26000		
30	1	吴兴区中医院	区卫健局	总用地约43.31亩，共13层。总建筑面积约70565平方米。其中地上50536.38平方米，地下20028.67平方米。项目建设内容包括急诊、门诊、住院部、医技用房等。规划病床390张，其中290张为医疗床位、100张为医养结合床位	2020—2023	72215.55	20000	装饰装修，部分设备进场	

续表

总序	序号	项目名称	项目主管单位及建设单位	建设规模及主要建设内容	建设年限	计划总投资	2022年计划投资	2022年实施内容及进度	备注
31	2	吴兴区公共卫生中心	区疾病控制中心	总用地约8亩，共8层。总建设面积约13690.43平方米，其中地上9263.52平方米，地下4426.91平方米。主要包括区疾病预防控制中心和区卫生计生执法大队、市120急救点、区卫生应急指挥中心、区卫生信息中心等	2020—2023	15289.56	6000	装饰装修，部分设备进场	
32		区消防救援大队		1		14000	10000		
33		吴兴区消防大队搬迁工程	区消防大队	项目规划面积19.29亩，建筑面积9386平方米，为吴兴区消防大队整体搬迁，含消防指挥部、训练区、停车场、办公用房等	2020—2022	14000	10000	完工	
34		高新区		7		188074	78240		
35	1	高新区大溇圩区整治工程	高新区管委会	大溇圩区新建单闸1座，闸孔总净宽5米，新建闸站2座，闸孔总净宽10米，总装机440千米；新建涵闸4座，闸孔总净宽16米。包括闸站及水闸、标识标牌、机电设备安装、消防、金属结构等工程	2020—2022	1438	438	完工	
36	2	高新区杨溇圩区整治工程	高新区管委会	杨溇圩区新建联体闸站3座，分体闸站1座，闸孔总净宽19米，总装机570千瓦，水闸和涵闸4座，总净宽19米，设置水系沟通3处。包括闸站及水闸、标识标牌、机电设备安装、消防、金属结构等工程	2020—2022	1438	438	完工	
37	3	高新区尚溪片区规划中学（新城中学）建设项目	高新区管委会	总用地82.8亩，总建筑面积54823.1平方米，建设内容包括教学楼、综合楼、专业教室、风雨操场、食堂及地下车库等各类教学设施。规划48个班	2021—2023	38497	20000	外立面施工	

续表

总序	序号	项目名称	项目主管单位及建设单位	建设规模及主要建设内容	建设年限	计划总投资	2022年计划投资	2022年实施内容及进度	备注
38	4	高新区上河路（湖织大道一横三路）道路工程	高新区管委会	全长约419米，宽24米	2021—2022	1679	1659	完工	
39	5	高新区经六路（纬六路—中兴大道）道路工程	高新区管委会	全长628米，宽25米	2021—2022	2000	1900	完工	
40	6	高新区“万亩千亿”平台提升改造项目	高新区管委会	科创园区提升改造、高新技术产业园区内道路提升改造	2020—2023	140822	51605	湖织大道侧分带绿化完成，南侧绿化带完成50%。栋梁路竣工	
41	7	高新区经九路（湖织大道一纬七路）道路工程	高新区管委会	建设道路长约480米，宽27米	2021—2022	2200	2200	完工	
42		新开工类		36		449712	89712		
43		法院		1		1300	1300		
44		吴兴法院菰城法庭建设项目	区人民法院	本项目选址位于湖州市吴兴区湖山大道旁水产大队区域，总建筑面积约1045平方米	2022	1300	1300	完工	
45		区教育局		3		91860	13860		
46	1	吴兴区西湖漾小学建设项目	区教育局	学校规模暂定60个班，含教学楼、综合楼、食堂、地下停车场、智能化、操场及室外配套等	2022—2024	56000	3000	完成工程桩	
47	2	蜀山小学	区教育局	拟按48班规模建设，总用地约65.8亩，总建筑面积约为45000平方米	2022—2024	35000	10000	前期完成启动建设	
48	3	湖师附小幸福里校区改建工程	湖师附小教育集团	对附小幸福里老食堂、老建筑内墙前面及老报告厅进行改建	2022—2023	860	860	完工	
49		区住建局		8		34200	31700		

续表

总序	序号	项目名称	项目主管单位及建设单位	建设规模及主要建设内容	建设年限	计划总投资	2022年计划投资	2022年实施内容及进度	备注
50	1	南太湖大道(吴兴大道—湖织大道)景观绿化提升工程	区住建局	位于湖州市吴兴区南太湖大道道路两侧。道路位南北走向,北起湖织大道,南止吴兴大道	2022	1800	1800	完工	
51	2	吴兴区"一塘十山十漾"公园建设项目—诸墓漾公园	区住建局	总设计面积约35266平方米,其中包含一座展览馆建筑面积约800平方米	2022—2024	6500	4000	房间装修完工	
52	3	吴兴区"一塘十山十漾"公园建设项目—西湖漾清淤工程	区住建局	位于南太湖大道西侧,西湖漾路南侧,清淤量约13万立方米	2022	2600	2600	完工	
53	4	西环三路(吴兴大道—叶堤漾路)改造提升工程	区住建局	全长1700米,宽30米,道路基层修整、调坡,沥青路面、平侧石、路灯、绿化等	2022	2500	2500	完工	
54	5	经三路八里店互通B匝道建设及绿化工程	区住建局	经三路大桥互通B匝道及小山路周边,绿化面积约3万平方米,互通匝道及路边绿化等	2022	3800	3800	完工	
55	6	小山路(吴兴大道—叶堤漾路)改造工程	区住建局	拆除取消机非隔离带、路灯外移,增设湖师附小门口红绿灯、隔离护栏、路边停车位等	2022	3700	3700	完工	
56	7	东部新城桥梁防撞护栏工程	区住建局	东部新城90座桥梁,增设防撞护栏、加高防撞设施等	2022	3500	3500	完工	
57	8	中兴大道(三环东路—南太湖大道)交通优化改造工程	区住建局	中兴大道交叉口治堵渠化改造工程项目,主要包括扩宽车行道路面、改造人行道、交通安全标志标牌设计及护栏等附属设施改造	2022	9800	9800	完成50%工程量	
58		区交通局		5		306070	26570		
59	1	吴兴至建德公路吴兴区后珠村至织里廿五里牌大桥段工程	区交通局	一级公路标准建设,长约7.3公里,连接线长3.6公里,阿祥路利用段4.9公里,短双向六车道,路基宽度采用32.0米	2022 2025	176500	2000	同心路东延段开工建设	
60	2	妙西旅游北线	区交通局	路面宽21米,长500米	2022	1000	1000	完工	

续表

总序	序号	项目名称	项目主管单位及建设单位	建设规模及主要建设内容	建设年限	计划总投资	2022年计划投资	2022年实施内容及进度	备注
61	3	湖州东站站前综合交通建设项目	区交通局	项目总用地面积约160亩，新增建筑面积10000平方米，主要包括地下室、商业零星配套及公交站场等工程	2022—2024	115000	10000	完成路基填筑	
62	4	湖苏沪高铁下穿道路工程	区交通局	含高铁站东侧道路、西侧道路、区府路南延等下穿高铁施工	2022	13500	13500	完工	
63	5	应急基地建设、应急仓库维修	吴兴区公路管理中心	应急基地建设建设、改造	2022	70	70	完工投入使用	
64		区水利局		2		2050	2050		
65	1	吴兴区埭溪圩区整治后续工程	区排涝站	本项目包含95年泵站更新改造、62年泵站改造为水利展示馆、周边绿化提升，周边绿化景观配套等	2022	850	850	完工	
66	2	吴兴区小型水库系统治理项目	区水利局	对全区所有水库不符合规范要求放空设施进行改造，及完善水库“三通八有”	2022	1200	1200	完工	
67		高新区		7		9450	9450		
68	1	吴兴区南太湖现代农业园区高标准农田建设项目	高新区管委会	拟建设高标准农田约6500亩，滨湖带稻鱼综合种养基地约2500亩。建设内容主要包括高标准农田（坑塘回填，机耕道、沟渠及沿线的景观配套建设，机埠闸站等）和滨湖带稻鱼综合种养基地（坑塘回填，路沟渠配套及闸站机埠等）建设	2022	4500	4500	完工	
69	2	湖薛线拓宽工程	高新区管委会	K12+900至K14+624按三级公路提升改建，长1.724公里，原宽5米，拓宽至路面宽度7米，适当考虑太阳能路灯、绿化等	2022	1200	1200	完工	
70	3	湖薛线—沈溇村部改建公路	高新区管委会	按三级公路提升改建，长约0.8公里，原宽3.4米，拓宽至路面宽度7米	2022	600	600	完工	
71	4	渚溇港东—潘家汇新建公路	高新区管委会	按四级公路新建，长约0.7公里，路面宽4.5米	2022	500	500	完工	

续表

总序	序号	项目名称	项目主管单位及建设单位	建设规模及主要建设内容	建设年限	计划总投资	2022年计划投资	2022年实施内容及进度	备注
72	5	晟太线北延新建公路及交安设施	高新区管委会	新建公路长约0.6公里，宽12米，适当考虑太阳能路灯、绿化等；晟太线与滨湖大道交叉口红绿灯安装	2022	550	550	完工	
73	6	滨湖大道亮化工程	高新区管委会	长7.24公里中间绿化带太阳能路灯安装，设计标准同织里段	2022	500	500	完工	
74	7	迎宾大道绿化改造提升工程	高新区管委会	长4公里道路两侧及中间绿化带提升改造	2022	1600	1600	完工	
75		湖东街道		1		2500	2500		
76		湖东东郡红树湾未来社区	湖东街道办事处	总用地面积854亩	2022	2500	2500	完工	
77		环渚街道		3		1030	1030		
78	1	香樟湾社区党群服务中心和幸福邻里中心	环渚街道	项目拟对香樟湾社区用房进行装修，总面积1100平方米。打造集“最多跑一次”办事大厅、多功能服务厅、学习室、休闲娱乐、党员活动为一体的全服务党群服务中心，切实发挥党建阵地战斗堡垒作用，使党群服务更优化、群众服务更便利、社区生活更优质	2022	250	250	完工投入使用	
79	2	万安社区党群服务中心和幸福邻里中心	环渚街道	项目拟对万安社区用房进行装修，总面积1500平方米打造集“最多跑一次”办事大厅、多功能服务厅、学习室、休闲娱乐、党员活动为一体的全服务党群服务中心，切实发挥党建阵地战斗堡垒作用，使党群服务更优化、群众服务更便利、社区生活更优质	2022	300	300	完工投入使用	
80	3	市北数字化矛盾纠纷调处化解中心	环渚街道	打造一个服务环渚街道、高新区、南太湖新区、中心城区安置百姓为主的综合型社会治理中心，包含综治、司法、公安、信访、社会组织等部门共同参与的矛盾联合调处、积案化解的综合场所，共计约1000平方米	2022	480	480	完工投入使用	

续表

总序	序号	项目名称	项目主管单位及建设单位	建设规模及主要建设内容	建设年限	计划总投资	2022年计划投资	2022年实施内容及进度	备注
81		月河街道		5		1000	1000		
82	1	月河街道南园社区党群服务中心、幸福邻里中心、新时代文明实践站	月河街道	南园社区党群服务中心、幸福邻里中心、新时代文明时间站约600平方米装修、设计	2022	200	200	完工投入使用	
83	2	月河街道浮星桥社区党群服务中心、幸福邻里中心、新时代文明实践站	月河街道	浮星桥社区党群服务中心、幸福邻里中心、新时代文明时间站约2300平方米装修、设计	2022	380	380	完工投入使用	
84	3	月河街道月河社区党群服务中心三期	月河街道	利用月河社区皕宋楼（月河社区党群服务中心后侧）闲置二层木结构楼房约200平方米设计、装修，打造月河社党群服务中心三期相关功能室	2022	60	60	完工投入使用	
85	4	月河街道社会矛盾纠纷调处化解（微治理协同服务）中心	月河街道	打造以综治、司法、公安、信访、社会组织等力量共同参与，实现矛盾联合调处、困难联合帮扶、问题联合解决、服务联合优化的微治理协同服务中心约500平方米的设计与装修	2022	260	260	完工投入使用	
86	5	月河街道“城警一体化”联勤警务站	月河街道	打造以公安、市场监管、综合行政执法等力量参与，有效破解精细化管理难题，提高执法效能和服务水平的联勤警务站约300平方米的设计与装修	2022	100	100	完工投入使用	
87		爱山街道		1		252	252		
88	1	爱山街道利民社区党群服务中心、幸福邻里中心、新时代文明实践站	爱山街道	利民社区党群服务中心、幸福邻里中心、新时代文明实践站750平方米装修、设计	2022	252	252	完工投入使用	

关于湖州市吴兴区2021年预算执行情况及2022年预算草案的报告

——在湖州市吴兴区第五届人民代表大会第一次会议上

吴兴区财政局局长　杨卫华

2022年2月15日

受区人民政府委托，向大会报告2021年全区预算执行情况及2022年预算草案，提请各位代表审议，并请各位政协委员和其他列席人员提出意见。

一、2021年预算执行情况

2021年，在区委、区政府的正确领导下，在区人大、区政协的监督指导下，全区各级政府部门以习近平新时代中国特色社会主义思想为指导，全面贯彻党的十九大、十九届历次全会精神和区四届人大五次会议决议精神，严格遵守《中华人民共和国预算法》《中华人民共和国预算法实施条例》和《浙江省预算审查监督条例》规定，紧紧围绕区委、区政府的中心工作和重点工作任务，坚持稳中求进工作总基调，立足新发展阶段，贯彻新发展理念，持之以恒推进"生态吴兴、科创新城、产业强区、幸福家园"建设，经济实力大幅跃升、生态价值有力彰显、改革开放纵深推进、民生福祉不断增进，为全面推进社会主义现代化建设奠定了坚实基础。

（一）一般公共预算执行情况

1.收入预算执行情况

全区实现财政总收入962169万元，比上年增长16.2%，完成预期数的107.6%，其中一般公共预算收入634425万元，比上年增长23.9%，完成预期数的114.7%，主要收入科目执行情况如下图：

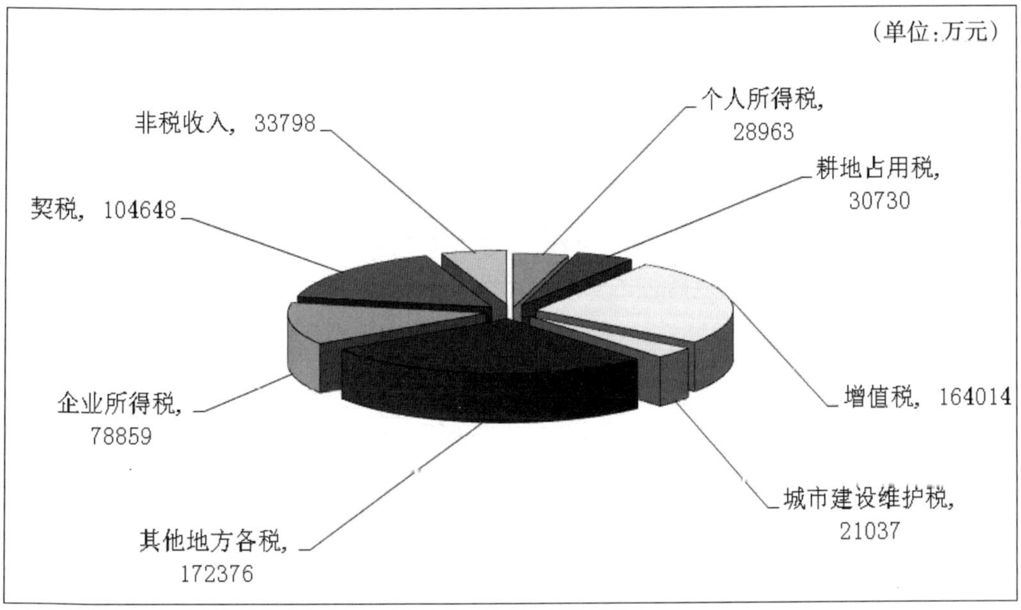

2021年一般公共预算主要收入科目情况

2.支出预算执行情况

区四届人大五次会议批准的2021年一般公共预算支出为506465万元（包括省、市转移支付），区四届人大常委会第34次会议批准调整预算数584957万元，实际执行数为584001万元（其中债务付息和发行费支出15376万元），完成调整预算的99.8%，剔除一般债券和人才安居等不可比因素，按可比口径计算比上年增长15.6%。主要支出科目执行情况如下图：

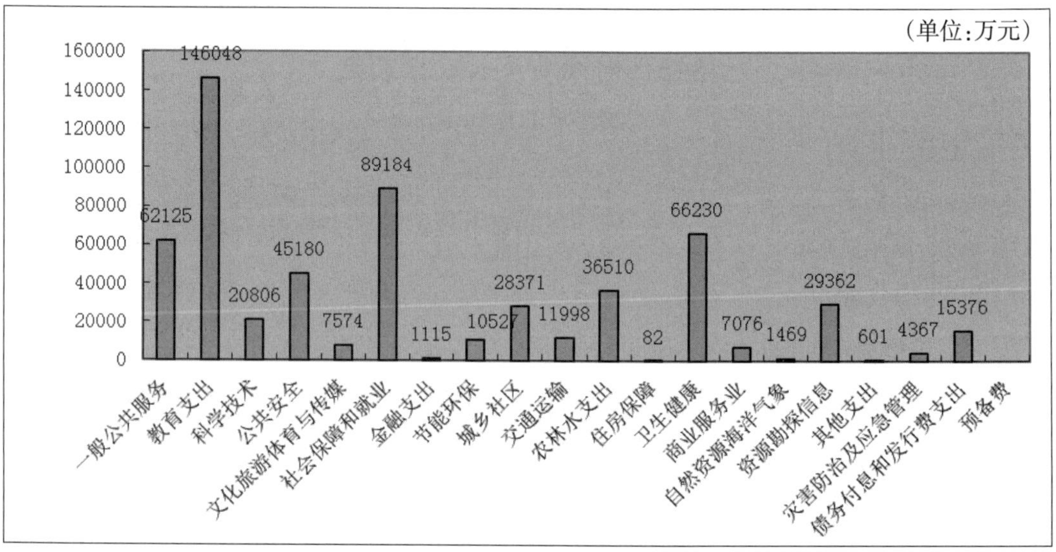

2021年一般公共预算主要支出科目情况

2021年度按照现行市对区财政体制计算，加上上级各项补助、动用预算调节稳定基金，统筹政府性基金和国有资本财力，积极盘活存量等，收支相抵，预计可实现财政收支基本平衡。由于市对区体制结算尚有一个过程，最终平衡结果待决算汇审后再向区人大常委会专题报告。

（二）政府性基金预算执行情况

区四届人大五次会议批准的2021年政府性基金收入预算794620万元，区四届人大常委会第34次会议批准调整预算数1176247万元，实际执行数为1450086万元，完成调整预算的123.3%（主要是新增专项债券、土地项目跨年结算和市提取的社保风险准备金结算方式调整），比上年增长42.1%，其中：国有土地收益基金收入21416万元，农业土地开发资金收入488万元，国有土地使用权出让收入772436万元，城市基础设施配套费收入6223万元，污水处理费收入4582万元，其他政府性基金收入7000万元；转移收入213693万元；上年专项补助收入结转49248万元；新增专项债券165000万元；债务转贷收入210000万元。

2021年政府性基金支出预算740736万元，区四届人大常委会第34次会议批准调整预算数1172546万元，实际执行数为1429394万元，完成调整预算的121.9%（主要是新增专项债券、土地项目跨年结算调出和市提取的社保风险准备金结算方式调整增加支出），比上年增长47.2%，其中城乡社区支出764202万元（主要是国有土地使用权出让收入根据属地原则返还各乡镇，用于化债、代建和提取偿债风险金等支出739360万元，污水处理费支出3812万元），文化旅游体育与传媒5万元，社会保障和就业1059万元，农林水支出95万元，专项债务付息和发行费支出20915万元，彩票事务支出2204万元，专项债券安排的支出165000万元，其他支出5943万元；上解支出

161595万元(国有土地使用权出让收入中省、市专项计提上解);专项债务还本支出210000万元;调入一般公共预算支出98376万元。根据项目完成进度政府性基金结转下年支出20692万元。

(三)社会保险基金预算执行情况

区四届人大五次会议批准的2021年社会保险基金收入预算107537万元(含南太湖新区),实际社会保险基金收入执行数为134615万元,比上年增长5.7%,完成预算的125.2%。其中:机关事业单位基本养老保险基金收入32601万元,城乡居民基本养老保险基金收入53176万元,城乡居民基本医疗保险基金收入48838万元。2021年社会保险基金支出预算98429万元,实际执行数为102621万元,比上年增长13.1%,完成预算的104.3%。其中:社会保险待遇支出90767万元。收支相抵,本年收支结余31994万元,累计结余117860万元(主要是城乡居民基本养老保险个人缴费结余和大学生基本医疗保险基金收支结余)。

(四)国有资本经营预算执行情况

区四届人大五次会议批准的2021年国有资本经营预算收入8500万元,实际执行数为8500万元,其中:利润收入8500万元,完成年初预算的100%。2021年国有资本经营预算支出8500万元,实际支出8500万元,全部为调出资金,主要用于:偿债850万元;社保风险准备金2550万元。收支相抵,国有资本经营预算收支平衡。

(五)政府债务规模、结构、使用、偿还情况

1. 举借规模

2021年,区人大常委会批准地方政府债务限额144.81亿元,年底省下达新增债务限额4亿元,全区政府债务限额为148.81亿元,比上年增加19亿元,其中一般债务55.87亿元,占37.5%;专项债务92.94亿元,占62.5%。

在批准的限额内(含2020年化债试点下达限额30亿元),通过省代发地方政府债券58.1亿元,其中:新增债券19亿元,再融资债券9.1亿元,财政部隐性债务化解试点新增债券30亿元于2021年发行。

2. 结构

截至2021年末,全区地方政府债务余额为148.46亿元,其中:一般债务55.6亿元,占37.5%;专项债务92.86亿元,占62.5%。

3. 使用

2021年,全区新增地方政府债券19亿元,涉及12个项目,均开工建设。其中,用于教育4亿元,占21.1%;农村水利4.4亿元,占23.1%;医疗卫生2.5亿元,占13.2%;市政建设和产业园区5亿元,占26.3%;老旧小区等其他社会事业3.1亿元,占16.3%。

4. 偿还

2021年,全区财政共安排还本支出9.172亿元,其中一般债务还本支出8.172亿元,专项债务还本支出1亿元,均用于偿还存量政府债务。2021年债券利息支出(含手续费和发行费)3.629亿元,其中一般债券支出1.537亿元,专项债券支出2.092亿元。

(六)政府性投资项目预算执行情况

2021年500万元以上区本级政府投资项目年初计划12个,计划总投资4.77亿元,当年计划投资2.8亿元;截至目前,12个项目中(取消项目1个),剩余11个项目中,已立项9个,已开工9个,当年完成投资约1.67亿元。12个项目年初预算安排资金1.99亿元,实际根据项目开工进度拨付4070万元(其中一般债券3000万元)。

2021年500万元以下区本级政府投资项目年初计划52个,计划总投资8995万元,当年计划投资8655万元;截至目前,52个项目中除吴兴法院未实施外,其余项目均已完工。52个项目年初预算安排资金8115万元,实际根据项目开工进度拨付7625万元。

(七)落实区人大预算决议有关情况

一是聚焦组织收入,努力夯

实财力基础。积极协调各级各部门形成收入征管有效合力，进一步完善收入统筹机制，使收入规模保持稳定，在保持财政收入平稳增长的同时，继续稳步优化收入结构，实现经济与财政良性循环。关注重点税源建设，全面加强乡镇级财源建设，因地制宜科学布局特色优势产业，持续培育壮大财源。硬化预算执行约束，严格按照“先有预算，后有支出”的原则，合理安排预算执行进度，严格控制安排追加预算。2021年一般性项目支出原则上按2020年预算数压减10%。大力推进节约型机关建设，倡导绿色办公，严控经费支出，从严从紧安排经费预算，坚决取消无实质内容的经费支出活动。大力优化支出结构，加大向财力困难地区、低收入群体、弱势群体倾斜力度。全年完成民生支出45亿元，占一般公共预算支出的77.1%，人民群众的获得感更加充足、幸福感更可持续、安全感更有保障。

二是聚焦高质量发展，建设共同富裕示范区。加快完善惠企政策兑现长效机制，简化审核流程，打通“政策兑现最后一公里”，全年兑现各类惠企政策资金3.01亿元。改进完善直达机制，建立“资金拨付绿色通道”，使中央直达资金更好地惠企利民，2021年共收到中央直达资金1.70亿元，已全部分配。安排农业农村高质量发展资金1.34亿元，加大特色产业培养。成功争取省厅基层政策性农业信贷担保创新试点，已完成45笔涉农贷款放款，涉及资金6004万元，放款金额全省领先。安排资金7890万元助力美丽乡村建设。开展村集体经济欠发达村“造血”能力提升项目，累计为欠发达村带来1445万元的收入。拨付对口支援专项资金2857万元，助力帮扶地区经济社会发展。通过政采云平台鼓励全区行政事业单位开展消费帮扶，已累计下单382.59万元。

三是防控债务风险，严格规范债务管理。严格落实“三个不得立项”要求，实行政府投资项目联审制度，从源头上遏制债务增量，今年审核政府投资项目概算12个，核减金额1.14亿元，节约率为8.9%。严控债务总量，遏制债务增量，合理控制债务规模。继续加强乡镇债务管理，深入推进乡镇债务“关闸门”工作，着重厘清乡镇与国有公司职责边界，以镇属国有公司“上划规范一批、继续保留一批、整合关停注销一批”为抓手平稳推进。成功争取财政部建制县区隐性债务风险化解试点，并获债券置换资金30亿元。成功争取2021年新增专项债券限额16.5亿元、一般债券限额2.5亿元，助力我区教育、水利、医疗等民生事业发展。严格按照省长提出的“两个清零”工作任务，围绕全区隐性债务化解目标，开展吴兴区存量隐性债务化解攻坚行动。预估隐性债务率从2020年的232%降至161%（以财政部公示为准），风险等级由橙色降为黄色。隐性债务化解工作获得省财政厅、财政部监管局认可。根据监督政府建立完善债务风险评估预警和应急处置机制的规定，已拟定《湖州市吴兴区政府性债务风险应急处置预案》。

四是深化国企改革，助力做大做优做强。出台《吴兴区区属国有企业投资管理暂行办法》，进一步规范国企投资活动的全周期管理。推行国企重大财务事项月度例会报告制度，进一步规范国企经营。实行区属国企季度晾晒评价机制，在国企间形成积极竞争氛围，督促国企做到规范市场化运作与防范风险并举。健全制度机制，建立具有约束激励实效的薪酬考核体系、国企投融资运营决策机制和企业市场化的经营机制，逐步实现由政府投向市场投的积极转变，助力国企做大做优做强。截至12月底，区属五大集团净资产突破600亿元，全区主体信用评级AA+国企从1家增至3家，AA国企从4家增至6家，国企信用评级提升数量增幅全市第一。

五是强化数字赋能，推进财政改革进程。强化预算一体化建设，深化集中财力办大事体系，全面实现零基预算管理。强化绩效评价结果应用，2021年预算调减、取消项目114个，涉及金额7664万元。在全市率先上线政府专项债券全生命周期管理系统，以数字赋能推进财政数字化进程。运用公款竞争性存放网上招标平台和项目采购全流程电子化招标，切实实现政府公权力行使的公开公平公正。成功争取省乡镇内部控制指引建设试点，以织里镇为先行示范，构建智能化乡镇内控系统，进一步加强内部权力制约，有效防控廉政风险和行政风险，切实提高机关运行效能，被《中国财经报》《中国会计报》《浙江之声》等多家媒体报道。今年10月作为先进代表在2021年全省基层财政工作会议上就乡镇财政监督管理相关经验作交流发言。

在肯定成绩的同时，我们也清醒地看到，财政工作还存在不少问题和短板，主要是财政收支平衡压力不断加大、基层财政和行政事业单位财务会计队伍建设还存在薄弱环节、债务管理风险依然较大、国资国企管理基础比较薄弱。这些问题需要我们引起高度重视，系统研究，采取切实有效措施逐项予以破解。

二、2022年预算收支安排（草案）

2022年，是深入践行市区一体、奔跑赶超，下好高质量发展、新势力城市、共同富裕示范、数字化改革“四步先手棋”，加快建设新时期美好吴兴，以优异成绩迎接党的二十大胜利召开的关键之年。编制好2022年预算，扎实做好各项财政工作，对充分发挥财政服务保障作用，践行“财为政服务”理念具有十分重要的意义。

（一）2022年财政预算编制的指导思想

根据对2022年财政经济形势的分析判断，结合财政改革和发展的任务，2022年财政预算安排的指导思想是：坚持以习近平新时代中国特色社会主义思想为引领，深入贯彻党的十九大和十九届历次全会精神，全面落实区委、区政府决策部署，坚持稳中求进工作总基调，坚持扛起主城区担当、彰显首位区风采工作总定位，坚持以民为本、实事求是、创新实干工作总要求，推动积极的财政政策提升效能，更加注重精准、可持续，服务“六稳”“六保”工作大局。优化支出重点和结构，加强重点领域财力保障，坚持党政机关过紧日子，厉行勤俭节约，提高财政资金配置效益，完善地方政府债务管控，防范系统性风险，以财政新作为推进全区经济社会高质量赶超发展。

（二）一般公共预算（草案）

1.收入预期

2022年财政总收入预期1043980万元，比上年增长8.5%；其中一般公共预算收入685180万元，比上年增长8%，主要收入科目情况如下图：

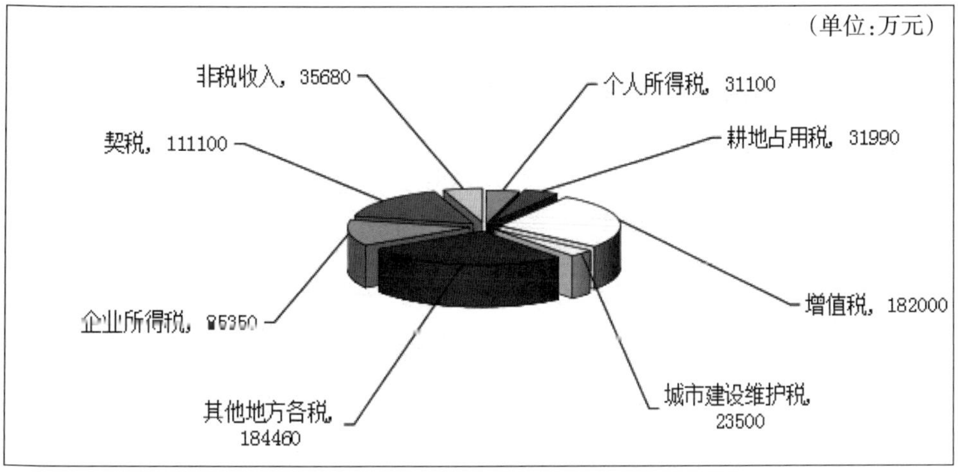

2022年一般公共预算主要收入科目情况

2. 支出预算

按上述预期收入水平与结构，根据现行市对区的财政体制，在考虑省、市转移支付等相关因素后，预计全区2022年一般公共预算可用财力为637788万元，其中：预估省、市专项转移支付补助135000万元；上年结转9612万元；预计体制内可用财力343431万元；预估预算稳定调节基金调入36505万元；政府性基金调入100000万元；国有资本经营调入13240万元。相应安排2022年全区一般公共预算支出637788万元，比上年执行数增长9.2%，其中区本级支出486305万元、转移支付乡镇支出39124万元、省市专项转移支付支出112359万元。主要支出科目安排情况如下图：

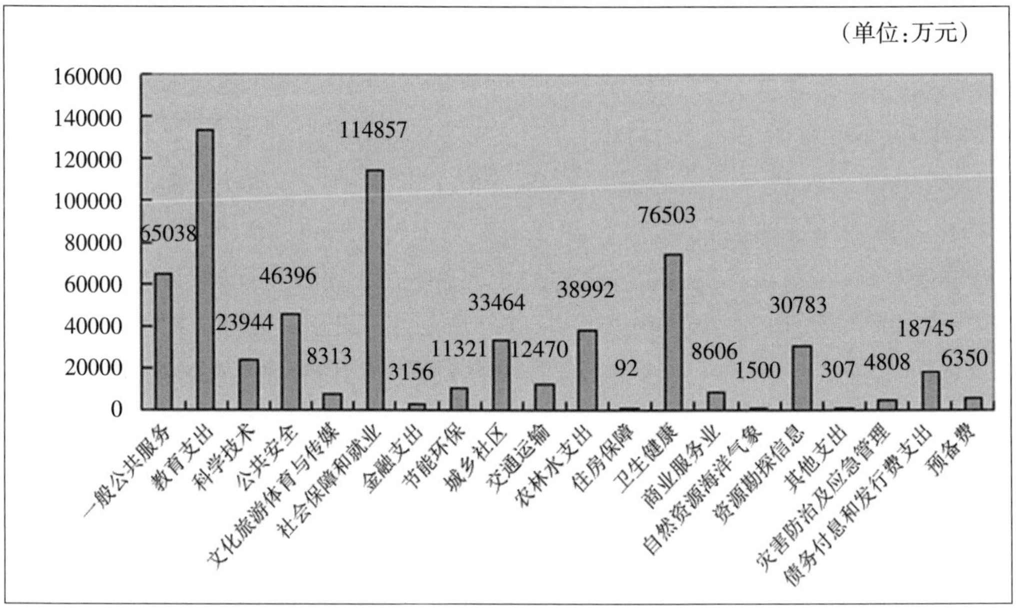

2022年一般公共预算主要支出科目情况

（三）政府性基金预算（草案）

拟安排2022年政府性基金收入预算为1173692万元，比上年减少19.1%（主要是债务转贷收入和转移支付收入预计减少），主要收入项目：国有土地收益基金收入20000万元；农业土地开发资金收入500万元；国有土地使用权出让收入779500万元；城市基础设施配套费收入6300万元；污水处理费收入4700万元；其他政府性基金收入7000万元；转移收入100000万元；上年专项收入结转20692万元；新增债券125000万元；债务转贷收入110000万元。

相应安排2022年政府性基金支出预算为1155000万元，比上年减少19.2%（主要是专项债务还本支出和预计转移支付减少支出），主要支出项目是：城乡社区支出636871万元（主要是国有土地使用权出让收入根据属地原则返还各乡镇，用于化债、代建和提取偿债风险金等支出）；社会保障和就业支出1100万元；文化旅游体育与传媒支出5万元；农林水支出125万元；专项债务付息和发行费支出32726万元，彩票事务支出2500万元，专项债券安排的支出125000万元，其他支出6000万元；调入一般公共预算支出100000万元；上解支出140000万元；专项债务还本支出110673万元。收支相抵预计结转下年专项支出18692万元。

（四）社会保险基金预算（草案）

2022年起城乡居民基本医疗保险基金市级统筹纳入市本

级预算(历年结余暂时不上划),预计2022年全区社会保险基金收入96790万元(含南太湖新区),其中:机关事业单位基本养老保险基金收入35153万元,城乡居民基本养老保险基金收入61637万元。预计2022年社会保险基金支出69010万元,其中:社会保险待遇支出60049万元。收支相抵,本年收支结余27780万元,累计结余145640万元,其中,机关事业单位基本养老保险基金结余4481万元、城乡居民基本养老保险基金结余90891万元、城乡居民基本医疗保险基金历年结余50268万元。

(五)国有资本经营预算(草案)

预计2022年国有资本经营预算收入13240万元,其中利润收入13156万元,其他收入84万元。相应安排2022年国有资本经营预算支出13240万元,全部为调出资金,其中:国有资本经营收益30%部分3972万元用于社保风险准备金;10%部分1324万元用于化解债务。收支相抵,国有资本经营预算收支平衡。

(六)地方政府债务预算(草案)

2022年1月上旬,省财政厅下达我区2022年新增地方政府债务限额13.5亿元(其中:一般债务1亿元,专项债务12.5亿元)。鉴于2022年全年新增地方政府债务限额尚未下达,我区2022年地方政府限额暂按2021年限额148.81亿元,加上已下达2022年部分新增限额13.5亿元,即162.31亿元。2022年全年新增地方政府债务限额待省财政厅下达后,再依法编制调整预算方案(草案)提交区人大常委会审议批准。

根据地方政府债券到期情况,在一般公共预算支出中安排一般债务还本支出3.3亿元,在政府性基金预算支出中安排专项债务还本支出11.07亿元。

(七)政府投资项目预算(草案)

2022年区本级政府投资项目67个(其中500万元以上57个项目尚未报市政府投资项目联审小组审批通过),计划总投资109.06亿元,当年计划投资35.38亿元。预计当年区财政预算安排5.12亿元,其中政府性基金预算安排4.48亿元、高新区财政安排0.41亿元、环渚街道财政安排0.1亿元、月河街道安排0.1亿元、爱山街道安排0.03亿元;债券资金暂安排8.78亿元。

三、2022年财政工作的主要措施

(一)围绕量质并举,保障收支紧平衡

一是高质量抓好收入。落实高质量发展理念,加强收入形势分析研判,在保持财政收入平稳增长的同时,继续稳步优化收入结构,保持两项收入增幅继续走在全市前列,实现经济与财政良性循环,推动收入健康可持续发展。二是重点培育优质税源。落实积极财政政策,为企业减负松绑,增强发展活力,做大财政蛋糕。强化招商引资激励机制,大力支持制造业高质量发展,促进项目集聚、产业集群、要素集约,重点培育壮大一批主导产业突出、产业配套完善、特色鲜明的大型企业,夯实实体经济对财政持续增收的基础支撑,持续培育壮大财源。三是集中财力保障民生事业发展。牢牢兜住"三保"底线,健全社会保障托底政策体系,推进基本公共服务更加普惠均等,统筹资金支持"十大民生实事"建设,全力推动市级"共富班车"在吴兴顺利运行,实现经济发展与民生改善互促互进,不断提升群众获得感、幸福感和安全感。四是加强乡镇财政保障力度。完善区对乡镇财政体制,形成区保民生、保运行、保重点,各乡镇保服务、保项目、保发展的格局,合理界定财政收支范围,提高区对各乡镇基本运转保障水平,加大教育、卫生医疗等领域区级投入,增强乡镇社会事业发展基本保障能力。

(二)围绕财政创新,助力高质量发展

一是助力产业转型创新。落实落细各项惠企政策,重点推进制造业高质量发展。加大财政投入与创新融资模式并举，努力筹措资金，继续支持低效用地收储开发和存量资源有效盘活，重点支持西塞“科学谷”、阳山“时尚谷”、太湖实验室等科创平台建设发展。二是统筹资金支持乡村振兴。加大土地出让金提取比例，统筹用于全域土地整治、美丽乡村和农村交通、水利等基础设施建设。通过安排美丽乡村建设、各类村级荣誉创建等资金，发挥财政政策引导作用，撬动社会资本补足农村基础设施短板。以全省基层政策性农业信贷担保创新试点为契机，引导农商行等地方金融机构信贷支持农业产业发展。三是全力争取支持重大项目建设。积极向上争取政策资金，科学谋划债券项目储备，加快已发专项债券使用，充分发挥专项债券在助力我区教育、水利、医疗等事业的积极作用，确实扩大有效投资，补齐民生基础设施短板。

（三）围绕健康发展，推动国企做优做强

一是持续深化国有企业改革。落实《吴兴区国企改革三年行动实施方案》，进一步完善现代企业制度，推进国有资本结构优化，继续厘清政企业职责边界，健全市场化经营机制，支持国企以市场化经营手段扩大有效投资。二是强化企业内部规范管理。推动企业加快建立各司其职、各负其责、协调运转、有效制衡的公司治理体制。规范企业内部权责关系，形成定位清晰、权责对等、运转协调、制衡有效的法人治理结构。监督指导区属国企加强内控建设，健全财务制度，规范内部权责关系，防范企业债务、投资、混改等运营风险。三是加强国有资本监督管理。按照向管资本为主转变监管职能的要求，改进监管方式手段，着力构建国资监管新格局。完善国企投资决策机制，继续开展国企季度晾晒评价，形成积极竞争氛围。全力支持国有企业在资产管理、对外投资、内部管理等领域推进国资国企数字化改革，切实提升管理能力水平。加强人员力量配备，加强对国企运营检查指导，进一步提升国资监管水平。

（四）围绕风险防范，确保财政平稳运行

一是严格管控债务风险。合理控制债务总量，努力优化债务结构，加强债务监督检查，继续关紧乡镇融资“闸门”，加强债务监督检查，坚决遏制新增隐性债务。扎实推进全国债务化解试点工作，围绕隐性债务“两个清零”总体要求，继续向上争取政策，拓展化债渠道，加大乡镇安排土地出让金用于化债比例，合理统筹区镇两级财政资金，确保明年隐性债务化解任务圆满完成。二是强化财政资金监督绩效。加强中央直达资金管理，加快项目实施进度，使中央直达资金惠企利民作用得到充分发挥。认真做好审计发现问题整改，进一步完善内控制度，发挥监督检查与绩效管理双重功能，规范部门资金使用，不断提高使用绩效。制订乡镇财政管理固本强基三年行动计划，指导建立健全内控制度，切实防范乡镇财政风险。三是加快推进数字财政转型。全力推进预算管理一体化，规范开展公款竞争性存放和采购不见面评标制度改革。完善专项债券全生命周期管理平台系统，实现债务管理部门和债务主体单位之间互联互通，债务数据及风险全方位监控分析。加快乡镇内控系统全区推广应用，健全监管长效机制和闭环管理体系，堵塞管理漏洞，防范化解乡镇财政管理风险。

2022年，我们将在区委、区政府的正确领导下，主动接受人大依法监督和政协民主监督，虚心听取意见建议，严格按照中国共产党湖州市吴兴区第五次代表大会确定的“扛起主城区担当、彰显首位区风采，奋力在社会主义现代化新征程中书写美好吴兴篇章”主题，紧紧围绕全区中心工作，齐心协力、开拓进取，为全面加快吴兴高质量赶超发展做出新的更大的贡献！

湖州市吴兴区人民法院
工 作 报 告

——在湖州市吴兴区第五届人民代表大会第一次会议上

吴兴区人民法院院长 陈 静

2022年2月16日

过去五年工作回顾

2017年以来，区法院在区委坚强领导、区人大及其常委会有力监督和上级法院精心指导下，在区政府、区政协和社会各界关心支持下，坚持以习近平新时代中国特色社会主义思想为指引，全面贯彻落实党的十九大和十九届历次全会精神，紧紧围绕"努力让人民群众在每一个司法案件中感受到公平正义"的目标，牢牢把握司法为民初心，锚定航向忠诚履职，积极践行公正司法使命，实干担当展现作为，各项工作取得了较大进展。

——司法业绩有新提高。五年来，受理各类案件89834件，办结89814件，涉案标的529亿元，法官每年人均结案414件，收结案数、法官人均结案数均居全市第一，全省前列。"八升五降"①重点核心质效指标同比优化12项，6项居全省前十。主要办案质量、效率、效果指标始终位于全省法院前列。

——司法服务有新创举。五年来，坚持以两个"一站式"②建设为主线，在诉讼服务中心入驻区社会矛盾纠纷调处化解中心（以下简称矛调中心）的基础上，首创人民法庭成建制入驻，不断优化司法服务，构建移动微法院、24小时自助诉讼服务站、"共享法庭"③、诉讼服务中心"四位一体"的线上线下诉讼服务体系，满足人民群众对司法服务的新期待、新要求。

——司法改革有新成效。五年来，全院干警凝聚共识，稳步开展审判权运行机制改革，圆满完成五批员额法官的遴选配备，顺利推进司法责任制、人员分类管理、司法职业保障等改革任务，刑事诉讼改革、家事审判改革、数字化改革工作走在全市前列，司法公信力不断提升。

——司法队伍有新面貌。五年来，先后荣获全国优秀法院、全国法院文化建设先进单位、全国青少年维权岗等市级以上先进集体表彰62次，先后涌现出全国优秀法官、全国法院先进个人、全国法院办案标兵、湖州市十大杰出青年李辉，全国法院司法警察先进个人肖斌等133人次市级以上先进典型。

一、以服务大局为重点，担当作为护航发展

服务保障重点工作推进。围绕区委重点工作决策部署，及时出台司法保障意见，获区委主要领导批示肯定7次。组建复工复产助企服务团，持续深化"三服务"活动，获评区"三服务"先进集体。建立司法网拍与"标准地"改革有效衔接机制，五年来，司法网拍工业用地39宗1099余亩。依法妥善审理涉疫情纠纷，精准服务"六稳""六保"，稳妥执结的涉某农副产品交易中心案④件，获评全省法院"战疫情、保民生、促发展"十大典型案例和市区两级担当破难典型案例。

持续优化法治营商环境。五年来，受理破产案件69件，审结53件，实现债权10.86亿余

元。审结的湖州港城置业有限公司[⑤]、湖州汇泰置业有限公司破产清算案[⑥]分别获评全省法院十大破产典型案例。设立破产费用专项援助基金，推动完善企业破产协调处置机制，成功助力吴兴区创建优化营商环境百强区。加大知识产权司法保护力度，审结涉知识产权案件1184件。14个案例入选市级以上典型案例，其中涉“雪花”啤酒商标侵权案[⑦]先后获评全省法院十大知识产权典型案例和长三角地区人民法院第二批典型案例；侵犯“大嘴猴”商标权案件[⑧]作为网络平台侵权典型案例，由省高院李占国院长在世界互联网法治论坛上作介绍。

绿色司法护航绿水青山。五年来，审结环境资源犯罪案件19件，判处罪犯51人。依法支持环保行政执法，审结环保部门申请强制执行污染环境案件771件，准予执行768件。深入践行“绿水青山就是金山银山”理念，引入生态修复性司法机制，设立巡回审判点、司法保护教育实践基地及“生态修复基地”。发出全市法院首份“禁止令”和“污染物处置令”，妥善审结“大银山死猪”案、非法捕捞太湖水产品案等案件，其中涉某公司特大污染环境案[⑨]入选最高人民法院、最高人民检察院环境污染犯罪典型案例。成立“法润绿金”法官工作室，助力绿色金融改革创新试验区建设。实现AAA级以上景区旅游巡回审判庭全覆盖，助推全域旅游产业健康发展，审结的徐某江旅游合同纠纷案入选全市法院2017—2020年旅游审判典型案例。

深度参与社会综合治理。创新发展新时代“枫桥经验”，拓展延伸司法职能，制定《“法官联系片区”工作制度》，设立覆盖全区的46个“理法官工作室”，成立“理法官”宣讲志愿服务团[⑩]，实现一村社一法官，一镇街一院领导，源头预防化解纠纷。常态化开展院领导大接访大调研活动，畅通申诉信访渠道，完善律师参与涉诉信访案件工作机制，开展案件涉稳风险评估，排查化解信访隐患，稳妥化解涉诉信访案件282件，依法对31件无理访、重复访案件报备终结。全力做好十九大、建党百年等重大活动的维稳安保工作。院司法警察大队获评全省平安护航新中国成立70周年工作成绩突出集体和全国法院司法警察先进集体。

二、以主责主业为核心，开拓进取忠诚履职

宽严相济惩治刑事犯罪。五年来，审结刑事案件5315件，判处罪犯7290人，对2422名认罪认罚被告人依法从宽处理，对3050名被告人适用缓刑，获评平安湖州建设夺金鼎集体嘉奖。深入推进扫黑除恶专项斗争，妥善审结省督办“两池”案[⑪]等涉黑恶案件15件75人，涉黑恶财产刑执行到位率达97%，获评全市扫黑除恶集体二等功，撰写的相关信息获评全国法院优秀信息，相关工作获最高人民法院领导批示，工作经验在全国推广。依法从快从严惩治妨害疫情防控犯罪，判决8件10人。精准打击涉众型经济犯罪，审结电信网络诈骗、集资诈骗、非法吸收公众存款等犯罪案件141件377人，涉案金额48.2亿元。依法打击危害公共安全犯罪，审结交通肇事、危险驾驶犯罪案件1531件1822人，其中一案例被央视《今日说法》栏目深度报道。审结危害食品药品安全犯罪案件82件107人，工作做法获市领导批示肯定。

调判结合妥处民商纠纷。五年来，审结民商事案件45867件，较上一个五年上升39%。深化家事审判方式和工作机制改革，通过成立家事审判调裁中心[⑫]、设立婚调委工作站、引入心理疏导机制等，着力化解家事纠纷，审结婚姻、继承等家事案件2840件，调撤率达80.9%，相关工作做法获市中院主要领导批示肯定。全力维护国防利益，妥善办理涉军停偿案件24件，保障军地双方合法权益。强化民间借贷协同治理，建立“职业放贷人名录”制度，从严把握利率红线，严格甄别虚假诉讼、“套路贷”，五年受理民间借贷纠纷6100

件，2019年以来，实现收案量年均下降16.1%。坚持"房住不炒"定位，妥善审结涉房屋买卖、租赁、建设工程等案件4095件，助力房地产市场平稳健康发展，相关工作信息被省委办公厅录用刊发。

监督支持促进依法行政。五年来，积极落实行政诉讼集中管辖和异地交叉管辖，审结行政诉讼案件544件，获评湖州市创建全国法治政府建设示范市突出贡献集体。健全行政机关负责人出庭应诉机制，行政机关负责人出庭率达100%。支持行政机关依法履职，依法审查非诉执行案件846件，准予执行率99.7%。依法保障重点项目建设、"五未"土地处置、"污水零直排区"建设等重点工作有序推进。注重行政争议实质性化解，聘任专职行政争议调解员，成立全市法院首个行政争议联络站，并实现乡镇（街道）全覆盖。通过发送司法审查白皮书、召开联席会议、开展专题讲座等举措，深化司法与行政良性互动，助力法治政府建设。行政争议化解工作获区级以上领导批示肯定8次。

凝心聚力破解执行难题。五年来，执结各类案件36515件，执行到位金额59.39亿元，较上一个五年上升52.2%。如期打赢"基本解决执行难"攻坚战，加大执行联动力度，完善综合治理执行难大格局，深化执行长效机制。总结提炼的腾房工作"八步战法"[13]被最高人民法院工作信息简报刊发，获最高人民法院领导批示肯定并向全国推广。深化执行"一件事"改革[14]，创新执行工作方式，探索预罚款、预拘留制度，优化执前督促履行机制。开展专项集中执行行动19次，拘留、罚款被执行人15508人次。创新推进"公诉与自诉协调运行"的打击拒执犯罪工作机制，审结拒执罪案件154件167人，实刑判处数全市第一，一拒执罪案例宣传获评全省法院十佳执行好新闻。

三、以司法为民为中心，与时偕行守护公正

创新机制深化诉源治理。大力引导诉前调解，在全省率先出台《诉调衔接实施办法》，深度融合区矛盾纠纷多元化解中心[15]，获评全省法院诉源治理成绩突出集体。成立全市法院首个指导人民调解服务所，设立公证调解站，拓宽诉前调解新路径，工作经验被最高人民法院信息简报刊发推广。优化"村巷法官"[16]服务，开展联村党建共建，打造"嵌入式党建"[17]引领基层社会治理新格局。系统总结人民法庭整体入驻矛调中心的经验做法，发布规范化指引，形成"一入驻三下沉"[18]的诉源治理吴兴模式，入选市区两级担当破难典型案例。相关工作经验获市级以上领导批示肯定5次。吸引全国法治记者采访团集中采风，工作做法被《人民法院报》头版头条刊发报道。

便民利民优化诉讼服务。严格落实立案登记制，推行跨域、跨境立案服务，完善12368诉讼服务热线，深化司法领域"最多跑一次"改革。充分发挥巡回审判优势，设立巡回审判点21个，延伸基层人民法庭服务半径，累计开展巡回审判184次，着力打通司法服务的"最后一公里"。协同聘请36名优秀律师调解员轮流驻点法院，为群众提供无偿法律服务。建成覆盖全区的24小时自助诉讼服务站，推广移动微法院和浙江解纷码，实现诉讼服务线上线下全覆盖。结合疫情防控，全面推行网上立案、线上开庭及云上救助等司法举措。2020年以来，累计网上立案、开庭、调解等22253件（次）。

保障民生传递司法温度。出台八大司法惠民项目，持续开展"我为群众办实事"实践活动。成立"心之语"工作室[19]，发布未成年人审判五年工作白皮书，护航未成年人心理健康。开辟民生案件优先立案、优先审理、优先执行的"绿色通道"，依法运用先予执行程序、简易程序等，提高办案效率，审结拖欠农民工工资案件1499件，发放执行款3746.7万余元。《为

196名劳动者追回千万元工资款》[20]案例获评区担当破难典型案例。设立司法救助委员会，拓宽司法救助渠道，向187名困难当事人发放救助金438万元，为当事人缓、减、免交诉讼费用238万元，切实减轻当事人经济负担。相关工作获省高院领导批示肯定。

司法裁判引领社会风尚。深入贯彻实施《民法典》，注重以小案例阐释大道理，弘扬社会主义核心价值观，让司法有力量、有是非、有温度。依法赋予承担主要赡养义务的上门女婿遗产继承权，彰显孝老爱亲传统美德。司法判决不“和稀泥”，依法判决驳回因父母监管不力造成的人身损害赔偿案，引导社会成员增强公共意识、规则意识。正确区分新业态从业人员与平台经济的法律责任，妥善审结的外卖小哥交通事故损害赔偿案[21]，树立解纷标杆，获中央广播电视总台“中国之声”栏目深度报道。多措并举强化司法宣传，获评全国法院司法宣传和通联工作先进集体。根据一起善意文明执行案例改编的微电影《菜囧》，获评全国法院第八届“金法槌奖”微电影单元三等奖，短视频宣传工作在全省法院宣传会议上作经验交流。

四、以改革创新为驱动，踔疾步稳赋能增效

倾力谋划数字法院建设。搭建“全域数字法院”[22]改革总体框架，改革评价指标始终保持在全省前列，获批省高院“数助决策”[23]试点项目。全面推进无纸化办公办案，推行电子卷宗随案同步生成及深度应用。创新研发智能排庭展示系统和在线审委会系统，分别获评浙江法院信息化应用最佳实践奖。数字法院工作做法2次被最高人民法院《信息化工作通讯》刊发介绍。研发全国首个童装知识产权司法保护预警平台“吴兴知产一点通”，作为浙江法院知识产权司法保护成果亮相第八届中国国际版权博览会。推动区委区政府出台“共享法庭”建设实施意见，完成乡镇（街道）和特设“共享法庭”全覆盖，设立的首个校园“共享法庭”被省未成年人保护工作委员会作为亮点工作上报国务院。

稳妥推进司法体制改革。实施“六大改革创新项目”[24]，聚焦法官员额制，科学配置司法资源，规范推进人员分类管理。深化审判权运行机制改革，全面落实司法责任制，真正实现“让审理者裁判、由裁判者负责”。深入推进案件繁简分流改革，一审简易程序适用率达80.5%，进一步形成简案快审、繁案精审的工作模式。全面开展知识产权审判“三合一”工作，提升知识产权保护整体效能。推进以审判为中心的刑事诉讼制度改革，全面铺开认罪认罚从宽制度和涉刑案件律师辩护全覆盖试点工作。严格落实“三项规程”[25]，推动证人、鉴定人等“四类人员”出庭作证153人次，推进庭审实质化。完善专业法官会议和审委会议事规则，五年来，召开专业法官会议、审委会共128次，推动184件疑难复杂案件妥善化解。

强化完善审判监督管理。完善业绩考评办法，常态化开展案件质量评查，实现评查对象全员全流程全覆盖，对认定为瑕疵和问题的案件，严格按照问题性质、主观过错等追责31人次。强化“四类案件”[26]监督管理，院庭长带头办理疑难复杂案件，审结案件32778件，占全院审结案件的61.6%。建立审限管理“红橙黄”三色预警机制，防止办案拖沓、随意变更审限等情形。五年来，正常审限内结案率逐年上升，到2021年达到99.99%，位居全省第二；同期结案率达100%，12个月以上长期未结案逐年下降，到2021年底实现全部清零，潜在长期未结案占比始终保持在绿色低风险区域，清理积案工作获市中院主要领导批示肯定。

五、以队伍建设为抓手，固本强基行稳致远

以思想政治建设凝心聚力。始终把思想政治建设摆在首位，扎实开展“不忘初心、牢记使命”主题教育、党史学习教育、队伍教育整顿等活动，筑牢思想根基。重视运用“党建+”方式引领司法办案工作，深入开展“争创模范”系列主题实践活动，实行党建与业务双百分考核机制。创建“12368”党建工作法[27]，搭建“复兴壹号”平台，探索智慧党建新模式。打造“法徽熠熠照初心”党建品牌，建成红色氧吧、红旗书屋和全市法院系统首个党建馆，构建“一庭一支部一品牌”的党建网络。党建工作在浙江卫视宣传报道，获省委党史学习教育第十巡回指导组充分肯定。

以司法能力建设积厚成势。以学习型法院建设为驱动，实施司法能力提升工程，常态化开展案例研讨、论文评选、文书评比等活动，营造学术调研浓厚氛围，承担市级以上重点调研课题15个，出版专著1部，在市级以上刊物发表调研论文153篇，获评市级以上奖项53项，2名干警入选全市首批审判业务专家。注重年轻干部培养，制定十项措施，通过导师帮带、上挂下派等方式，提升青年干警综合能力，相关做法2次获最高人民法院《法院队伍建设》专刊刊发。大力推进法院文化建设，创设“月光之路”“阳光之路”、法官风采长廊，建成全国首个“沈家本文化园”[28]，被命名为省级法治宣传教育基地。

以纪律作风建设固本清源。坚持把纪律和规矩挺在前面，对违纪逾矩行为不遮掩、不回避。连续五年将春节后首个工作日作为廉洁司法教育日，落实八小时以外廉洁自律承诺书制度，推进司法廉洁教育常态化。深入开展审务督查、提醒约谈，节前发送廉政短信，规范司法行为，连续多年未发现干警违纪违法情况。相关廉政工作做法获全省法院推广。严格落实区委巡察和市中院司法巡察整改，圆满完成队伍教育整顿各阶段工作。举行家风崇廉、家属助廉座谈会，浓厚助廉保廉氛围。贯彻防止干预司法的“三个规定”[29]，逐级传递，全程留痕，防止人情案、关系案、金钱案。

以基层基础建设夯土垒基。坚持高标准谋划、严要求推进“六专四室”[30]警务保障改造升级，获评全省法院规范化建设优秀单位。注重强基导向，坚持司法资源下沉，优化法庭布局，获批增设常溪、织南两个人民法庭，全面投入实质化运行，菰城人民法庭迁址改造工作顺利推进。开展全方位多层次人民法庭大调研活动，在全省率先建立人民法庭单独考核指标体系，深化“一庭一品”创建，分类发展专业化法庭、特色法庭和“立审执一体化”法庭。加大基础设施和信息化建设力度，完成现有人民法庭的改造升级，不断提升人民法庭建设水平和基层司法能力，推动新时代人民法庭工作高质量发展。

六、以阳光司法为引领，开门纳谏接受监督

主动接受人大政协监督。认真落实代表委员提出的意见建议，办理议案、提案7件。收集“两会”期间代表委员建议92个，出台专项方案，狠抓落实整改。建立全省法院首个人大代表联络室，配合做好“百名代表听百案”活动和法官履职评议工作。主动接受政协民主监督，聘任5名政协委员担任特邀监督员。完善代表委员日常联络机制，定期发送代表委员专刊，广泛征求意见建议。开展“代表委员法院行”活动，邀请代表委员观摩庭审、见证执行、评议工作458人次。

自觉接受检察机关监督。支持、配合检察机关依法履行诉讼监督职责，细化法律监督实施细则，构建“刑事诉讼、民事诉讼、行政诉讼、公益诉讼”法律监督协作共商机制，常态化召开法检联席会议，共同促进法律监督实效。高质量办理检察建议54件，审结抗诉案件4件。联合出台行政争议实质性化解、打击虚假诉讼等实施意见，共同维护司法公正。五年来，检察长列席审委会15次，检察人员参与、监督民事执行工作33次，合力推进新时代法检工作协作互动。

广泛接受社会各界监督。深化审判流程、裁判文书、执行信息公开“三大平台”建设，累计上网裁判文书59860份、直播庭审4809场，结合随案发放廉政监督卡、公开投诉举报电话等，构建开放、透明的阳光司法机制。强化法官与律师职业共同体建设，开展律师与法官互评，相关工作获省高院领导批示肯定。组织公众开放日、新闻发布会、庭审进校入企等活动315次，通过“请进来、上门去”听取社会各界意见建议83次，不断提升司法公信力。

过去五年法院工作取得的成绩和荣誉，是区委坚强领导，区人大及其常委会有力监督，区政府、区政协及社会各界关心帮助的结果。在此，我代表区法院，向一直以来关心、支持和帮助法院工作的各位代表、委员和社会各界人士表示衷心的感谢和崇高的敬意！

在看到上述成绩的同时，我们也清醒认识到工作中还存在着不少问题和困难：一是服务保障发展大局的职能作用还有待进一步发挥；二是司法作风还有待进一步提升；三是诉源治理举措还有待进一步深化；四是执行不规范、执行信访等问题还比较突出，离人民群众的期望和要求还有一定的差距。对此，我们将采取有效措施，努力加以解决。

今后五年工作安排

未来五年，区法院总体工作思路是：全面贯彻党的十九大和即将召开的二十大精神，深学笃行习近平法治思想和习近平总书记对政法工作的重要指示精神，认真落实区第五次党代会精神，坚定不移做“两个确立”忠诚拥护者、“两个维护”示范引领者。以争创“全国模范法院”和“为群众办实事示范法院”为目标，深耕主城区法院定位，找准司法服务与共同富裕建设的结合点，坚持司法为民、公正司法，让人民群众切实感受到公平正义就在身边，在书写吴兴社会主义现代化新征程美好篇章中彰显法院智慧、展示法院担当、贡献法院力量。

一是紧扣中心，以更高的政治站位服务保障发展大局。关注经济社会发展新趋势，司法助力新一轮制造业攻坚行动。拓展“吴兴知产一点通”场景应用，加大知识产权司法保护力度。规范市场交易行为，优化营商环境。深化府院良性互动，实质化解行政争议。深入推进“一入驻三下沉”的诉源治理吴兴模式，为建设更高水平的平安吴兴、法治吴兴提供有力司法保障。

二是厉行法治，以更强的使命担当捍卫社会公平正义。依法惩治各类刑事犯罪，常态化开展扫黑除恶斗争。加强综合治理，深化立审执破一体化工作机制和自动履行正向激励机制，完善“自诉为主、公诉为辅”的打击拒执犯罪诉讼模式，奋力向“切实解决执行难”迈进。实质化解涉诉信访，扎实有效开展法治宣传，提高预防化解矛盾纠纷、促进社会和谐稳定的能力和水平。

三是赓续初心，以更优的司法服务满足多元司法需求。持续开展“我为群众办实事”司法惠民活动，深入推进司法领域当事人“一件事”集成改革，全面加强“共享法庭”建设，积极服务乡村振兴。健全司法普惠工作机制举措，切实加大司法服务便民、利民、惠民力度，推动办案最公、用时最少、老百姓司法获得感最强成为吴兴法院最鲜明的标识。

四是锐意进取，以更大的创新格局引领司法改革发展。深化诉讼制度改革，扎实推进四级法院审级职能定位改革试点工作。突出数字赋能，更加注重系统观念、法治思维、强基导向，全面加强“全域数字法院”改革，探索设立线上线下的商事调解中心，加大机制创新和推广应用，为形成更多前沿性、开创性、标志性的司法成果贡献首创智慧。

五是厚植根基，以更严的政治标准锻造忠诚过硬队伍。

牢牢把握政治建设统领，巩固党史学习教育和队伍教育整顿成果，拓展顽瘴痼疾整治成效，筑牢公正司法根基。深化“法徽熠熠照初心”党建品牌，全面推进党建与业务深度融合。开展“司法作风提升专项行动”，努力锻造一支政治信仰过硬、纪律作风过硬、能力素质过硬的新时代法院铁军。

目标引领方向，蓝图催人奋进。我们将在区委的坚强领导、区人大及其常委会的有力监督下，忠实履行宪法和法律赋予的职责，踔厉奋发、笃行不怠，奋力推进新时代人民法院工作高质量发展，以优异成绩迎接党的二十大胜利召开！

附件1

吴兴区人民法院工作报告有关用语解释

① **“八升五降”**：系浙江法院审判执行质效评估指标体系。“八升”指标为结案率、民事刑事一审当庭宣判率、民事可调撤率、自动履行率、正常审限内结案率、服判息诉率、有财产可供执行案件法定期限、终本合格率；“五降”指标为一审改判发回瑕疵率、月均存案工作量、12个月以上未结案、一审民商事收案数、执行案访比。

② **两个“一站式”**：2019年8月，最高人民法院发布《关于建设一站式多元解纷机制一站式诉讼服务中心的意见》，简称两个“一站式”。将“最好的场所、最便捷的服务”提供给人民群众，推动诉讼服务从最初服务窗口到诉讼服务中心，再到集立案、服务、裁判于一体的现代化诉讼服务体系。

③ **“共享法庭”**：2021年9月，省委全面深化改革委员会审议通过《关于全面加强“共享法庭”建设健全“四治融合”城乡基层治理体系的指导意见》，在全省全面推动“共享法庭”建设。“共享法庭”是架构在数字空间、虚拟在群众身边的人民法庭，具有调解指导、网上立案、在线诉讼、普法宣传、基层治理等职能，以一体化、均衡化、便捷化的诉讼服务推进基层治理现代化。

④ **涉某农副产品交易中心案**：某农副产品交易中心因负债2亿元，所涉厂房土地均被抵押，债务无法履行。若法院强制执行，将直接影响群众的日常生活以及市场内商户的正常经营。吴兴法院创新方法、因案施策，通过引入“第三方还债”方式，将债权转让第三方，妥善化解该公司的债务危机。

⑤ **湖州港城置业有限公司破产清算案**：2016年3月，吴兴法院受理湖州中院指定管辖的新华信托股份有限公司与湖州港城置业有限公司等关于确认破产债权和抵押权优先一案，吴兴法院依据名股实债交易不得对抗第三方潜在风险的裁判理由，依法驳回原告新华信托股份有限公司的诉讼请求。

⑥ **湖州汇泰置业有限公司破产清算案**：2017年4月，吴兴法院受理湖州中院指定管辖的汇泰置业有限公司破产清算案。申报债权达16亿，企业资产已无法清偿优先债权，处理不当将会严重影响已入驻业主权益和商品房的变现价值，最终吴兴法院将物业维修基金及房屋保修金作为共益债务，工程价款优先权在商品房所对应的房屋变现价款中获得全额受偿，抵押债权在土地变现价款及剩余房屋变现价款中优先受偿，妥善平衡了工程款优先权人、抵押权人等各方利益。

⑦ **涉“雪花”啤酒商标侵权案**：2019年2月，吴兴法院对原告安徽雪花黄山啤酒有限公司诉被告德清县市场监督管理局、第三人德清县新市镇博瑞食品

商行工商行政处罚案件作出一审判决，认为行政机关所作的行政处罚虽针对产品销售者，但由于处罚内容与生产者公平竞争权益相关，赋予其原告资格，并认定原告违反有关仿冒他人商品包装装潢的法律规定，依法驳回了原告的诉讼请求，二审予以维持。

⑧ **侵犯“大嘴猴”商标权案件**：2017年8月，吴兴法院对原告宏联国际贸易有限公司诉被告湖州迅焱电子商务有限公司、被告北京美丽时空网络科技有限公司侵害商标权纠纷案件作出一审判决，认为对于重复侵权人或重复侵权行为，平台应承担更高的事后主动注意义务，故判决湖州迅焱电子商务有限公司、北京美丽时空网络科技有限公司共同赔偿宏联国际贸易有限公司经济损失20000元。

⑨ **涉某公司特大污染环境案**：2011年至2014年4月，被告人施某（公司法定代表人）指使、授意或者同意其下属经营管理人员，将某公司收集的危险废物共计5950余吨交由没有相应资质的单位和个人处置，从中牟利，部分危险废物被随意倾倒。吴兴法院判决被告人单位犯污染环境罪，并处罚金四十万元。被告人施某犯污染环境罪，判处有期徒刑三年十个月，并处罚金十五万元。

⑩ **“理法官”宣讲志愿服务团**：系吴兴法院一支由46名员额法官（法官助理）组成的志愿服务团队，旨在推动“讲法理、明事理、通情理”融合发展。该志愿团成员分别结对联系吴兴区的46个片区，深入基层一线定期开展普法宣传、指导调解、司法确认等工作。

⑪ **“两池”案**：该案系省扫黑办第二批挂牌督办的涉黑案件。2020年7月，吴兴法院对池某刚、池某翔等人组织、领导、参加黑社会性质组织罪、敲诈勒索罪、寻衅滋事罪、开设赌场罪、侵犯公民个人信息罪、非法拘禁罪、挪用资金罪、保险诈骗罪案件进行一审宣判，被告人池某刚被判处有期徒刑二十一年，剥夺政治权利三年，并处罚金、没收个人全部财产；被告人池某翔被判处有期徒刑十年六个月，剥夺政治权利一年，并处罚金；其余被告人被判处四年六个月至三年六个月不等有期徒刑。

⑫ **家事审判调裁中心**：该中心于2018年2月设立，由家事法庭、调解室、心灵驿站和母婴室四个部分组成，主要用于家事案件的调解、开庭、心理疏导等工作。

⑬ **“八步战法”**：即第一步，分析研判案件，掌握财产状况；第二步，告知权利义务，教化惩戒并举；第三步，实地走访勘察，制定腾房预案；第四步，上报协调小组，对接联动部门；第五步，邀请监督人员，调试执行设备；第六步，科学分工配合，开展腾房行动；第七步，提供住房周转，视情转为廉租；第八步，配合招商引资，加快“腾笼换鸟”。该战法是吴兴法院在实践中总结提炼的强制腾房操作流程，旨在规范执行干警腾房行为，提升腾房效率和公信力。

⑭ **执行“一件事”改革**：属于执行协作机制的数字化改革，将原来分散在各职能部门的协助执行高频查控事项从线下搬到线上、“多件事”变为“一件事”，实现高频协作事项的一网通办。

⑮ **矛盾纠纷多元化解中心**：系区社会矛盾纠纷调处化解中心的前身。2016年3月，吴兴区建成全省首个县级矛盾纠纷多元化解实体化运作平台——矛盾纠纷多元化解中心，吴兴法院入驻审判团队，开展诉调对接工作，积极探索矛盾多元化解的新路径。

⑯ **“村巷法官”**：即联村法官。为进一步深化诉源治理，湖州法院在全市范围内建立“村巷法官”制度。每个镇（街道）设立一个法庭（巡回），配备一名法官（助理），形成法官、执行员与村（社区）治保主任（调解员）、网格员的“四员联动”工作机制，为群众提供司法调解、司法确认、诉讼服务、法治宣传、巡回审判等

司法服务。

⑰ **“嵌入式党建”**：通过“法庭党支部+行政村党支部”党建联盟的形式，将人民法庭党支部“下沉式”嵌入基层行政村党支部，吸收法庭人员担任村社法治副书记和村社支部书记担任法院特约调解员，借助党建联盟的力量共同化解矛盾，真正做到党建与业务深度融合，助力乡村振兴。

⑱ **“一入驻三下沉”**：系吴兴法院打造参与基层社会治理的新模式。“一入驻”是指人民法庭入驻社会矛盾纠纷调处化解中心，“三下沉”是指“法治副书记下沉村社、理法官下沉网格片区、公证调解站下沉人民法庭”。

⑲ **“心之语”工作室**：系吴兴法院以未成年被告人为对象进行心理干预的重点项目，旨在通过开展心理健康、性格、职业能力倾向的心理评估，由法官、心理咨询师实施结对跟踪服务，护航未成年被告人心理健康，助力其健康成长。

⑳ **《为196名劳动者追回千万元工资款案》**：2018年10月，某公司因经营不善等原因导致拖欠196名工人千万余元工资款，法定代表人系外国人且已离境，为保障劳动者合法权益，吴兴法院提前介入，联合织里镇政府共同化解，开通涉民生绿色通道，组织骨干力量快审快结快执，最终196位工人工资全部执行到位。

㉑ **外卖小哥交通事故损害赔偿案**：2020年，吴兴法院审理的一起外卖小哥撞伤路人引发的交通事故损害赔偿纠纷，依法合理认定平台企业与灵活就业人员劳动关系，最终判决外卖小哥和配送平台承担连带责任，具有一定的示范引领作用。该案例被人民日报、央广网、中国之声、学习强国、中国普法等平台刊发，转发评论热度持续至今。

㉒ **“全域数字法院”**：省高院围绕省委数字化改革部署的要求，以高度数字化和智能化手段实现数字正义为目标，用技术变革推动业务流程再造、组织架构重塑和诉讼制度变革，形成全业务平台通办、全时空泛在服务、全流程智能辅助、全省域资源整合、全方位制度变革的信息时代司法运行、组织和管理模式。

㉓ **“数助决策”**：浙江“全域数字法院”改革试点中的子项目，旨在通过数据的深度挖掘和关联分析，充分发挥司法大数据在服务人民群众、服务党委决策、服务司法执法、服务社会治理等方面的作用。

㉔ **“六大改革创新项目”**：2018年，吴兴法院班子成员分别牵头开展一项改革创新项目，引领和推动审执工作实现新发展。六个项目分别为简单案件快速办理机制改革创新项目、参与社会综合治理改革创新项目、绿色金融审判改革创新项目、打造标准化办案体系改革创新项目、诉讼服务“四化”（多元化、智能化、标准化、人文化）建设改革创新项目、党建文化建设改革创新项目。

㉕ **“三项规程”**：即刑事案件庭前会议规程、排除非法证据规程和一审普通程序法庭调查规程，是推进以审判为中心的刑事诉讼制度改革的主要抓手。

㉖ **“四类案件”**：涉及群体性纠纷，可能影响社会稳定的案件；疑难、复杂且在社会上有重大影响的案件；与本院或者上级法院的类案判决可能发生冲突的案件；有关单位或者个人反映法官有违法审判行为的案件。

㉗ **“12368”党建工作法**：“1”是指吴兴法院“法徽熠熠照初心”特色党建品牌；“2”是指围绕“建设清廉机关、创建模范机关”两条主线；“3”是指打造党建馆、“红色氧吧”“红旗书屋”三大党建阵地；“6”是指用好规范、学习、先锋、廉情、效能、创新六个指数；“8”是指做好“我为群众办实事”八大司法惠民项目。

㉘ **“沈家本文化园”**：系全国法院首个主题法治文化园，2018年11月正式开园，全方位展示清末著名法学家、吴兴人士沈家本的生平事迹、精神品质及

法律思想，鼓励干警坚定法治信仰，争做沈家本式精英法官。

㉙ **"三个规定"**：中共中央办公厅、国务院办公厅印发的《领导干部干预司法活动、插手具体案件处理的记录、通报和责任追究规定》、中央政法委印发的《司法机关内部人员过问案件的记录和责任追究规定》、最高人民法院、最高人民检察院、公安部、国家安全部、司法部联合印发《关于进一步规范司法人员与当事人、律师、特殊关系人、中介组织接触交往行为的若干规定》。

㉚ **"六专四室"**："六专"指的是专用囚车、专用羁押通道、专用电梯、专用座椅、专用车库、专用卫生间；"四室"指的是羁押室、枪弹室、装备室、监控室。

附件2

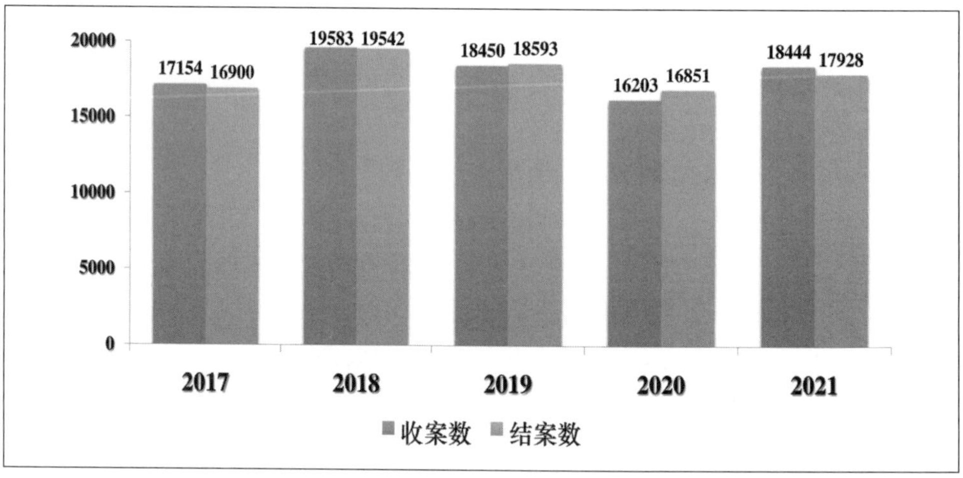

2017—2021年吴兴法院收结案情况(件)

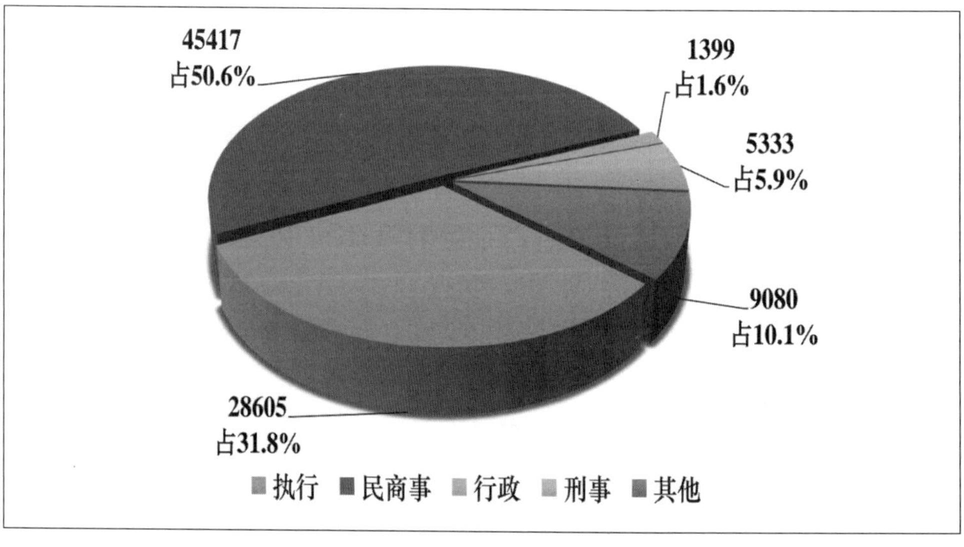

2017—2021年各类案件结案构成图(件)

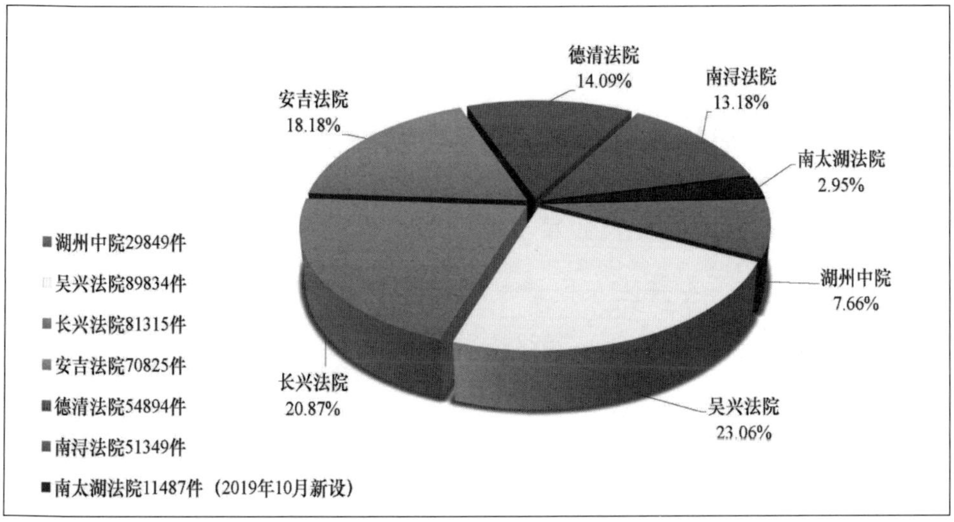

2017—2021年收案在全市法院占比情况

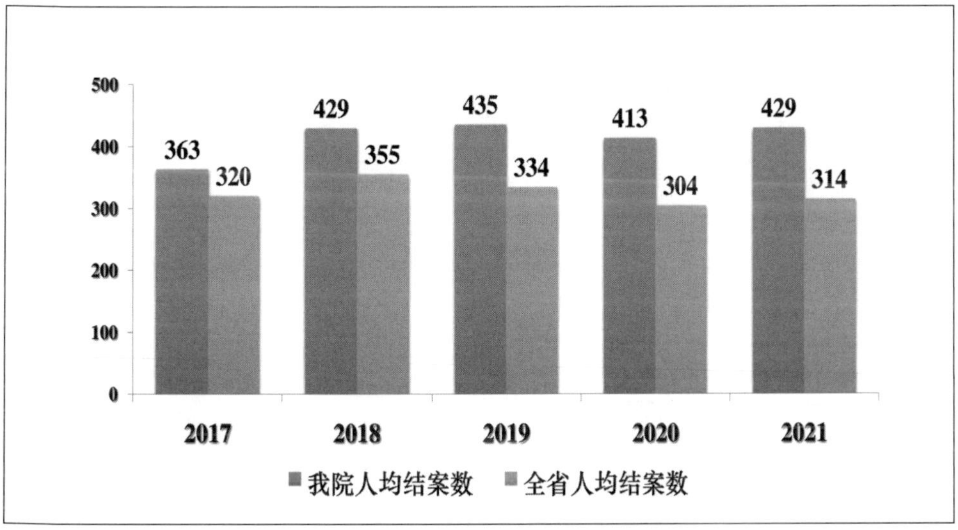

2017—2021年法官人均结案数(件)

湖州市吴兴区人民检察院工作报告

——在湖州市吴兴区第五届人民代表大会第一次会议上

吴兴区人民检察院检察长　毕　琳

2022年2月16日

过去五年工作回顾

2017年以来，区检察院在区委和上级检察院的正确领导下，在人大及其常委会的有力监督下，坚持以习近平新时代中国特色社会主义思想为指引，全面贯彻党的十九大和历次全会精神，全面落实习近平总书记在浙江、湖州考察时的重要讲话精神及习近平法治思想，坚持为大局服务、为人民司法，忠实履行宪法法律赋予的法律监督职责，各项检察工作取得新进展。

——服务大局得到新加强。准确把握贯彻新发展理念、构建新发展格局对检察工作的新要求，紧紧围绕区委“五区联创”和“八大行动”重要部署，充分发挥刑事、民事、行政、公益诉讼四大检察职能作用，努力提供精准有力的服务保障。

——司法办案取得新成效。坚持依法办案、规范司法，注重提升办案质量，实现办案的法律效果、政治效果和社会效果有机统一。五年来，共办理各类案件21000余件，办案数量和质量居全省前列。

——检察理念实现新重塑。检察职能实现“重塑性”变革，立足宪法定位，深入贯彻中央《关于加强新时代检察机关法律监督工作的意见》(以下简称中央《意见》)精神，不断强化法律监督主责主业，推动四大检察、十大业务全面协调充分发展。

——队伍素质有了新提高。坚持在深入推进检察队伍自我革命中践行初心使命，队伍的整体素质和能力不断提升，涌现出“全省优秀检察官”“全省新时代万名好党员”等先进典型和一批省市有影响的先进人物。

——争先创优迈上新台阶。坚持以标杆姿态推进吴兴检察工作高水平发展，被评为全国青年文明号、全国检察宣传先进单位、全国检察机关扫黑除恶专项斗争优秀集体、全省先进基层检察院。

五年来，区检察院主要抓了以下工作：

一、聚焦服务大局，全力保障吴兴高质量发展

有力服务经济发展。围绕区委中心工作，出台《服务保障“共同富裕”建设的工作意见》等5项文件，在助推乡村振兴、全域美丽建设、社会治理全国示范及全区高质量赶超发展上展现检察担当。依法保障和促进民营企业健康发展，坚持惩治与保护并重，严厉打击破坏市场经济秩序和影响民营经济发展犯罪，起诉980人，对93名涉嫌犯罪的民营企业经营者做出不捕或不诉处理；深入清理既不移送起诉、也不撤销案件的涉企刑事“挂案”4件，监督撤案3人。注重保护地方特色产业发展，在办理一起多家织里童装企业被骗取60余万元加工费、布料款的系列诈骗案时，综合开展问需、释法、献策，规范企业经营方式，获评全省服务民营企业优秀案例。妥善办理一起企业负责人拒不支付劳动报酬案，在督促付清拖欠工资后，灵活适用强制措施，最终作出不起诉决定，既盘

活了企业，又稳定了就业，被评为市区两级担当破难典型案例。

积极投身疫情防控。坚持疫情防控和检察工作“两手抓”“两手硬”，组织全院干警深入一线参与联防联控。与相关部门强化协作配合，为全区疫情防控提供有效司法保障。依法办理涉疫口罩诈骗、散布虚假信息案件9件，开展涉医疗废弃物处置、野生动物保护等专项公益诉讼监督，发出检察建议5件。为适应疫情防控需要，创新开发一款法律文书线上送达、远程面签应用软件，获省检察院肯定并在全省推广。突出稳企业保就业，制定《充分发挥检察职能服务保障“六稳”“六保”工作意见》，妥善办理一起承担防疫物资运送的物流企业虚开增值税专用发票案，竭力助企排忧解难，努力降低疫情冲击对企业的影响，该案入选最高检妨害新冠感染疫情防控犯罪典型案例，获评全省检察机关助力企业复工复产十大典型案例。

有效助推社会治理。坚持和发展新时代“枫桥经验”，积极参与矛盾纠纷多元化解，实现12309检察服务中心、“春燕工作室”入驻区矛调中心，依托全区网格建立检察官工作室，推进轻微刑事案件非罪化处理，共对76起案件开展联合调解，着力打造“2.0版检调融合”工作模式，在全省检察长座谈会上做交流推广。落实少捕慎诉慎押刑事司法政策，对无羁押必要的建议变更强制措施210人，不捕878人，不诉1336人。以检察建议为抓手，积极寻求基层社会治理最大“法治公约数”，针对办案中发现的寄递毒品、安全生产特种作业证书违规发放、串通招投标等问题，发出社会治理类检察建议135份。创新建立轻微刑事案件适用赔偿保证金提存制度，既保障被害人获得民事赔偿，又根据情节对犯罪嫌疑人做出宽缓化处理，达到促调解纷的目的。

倾心守护清远吴兴。围绕打造国家生态文明建设示范区“吴兴样本”，为营造“天更蓝、水更清、土更净”的良好生态提供检察保障。积极主动融入长三角、环太湖生态检察协作，建立“专业化法律监督+恢复性司法实践+社会化综合治理”工作模式，出台十项机制，在全市率先设立公益诉讼专项基金、生态环境法治宣传教育基地及水生态修复增殖放流点，全方位、多角度保护生态环境。依法起诉涉嫌破坏环境资源犯罪案件127人，提出检察建议237份，督促补植复绿公益生态林210亩，增殖放流鱼苗5万余尾，督促拆除违章建筑204处，追索生态修复费、损害赔偿金579万元。成功办理长江十年禁捕以来全省首例非法捕捞太湖水产品刑事附带民事公益诉讼案件，入选“长江禁捕典型案例”。

二、坚持能动司法，努力守护群众高品质生活

全力助推平安吴兴建设。坚持以人民为中心，立足检察职能，积极融入平安吴兴建设，严厉打击各类刑事犯罪，保障人民群众安居乐业。共受理移送审查逮捕4435人，经审查批准或决定逮捕3534人；受理移送审查起诉10886人，经审查提起公诉8591人。依法办理了全市首例查处人数最多、打击上游层级最高、涵盖区域最广的70余人邪教组织犯罪集团案。深入推进“断卡”专项行动，会同公安机关深挖诈骗犯罪线索，依法起诉电信网络诈骗犯罪538人。成功办理了程某某等100余人特大跨境电信网络诈骗案、全市首例危化品运输危险驾驶案、全市首例贩卖新型毒品“上头电子烟”案等一批重大疑难复杂案件，有力震慑了犯罪，维护了人民群众的合法权益，努力让人民群众有更多的获得感、幸福感。

纵深推进扫黑除恶斗争。坚持以事实为根据，以法律为准绳，依法严厉惩处黑恶势力犯罪，办理涉黑恶案件51件205人。成功办理省督办的全市首例黑社会性质组织犯罪案件——丁某某等28人“套路贷”涉黑案和具有较大社会影响的“两池”黑社会性质组织案，均获全省刑事检察精品案件；“两池”案获评全省十大法律监督案例，办案经验在全国有关会议上作推广交流。坚持“一案一整治”，紧盯行业清源，提出检察建议4份。聚焦“破网打伞”“打财断血”，移送保护伞线索20余条，起诉黑恶势力“保护伞”2人，督促查封、处置涉黑恶财物3000余万元。不断巩固和深化专项斗争成果，制定常态化开展扫黑除恶工作机制8项，我院先后获评全国检察机关扫黑除恶专项斗争优秀集体、全省扫黑除恶工作先进集体。

用情呵护未成年人健康成长。积极落实教育感化挽救的方针，对未成年犯罪嫌疑人不捕48人，不诉126人，开展心理辅导98人，实行社会化帮教126人。创建“芳芳瑜法”法治教育宣传品牌，开展法治宣讲50余场，覆盖中小学生8000余人。加强未成年人身心健康建设，针对校园周边“五毛食品”，未成年人出入KTV、宾馆，教师队伍管理等方面问题，发出检察建议12份，督促有关部门及时整治。落实高检院“一号检察建议”，建立性侵未成年人案件“一站式”办案地方标准和强制报告制度，推动建立性侵害未成年人违法犯罪信息库和入职查询制度。针对某培训机构教师陈某猥亵儿童案提出“从业禁止”检察建议被采纳，获评全省检察机关未成年人司法保护精品案例。对侵害未成年人犯罪坚持“零容忍”，批捕133人，起诉190人。

扎实办好检察为民实事。延伸检察机关司法救助工作触角，助力打赢精准脱贫攻坚战。加大对因案致贫、因案返贫的案件当事人或近亲属的救助帮扶力度，实行“主动救助、应救尽救、立体救助”，办理司法救助案件109件114人，发放司法救助金95.3万元。以“小切口”做好服务群众“大文章”，严格落实“群众来信件件有回复”制度，接待群众来访720人次，办理并答复各类信访件602件，办结刑事申诉案件39件。以公开促公正，常态化开展检察听证，邀请人民监督员、律师、人大代表、政协委员等为听证员，对涉及退伍军人、在校大学生等特殊群体权益的34起案件开展公开听证，让公平正义可触可感。

三、深耕主责主业，着力加强新时代法律监督

刑事检察做深做细。坚持“在办案中监督，在监督中办案”理念，全力维护刑事诉讼活动程序公正和实体公正。强化侦查监督，监督立案151件，撤案12件，发出书面纠正违法通知79份；追加起诉犯罪嫌疑人119人，追捕29人，其中4人被判处十年以上有期徒刑。强化刑事审判和刑事执行监督，依法对11件刑事案件提出抗诉。对指定居所监视居住、社区矫正、财产刑执行等监管活动履职不当开展常态化监督，深入开展“减、假、暂”案件专项排查整治工作，向相关单位制发监督意见书39份。在办理程某某等人特大跨境电信网络诈骗案过程中，开展立案监督63人，移送查办一起民警贪污受贿犯罪案件，通过制发检察建议，进一步提升规范化执法水平。

民事检察深挖拓源。全面贯彻落实民法典，统筹民事诉讼领域生效裁判监督、审判监督和执行活动监督，构建多元化监督格局，共受理民事生效裁判监督案件99件，提请抗诉6件，对40件民事生效裁判建议再审，对于不符合监督条件的案件做好释法说理，有效实现服判罢访，化解矛盾。针对司法网络拍卖、信用惩戒执行、涉不动产查封等30余类案件，开展民事审判程序、执行活动专项监督。加强与公安、法院的协作配合，建立打击虚假诉讼和破解执行难常态化协作机制及检察官出席再审法庭制度，重点打击民间借贷领域套路贷“假官司”。发现一批起诉时间密集、起诉材料简单雷同的某公司被追索劳动报酬的虚假诉讼案件，对29件案件建议再审。

行政检察稳步加强。坚持“一手托两家”理念，加大行政诉讼监督力度，办理审查行政检察监督案件215件，有效推动行政机关依法履职。办理行政审判活动监督22件，助推司法程序规范。开展国土资源非诉执行监督专项活动，监督纠正106件违法占地行政处罚“裁而不执”案件，涉及各类土地面积18万平方米。与法院、司法局联合出台促进行政争议实质性化解工作机制，综合运用监督纠正、促成和解、司法救助等方式化解行政争议27件，努力实现“案结事了政和”。扎实开展非诉执行终本案件专项监督，如在办理一起某新材料有限公司行政处罚非诉执行案时，发现法院终结本次执行后，某企业银行账户存在交易活动且存有余额，故建议法院启动恢复执行程序，追回国家罚款4.7万元。

公益诉讼提质扩面。贯彻落实区委、区人大关于支持检察机关开展公益诉讼工作的《意见》和《决定》，稳妥办理公益诉讼案件326件。坚持精耕细作法定领域公益诉讼，认真围绕“公益诉讼守护美好生活”专项行动要求，密切关注人民群众的“急难愁盼”，对外卖平台网络餐饮服务、进口冷链食品安全、美瞳医疗器械等进行专项监督。持续加强与行政机关在信息共享、专业支持等方面的协作沟通，凝聚公益保护合力。切实保护群众“舌尖上的安全”，监督纠正8起违反食品药品行业“从业禁止”案件。积极稳妥开展新领域公益诉讼，督促整改加油站移动支付安全隐患、限高设施阻碍消防和急救车辆通行、私自改造燃气管道、侵害公民个人信息安全等问题，维护社会公共安全。

四、深化改革创新，奋力开创检察工作新局面

深化检察理念变革。贯彻落实中央《意见》精神，深化新时代检察理念建设，坚持敢于监督、善于监督、勇于开展自我监督，全面提升法律监督质效。立足区委出台《加强新时代检察机关法律监督工作机制建设的意见》和召开加强法律监督工作会议，强化与行政机关良性互动工作机制建设，着力构建以刑事检察、民事检察、行政检察、公益诉讼检察为主要内容的法律监督职能体系。

推进检察体制改革。顺利完成国家监察体制改革，加强与区纪委监委的协作配合，强化反腐败工作合力，受理审查监委移送的职务犯罪案件23件。依法自行立案或协助市检察院查办司法工作人员职务犯罪案件5件，着力营造更加公平公正的司法环境。完成检察机关内设机构改革。落实司法责任制改革，组建员额检察官办案组22个，入额院领导带头办案、独立办案1195件。实行检察人员分类管理，健全完善检察人员业绩考评工作机制，积极推进检察官职业保障等司法体制综合配套改革，真正做到权责利统一。

完善检察机制创新。推行“捕诉一体”办案机制。全面落实认罪认罚从宽制度，制度适用率保持在87%以上，量刑建议采纳率达到100%，减少诉讼对抗，降低司法成本。深化繁案精办、简案快办机制，着力降低优化“案—件比”。完善检委会监督机制，召开检委会82次，研究重大疑难案件260件，严把案件质量关，规范检察权运行。开展案件质量评查8928件，努力提升司法办案质量。着力构建新型检律关系，依法保障律师执业权利，主动听取律师意见，办理律师申请辩护与代理事项2116人次，提供电子卷宗2000余份。

强化数字赋能监督。紧跟数字化改革新趋势，夯实政法一体化系统应用，在全省率先开展全案“单轨制”试点，实现刑事案件全领域、全流程“单轨制”无纸化办案，检察内卷数字化归档。顺利推进职务犯罪案件网上移送全省试点。升级打造“吴小检”类案检索辅助应用系统。创新开发涉案未成年人心理健康跟踪评估“心晴码”小程序。探索数字赋能检察监督，针对掌握的涉毒犯罪办案实践规律，以“数字画像”研判监督线索，推动类案监督成效显著，相关做法在全省检察长会议上作交流推广。

五、强化队伍建设，聚力夯实检察事业发展根基

坚持政治立检。深刻领会党的十九大和历届全会精神，持续掀起学习贯彻习近平新时代中国特色社会主义思想热潮，坚持不移做“两个维护”示范引领者，把党的绝对领导贯彻到检察工作全过程。扎实开展“不忘初心、牢记使命”主题教育和党史学习教育活动。贯彻落实《中国共产党政法工作条例》，严格执行重大事项请示报告制度，持续强化意识形态教育。打造“先锋引领守正义”党建品牌，推进检察工作在政治淬炼中稳健发展，入选全市优秀融合党建项目。

坚持专业强检。围绕干部梯队培养、规范选人用人、激励担当作为。用好高校培训、“浙检大讲堂”、“吴检青年说”等学习平台，组织开展“匠心公诉”论辩赛、“西山论道”研讨会等活动，以赛促学、以学促行。建设“一楼一品”检察文化阵地，加大优秀典型选树和宣传力度，提升检察队伍凝聚力。五年来，集体获市级以上记功表彰28次，个人获市级以上记功表彰47人次，市级以上业务竞赛获奖38人次，其中国家级、省级荣誉31项。

坚持从严治检。认真落实全面从严治党、从严治检要求，持续推进“清廉吴检”建设，重点开展司法规范化提升年行动，加强检察权运行内部监督制约。刀刃向内开展政法队伍教育整顿，紧紧围绕“五个过硬”要求，深入排查整治“六大顽瘴痼疾”，修订完善制度机制20余项。常态化开展党内政治生态和队伍纪律作风建设分析研判，严格落实“三个规定”，为工作发展和队伍建设提供坚强纪律作风保障。

坚持接受监督。始终自觉接受人大、政协民主监督，建设全省检察机关首家人大代表联络站及省人大代表冯志强关爱未成年人工作室，打造检察机关“接受监督之所、联络代表之家、共同履职之地、法制宣传之寓”。邀请社会各界代表参加检察开放日、检察公开听证等活动230余人次，自觉接受人大常委会对员额检察官开展履职评议。着力推进案件信息公开，公开法律文书5600余份，“两微一端”新媒体推送信息2700余条。

过去五年检察工作的成绩，离不开区委和市检察院正确领导，离不开区人大及其常委会有力监督、区政府大力支持、区政协和各民主党派民主监督，离不开社会各界关心帮助、纪委监委和政法各单位支持、配合与制约。在此，我代表区人民检察院表示衷心的感谢和诚挚的敬意！

回顾五年的检察工作，我们深深地体会到：必须坚持党的领导，才能保证检察工作的正确方向；必须坚持服务大局，才能彰显检察工作的价值作为；必须坚持司法为民，才能坚守检察工作的人民属性；必须坚持强化监督，才能担当检察工作的法治责任；必须坚持深化改革，才能永葆检察工作的生机活力；必须坚持自我革命，才能筑牢检察工作的发展根基。

在肯定成绩的同时，我们也清醒地认识到工作中还存在一些困难和不足，主要体现在：一是检察工作服务保障高质量发展缺乏有力的抓手和创新的举措。二是检察监督职能履行还不充分、不平衡，吴兴检察品牌选树和培育力度不够。三是检察工作数字化程度和数据归集运用能力未达到应有的水平。四是在加强队伍建设、激发队伍创造力、凝聚队伍向心力方面尚有不足。对这些问题，我们将高度重视，着力解决。

未来五年工作安排

奋进“十四五”，吴兴检察工作的总体思路是：高举习近平新时代中国特色社会主义思想伟大旗帜，全面贯彻习近平法治思想，深入落实中央《意见》精神，紧紧围绕区第五次党代会决策部署，忠诚拥护“两个确立”、忠实践行“两个维护”，扛牢为大局服务、为人民司法的政治责任、法治责任、检察责任，忠实履行新时代法律监督职责，积极回应新时期人民群众的法治新需求新期待，为吴兴扛起主城区担当、彰显首位区风采，奋力书写社会主义现代化新征程美好篇章贡献检察智慧和力量。

一是对标“共同富裕”目标，“一张蓝图绘到底”护航经济发展社会稳定。始终把“从政治上看”融入检察履职全过程，自觉对标“重要窗口”建设，以高度的政治自觉、法治自觉、检察自觉推动吴兴区争当高质量发展建设共同富裕示范区的模范生。常态化推进扫黑除恶斗争，坚决维护国家政治安全和全区社会大局稳定。以更优的检察履职，进一步服务防范化解经济金融风险，让法治成为最好的营商环境。着力加强涉民营企业诉讼活动法律监督，做好企业合规“后半篇文章”，为吴兴创新驱动发展、建设现代产业体系、激发改革开放新活力提供有力司法支撑。

二是坚守司法为民立场，“一股韧劲干到底”持续提升司法办案质效。在新的征程上，始终秉持检察机关的人民属性，把不断满足人民群众对美好生活的新期待作为根本动力，加大法律监督力度，维护社会公平正义。用心用情办好“小案”，杜绝程序了结、机械司法，做到“应听证尽听证”。深入落实少捕慎诉慎押刑事司法政策，深化认罪认罚从宽制度适用，坚持惩治犯罪与人权保护并重，最大限度减少社会对立面。深化未检“绿立方”品牌打造，发动最广泛的社会力量，共撑护航未成年人健康成长的“保护伞”。努力运用好检察综治类建议、法律监督年度报告、典型案例发布等手段，助力国家治理体系和治理能力不断提升。

三是强化数字办案牵引，“锚定目标不动摇”增强检察法律监督效能。切实履行好宪法法律赋责，携手各执法司法机关，努力实现双赢多赢共赢的监督目标。深化智慧借助，认真贯彻省、市院检察数字化改革部署，紧紧围绕“重大集成创新硬核改革”这一要求，着力打造“质效导向、类案为主、数据赋能”法律监督模式。以全市执法司法信息共享试点为契机，聚焦办案难点、监督重点和社会治理盲点，推动法律监督模式从“个案审查式”向“类案治理式”转变，探索打造一批数字检察应用场景，以数字化改革撬动融合式法律监督，推动检察工作高质量发展。

四是从严治检锻造铁军，“一任接着一任干”全面提升检察队伍素能。加强队伍政治建设，巩固党史学习教育和检察队伍教育整顿成果，推动学习教育成果转化为高质量检察实践。勇于开展自我监督，持之以恒抓好党风廉政建设，坚持全面从严管党治检，主动接受人大及社会各界监督，严格落实“三个规定”要求，确保廉洁公正司法。大力推进检察队伍专业化建设，发挥好检察业绩考评“风向标”和“指挥棒”的作用，构建科学高效的检察管理体系，全面提升干警履职能力，打造忠诚、干净、担当的政法铁军。

使命再催新征途，栉风沐雨自担当。站在建党百年、人民检察制度创立90周年的新起点上，区检察院将弘扬伟大建党精神，汲取百年经验智慧，坚守初心使命，赓续光荣传统，认真落实本次大会的决议，锐意进取，实干笃行，以优异成绩迎接党的二十大胜利召开！

区委重要文件目录索引

表45

序号	文号	文件题名	日期
1	吴委发〔2021〕1号	关于制定吴兴区国民经济和社会发展第十四个五年规划和二〇三五年远景目标的建议	2021-01-30
2	吴委发〔2021〕2号	关于建立两会临时党委及组成人员的通知	2021-01-30
3	吴委发〔2021〕3号	关于2020年度高新区、各乡镇街道和区级各部门综合考核结果的通报	2021-02-09
4	吴委发〔2021〕4号	关于调整部分区委常委分工的通知	2021-02-18
5	吴委发〔2021〕5号	关于表扬2020年度基层社会治理先进集体和个人的通报	2021-03-16
6	吴委发〔2021〕7号	关于选树“吴兴区担当作为好干部”的通报	2021-03-18
7	吴委发〔2021〕8号	关于表扬吴兴区“三服务”活动突出贡献集体和个人的通报	2021-03-26
8	吴委发〔2021〕12号	关于吴兴区行政区划调整方案的决议	2021-04-12
9	吴委发〔2021〕14号	关于加强新时代党的群团工作的意见	2021-04-25
10	吴委发〔2021〕16号	关于表彰吴兴区优秀共产党员、优秀党务工作者、先进基层党组织的决定	2021-06-25
11	吴委发〔2021〕21号	关于印发《吴兴区聚力打造“无差别城乡”争当浙江高质量发展建设共同富裕示范区模范生的实施方案（2021—2025年）》的通知	2021-08-31
12	吴委发〔2021〕22号	关于印发《打造对口工作升级版 助力对口地区全面推进乡村振兴行动方案》的通知	2021-09-13
13	吴委发〔2021〕23号	关于做好中国共产党湖州市吴兴区第五次代表大会代表选举工作的通知	2021-10-15
14	吴委发〔2021〕24号	关于聘任第二届区委法律顾问的通知	2021-10-15
15	吴委发〔2021〕25号	关于2020年度公务员奖励的通报	2021-10-29
16	吴委发〔2021〕26号	关于印发《吴兴区青年发展“十四五”规划》的通知	2021-11-09
17	吴委发〔2021〕28号	关于调整区委常委分工的通知	2021-12-30
18	吴委发〔2021〕29号	奋力争当美丽繁华新江南排头兵高水平建设新时代美丽吴兴规划纲要（2021—2035年）	2021-12-30
19	吴委办〔2021〕1号	关于2020年度安全生产和消防工作目标责任制考核结果的通报	2021-01-20
20	吴委办〔2021〕2号	关于印发《“五区联创”2021年工作方案》的通知	2021-03-16
21	吴委办〔2021〕3号	关于印发《吴兴区相关专班2021年度工作方案》的通知	2021-03-16
22	吴委办〔2021〕7号	关于印发《关于坚决打赢遏制较大生产安全事故风险防控争先战的实施意见》的通知	2021-03-26
23	吴委办〔2021〕8号	关于2021年度开展“奋斗新征程 争当排头兵”活动的实施意见	2021-03-30
24	吴委办〔2021〕9号	关于进一步厉行节约坚持过紧日子的通知	2021-03-30
25	吴委办〔2021〕11号	关于印发《2021年度区级部门争先创优奖评选办法》的通知	2021-04-09

续表

序号	文 号	文 件 题 名	日 期
26	吴委办〔2021〕13号	关于印发《2021年度高新区、各乡镇街道和区级各部门综合考核办法》的通知	2021-04-19
27	吴委办〔2021〕14号	关于2021年一季度区级部门争先创优奖评选结果的通报	2021-04-19
28	吴委办〔2021〕15号	关于印发《区委区政府领导领办2021年区重点“两案”安排》的通知	2021-05-07
29	吴委办〔2021〕16号	关于2021年高新区、各乡镇街道一季度考核结果的通报	2021-05-08
30	吴委办〔2021〕17号	关于印发《吴兴区打造全国文明典范城市三年行动计划（2021—2023年）》的通知	2021-05-12
31	吴委办〔2021〕18号	关于印发《2021年度法治吴兴建设重点工作清单》的通知	2021-05-20
32	吴委办〔2021〕19号	关于印发《关于进一步加强基层应急管理体系和能力建设的实施意见》的通知	2021-05-28
33	吴委办〔2021〕20号	关于印发《2021年度吴兴区“在湖州看见美丽中国”城市品牌打造工作重点任务推进方案》的通知	2021-06-23
34	吴委办〔2021〕21号	关于印发《关于在全区开展坚决制止浪费推进移风易俗工作的实施意见》的通知	2021-06-21
35	吴委办〔2021〕23号	关于印发《关于推进行政服务中心数字化建设的实施方案》的通知	2021-07-06
36	吴委办〔2021〕24号	关于印发《吴兴区2021年度党风廉政建设和反腐败工作组织领导与责任分工》的通知	2021-07-09
37	吴委办〔2021〕25号	关于印发《关于落实区委区政府领导“一岗双责”推动巡察整改工作暂行办法》的通知	2021-07-16
38	吴委办〔2021〕26号	关于2021年二季度区级部门争先创优奖评选结果的通报	2021-07-19
39	吴委办〔2021〕27号	关于印发《吴兴区推进旅游业“微改造、精提升”专项行动方案（2021—2025）》的通知	2021-07-23
40	吴委办〔2021〕28号	关于实施村级集体经济巩固提升两年计划的意见（2021—2022年）	2021-08-02
41	吴委办〔2021〕29号	关于2021年高新区、各乡镇街道二季度考核结果的通报	2021-08-04
42	吴委办〔2021〕31号	关于全面深化清廉机关建设的实施意见	2021-08-25
43	吴委办〔2021〕33号	关于2021年高新区、各乡镇街道三季度考核结果的通报	2021-11-01
44	吴委办〔2021〕34号	关于2021年三季度区级部门争先创优奖评选结果的通报	2021-11-01
45	吴委办〔2021〕37号	关于印发《吴兴区全面深化林长制的实施方案》的通知	2021-11-10
46	吴委办〔2021〕40号	关于召开吴兴区第五次党员代表大会的通知	2021-12-19
47	吴委办〔2021〕43号	关于印发《加强对“一把手”和领导班子监督“五张责任清单”》的通知	2021-12-31
48	吴委办〔2021〕44号	关于2021年度安全生产和消防工作目标责任制考核结果的通报	2021-12-31

区人大重要文件目录索引

表46

序号	文 号	文 件 标 题	日 期
1	吴人大〔2021〕1号	关于表扬2020年度“履职作表率、代表在行动”主题实践活动先进个人、优秀代表建议件的通知	2021-01-04
2	吴人大〔2021〕2号	湖州市吴兴区第四届人民代表大会第五次会议列席人员名单(共53名)(2021年1月15日湖州市吴兴区第四届人民代表大会常务委员会第28次会议通过)	2021-01-18
3	吴人大〔2021〕3号	湖州市吴兴区人民代表大会常务委员会关于接受汤根荣等辞去区四届人大代表职务的决定(2021年1月15日湖州市吴兴区第四届人民代表大会常务委员会第28次会议通过)	2021-01-18
4	吴人大〔2021〕4号	湖州市吴兴区人民代表大会常务委员会关于部分选区补选区四届人大代表的决定(2021年1月15日湖州市吴兴区第四届人民代表大会常务委员会第28次会议通过)	2021-01-15
5	吴人大〔2021〕5号	湖州市吴兴区人民代表大会常务委员会关于接受茅利荣辞去区四届人大常委会副主任职务的决定(2021年1月15日湖州市吴兴区第四届人民代表大会常务委员会第29次会议通过)	2021-02-01
6	吴人大〔2021〕6号	湖州市吴兴区人民代表大会常务委员会关于接受胡卫东辞去区四届人大常委会委员职务的决定(2021年1月15日湖州市吴兴区第四届人民代表大会常务委员会第29次会议通过)	2021-02-01
7	吴人大〔2021〕7号	关于区人大常委会党组副书记、副主任宋建方分工的通知	2021-02-08
8	吴人大〔2021〕8号	关于补选吴伟为湖州市第八届人民代表大会代表的报告	2021-02-20
9	吴人大〔2021〕9号	湖州市吴兴区人大常委会2021年工作要点(2021年4月6日湖州市吴兴区第四人民代表大会常务委员会第31次会议通过)	2021-04-08
10	吴人大〔2021〕10号	湖州市吴兴区人民代表大会常务委员会关于调整区四届人大常委会代表资格审查委员会的决定(2021年4月6日湖州市吴兴区第四人民代表大会常务委员会第31次会议通过)	2021-04-08
11	吴人大〔2021〕11号	湖州市吴兴区人大常委会关于人大街道工委工作报告的决议(2021年4月6日湖州市吴兴区第四人民代表大会常务委员会第31次会议通过)	2021-04-08
12	吴人大〔2021〕12号	湖州市吴兴区人民代表大会常务委员会关于同意吴兴区行政区划调整方案的决议(2021年4月6日湖州市吴兴区第四人民代表大会常务委员会第31次会议通过)	2021-04-08
13	吴人大〔2021〕14号	关于要求增加湖州市吴兴区第五届人大常委会组成人员名额的请示	2021-05-07
14	吴人大〔2021〕15号	关于印发《湖州市吴兴区人民代表大会常务委员会关于加快打造吴兴区智能装备产业集群情况报告的审议意见》的通知	2021-05-28
15	吴人大〔2021〕16号	湖州市吴兴区人大常委会规范性文件备案审查办法(2014年7月17日湖州市吴兴区第三届人大常委会第30次主任会议通过;2021年5月28日湖州市吴兴区第四届人大常委会第32次会议修订)	2021-06-02

续表

序号	文 号	文 件 标 题	日 期
16	吴人大〔2021〕17号	湖州市吴兴区人民代表大会常务委员会关于批准湖州市吴兴区2020年度财政决算的决定(2021年7月22日湖州市吴兴区第四届人民代表大会常务委员会第33次会议通过)	2021-07-26
17	吴人大〔2021〕18号	关于印发《湖州市吴兴区人民代表大会常务委员会关于2020年度吴兴区本级预算执行和其他财政收支的审计工作报告的审议意见》的通知	2021-07-22
18	吴人大〔2021〕19号	关于印发《湖州市吴兴区人民代表大会常务委员会关于2020年度自然资源资产管理情况报告的审议意见》的通知	2021-07-22
19	吴人大〔2021〕20号	关于印发《湖州市吴兴区人民代表大会常务委员会关于吴兴区应急管理和安全生产数字化转型情况报告的审议意见》的通知	2021-09-29
20	吴人大〔2021〕21号	湖州市吴兴区人民代表大会常务委员会关于促进和保障吴兴区聚力争当浙江高质量发展建设区同富裕示范区模范生的决定(2021年9月28日湖州市吴兴区第四届人民代表大会常务委员会第34次会议通过)	2021-10-09
21	吴人大〔2021〕22号	湖州市吴兴区人民代表大会常务委员会关于接受马晓晖辞去市八届人大代表职务的决定(2021年9月28日湖州市吴兴区第四届人民代表大会常务委员会第34次会议通过)	2021-10-09
22	吴人大〔2021〕23号	湖州市吴兴区人民代表大会常务委员会关于批准调整吴兴区2021年度财政支出预算的决定(2021年9月28日湖州市吴兴区第四届人民代表大会常务委员会第34次会议通过)	2021-10-09
23	吴人大〔2021〕24号	关于印发《湖州市吴兴区人民代表大会常务委员会关于吴兴区推进美丽河湖建设 助力美丽吴兴提标情况工作报告的审议意见》的通知	2021-09-30
24	吴人大〔2021〕25号	湖州市吴兴区人民代表大会常务委员会关于开展区、乡镇两级人民代表大会换届选举的决定(2021年11月2日湖州市吴兴区第四届人民代表大会常务委员会第35次会议通过)	2021-11-02
25	吴人大〔2021〕26号	湖州市吴兴区选举委员会组成人员名单(2021年11月2日湖州市吴兴区第四届人民代表大会常务委员会第35次会议通过)	2021-11-02
26	吴人大〔2021〕27号	湖州市吴兴区各乡镇选举委员会组成人员名单(2021年11月2日湖州市吴兴区第四届人民代表人会常务委员会第35次会议通过)	2021-11-02
27	吴人大〔2021〕28号	湖州市吴兴区人民代表大会常务委员会关于确定吴兴区各乡镇 ·届人民代表大会代表名额的决定(2021年11月2日湖州市吴兴区第四届人民代表大会常务委员会第35次会议通过)	2021-11-02
28	吴人大〔2021〕29号	湖州市吴兴区人民代表大会常务委员会关于同意接受韩梅辞去区四届人大常委会副主任职务的决定(2021年12月15日湖州市吴兴区第四届人民代表大会常务委员会第36次会议通过)	2021-12-17
29	吴人大〔2021〕30号	湖州市吴兴区人民代表大会常务委员会关于同意接受吴志新辞去湖州市吴兴区人民检察院检察长职务的决定(2021年12月15日湖州市吴兴区第四届人民代表大会常务委员会第36次会议通过)	2021-12-17
30	吴人大〔2021〕31号	湖州市吴兴区人民代表大会常务委员会关于毕琳代理湖州市吴兴区人民检察院检察长职务的决定(2021年12月15日湖州市吴兴区第四届人民代表大会常务委员会第36次会议通过)	2021-12-17
31	吴人大〔2021〕32号	吴兴区人大常委会关于开展第八个五年法治宣传教育的决议32(2021年12月15日湖州市吴兴区第四届人民代表大会常务委33员会第36次会议通过)	2021-12-17
32	吴人大〔2021〕33号	关于234021年度员额法官、员额检察官履职评议结果的通报	2021-12-16

区政协重要文件目录索引

表47

序号	文 号	文 件 题 名	日 期
1	吴政协〔2021〕4号	《关于表扬2020年度履职成绩突出委员、优秀提案、优秀开放式调研报告和反映社情民意信息成绩突出单位、突出个人的通报》	2021-01-18
2	吴政协〔2021〕5号	关于印发《关于开展“崇学系列·书香政协”读书活动的实施方案》的通知	2021-02-19
3	吴政协办〔2021〕2号	《关于面向全区政协委员开展2021年度“请你来协商”重要议题“揭榜挂帅”有关事项》的通知	2021-02-23
4	吴政协〔2021〕6号	《吴兴区政协关于区政府工作报告的协商会议纪要》	2021-03-04
5	吴政协〔2021〕8号	关于印发《政协湖州市吴兴区委员会关于创建乡镇街道政协委员工作站的实施意见(试行)》的通知	2021-04-23
6	吴政协办〔2021〕4号	关于印发《2021年度高新区、乡镇街道政协工作考核实施意见》的通知	2021-06-16
7	吴政协办〔2021〕10号	关于印发《政协湖州市吴兴区委员会提案工作操作规程》的通知	2021-08-30
8	吴政协〔2021〕12号	关于印发《政协湖州市吴兴区委员会协商工作规则》的通知	2021-09-28
9	吴政协〔2021〕13号	关于印发《政协湖州市吴兴区委员会“请你来协商·民生议事堂”平台建设实施细则》的通知	2021-11-08
10	吴政协党〔2021〕5号	区政协党组《关于印发〈深入学习贯彻党的十九届六中全会精神开展“六讲六做·同心向党”宣讲活动实施方案〉》的通知	2021-11-25

区纪委重要文件目录一览表

表48

序号	文号	文 件 标 题	印发日期
1	吴纪办〔2021〕2号	关于2020年度全区纪检监察系统工作综合考评结果的通报	2021-02-19
2	吴纪办〔2021〕3号	关于区纪委区监委领导班子成员工作分工安排的通知	2021-02-22
3	吴纪办〔2021〕5号	关于印发《清廉街居提升行动专项监督工作方案》的通知	2021-03-22
4	吴纪办〔2021〕8号	关于印发《吴兴区“政治生态”三色评价工作实施方案(试行)》的通知	2021-05-11
5	吴纪办〔2021〕16号	关于印发《开展2021年度回访教育工作实施方案》的通知	2021-05-31
6	吴纪办发〔2021〕2号	关于印发《吴兴区纪检监察干部监督管理暂行办法》的通知	2021-05-17
7	吴纪办发〔2021〕10号	关于印发《2021年度吴兴区纪检监察机构工作综合考评办法》的通知	2021-06-29
8	吴纪办发〔2021〕9号	关于印发《2021年政治监督工作实施方案》的通知	2021-07-30

索 引

说 明

一、本索引采用主题分析法编制。

二、索引按主题词首字拼音字母顺序和音序排列，按标引词首字的汉语拼音音序排列，首字相同按第二字音序排列，以此类推。

三、标引词后的阿拉伯数字表示内容所在的页码。

四、正文索引仅限于具体条目、类目、分目及条目中的“综述”“概况”“概述”不作索引。

五、“特载”“大事记”“统计资料”“文件选编”“先进集体·先进个人”“附录”的内容不做索引。

条目索引

F

G

H

J

N

P

Q

表格索引